卓越法律人才培养系列教材

刑法总论

General Theories of Criminal Law

|第二版|

叶良芳 著

法律出版社
LAW PRESS · CHINA

目　　录

第一章　刑法概说 …………………………………………………………………（ 1 ）
　第一节　刑法的概念和性质 ……………………………………………………（ 1 ）
　第二节　刑法的根据和任务 ……………………………………………………（ 5 ）
　第三节　刑法的制定和完善 ……………………………………………………（ 8 ）
　第四节　刑法的体系和解释 ……………………………………………………（ 11 ）

第二章　刑法的基本原则 ………………………………………………………（ 20 ）
　第一节　刑法基本原则概述 ……………………………………………………（ 20 ）
　第二节　罪刑法定原则 …………………………………………………………（ 21 ）
　第三节　适用刑法平等原则 ……………………………………………………（ 30 ）
　第四节　罪责刑相适应原则 ……………………………………………………（ 32 ）

第三章　刑法的效力范围 ………………………………………………………（ 37 ）
　第一节　刑法的空间效力 ………………………………………………………（ 37 ）
　第二节　刑法的时间效力 ………………………………………………………（ 45 ）

第四章　犯罪概述 ………………………………………………………………（ 53 ）
　第一节　犯罪概念 ………………………………………………………………（ 53 ）
　第二节　犯罪构成 ………………………………………………………………（ 64 ）

第五章　客观构成要件 …………………………………………………………（ 81 ）
　第一节　客观构成要件概述 ……………………………………………………（ 81 ）
　第二节　行为主体 ………………………………………………………………（ 83 ）
　第三节　危害行为 ………………………………………………………………（ 96 ）
　第四节　行为对象 ………………………………………………………………（109）
　第五节　行为结果 ………………………………………………………………（112）
　第六节　因果关系 ………………………………………………………………（117）
　第七节　犯罪的其他客观要件要素 ……………………………………………（126）

第六章 主观构成要件 ……………………………… (129)
第一节 主观构成要件概述 ……………………………… (129)
第二节 犯罪故意 ……………………………… (134)
第三节 犯罪过失 ……………………………… (142)
第四节 犯罪目的和犯罪动机 ……………………………… (150)
第五节 认识错误 ……………………………… (152)

第七章 犯罪阻却事由 ……………………………… (159)
第一节 犯罪阻却事由概述 ……………………………… (159)
第二节 违法阻却事由 ……………………………… (160)
第三节 责任阻却事由 ……………………………… (181)

第八章 犯罪停止形态 ……………………………… (201)
第一节 犯罪停止形态概述 ……………………………… (201)
第二节 犯罪预备 ……………………………… (204)
第三节 犯罪未遂 ……………………………… (208)
第四节 犯罪中止 ……………………………… (215)
第五节 犯罪既遂 ……………………………… (222)

第九章 共同犯罪 ……………………………… (228)
第一节 共同犯罪概述 ……………………………… (228)
第二节 共同犯罪的形式 ……………………………… (235)
第三节 共同犯罪的处罚原则 ……………………………… (239)
第四节 共同犯罪的其他问题 ……………………………… (248)

第十章 罪数形态 ……………………………… (256)
第一节 罪数的区分 ……………………………… (256)
第二节 一罪的类型 ……………………………… (259)
第三节 数罪的类型 ……………………………… (275)

第十一章 刑事责任 ……………………………… (278)
第一节 刑事责任概述 ……………………………… (278)
第二节 刑事责任的根据 ……………………………… (280)
第三节 刑事责任的发展阶段和解决方式 ……………………………… (282)

第十二章　刑罚概说 ……………………………………………………… (286)
第一节　刑罚的概念 ……………………………………………………… (286)
第二节　刑罚的目的 ……………………………………………………… (288)
第三节　刑罚的功能 ……………………………………………………… (292)

第十三章　刑罚体系 ……………………………………………………… (296)
第一节　刑罚体系概述 …………………………………………………… (296)
第二节　主刑 ……………………………………………………………… (298)
第三节　附加刑 …………………………………………………………… (314)

第十四章　刑罚裁量 ……………………………………………………… (324)
第一节　刑罚裁量概述 …………………………………………………… (324)
第二节　量刑情节 ………………………………………………………… (329)
第三节　累犯 ……………………………………………………………… (338)
第四节　自首、坦白和立功 ………………………………………………… (342)
第五节　数罪并罚 ………………………………………………………… (356)
第六节　缓刑 ……………………………………………………………… (363)

第十五章　刑罚执行 ……………………………………………………… (372)
第一节　刑罚执行概述 …………………………………………………… (372)
第二节　减刑 ……………………………………………………………… (374)
第三节　假释 ……………………………………………………………… (383)

第十六章　刑罚消灭 ……………………………………………………… (393)
第一节　刑罚消灭概述 …………………………………………………… (393)
第二节　时效 ……………………………………………………………… (394)
第三节　赦免 ……………………………………………………………… (402)

后　　记 ………………………………………………………………… (405)

第一章　刑法概说

第一节　刑法的概念和性质

一、刑法的概念

刑法，是指规定犯罪和刑罚的法律规范。此处的“犯罪”，是指应当被科处刑罚的行为，属于法律要件；“刑罚”是指对犯罪的制裁，属于法律效果。因此，也可以说，刑法是规定犯罪及其法律效果的法律规范。

刑法是一个独立的法律部门，有自己特有的调整对象。刑法的调整对象是犯罪行为，这是刑法与其他部门法在调整对象上的根本区别。正因为刑法具有独特的调整对象，因此它并不从属于行政法、民法等其他部门法。

刑法的渊源，是指刑法的表现形式。刑法主要有以下三种渊源：

1. 刑法典，是指立法机关以刑法名称颁布的、系统规定犯罪及其法律效果的法律规范。迄今为止，我国只有一部刑法典，即 1979 年 7 月 6 日颁布的《中华人民共和国刑法》。1997 年 3 月 14 日颁布的《中华人民共和国刑法》，其实是对前者的修订和补充，并不是一部严格意义上的、独立的刑法典。不过，由于约定俗成的原因，本书沿袭两部刑法典的说法。在具体表述时，将以“旧刑法”“旧刑法典”“79 刑法”等指称 1979 年颁布的《中华人民共和国刑法》，而以“新刑法”“新刑法典”“97 刑法”“刑法”“现行刑法”等指称 1997 年修订的《中华人民共和国刑法》。

2. 单行刑法，是指立法机关以决定、规定、补充规定、条例等名称颁布的，规定某一类犯罪及其法律效果或者刑法某一方面事项的法律。1981 年 6 月至 1995 年 10 月，全国人民代表大会常务委员会(以下简称全国人大常委会)先后颁布了 23 个单行刑法，如《惩治军人违反职责罪暂行条例》《关于严惩严重破坏经济的罪犯的决定》《关于严惩严重危害社会治安的犯罪分子的决定》等。这些单行刑法对刑法典进行了补充和修改，但因条文数量众多，一度架空了旧刑法典。为此，在修订刑法时，立法机关对这些单行刑法的内容进行了整合，将其吸收到刑法典中，而对这些单行刑法本身,或者明确予以废止,或者仅保留行政性条款的效力。[1] 现行刑法施行不久后,1998 年 12 月 29 日全国人大常委会又颁布了《关于惩治骗购外汇、逃汇和非法买卖外汇犯罪的决定》,这是目前唯一具有法律效力的单行刑法。

3. 附属刑法,是指在民法、经济法、行政法等非刑事法律中附带规定犯罪及其法律效果的法律规范。严格意义上的附属刑法,应当在法条中既规定罪状(犯罪的构成要件)又规定法定刑(刑种和刑度),法官可以据其直接定罪量刑,处理案件。然而,无论是旧刑法施行期间还是新刑法施行期间,我国的经济法、行政法等非刑事法律规范中的"附属刑法",基本上都只是重申刑法典的相关内容或者规定比照刑法典某一条款追究刑事责任,而没有对罪刑规范的内容作出实质性的增删和补充。其通常的表述模式是在规定一般违法行为后,附加一句"构成犯罪的,依法追究刑事责任"或者"比照刑法第××条追究刑事责任"。显然,如果刑法典没有相应的对照性规定,仅凭这一句宣谕式的表述,是无法追究有关人员的刑事责任的。因此,我国的附属刑法基本上只具有象征意义,其规范的独立性较低,定罪量刑的标准主要还是刑法典。

二、刑法的性质

(一)刑法的阶级性质

任何法律都是统治阶级意志的产物,反映的是统治阶级的意志和利益,因而均具有鲜明的阶级性,刑法也不例外。随着时代的发展,法律的趋同性日益明显,但不应忘记,法律是有阶级性的。刑法是统治阶级根据自己的意志和利益制定的,是统治阶级对被统治阶级实行专政的工具。刑法规定的基本内容是犯罪、刑事责任和刑罚,即通过追究犯罪分子的刑事责任来为统治阶级服务。刑法的阶级本质是由国家的阶级本质决定的。一切剥削阶级国家的刑法,包括奴隶制国家刑法、封建制国家刑法、资产阶级国家刑法,都是以生产资料私有制为基础,反映剥削阶级意志和利益的,是剥削阶级对被剥削阶级实行专政的工具。与剥削阶级国家刑法不同,我国刑法是社会主义国家刑法。它以生产资料公有制为基础,反映工人阶级和广大人民群众的意志和利益,是实行人民民主专政的重要工具。这是我国刑法的阶级性质。

(二)刑法的法律性质

与其他法律相比,刑法具有以下特有的属性:

1. 保护法益的最广泛性。一般而言,民法、经济法等部门法仅调整和保护某一

---

[1] 根据刑法第 452 条的规定,《惩治军人违反职责罪暂行条例》等 15 个单行刑法予以废止,《关于禁毒的决定》等 8 个单行刑法有关刑事责任的规定纳入刑法典,有关行政处罚和行政措施的规定继续有效。之后,2007 年 12 月 29 日全国人大常委会通过的《禁毒法》第 71 条宣布废止《关于禁毒的决定》;2009 年 6 月 27 日全国人大常委会公布的《关于废止部分法律的决定》废止了《关于惩治偷税、抗税犯罪的补充规定》和《关于严惩组织、运送他人偷越国(边)境犯罪的补充规定》。

方面的社会关系。例如,民法仅调整和保护民事主体在民事行为中发生的人身关系和财产关系;商法仅调整和保护商事主体在商事行为中发生的经济关系;行政法仅调整和保护行政主体在行使行政职权和接受行政监督过程中与行政相对人、行政监督主体之间发生的管理关系,以及行政主体内部发生的管理关系。刑法调整和保护的则是所有被犯罪行为侵害和破坏的社会关系,这些社会关系涉及各个方面的权益,包括人身、财产、秩序等。可以说,其他部门法所调整的社会关系,刑法都要调整;其他部门法所保护的权益,刑法都要保护。如果把其他部门法比作"第一道防线",刑法则是"第二道防线"。从这个意义上来说,刑法是其他部门法的保障法、后盾法。

2. 制裁手段的最严厉性。任何法律都具有强制性,任何侵犯法律所保护的社会关系的行为人,都要承担相应的法律后果。例如,违反民事法律规范的,要承担停止侵害、消除危险、返还财产、恢复原状、赔偿损失等民事责任;违反治安管理法律规范的,要承担警告、罚款、行政拘留、吊销许可证、限期出境或者驱逐出境等行政责任。但是,所有这些处罚措施,都不及刑罚这种专门对犯罪分子适用的处罚措施严厉。因为刑罚不仅可以剥夺犯罪分子的私有财产、人身自由、政治权利,甚至还可以剥夺其生命。如此严厉的制裁手段,是其他任何法律所没有的。刑法之所以具有这一特点,是因为其规制的对象(犯罪)具有严重危害性。

3. 适用位序的最终性。刑法的最终性,又称刑法的补充性、谦抑性。其基本含义是:对于某种权益,如果其他部门法能够提供充分和有效的保护,则刑法没有适用的余地;只有其他部门法不能提供充分和有效的保护时,才有必要适用刑法。换言之,在权益保护方面,其他部门法具有优先适用性,刑法则处于候补的位置。对此,德国法学家耶林曾形象地比喻说:"刑罚如两刃之剑,用之不得其当,则国家与个人两受其害。"〔2〕刑罚是不得已之"恶",因此,应当慎用刑罚,在能够以其他手段实现权益保护的目的时,务必放弃刑罚的适用,使刑罚成为保护权益的最后手段。

示例 1-1 董某、王某危险驾驶案

二审法院认为:被告人董某醉酒驾驶机动车上道行驶发生交通事故,醉酒程度一般,庭审中认罪态度较好,且已赔偿被害人经济损失,本院量刑时予以酌定从轻处罚,适用缓刑。从庭审调查可见,在董某驾驶机动车第一次发生追尾后,双方均在各自车上等待公安机关及保险公司处理时,被告人王某醉酒驾驶机动车向前行驶再次将前车追尾,监控录像可见行车速度较慢,车辆行驶距离较短,醉酒程度一般,其在庭审中对事实经过供认,且已积极赔偿被害人经济损失,属犯罪情节轻微,本院综合考虑王某的犯罪性质、

〔2〕 转引自林山田:《刑罚学》,台北,商务印书馆股份有限公司1985年版,第127页。

情节及社会危害程度,遵循刑法谦抑性原则,依法对其免予刑事处罚。〔3〕

三、刑法的分类

根据不同的标准,可以对刑法作出不同的分类。

(一)广义刑法和狭义刑法

根据刑法的渊源形式不同,可以将其划分为广义刑法和狭义刑法。所谓广义刑法,是指一切规定犯罪及其法律效果的法律规范的总和,包括刑法典、单行刑法和附属刑法。所谓狭义刑法,是指系统规定犯罪及其法律效果的法律规范,即刑法典。

(二)普通刑法和特别刑法

根据刑法的适用范围不同,可以将其划分为普通刑法和特别刑法。所谓普通刑法,是指具有普遍性的适用效力的刑法规范。刑法典即是普通刑法。所谓特别刑法,是指仅适用于特定人、特定时间、特定地域或者特定事项的刑法规范。单行刑法和附属刑法属于特别刑法。根据法律适用的基本原理,如果某种行为同时符合普通刑法和特别刑法的规定,应当根据特别法优于一般法的原则,适用特别刑法。如果某种行为同时符合两个位阶不同的特别刑法,应当根据高位法优于低位法的原则,适用位阶更高的特别刑法;如果某种行为同时符合两个相同位阶的特别刑法的规定,则应当根据新法优于旧法的原则,适用新的特别法。

示例 1-2 刘某盗窃、拐卖人口案

一审法院认为:被告人刘某伙同石某,以出卖为目的,拐骗罗某,公诉机关对其拐卖罗某的指控事实成立,但适用 1979 年《刑法》,将罪名确定为拐卖人口罪不当。1991 年 9 月 4 日,全国人民代表大会常务委员会公布施行了《关于严惩拐卖、绑架妇女、儿童的犯罪分子的决定》,该决定对 1979 年《刑法》规定的拐卖人口罪进行了修改。根据“新法优于旧法”“特别法优于普通法”的原则,应适用《关于严惩拐卖、绑架妇女、儿童的犯罪分子的决定》,对被告人刘某的罪名应确定为拐卖儿童罪。〔4〕

(三)伦理刑法和行政刑法

根据刑法的保护法益不同,可以将其划分为伦理刑法和行政刑法。所谓伦理刑法,是指规定违反人类社会最基本的伦理道德规范的行为及其法律效果的刑法规范。例如,规定故意杀人罪、盗窃罪、强奸罪等犯罪行为的刑法规范。所谓行政刑法,是指规定违反行政管理规范的行为及其法律效果的刑法规范。例如,规定非法

---

〔3〕 吉林省白城市洮北区人民法院(2018)吉 0802 刑初 127 号刑事判决书。

〔4〕 四川省遂宁市中级人民法院(2000)遂刑初字第 49 号刑事判决书。

吸收公众存款罪、虚假出资罪、非法经营罪等犯罪行为的刑法规范。伦理刑法和行政刑法的区别在于，前者具有较强的伦理道德性，因而为绝大多数国家刑事立法所规定；后者的伦理道德性则较弱，因而具有明显的国别性特征。

（四）行为刑法和行为人刑法

根据刑法处罚根据不同，可以将其划分为行为刑法和行为人刑法。所谓行为刑法，是指以客观的违法行为及其结果作为犯罪构成要件的内容或者刑罚轻重的根据的刑法规范。所谓行为人刑法，是指以行为人的特定性格、危险倾向等人身危险性因素作为犯罪构成要件的内容或者刑罚轻重的根据的刑法规范。世界各国的刑法基本上都是行为刑法，但有个别刑法条文可能表现为行为人刑法，我国现行刑法亦具有这一特点。例如，刑法第 263 条关于“多次抢劫”处以加重法定刑的规定，刑法第 264 条关于“多次盗窃”构成盗窃罪的规定，即属于行为人刑法。

第二节　刑法的根据和任务

一、刑法的根据

刑法第 1 条规定：“为了惩罚犯罪，保护人民，根据宪法，结合我国同犯罪作斗争的具体经验及实际情况，制定本法。”根据这一规定，刑事立法的根据包括法律根据和实践根据两个方面。

（一）刑事立法的法律根据

宪法是国家的根本大法，也是制定和修订刑法的法律根据。宪法关于国家的政治、经济基本制度的规定，关于国家机关组织和活动原则的规定，关于公民基本权利和义务的规定，都是最高立法机关进行刑事立法所必须遵循的。例如，《宪法》第 28 条规定：“国家维护社会秩序，镇压叛国和其他危害国家安全的犯罪活动，制裁危害社会治安、破坏社会主义经济和其他犯罪的活动，惩办和改造犯罪分子。”这直接体现了国家保护社会和公共利益的功能，是制定刑法的重要根据。换言之，宪法是母法，刑法是子法，制定刑法必须以宪法为根据，体现宪法的原则和精神。具体而言，宪法对刑事立法的制约体现在以下几个方面：（1）刑事立法必须根据宪法规定的立法权限和立法程序进行，否则便是程序违法；（2）刑事立法的内容应当符合宪法规定的“国家尊重和保障人权”的理念，否则便是实体违法；（3）刑法解释应当根据宪法规定的原则和精神进行，否则便是违宪解释。在有些国家，刑事法律规范在适用过程中还可能受到特定机构针对其是否违宪而展开的审查。如果刑法条款被认定为违宪，则自始丧失法律效力。在我国，由于宪法条款本身的高度抽象性以及宪法审查机制的缺失,刑事立法的事后审查机制一直未能建立。今后应当加强这方面的理论研究和制度构建,以保证刑事立法的科学性。

(二)刑事立法的实践根据

我国同犯罪作斗争的具体经验及实际情况,是刑事立法的实践根据。实事求是、一切从实际出发,是我国刑事立法的根本指导原则。根据这一原则,制定和修订刑法时,既不能夜郎自大、闭门造车,也不能盲目崇洋、照搬照抄,而应当从我国还处于社会主义初级阶段这一基本国情出发,进行深入调查研究,掌握各种犯罪的现实状况和发展态势,认真总结同犯罪作斗争的经验教训,将其具体化为刑法规范。只有这样,刑法规范才具有现实针对性,才能充分发挥社会关系调节器的作用。当然,强调刑事立法应当从客观实际出发,并不意味着反对立法的前瞻性,因为适度的超前立法是保持刑法的适应性所必需的。此外,应当注意的是,强调刑事立法的本土经验,并不排斥吸取其他国家和地区先进的立法经验,而是要求在刑事立法的国别性和趋同性之间保持适度的平衡。

二、刑法的任务

刑法第 2 条规定:“中华人民共和国刑法的任务,是用刑罚同一切犯罪行为作斗争,以保卫国家安全,保卫人民民主专政的政权和社会主义制度,保护国有财产和劳动群众集体所有的财产,保护公民私人所有的财产,保护公民的人身权利、民主权利和其他权利,维护社会秩序、经济秩序,保障社会主义建设事业的顺利进行。”这是对我国刑法的任务全面和明确的规定。

概括而言,刑法的任务包括两个方面:一是惩罚犯罪;二是保护权益。其中,惩罚犯罪是措施手段,保护权益是根本目的。动用刑罚打击犯罪,是为了保护国家、社会和人民的权益;而为了保护国家、社会和人民的权益,又必须依赖于对犯罪的有效打击,二者相辅相成。因此,司法工作人员在适用刑法时,必须以保护权益为目的,绝不能为惩罚而惩罚。

具体而言,刑法的任务包括以下四个方面:(1)保卫国家安全,保卫人民民主专政的政权和社会主义制度。这是我国刑法的首要任务。国家安全是国家生存和发展的根本前提。人民民主专政的政权和社会主义制度是全国人民在中国共产党的领导下经过长期浴血奋战和艰苦卓绝斗争而取得的革命胜利成果,是全国人民根本利益的集中体现。没有巩固的人民民主专政的政权和社会主义制度,就没有人民的一切,就没有中华民族的振兴。(2)保护社会主义的经济基础。经济基础是一定社会的历史发展阶段中占统治地位的生产关系的总和,其主要内容是生产资料所有制以及与生产资料所有制相联系的生产、分配、流通的形式。我国现阶段的经济基础是以生产资料公有制为主体,多种所有制并存的生产关系;经济形式则是社会主义市场经济。因此,刑法对社会主义经济基础的保护,就是对生产资料公有制为主体的多种所有制并存的生产关系和社会主义市场经济的保护。(3)保护公民的人身权利、民主权利和其他权利。作为国家和社会的主人,我国公民所享有的权利的范围是非常广泛的,不仅包括生存权、人身权和政治权利,而且包括经济、文化、社会等各方面的权利。对于各种严重侵害公民权利的行为,刑法必须予以惩治。(4)维护社会秩序。任何一个社会要健康发展,都离不开一个稳定的社会秩序。当前,我国的中心任务是进行社会主义现代化建设,其中处理好改革、发展和稳定的关系,是完成这一任务的关键。刑法是维护社会秩序、稳定社会环境强有力的法律武器,对于严重破坏社会秩序的行为,刑法也必须予以惩治。

三、刑法的机能

刑法的机能,是指刑法现实具有或者可能具有的积极功能。一般认为,刑法具有以下三种机能:

1. 行为规制机能,是指刑法所具有的规范社会、指引社会成员行为的功能。具体包括评价机能和决定机能两个方面。所谓评价机能,是指刑法所具有的将一定行为规定为犯罪,并将其与一定的刑罚相联系,从而在法律上对该行为给予严厉的否定性评价的功能。所谓决定机能,是指刑法所具有的命令和引导人们作出决定,实施合法行为、不实施犯罪行为的功能。

2. 法益保护机能,是指刑法具有保护法益不受犯罪行为侵害或者威胁的功能。犯罪是侵害或者威胁法益的行为,刑法禁止和惩罚犯罪,正是为了保护法益。法益有国家法益、社会法益和个人法益之分,相应地,刑法的法益保护机能亦可分为对国家法益的保护、对社会法益的保护和对个人法益的保护。

示例1-3 任某等诈骗、伪造国家机关公文、印章、集资诈骗案

重审(一审)法院认为:犯罪的本质是侵犯法益而不是行为人获取了非法利益,刑法的任务和目的是保护法益。就法益侵犯而言,单位实施的危害行为与自然人实施的危害行为没有任何区别。而且,以单位名义实施往往比单纯的自然人实施具有更大的便利性,对法益的侵犯往往也更加严重。因而在不违反罪刑法定原则的前提下,没有理由不追究相关自然人的刑事责任。在法益保护的立场上,无论单位抑或自然人实施的犯罪行为,对法益的侵害都没有实质区别,当自然人的行为应受刑法调整时,以单位名义实施的自然人的行为也同样应受到刑法调整。〔5〕

〔5〕 广东省广州市中级人民法院(2012)穗中法刑二重字第5号刑事判决书。

3. 自由保障机能,是指刑法具有保障公民个人的自由不受国家刑罚权不当侵害的功能。这一功能的核心,是限制国家刑罚权的发动。只要公民没有实施刑法所禁止的行为,就不得对其予以刑罚处罚;即使公民实施了犯罪行为,触犯了刑法,也只能在刑法规定的刑罚的种类和幅度内予以处罚,不得在刑法规定之外予以处罚。因此,刑法既是"善良人的大宪章",又是"犯罪人的大宪章"。

第三节 刑法的制定和完善

一、刑法的制定

新中国成立之初,明令废除了以"六法全书"为代表的国民党政权的全部法律;随后,又颁布了一系列单行刑法,如 1950 年《关于严禁鸦片烟毒的通令》,1951 年《惩治反革命条例》《妨害国家货币治罪暂行条例》,1952 年《惩治贪污条例》等。这些单行刑法为巩固新生政权,发展国民经济发挥了重要作用。与此同时,国家也开始了刑法典的起草工作。

刑法典最初的起草准备工作,是在当时中央人民政府法制委员会的主持下进行的。从 1950 年到 1954 年 9 月,草拟了两个稿本:一个是《刑法大纲草案》,共 157 条,分为总则和分则两个部分;另一个是《刑法指导原则草案(初稿)》,共 76 条,分为序言、刑罚、几种犯罪量刑的规定三章。但由于当时政治形势紧张,制定刑法典的条件尚不成熟,所以这两个稿本都未公布,而是作为立法文献保存下来。1954 年《宪法》颁布,这极大地推动了刑法的起草工作。当时,刑法的起草工作由全国人大常委会办公厅法律室负责。法律室于 1954 年 10 月开始起草刑法草案,数易其稿;至 1957 年 6 月,已经草拟出刑法草案第 22 稿。这个稿本经全国人大常委会讨论审议后,准备作为草案公布试行。但是,由于"反右派"运动的开展、法律虚无主义思潮的抬头,这个稿本最终未能公布,刑法起草工作也一度停滞。直至 1961 年 10 月,法律室才开始对刑法草案进行一些座谈研究。根据毛泽东同志的指示,法律室从 1962 年 5 月开始对刑法草案第 22 稿进行了多次修改,至 1963 年 10 月拟出第 33 稿。但是,又因"四清"运动和"文化大革命"运动接踵而至,这个稿本最终亦未能公布。

"文化大革命"结束后,全国人大常委会于 1978 年 10 月重新组建刑法草案的起草班子,对第 33 稿进行修订。此后,中国共产党十一届三中全会召开,做出重建和加强社会主义法制的重大决策,极大地推动了刑法起草工作。1979 年 5 月 29 日,刑法草案第 37 稿获得中共中央政治局原则通过,接着又在全国人大常委会法制工作委员会和第五届全国人大常委会第八次会议上进行审议,审议中又作了一些修改和补充,最终形成刑法草案第38稿,并于同年7月1日在第五届全国人大第二次会议上获得一致通过。同年7月6日正式公布,并规定自1980年1月1日起施行。至此,历时30年、前后易稿38次的新中国第一部刑法典宣告诞生。

这部刑法典在体系结构上分为两编,共192个条文。第一编是总则,共89条,分为5章:(1)刑法的指导思想、任务和适用范围;(2)犯罪;(3)刑罚;(4)刑罚的具体运用;(5)其他规定。第二编是分则,共103个条文,分为8章:(1)反革命罪;(2)危害公共安全罪;(3)破坏社会主义经济秩序罪;(4)侵犯公民人身权利、民主权利罪;(5)侵犯财产罪;(6)妨害社会管理秩序罪;(7)妨害婚姻、家庭罪;(8)渎职罪。

二、刑法的完善

(一)特别刑法的制定

1979年刑法通过以后,我国旋即拉开了改革开放的帷幕。为适应改革开放中出现的新情况、新问题以及惩治、预防犯罪的实际需要,全国人大常委会自1981~1995年先后通过了23部单行刑法,并在107部经济、民事、行政、军事、环境和资源保护、社会保障等非刑事法律中规定了"依照""比照"刑法的有关规定追究刑事责任的内容,涉及附属刑法条款共130条。这些特别刑法对刑法典的有关内容作了重要的修改、补充和解释。具体而言,上述单行刑法对刑法典的修改主要有:增加普遍管辖权原则;个别条款采用从新原则或有条件的从新原则;增设剥夺勋章、奖章和荣誉称号的资格刑;增设劳改期间逃跑加重处罚的规定;增设战时缓刑制度;增设新罪;补充某些犯罪的构成要件;增加某些犯罪的单位犯罪主体;提高某些犯罪的法定刑幅度;等等。上述附属刑法对刑法典的修改主要有:增设剥夺军衔的附加刑;通过设置罪状,比照刑法相关条款追究刑事责任的方式创设新罪;对个别犯罪增设加重的犯罪构成;补充某些犯罪的构成要件等。

(二)刑法典的修订

自全国人大常委会于1982年提出修改刑法典起,研究和修订刑法典的工作历时15年。大致可以分为以下五个阶段:(1)酝酿准备阶段(1982年~1988年2月)。这一阶段全国人大常委会开始收集和整理刑法的完善意见,并将其中一些刊载在工作研究简报上。(2)初步修改阶段(1988年3月~1989年6月)。这一阶段将刑法修改明确列入了立法规划,并尝试性地草拟了《刑法修改稿》。(3)重点修改阶段(1991年)。这一阶段在广泛调查研究的基础上,起草了关于修改反革命罪的决定草案。(4)全面修改阶段(1993年~1996年12月)。这一阶段成立了专门的修法班子,对刑法进行全面修改,先后拟出多部刑法修订草案。(5)审议通过阶段(1996年

12月~1997年3月)。这一阶段全国人大常委会广泛征求各界意见,对刑法修订草案数次审议,最后第八届全国人大第五次会议于1997年3月4日通过,并规定自1997年10月1日起施行。

这次刑法修订的指导思想主要有:(1)要制定一部有中国特色的、统一的、比较完备的刑法典。基于这一考虑,所有单行刑法均被纳入新刑法;附属刑法的部分规定成为刑法分则的具体条款;对一些新型犯罪也作了规定。(2)注意保持刑法的连续性和稳定性。对刑法的原有规定,如果没有原则性问题,尽量不作修改。(3)突出刑法的明确性。对原来比较笼统的规定,尽量作出具体规定。

修订的刑法典在结构上分为总则、分则和附则三个部分,共15章,452个条文。这次修改的幅度之大,涉及范围之广,在我国刑事立法史上是前所未有的。

(三)单行刑法的制定

从罪名数量增设情况来看,1997年刑法已经相当完备,但法律永远具有滞后性。为了更好地惩治外汇犯罪,1998年12月29日全国人大常委会通过了一个单行刑法,即《关于惩治骗购外汇、逃汇和非法买卖外汇犯罪的决定》。该规定增设了骗购外汇罪,完善了逃汇罪的构成要件,明确了其他非法买卖外汇行为的法律性质。

(四)刑法修正案的颁布

为了避免单行刑法在刑法典“体外循环”的弊端,重新回归原来刑法修改的路径,自1999年起,全国人大常委会开始采用刑法修正案的方式对刑法典进行增、改、删。这种修法模式不打乱刑法的体系和条文的排列次序,有利于维护刑法的统一性和权威性。刑法修正案是对刑法典的修改,本身属于刑法典的组成部分,不是独立的刑法渊源。迄今为止,全国人大常委会共颁布了十个刑法修正案,共增加了24条刑法条文(不包括对原有条和款内容的修改、增加的款以及单行刑法增加的条和款),使刑法条文由452条增加至476条。其中,总则102条,分则373条,附则1条。这十个刑法修正案分别是:《刑法修正案》(1999年12月25日颁布);《刑法修正案(二)》(2001年8月31日颁布);《刑法修正案(三)》(2001年12月29日颁布);《刑法修正案(四)》(2002年12月28日颁布);《刑法修正案(五)》(2005年2月28日颁布);《刑法修正案(六)》(2006年6月29日颁布);《刑法修正案(七)》(2009年2月28日颁布);《刑法修正案(八)》(2011年2月25日颁布);《刑法修正案(九)》(2015年8月29日颁布);《刑法修正案(十)》(2017年11月4日颁布)。

第四节 刑法的体系和解释

一、刑法的体系

刑法的体系,是指刑法典的组成和结构。

修订后的刑法典分为总则、分则和附则三个部分。其中,总则和分则各为一编;在编之下,根据法律规范的性质和内容依次划分为章、节、条、款、项等层次。第一编总则共分五章,分别为:(1)刑法的任务、基本原则和适用范围;(2)犯罪;(3)刑罚;(4)刑罚的具体运用;(5)其他规定。除第一章和第五章外,其余章下均设若干节。第二编分则共分十章,分别为:(1)危害国家安全罪;(2)危害公共安全罪;(3)破坏社会主义市场经济秩序罪;(4)侵犯公民人身权利、民主权利罪;(5)侵犯财产罪;(6)妨害社会管理秩序罪;(7)危害国防利益罪;(8)贪污贿赂罪;(9)渎职罪;(10)军人违反职责罪。除第三章和第六章之下再设若干节之外,其他各章均不设节。总则是一般规定,分则是具体规定;总则规定不仅指导分则,而且还指导特别刑法的分则性条款。第三部分附则仅一个条文,规定了修订后的刑法典的开始施行的日期以及修订后的刑法典与之前颁布的单行刑法的关系。

章节之下是条,条是表达刑法规范的基本单位,也是刑法典的基本组成单位。刑法典的全部条文用统一的顺序号码进行编排,即从第 1 条至第 452 条统一编号,不受编、章、节划分的影响。通过刑法修正案在刑法典中增加规定时,将有关内容直接插入在相关条文之后,并采用“第××条之一”“第××条之二”的编号方式。条下为款,款是条的组成单位,没有编号,其标志是另起一段。如果一个条文只有一款,引用时只需指明条,而不需指明款。例如,刑法第 1 条只有一款,引用时应称为“第 1 条”,而不称为“第 1 条第 1 款”。但是,如果一个条文有数款,引用时应当指明具体的条款。例如,刑法第 6 条有 3 款,引用该条第 2 款时,应当称为“第 6 条第 2 款”。款或条之下是项,项是某些条或款之下设立的单位,其标志是另起一段且用括号内的基数号码编写。如果项是条之下设立的(在这种情况下整个条文只有一款),引用时只需指明条和项。例如,刑法第 263 条有 8 项,引用第 3 项时应当称为“第 263 条第 3 项”。如果项是款之下设立的(在这种情况下整个条文有数款),引用时应当指明条、款和项。例如,刑法第 240 条有 2 款,其中第 1 款有 8 项,引用第 5 项时应当称为“第 240 条第 1 款第 5 项”。

刑法条文表达立法意图,一个条款可能只包含一个意思,也可能包含两个或两个以上的意思。同一条款包含两个或者两个以上的意思的,在学理上称为前段、后段,或者前段、中段、后段,或者第一段、第二段、第三段……。例如,刑法第29条第1款规定:“教唆他人犯罪的,应当按照他在共同犯罪中所起的作用处罚。教唆不满十八周岁的人犯罪的,应当从重处罚。”该款表达了两个意思,理论上称表达前一个意思的为前段,表达后一个意思的为后段。刑法第50条第1款规定:“判处死刑缓期执行的,在死刑缓期执行期间,如果没有故意犯罪,二年期满以后,减为无期徒刑;如果确有重大立功表现,二年期满以后,减为二十五年有期徒刑;如果故意犯罪,情节恶劣的,报请最高人民法院核准后执行死刑;对于故意犯罪未执行死刑的,死刑缓期执行的期间重新计算,并报最高人民法院备案。”该款表达了四个意思,理论上称表达第一个意思的为前段,表达第二个意思的为二段,表达第三个意思的为三段,表达第四个意思的为后段。

在具有数个意思结构的条款当中,如果有用“但是”这个连接词表示转折关系的,从“但是”开始的部分,学理上称为“但书”(“但是”之前的部分,称为“本文”)。但书主要有以下四种情况:(1)对前段表示相反关系。例如,刑法第13条规定:“……但是情节显著轻微危害不大的,不认为是犯罪。”(2)对前段表示例外关系。例如,刑法第8条规定:“外国人在中华人民共和国领域外对中华人民共和国国家或者公民犯罪,而按本法规定的最低刑为三年以上有期徒刑的,可以适用本法,但是按照犯罪地的法律不受处罚的除外。”(3)对前段表示补充关系。例如,刑法第37条规定:“对于犯罪情节轻微不需要判处刑罚的,可以免予刑事处罚,但是可以根据案件的不同情况,予以训诫或者责令具结悔过、赔礼道歉、赔偿损失,或者由主管部门予以行政处罚或者行政处分。”(4)对前段表示限制关系。例如,刑法第73条第1款规定:“拘役的缓刑考验期限为原判刑期以上一年以下,但是不能少于二个月。”

二、刑法解释

(一)刑法解释的概念

刑法解释,是指对刑法规范含义的阐明。

唯理主义者反对解释刑法。贝卡里亚曾旗帜鲜明地指出:“当一部法典业已厘定,就应逐字遵守,法官唯一的使命就是判定公民的行为是否符合成文法律。”[6]不过,这一主张要求刑法立法明确到不需要任何解释的程度,这未免过于理想化。相反,在刑事司法活动中,解释刑法是一种常态现象。刑法规范之所以需要解释,主要是由刑法规范的抽象性和案件事实的具体性之间的矛盾所决定的。在将抽象的罪刑规范和具体的生活事实往返对照的过程中,司法者必然要对刑法条文作出相应的阐释。

---

〔6〕［意］切萨雷·贝卡里亚:《论犯罪与刑罚》,黄风译,中国大百科全书出版社1993年版,第13页。

（二）刑法解释的目标

刑法解释的目标是“解释文本”，即将刑法条文的意思表述得更准确、更清晰。刑法解释的目标是精准地复述文本，而不是精巧地创造文本。基于罪刑法定这一“帝王原则”的要求，刑法解释只能是复述文本、阐释条文，而不能是制作文本、创设规范。换言之，释法性解释是可接受的，造法性解释则应被禁止。

（三）刑法解释的分类

根据刑法解释的效力不同，可以将其划分为立法解释、司法解释和学理解释。

1. 立法解释

立法解释，是指最高立法机关对刑法规范的含义的阐明。根据《宪法》第 67 条第 4 项的规定，解释法律是全国人大常委会的职权之一。自 2000 年以来，全国人大常委会对 1997 年刑法中有关内容作出了一系列的立法解释。具体如下：2000 年 4 月 29 日《关于〈中华人民共和国刑法〉第九十三条第二款的解释》；2001 年 8 月 31 日《关于〈中华人民共和国刑法〉第二百二十八条、第三百四十二条、第四百一十条的解释》；2002 年 4 月 28 日《关于〈中华人民共和国刑法〉第二百九十四条第一款的解释》；2002 年 4 月 28 日《关于〈中华人民共和国刑法〉第三百八十四条第一款的解释》；2002 年 8 月 29 日《关于〈中华人民共和国刑法〉第三百一十三条的解释》；2002 年 12 月 28 日《关于〈中华人民共和国刑法〉第九章渎职罪主体适用问题的解释》；2004 年 12 月 29 日《关于〈中华人民共和国刑法〉有关信用卡规定的解释》；2005 年 12 月 29 日《关于〈中华人民共和国刑法〉有关出口退税、抵扣税款的其他发票规定的解释》；2005 年 12 月 29 日《关于〈中华人民共和国刑法〉有关文物的规定适用于具有科学价值的古脊椎动物化石、古人类化石的解释》；2014 年 4 月 24 日《关于〈中华人民共和国刑法〉第三十条的解释》、《关于〈中华人民共和国刑法〉第一百五十八条、第一百五十九条的解释》、《关于〈中华人民共和国刑法〉第二百六十六条的解释》、《关于〈中华人民共和国刑法〉第三百四十一条、第三百一十二条的解释》。

刑法立法解释是对刑法规范的含义予以阐明，并不是对刑法的修改和补充，这一点不同于刑法修正案。在法律效力上，刑法立法解释高于刑法司法解释，相当于准法律的地位。

2. 司法解释

司法解释，是指最高司法机关对刑法规范的含义所作的阐明。1981 年 6 月 10 日全国人大常委会通过的《关于加强法律解释工作的决议》规定：“凡属于法院审判工作中具体应用法律、法令的问题，由最高人民法院进行解释。凡属于检察院检察工作中具体应用法律、法令的问题，由最高人民检察院进行解释。最高人民法院和最高人民检察院的解释如果有原则性的分歧，报请全国人民代表大会常务委员会解释或决定。”据此，有权进行司法解释的主体，只能是最高人民法院和最高人民检察院,其他任何司法机关都没有司法解释权。但是,在实践中却普遍存在省级司法机关解释刑法的现象,甚至一些市、县的司法机关也解释刑法,这不仅导致解释主体的多元化,也影响了刑法的统一适用。为此,2012 年 1 月 18 日最高人民法院、最高人民检察院联合发布的《关于地方人民法院、人民检察院不得制定司法解释性质文件的通知》明确指出:"自本通知下发之日起,地方人民法院、人民检察院一律不得制定在本辖区普遍适用的、涉及具体应用法律问题的'指导意见'、'规定'等司法解释性质文件,制定的其他规范性文件不得在法律文书中援引。""地方人民法院、人民检察院在总结审判工作、检察工作经验过程中,认为需要制定司法解释的,按照《最高人民法院关于司法解释工作的规定》(法发〔2007〕12 号)和《最高人民检察院司法解释工作规定》(高检发研字〔2006〕4 号)的要求,通过高级人民法院、省级人民检察院向最高人民法院、最高人民检察院提出制定司法解释的建议或者对法律应用问题进行请示。"

值得研究的是,关于行政解释的效力问题。《关于加强法律解释工作的决议》第 3 条规定:"不属于审判和检察工作中的其他法律、法令如何具体应用的问题,由国务院及主管部门进行解释。"根据这一规定,行政解释对刑法适用不直接产生效力。但是,许多空白刑法规范所规定的犯罪又以违反"其他法律"为前提,国务院以及主管部门完全可能对"其他法律"的内涵作出解释。因此,从实然的角度来看,某些行政解释也能对刑法的适用产生实质性影响。

3. 学理解释

学理解释,是指由国家宣传机构、社会组织、教学科研单位、专家学者、辩护律师等从学理上对刑法规范含义的阐明。例如,刑法教科书、专著、论文、案例研究、辩护意见等,都属于学理解释。学理解释没有法律效力,但对于正确理解刑法规范,普及公众的刑法知识,促进刑法学科的发展,具有积极的意义。此外,学理解释如果被立法机关或司法机关采纳,则可以转化为有效解释。

示例 1-4　周某、张某嫖宿幼女案

一审法院认为:辩护人关于嫖宿幼女罪应当是明知是幼女而对之嫖宿的才构成嫖宿幼女罪,二被告人不明知卖淫女是幼女,其行为均不构成嫖宿幼女罪的辩护意见仅系一种学理解释,缺乏明确的法律依据予以佐证,故本院不予采纳。[7]

二审法院亦认为:周某的辩护人提出的"嫖宿幼女罪主观上应当以明知对方是幼女为构成要件"的辩护意见仅系学术上的一种观点,没有明确的法律依据,且与嫖宿幼女罪

〔7〕 湖南省常德市武陵区人民法院(2001)武刑初字第 53 号刑事判决书。

的立法本意相悖，本院不予支持。〔8〕

但再审法院认为：被告人周某、张某嫖宿不满14周岁的幼女事实清楚，证据确定、充分。但嫖宿幼女罪，主观上是否需要具备明知被害人是幼女为构成要件，我国刑法没有明确规定，目前最高人民法院也没有相关司法解释。但本案二审期间，最高人民检察院于2001年6月11日发出高检法发释字〔2001〕3号《关于构成嫖宿幼女罪主观上是否需要具备明知要件的解释》，明确规定行为人知道被害人是或者可能是不满14周岁幼女为构成嫖宿幼女罪的要件。最高人民检察院的该解释属司法解释，具有法律约束力，且与最高人民法院的司法解释无冲突，从司法统一性考虑，本案可以参照适用。辩护人的辩护理由成立。被告人周某、张某虽有嫖宿行为，但主观上不明知嫖宿对象为不满14周岁的幼女，其行为不构成嫖宿幼女罪。〔9〕

（四）刑法解释的方法

刑法解释的目标是“解释文本”，为实现这一目标，刑法解释应当遵循一定的规则、采用一定的方法以及提供一定的说理。刑法解释方法，基本可以分为文理解释和论理解释。通常所说的字面解释、扩大解释和缩小解释，应是根据不同的解释方法得出的解释结论，而不是解释方法本身。

1. 文理解释

文理解释，是指通过对法条用语及其组合规则的运用来解释文本，即“以文法解释文本”。文理解释仅有一种方法——文义解释法，即按照法条用语的词典含义解释条文，因而也可称为语言规则法、词典释义法。例如，1999年10月9日最高人民法院、最高人民检察院公布的《关于办理组织和利用邪教组织犯罪案件具体应用法律若干问题的解释》第1条规定：“刑法第三百条中的‘邪教组织’，是指冒用宗教、气功或者其他名义建立，神化首要分子，利用制造、散布迷信邪说等手段蛊惑、蒙骗他人，发展、控制成员，危害社会的非法组织。”这一解释，从解释方法来看，即属于文理解释。在司法实践中，法官也经常运用文理解释裁判案件。通常所谓的当然解释、反对解释、补正解释、宣言解释等都是根据语言规则对条文内容的再发现，因而都属于文理解释，是文理解释的具体运用。

示例1-5　吴某受贿案

二审法院认为：对索贿行为的解释要受文理解释的约束。刑法第三百八十五条将受贿罪的行为方式界定为“索取财物”或者“非法收受他人财物”。因此，对索取的解释，

〔8〕　湖南省常德市中级人民法院（2001）常刑终字第72号刑事裁定书。

〔9〕　《人民法院案例选》（总第47辑），人民法院出版社2005年版，第488页。

即构成了认定索贿行为的基础。我国刑法和相关司法解释并未就索贿作出进一步的解释。而依据《现代汉语词典》的解释,索取的含义为"向人要(钱或东西)",索贿的含义为"索取贿赂"。可见,只要行为人具有向他人要钱或其他财物的行为,即可构成索贿,而不论该财物最终被谁实际占有。[10]

示例1-6 黄某等串通投标案

被告人李某为能低价拍得某宗国有土地,承诺给予被告人黄某等其他拍卖人好处费200万元,要求上述人员放弃拍卖竞价。拍卖当天,这些人员没有举牌竞价,李某遂以起拍价320万元的价格取得该宗土地。对此,一审法院认为:被告人黄某、许某、高某、郝某、毛某相互串通投标报价,损害国家利益,情节严重,其行为已经触犯刑律,构成串通投标罪。[11]

然而,被告人实施的是串通拍卖行为,而非串通投标行为,虽然拍卖和招标投标都是竞争性的交易方式,具有一定的相似性,但毕竟二者在内涵、外延、标的、目的以及法律适用方面都存在差异,是两个完全不同的概念,将"拍卖"解释为"投标",混同了二者的词义差别。

2. 论理解释

论理解释,是指通过对立法沿革、立法目的的考究来解释文本,即"以事理解释文本"。论理解释的方法较多,如体系解释、历史解释、比较解释、目的解释等。例如,国家机关工作人员,从字面上看,应当是指列入各级国家机关人员编制,且在各级国家机关中任职的工作人员,即公务员。但是,《关于〈中华人民共和国刑法〉第九章渎职罪主体适用问题的解释》规定:"在依照法律、法规规定行使国家行政管理职权的组织中从事公务的人员,或者在受国家机关委托代表国家机关行使职权的组织中从事公务的人员,或者虽未列入国家机关人员编制但在国家机关中从事公务的人员,在代表国家机关行使职权时,有渎职行为,构成犯罪的,依照刑法关于渎职罪的规定追究刑事责任。"这一解释将一些不具有编制但从事公务活动的人员,也视为国家机关工作人员,扩大了国家机关工作人员的外延范围。

示例1-7 李某挪用资金案

二审法院认为:我国刑法第三百八十四条第一款规定挪用公款罪的法定刑升格条

[10] 湖南省高级人民法院(2014)湘高法刑二终字第74号刑事裁定书。

[11] 《刑事审判参考》(总第114集),法律出版社2019年版,第2页。

件是“情节严重的”，最高人民法院、最高人民检察院《关于办理贪污贿赂刑事案件适用法律若干问题的解释》第6条第1款第3项规定挪用公款“情节严重”情形之一是挪用公款不退还，数额在100万元以上不满200万元的；第11条第2款规定挪用资金罪中的“数额较大”、“数额巨大”以及“进行非法活动”情形的数额起点，按照本解释关于挪用公款罪“数额较大”、“情节严重”以及“进行非法活动”的数额标准规定的二倍执行，故按照法律体系解释，挪用资金罪中“数额较大不退还”这一法定刑升格条件应参照挪用公款罪数额标准的二倍执行，即应以挪用资金200万元以上不退还方能适用。[12]

（五）文理解释和论理解释的关系

刑法的解释目标是“解释文本”，解释规则是“文本解释”，解释方法是“文理解释”和“论理解释”。

1. 刑法解释的优位方法是文理解释

在刑法解释的两大基本方法中，文理解释是优位选择，论理解释是次位选择。这里的“优位”，不是指解释结论具有决定性，而是指在解释方法的适用上具有优先性。这不仅符合人类的认知规律，而且也符合由事择器的行为选择。一方面，读者在阅读法条时，总是首先根据语言符号的基本规则来理解的；另一方面，如果通过最简单的方法就能够确定文本的含义，自然没有必要选择更复杂的论理解释。

示例1-8　熊某、冯某强奸案

被告人熊某、冯某骗被害人谢某来到某宾馆房间，并强行脱光谢某的衣服，欲与其发生性关系。谢某先是不停反抗，后趁机逃走。二被告人的奸淫行为未能得逞。对此，抗诉机关认为：原审判决认定原审被告人具有轮奸情节不符合对刑法法条的文理解释。刑法的内容由文字表达、以普通用语为基础，作为司法工作者在理解法律条文的规定时，应当作出符合社会大众对于文字表述的一般理解，而不能作出大于文字表述含义的解释。从语义上分析，轮奸应当是“轮流奸淫”的简略表述，侧重强调的是“奸淫”行为的二人以上“轮流”，如果不具有这种一般人理解的“轮流奸淫”的行为，则不能认定具有轮奸情节。[13]

但再审法院认为：刑法概念上的轮奸，是指两个以上的男子在同一时间，以暴力、胁迫或者其他手段对同一妇女或幼女进行强奸或者奸淫的行为。轮奸并非刑法确定的罪名，亦无犯罪形态既遂、未遂、中止之说。因该类犯罪对受害人的身心伤害更甚，立法需对此加以特殊的保护，以体现罪责刑相适应的刑罚原则。结合本案，原审被告人熊某与同

---

〔12〕　河南省商丘市中级人民法院（2017）豫14刑终226号刑事判决书。

〔13〕　重庆市人民检察院第四分院渝检四分审刑抗（2016）1号刑事抗诉书。

案犯冯某主观上有“性侵”的意思联络,客观上积极、主动、强行的实施了性侵行为,虽因被害人的强烈反抗而未成就通说认可的强奸既遂,但不影响对原审被告人熊某与同案犯冯某轮奸情形犯罪事实的认定。[14]

2. 论理解释对文义解释的校验功能

由于“文义”本身具有多义性,不同解释主体根据文理解释所得出的解释结论可能各不相同。当适用文理解释得出两种或者更多的解释结论时,就需要论理解释来印证、校验。因此,文理解释是首要的解释方法,论理解释则是辅助解释方法。

(1)体系解释对文义解释的校验功能

体系解释是将目标文本置于某一类法条中,以维护整体性、一致性为原则作出解释的方法。每一个刑法条文、每一个刑法概念都不是孤立存在的,而是与其他条款、其他概念之间存在一定的逻辑关系。这种逻辑关系决定了刑法的协调性和统一性。体系解释对文义解释结论的检验,是参照其他概念、其他条款、其他章节甚至其他法规范,考察该文义解释的结论置于其中时是否与之相矛盾,是否引起整个刑法体系的矛盾、抵牾和混乱。

体系解释的重要规则之一是同一性规则,即同一用语在同一部刑法典中应当具有完全相同的含义。维护相同用语含义的一致性以避免概念混淆,是保障刑法整体协调性的基本要求。但是,如果在对某一相同概念作出完全相同的解释会导致刑法整体不协调时,则必须承认刑法用语的相对性。这两者并不矛盾,都是体系解释的运用。

示例 1-9 董某、谢某破坏生产经营案

一审法院认为:被告人董某为打击竞争对手,雇佣并指使被告人谢某多次以同一账号恶意大量购买智齿科技南京公司淘宝网店铺的商品,从而导致浙江淘宝网络有限公司错误判定该店铺在从事虚假交易,并对其作出商品搜索降权的处罚,严重影响了智齿科技南京公司淘宝网店铺的正常经营活动,且给该公司造成了较大的经济损失,其行为属于以其他方法破坏企业的生产经营。[15]

但是,根据体系解释原则,刑法第 276 条规定的破坏生产经营的手段之一“其他方法”,应当是与“毁坏机器设备”“残害耕畜”相当的方法,即使用物理暴力、暴力针对的对象是生产资料等实物、暴力行为发生在现实空间。本案中的“虚假评价”显然

〔14〕 重庆市第四中级人民法院(2016)渝 04 刑再 3 号刑事裁定书。
〔15〕 江苏省南京市雨花台区人民法院(2015)雨刑二初字第 29 号刑事判决书。

不具有这些特点，将其认定为“其他方法”，违反了体系解释的同一性规则。

(2)目的解释对文义解释的校验功能

与体系解释相比，目的解释是更有力、更具终局性的检验手段。在体系解释的补强作用不明显、不同解释主体对解释结论仍存在争议时，目的解释有助于进一步补强。目的论的基本预设是，在可供选择的解释方案中，有一种能更好地服务于制定法的最终目的。立法者创设规范都有其特定的意图，“目的是全部法律的创造者，每一条法律规则的产生都源于一种目的，即一种事实上的动机”。[16] 目的解释就是要探寻立法者制定规范时的原初意图，立法说明、立法草案、审议记录等大量的立法文献，以及立法当时的政治、经济、社会、技术等附随情况则为这种努力提供了素材。

示例 1-10　马某利用未公开信息交易案

最高人民法院再审认为：《刑法修正案(七)》新增利用未公开信息交易罪，并将该罪与内幕交易、泄露内幕信息罪规定在同一法条中，说明两罪的违法与责任程度相当。利用未公开信息交易罪也应当适用“情节特别严重”……刑法第 180 条第 4 款虽然没有明确表述“情节特别严重”，但是根据本条款设立的立法目的、法条文意及立法技术，应当包含“情节特别严重”的情形和量刑档次。法条没有重复表述不等同于法律没有明确规定。[17]

---

〔16〕［美］E. 博登海默：《法理学——法哲学及其方法》，邓正来、姬敬武译，华夏出版社 1987 年版，第 104 页。

〔17〕最高人民法院(2015)刑抗字第 1 号刑事判决书。

第二章　刑法的基本原则

第一节　刑法基本原则概述

一、刑法基本原则的概念

刑法基本原则，是指刑法所特有的，贯穿于全部刑法规范，对刑事立法和刑事司法具有普遍指导意义和约束功能的根本准则。刑法基本原则是法治基本原则在刑法领域中的具体表现，其源于法治基本原则，但又具有自身独有的特点。

首先，刑法的基本原则是刑法特有的原则，而不是各个部门法所共有或特有的原则。在法律体系的诸多原则中，既有各个部门法的共同原则，又有各个部门法的特有原则。共同原则和特有原则，是共性与个性、一般与特殊的关系。例如，法律面前人人平等是法治的基本原则，意思自治是民法的基本原则，合法行政是行政法的基本原则。刑法的基本原则，顾名思义，应当是有别于法律体系共同原则的原则，也是有别于其他法律部门特有原则的原则。

其次，刑法的基本原则应当是贯穿于刑法规范始终，具有全局性、根本性的准则。刑法中存在许多原则，但并非所有原则都是刑法的基本原则。只有贯穿于全部刑法规范之中，具有全局性、根本性的准则，才可谓之“刑法的基本原则”。例如，对累犯从重处罚原则、对未成年犯从宽处罚原则、数罪并罚原则等，虽然都是刑法的重要原则，但这些原则仅适用于刑法某一方面的问题或事项，并不具有全局性的指导意义，因而只是刑法中的局部原则，并不属于刑法的基本原则。

最后，刑法的基本原则应当是刑事立法、刑法解释和刑法适用都必须遵循的准则。既然是“刑法的基本原则”，则应当得到普遍的遵循，即无论是刑事立法活动还是刑事司法活动，都应当遵循这些准则。解释刑法和适用刑法必须遵循刑法的基本原则，这通常不难理解。需要强调的是，在制定刑法的过程中，也应当遵循刑法的基本原则；不能认为刑法的基本原则是刑法本身规定的，就否认其对刑事立法的指导意义。

二、刑法基本原则的确定

旧刑法没有明文规定刑法的基本原则，因而理论界对基本原则的概括观点纷呈。有的将其概括为罪刑法定原则、罪责刑相适应原则和罪责自负、反对株连原则三个原则，有的将其概括为罪刑法定原则、罪责刑相适应原则、主客观相统一原则、惩办和教育相结合原则四个原则，有的将其概括为罪刑法定原则、惩办与宽大相结合原则、罪责刑相适应原则和罪责自负、反对株连原则四个原则，如此等等。对刑法基本原则概括的不同，既与论者对刑法功能和目的的认识差异有关，也与论者自身的价值取向不同有关。

现行刑法对刑法基本原则作出了明文规定，共有三个，即罪刑法定原则、适用刑法平等原则、罪责刑相适应原则。

第二节　罪刑法定原则

一、罪刑法定原则的含义

关于罪刑法定原则的含义，近代刑法学之父费尔巴哈 1801 年在其所著的《德国刑法教科书》中首次用拉丁法谚的形式作了经典表达，即“无法无刑（法无明文规定不处罚），无法无罪（法无明文规定不为罪），有罪必罚”。拉丁语为：“*Nulla poena sine lege, nulla poena sine crimine, nullum crimen sine poena.*”[1]我国刑法第 3 条规定：“法律明文规定为犯罪行为的，依照法律定罪处刑；法律没有明文规定为犯罪行为的，不得定罪处刑。”这一规定，即是罪刑法定原则在我国刑法中的具体表达。

罪刑法定原则是近现代刑法的基石，其思想渊源可以追溯至 1215 年英王约翰签署的《大宪章》。其第 39 条规定：“任何自由人，如未经其同等公民之依法裁判，或经国家法律判决，皆不得被逮捕、监禁、没收财产、剥夺法律保护权、流放，或加以任何其他损害。”这一规定奠定了正当的法律程序的思想基础。英国 1628 年《权利请愿书》、1688 年《人身保护令》也从不同角度巩固了罪刑法定主义思想。此后，罪刑法定主义远渡重洋，在北美大陆广为传播。1787 年《美国宪法》第 1 条第 9 款第 3 项规定：“……不得通过剥夺公民权利的法案或追溯既往的法律。”1791 年通过的宪法修正案第 5 条规定：“任何人……未经正当法律程序，不得被剥夺生命、自由或财产……”与此同时，罪刑法定思想在大陆法系国家也得到了广泛的传播。法国 1789 年《人权宣言》第 8 条规定：“法律只应规定确实需要和显然不可少的刑罚，而且除非根据在犯法前已经制定和公布的且系依法施行的法律以外，不得处罚任何人。”1791

---

〔1〕［德］安塞尔姆·里特尔·冯·费尔巴哈：《德国刑法教科书》，徐久生译，中国方正出版社 2010 年版，第 31 页。

年《法国宪法》吸收了这一规定的基本精神,作了类似的规定。1810 年《法国刑法典》第 4 条规定:“不论违警罪、轻罪或重罪,均不得以实施犯罪前法律未规定之刑处罚之。”在世界立法史上,这是第一次在刑法典中明文规定罪刑法定原则,从而使罪刑法定原则从宪法中的宣言式规定变为刑法中的实体性规定。受 1810 年《法国刑法典》的影响,其他大陆法系国家亦纷纷在刑法典中规定罪刑法定原则。至此,罪刑法定原则作为刑法的基本原则,已经获得一体确认。

罪刑法定原则不仅在各国的刑法典或宪法中得以明确规定,而且被写进国际条约,得到国际社会的承认,成为国际人权法的基本原则。例如,1948 年《世界人权宣言》第 11 条第 2 款规定:“任何人的任何行为或不行为,在其发生时依国家法或国际法均不构成刑事罪者,不得被判为犯有刑事罪。刑罚不得重于犯罪时适用的法律规定。”1966 年《公民权利和政治权利国际公约》第 15 条第 1 款规定:“任何人的任何行为或不行为,在其发生时依照国家法或国际法均不构成刑事罪者,不得据以认为犯有刑事罪。所加的刑罚也不得重于犯罪时适用的规定。如果在犯罪之后依法规定了应处以较轻的刑罚,犯罪者应予减刑。”从这些规定不难看出,罪刑法定原则已经成为法治的基本原则,是保障人权的最有力的法律武器。

值得注意的是,关于罪刑法定原则的条文表述,我国刑法第 3 条与域外立法存在明显的区别:前者从肯定和否定两个层面规范国家的刑罚权,后者则仅从否定的层面规范国家的刑罚权。对此,有学者指出,第 3 条前段规定了积极的罪刑法定原则,从而使我国的罪刑法定原则更为全面,既注重保护社会、打击犯罪,又注重保障人权、限制司法权,是罪刑法定原则的新发展。〔2〕 另有学者认为,刑法第 3 条后段虽然是对罪刑法定原则的规定,但其前段并不是对罪刑法定原则的规定(不是所谓积极的罪刑法定原则),而是针对我国刑法分则的特点,为了防止司法工作人员随意出罪所作的规定。即前段旨在突出刑法的法益保护机能,后段旨在突出刑法的人权保障机能。〔3〕 本书认为,从法条的表述来看,我国的罪刑法定原则确实不同于域外,域外只规定了消极的罪刑法定原则(限制国家刑罚权的行使),而我国既规定了消极的罪刑法定原则,还规定了“积极的罪刑法定原则”(鼓励国家刑罚权的行使)。但从发生学来看,罪刑法定原则都应当是消极的,即限制国家刑罚权的行使,不存在积极的罪刑法定原则。但是,认为刑法第 3 条前段规定的不是罪刑法定的内容,似乎也不妥当。从立法演进史来看,旧刑法没有规定刑法的基本原则,新刑法设专条予以明确规定,且鉴于基本原则的重要性,在规定基本原则的内容时不太可能又规定非基本原则的内容;从立法模式来看,第 4 条关于适用刑法人人平等原则和第 5

---

〔2〕 何秉松主编:《刑法教科书》(上卷),中国法制出版社 2000 年版,第 63 页以下。

〔3〕 张明楷:《刑法学》,法律出版社 2016 年版,第 48 页。

条关于罪责刑相适应原则的规定，都是采用一条文一基本原则的模式，并没有在条文中规定非基本原则的内容，因而可以合理推断，第3条规定的也全部是罪刑法定原则的内容。事实上，关于刑法第3条前段的规定，不应理解为，“对于任何犯罪行为，只要法律有明文规定，司法机关就应当一律行使刑罚权，对犯罪分子定罪处刑”〔4〕，而应理解为，“对于任何犯罪行为，即使法律有明文规定，司法机关在行使刑罚权时，也只能在法律规定的罪名、刑种和刑度的范围内对犯罪分子定罪处刑”。简言之，我国刑法第3条前段的规定，侧重于对国家刑罚权适用内容的制约，而后段的规定侧重于对国家刑罚权启动程序的制约。

二、罪刑法定原则的思想基础

罪刑法定思想基础主要有自然法理论、三权分立思想、心理强制说、民主主义和尊重人权主义等。

自然法理论认为，每个人都有维护自然法的义务，违反这种义务就应当受到惩罚。但是，委让给国家的刑罚应当限于必要的最低限度之内，因而国家必须预先明示违反义务的种类及其刑罚。三权分立思想主张，应当严格分离立法权、行政权和司法权，并由不同的国家机关分别行使，以避免国家权力的专制，从而保障个人的权利和自由。对于司法机关而言，其只受立法机关制定的法律约束，只能严格地适用法律，不得随意解释法律；对于立法机关而言，必须以明确和具体的法律规定犯罪和刑罚；凡是法律没有明文禁止的行为，则不构成犯罪，不得处罚。心理强制说认为，人皆有趋利避害的心理，如果把刑罚作为犯罪的后果预先予以规定，并在实施犯罪时立即适用法律规定的刑罚，则人们就会在不犯罪产生的较小的痛苦和因受刑罚处罚而产生的较大的痛苦之间进行权衡，从而抑制犯罪行为的实施。因此，必须由法律事先规定刑罚，并通过执行刑罚对公众产生心理威慑，从而达到预防犯罪的效果。民主主义要求，国家的重大事务应当由公民自己决定，各种法律应当由公民或者其代议机构制定。刑法规定的事项直接关系着每个公民的生命、身体、自由、财产和名誉，属于特别重大的事项，因而只能由立法机关制定，而不能由司法机关或其他机关制定。尊重人权主义认为，法律是保障自由，而不是限制自由。为了保障公民的行动自由，就要使公民能够预测自己行为的性质。因此，对何种行为构成犯罪，对何种犯罪给予何种处罚，必须事先由法律予以明确规定，从而使公民从事行动时有章可循，有规可依。

---

〔4〕 如果作这种理解，即将第3条前段理解为防止司法工作人员随意出罪的话，则该部分内容将与刑法第4条规定的适用刑法人人平等原则的内容存在重复，成为赘文，这显然不符合“尽量使每个条款有效”的法律解释原则。

三、罪刑法定原则的基本内容

罪刑法定原则在其演进过程中,产生了以下派生原则:法律主义、禁止事后法、禁止类推解释、禁止绝对不定期刑、明确性原则、刑罚法规正当原则。

法律主义,是指规定犯罪和刑罚的法律必须是成文法,法官只能根据成文法定罪量刑。基于法安定性的要求,刑罚法规必须是以文字形式固定下来的制定法。否则,公民对其行为必然没有预测可能性,刑法的自由保障功能也就无从谈起。习惯法往往缺乏明确表达,公民难以据此预测自己行为的性质和后果,且难以限制司法权,因而不能作为刑法的渊源。不过,应当注意的是,习惯法虽然不能作为刑法的渊源,但却是解释犯罪构成要件时可以考虑的因素。确切地说,习惯法虽然不能作为入罪的事由,但却可以作为出罪、否定行为可罚性的因素。即当存在有利于行为人的习惯法,如果行为人以习惯法为根据实施行为时,则可以缺乏违法性认识为由,排除犯罪的成立。法律主义,还要求刑罚法规的制定主体必须是立法机关,而不能是行政机关。但这存在例外,即当法律委任政令制定罚则时,政令可以在委任的范围内制定罚则,此即委任立法。一般认为,委任立法因有法律的明确授权,因而并不违反罪刑法定原则。根据我国《宪法》《立法法》等法律规定,行政机关所制定的行政法规,不能设立刑罚;我国也没有委任立法的规定。因此,在这一点上,我国比较严格地遵循了罪刑法定原则的要求。

禁止事后法,又称禁止溯及既往,是指刑法只能适用于其施行之后的行为,而不能追溯适用于其施行之前的行为。禁止事后法,是保障公民自由的当然要求。公民一般是根据现行有效的法律安排自己的事务,实施自己的行为。在这种情况下,公民是自由的,因为现行有效的法律是可以预见的。如果公民根据现行有效法律实施的合法行为,会被未来的法律宣告为犯罪并受到刑罚惩罚,则公民就无法安排自己的事务,也就没有自由可言。溯及既往的法律会破坏法的安定性,不当地侵害公民的自由,理应予以禁止。不过,应当注意的是,禁止事后法只是禁止不利于被告人的新法溯及既往,如果新法的适用是有利于被告人的,则应当允许。根据预测可能性的原理,下列做法均违反了禁止事后法原则:(1)对行为时并未禁止的行为科处刑罚;(2)对行为时虽有法律禁止但并未以刑罚禁止的行为科处刑罚;(3)事后减少犯罪构成要件或者降低犯罪成立条件而增加犯罪可能性;(4)事后提高法定刑或者加重刑罚内容;(5)改变刑事证据规则,事后允许以较小或较简单的证据作为定罪根据。

示例 2-1 江山造纸厂、杨某销毁会计资料案

一审法院认为:江山造纸厂往年虽然烧毁过会计资料,但那些行为发生在刑法修正

以前，根据罪刑法定和不溯及既往的原则，以往的这些行为不构成犯罪。在刑法将销毁会计资料的行为明确规定为犯罪后，江山造纸厂和杨某仍不顾法律规定，为了本厂私利而以身试法，故不得不对其施以刑罚。[5]

禁止类推解释，是指禁止对刑法规范作出超出其文义射程范围的解释。类推解释，是指当具体行为事实和法律规定的构成要件基本相似（但并不相同）时，基于处罚的需要，将后者的法律效果适用于前者的情形。旧刑法第 79 条规定："本法分则没有明文规定的犯罪，可以比照本法分则最相类似的条文定罪判刑，但是应当报请最高人民法院核准。"该条规定的内容即属于类推，确切地说，是立法类推，即在立法上确认类推解释的合法性。虽然该条规定了严格的适用程序，且在实践中适用的案件数量相当有限，但毕竟允许类推定案，因而很难说旧刑法确立了罪刑法定原则。

示例 2-2　朱某盗窃国家重要机密案

最高人民法院复核认为：被告人朱某盗窃全国高等学校考试题印刷版的行为，严重违反了国家保密法规，影响了国家正常的高考秩序，应依法追究其刑事责任。朱某作案后能投案自首，可以从轻处罚。原审法院对朱某犯罪事实的认定和适用类推是正确的。但是，国家考试题属于国家机密，朱某的犯罪行为所侵犯的客体，属于国家保密法规，故原审法院比照刑法第 167 条类推朱某犯盗窃公文罪不确切。经审判委员会讨论，认定该案应比照刑法第 186 条类推朱某犯盗窃国家重要机密罪。[6]

类推解释之所以是罪刑法定的天敌，是因为如果允许类推解释，司法机关就可以将刑法条文未包含的事项解释为刑法条文所包含的事项，这就超出了公民的预测可能性，从而导致刑法规范的评价指引功能失效。换言之，类推解释的结果，必然导致公民不能预测自己行为的后果，导致不教而诛。因此，罪刑法定原则必然反对类推解释。

示例 2-3　李某职务侵占案

二审法院认为：刑法第 253 条第 2 款是专门针对具有特殊主体身份的邮政工作人员的立法，属于特别规定。根据罪刑法定的原则，对于定罪的法律条款不可进行类推解释。上述刑法条款只适用于邮政工作人员窃取财物的行为，而一审被告人李某并非邮政工作人员，不适用该规定。[7]

---

[5]《最高人民法院公报》2002 年第 4 期。

[6]《最高人民法院公报》1988 年第 3 期。

[7]《最高人民法院公报》2009 年第 8 期。

罪刑法定原则反对类推解释,但并不反对扩张解释。不过,类推解释和扩张解释都是超出语词的字面含义解释刑法,因此彼此的界分在实践中是一个难题。本书初步认为,二者的界限在于解释结论超出语词含义的“度”的不同。类推解释超出了刑法用语的文义射程范围,为一般公民所难以预测;扩张解释虽然亦超出刑法用语的平义,但尚在文义射程范围之内,并未超出公民预测的范围。由于这里的“度”是相对的和模糊的,因而类推解释和扩张解释的区分,在实践中也必然是相对的和模糊的,实际上往往取决于解释主体的主观认识。

禁止绝对不定期刑,是禁止立法机关在法律上仅规定某种行为构成犯罪,但不规定相应的刑罚,或者禁止法院在对犯罪人进行判决时仅作有罪宣告,而不作确定的刑罚宣告。不定期刑主要有两种基本模式:一是绝对不定期刑;二是相对不定期刑。前者是指裁判时只作有罪宣告,不指明所需执行的刑期,而完全由行刑机关根据罪犯表现决定释放时间;后者是指裁判时,在法官作有罪宣告的同时,还确定罪犯所需执行的最高刑期或最低刑期,行刑机关在此情况下决定释放的时间。不定期刑制度有利于贯彻刑罚个别化原则,实现刑罚的教育改善目的,但刑期长短没有具体的标准,容易诱发专断,侵犯人权。从历史来看,19 世纪中叶德国的某些州和美国的纽约州曾经采用相对不定期刑制度,20 世纪后美国大部分州曾经推行相对不定期刑制度,但后来大多被迫放弃。至于绝对不定期刑,则鲜有国家和地区适用。

明确性原则,是指规定犯罪的法律条文必须清楚明确,使人能确切地了解违法行为的内容,准确地确定犯罪行为与非犯罪行为的范围,以保障该规范没有明文规定的行为不会成为该规范适用的对象。明确性原则源自美国司法实践中“不明确即无效”的宪法原则,后被德日等大陆法系国家所借鉴,作为罪刑法定原则的派生原则。作为罪刑法定原则的基本内容,明确性是限制国家权力、保障公民自由的基本要求。不明确的法律,利于国家而不利于被告人,因为国家可以随意解释法律,公民自由则处于受侵害的危险之中。罪刑法定主义的内容,包括罪之法定和刑之法定两个方面,因此,明确性原则,不仅适用于犯罪构成创设,也适用于法定刑配置。明确性原则是法治的原则,而刑法对明确性的要求是最高的,但也要注意相对性,不能将明确性要求推至极致。例如,法国大革命胜利后制定的第一部刑法典——1791 年《法国刑法典》对所有的犯罪均规定绝对确定的刑罚,以限制法官的自由裁量权,彻底贯彻明确性原则,但在适用中却因与实践严重脱节而乱象丛生,反而不利于人权保障。

刑罚法规正当原则,是指对于刑罚法规中规定的犯罪和刑罚,必须有关于该行为规定为犯罪的合理根据。具体包括禁止处罚不当罚的行为和禁止残虐的刑罚。前者是指不得对符合宪法规定的权利行为进行处罚,或者不得对轻微危害行为和缺乏处罚必要性的行为进行处罚;后者是指禁止以不必要的肉体或精神的痛苦为内容、在人道上被认为是残酷的刑罚。这一原则是否要求刑罚与犯罪的轻重相均衡的罪刑均衡思想，值得专门研究。不少学者认为，宪法对残虐刑的禁止或者宪法规定的实体正当程序均包含了罪刑均衡的旨趣。我国也有不少学者赞同这种主张，将罪刑均衡纳入罪刑法定原则的内容之中。但是，本书认为，由于西方国家的宪法或刑法没有规定罪责刑相适应原则，因而将罪刑均衡的内容纳入罪刑法定原则之中，在其立法语境下有一定的合理性，但我国刑法明文规定了罪责刑相适应原则，因此不能照搬国外刑法理论，也将罪刑均衡内容塞进罪刑法定原则之中，否则会造成罪责刑相适应原则的内容被掏空，成为一具空壳。

四、罪刑法定原则的立法实现

目前，世界上绝大多数国家都实行罪刑法定原则。至于具体的立法模式，则各具特色。有的国家在宪法中明确规定罪刑法定原则，在刑法中不再规定，如日本、挪威等国；有的国家在刑法中专门规定罪刑法定原则，在宪法中没有规定，如德国、荷兰等国；有的国家在宪法和刑法中同时规定罪刑法定原则，如法国、意大利等国。我国旧刑法没有明文规定罪刑法定原则，相反还规定了有罪类推制度，因而被认为没有确立罪刑法定原则，或者至少贯彻得不彻底。新刑法从完善刑事法治、保障人权的需要出发，明文规定了罪刑法定原则，并在一系列制度设计上充分遵循这一原则。具体体现在以下方面：

1. 新刑法实现了犯罪的法定化和刑罚的法定化。犯罪的法定化具体表现在：明确规定了犯罪的概念；明确规定了犯罪构成的共同要件；明确规定了各种具体犯罪的构成要件等。刑罚的法定化具体表现在：明确规定了刑罚的种类；明确规定了量刑的原则；明确规定了各种具体犯罪的法定刑等。

2. 新刑法取消了旧刑法第 79 条规定的有罪类推制度，从而为真正贯彻罪刑法定原则扫清了障碍。

3. 新刑法重申了旧刑法第 9 条关于刑法溯及力问题上的从旧兼从轻原则，并作了进一步明确、具体的规定。

4. 新刑法及其后的单行刑法、刑法修正案在罪名的规定方面已经相当详备。新刑法施行之后，全国人大常委会基于因应社会政治、经济、文化等方面的变化以及同犯罪作斗争的需要，颁行了 1 个单行刑法和 10 个刑法修正案，对刑法典进行了诸多修改，刑法分则条文达到 384 条，罪名数量增至 469 个。这些大量增设的罪名，不仅反映了罪刑法定原则关于罪刑规范详备的要求，而且也有利于在司法实践中贯彻罪刑法定原则。

5. 新刑法及其后的单行刑法、刑法修正案在具体犯罪的罪状和法定刑设置方面，增强了可操作性。对于大量犯罪，尤其是新增罪名，新刑法尽量使用叙明罪状，使犯罪构成要素具体化;在犯罪的处罚规定上,注重量刑情节的具体化。这极大地增强了刑法规范的可操作性,有利于实现罪和刑的明确化、精细化。

五、罪刑法定原则的司法实现

刑事立法上的罪刑法定原则要付诸实现,有赖于司法机关在实务中不折不扣地执行法律规定。总体来看,罪刑法定原则在立法实践中贯彻得比较成功,但在司法实践中贯彻得不尽如人意。从司法实践来看,要切实贯彻罪刑法定原则,应当特别注意以下两个问题:

1. 正确定罪量刑。认定某一行为事实是否构成犯罪,必须以刑法规定的犯罪构成要件为根据,认真分析具体犯罪的构成要件,将案件事实与构成要件仔细比对,从而作出二者是否匹配的正确认定。对各种犯罪的量刑,应当以刑法规定的法定刑以及法定量刑情节为根据。在处理定罪和量刑的关系时,应当严格遵循先定罪后量刑的司法逻辑,不能实行所谓的量刑反制定罪的路径,即事先确定具体行为是否构成犯罪及其宣告刑,然后再寻找"合适"的罪名。

示例 2-4　肖某以危险方法危害公共安全案

被告人肖某通过新闻得知炭疽杆菌是一种白色粉末的病菌,国外已经发生接触夹有这种病菌的邮件而致人死亡的事件,因此,认为公众收到此类邮件会产生恐慌心理,遂将家中粉末状的食品干燥剂装入两只信封内,分别邮寄给上海市人民政府某领导和上海东方电视台新闻中心陈某。有关人员在拆阅上述信件后,造成精神高度紧张,同时引起周围人们的恐慌。对此,一审法院认为:肖某故意制造恐怖气氛,危害社会稳定,已构成以危险方法危害公共安全罪,且系原犯盗窃罪在刑罚执行完毕后5年内再次犯罪,系累犯,依法应当从重处罚。为惩治和防范恐怖犯罪活动,保障国家安全、社会公共安全和公民人身财产安全,维护社会稳定,依照刑法第114条和第65条第1款的规定,判决肖某犯以危险方法危害公共安全罪,判处有期徒刑4年。〔8〕然而,肖某投寄虚假炭疽杆菌(干燥剂)给有关领导的行为客观上不仅不具有与放火、爆炸、投放危险物质等行为相当的破坏能力,而且根本不具有造成不特定多数人的伤亡或者重大公私财产损失的潜在危险,因而并不符合以危险方法危害公共安全罪的构成要件,不应以该罪论处。

示例 2-5　秦某非法采伐、毁坏国家重点保护植物案

被告人秦某在未办理野生植物采集证的情况下,擅自采挖兰草一丛三株,返回

〔8〕上海市第二中级人民法院(2001)沪二中刑初字第132号刑事判决书。

途中,被森林公安局民警查获。经河南林业司法鉴定中心鉴定,秦某采挖的兰草系兰属中的蕙兰。对此,一审法院认为:被告人秦某违反国家规定,非法采伐国家重点保护植物蕙兰3株,其行为已构成非法采伐国家重点保护植物罪,且属情节严重。[9]

但再审法院认为:现行《国家重点保护野生植物名录(第一批)》未将蕙兰列入其中,即蕙兰不属于国家重点保护植物。根据刑法第344条之规定,只有非法采伐国家重点保护植物的行为才构成非法采伐国家重点保护植物罪,原审判决适用法律错误。[10]

本案能否得到正确处理的关键,在于判定蕙兰是否属于"国家重点保护植物"。我国于1980年12月25日加入《濒危野生动植物种国际贸易公约》,该公约自1981年4月8日对我国生效,蕙兰属于其附录二中所列植物物种。1999年9月9日,经国务院批准,并由国家林业局和农业部发布实施《国家重点保护野生植物名录(第一批)》,蕙兰不在该批名录之中。据此,可以认为,我国认定上述国际公约中规定的蕙兰,不属于国家重点保护植物。因此,被告人秦某的行为不构成非法采伐国家重点保护植物罪。

2. 正确解释刑法。贯彻罪刑法定原则,有赖于对刑法规范进行合理、正当地解释。如何使刑法解释符合刑法条文,如何防止解释者僭越立法权,是刑法适用论的重大课题。鉴于刑法解释的复杂性,不可能采用单一规则解决所有的问题。为使刑法规范得以充分适用而又恪守罪刑法定原则,解释刑法时特别应当注意以下几点:一是优先采用文理解释方法;二是当根据文理解释可能得出数种解释结论时,则应采用论理解释方法进行校验;三是允许扩张解释,但坚决反对类推解释。

示例2-6 郭某非法经营案

一审法院认为:被告人郭某违反国家的有关规定,为谋取非法利益,在未经工商行政管理部门依法登记的情况下,擅自从事二手车经营,其经营数额为34.5万元,情节特别严重,其行为构成非法经营罪。[11]

但二审法院认为:按照现行的《二手车流通管理办法》的规定,二手车流通监督管理遵循破除垄断,鼓励竞争,促进发展和公平、公正、公开的原则,凡具备企业法人条件,并依法到工商行政管理部门办理了登记的企业,均可从事二手车经销、拍卖、经纪、鉴定评估等经营活动或设立二手车交易市场,另外二手车所有人可在二手车交易市场将车辆直接出售给买方。这些规定表明二手车流通在现阶段已不再属于特殊商品流通,加之我国又

[9] 河南省卢氏县人民法院(2016)豫1224刑初208号刑事判决书。
[10] 河南省卢氏县人民法院(2018)豫1224刑再4号刑事判决书。
[11] 江西省新余市渝水区人民法院(2006)渝刑初字第385号刑事判决书。

始终未对二手车买方资格进行过限制,故二手车应认定为非限制流通物品,非法经营二手车不能适用刑法关于非法经营罪的规定。个人经销二手车等非法经营二手车的行为违反了有关行政规章的规定,具有一定的社会危害性,但鉴于目前尚无法律明文规定其系犯罪行为,依照罪刑法定的刑法原则,对这种行为不得定罪处刑。[12]

第三节 适用刑法平等原则

一、适用刑法平等原则的含义

刑法第4条规定:"对任何人犯罪,在适用法律上一律平等。不允许任何人有超越法律的特权。"该条规定的即是适用刑法平等原则。适用刑法平等原则的基本含义是:对任何人犯罪,不论犯罪分子的家庭出身、社会地位、职业性质、财产状况、政治面貌、民族性别、能力水平等,一律平等地适用刑法,依法定罪、依法量刑和依法行刑,不允许任何人有超越法律的特权。

适用刑法平等原则,是宪法确立的法律面前人人平等原则在刑法上的具体化。法律面前人人平等是宪法确立的社会主义法治的基本原则。《宪法》第5条第4款、第5款明确规定:"一切国家机关和武装力量、各政党和各社会团体、各企业事业组织都必须遵守宪法和法律。一切违反宪法和法律的行为,必须予以追究。任何组织或者个人都不得有超越宪法和法律的特权。"宪法规定的这一原则要真正取得实效,必须在各个部门法中得到贯彻执行。一些基本法律,如刑事诉讼法、民事诉讼法等均规定公民在适用法律上一律平等。刑法作为惩罚犯罪、保护权益的基本法律,更应当贯彻这一原则。鉴于司法实践中适用刑法不平等的现象在现阶段还比较严重,所以刑法明文规定了这一原则。不过,应当注意的是,与其他基本原则不同,这一原则主要适用于司法范畴。在立法层面是否应当遵循平等原则,这是一个更深的理论课题,有待进一步研究。

适用刑法平等原则并不反对个别化原则。平等原则的核心要求是相同情况相同处理。这一规则的潜在含义则是不同情况不同处理。因此,平等原则并不反对实行差别待遇,而是反对没有标准的、不合理的差别待遇。例如,刑法规定,对中止犯要从宽处罚,正是考虑到中止犯与非中止犯在行为的社会危害性方面的程度差异。又如,司法实践中对初犯通常要酌情从宽处罚,也是考虑到初犯和再犯在人身危险性方面存在程度差异。这些规定和做法,既坚持了适用刑法平等原则,又考虑到个

---

〔12〕 江西省新余市中级人民法院(2007)余刑二终字第5号刑事判决书。

体的特殊性，有利于实现最佳的法律效果。

示例 2-7　郝某甲盗窃案

一审法院认为：被告人郝某甲与被害人郝某乙虽不是法定的近亲属，但被告人系被害人的亲侄孙，属五代以内旁系血亲，且被告人从小就和被害人一起生活，二人亲情深厚，在被告人犯罪后，被害人多次向法庭要求对被告人从宽处理。被告人归案后认罪态度好，悔罪表现明显，且所盗款项大部分被及时追回，不足部分也由其亲属退赔给了失主。综合考虑本案被告人的犯罪情节、危害后果及其悔罪表现，被告人的犯罪行为应属刑法第37条规定的“犯罪情节轻微，不需要判处刑罚”的情形，故可对被告人免予刑事处罚。〔13〕

二、适用刑法平等原则的司法实现

在刑事司法中贯彻适用刑法平等原则，必须坚持刑事司法公正。刑事司法公正主要体现在定罪、量刑和行刑三个环节：

首先，在定罪上一律平等。对任何人犯罪，无论其身份地位、财产状况、政治面貌等如何，一律平等对待，适用相同的定罪标准。既不能因为被告人地位高、功劳大、能力强而不予定罪、网开一面，也不能因为被告人是普通公民就妄加追究、任意定罪。

其次，在量刑上一律平等。在对犯罪人量刑时，同样不得考虑其身份、能力等要素，而应结合案件的法定量刑情节和酌定量刑情节综合权衡。基本规则是：罪名相同且犯罪情节和危害程度相同的，应当做到同罪同罚；罪名相同但犯罪情节和危害程度存在差异的，可以同罪不同罚。特别是，不能因为被告人地位高、权势大、财产厚而突破法定刑界限，在不具备法定减轻情节的情况下搞法外量刑。这与量刑公正的要求是严重相悖的。

最后，在行刑上一律平等。在执行刑罚时，对所有的受刑人要平等对待。凡罪行相同、主观恶性相同的，刑罚处遇也应相同；凡罪行不同、主观恶性不同的，可以给予差别处遇。总之，不能因为受刑人的特殊身份而搞特殊化，给予特别的待遇。在决定是否给予受刑人减刑、假释时，对所有的受刑人应当一体适用法律规定的条件标准，不得以受刑人的特殊身份而搞双重标准。当然，在刑罚执行过程中，根据受刑人的改造表现实行评分制、累进制，给予不同的处理，这是行刑个别化原则的体现，并不违反适用刑法平等原则。

---

〔13〕 陕西省府谷县人民法院(2010)府刑初字第27号刑事判决书。

示例2-8 成某受贿案

尽管被告人成某身为高级领导干部,但最高人民法院却没有因其位高权重而姑息罪行。相反,最高人民法院认为:成某作为高级领导干部,利用职务上的便利,进行权钱交易,收受巨额贿赂,受贿数额特别巨大;其行为严重侵害了国家公职人员职务行为的廉洁性,严重损害了国家公职人员的声誉,严重破坏了国家机关的正常工作秩序,造成了极为恶劣的社会影响,犯罪情节特别严重,应依法惩处。虽然成某曾表示愿意将受贿赃款退回,但本案的赃款是在李某的配合下被追缴的,成某的退赃表示,对本案赃款的追缴未起到任何实质性的作用,且赃款的追缴,并不能挽回成某的受贿行为对国家所造成的巨大损失和由此产生的极为恶劣的社会影响,成某不具有法定从轻、减轻处罚情节。[14]

示例2-9 徐某故意杀人案

被告人徐某对纺织行业有突出贡献,在羁押期间还创造出三项技术发明,一审被判死刑后,国内各大媒体纷纷呼吁"为科技有功人员犯罪网开一面"。对此,二审法院认为:辩护人提出徐某在羁押期间完成三项专利设计并正在申请专利,系立功表现,并无法律依据,亦不予采信……被告人徐某因家庭纠纷而采用扼颈的方法杀死妻子,其行为已构成故意杀人罪,情节恶劣,后果严重,依法应予严惩。徐某及其二审辩护人要求从轻处罚的理由不足,不予采纳。原判定罪及适用法律正确,量刑适当。审判程序合法。[15]

第四节 罪责刑相适应原则

一、罪责刑相适应原则的基本含义

现行刑法第5条规定:"刑罚的轻重,应当与犯罪分子所犯罪行和承担的刑事责任相适应。"该条是关于罪责刑相适应原则的规定。罪责刑相适应原则,又称罪刑均衡原则,其基本含义是:犯多大的罪行,就应承担多大的刑事责任以及相应严厉程度的刑罚。即坚持重罪重刑,轻罪轻刑,罪刑相称,罚当其罪。在判断罪责轻重时,不仅要考察犯罪行为的客观社会危害性,而且要考察犯罪行为人的主观恶性和人身危险性。

---

〔14〕 最高人民法院(2000)刑复字第214号刑事裁定书。

〔15〕 浙江省高级人民法院(2003)浙刑一终字第137号刑事裁定书。

示例 2-10　马某等贩卖、运输毒品案

最高人民法院复核认为：马某曾因盗窃先后被劳动教养和判处刑罚，但仍不思悔改，在假释考验期内又犯贩卖、运输毒品罪，主观恶性深，人身危险性大。黄某贩卖毒品数量大，鉴于其认罪态度较好，对其判处死刑，可不立即执行。李某曾因故意犯罪被判刑，在刑罚执行完毕后5年内又犯罪，系累犯，应当依法从重处罚，鉴于其在共同犯罪中起辅助作用，系从犯，可依法从轻处罚。据此，依法对被告人马某判处并核准死刑，对被告人黄某判处死刑，缓期二年执行，对被告人李某判处有期徒刑15年。[16]

刑罚的轻重，不是单纯地取决于犯罪分子所犯的罪行的轻重，还取决于犯罪分子承担的刑事责任的大小。换言之，在犯罪与刑罚之间，通过刑事责任这个桥梁来调节。从这个角度上看，将本原则称为“罪责刑相适应原则”，较之称为“罪刑相适应原则”，也许更加准确、贴切。

罪责刑相适应原则是从传统的罪刑相适应原则发展而来的。罪刑相适应的观念，最早可以追溯至原始社会的同态复仇和奴隶社会的等量报复。“以眼还眼、以牙还牙”，是罪刑相适应思想最原始、最朴素的表达形式。可见，罪刑相适应的思想植根于人类社会最基本的伦理观念之中。十七八世纪，在启蒙思想家的鼓呼下，罪刑相适应的思想更是家喻户晓。贝卡里亚在其传世之作《论犯罪与刑罚》一书中指出：“犯罪对公共利益的危害越大，促使人们犯罪的力量越强，制止人们犯罪的手段就应该越强有力。这就需要刑罚与犯罪相对称。”[17]他还独具匠心地提出罪刑阶梯理论，试图勾画一张犯罪与刑罚相对称的罪刑价目表，以实现罪刑均衡的思想。总之，刑事古典学派所主张的罪刑相适应原则，以报应主义刑罚观为基础，强调刑罚与已然之罪的客观危害相适应。从19世纪末开始，刑事人类学派和刑事社会学派兴起，主张刑罚个别化原则，以预防主义、矫正主义刑罚观为基础，强调刑罚与犯罪人的主观恶性和人身危险性相适应，推行保安处分、相对不定期刑制度，使传统的罪刑相适应原则受到一定的削弱和冲击。目前，主流的观点是综合刑罚论，主张刑罚的幅度范围应当根据犯罪行为的客观危害来圈定，在这个幅度范围内，再根据犯罪人的个别化因素，调节刑罚的分量，从而实现报应和功利目标的协调。可见，综合刑罚论巧妙地将罪刑相适应原则和刑罚个别化原则结合起来，是融合旧派和新派主张的一种理论。我国刑法规定的罪责刑相适应原则，实质上亦属于综合刑罚论。

二、罪责刑相适应原则的立法实现

现行刑法除明文规定罪责刑相适应原则外，在其立法内容上也始终贯穿着罪责

---

〔16〕《最高人民法院公报》2011年第1期。

〔17〕［意］贝卡里亚：《论犯罪与刑罚》，黄风译，中国大百科全书出版社1993年版，第65页。

刑相适应的思想。这一原则在刑法中的具体表现是:

1. 刑法确立了科学严密的刑罚体系。刑法总则确定了一个科学合理的刑罚体系,这一体系由不同的刑罚方法构成。从性质上区分,有生命刑、自由刑、财产刑和资格刑;从严厉性上区分,有重刑、轻刑、轻微刑;从种类上区分,有主刑、附加刑。这一刑罚体系按照刑种的轻重程度依序排列,各个刑种既互相区别又互相衔接,可以灵活地适用于实践中不同表现形态的犯罪,从而为刑事司法实现罪责刑相适应原则奠定了基础。

2. 刑法规定了区别对待的处罚原则。刑法总则根据各种行为的社会危害性程度和人身危险性的大小,规定了轻重有别的处罚原则。例如,对于防卫过当构成犯罪的,应当减轻处罚或者免除处罚;对于未遂犯,可以比照既遂犯从轻或者减轻处罚;对于胁从犯,应当按照其犯罪情节减轻处罚或者免除处罚;等等。这些规定均体现了罪责刑相适应原则。另外,刑法总则还规定了一系列刑罚裁量和执行制度。例如,累犯制度、自首制度、立功制度、缓刑制度、减刑制度、假释制度等。在这些制度中,累犯因其再犯可能性较大而应当从重处罚;自首、立功的犯罪分子因其人身危险性较小而可以从宽处罚;短期自由刑犯因其行为客观危害性不大、主观恶性小而可以暂缓所判刑罚的执行;在监服刑犯均可能因为有悔改表现、人身危险性变小而得以减刑、假释。这些规定均体现了刑罚个别化原则。

示例 2-11 张某等贪污案

二审法院认为:在共同犯罪中,上诉人张某直接利用职务之便,积极主动实施犯罪,起主要作用,系主犯,应按其所参与的全部犯罪处罚。上诉人何某甲,原审被告人杨某、何某乙参与犯罪,起次要作用,系从犯,应减轻处罚。其中在第2、3起共同犯罪中,上诉人何某甲所起作用较小,可酌情从轻处罚。上诉人张某、何某甲,原审被告人杨某、何某乙系自首,可从轻或者减轻处罚。上诉人张某、何某甲,原审被告人杨某、何某乙主动退还贪污的安置面积450平方米及全部赃款,均可酌情从轻处罚。综合以上量刑情节,对上诉人张某、何某甲,原审被告人杨某、何某乙减轻处罚,且原审被告人杨某、何某乙有悔罪表现,适用缓刑没有再犯罪的危险,可依法宣告缓刑。[18]

刑法设立了轻重不同的量刑幅度。刑法分则不仅根据犯罪性质和危害程度,设立了一个罪名体系,而且还为每个具体犯罪配置了不同的刑种以及较大幅度的刑度。大部分犯罪有两个、三个量刑档次,并且每个量刑档次都规定了具体详尽的适用条件。这样设计,可以保证司法机关在量刑时妥当地行使自由裁量权。

---

〔18〕 安徽省合肥市中级人民法院(2014)合刑终字第00231号刑事判决书。

三、罪责刑相适应原则的司法实现

科学合理的罪刑结构体系,只有在具体的个案中得以适用,才能真正地产生实效。根据罪责刑相适应原则的要求,结合我国刑事司法实践,司法机关在贯彻这一原则时,应当着重解决以下问题:

1. 同等重视定罪和量刑,既要防止重定罪轻量刑的错误倾向,又要防止重量刑轻定罪的错误倾向。定罪和量刑是刑事司法的两个基本环节,具有同等重要的地位。定罪不准,量刑很难精确;定罪准确,量刑也未必适当。因此,对于定罪和量刑,应当予以同等程度的重视,不可偏斜。但是,长期以来,我国司法机关在刑事审判活动中,一直存在重定罪轻量刑的错误倾向,认为定性准确是检验刑事审判工作质量的唯一标准,而量刑畸重畸轻则无关紧要。近年来,一些司法工作人员又认为,量刑适当是刑事审判工作的关键,案件定性则是为量刑服务的。只要量刑满足公众的期待,给行为定什么罪名是无所谓的。这两种倾向都是错误的,必须给予足够的警惕。本书认为,定性准确和量刑适当均是衡量刑事审判工作质量的标准,任何一个刑事案件的审判结论都应当受到这一双重标准的检验。

2. 强化量刑公正的执法理念,既要反对重刑主义,又要反对轻刑主义。量刑公正是刑事司法公正不可分割的组成部分。要实现量刑公正,必须严格遵循罪责刑相适应原则,准确量刑,切实做到罪刑相称,罚当其罪,既不轻纵罪犯,也不无端加重罪犯的刑罚。由于受刑法工具观的影响,我国司法实践中一直存在比较严重的重刑主义,崇尚重刑,迷信重刑的功能。但近年来,由于对宽严相济的刑事司法政策的理解存在偏差,轻刑主义苗头开始出现,表现为有罪不罚,重罪轻罚,无原则地“宽宥”“怜悯”罪犯等。应当说,重刑主义和轻刑主义都是违反罪责刑相适应原则的,都会损害刑法的权威,因而必须坚决予以反对。

示例 2-12　李某、张某盗窃、故意毁坏财物案

二审法院认为:原审被告人李某与同案犯张某实施同样犯罪,且二人在共同犯罪过程中作用不分主从,均系本案主犯,在量刑时既要注意克服重刑主义思想影响,防止片面从严,也要避免受轻刑化思想影响,一味从宽,从宽和从严都必须依照法律规定进行,做到宽严有据,罚当其罪。虽然刑法并没有规定对缓刑考验期内犯新罪的被告人应当从重处罚,但在原审被告人张某无前科、原审被告人李某系在盗窃犯罪缓刑考验期内犯新罪的情况下,在量刑时应充分考虑到原审被告人李某的主观恶性、人身危害性和社会危害性明显大于同案犯张某而应区别对待,正确把握宽与严的关系,切实做到宽严并用,准确贯彻实行宽严相济的刑事司法政策,对原审被告人李某的量刑应重于对原审被告人张某的量刑,而原审法院对二人不实行区别对待而判处同样刑罚“有期徒刑二年,并处罚金人民币30000元”,违反了刑法第61条的规定,属于适用法律错误,导致量刑不当。[19]

3. 加强量刑规范化建设,纠正量刑轻重悬殊现象。按照罪责刑相适应原则的要求,类似案件的量刑结果应当基本相同。但是,从实践情况来看,不同法院在对类似案件的处理上普遍存在轻重失衡的现象。同一性质、情节基本相同的案件,由不同的法院审理,甚至由同一法院不同的审判人员审理,最终判决的结果可能大相径庭。造成这种现象的原因是多方面的,既有立法粗疏的原因,也有司法标准缺失的原因,还有法官个人业务素质的原因。为了解决量刑偏差的问题,除应当及时完善刑事立法外,当务之急是改革量刑制度,加强量刑规范化建设,为正确适用刑罚提供明确具体的标准。当然,对于量刑均衡的追求也不能绝对化,毕竟世界上没有两片完全相同的树叶,案件事实的一个细微差异,都可能对最终的量刑结果产生重大影响。

[19] 山东省潍坊市中级人民法院(2014)潍刑二终字第132号刑事判决书。

第三章　刑法的效力范围

第一节　刑法的空间效力

一、刑法空间效力的概念

刑法的空间效力，又称为刑法的空间适用范围，是指刑法的地域效力，也就是要解决刑事管辖权的地域范围问题。

一个主权国家，对其领域内发生的事项具有绝对的管辖权。刑事管辖权更是国家主权的集中体现，因而几乎所有的国家均极力扩大本国刑法的空间效力范围。从各国刑法的规定来看，本国刑法不仅能够适用于本国领域内的行为，而且在一定条件下也能适用于本国领域外的行为。概而观之，在空间效力上，各国刑法通常采取综合原则，即以属地管辖原则为主，同时以属人管辖原则、保护管辖原则和普遍管辖原则为补充。这种灵活的管辖体制，既有利于维护国家主权，也有利于打击犯罪行为。我国刑法关于空间效力的规定，采取的也是这种刑事管辖体制。

二、属地管辖原则

属地管辖原则，是指以地域作为确定管辖权的连接因素，即对于发生在本国领域内的犯罪行为，不问行为人是否具有本国国籍，都应当适用本国刑法。属地管辖原则，是最基本的刑事管辖原则，既有利于维护国家主权、尊严和法秩序，也有利于诉讼程序的进行、刑罚效果的实现。根据属地管辖原则，本国刑法的空间适用范围为本国领域。

（一）属地管辖原则的基本规定

刑法第6条第1款规定："凡在中华人民共和国领域内犯罪的，除法律有特别规定的以外，都适用本法。"这是对属地管辖原则的基本规定。

上述规定中的"领域"，是指我国国境以内的全部区域，包括领陆（国境线以内的陆地及其底土）、领水（内水、领海及其水床和底土）和领空（领陆、领水之上的空气空间）。应当注意的是，根据有关国际公约的规定，沿海国对在其领海内发生的犯罪,行使有限的管辖权;毗连区和专属经济区虽然不是沿海国的领土,但沿海国对在其内的特定事项亦具有一定的刑事管辖权。[1]

这里的"法律有特别规定",主要是指以下四种情况:

1. 刑法第 11 条关于"享有外交特权和豁免权的外国人的刑事责任,通过外交途径解决"的规定。在这种情况下,刑法典、单行刑法、附属刑法均不得适用,而只能通过外交途径解决。具体解决方式有:要求派遣国召回、建议派遣国依法处理、宣布为不受欢迎的人、限期离境等。根据 1986 年 9 月 5 日通过的《外交特权与豁免条例》第 14 条第 1 款规定:"外交代表享有刑事管辖豁免。"这里的"外交代表",是指使馆馆长或者使馆外交人员。其中,"使馆馆长"是指派遣国委派担任此项职位的大使、公使、代办以及其他同等级别的人,"使馆外交人员"是指具有外交官衔的使馆工作人员。1990 年 10 月 30 日通过的《领事特权与豁免条例》第 12 条第 2 款、第 3 款规定:"领事官员不受逮捕或者拘留,但有严重犯罪情形,依照法定程序予以逮捕或者拘留的不在此限。领事官员不受监禁,但为执行已经发生法律效力的判决的不在此限。"这里的"领事官员"是指总领事、副总领事、领事、副领事、领事随员或者领事代理人。

2. 刑法第 90 条关于"民族自治地方不能全部适用本法规定的,可以由自治区或者省的人民代表大会根据当地民族的政治、经济、文化的特点和本法规定的基本原则,制定变通或者补充的规定,报请全国人民代表大会常务委员会批准施行"的规定。在这种情况下,仅是刑法典的部分条文不能适用民族自治地方,其他未变通或者未补充的部分仍具有适用效力。应当注意的是,民族自治地方只能针对不能适用刑法典的部分情况制定变通或者补充规定,不能另行制定刑法典,而且变通或者补充规定应当与当地的政治、经济、文化的特点相适应,并且符合刑法的基本原则。另外,在程序上变通或者补充规定的制定主体必须是自治区或者省的人民代表大会,

---

[1] 1982 年《联合国海洋法公约》第 27 条第 1 款规定:"沿海国不应在通过领海的外国船舶上行使刑事管辖权,以逮捕与在该船舶通过期间船上所犯任何罪行有关的任何人或进行与该罪行有关的任何调查,但下列情形除外:(a)罪行的后果及于沿海国;(b)罪行属于扰乱当地安宁或领海的良好秩序的性质;(c)经船长或船旗国外交代表或领事官员请求地方当局予以协助;或(d)这些措施是取缔违法贩运麻醉药品或精神调理物质所必要的。"第 33 条第 1 款规定:"沿海国可在毗连其领海称为毗连区的区域内,行使为下列事项所必要的管制:(a)防止在其领土或领海内违犯其海关、财政、移民或卫生的法律和规章;(b)惩治在其领土或领海内违犯上述法律和规章的行为。"第 73 条规定:"1. 沿海国行使其勘探、开发、养护和管理在专属经济区内的生物资源的主权权利时,可采取为确保其依照本公约制定的法律和规章得到遵守所必要的措施,包括登临、检查、逮捕和进行司法程序。2. 被逮捕的船只及其船员,在提出适当的保证书或其他担保后,应迅速获得释放。3. 沿海国对于在专属经济区内违犯渔业法律和规章的处罚,如有关国家无相反的协议,不得包括监禁,或任何其他方式的体罚。4. 在逮捕或扣留外国船只的情形下,沿海国应通过适当途径将其所采取的行动及随后所施加的任何处罚迅速通知船旗国。"

而且必须报请全国人民代表大会常务委员会批准后,方能施行。

3. 修订的刑法典施行后,国家立法机关所制定的特别刑法的特别规定。在这种情况下,当特别刑法的规定与刑法典的部分条文发生法条竞合时,应当根据特别法优于普通法的原则,适用特别刑法,而不适用刑法典。

4. 香港特别行政区和澳门特别行政区基本法所作出的例外规定。《香港特别行政区基本法》第 2 条规定:"全国人民代表大会授权香港特别行政区依照本法的规定实行高度自治,享有行政管理权、立法权、独立的司法权和终审权。"《澳门特别行政区基本法》第 2 条也有类似的规定。根据上述规定,除了恢复对香港、澳门行使国家主权,统一管理外交与国防事务外,香港、澳门的政治、经济、法律制度保持不变,大陆刑法对其没有适用效力。根据"一国两制"的基本构想,大陆刑法对祖国统一后的台湾地区也没有适用效力。但由于香港、澳门、台湾地区是中国的一部分,故香港、澳门、台湾地区的刑法,也是中国刑法的一部分,属于中国的区域刑法。从这一点上讲,香港、澳门、台湾地区适用的仍然是中国刑法。

(二)属地管辖原则的补充规定

刑法第 6 条第 2 款规定:"凡在中华人民共和国船舶或者航空器内犯罪的,也适用本法。"这是属地管辖原则的补充规定。

根据国际法,挂有本国国旗的船舶或者航空器,属于本国的浮动领土,不管其航行或者停泊于何处,对发生在船舶和航空器内的犯罪行为,都适用船旗国的刑法,此即船旗国主义,是属地管辖原则的补充。应当注意,浮动领土仅限于船舶和航空器,对于国际列车则不适用。

示例 3-1　张某劫持飞机案

最高人民法院复核认为:被告张某以爆炸飞机威胁乘客生命安全的危险方法劫持飞机,危害公共安全,其行为已构成犯罪。依照刑法第 3 条(凡在中华人民共和国领域内犯罪的,除法律有特别规定的以外,都适用本法。凡在中华人民共和国船舶或者飞机内犯罪的,也适用本法。犯罪的行为或者结果有一项发生在中华人民共和国领域内的,就认为是在中华人民共和国领域内犯罪)、第 10 条、第 79 条、第 52 条(……对于严重破坏社会秩序的犯罪分子,在必要时候,也可以附加剥夺政治权利)及第 60 条(犯罪分子违法所得的一切财物,应当予以追缴或者责令退赔;违禁品和供犯罪所用的本人财物,应予以没收),比照第 107 条,对张的罪行类推定为劫持飞机罪。并宣布判处张某有期徒刑 8 年,剥夺政治权利 2 年。〔2〕

---

〔2〕 中国政法大学国际法教研室编:《国际公法案例评析》,中国政法大学出版社 1995 年版,第 313 页。

另外,《外交特权与豁免条例》第 4 条第 1 款规定:“使馆馆舍不受侵犯。中国国家工作人员进入使馆馆舍,须经使馆馆长或者其授权人员的同意。中国有关机关应当采取适当措施,保护使馆馆舍免受侵犯或者损害。”《领事特权与豁免条例》第 4 条规定:“领馆馆舍不受侵犯。中国国家工作人员进入领馆馆舍,须经领馆馆长或者派遣国使馆馆长或者他们两人中一人授权的人员同意。遇有火灾或者其他灾害须迅速采取保护行动时,可以推定领馆馆长已经同意。中国有关机关应当采取适当措施保护领馆馆舍免受侵犯或者损害。”根据上述规定以及有关国际条约的精神,使馆馆舍、领馆馆舍属于本国的延伸领土,对发生在使馆馆舍、领馆馆舍内的犯罪行为,应当适用派遣国的刑法。这亦是属地管辖原则的补充。

(三)属地管辖原则连接点的判定

采取属地管辖原则要求对犯罪地加以确定。关于犯罪地连接点的确定标准,理论上主要有以下三种观点:(1)行为地说,即以犯罪行为的发生地作为确定在本国领域内犯罪的连接因素;(2)结果地说,即以犯罪结果的发生地作为确定在本国领域内犯罪的连接因素;(3)择一说,即以犯罪行为的发生地或者犯罪结果的发生地作为确定在本国领域内犯罪的连接因素。我国刑法采取的是择一说。刑法第 6 条第 3 款规定:“犯罪的行为或者结果有一项发生在中华人民共和国领域内的,就认为是在中华人民共和国领域内犯罪。”根据这一规定,犯罪行为和犯罪结果均发生在我国领域内的,适用我国刑法;只有犯罪行为发生在我国领域内,或者只有犯罪结果发生在我国领域内的,也适用我国刑法;只有一部分犯罪行为发生在我国领域内,或者只有一部分犯罪结果发生在我国领域内的,也适用我国刑法。采取择一说,有利于扩大国家的刑事管辖权,维护国家主权和保护公民利益。

示例 3-2　张某等非法买卖、运输爆炸物、抢劫、绑架、走私武器、弹药、非法买卖、运输枪支、弹药、私藏枪支、弹药上诉案

二审法院认为:本案指控的犯罪,有些犯罪行为虽然是在香港实施,但是组织、策划等实施犯罪的准备工作,均发生在内地;实施犯罪所使用的枪支、爆炸物及主要的作案工具均是从内地非法购买后走私运到香港,依照《刑事诉讼法》第 24 条的规定,内地法院对本案依法享有管辖权。[3]

三、属人管辖原则

属人管辖原则,是指以行为人的国籍作为确定管辖权的连接因素,即对于具有

---

〔3〕 广东省高级人民法院(1998)粤高法刑终字第 1139 号刑事判决书。

本国国籍的人实施的犯罪行为，无论犯罪行为是否发生在本国领域内，都可以适用本国刑法。本国国民无论身处何地，都有遵守本国法规范的义务，因而属人管辖原则也是一项重要的管辖原则。根据属人管辖原则，本国刑法的空间适用范围为非本国领域。

刑法第7条规定："中华人民共和国公民在中华人民共和国领域外犯本法规定之罪的，适用本法，但是按本法规定的最高刑为三年以下有期徒刑的，可以不予追究。中华人民共和国国家工作人员和军人在中华人民共和国领域外犯本法规定之罪的，适用本法。"该条规定的即是属人管辖原则。

根据上述规定，我国刑法对普通公民采取的是相对属人管辖权，对特殊公民采取的是绝对属人管辖权。具体而言，对我国普通公民在我国领域外犯我国刑法规定之罪的，不论按照犯罪地的法律是否构成犯罪，也不论其所犯罪行是否侵犯我国国家或者公民的利益，原则上我国都有刑事管辖权。只是按照我国刑法的规定，如果公民所犯之罪属于轻罪，且法定最高刑为3年以下有期徒刑的，才可以不予追究。所谓"不予追究"，是指一般情况下不需要追究，但在特殊情况下，如果有追究的必要，则仍可以追究。这表明，对于普通公民，刑法原则上只对其在我国领域外实施的严重犯罪行使管辖权；对于国家工作人员或者军人，则无论其在我国领域外所犯之罪的性质和法定最高刑的轻重，我国司法机关都应当适用我国刑法，追究其刑事责任。这种不同处理，主要是考虑到国家工作人员和军人应当比普通公民具有更高的守法意识。

示例3-3　陈某聚众扰乱社会秩序案

被告人的犯罪行为虽然发生在科威特，但一审法院认为：凡是中华人民共和国的公民，即使身在国外，也仍然受我国法律保护，同时也应遵守我国的法律。被告人陈某为发泄自己对公司经理部的不满，实现其无理要求，积极参与组织工人罢工预谋，在历时8天的工人罢工中表现积极主动，致使企业生产秩序被扰乱，生产无法进行，造成了严重的经济损失和恶劣的影响，其行为已构成聚众扰乱社会秩序罪。虽然被告人陈某所犯罪行应在3年以内处刑，但其行为造成了一定的国际影响，有损我国声誉，故应依法追究其刑事责任。〔4〕

四、保护管辖原则

保护管辖原则，是指以被害人的国籍作为确定管辖权的连接因素，即对于侵犯本国国家或者本国国民利益的犯罪行为，无论犯罪行为是否发生在本国领域内，也

〔4〕　四川省金堂县人民法院(1999)金堂刑初字第149号刑事判决书。

无论行为人是否具有本国国籍,都可以适用本国刑法。保护管辖原则旨在保护本国国家和国民的利益,避免出现管辖权漏洞。根据保护管辖原则,本国刑法的空间适用范围为非本国领域。

刑法第8条规定:"外国人在中华人民共和国领域外对中华人民共和国国家或者公民犯罪,而按本法规定的最低刑为三年以上有期徒刑的,可以适用本法,但是按照犯罪地的法律不受处罚的除外。"该条规定即是保护管辖原则的体现。

我国刑法采取的是有限制地保护管辖权,在具体适用时应当符合以下三个条件:(1)罪质条件,即所犯之罪必须侵犯了我国国家或者公民的利益。作出这一限制,既有利于保护我国国家或者公民的利益,又尊重了他国的司法主权。(2)刑度条件,即按我国刑法规定,所犯之罪的最低刑为3年以上有期徒刑。作出这一限制,是为了将保护管辖权的行使范围限定在相对比较严重的犯罪之内。(3)犯罪地条件,即所犯之罪按照犯罪地的法律也受处罚。如果按照犯罪地的法律,行为人实施的行为不构成犯罪,不受刑罚处罚,则我国刑法不得适用。作出这一限制,主要是考虑到外国人在国外原则上只需遵守所在地的法律,而不应要求其遵守一切国家的法律。保护管辖原则在实务中也有应用。

示例3-4 郝某伪造货币案

一审法院认为:郝某伪造我国货币并使用的行为严重扰乱了我国社会主义市场经济秩序,破坏了货币的公共信用,侵害了货币的发行权,对经济交易的安全构成直接的危害,严重侵犯了我国国家利益。虽然郝某是外国人,但我国刑法第8条规定:"外国人在我国领域外对中华人民共和国国家或者公民犯罪,而按本法规定的最低刑为三年以上有期徒刑的,可以适用本法,但是按照犯罪地的法律不受处罚的除外。"根据该规定,以及郝某所在国家刑法有关条文亦将伪造货币行为视为犯罪行为的规定,我国刑法对郝某的行为具有刑事管辖权。〔5〕

五、普遍管辖原则

普遍管辖原则,是指以国际社会的共同利益作为确定管辖权的连接因素,即对于国际条约所规定的侵害国际社会共同利益的犯罪,不论犯罪行为是否发生在本国领域内,不论行为人是否具有本国国籍,也不论被害人是否属于本国国家或者国民,都可以适用本国刑法。设立普遍管辖原则,根本目的是便于惩治国际犯罪。根据普遍管辖原则,本国刑法的空间适用范围为非本国领域。

刑法第9条规定:"对于中华人民共和国缔结或者参加的国际条约所规定的罪

---

〔5〕 赵秉志主编:《刑法总论案例分析》,中国人民大学出版社2009年版,第20页。

行，中华人民共和国在所承担条约义务的范围内行使刑事管辖权的，适用本法。”该条规定即是普遍管辖原则的运用。

根据上述规定，我国司法机关在行使普遍管辖权时应当具备以下三个条件：(1)罪质条件，即所针对之罪必须是国际条约所规定的罪行。对于普通刑事犯罪，如故意伤害罪、放火罪，不能根据普遍管辖原则行使管辖权。(2)成员国条件，即我国是相关国际条约的缔约国或者参加国。对于国际犯罪，我国并非一概行使管辖权，而只是对于我国缔结或者参加的国际条约规定的罪行行使管辖权，这体现了义务的世界主义的做法。(3)国内法条件，即国内刑法也将该行为规定为犯罪。国际条约一般仅规定行为的犯罪性质而不规定相应的法定刑，因此，我国立法机关必须将国际条约规定的精神转化为国内法律，才可以具体适用。亦言之，对根据普遍管辖原则所审理的犯罪，适用的实体法应当是国内刑法，而非国际条约。

示例3-5 阿丹·奈姆等抢劫案

一审法院认为：被告人阿丹·奈姆、利都安·喜拉依特、达马·步得拉、约翰·罗斯曼多、乌山·阿瓦思得·阿喜羊、迪尼·木达、里·默默希特、渣依那·宾·沙拉卡、穆罕默德·沙飞里、那沙·凯无视中华人民共和国参加的《联合国海洋法公约》《制止危及海上航行安全非法行为公约》等国际法律和中华人民共和国法律，以夺取船只及船上货物为目的，在国际航线上非法登临他国船只，以胁迫、捆绑手段制服船员后劫夺并控制船只，并在中华人民共和国领域内进行销赃，其行为均已触犯刑法第9条、第263条之规定，构成抢劫罪。抢劫数额特别巨大，应依法判处。公诉机关指控各被告人犯抢劫罪的罪名成立。〔6〕 但被告人所犯的罪行实际上是海盗罪，一审法院以普通的抢劫罪论处，这是否合适，值得进一步研究。

示例3-6 BUSAMBU TEMBELE MAYETA 盗窃案

BUSAMBU TEMBELE MAYETA 系刚果民主共和国公民。某日凌晨3时许，在芬兰至广州 AY087 航班飞机上，被告人趁被害人 SINGH 不备，盗走其放在行李架上旅行包内的钱包，钱包内有3800欧元。对此，一审法院认为：被告人 BUSAMBU TEMBELE MAYETA 以非法占有为目的，以秘密的手段窃取他人财物，数额巨大，其行为已构成盗窃罪。公诉机关指控被告人 BUSAMBU TEMBELE MAYETA 犯盗窃罪的事实清楚，证据充分，罪名成立。〔7〕 但本案的犯罪地不在我国领域内，被告人和被害人均

---

〔6〕《刑事审判参考》(总第32辑)，法律出版社2003年版，第42~43页。

〔7〕广东省广州市中级人民法院(2006)刑二初字第235号刑事判决书。

非我国公民,且涉嫌犯罪仅为普通刑事犯罪,一审法院是否具有管辖权,值得进一步研究。

六、对外国刑事判决的承认

刑事管辖权是一个国家主权的重要体现,为此,绝大多数国家均采用综合管辖原则,以尽可能扩大本国司法机关的管辖范围。但是,这往往会导致两个或者两个以上国家对同一刑事案件都具有管辖权,从而造成管辖权冲突。对此,解决的方案是承认外国刑事判决的效力。

对外国刑事判决的承认,可以分为积极承认和消极承认。所谓积极承认,是指对于本国具有刑事管辖权的行为,如果外国法院已经作出生效判决,则不论判决结果是有罪还是无罪,也不论所判刑罚是否已经执行完毕,本国均承认其法律效力。所谓消极承认,是指对于本国具有刑事管辖权的行为,不论外国法院确定的是有罪判决还是无罪判决,本国法院均可以行使审判权,但对于外国判决的刑罚执行的事实,在量刑时予以适当考虑。可见,积极承认是将外国法院的判决与本国法院的判决同等对待,是对其法律效力无条件的承认;消极承认是将外国法院的判决与本国法院的判决差别对待,是对其法律效力有条件的承认。

刑法第10条规定:"凡在中华人民共和国领域外犯罪,依照本法应当负刑事责任的,虽然经过外国审判,仍然可以依照本法追究,但是在外国已经受过刑罚处罚的,可以免除或者减轻处罚。"这一规定采取的是消极承认。之所以要采取这一原则,主要是因为作为一个主权独立的国家,不应受外国判决效力的约束;但同时又要照顾到实际情况,考虑行为人在外国已经受到刑罚执行的事实。这里的"外国审判",不仅包括外国国家和地区的审判,而且也包括国际刑事司法机构的审判。但是,对于大陆居民在我国香港、澳门特别行政区和台湾地区受到刑事审判的,不宜采取消极承认,而应采取积极承认。

示例3-7 黄某等绑架案

一审法院认为:被告人黄某、徐某、杨某、陈某、林某、夏某、奚某、张某、汪某、顾某、陶某、张某某、曹某相互结伙或伙同他人在安哥拉以勒索财物为目的,绑架在安哥拉经商、务工的中国公民,索取巨额赎金,其行为均已构成绑架罪。且系共同犯罪……所实施绑架犯罪索取的赎金数额巨大,严重损害了中国公民在安哥拉的国际形象,社会影响恶劣,依法应处10年以上有期徒刑或者无期徒刑,并处罚金或者没收财产。因此,中国对本案绑架犯罪具有刑事司法管辖权。依照最高人民法院《关于适用〈中华人民共和国刑事诉讼法〉的解释》第8条规定,"中国公民在中华人民共和国领域外的犯罪,由其入境地或者离境前居住地的人民法院管辖;被害人是中国公民的,也可由被害人离境前居住地的人民法院管辖”。本案中,黄某、陈某、曹某三人离境前及入境后被抓获地均在江苏省南通市,因系共同犯罪,故本院对全案具有管辖权。[8]

本案中,被告人顾某、夏某因绑架李某的犯罪事实,均被安哥拉内政部国家刑侦局查办,分别于2011年3月22日、4月11日被安哥拉国总检察院派驻国家刑侦局检察官办公室命令拘捕,于同年3月24日、4月28日执行拘捕关押,其间在安哥拉罗安达省法院普通犯罪第八法庭与一名叫费尔南多的当地被告人一起接受审理,至2012年8月25日被押解回国前未有判决结果。法院从实事求是角度出发,考虑到两被告人已确因同一犯罪事实被羁押过一段时间,虽未有判决结果,但其人身自由确实受到限制,根据有利于被告人原则,参照刑法第10条的规定精神,将此事实作为一个酌情情节,在最后量刑时给予了考虑。

第二节 刑法的时间效力

一、刑法时间效力的概念

刑法的时间效力,又称刑法的时间适用范围,是指刑法具有适用效力的期间,包括刑法的生效时间、失效时间和溯及力问题。

根据罪刑法定原则的要求,凡行为时法律没有明文规定为犯罪及相应刑罚的,不得定罪处罚。换言之,刑法只能规范和调整在其生效之后至失效之前这段期间实施的行为,自然人和单位的行为也只有根据尚在施行期间的刑法构成犯罪时才能被处罚。因此,对行为时不受处罚的行为,不能适用事后法给予处罚;在刑罚法规有变更时,对行为时受处罚的行为,不能适用比行为时更重的事后法;对行为时虽被禁止但法律没有规定刑罚的行为,不能适用事后法给予处罚。

二、刑法的生效时间

关于刑法的生效时间,通常有两种规定方式:(1)从公布之日起生效。如《刑法修正案》第9条规定:“本修正案自公布之日起施行。”一般来说,单行刑法、刑法修正案等对刑法的修改变动不大时,采用这种生效方式。(2)公布之后经过一段时间再施行。如1979年刑法于同年7月1日通过,同月6日公布,1980年1月1日起生效;1997年刑法于同年3月14日通过并公布,同年10月1日起生效;《刑法修正案

---

〔8〕 江苏省南通市中级人民法院(2013)通中刑初字第27号刑事判决书。

(八)》于2011年2月25日通过,同年5月1日起施行。一般来说,刑法典或者对刑法典有较大补充修改的刑法修正案采用这种生效方式,以便公民事先了解有关刑法规范的变更及其内容。

三、刑法的失效时间

刑法的失效基本上也有两种方式:(1)由国家立法机关明确宣布某些法律失效。例如,1997年刑法第452条第2款规定,列于附件一的全国人大常委会制定的《惩治军人违反职责罪暂行条例》等15个单行刑法,自1997年10月1日起予以废止。(2)自然失效,即新法施行后代替了同类内容的旧法,或者由于原来特殊的立法条件已经消失,旧法自行失效。

四、刑法的溯及力

刑法的溯及力,是指刑法生效后,对于其生效以前未经审判或者判决尚未确定的行为能否适用的问题。如果能够适用,则刑法有溯及力;如果不能适用,则刑法没有溯及力。

各国刑法关于溯及力的规定不完全相同,主要有以下四种原则:(1)从旧原则,即按照行为时的旧法处理,新法没有溯及力;(2)从新原则,即按照行为后的新法处理,新法有溯及力;(3)从新兼从轻原则,即原则上按照行为后的新法处理,但旧法不认为是犯罪或者处刑较轻的,按照旧法处理;(4)从旧兼从轻原则,即原则上按照行为时的旧法处理,但新法不认为是犯罪或者处刑较轻的,按照新法处理。值得注意的是,上述第(3)种原则和第(4)种原则,由于落脚点均在"从轻"(有利于被告人)上,因而其实际适用结果是一样的。但是,比较而言,从旧兼从轻原则更加符合罪刑法定原则的要求。这是因为,一方面,"从旧"表明对于行为违法性质的裁判及处罚,应当以行为时的法律为标准,这正体现了定罪判刑以法有明文规定为前提的思想;另一方面,罪刑法定原则蕴含着人权保障的理念,因此,如果适用新法(事后法)有利于行为人时,则应允许例外适用。

刑法第12条规定:"中华人民共和国成立以后本法施行以前的行为,如果当时的法律不认为是犯罪的,适用当时的法律;如果当时的法律认为是犯罪的,依照本法总则第四章第八节的规定应当追诉的,按照当时的法律追究刑事责任,但是如果本法不认为是犯罪或者处刑较轻的,适用本法。本法施行以前,依照当时的法律已经作出的生效判决,继续有效。"根据这一规定,我国刑法在溯及力问题上采用的是从旧兼从轻原则。具体而言,对于1949年10月1日中华人民共和国成立至1997年9月30日这段时间发生的行为,如果未经法院审判或者判决尚未确定,应当按照以下不同情况分别处理:(1)行为时的法律不认为是犯罪,而现行刑法认为是犯罪的,适用行为时的法律,即不以犯罪论处,现行刑法没有溯及力。(2)行为时的法律认为是犯罪,而现行刑法不认为是犯罪的,适用现行刑法,即不以犯罪论处,现行刑法具有溯及力。(3)行为时的法律和现行刑法都认为是犯罪,并且按照现行刑法总则第四章第八节的规定应当追诉的,按照行为时的法律处理,即现行刑法没有溯及力(注意:现行刑法关于追诉时效的规定具有溯及力);但是,如果现行刑法处刑较轻,则应当适用现行刑法,即现行刑法具有溯及力。所谓"处刑较轻",是指对某种犯罪规定的刑罚即法定刑更轻。法定刑较轻是指法定最高刑较轻;如果法定最高刑相同,则指法定最低刑较轻。如果刑法规定的某一犯罪只有一个法定刑幅度,法定最高刑或者法定最低刑是指该法定刑幅度的最高刑或者最低刑;如果刑法规定的某一犯罪有两个以上的法定刑幅度,法定最高刑或者最低刑是指具体犯罪行为应当适用的法定刑幅度的最高刑或者最低刑。(4)现行刑法施行以前,如果依照当时的法律已经作出生效判决,该判决继续有效。这一规定,主要是为了维护法院判决的既判力。

示例 3-8　彭某非法侵入住宅案

一审法院认为:被告人彭某以非法占有为目的,入户窃取他人财物,其行为发生在我国《刑法修正案(八)》实施之前,因盗窃金额尚未达到追诉标准,依照刑法从旧从轻原则,不能以盗窃罪定罪量刑,公诉机关指控被告人彭某犯盗窃罪的罪名不成立。被告人彭某非法侵入他人住宅,其行为已经构成非法侵入住宅罪。[9]

现行刑法施行以来,立法机关先后颁布了一个单行刑法和十个刑法修正案。这些立法有的增加了新的犯罪类型,有的提高或者减轻了原有犯罪的法定刑。对于修正后的法条的适用,均应当立足于有利于被告人,采取从旧兼从轻原则。

示例 3-9　周某集资诈骗案

被告人周某利用网络借贷平台发布虚假信息,非法建立资金池募集资金,所得资金大部分未用于生产经营活动,主要用于借新还旧和个人挥霍,无法归还,所募资金数额巨大。一审法院以集资诈骗罪判处周某有期徒刑 15 年,并处罚金人民币 50 万元。一审宣判后,公诉机关和被告人分别就量刑提出抗诉、上诉。二审期间,《刑法修正案(九)》删除了刑法第 199 条关于犯集资诈骗罪"数额特别巨大并且给国家和人民利益造成特别重大损失的,处无期徒刑或者死刑,并处没收财产"的规定,并于 2015 年 11 月 1 日起施行。为此,二审法院认为:《刑法修正案(九)》取消了集资诈

[9] 宁波市江北区人民法院(2013)甬北刑初字第 144 号刑事判决书。

骗罪死刑的规定,根据从旧兼从轻原则,一审法院判处周某有期徒刑15年符合修订后的法律规定。〔10〕

关于司法解释的效力问题,理论上有不同的观点。一种观点认为,司法解释的效力同刑法一样,都必须采取从旧兼从轻原则,禁止不利于行为人的溯及既往;另一种观点认为,司法解释不是刑法本身,对现行司法解释之前的行为,只要是在现行刑法施行之后实施的,就按司法解释适用刑法,并不存在从旧兼从轻问题。本书认为,从实然的角度来看,我国刑法司法解释有造法性解释和释法性解释两类。前者相当于准法律,因而在溯及力问题上应当与刑法作同样处理,即坚持从旧兼从轻原则;后者是狭义上的诠释法条,可以适用于解释颁布之前的事项。然而,最高司法机关的态度却比较模糊。2001年12月16日最高人民法院、最高人民检察院《关于适用刑事司法解释时间效力问题的规定》第3条规定:"对于新的司法解释实施前发生的行为,行为时已有相关司法解释,依照行为时的司法解释办理,但适用新的司法解释对犯罪嫌疑人、被告人有利的,适用新的司法解释。"据此,司法解释应当坚持从旧兼从轻原则,只具有有限的溯及力。但是,该司法解释第2条规定:"对于司法解释实施前发生的行为,行为时没有相关司法解释,司法解释施行后尚未处理或者正在处理的案件,依照司法解释的规定办理。"据此,司法解释又应当坚持从新原则,具有溯及力。这种矛盾的态度,主要原因是对司法解释法律性质的定位不明。本书认为,上述司法解释第2条规定应仅限于释法性解释,第3条规定针对的是造法性解释。

示例3-10 韦某贩卖毒品案

被告人韦某于1999年3月至2000年6月贩卖毒品,一审法院审判该案时适用了2000年6月10日实施的最高人民法院《关于审理毒品案件定罪量刑标准有关问题的解释》,被告人对此不服提起上诉。二审法院认为:由于最高人民法院《关于审理毒品案件定罪量刑标准有关问题的解释》是对现有法律条文如何具体应用问题所作出的司法解释,它不是新法,该司法解释颁布以后审理的案件就应当依照其规定处理,因此原审法院适用该司法解释,认定韦某向多人贩卖毒品属于贩卖少量毒品情节严重的行为符合法律的规定,并无不当,其上诉理由不能成立。原判定性准确、量刑适当、审判程序合法,应予维持。〔11〕

〔10〕 最高人民检察院指导性案例(检例第40号)。

〔11〕 广西壮族自治区柳州市中级人民法院(2001)柳市刑二终字第24号刑事判决书。

示例 3-11 吕某走私普通物品案

2012 年 2 月 18 日，被告人吕某从香港经罗湖口岸入境时，海关工作人员在其随身携带的行李内发现有 10 枚未向海关申报入境的纪念银币。经深圳海关审单处计核，10 枚银币共计偷逃税款人民币 64600 元。案件审理过程中，2014 年 9 月 10 日最高人民法院、最高人民检察院《关于办理走私刑事案件适用法律若干问题的解释》施行，将走私偷逃应缴税额的入罪数额标准由原来的 5 万元提高到 10 万元。为此，检察机关以法律规定发生变化为由，决定撤回起诉。对此，一审法院认为：深圳市人民检察院要求撤回对被告人吕某起诉的理由符合法律规定，裁定准许广东省深圳市人民检察院撤回对吕某的起诉。〔12〕

五、刑法若干问题的时间效力

刑法的时间效力问题，归根结底是解决行为时法和事后法如何选择适用的问题，这个问题的核心是看适用结果对行为人是否有利。从旧兼从轻原则从价值取向上是有利于被告人的，这与罪刑法定原则的保障人权精神是一致的。现行刑法第 12 条的规定，也体现了这一精神。但是，从司法实践来看，新法和旧法的选择适用所涉及的不仅是有罪无罪和处罚轻重的问题，还包括其他一些涉及被告人利益的问题，如是否不受追诉时效限制、能否适用特别减轻、是否构成累犯、是否构成自首、是否成立立功、能否撤销缓刑、能否适用假释、能否适用禁止令、能否适用从业禁止、能否适用限制减刑、能否适用终身监禁。这些问题，同样需要予以明确。为此，最高司法机关先后颁布若干司法解释，对上述问题作出详细的规定。

1997 年 9 月 25 日最高人民法院《关于适用刑法时间效力规定若干问题的解释》规定：(1)对于行为人 1997 年 9 月 30 日以前实施的犯罪行为，在人民检察院、公安机关、国家安全机关立案侦查或者在人民法院受理案件以后，行为人逃避侦查或者审判，超过追诉期限或者被害人在追诉期限内提出控告，人民法院、人民检察院、公安机关应当立案而不予立案，超过追诉期限的，是否追究行为人的刑事责任，适用修订前的刑法第 77 条的规定。(2)犯罪分子 1997 年 9 月 30 日以前犯罪，不具有法定减轻处罚情节，但是根据案件的具体情况需要在法定刑以下判处刑罚的，适用修订前的刑法第 59 条第 2 款的规定。(3)前罪判处的刑罚已经执行完毕或者赦免，在 1997 年 9 月 30 日以前又犯应当判处有期徒刑以上刑罚之罪，是否构成累犯，适用修订前的刑法第 61 条的规定；1997 年 10 月 1 日以后又犯应当判处有期徒刑以上刑罚之罪的，是否构成累犯，适用刑法第 65 条的规定。(4)1997 年 9 月 30 日以前被采取

---

〔12〕《刑事审判参考》(总第 110 集)，法律出版社 2018 年版，第 39 页。

强制措施的犯罪嫌疑人、被告人或者1997年9月30日以前犯罪,1997年10月1日以后仍在服刑的罪犯,如实供述司法机关还未掌握的本人其他罪行的,适用刑法第67条第2款的规定。(5)1997年9月30日以前犯罪的犯罪分子,有揭发他人犯罪行为,或者提供重要线索,从而得以侦破其他案件等立功表现的,适用刑法第68条的规定。(6)1997年9月30日以前犯罪被宣告缓刑的犯罪分子,在1997年10月1日以后的缓刑考验期间又犯新罪、被发现漏罪或者违反法律、行政法规或者国务院公安部门有关缓刑的监督管理规定,情节严重的,适用刑法第77条的规定,撤销缓刑。(7)1997年9月30日以前犯罪,1997年10月1日以后仍在服刑的犯罪分子,因特殊情况,需要不受执行刑期限制假释的,适用刑法第81条第1款的规定,报经最高人民法院核准。(8)1997年9月30日以前犯罪,1997年10月1日以后仍在服刑的累犯以及因杀人、爆炸、抢劫、强奸、绑架等暴力性犯罪被判处10年以上有期徒刑、无期徒刑的犯罪分子,适用修订前的刑法第73条的规定,可以假释。(9)1997年9月30日以前被假释的犯罪分子,在1997年10月1日以后的假释考验期内,又犯新罪、被发现漏罪或者违反法律、行政法规或者国务院公安部门有关假释的监督管理规定的,适用刑法第86条的规定,撤销假释。(10)按照审判监督程序重新审判的案件,适用行为时的法律。

1998年12月2日最高人民检察院《关于对跨越修订刑法施行日期的继续犯罪、连续犯罪以及其他同种数罪应如何具体适用刑法问题的批复》作出如下规定:对于开始于1997年9月30日以前,继续或者连续到1997年10月1日以后的行为,以及在1997年10月1日前后分别实施的同种类数罪,如果原刑法和修订刑法都认为是犯罪并且应当追诉,按照下列原则决定如何适用法律:(1)对于开始于1997年9月30日以前,继续到1997年10月1日以后终了的继续犯罪,应当适用修订刑法一并进行追诉。(2)对于开始于1997年9月30日以前,连续到1997年10月1日以后的连续犯罪,或者在1997年10月1日前后分别实施同种类数罪,其中罪名、构成要件、情节以及法定刑均没有变化的,应当适用修订刑法,一并进行追诉;罪名、构成要件、情节以及法定刑已经变化的,也应当适用修订刑法,一并进行追诉,但是修订刑法比原刑法所规定的构成要件和情节较为严格,或者法定刑较重的,在提起公诉时应当提出酌情从轻处理意见。

2011年4月25日最高人民法院《关于〈中华人民共和国刑法修正案(八)〉时间效力问题的解释》作出如下规定:(1)对于2011年4月30日以前犯罪,依法应当判处管制或者宣告缓刑的,人民法院根据犯罪情况,认为确有必要同时禁止犯罪分子在管制期间或者缓刑考验期内从事特定活动,进入特定区域、场所,接触特定人的,适用修正后刑法第38条第2款或者第72条第2款的规定。犯罪分子在管制期间或者缓刑考验期内,违反人民法院判决中的禁止令的,适用修正后刑法第38条第4款或者第 77 条第 2 款的规定。(2)2011 年 4 月 30 日以前犯罪,判处死刑缓期执行的,适用修正前刑法第 50 条的规定。被告人具有累犯情节,或者所犯之罪是故意杀人、强奸、抢劫、绑架、放火、爆炸、投放危险物质或者有组织的暴力性犯罪,罪行极其严重,根据修正前刑法判处死刑缓期执行不能体现罪刑相适应原则,而根据修正后刑法判处死刑缓期执行同时决定限制减刑可以罚当其罪的,适用修正后刑法第 50 条第 2 款的规定。(3)被判处有期徒刑以上刑罚,刑罚执行完毕或者赦免以后,在 2011 年 4 月 30 日以前再犯应当判处有期徒刑以上刑罚之罪的,是否构成累犯,适用修正前刑法第 65 条的规定;但是,前罪实施时不满 18 周岁的,是否构成累犯,适用修正后刑法第 65 条的规定。曾犯危害国家安全犯罪,刑罚执行完毕或者赦免以后,在 2011 年 4 月 30 日以前再犯危害国家安全犯罪的,是否构成累犯,适用修正前刑法第 66 条的规定。曾被判处有期徒刑以上刑罚,或者曾犯危害国家安全犯罪、恐怖活动犯罪、黑社会性质的组织犯罪,在 2011 年 5 月 1 日以后再犯罪的,是否构成累犯,适用修正后刑法第 65 条、第 66 条的规定。(4)2011 年 4 月 30 日以前犯罪,虽不具有自首情节,但是如实供述自己罪行的,适用修正后刑法第 67 条第 3 款的规定。(5)2011 年 4 月 30 日以前犯罪,犯罪后自首又有重大立功表现的,适用修正前刑法第 68 条第 2 款的规定。(6)2011 年 4 月 30 日以前一人犯数罪,应当数罪并罚的,适用修正前刑法第 69 条的规定;2011 年 4 月 30 日前后一人犯数罪,其中一罪发生在 2011 年 5 月 1 日以后的,适用修正后刑法第 69 条的规定。(7)2011 年 4 月 30 日以前犯罪,被判处无期徒刑的罪犯,减刑以后或者假释前实际执行的刑期,适用修正前刑法第 78 条第 2 款、第 81 条第 1 款的规定。(8)2011 年 4 月 30 日以前犯罪,因具有累犯情节或者系故意杀人、强奸、抢劫、绑架、放火、爆炸、投放危险物质或者有组织的暴力性犯罪并被判处 10 年以上有期徒刑、无期徒刑的犯罪分子,2011 年 5 月 1 日以后仍在服刑的,能否假释,适用修正前刑法第 81 条第 2 款的规定;2011 年 4 月 30 日以前犯罪,因其他暴力性犯罪被判处 10 年以上有期徒刑、无期徒刑的犯罪分子,2011 年 5 月 1 日以后仍在服刑的,能否假释,适用修正后刑法第 81 条第 2 款、第 3 款的规定。

2015 年 10 月 29 日最高人民法院《关于〈中华人民共和国刑法修正案(九)〉时间效力问题的解释》作出如下规定:(1)对于 2015 年 10 月 31 日以前因利用职业便利实施犯罪,或者实施违背职业要求的特定义务的犯罪的,不适用修正后刑法第 37 条之一第 1 款的规定。其他法律、行政法规另有规定的,从其规定。(2)对于被判处死刑缓期执行的犯罪分子,在死刑缓期执行期间,且在 2015 年 10 月 31 日以前故意犯罪的,适用修正后刑法第 50 条第 1 款的规定。(3)对于 2015 年 10 月 31 日以前一人犯数罪,数罪中有判处有期徒刑和拘役,有期徒刑和管制,或者拘役和管制,予以数罪并罚的,适用修正后刑法第 69 条第 2 款的规定。(4)对于 2015 年 10 月 31 日以前通过信息网络实施的刑法第 246 条第 1 款规定的侮辱、诽谤行为,被害人向人民法院告诉,但提供证据确有困难的,适用修正后刑法第 246 条第 3 款的规定。(5)对于 2015 年 10 月 31 日以前实施的刑法第 260 条第 1 款规定的虐待行为,被害人没有能力告诉,或者因受到强制、威吓无法告诉的,适用修正后刑法第 260 条第 3 款的规定。(6)对于 2015 年 10 月 31 日以前组织考试作弊,为他人组织考试作弊提供作弊器材或者其他帮助,以及非法向他人出售或者提供考试试题、答案,根据修正前刑法应当以非法获取国家秘密罪、非法生产、销售间谍专用器材罪或者故意泄露国家秘密罪等追究刑事责任的,适用修正前刑法的有关规定。但是,根据修正后刑法第 284 条之一的规定处刑较轻的,适用修正后刑法的有关规定。(7)对于 2015 年 10 月 31 日以前以捏造的事实提起民事诉讼,妨害司法秩序或者严重侵害他人合法权益,根据修正前刑法应当以伪造公司、企业、事业单位、人民团体印章罪或者妨害作证罪等追究刑事责任的,适用修正前刑法的有关规定。但是,根据修正后刑法第 307 条之一的规定处刑较轻的,适用修正后刑法的有关规定。实施第一款行为,非法占有他人财产或者逃避合法债务,根据修正前刑法应当以诈骗罪、职务侵占罪或者贪污罪等追究刑事责任的,适用修正前刑法的有关规定。(8)对于 2015 年 10 月 31 日以前实施贪污、受贿行为,罪行极其严重,根据修正前刑法判处死刑缓期执行不能体现罪刑相适应原则,而根据修正后刑法判处死刑缓期执行同时决定在其死刑缓期执行二年期满依法减为无期徒刑后,终身监禁,不得减刑、假释可以罚当其罪的,适用修正后刑法第 383 条第 4 款的规定。根据修正前刑法判处死刑缓期执行足以罚当其罪的,不适用修正后刑法第 383 条第 4 款的规定。

第四章　犯罪概述

第一节　犯罪概念

一、犯罪的定义

(一)立法的犯罪定义

从世界范围来看,大多数国家在刑法中并不规定犯罪的定义,少数国家在刑法中规定了犯罪的定义。在刑法中规定犯罪的定义的立法例,主要有以下三种类型:

1. 犯罪的形式定义,即从犯罪的法律形式或者分类意义上给犯罪下定义而不涉及犯罪的本质特征。资本主义国家刑法大多采用这种模式。例如,1810年《法国刑法典》第1条规定:“法律以违警刑所处罚之犯罪,称为违警罪;法律以惩治刑所处罚之犯罪,称为轻罪;法律以身体刑所处罚之犯罪,称为重罪。”1971年修订的《西班牙刑法典》第1条第1款规定:“依自由意志及疏忽之行为而为法律所处罚者谓之犯罪及过失罪。”这类定义强调犯罪的法律形式特征,有利于司法判定。

2. 犯罪的实质定义,即从犯罪的本质特征上给犯罪下定义而不涉及犯罪的法律特征。社会主义国家刑法大多采用这种模式。例如,1922年《苏俄刑法典》第6条规定:“威胁苏维埃制度的基础及工农政权向共产主义制度过渡时期所建立的法律秩序的一切危害社会的作为或不作为,都认为是犯罪。”1942年《蒙古人民共和国刑法典》第6条规定:“凡是反对革命制度或者破坏人民革命政权所建立的法律秩序的一切危害社会的作为或不作为,都认为是犯罪。”这种定义鲜明地宣示了犯罪的阶段性质,阐明了将某种危害行为规定为犯罪的原因,对于立法机关创设罪名具有重要意义,但因没有揭示犯罪的法律特征,不利于司法实践操作。

3. 犯罪的混合定义,即从犯罪的法律特征和实质特征两个方面给犯罪下定义。例如,1960年《苏俄刑法典》第7条第1款规定:“凡本法典分则所规定的侵害苏维埃的社会制度和国家制度,侵害社会主义经济体系和社会主义所有制,侵害公民的人身权、政治权、劳动权、财产权以及其他危害社会行为(作为或不作为),以及本法典分则所规定的其他各种侵害社会主义法律秩序的危害社会行为,都认为是犯罪。”

我国现行刑法也是采取这种定义模式,其第 13 条规定:"一切危害国家主权、领土完整和安全,分裂国家、颠覆人民民主专政的政权和推翻社会主义制度,破坏社会秩序和经济秩序,侵犯国有财产或者劳动群众集体所有的财产,侵犯公民私人所有的财产,侵犯公民的人身权利、民主权利和其他权利,以及其他危害社会的行为,依照法律应当受刑罚处罚的,都是犯罪,但是情节显著轻微危害不大的,不认为是犯罪。"这种定义,既公开申明了犯罪的阶级性,有利于立法创设;又揭示了犯罪的法律特征,有利于司法适用。

(二)理论的犯罪定义

在刑法理论上,由于视角不同,学者们对犯罪定义的表述方式更是多种多样,主要有以下五种:(1)根据犯罪的法律后果给犯罪下定义,如认为犯罪是违反刑事制裁法律的行为。[1] 这种定义重在说明从法律上如何识别犯罪。(2)根据犯罪的成立条件给犯罪下定义,如认为犯罪是该当于构成要件违法且有责的行为。[2] 这种定义通过明确犯罪的成立要件,控制司法者的思维过程,进而保证刑法得以正确适用。(3)根据犯罪的反社会性给犯罪下定义,如认为犯罪是反社会的行为或者具有社会侵害性的行为。[3] 这种犯罪定义旨在说明立法者将某种行为规定为犯罪的实质根据。(4)综合犯罪的实质特征和法律特征给犯罪下定义,如认为犯罪是对社会主义国家或社会主义法律秩序有危害的、违法的、有罪过的、应受惩罚的作为或不作为。[4] 这种犯罪定义意图在刑法理论中贯穿一个统一的犯罪概念。(5)根据犯罪的法律程序后果给犯罪下定义,如认为犯罪是一种能够引起刑事诉讼程序的行为,这种诉讼程序的结果可能导致刑罚等惩罚手段的适用。[5] 这种观点认为,各种犯罪的实体定义实际上是定义者个人主观想象的犯罪概念,并不能与实然的犯罪相对应,因而应当放弃这一努力,而从程序上给犯罪下定义。

定义是对概念本质特征的最精确的概括,上述各种犯罪定义,在不同程度上揭示了犯罪的各种特征。不过,本书认为,刑法理论界意图给犯罪下一个统一的、适用于各个不同学科或场合的犯罪定义,虽然愿景可赞,但并不可行。事实上,任何概念均具有相对性,因此,宜提倡犯罪定义的多元性,不同的学科或论域使用不同的犯罪概念。例如,在立法论上使用实质的犯罪概念,在解释论上使用形式的犯罪概念;在刑法学上使用规范的犯罪概念,在犯罪学上使用实证的犯罪概念;在认知场域使用

---

[1] 德国刑法学家宾丁的观点,参见徐久生:《德国犯罪学研究探要》,中国人民公安大学出版社 1995 年版,第 1 页。

[2] [日]西田典之:《日本刑法总论》,刘明祥、王昭武译,中国人民大学出版社 2007 年版,第 44 页。

[3] [日]大塚仁:《犯罪论的基本问题》,冯军译,中国政法大学出版社 1993 年版,第 1 页。

[4] [苏]皮昂特科夫斯基等:《苏联刑法科学史》,曹子丹等译,法律出版社 1984 年版,第 23~24 页。

[5] Smith & Hogan, *Criminal Law*, 10th Edition, Butterworths, 2002, p. 20.

形式的犯罪概念,在裁判场域使用混合的犯罪概念。

二、犯罪的基本特征

根据现行刑法第 13 条的规定,犯罪具有以下三个基本特征。

(一)严重社会危害性

行为具有严重的社会危害性,这是犯罪的实质特征。所谓“社会危害性”,是指行为对国家、社会和个人利益的有害性。社会危害性是一切反社会行为的共同特征,但不同的反社会行为对社会的危害存在程度上的差别。犯罪这种反社会行为对社会的危害程度最为严重。如果某种行为根本不会给社会造成危害,法律就不会将其规定为犯罪并予以刑罚处罚。某种行为虽然具有一定的社会危害性,但其危害并未达到严重的程度,则亦不构成犯罪。换言之,社会危害性是质和量的统一,仅具备质的因素,但未达到量的要求,不能构成犯罪。在我国的法律体系下,反社会行为被一分为二:犯罪和违法行为。二者虽然都具有危害社会的“质”,但在危害社会的“量”的方面存在差异。犯罪危害社会的量达到了“严重”的程度,而违法行为则尚未达到“严重”的程度。刑法第 13 条前段,是指社会危害性的量达到“严重”程度的犯罪行为;后段“但书”所指的行为,是指具有一定的社会危害性、但其量尚未达到“严重”程度的违法行为。

示例 4-1　肖某盗窃案

被告人肖某被诉于 2009 年 9 月 19 日、21 日盗窃了两辆电动自行车,经鉴定,两辆自行车的价值分别为人民币 1125 元和 1689 元。对此,一审法院认为:本案公诉机关指控被告人肖某涉嫌两单盗窃犯罪,其中关于被告人盗窃被害人刘某财物一案的指控事实不清,证据不足,不予认定。关于被告人盗窃被害人青某财物一案,事实清楚,证据确实、充分,予以确认。但鉴于该指控涉及的犯罪数额仅为人民币 1689 元,属于情节显著轻微,危害不大,依法不应认为是犯罪。故公诉机关指控罪名不成立。[6]

示例 4-2　陈某破坏生产经营案

一审法院认为:被告人陈某多次不准施工方车辆运行,致该施工单位租赁的挖掘机、运渣车等不能正常施工运行,给施工单位造成经济损失,破坏了施工单位正常的生产经营活动,被告人陈某的行为已构成破坏生产经营罪。[7]

---

〔6〕 广东省深圳市中级人民法院(2011)深中法刑二终字第 887 号刑事判决书。

〔7〕 重庆市綦江区人民法院(2012)綦法刑初字第 477 号刑事判决书。

二审法院认为:重庆市建工集团爆破公司在承建渝黔高速公路桥河互通式立交的过程中,其临时弃土场紧邻陈某的承包地,因该公司所倒弃土滚落该承包地内,而与陈某家发生纠纷。陈某在纠纷发生后,不通过合法有效的途径解决,而是阻止施工方倒土,致使施工方无法正常施工,给施工方造成一定的经济损失,其行为客观上破坏了施工方的生产经营,具有违法性。鉴于现有证据不足以证明陈某主观上具有泄愤报复或者其他与泄愤报复程度相当的个人目的,亦不能证明陈某实施了与毁坏机器设备、残害耕畜程度相当的其他破坏生产经营的方法,且不能确认陈某破坏生产经营的行为所造成的直接损失。因此,现有证据尚不能证明陈某实施的具体行为达到了应受刑罚处罚的程度,其情节显著轻微危害不大,依法不认为是犯罪。[8]

行为的社会危害性是客观要素和主观要素的统一。决定行为的社会危害性大小的因素主要有:行为所侵犯的社会关系的性质和重要程度;行为的手段、后果、对象、时间、地点等;行为人的主观要素。在评价行为的社会危害性及其程度时,不能仅仅衡量行为的客观危害,而应当同时考察行为人的主观恶性。另外,在评价行为的社会危害性时,要用历史、发展和全面的眼光看问题。行为的社会危害性是一个历史范畴,总是受到一定的社会政治经济形势发展的影响。某种行为在一定的社会形势下具有严重的社会危害性,但当形势发生变化时,则会降低甚至丧失其社会危害性;或者相反,原来没有社会危害性或者社会危害性不大的行为,随着社会形势的变化,其社会危害性会达到严重的程度。在这种情况下,立法者应当对行为的社会危害性作出准确的判断,从而及时将其出罪或入罪,或者适时调整法定刑的轻重。例如,在计划经济体制下,伪造、倒卖计划供应票证会严重破坏物资的计划供应,具有严重的社会危害性因而被旧刑法规定为犯罪;但在市场经济体制下,物资供应充分,商品流通自由,伪造、倒卖计划供应票证的行为骤减,社会危害性也基本消失,因而现行刑法将其非犯罪化。又如,在农耕时代,危险驾驶的社会危害性程度较轻,公众容忍度较高,没有必要将其犯罪化;而在汽车时代,危险驾驶的社会危害性陡增,公众反应强烈,因而需要将其犯罪化。

通说认为,将社会危害性引入我国刑法的犯罪概念,揭示了犯罪的本质特征,并将其与犯罪的法律特征和应受惩罚性结合起来,使我国刑法关于犯罪概念的规定具有资本主义国家刑法所无法比拟的科学性。[9] 但晚近这一观点受到不少学者的批评,有学者认为,犯罪的社会危害性标准与罪刑法定原则相冲突,“社会危害说不仅通过其‘犯罪本质’的外衣为突破罪刑法定原则的刑罚处罚提供一种貌似合理具有

[8] 重庆市第五中级人民法院(2013)渝五中法刑终字第86号刑事判决书。

[9] 高铭暄主编:《刑法学原理》(第1卷),中国人民大学出版社1993年版,第382页。

刑法色彩的理论根据,而且也在实践中对于国家法治起着反作用。"〔10〕另有学者认为,社会危害性是一个超规范的概念,将其作为犯罪的本质特征导致理论上的混乱,因而应当将其逐出注释刑法学领域,并以法益侵害替代之。〔11〕本书认为,上述观点的分歧,根本在于对犯罪概念相对性的不同认识。刑法第13条的犯罪概念,是一个横跨立法领域和司法领域的统一的犯罪概念,而反对论的主张是一个仅适用于司法领域的犯罪概念。从刑事立法学来看,通说的观点是正确的;从规范解释论来看,反对的观点是可取的。但如果要追根溯源,对犯罪基本特征的探讨必然要触及社会危害性这个概念。

示例4-3　王某贪污案

二审法院认为:王某的行为不具有刑法规定的社会危害性。根据刑法第10条规定,判断某一行为是否构成犯罪,关键是看该行为是否具有社会危害性。被告人王某依靠自己的专业技术,主要利用业余时间承揽了扬州化肥厂单体回收装置总体设计任务。该厂采用他的设计后,节省了投资,并一次试车成功,获得了明显的经济效益。王某的行为不仅不具有犯罪所必需的社会危害性,而且对社会作出了有益的贡献,故不能当犯罪处理。〔12〕

(二)刑事违法性

行为具有刑事违法性,这是犯罪的形式特征。所谓刑事违法性,是指违反刑法条文中所包含的刑法规范。例如,刑法第232条规定:"故意杀人的,处死刑、无期徒刑或者十年以上有期徒刑;情节较轻的,处三年以上十年以下有期徒刑。"其中包含的行为规范——禁止杀人,就是刑法规范。故意杀人行为,就是违反本条所包含的禁止杀人的刑法规范。刑法规范不仅体现在刑法典中,还可能体现在单行刑法、附属刑法中。由于刑法规范均是禁止性规范,因而符合刑法条文所规定的构成要件的行为,均是违反刑法规范的行为,具有刑事违法性。

刑事违法与违法既有联系又有区别。刑事违法性是违法的一种,违法是刑事违法的上位概念,不仅包括刑事违法,也包括治安违法、行政违法、民事违法、经济违法等。这些违法行为均具有社会危害性,但只有其社会危害性达到触犯刑事法律规范的严重程度时,才能被认定为犯罪。因此,刑事违法性,不是指犯罪的一般意义上的违法属性,而是指其具有触犯刑事法律规范的"刑事违法性"特征。

---

〔10〕 李海东:《刑法原理入门:犯罪论基础》,法律出版社1998年版,自序,第8页。

〔11〕 陈兴良:《社会危害性理论——一个反思性检讨》,载《法学研究》2000年第1期。

〔12〕 《最高人民法院公报》1992年第4期。

在规范论层面,刑事违法性具有极其重要的意义。这是因为,严重社会危害性虽然是犯罪的内在本质,但对其判定具有较大的主观性。对于同一行为是否具有严重社会危害性,不同的认识主体往往会得出不同的结论。因此,社会危害性的功能的发挥场所主要是在博弈、妥协的立法领域,在强调准则、规范的司法领域,判定行为是否犯罪的标尺应当是刑事违法性。刑事违法性标准具有明确性和可操作性。判断某种行为是否具有刑事违法性,只需判断该行为是否该当、是否符合刑法条文规定的构成要件:如果该当,该行为即具有刑事违法性;如果不该当,则不具有刑事违法性。对于司法工作人员而言,最需要关注的是行为的刑事违法性。如果某种行为不具有刑事违法性,则绝对不能以其具有社会危害性为由对其定罪处罚。

示例 4-4　田某、刘某倒卖车票案

一审法院认为:我国现行法律、法规对代购车票并未作禁止性规定。两行为人按照客户的要求,代为购买车票后又提供了送票上门的快递劳务,按约收取服务费,该行为与大量套购紧俏车票,囤积居奇,伺机兜售,加价倒卖或以各种名义变相加价倒卖的行为有本质区别。因而,两行为人的行为不具有刑事违法性。检察机关对本案两行为人的共同行为是代售还是代购行为未加严格区分,将田某、刘某收取快递服务费的行为,视为擅自变相加价倒卖车票的犯罪行为,显属失当。故检察机关对行为人田某、刘某的共同行为构成倒卖车票罪的指控不能成立。[13]

(三)刑罚当罚性

行为具有刑罚当罚性,这是犯罪的后果特征。所谓刑罚当罚性,是指犯罪是应当受到刑罚处罚的行为,即应当被追究刑事责任。刑罚当罚性是以行为的严重社会危害性和刑事违法性为前提的,如果行为不具有严重社会危害性和刑事违法性,自然不应受到刑罚处罚。反之,刑罚当罚性又是对具有严重社会危害性和刑事违法性行为的评价。刑罚是最严厉的制裁方法,因而只有对严重危害社会的违反刑法规范的行为,才可能评价为应受刑罚处罚;不需要评价为应受刑罚处罚的行为,不可能认定为犯罪。

示例 4-5　万某妨害作证案

一审法院认为:被告人万某伙同韩某实施虚假诉讼行为的动机,是为了逃避自己拖欠他人的巨额债务。具体行为方式是与韩某串通,虚构自己向韩某借款的事实并伪造相

[13] 上海铁路运输法院(1999)沪铁刑初字第55号刑事判决书。

应凭证，然后指使韩某向法院提起诉讼。而其最终追求的结果，是经过法院调解结案，确认其与韩某之间的债务关系，将300万元“欠款”如数转移给韩某，借此制造自己没有偿债能力的假象，对其拖欠他人的巨额债务加以抵赖和逃避。万某明知自己的行为会侵害债权人的合法利益，破坏正常的司法工作秩序和司法公信力，仍积极追求这一结果的发生，其行为明显具有社会危害性和刑事当罚性，亦符合刑法分则第六章“妨害司法罪”的犯罪构成。[14]

在判定犯罪的刑罚当罚性时，要注意其与免除处罚的区别。刑罚当罚性，是指行为具有应当受到刑罚处罚的性质，是对行为的评价，属于应然的问题；免除处罚，是指对行为人免除刑罚处罚，这是客观的事实，属于实然的问题。二者涉及的问题不同，不应混淆。当然，免除处罚，必须以行为具有刑罚当罚性为前提。如果行为不具有刑罚当罚性，则不构成犯罪，自然谈不到免除处罚，而应直接宣告无罪；只有行为具有刑罚当罚性，而又具有免除处罚的量刑情节，才可能免除处罚。应当注意的是，宣告免除处罚是有罪判决或裁定，对于不构成犯罪的，绝不能适用免除处罚；否则，就混淆了罪与非罪的界限。

上述犯罪的三个基本特征是紧密联系、不可分割的，共同构成犯罪概念的内容，而犯罪概念是区分罪与非罪的总标准。具体而言，严重社会危害性是犯罪最本质的特征，是刑事违法性和刑罚当罚性的基础；刑事违法性是严重社会危害性的法律表现，刑罚当罚性是严重危害社会、违反刑事法律应当承担的法律后果。换言之，正因为行为具有严重的社会危害性，刑法才将其规定为犯罪，并给予应受刑罚处罚的评价；如果行为不具有严重的社会危害性，刑法则不应将其规定为犯罪，并评价为应受刑罚惩罚性，自然也就谈不上犯罪。因此，上述三个基本特征是任何犯罪都必须具备、不可缺少的。

示例4-6　申某、医用气体有限公司等掩饰、隐瞒犯罪所得案

一审法院认为：被告单位及被告人帮助相关病人骗取医保资金有违社会公平正义，该行为具有相当社会危害性、明确的刑事违法性及应予惩罚性。虽被告单位、被告人实施犯罪行为时公然进行，还按照正常业务进行管理、制作账册，仅表明其可能存在认识错误，并不影响对其行为性质的评价。相应辩护人关于被告单位、被告人实施的行为不具有掩饰、隐瞒犯罪所得罪客观特征，不应追究刑事责任的辩护意见，与事实及法律不符，本院不予采纳。[15]

---

〔14〕《最高人民法院公报》2012年第12期。

〔15〕上海市虹口区人民法院(2014)虹刑初字第513号刑事判决书。

我国刑法的犯罪概念具有独特的量的内容。刑法第13条但书规定,“情节显著轻微危害不大的,不认为是犯罪”。这里的“情节”,是指影响行为的社会危害性的各种事实情况,如行为的危险性、行为的实害结果、行为人的主观恶性、行为人的人身危险性等。至于情节是否显著轻微,则应根据案件的具体情况,综合分析判定。这里的“不认为是犯罪”,是指根据刑法,行为本来就不构成犯罪,因而司法者不能以犯罪论处;而不是指根据刑法,行为已经构成犯罪,只是裁判者主观上不将其以犯罪论处。换言之,但书所指的行为,也是一种具有社会危害性的行为,只是在危害的量上尚未达到犯罪的程度,因而在性质上是行政违法,而不是刑事违法。

示例4-7　张某伪造居民身份证案

被告人张某在未能补办遗失居民身份证的情况下,雇佣他人以本人的真实身份资料伪造居民身份证,供自己在日常生活中使用。对此,二审法院认为:我国刑法第13条的规定,揭示了犯罪应当具有社会危害性、刑事违法性和应受刑罚惩罚性等基本特征,其中社会危害性是犯罪的本质特征,这是认定犯罪的基本依据。某种表面符合刑法分则规定的犯罪构成客观要件的行为,只要它属于刑法第13条规定的对社会危害不大不认为是犯罪的行为,则也就不具有刑事违法性和应受刑罚惩罚性。因此,把握行为的社会危害性程度,是界定罪与非罪的关键……张某伪造并使用伪造居民身份证的目的,是为了解决身份证遗失后无法补办,日常生活中需要不断证明自己身份的不便。张某伪造居民身份证虽然违法,但未对社会造成严重危害,属于情节显著轻微危害不大。一审法院根据刑法第13条的规定认定张某的行为不是犯罪,并无不当。[16]

三、犯罪的本质

(一)关于犯罪本质的诸种观点

在刑法理论上,关于犯罪的本质存在社会危害说、权利侵害说、法益侵害说、规范违反说、义务违反说等各种主张。

刑事古典学派认为,犯罪是犯罪人基于自由意志而实施的危害社会的行为。犯罪在本质上是具有社会危害性的行为。黑格尔从辩证法的角度论证了犯罪是具有社会危害性的行为。“犯罪一方面它侵犯了具体意义上人的自由意志的特定所在,即侵犯了他人的人格、权利或利益,另一方面,更重要的是它同时危害了社会,即具有社会危害性。”[17]费尔巴哈从区分法与道德的角度主张权利侵害说。他认为,犯罪在形式上不是违反道德,而是违反法;犯罪在实质上不是侵害自由,而是侵害根据

〔16〕《最高人民法院公报》2004年第12期。
〔17〕[德]黑格尔:《法哲学原理》,范扬、张企泰译,商务印书馆1961年版,第228页。

法所赋予的权利的行为，犯罪的本质是对权利的侵害。他指出："犯罪原因不是自由，而是感性的冲动。从而可罚性的标准也不是自由，应该是权利的侵害和它的危险性。"〔18〕毕恩鲍姆提出法益侵害说，认为犯罪的本质是对法所保护的财产乃至利益的侵害或者威胁。任何犯罪都是对法益的侵害，没有法益侵害就没有犯罪。〔19〕宾丁提出规范违反说，认为犯罪所违反的不是刑罚法规本身，而是违反了作为刑罚法规前提——一定的行为法即规定禁止或者命令一定行为的规范。"所谓的'规范违反'，只是意味着行为人的'不服顺'（ungehorsam）而已，并不是指规范遭受损害，因为行为人的行为，根本不可能损害到规范。"〔20〕在德国纳粹时期，刑法学者谢夫斯坦提出了义务违反说。他认为，"犯罪的本质宁可说是对法益的侵害，不如说是对义务的违反。"〔21〕按照这种观点，犯罪是对国家、社会共同体的危害，即使行为没有侵害法益，但违反了对社会共同体所负有的人伦的义务时，也是犯罪。将道德纳入刑法之中，就使道德最大限度发挥其有效性（法是伦理的最大限度）。〔22〕

上述"各种试图描绘犯罪实质形象的努力，都可归结为形形色色的犯罪寻找'最小公分母'（minimo comun denominatore），即寻找一个隐藏在刑事制裁措施背后的、可适用于所有犯罪的'常项'（cifra）"。〔23〕 然而，关于这一常项的具体内容，理论界却极难达成共识。

（二）犯罪的本质应是社会危害

上述诸说中，权利侵害说、法益侵害说、义务违反说等主张之间并无实质性的、根本性的不同，真正对立的观点是社会危害说和法益侵害说。本书认为，从立法论来看，犯罪的本质是社会危害。在规范领域，以法益侵害替代社会危害是否更加可取，这可能是一个值得争辩的问题；但在立法领域，以法益侵害替代社会危害，并不具有更明显的优势。

法益，顾名思义，是指法律所保护的利益。按照这一理解，法益应当是一个实定法的概念。因此，只有实定法明文规定的利益，才是法益；只有对这种实定法明文规定的利益的侵害，才是犯罪。但是，立法者为什么将侵害此种利益的行为规定为犯罪，而不将侵害彼种利益的行为规定为犯罪呢？对此，实定法的法益概念根本无力回答。相反，社会危害概念却具有两大优势。一方面，在规范的层面上，社会危害与

〔18〕 转引自马克昌主编：《近代西方刑法学说史略》，中国检察出版社 1996 年版，第 89 页。

〔19〕 陈朴生：《刑法专题研究》，三民书局 1988 年版，第 61～62 页。

〔20〕 陈志龙：《法益与刑事立法》，台湾大学丛书编辑委员会 1992 年版，第 11 页。

〔21〕 ［日］大塚仁：《刑法要论》，成文堂 1984 年版，第 39 页。

〔22〕 ［日］团藤重光：《法学的基础》，有斐阁 1996 年版，第 21 页。

〔23〕 ［意］杜里奥·帕多瓦尼：《意大利刑法学原理》（注评版），陈忠林译评，中国人民大学出版社 2004 年版，第 72 页。

法益侵害在实质上并没有本质的差别。在遵循罪刑法定原则的前提下,实定刑法中已经不存在立法的社会危害性而只有司法的社会危害性,而司法的社会危害性概念同实定的法益概念一样,也具有规范性、实体性和专属性。另一方面,在立法的层面上,法益侵害概念远不如社会危害概念可取。在坚持罪刑法定原则的前提下,只有把法益概念拆分成实定法的法益概念和前实定法的法益概念,才能使其在各自的领域发挥功能。在刑事司法中,法官只能以实定法的法益概念为指导,而不能以前实定法的法益概念为指导;如果法官以前实定法的法益概念为指导,则会突破罪刑法定原则的界限,不利于权利保障。在刑事立法中,立法者只能以前实定法的法益概念为指导,而不能以实定法的法益概念为指导;如果立法者以实定法的法益概念为指导,则必然会认为立法完美无缺,无须修改完善。只有将实定法的法益概念和前实定法的法益概念适用于不同的领域,才能避免因语词歧义而产生的交流障碍。而采用社会危害性的概念,则没有这种区分的必要。因为无论是在司法的层面,还是在立法的层面,无论是在实定法的领域,还是在前实定法的领域,均可以社会危害的概念,作为认定犯罪或者设定犯罪的标准。[24] 不过,社会危害性在其源初意义上,确实有过于强调国家利益、社会利益保护而轻个人利益保护之嫌。因此,宜将社会危害性理解为对个人利益的单个侵害或者集体侵害。鉴于此,在规范的层面,本书采用法益的表述。

四、犯罪的分类

(一)犯罪的理论分类

1. 自然犯和法定犯

根据是否违反伦理道德的不同,可以将犯罪分为自然犯和法定犯。所谓自然犯,是指不仅侵害或者威胁法益,而且明显违反基本的伦理道德的传统型犯罪。例如,故意杀人罪、盗窃罪。法定犯,是指虽然侵害或者威胁法益,但没有明确违反基本的伦理道德的管理型犯罪。例如,非法经营罪、污染环境罪。自然犯的违法性程度高,不需要借助法律即可认知,而法定犯的违法性程度低,通常需要借助法律才可认知。自然犯的法益侵害程度比较稳定,较少变动;而法定犯的法益侵害程度稳定性低,变动性较大。当然,伦理道德规范的内容总是在不断变化的,因而自然犯和法定犯的区分具有相对性。不过,这种区分对于解决认识错误、犯罪认定、刑罚处罚及犯罪预防等方面问题,具有一定的意义。

2. 身份犯和非身份犯

根据犯罪主体是否具有特定身份的不同,可以将犯罪分为身份犯和非身份犯。

---

〔24〕 孙国祥:《刑法基本问题》,法律出版社2007年版,第71页。

所谓身份犯,是指以国家机关工作人员、公司企业管理人员、科学技术人员等一定身份作为犯罪构成主体要件的犯罪。例如,背信损害上市公司利益罪,内幕交易、泄露内幕信息罪等。非身份犯,是指不具有特定身份的主体实施的犯罪。例如,聚众斗殴罪、盗窃罪等。在犯罪学上,许多身份犯被称为白领犯罪,许多非身份犯被称为蓝领犯罪。这种划分对于犯罪认定、刑罚适用等具有一定的意义。

3. 隔隙犯和非隔隙犯

根据实行行为与犯罪结果之间间隔的不同,可以将犯罪分为隔隙犯和非隔隙犯。所谓隔隙犯,是指在实行行为与犯罪结果之间存在时间、场所的间隔的犯罪。其中,实行行为与犯罪结果之间存在时间间隔的犯罪,称为隔时犯;实行行为与犯罪结果之间存在场所间隔的犯罪,称为隔地犯。所谓非隔隙犯,是指实行行为与犯罪结果之间没有时间、场所间隔的犯罪。隔隙犯和非隔隙犯的区分,对于认识犯罪形态、解决管辖权问题等具有一定的意义。

(二)犯罪的法定分类

1. 国事犯罪和普通犯罪

根据侵犯的法益的属性不同,可以将犯罪分为国事犯罪和普通犯罪。所谓国事犯罪,是指危害国家政权、社会制度以及国家安全的犯罪。所谓普通犯罪,是指国事犯罪以外的其他各类刑事犯罪。我国刑法分则第一章规定的"危害国家安全罪",属于国事犯罪的范围,第二章至第十章规定的各类犯罪,属于普通犯罪的范畴。但其中第十章所规定的"军人违反职责罪"又属于普通犯罪中的一类特殊犯罪,可称为军事犯罪。在刑法理论上,国事犯罪与普通犯罪相结合的犯罪,称为混合犯罪。例如,基于政治、宗教等方面的确信而实施的犯罪(确信犯)。

2. 自然人犯罪和单位犯罪

根据犯罪主体的属性不同,可以将犯罪分为自然人犯罪和单位犯罪。所谓自然人犯罪,是指以自然人为行为主体的犯罪,如放火罪、抢劫罪。所谓单位犯罪,是指以单位为行为主体的犯罪,如单位受贿罪、单位行贿罪。另外,刑法中也有一些犯罪,既可以由自然人实施,也可以由单位实施,如生产、销售伪劣商品罪、高利转贷罪。当这些犯罪由自然人实施时,属于自然人犯罪;当这些犯罪由单位实施时,属于单位犯罪。

3. 亲告罪和非亲告罪

根据犯罪的追诉程序启动主体的不同,可以将犯罪分为亲告罪和非亲告罪。所谓亲告罪,是指经被害人告诉,司法机关才可以处理的犯罪。所谓非亲告罪,是指不问被害人是否告诉、是否同意起诉,检察机关均可提起公诉的犯罪。根据刑法第98条的规定,告诉才处理,是指被害人告诉才处理。如果被害人因受强制、威吓无法告诉的,人民检察院和被害人的近亲属也可以告诉。告诉才处理的犯罪,以刑法有明文规定为前提。根据刑法的相关规定,亲告罪包括:侮辱罪、诽谤罪、暴力干涉婚姻自由罪、虐待罪、侵占罪。刑法没有明文规定为告诉才处理的犯罪,均属于非亲告罪。

4. 基本犯、加重犯和减轻犯

根据同一罪名的具体情形的不同,可以将犯罪分为基本犯、加重犯和减轻犯。所谓基本犯,是指刑法分则条文规定的不具有法定加重或者减轻情节的犯罪。所谓加重犯,是指刑法分则条文以基本犯为基准,规定加重情节和较重法定刑的犯罪。其中,又可以分为结果加重犯和情节加重犯。结果加重犯,是指实施基本犯罪行为,发生较基本犯罪结果更加严重的危害结果,刑法因而加重其法定刑的犯罪。例如,刑法第 234 条第 2 款规定:"犯前款罪,致人重伤的,处三年以上十年以下有期徒刑……"情节加重犯,是指实施基本犯罪行为,因具有较基本犯罪情节更加严重的情节,刑法因而加重其法定刑的犯罪。例如,刑法第 237 条第 2 款规定:"聚众或者在公共场所当众犯前款罪的,或者有其他恶劣情节的,处五年以上有期徒刑。"减轻犯,是指刑法分则条文以基本犯为基准规定减轻情节和较轻法定刑的犯罪。例如,刑法第 232 条规定:"故意杀人的,处……情节较轻的,处三年以上十年以下有期徒刑。"

第二节 犯罪构成

一、犯罪构成概述

(一)犯罪构成理论的沿革

1. 大陆法系国家的构成要件理论

犯罪构成,是指行为成立犯罪所必须具备的成立条件。在大陆法系国家,一般认为,犯罪的成立条件有三个:构成要件符合性、违法性和有责性。

从语词沿革上看,构成要件的观念,在德国、日本等大陆法系国家刑法理论中,使用的是"构成要件"一词,而非"犯罪构成"或者"犯罪构成要件"。我国刑法理论中的"犯罪构成要件"概念相当于大陆法系的"犯罪成立条件"。可以追溯至 13 世纪意大利宗教裁判纠问手续中的"Constare de delicto"(犯罪的确证)的概念。在这种纠问式诉讼程序中,法官首先必须调查是否有犯罪事实存在(一般纠问)。在证实有犯罪事实存在后,才可以对特定的犯罪嫌疑人进行审问(特别纠问)。如果没有犯罪事实存在,就不能进行特别纠问。1581 年意大利刑法学家法里西斯首先将这种"已被证实的犯罪事实"命名为"Corpus delicti"。这一概念是诉讼意义上的,用于表示与特定行为人没有联系的外部的客观犯罪事实。根据严格的证据法则,如果不能确证这种客观犯罪事实的存在，就不能继续进行特别纠问（包括拷问在内）。1796年，德国刑法学家克莱因首次把“Corpus delicti”译成德语“Tatbestand”。后来，日本刑法学者又将其译成“构成要件”。但在当时，“Tatbestand”（构成要件）仍然只具有诉讼法上的意义。直到19世纪初，德国刑法学家费尔巴哈、斯鸠别尔明确赋予构成要件以实体法的意义，这一概念才开始具有实体法的内容。费尔巴哈从罪刑法定主义出发，认为确认任何行为为犯罪并科以任何刑罚时，都必须根据法律的规定来确定。但在整个19世纪，构成要件理论还没有形成一个系统、完整的理论体系。

现代意义上的大陆法系构成要件理论，形成于20世纪初，这其中有贝林格、迈耶和麦兹格等人的功劳。在贝林格之前，犯罪被定义为“被科处刑罚的违法、有责的行为”；贝林格对这一概念予以批判，明确将构成要件符合性作为犯罪成立条件。他指出，任何犯罪的成立都必须具备以下六个条件：（1）行为；（2）行为符合构成要件；（3）行为是违法的；（4）行为是有责的；（5）行为有相应处罚的规定；（6）行为具备处罚条件。贝林格起初认为，构成要件是“表明犯罪类型轮廓的全部要素”，在价值上是中性、无色的，只包括刑法所预定的纯客观的、记述性的要素，而不包括主观的、规范性的要素。到了晚年，他对自己的理论作了重大修正，认为构成要件不是犯罪类型，而是犯罪类型的“观念上的指导形象”，从而使构成要件与违法性、有责性相分离。贝林格的观点一方面旨在建立犯罪论体系，另一方面意在维护罪刑法定原则。

迈耶接受了贝林格的观点，但又对其理论作了重大修正。他将贝林格的犯罪成立的六个条件简化为三个：构成要件符合性、违法性和有责性。他认为，构成要件不仅包括客观的、记述性的要素，还包括主观的、规范性的要素。构成要件符合性（具体事实符合抽象的构成要件）是违法性的认识根据，只要没有违法性阻却事由，符合构成要件的行为就是违法的。构成要件符合性与违法性的关系是“烟与火的关系”，具有违法性的推定机能。

麦兹格进一步发展了迈耶的理论。他指出，构成要件符合性是刑法对可处罚的违法行为所作的类型性的记述，它不仅是违法性的认识根据，而且是违法性的存在根据，即行为符合构成要件，原则上就成为违法性的根据——违法类型。构成要件符合性不是独立的犯罪成立条件，而是修饰各种成立要件的概念，如符合构成要件的行为、符合构成要件的违法、符合构成要件的责任。他将构成要件论置于违法论中，与责任论并列，从而形成了“行为—违法类型（=构成要件）—责任”的犯罪论体系。由于这一理论不同于贝林格所确立的犯罪论体系，故又被称为新构成要件论。

日本学者小野清一郎在接受上述学者的构成要件理论的基础上，作了进一步的发展，提出了构成要件是违法有责类型的学说。他认为，构成要件、违法性与责任三者之间不应是并列关系，而应有所侧重。构成要件在将行为的违法性加以类型化的同时,也将行为人的道义责任类型化,还将违法并且有责的行为中具有可罚性的行为用法律概念加以规定。构成要件是违法并且有道义责任的行为的定型。构成要件是不法类型,也是责任类型,因而也是犯罪类型。刑法对行为有三重评价:第一,是否符合构成要件的评价,这是法律的、抽象的评价;第二,违法性的评价,这是对行为本身(与行为人分离)的具体评价;第三,道义责任的评价,这是把行为作为“行为人的行为”的最具体的评价。为此,他采取“构成要件—违法性—道义责任”的犯罪论体系。

现代大陆法系国家的犯罪论体系一般采用以下通说:犯罪成立必须具备三个条件,即构成要件符合性(又称构成要件该当性)、违法性、有责性。构成要件符合性,是指具体行为事实与构成要件相一致。构成要件以实行行为为中心,既包括客观的、记述性的要素,也包括主观的、规范性的要素。构成要件是法律规定的犯罪类型,不是具体的事实本身,具体事实与构成要件相一致时,便具有构成要件符合性。构成要件符合性是判断成立犯罪的第一个要件。违法性,是指行为对刑法所保护的法益的实质侵害性。构成要件是违法类型,符合构成要件的行为原则上可推定具有违法性。但如果行为具有法定的或者法秩序认可的违法性阻却事由,则不成立犯罪。这种违法性阻却事由既包括正当防卫、紧急避险等法定的违法性阻却事由,也包括自救行为、被害人承诺等超法规的违法性阻却事由。违法性是判断犯罪成立的第二个条件。有责性,是指能够对行为人实施的危害行为进行道义上的谴责,即非难可能性。由于构成要件是违法类型,也是责任类型,因而只要是符合构成要件的违法行为,通常就具有有责性。责任的要素包括责任能力、责任故意、责任过失、期待可能性等。有责性是判断犯罪成立的第三个条件。由于这一犯罪论体系的三个条件之间具有递进式的逻辑结构,故又被称为递进式犯罪论体系。

2. 英美法系国家的犯罪构成理论

以英国和美国为代表的犯罪构成体系,具有双层次的特点。英美刑法中的犯罪构成分为实体意义上的犯罪要件与诉讼意义上的犯罪要件。实体意义上的犯罪要件包含在犯罪定义之中;诉讼意义上的犯罪要件是在犯罪定义之外的责任,通过合法抗辩事由体现出来。犯罪行为和犯罪意图,是犯罪本体要件。要成立犯罪,除应具有犯罪本体要件外,还必须排除合法辩护的可能,即具备责任充足要件。在理论结构上,犯罪本体要件为第一层次,责任充足要件为第二层次。由于这种犯罪论体系具有双层次的逻辑结构,故又被称为双层次犯罪论体系。

(1)第一层次:犯罪行为和犯罪意图

实体意义上的犯罪要件包括犯罪行为(actus reus)和犯罪意图(mens rea)。犯罪行为是英美法系犯罪构成的客观要件。犯罪行为有广义和狭义之分。广义上的犯罪行为,是指犯罪心态以外的一切犯罪要件,也就是犯罪构成的客观要件,包括犯罪行为、犯罪结果和犯罪情节等。狭义上的犯罪行为，是指有意识的行为，由行为和意识构成。犯罪行为是法律禁止并意欲防止的有害行为，是构成犯罪的首要因素。

犯罪意图，又称为犯罪心态，是英美法系犯罪构成的主观要件。“无犯意，则无犯罪。”（*Actusnon facit reum, nisi mens sit rea.*）这一法律格言充分体现了犯罪意图在犯罪构成中的地位。在英美刑法中，犯罪意图分为以下四种：第一，蓄意，即指行为人自觉希望实施某种特定行为，或者自觉希望发生某种特定结果。第二，明知，即指行为人认识到行为的性质而自觉地实施这种行为。第三，轻率，即指行为人已经认识到并且自觉地漠视法律禁止的结果可能发生的危险，虽然主观上对此结果持否定态度，但还是冒险地实施了产生此结果的行为。第四，疏忽，即指行为人在行为时没有认识到产生法律禁止的结果的危险，但按照普通公民的标准应当认识到这种危险。

（2）第二层次：抗辩事由

诉讼意义上的要件即合法抗辩（legal defense）事由，又称为免责理由，它具有诉讼法的特点。合法抗辩事由是将刑事诉讼中的辩护理由加以总结而形成，并从诉讼原则上升为实体法上的总则性规范，其内容包括未成年、精神病、错误、醉态、胁迫、警察圈套、安乐死、正当防卫、紧急避险等。合法抗辩事由从反面说明，要追究行为人的刑事责任，除其行为具备犯罪的本体要件外，还应排除合法抗辩事由的存在，这才具备责任充足要件。

3. 苏联的犯罪构成理论

苏联的犯罪构成理论经历了孕育诞生、逐步确立、稳定发展并不断完善的阶段。苏联的刑法学者认为，犯罪构成包括犯罪客体、犯罪客观方面、犯罪主体和犯罪主观方面。这四个要件之间是一种共存关系，“一荣俱荣、一损俱损”。四个要件都齐备了，犯罪就成立；缺乏其中任何一个要件，犯罪即不成立。由于这种犯罪构成的各个要件之间具有封闭的、自生的逻辑结构，故又被称为封闭式（耦合式）犯罪论体系。主要代表人物有特拉伊宁、契柯瓦则、皮昂特科夫斯基等。其犯罪构成理论具有以下特点：

（1）认为犯罪构成是成立犯罪所必需的客观要件与主观要件的总和。犯罪构成是犯罪成立的全部条件，行为符合犯罪构成便成立犯罪。例如认为，“犯罪构成乃是苏维埃法律认为决定具体的、危害社会主义国家的作为（或不作为）为犯罪的一切客观要件和主观要件（因素）的总和”。[25]“每个具体的犯罪构成都包含有犯罪主体和犯罪主观方面，以及犯罪客体和犯罪客观方面要件的总和。犯罪构成的一切要件互相联系；每一个要件都是有机统一体的一个组成部分。在某人的行为中，如果缺少

〔25〕［苏］特拉伊宁：《犯罪构成的一般学说》，薛秉忠等译，中国人民大学出版社1958年版，第48页。

一个要件,那就意味着缺少整个犯罪构成。”[26]

(2)认为犯罪构成以犯罪的社会危害性为基础。犯罪的本质特征是社会危害性,因此,犯罪构成的各个方面应体现社会危害性这一特征。例如认为:“在社会主义的刑法体系中,犯罪构成的学说应当以犯罪的阶级性的一般学说和它的实质定义与形式定义为基础。立法者也正是通过综合那些统一起来即构成社会危害行为的特征来制定犯罪构成的。”[27]

(3)认为犯罪构成是追究刑事责任的唯一根据。犯罪构成是刑事责任的基础,行为符合犯罪构成就具备了追究刑事责任的根据。例如认为:“在苏维埃国家里,犯罪构成是刑事责任的唯一根据。如果在某人的行为中具备犯罪构成,那么便有根据对他适用刑罚;如果在这些行为中缺乏犯罪构成,那么便免除刑罚。”[28]“社会主义法制的一个基本原则是:追究一个公民的刑事责任的唯一根据是:在他的行为中应具有刑事法律条文严格规定的犯罪构成。”[29]

苏联的犯罪构成理论与大陆法系国家的构成要件理论不同之处主要在于:苏联的犯罪构成是犯罪成立的全部条件,而大陆法系国家的构成要件只是犯罪成立的一个条件;苏联的犯罪成立标准是各个条件的拼装组合,而大陆法系国家的犯罪成立标准是各个条件的依次筛选。

(二)我国的犯罪构成理论

1. 通说的犯罪构成体系

我国的犯罪构成理论经历了移植、萧条、恢复和探索等发展阶段。新中国成立初期,我国直接从苏联引进了犯罪构成理论,并运用于司法实践,初步形成了以苏联犯罪构成理论为蓝本,以我国司法实践为色谱的犯罪构成理论。随后,由于法律虚无主义盛行,犯罪构成理论一度成为禁区,无人问津。中国共产党十一届三中全会以后,犯罪构成理论重新成为刑法学研究的重要课题,并在刑法学体系中处于核心的地位。目前,刑法理论通说采用的是苏联耦合式犯罪论体系。

根据通说的观点,所谓犯罪构成,是指刑法规定的、反映某一行为的社会危害性及其程度,而为该行为成立犯罪所必须具备的一切客观要件和主观要件的统一体。犯罪构成要件包括以下四个部分:(1)犯罪客体,即我国刑法所保护而为犯罪行为所侵犯或者威胁的社会关系。(2)犯罪客观方面,即犯罪活动的外在表现,包括危害行

---

[26] [苏联]H. A. 别利亚耶夫、M. И. 科瓦廖夫主编:《苏维埃刑法总论》,马改秀、张广贤译,群众出版社1987年版,第78页。

[27] [苏联]特拉伊宁:《犯罪构成的一般学说》,薛秉忠等译,中国人民大学出版社1958年版,第43页。

[28] [苏联]特拉伊宁:《犯罪构成的一般学说》,薛秉忠等译,中国人民大学出版社1958年版,第1~2页。

[29] [苏联]皮昂特科夫斯基等:《苏联刑法科学史》,曹子丹等译,法律出版社1984年版,第45页。

为、危害结果以及危害行为与危害结果之间的因果关系。(3)犯罪主体,即达到刑事责任年龄、具有刑事责任能力,实施了危害行为的自然人或者单位。(4)犯罪主观方面,即行为人对于危害社会的结果所持的主观心理状态。以上要件必须同时具备,缺少其中任何一个要件都不构成犯罪。

2. 修正的犯罪构成体系

随着犯罪构成理论研究的深入,通说的犯罪构成要件"四要件说"开始受到挑战,相继出现了"二要件说""三要件说""五要件说"等多种主张。[30]

二要件说内部有以下两种不同的观点。第一种观点认为,犯罪构成的基本条件是主观要件(包括犯罪主体和犯罪主观方面)和客观要件(包括犯罪客体和犯罪客观方面)。第二种观点认为,犯罪构成的二要件为行为要件(包括客观行为和主观罪过)和主体要件。

三要件说内部有以下三种不同的观点。第一种观点认为,犯罪构成要件包括犯罪客观要件、犯罪主观要件和犯罪主体。第二种观点认为,犯罪构成要件包括主体、危害社会的行为(内含主观罪过、行为的客观形式、行为的危害结果、因果关系)和犯罪客体。第三种观点认为,犯罪构成的基本要件包括评价因素(犯罪客体)、行为结构(包括客观方面与主观方面)和责任要件(包括犯罪主体要件和"不存在责任阻却的情况")。

五要件说认为,犯罪构成的基本要件为犯罪行为、犯罪客体、犯罪客观方面(包括犯罪结果及因果关系)、犯罪主体和犯罪的主观方面。

总体上看,上述观点基本停留在对通说的"四要件"予以重新排列或者组合,属于小修小补,并未触动其根本结构和体系。

3. 个说的犯罪构成体系

也有个别学者主张对传统的犯罪论体系进行全面改造,直接采用或借鉴大陆法系的犯罪构成理论体系,建立递进式的犯罪论体系,如采用"该当性—违法性—有责性"的犯罪论体系,或者"罪体—罪责—罪量"的犯罪论体系。

张明楷教授在其独著的第三版《刑法学》中采用三要件的构成要件体系,即认为犯罪构成要件包括犯罪客观要件、犯罪主体要件和犯罪主观要件。[31] 但在第四版《刑法学》中又改采两阶层体系,认为犯罪构成由违法构成要件和责任要件组成。违法要件是表明行为具有法益侵害性的要件,责任要件是表明行为具有非难可能性的要件。[32] 在其第五版《刑法学》中则干脆认为,犯罪的实体或基本特征是不法与责任。[33]

---

〔30〕 宣炳昭等编著:《犯罪构成与刑事责任》,中国政法大学出版社 1993 年版,第 48 页。

〔31〕 张明楷:《刑法学》,法律出版社 2003 年版,第 141 页。

〔32〕 张明楷:《刑法学》,法律出版社 2011 年版,第 105 页。

〔33〕 张明楷:《刑法学》,法律出版社 2016 年版,第 98 页。

陈兴良教授在其独著的《本体刑法学》中,建构了"罪体(客观要件)—罪责(主观要件)"的犯罪构成体系。[34] 在其独著的《规范刑法学》中又确立了"罪体—罪质—罪量"的构成要件体系。[35] 其中的罪量,是指犯罪的数量界限,即表明行为对法益侵害程度的数量要件,包括数额、情节等要素。在其主编的《刑法学》教材中,则直接引入了大陆法系的"该当性—违法性—有责性"的古典犯罪论体系。构成要件该当性是事实评价,为犯罪行为提供事实的基础;违法性是法律评价,排除正当防卫等违法性阻却事由;有责性是主观评价,为追究刑事责任提供主观根据。[36]

上述犯罪论改造是脱胎换骨式的,将撼动"四要件"犯罪构成理论,并引起整个犯罪论体系的革命。

4. 本书的犯罪构成体系

本书采用二要件说,认为犯罪构成由客观构成要件与主观构成要件两个方面组成。其中,客观构成要件包括行为主体、危害行为、行为对象、行为结果、行为附随情况,主观构成要件包括故意、过失、目的和动机等。

之所以采用上述犯罪构成体系,主要是基于以下理由:(1)任何一种犯罪构成理论,都在设定犯罪的成立条件,而认定行为是否成立犯罪,都离不开对行为的客观层面和主观层面的考察。并且,如果判断行为事实在客观层面和主观层面与法律规定具有符合性,即足以认定行为成立犯罪,无须再考察其他因素。无论是大陆法系的三阶层犯罪论体系,还是苏联的四要件犯罪构成体系,还是其他犯罪构成体系,事实上均可归结为行为的客观层面和主观层面。因此,行为的客观要件和行为的主观要件是成立犯罪的充分必要条件。(2)犯罪构成体系的构建应当适当兼顾司法实践的适用需要。耦合式的犯罪构成体系,由于过分注重静态性、确定性和直观性,因而难以为司法实践的具体适用提供一个明确的指引。与其相比,递进式的犯罪构成体系,一定程度上体现了犯罪构成的动态适用过程,对司法实践的具体适用具有较强的指导意义。这方面,大陆法系的犯罪构成理论,较之苏联的犯罪构成理论,无疑具有认知上的优势。当然,在这方面最成功的,当属英美法系的双层次犯罪构成理论。它完全按照刑事实体法在司法活动中的具体适用来构建,即在动态的、立体的适用过程中,通过控辩双方的诉讼活动来确定指控的行为事实与具体犯罪的构成内容是否一致,从而作出犯罪成立与否的认定。这种融实体与程序于一体的犯罪构成理论,应当说,是最符合犯罪认知规律的,也是最能有效防止冤假错案的。不过,犯罪构成主要还是一个实体法的问题,在这方面,英美法系刑法理论将犯罪本体要件明确为行为和犯意两个方面。可见,在犯罪构成体系的构建方面,既要考虑司法实践

---

〔34〕 陈兴良:《本体刑法学》,商务印书馆 2001 年版,第 182 页。

〔35〕 陈兴良:《规范刑法学》,中国政法大学出版社 2003 年版,第 58 页。

〔36〕 陈兴良主编:《刑法学》,复旦大学出版社 2003 年版,第 50 页。

的具体适用，又要认识到在本体上犯罪构成具有类型性的特点。鉴于此，本书将犯罪构成体系设定为客观构成要件和主观构成要件。这种排序隐含着司法实践认定犯罪时，应当遵循从客观到主观的认识路径，即先判断行为事实是否符合犯罪的客观构成要件，再考察行为事实是否符合犯罪的主观构成要件。(3)要注意正确把握犯罪构成与犯罪客体(法益)的关系。一方面，在选择犯罪构成要素时，要注意这些要素应当能从某一方面反映行为对法益的侵害性，不能反映行为对法益侵害性的要素，不得设定为犯罪构成要素；另一方面，犯罪构成各个要素的组合在整体上反映出行为对法益的侵害性，但法益侵害本身是判断的对象，因而不宜将犯罪客体(法益)作为犯罪构成要素。因此，本书在阐释犯罪构成要件时，不会讨论法益的内容，确有必要时，则在犯罪的概念部分阐述。(4)在犯罪构成要件的归类上，要根据其属性作出正确的归类。传统上，行为主体都被归于犯罪构成的主观要件，但事实上，行为主体的内容、责任年龄、精神状态、特殊身份等，均具有外显性，且不以行为人的主观意志为转移，故应属于客观的范畴。基于此，本书将行为主体调整为犯罪的客观要件。

(三)犯罪构成的分类

根据不同的标准，从不同的角度，可以对犯罪构成作以下分类。

1. 基本的犯罪构成和修正的犯罪构成

以所表现的犯罪形态为标准，可以将犯罪构成分为基本的犯罪构成和修正的犯罪构成。所谓基本的犯罪构成，是指刑法条文就某一犯罪的基本形态(既遂形态)所规定的犯罪构成。基本的犯罪构成通常是指刑法分则或单行刑法所规定的单独犯既遂形态的犯罪构成，如刑法第 226 条规定的强迫交易罪、第 236 条规定的强奸罪。所谓修正的犯罪构成，又称为扩张的犯罪构成，是指以基本的犯罪构成为基础，适应故意犯罪过程中的犯罪形态的变化或者共同犯罪各类形式的需要，而对基本的犯罪构成加以修改变更形成的犯罪构成。预备犯、未遂犯、中止犯和主犯、从犯、胁从犯、教唆犯的犯罪构成，就是两类不同的修正的犯罪构成。由于修正的犯罪构成规定在刑法总则规范之中，同时又以基本的犯罪构成为基础，因此，在确定这类犯罪构成时，要把分则规范和总则规范结合起来加以认定。如为了盗窃而事先踩点，这是盗窃罪的预备犯，应当根据刑法第 264 条的规定和总则第 22 条犯罪预备的规定来确定其犯罪构成。这种分类的意义在于说明，预备犯、未遂犯、中止犯和主犯、从犯、胁从犯、教唆犯等类型的犯罪也有犯罪构成，只是在实际认定时，要同时引用刑法总则和分则的有关规定。

2. 封闭的犯罪构成和开放的犯罪构成

以法律条文对犯罪构成要件表述的情况为标准，可以将犯罪构成分为封闭的犯罪构成和开放的犯罪构成。所谓封闭的犯罪构成，又称为完结的犯罪构成、叙述的犯罪构成，是指刑法条文对犯罪构成要件予以简单或者详细描述，完整地表明该犯罪事实特征的犯罪构成。刑法规定的犯罪构成,绝大多数属于封闭的犯罪构成。所谓开放的犯罪构成,又称为待补充的犯罪构成、空白的犯罪构成,是指刑法仅规定了部分要件,其他要件在适用时还需进行补充的犯罪构成。在刑法分则条文中,这种犯罪构成通常是用“违反……法规”“违反……规定”等形式来表述的。如刑法第344条规定:“违反国家规定,非法采伐、毁坏珍贵树木或者国家重点保护的其他植物的……”在确定该条规定的犯罪构成时,就必须根据《森林法》等有关法律规定,确定珍贵树木或国家重点保护的植物的范围,补充相关的要件。这种分类的意义在于,确定某些犯罪的犯罪构成,不仅要了解刑法条文的相应规定,还应熟悉有关的经济、行政等方面的法律法规。

3. 普通的犯罪构成和派生的犯罪构成

以行为的社会危害性程度为标准,可以将犯罪构成分为普通的犯罪构成和派生的犯罪构成。所谓普通的犯罪构成,是指刑法条文对具有社会危害程度的行为所规定的犯罪构成。相对于危害严重或者危害较轻的犯罪构成,这是犯罪构成的基本形态或原始形态。如刑法第257条第1款规定的暴力干涉婚姻自由罪,就是该罪的普通的犯罪构成。所谓派生的犯罪构成,是指以普通的犯罪构成为基础,由于具有严重或较轻社会危害程度的情节而从普通的犯罪分化出来的犯罪构成。它包括加重的犯罪构成和减轻的犯罪构成。加重的犯罪构成,是指由于犯罪主体、犯罪情节或危害结果不同,行为的社会危害性因而增大,相应地规定加重刑罚的犯罪构成。如刑法第257条第2款规定的“犯前款罪,致使被害人死亡的”,就是暴力干涉婚姻自由罪的加重的犯罪构成。减轻的犯罪构成,是指由于犯罪情节较轻,行为的社会危害程度因而较小,相应地规定减轻刑罚的犯罪构成。如刑法第232条后半段规定的“……情节较轻的”,就是故意杀人罪的减轻的犯罪构成。这种分类的意义在于,正确地认定同一犯罪的不同构成类型,从而适用轻重不同的刑罚。

4. 简单的犯罪构成和复杂的犯罪构成

以犯罪构成内部的结构状况为标准,可以将犯罪构成分为简单的犯罪构成和复杂的犯罪构成。所谓简单的犯罪构成,又称单一的犯罪构成,是指刑法条文规定的犯罪构成的各个要件均属单一的犯罪构成。如刑法第114条规定的放火罪,其行为是一个——放火,主观罪过是一个——故意,因而属于单一的犯罪构成。所谓复杂的犯罪构成,又称混合的犯罪构成,是指刑法条文规定的犯罪构成各个要件并非均属单一,而是有可供选择或重叠的犯罪构成。复杂的犯罪构成可以划分为两类:一类是选择的犯罪构成;另一类是重叠的犯罪构成。选择的犯罪构成,是指刑法条文规定有两种以上供选择的要件的犯罪构成。其特点在于,就该种犯罪构成,刑法条文规定了若干供选择的要件;但对于犯罪构成来说,并不需要具备所列举的供选择的全部要件,而只要具备其中一个即可。按照选择要件的不同,可以分为行为、对象、结果、目的等为选择要件的犯罪构成。如刑法第263条规定“以暴力、威胁或者其他方法抢劫公私财物的……”,其中“暴力”“胁迫”“其他方法”就是选择的要件,具备三者之中任何一个要件都能充足抢劫罪的客观要件。重叠的犯罪构成,是指刑法条文规定的一个犯罪构成包含两个或者两个以上的犯罪客体、行为、罪过形式的情形。如刑法第243条规定的诬告陷害罪,就同时侵犯了公民的人身权利和司法机关的正常活动这两个客体。这种分类的意义在于,有利于正确地认识犯罪构成的内部结构,防止混淆罪与非罪和一罪与数罪的界限。

二、犯罪构成要件

(一)犯罪构成要件的概念

犯罪构成要件,是指组成犯罪构成内容的部件,或者说是犯罪构成的组成部分。如刑法第400条规定的私放在押人员罪,条文规定的“司法工作人员”是行为主体,“故意”是罪过形式,“私放在押的犯罪嫌疑人、被告人或者罪犯”是实行行为,这些构成成分的有机统一整体,就是私放在押人员罪的犯罪构成,其中的各个组成部分,就是犯罪构成要件。

不同的犯罪构成体系,各自的构成要件不尽相同。大陆法系国家的犯罪构成理论,通常将犯罪构成要件设定为三个:构成要件符合性、违法性和有责性。英美法系国家的犯罪构成理论,将犯罪构成要件设定为两个:行为和犯意。苏联犯罪构成理论,将犯罪构成要件设定为四个:犯罪客体、犯罪客观方面、犯罪主体和犯罪主观方面。我国刑法理论通说采用苏联的四要件说。本书将犯罪构成要件设定为两个:客观构成要件和主观构成要件。

(二)犯罪构成要件的分类

根据不同的标准,可以对犯罪构成要件作以下分类。

1. 客观的构成要件和主观的构成要件

以构成要件内容的属性为标准,可以将犯罪构成要件分为客观的构成要件和主观的构成要件。所谓客观的构成要件,是指表现于外界的、显示犯罪构成内容外部存在的要件。这种构成要件能够脱离行为人的意识而独立存在。所谓主观的构成要件,是指存在于行为人内心的、表明犯罪构成内容内部心理的要件。

客观的构成要件和主观的构成要件虽然是互相区别的,但又是紧密联系的。客观的构成要件是主观的构成要件的外在表现,易言之,犯罪行为是行为人的犯罪意思的外化。行为人的犯罪意思,可以通过行为人实施的危害行为以及与该行为有关的客观事实揭示出来。因此,客观的构成要件,是认定主观的构成要件的外在根据。主观的构成要件则是客观的构成要件的内部动因。换言之,行为人的犯罪意思是支配决定其实施犯罪行为的原因或动力,行为人有什么样的犯罪意思,就会实施什么样的犯罪行为。因此,只有查明行为人的主观意思,才能对其行为的性质作出正确的判断。如甲超速驾驶,将路人乙撞死。要查明甲的行为是交通肇事罪,还是故意杀人罪,只有认定甲的主观意思是故意杀害乙还是希望避免乙死亡结果的发生,才能对其行为的性质作出正确的认定。反之,要认定甲的主观意思到底是故意杀害乙,还是不希望乙死亡结果的发生,也必须通过甲的行为事实的具体情况,才能作出正确的判定。客观的构成要件和主观的构成要件之间的密切关系,由此可见一斑。这种划分,有助于对犯罪构成要件的全面把握。某一行为要成立犯罪,既必须具备客观的构成要件,也必须具备主观的构成要件,否则会导致主观归罪或客观归罪。

示例 4-8　潘某敲诈勒索案

一审法院认为:针对被告人潘某对犯罪数额所提出的意见,经查,首先,在被告人潘某犯罪期间,比特币仍为在网络上可自由交易的“虚拟货币”,其交易价格在短期内较为稳定、一致,故从被告人潘某的主观来看,其对自己可获取的收益金额系明知。其次,从客观危害后果看,被害单位购买潘某索要的比特币在比特币交易网站上实际支付了货币,造成数额巨大的财产损失。故综合被告人主观及客观危害后果,以被害单位的直接损失,亦即犯罪期间比特币的交易价格认定犯罪数额具有合理性。〔37〕

2. 一般的构成要件和具体的构成要件

以构成要件的地位为标准,可以将犯罪构成要件分为一般的构成要件和具体的构成要件。所谓一般的构成要件,又称为共同的构成要件,是指任何犯罪的成立都必须具备的要件。一般的构成要件是对具体的构成要件予以提炼、概括而形成的。犯罪构成的具体要件形形色色、千姿百态,但根据普遍与特殊、共性与个性的原理,可以从各种犯罪的具体构成要件中,科学地概括出各种不同犯罪构成的共同组成要件,这就是犯罪的一般的构成要件。一般的构成要件包括以下两个方面:客观构成要件和主观构成要件。研究一般的构成要件,主要是刑法总论的任务。所谓具体的构成要件,是指某一具体的犯罪构成所必须具备的要件。如刑法第 382 条规定的贪污罪,其犯罪构成的要件为:(1)国家工作人员;(2)利用职务上的便利;(3)侵吞、窃取、骗取或者以其他手段非法占有;(4)公共财物。再加上总则规定的刑事责任年龄、刑事责任能力、故意等内容,就是贪污罪的犯罪构成要件。社会上的犯罪是多种多样的,刑法上规定的具体犯罪的构成要件也是多种多样的。可以说,有多少种犯罪,就有多少种具体的构成要件。罪与非罪的区分,此罪与彼罪的界限,关键是根据各个具体的犯罪构成的不同要件来确定。具体的构成要件主要是由刑法分则的条

---

〔37〕 北京市海淀区人民法院(2017)京 0108 刑初 725 号刑事判决书。

文规定的,但也有些要件是在刑法总则中规定的。研究具体的构成要件,主要是刑法分论的任务。

一般的构成要件和具体的构成要件的关系,是一般与特殊、共性与个性的关系。一般的构成要件寄寓于具体的构成要件之中,是具体的构成要件的高度概括,反映各种具体的构成要件的共性。具体的构成要件则通常有自己的特点,因而较一般的构成要件更为复杂多样、丰富多彩。例如,危害行为是一般的构成要件,杀人行为、伤害行为、抢劫行为、盗窃行为等则是具体的构成要件。虽然这些具体的危害行为各自不同,但都具有危害行为的共性。作为一般的构成要件的危害行为,正是通过各种各样的具体的构成要件得以表现出来,但不能说具体的危害行为就是一般的构成要件。这种划分,有助于深化犯罪构成要件理论。一般的构成要件虽然不是认定具体犯罪的法律依据,但对认定具体犯罪的成立又起着重要作用:某一行为要成立犯罪,只有具备一般的构成要件才有可能;不具备一般的构成要件,则不可能符合具体的构成要件,因而不可能成立犯罪。

3. 积极的构成要件和消极的构成要件

所谓积极的构成要件,是指从正面肯定犯罪成立的构成要件。如甲持枪射杀乙,只要客观要件(甲达到刑事责任年龄、精神正常、瞄准乙射击、乙被打死)和主观要件(甲明知自己射击的对象是人、明知射击行为会造成乙死亡、希望或者放任这一结果发生)具备,甲的行为即成立故意杀人罪。所谓消极的构成要件,是指从反面否定犯罪成立的构成要件。如上例,如果甲是出于正当防卫而射杀乙,则其行为实际上并不属于故意杀人罪的客观行为;或者如果甲误以为乙是野猪而对其射击,且这种误认具有不可避免性,则甲并不满足故意杀人罪的主观要件,从而均否定犯罪的成立。

区分积极的构成要件和消极的构成要件,应当坚持一种相对主义的认知论,特别是不能将对体系完美的追求极端化。否则,需要表述的构成要件的内容会过于繁多、认定标准会过于琐细,从而导致烦琐哲学。例如,如果要坚持绝对严密的逻辑推演,则故意杀人罪的客观要件,应当表述为“实施了剥夺他人生命的行为,且排除了正当防卫、正当避险、执行法令等情形”;故意杀人罪的主观要件,应当表述为“希望或者放任自己行为会造成被害人死亡的结果,且不存在精神障碍、违法性认识可能性欠缺、期待可能性等情形”。但实际上,理论提炼表述的犯罪的构成要件,都具有一定的简约性,即仅指明了肯定犯罪成立的构成要件内容,而省略了否定犯罪成立的构成要件内容。根据二要件说,当某种具体行为具备某种犯罪的客观要件和主观要件时,则构成该罪。这里的“客观要件”,往往被视同为“客观的积极要件”;“主观要件”,往往则被视同为“主观的积极要件”。但这是出于表述简便的考虑,如果要强调逻辑的严密性,则“具备客观要件”,应当是指“客观的积极要件存在+客观的消极要件不存在”;“具备主观要件”,应当是指“主观的积极要件存在+主观的消极要件不存在”。换言之,这里的“客观要件”和“主观要件”,不仅包括了肯认犯罪成立的正向要素,也隐含着否认犯罪成立的反向要素。在通常情况下,刑法分则规定的某种犯罪的构成要件均默认消极的构成要件不存在,因此,只要能够认定具体行为具备某种犯罪构成的积极构成要件,即可得出成立犯罪的结论。但在例外情形下,上述默认假设可能不成立,即存在消极的构成要件,此时则将否定犯罪的成立。从认知规律来看,当裁判者将案件事实与犯罪构成相对照,得出构成要件满足的结论时,这通常是一种表面的、初步的判断。这种判断是否正确,还应接受消极的构成要件是否存在的检验。如果消极的构成要件存在,则将推翻最初的有罪判断;只有消极构成要件不存在,之前的有罪判断才最终成立。易言之,积极的构成要件,侧重于从正向的角度考察犯罪的成立,是一种积极的判断;消极的构成要件,侧重于从逆向的角度考察犯罪的不成立,是一种消极的判断。

三、犯罪构成要件要素

(一)犯罪构成要件要素的概念

犯罪构成要件要素,是指组成犯罪构成要件的具体元素,是犯罪构成的最基本元素。犯罪构成由客观构成要件和主观构成要件组成,这两个犯罪构成要件又由不同的更具体的要素组成。这些组成构成要件的元素,就是犯罪构成要件要素。如行为主体、危害行为、行为对象和行为结果等属于客观构成要件的要素,故意、过失、目的、动机等属于主观构成要件的要素。

传统刑法理论往往不加区分犯罪构成要件和犯罪构成要件要素这两个概念,而是混为一谈。例如,将犯罪主体等几个方面视为犯罪共同要件,认为犯罪主体等几个方面是犯罪构成的必备要件或不可缺少的要件的同时,又指出犯罪主体之下还有共同要件或必要要件,如自然人、刑事责任能力、刑事责任年龄;犯罪主观方面这一共同要件之下还有罪过这一必备的主观方面要件和犯罪目的这一选择性要件;客观方面的要件之下,也可分为危害行为这一必备要件和危害结果、犯罪的特定时间、地点、方法或手段等选择要件两大类。这种对犯罪构成要件与犯罪构成要件要素不作区分的做法,不仅造成在论述犯罪构成要件的内容时产生逻辑性和本体性错误,还造成理论体系的混乱,因为组成犯罪构成有机整体的最基本的元素(犯罪构成要件要素)和这些元素的集合体(犯罪构成要件)在犯罪构成系统内属于不同的层次,均以“要件”谓之,无疑是没有注意到各自在犯罪构成体系中的不同地位和作用。如故意杀人未致人死亡的行为,传统理论认为这一行为具备故意杀人罪的客观方面要件,但由于欠缺死亡结果这一选择要件,因而仅符合故意杀人罪修正的构成要件。然而,构成要件又是成立犯罪的必备条件,既然欠缺某一构成要件,何以又能成立犯罪呢？难道说还有缺少犯罪构成要件的犯罪吗？这就很令人费解了。如果将危害结果理解为构成要件要素，则可以较好地解决这一矛盾。因为构成要件要素有共同要素和选择要素之分。前者是组成犯罪构成要件的必备要素，后者则并非是犯罪构成要件的必备要素。缺乏前者，犯罪构成要件不齐备，犯罪不成立；缺乏后者，不影响犯罪构成要件的齐备，犯罪仍然成立。

在承认犯罪构成要件要素的概念这一前提下，则可以将犯罪构成的结构划分为以下三个层次：第一个层次为犯罪构成本身；第二个层次为犯罪的客观构成要件和犯罪的主观构成要件；第三个层次在两个构成要件之下再划分出具体的构成要件元素，即在犯罪的客观构成要件之下划分出行为主体（包括自然人主体和单位主体）、危害行为（行为对象、行为结果、行为方法、行为时间、行为地点等）；在犯罪的主观要件之下再划分出犯罪故意、犯罪过失、犯罪目的、犯罪动机等。其中，在第三层次划分出来的元素，即为犯罪构成要件要素。

（二）犯罪构成要件要素的分类

1. 客观的构成要件要素和主观的构成要件要素

以犯罪构成要件要素的属性为标准，可将其分为客观的构成要件要素与主观的构成要件要素。所谓客观的构成要件要素，是指表明行为及其外部特征的犯罪构成要件要素，如危害行为、危害结果、行为对象、行为的特定时间、地点和方法等。所谓主观的构成要件要素，是指表明行为人内部心理态度以及主观心理事实的犯罪构成要件要素，如故意、过失、目的、动机等。此外，刑事责任年龄、刑事责任能力、身份等也属于客观的构成要件要素。

2. 记述的构成要件要素和规范的构成要件要素

以犯罪构成要件要素在认定上是否需要加入价值判断为标准，可将其分为记述的构成要件要素与规范的构成要件要素。所谓记述的构成要件要素，是指在构成要件要素存在与否的认定上，不需要加入价值判断，仅凭解释者或司法者的解释或者认识活动就能确定的犯罪构成要件要素。如刑法第 320 条规定的提供伪造、变造的出入境证件罪的客观要件为“为他人提供伪造、变造的护照、签证等出入境证件”。对这里的“提供”“伪造、变造”“护照、签证等出入境证件”的理解，以及对客观事实是否符合这些要素的判定，都只需要一般的认识活动与基本的对比判断就可以得出结论，因而这些均属于记述的构成要件要素。所谓规范的构成要件要素，是指在构成要件要素存在与否的认定上，必须经过解释者或司法者的规范判断或价值判断才能确定的构成要件要素。这种价值判断标准的根据，有文化的价值判断标准与法律的价值判断标准。文化的价值判断标准，是指对构成要件要素存在与否的认定上，必须根据一般人的文化和伦理观念加以判断。如刑法第 237 条规定的强制猥亵、侮辱罪的客观构成要件要素的“猥亵”“侮辱”，刑法第 365 条规定的组织淫秽表演罪中的“淫秽表演”等,都必须根据一般人的文化和伦理的价值判断才能认定。法律的价值判断,是指对构成要件要素存在与否的认定上,必须根据法律的规范才能加以判断。如刑法第263条抢劫罪中的“公私财物”、第260条虐待罪中的“家庭成员”、第261条遗弃罪中的“扶养义务”,都必须经过司法者或解释者规范的、评价的行为才能认定。

记述的构成要件要素是对事实的叙述或者描述,司法者的价值观的差异不会影响对它的理解与适用,因而不会因理解不同而得出不同的判决结论。规范的构成要件要素是一种规范的表达,司法者的价值观的差异必然会影响对它的理解与适用,因而往往会因理解不同而得出不同的判决结论。当然,记述的构成要件要素与规范的构成要件要素的区分是相对的,二者之间的差异不是质的差异,而是量的差异。如故意杀人罪中的杀“人”这一要素、盗窃罪中的“财物”这一要素,一直被认为是记述的构成要件要素,但随着“脑死亡”概念的提出,产生已经脑死亡但心脏尚在跳动者是否属于“人”的疑问;随着财产形态的复杂化,比特币、QQ账号等虚拟财产是否属于财产犯罪的对象——“财物”,在具体认定时亦相当复杂,需要司法者的评价性的、规范的理解。

示例4-9 刘某、徐某盗窃案

二审法院认为:上诉人刘某及原审被告人徐某合伙以非法占有为目的,盗窃他人财物,其中,刘某窃得共计价值20万余元的财物,数额巨大,徐某窃得共计价值3.6万余元的财物,数额较大,其行为均已构成盗窃罪,且部分系共同犯罪,均应予处罚。经查,上诉人刘某以改编的木马程序侵入他人网络服务器数据库,获取游戏点卡数据,并破解密码后,将游戏点卡充入自己的游戏账户消费使用,还将部分游戏点卡数据出售获利,而游戏点卡具有被购买后,通过向游戏账户充值,获取相关服务的财产价值,上述游戏点卡数据系采用木马程序侵入他人网络服务器数据库及破解密码后获取,属以秘密手段窃取,故应以盗窃论处。[38]

从罪刑法定原则的要求来看,立法者应当尽量采用记述的构成要件要素,以排除司法者主观认定上的恣意。由于规范的构成要件要素在适用上需要价值判断,而价值判断毕竟属于判断者的主观心理活动,其判断的随意性、差异性大,有损于法制的统一性和权威性,因而对规范的构成要件要素应尽可能较少采用。但是,由于社会生活现象的复杂性,完全将规范的构成要件要素从刑法中驱逐出去是不可能的。因此,妥当的做法是,在确定规范的构成要件要素时,应当以社会通念为基础,尽可

〔38〕 上海市第一中级人民法院(2013)沪一中刑终字第792号刑事裁定书。

能客观、严格地对其解释适用，同时力求通过判例的积累，将规范的构成要件要素类型化。

3. 积极的构成要件要素与消极的构成要件要素

以犯罪构成要件要素对犯罪成立作用的不同，可将其分为积极的构成要件要素与消极的构成要件要素。所谓积极的构成要件要素，是指从正面肯定犯罪成立的要素，一般构成要件要素都属于积极的构成要件要素。例如刑法第310条规定："明知是犯罪的人而为其提供隐藏处所、财物，帮助其逃匿或者作假证明包庇的……"这里就客观要件要素看，有"窝藏""包庇""犯罪分子"等，这些均属于积极的构成要件要素。消极的构成要件要素，是从反面否定犯罪成立的要素。例如刑法第243条第3款规定："不是有意诬陷，而是错告，或者检举失实的，不适用前两款的规定。"这便是诬告陷害罪中消极的构成要件要素。它意在强调，非故意的错告或者检举失实，不构成诬告陷害罪。又如，刑法第389条第3款规定："因被勒索给予国家工作人员以财物，没有获得不正当利益的，不是行贿。"这便是行贿罪中消极的构成要件要素。它意在强调，没有获得不正当利益的被动给予财物的行为，不是行贿。在解释论上，消极的构成要件要素也可以转换成积极的构成要件要素。例如，上述条款可以解释为，在被勒索给予国家工作人员以财物的情况下，只有获得不正当利益的，才能成立行贿罪。虽然消极的构成要件要素是因为规定方式不同而产生的，其意义与积极的构成要件要素没有本质的区别，但二者对相关行为的评价仍存在细微的差别。

4. 必备的构成要件要素与选择的构成要件要素

以犯罪构成要件要素是否属于成立任何犯罪的必要要素为标准，可将其分为必备的构成要件要素与选择的构成要件要素。所谓必备的构成要件要素，是指任何犯罪成立都必须具备的构成要件要素。如危害行为是犯罪客观方面要件要素，也是任何犯罪成立都必须具备的要素；又如故意或过失，属于主观方面要件的要素，也是任何犯罪成立都必须具备的要素。所谓选择的构成要件要素，是指并非任何犯罪而只是部分犯罪成立所必须具备的构成要件要素。如危害结果属于犯罪客观方面要件的要素，但只是某犯罪的既遂犯的构成要件要素，该类犯罪的预备犯、未遂犯、中止犯的成立则不需要具备这一要素；又如犯罪目的属于犯罪主观方面要件的要素，但通常犯罪的成立并不需要这一要素，只有个别犯罪的成立才需要这一要素。如刑法第363条规定的制作、复制、出版、贩卖、传播淫秽物品牟利罪要求行为人主观上必须"以牟利为目的"，因而牟利目的就成为该罪的构成要件要素。

5. 成文的构成要件要素与不成文的构成要件要素

以犯罪要件要素是否为刑法所明文规定，可以将其分为成文的构成要件要素和不成文的构成要件要素。所谓成文的构成要件要素，是指刑法条文明文规定的构成要件要素。绝大多数构成要件要素都是成文的构成要件要素。所谓不成文的构成要件要素,是指刑法条文没有明文规定,而是通过对刑法条文的阐释从而得以确定的构成要件要素。例如刑法第 263 条规定的抢劫罪、第 264 条规定的盗窃罪,都没有明文规定“非法占有的目的”,但理论界一直认为,抢劫罪、盗窃罪的主观方面应当包含“非法占有的目的”这一构成要件要素。又如刑法分则第三章第五节规定的八个金融诈骗罪,只有第 192 条规定的集资诈骗罪和第 193 条规定的贷款诈骗罪要求行为人主观上必须基于以“以非法占有为目的”,而刑法第 194 条规定的票据诈骗罪和金融凭证诈骗罪、第 195 条规定的信用证诈骗罪、第 196 条规定的信用卡诈骗罪、第 197 条规定的有价证券诈骗罪以及第 198 条规定的保险诈骗罪均没有相应的规定,这是否意味着后面六个犯罪主观上不需要“非法占有目的”这一构成要件要素呢?显然,不能得出这一结论。这是因为,刑法对诈骗罪也没有明文规定非法占有为目的,但诈骗罪主观上必须具备这一目的是刑法理论界的共识,否则不能将诈骗行为与一般的骗用行为区别开来。金融诈骗罪在刑法没有作特别规定的情况下原本属于诈骗罪,在刑法特别将金融诈骗作为独立犯罪单独规定的情况下,规定普通诈骗罪的条文与规定金融诈骗罪的条文是普通法条与特别法条之间的关系,即金融诈骗首先是符合普通诈骗罪构成要件的行为。因而,非法占有目的应当是所有金融犯罪主观方面的构成要件要素。

刑法之所以没有将一些构成要件要素明文予以规定,其原因是多方面的,既可能是出于疏漏,也可能是出于简练条文考虑。应当指出的是,承认不成文的构成要件要素的存在,并不违反罪刑法定原则。因为不成文的构成要件要素不是进一步扩大成文的构成要件要素,而是对成文的构成要件要素作出限定,其结果是有利于被告人的。例如根据刑法第 264 条规定,“盗窃公私财物,数额较大的,或者多次盗窃、入户盗窃、携带凶器盗窃、扒窃的”,成立盗窃罪。在解释论上,盗窃罪的成立要求行为人主观上必须具有“非法占有的目的”这一不成文构成要件要素;如果不具有这一要素,则难以成立盗窃罪。这就缩小了盗窃罪的成立范围,是符合罪刑法定原则的。

第五章　客观构成要件

第一节　客观构成要件概述

一、客观构成要件的概念

客观构成要件,是指刑法所规定的、说明行为对刑法所保护的法益造成损害的客观外在事实特征。客观构成要件是犯罪成立所必须具备的客观方面的要件。它具有以下特征:

1. 法定性。客观构成要件的内容是由刑法规定的,因而具有法定性。刑法总则虽未对客观构成要件作专门规定,但在规定犯罪故意、犯罪过失等概念时,包含了客观构成要件的内容。刑法分则条文,则通常比较明确、具体地规定了具体犯罪的客观构成要件的内容。例如,刑法第133条规定:"违反交通运输管理法规,因而发生重大事故,致人重伤、死亡或者使公私财产遭受重大损失的……"对于有些犯罪,由于其客观要件的内容众所周知,刑法分则条文则未详细规定,而是作了简单地概述。例如,刑法第260条规定:"虐待家庭成员,情节恶劣的……"无论哪种方式,任何犯罪的客观构成要件均是由刑法分则所规定的。

2. 客观性。客观构成要件以客观事实特征为内容,因而具有客观性。任何犯罪行为,都是人的一种活动,因而可以分为客观和主观两个方面的事实。主观方面是人有意识、有意志的思维活动。例如,行为人基于某种动机,产生犯罪意图,设想通过具体的活动来实行和完成犯罪,并且作出实施犯罪的决定,这些均属于主观构成要件的内容。与主观方面相对应的是客观方面。客观方面是主观方面的客观外化和表征,即行为人在有意识、有意志的心理态度支配下表现于外部的客观事实特征。从自然意义上讲,行为人的年龄、精神状况,行为对法益所造成的侵害或者威胁都是一种客观事实,因而均属于客观方面的内容。

3. 侵害性。客观构成要件是说明行为对刑法所保护的法益有所侵犯的客观事实特征,因而具有侵害性。现实发生的具体犯罪行为,其客观事实特征是多方面的,但并非一切客观事实特征都可以成为客观构成要件的内容。客观构成要件的内容旨在说明在何种条件下,通过何种行为,对刑法所保护的法益造成何种侵犯或者威胁。例如,抢劫罪的客观构成要件,说明行为人是通过暴力、胁迫或者其他方法,当场劫取他人财物,侵犯了他人的财产权。不能说明侵犯刑法所保护的法益的客观事实特征,则不具有作为客观构成要件的内容的资格。

二、客观构成要件的内容

根据本书的观点,犯罪的成立条件分为客观构成要件和主观构成要件两大部分。因此,所有主观构成要件之外、说明行为的法益侵犯性而为该行为成立犯罪所必须的内容,均属于客观构成要件的范畴。具体而言,客观构成要件的内容包括行为主体、危害行为、行为对象、行为结果、行为附随情况。

需要说明的是,传统犯罪构成理论将行为主体作为犯罪构成的一个独立要件,但本书认为,行为主体以及附着其上的身份、年龄、责任等内容,均具有客观性和外显性,有别于故意、过失、动机、目的等心理范畴的内容,因而亦属于客观构成要件的内容。另外,危害行为与危害结果之间的因果关系,是研究和认定客观构成要件中的一个重要问题,但刑法因果关系只是说明危害行为与危害结果之间存在引起与被引起的关系,其本身并非是客观构成要件的内容。

三、客观构成要件的意义

1. 有助于区别罪与非罪。任何一个犯罪行为,都是主客观的统一体。因此,如果不具备客观构成要件,行为则不成其为犯罪,刑事责任的承担也就失去客观基础。客观构成要件诸要素中,行为主体适格,是区分罪与非罪的重要标志,是一切犯罪成立的必备要素;危害行为的有无,是区分罪与非罪的重要标志,是一切犯罪成立的必备要素;危害结果、特定的行为时间、地点和方法,对犯罪成立与否也有重要的意义,是某些犯罪成立的选择要素。例如,如果客观上没有非法剥夺他人生命的行为,则不可能构成刑法第 232 条规定的故意杀人罪;同样,如果行为人在实施非法剥夺他人生命的行为时,处于精神病状态,则亦不具备犯罪的主体条件,不能成立犯罪。

2. 有助于区分此罪与彼罪。刑法中有许多犯罪,在主观构成要件方面是相同的,在侵害法益方面也是相同的,在行为主体方面也是相同的,法律之所以把它们规定为不同的犯罪,主要是基于客观构成要件某些要素的不同。例如,刑法分则第五章规定的侵犯财产罪,绝大多数就是通过危害行为的手段和方式不同而将彼此区别开来。这些犯罪如抢劫罪、抢夺罪、盗窃罪、诈骗罪、敲诈勒索罪、聚众哄抢罪、侵占罪等,主观上均具有非法占有的目的,客观上都是对他人财产所有权的侵犯,区别的关键在于取财方式不同。

3. 有助于区分犯罪完成与未完成形态。在有完成形态和未完成形态之分的犯罪中，不同形态的区分，其标准往往也在于客观构成要件，特别是法定危害结果是否发生。例如，故意杀人罪的既遂与未遂，其区分的标准就在于是否发生被害人死亡的危害结果。又如，受贿罪的既遂与未遂，其区分的标准就在于行为人是否收受了他人的财物。

4. 有助于正确认定犯罪的主观方面。犯罪主观方面支配犯罪客观方面，犯罪客观方面是犯罪主观方面的外化和征表，犯罪意图只有通过犯罪行为才能实现。因此，考察犯罪的客观构成要件，可以为正确判定主观构成要件中的罪过、动机、目的等内容提供相对可靠的客观基础。

5. 有助于正确量刑。对某些犯罪，因客观构成要件的具体内容不同，刑法规定了轻重不同的法定刑。因此，客观构成要件对于量刑也有重要意义。例如，刑法第140条规定的生产、销售伪劣产品罪，根据销售金额是否达到5万元、20万元、50万元和200万元的不同结果而分别规定了不同的法定刑幅度。又如，刑法第234条规定的故意伤害罪，根据行为造成被害人轻伤、重伤和致人死亡或者以特别残忍手段致人重伤造成严重残疾的不同结果，分别规定了不同的法定刑幅度。

第二节　行为主体

一、行为主体的概念

行为主体，是指实施危害社会的行为、依法应当负刑事责任的自然人或者单位。行为主体具有以下特征：

1. 行为主体是自然人或者单位。所谓自然人，是指具有生命的人格体。自然人的人格体始于出生，终于死亡。所谓单位，是指法律上拟制的人格化的组织，既包括具有民事权利能力和民事行为能力并享有独立民事权利和承担民事义务的法人，也包括不具有法人资格的企业、事业单位和机关、团体。一切动物、植物以及非生命体，都不能成为自然人主体；不能体现单位意志、假借单位名义犯罪的人，不能成为单位主体，而应认定为自然人主体。

示例5-1　许某甲等集资诈骗案

被告人许某甲的辩护人认为本案应为单位犯罪，但一审法院认为：虽然本案被害人确实是与几个涉案公司而非与被告人许某甲、许某乙、马某签订合同，在名义上涉案行为是以单位名义实施的，但实际上，集资诈骗所得未归单位所有，集资款项均打入许某甲、许某乙、马某的个人账户,由三被告人占有、支配。最高人民法院《关于审理单位犯罪案件具体应用法律有关问题的解释》第2条规定:“个人为进行违法犯罪活动而设立的公司、企业、事业单位实施犯罪的,或者公司、企业、事业单位设立后,以实施犯罪为主要活动的,不以单位犯罪论处。”本案中,许某甲为进行非法集资活动而设立北京冠成公司、南京冠成公司,且前述公司设立后以实施集资诈骗为主要活动,本案实际上是利用公司的外壳实施的自然人犯罪,不应认定为单位犯罪。[1]

2. 行为主体是具备刑事责任能力的自然人或者单位。刑事责任能力在行为主体中居于核心地位,没有刑事责任能力,就不能成为行为主体,当然也不能追究行为人的刑事责任。无论是自然人还是单位,均需具备一定的刑事责任能力,才能成为行为主体。自然人的刑事责任能力,受自然人个体年龄和精神状况等多种因素的制约。只有达到一定年龄、具备正常精神状态时,才能够成为行为主体。

示例5-2 蒙某故意杀人案

二审法院认为:根据蒙某作案前与人打招呼,正确回答他人的问题,神智是清醒的;作案时专门针对与自己有过矛盾的人或者亲属,作案动机是明确的,作案的对象是有选择的;持锄头砍砸被害人头、面等要害部位,清楚自己作案所要追求的目的;作案后,逃到山上躲藏,威胁抓捕人员不许靠近,被抓获后供述了作案的全过程,知道自己行为的后果。结合第一份鉴定的鉴定人员陈某的意见,应当采信蒙某作案时有完全刑事责任能力的鉴定结论……对于上诉人蒙某的刑事责任能力,依法进行了司法精神病鉴定,重新鉴定和联合鉴定均认定上诉人蒙某虽患有精神分裂症,但案发时处于缓解期,具有完全刑事责任能力,应负刑事责任。[2]

单位主体的刑事责任能力,是通过单位意志体现的。单位意志来自个人意志,但又高于个人意志,是单位内个人意志的集合。单位意志一旦形成,便成为超越纯粹个人意志之上的独立的集体意志,通常表现为单位负责人或领导机构的决定。

3. 行为主体是实施了严重危害社会行为的自然人或者单位。具备刑事责任能力的自然人或者单位,并不是当然的行为主体。只有当这些主体实施了刑法所规定的严重危害社会的行为时,这些主体才能构成犯罪的主体。强调行为主体概念必须包含实施严重危害社会行为的特征十分重要,唯此,才能将其与普通的正常的自然人、单位区别开来。

---

〔1〕《最高人民法院公报》2009年第10期。

〔2〕广西壮族自治区高级人民法院(2008)桂刑二终字第43号刑事裁定书。

二、自然人主体

(一)自然人主体的一般要件

法是人类共同体的行为规范,因此只有人的行为才存在违法与否的问题。作为违法类型的构成要件,当然包括自然人这一行为主体。但是,并非任何自然人的行为都可以纳入刑法评价,只有达到法定责任年龄、具备责任能力的自然人的行为,才可以予以刑法评价。因此,自然人行为主体的一般要件,不仅仅是指自然人主体本身,而且还要求其达到法定责任年龄和具有刑事责任能力等内容。但本书考虑到体系的原因,将影响自然人刑事责任的内容放到"犯罪阻却事由"一章中阐述。

(二)自然人主体的特殊要件

自然人主体,除了必须具备刑事责任能力这一基本条件外,在刑法分则有明文规定的情况下,还必须具备某种特殊的身份。这种由刑法分则明文规定的、对于某些行为主体能否成立具有决定作用的个体要素,就是自然人行为主体的特殊要件。与自然人行为主体的一般要件不同,自然人行为主体的特殊要件都是由刑法分则性规范加以规定的。

1. 特殊身份的概念

特殊身份,是指刑法规定的影响行为人刑事责任有无及其大小的行为人人身方面特定的资格、地位或者状态。如国家工作人员、国家机关工作人员、司法工作人员、军人、辩护人、诉讼代理人、证人、男女、亲属等。这种特殊身份不是自然人犯罪的主体的一般要件,只是某些犯罪的自然人主体的必须具备的要件。

以主体是否要求以特定身份为要件,自然人行为主体可以分为一般主体与特殊主体。刑法规定不要求以特殊身份为要件的主体,称为一般主体;刑法规定以特殊身份作为要件的主体,称为特殊主体。以特殊身份作为主体要件或者刑罚加减根据的犯罪,称为身份犯。身份犯包括真正身份犯和不真正身份犯。所谓真正身份犯,是指以行为人具有的特定身份作为行为主体构成要素的犯罪,不具有该特定身份,则不能成立犯罪。例如刑法第382条规定的贪污罪。所谓不真正身份犯,是指以行为人具有的特定身份作为刑罚从重、从轻、减轻或者免除处罚条件的犯罪,不具有特定身份者也可以实施这种犯罪,但较特定身份者而言,处罚可能更轻或者更重。例如刑法第245条规定的非法搜查罪和非法侵入住宅罪。

关于特殊身份的内涵,还应明确以下几点:

(1)特定的资格、地位或者状态是否要求具有持续性?行为人的资格、地位或者状态具有持续性,是其成为身份犯的必备特征。当然,对"持续性"的理解,应当是相对的,即并非要求行为人必须终身具有某种特殊身份,而是指其在开始实施犯罪行为至犯罪行为结束时具有该身份。正是从这个意义上,所谓的"罪后身份",即累犯、自首犯、首要分子作为刑法中的身份,是不成立的,因其是在犯罪行为结束之后或者实施过程中形成的,不符合身份的时间性要求。

(2)特定的资格、地位或者状态是否必须以刑法规定为限?刑法设立身份的旨意在于,从行为主体的角度调整危害行为与刑事责任的关系,以便更有效地打击犯罪。特定身份与特定的权利义务关系相关联,具有特定身份者与无此身份者虽然实施相同的危害行为,但由于身份的影响,二者社会危害性是有所不同的,这种差异性进而影响到行为人刑事责任的不同,并最终影响到立法者对其确立刑罚轻重的不同。因此,只有为立法者所关注的身份,才是刑法意义上的身份。身份的法定性是身份犯的固有属性。

(3)作为行为主体要件的特殊身份,仅仅是针对犯罪的单独直接正犯而言的,至于教唆犯、帮助犯等共犯,则并不受特殊身份的限制。例如强奸罪的主体必须是男性,但这只是就正犯而言的;不具有男性身份的妇女教唆或者帮助男性实施强奸行为的,可以成立强奸罪的共犯。

(4)身份总是与一定的犯罪行为密切联系的,具有相对性。与犯罪行为没有联系的资格、地位等情况,不是特殊身份。例如在叛逃罪中,国籍以及是否为国家工作人员与犯罪行为有密切联系,属于特殊身份;但在故意伤害罪中,国籍以及是否国家工作人员与犯罪行为没有密切联系,因而不是特殊身份。

2. 特殊身份的分类

(1)定罪身份和量刑身份。这是以身份对定罪量刑的影响为标准所作的分类。定罪身份,又称为构成身份,是指作为某种犯罪的基本构成要件的身份。这类身份是行为可罚性的基础,直接影响犯罪的成立或者刑事责任的有无。例如,渎职罪的主体只能是国家机关工作人员,军人违反职责罪的主体只能是军人。量刑身份,又称为加减身份,是指作为某种犯罪从重、从轻、减轻或者免除处罚要件的身份。这类身份的存在与否,虽然不影响刑事责任的有无,但却影响刑事责任的大小,是对行为人从重、从轻、减轻或者免除处罚的根据。例如根据刑法第 238 条规定,任何主体均可以构成非法拘禁罪,但国家机关工作人员利用职权实施的,应当从重处罚。这里,"国家机关工作人员"的身份就是刑罚加重的根据,是量刑身份。这种分类的意义在于直接表明行为人身份与其刑事责任的关系,明确身份对犯罪及其处罚的界限,使立法机关在划定犯罪圈时宽窄适当,突出打击重点,从而达到司法宽严相济的目的。

(2)积极身份与消极身份。这是根据身份对刑事责任影响的不同效果所作的分类。积极身份,是指行为人由于某种身份的存在而使其行为成为刑法规定的犯罪,或者成为从重处罚的事由。此时的身份对刑事责任产生积极的影响,因此,将其称为积极身份。例如刑法第 21 条第 3 款指出,"第一款中关于避免本人危险的规定,不适用于职务上、业务上负有特定责任的人"。这是紧急避险的例外规定。根据该条第1款规定，紧急避险，属于正当化行为，行为人不负刑事责任。但是，如果行为人具有职务、业务上的特定身份，则不适用于避免本人危险的规定。如果其因避免本人危险而造成一定损害结果的，仍应承担刑事责任。这种职务、业务上的特定身份，就是一种积极身份。消极身份，是指行为人因某种身份的存在而成为刑法上从轻、减轻或者免除处罚，甚至不负刑事责任的法定事由。这种身份对刑事责任产生消极的影响，因此称为消极身份。例如刑法第398条第2款规定："非国家机关工作人员犯前款罪的，依照前款的规定酌情处罚。"这里，非国家机关工作人员就成为犯故意泄露国家秘密罪或过失泄露国家秘密罪的刑罚减轻的事由，因而属于消极身份。

(3)自然身份与法定身份。这是根据身份的来源不同所作的分类。自然身份，又称事实身份，是指行为人基于一定的事实情况或关系而形成的身份。例如，基于性别而形成的事实可以有男女之分，有些犯罪（如强奸罪），只能由男子单独直接实行；又如，基于血缘的事实，可以形成亲属身份，有些犯罪（如遗弃罪），只能由共同生活的家庭成员单独直接实施。法定身份，又称法律身份，指基于法律赋予而形成的身份。例如国家工作人员、司法工作人员、依法被关押的罪犯、军人等。这种分类主要是着眼于身份的来源、形成的角度进行的，自然身份强调其形成于一种自然事实状态，这种事实状态可能是基于自然原因形成的（如父子关系），也可能是一定的行为造成的（如改变性别），但均不失为一种自然身份；法律身份则强调法律的拟制，如辩护人、诉讼代理人。

3. 特殊身份的类别

(1)以特定职务为内容的特殊身份

第一，国家工作人员。指在国家机关中从事公务的人员以及国有公司、企业、事业单位、人民团体中从事公务的人员和国家机关、国有公司、企业、事业单位委派到非国有公司、企业、事业单位、社会团体中从事公务的人员，以及其他依照法律从事公务的人员。例如刑法第385条第1款规定："国家工作人员利用职务上的便利，索取他人财物的，或者非法收受他人财物，为他人谋取利益的，是受贿罪。"

第二，国家机关工作人员。指在国家机关中从事公务的人员。例如刑法第397条第1款规定："国家机关工作人员滥用职权或者玩忽职守，致使公共财产、国家和人民利益遭受重大损失的，处三年以下有期徒刑或者拘役；情节特别严重的，处三年以上七年以下有期徒刑。本法另有规定的，依照规定。"

第三，司法工作人员。指负有侦查、检察、审判、监管职责工作人员。例如刑法第401条规定："司法工作人员徇私舞弊，对不符合减刑、假释、暂予监外执行条件的罪犯，予以减刑、假释或者暂予监外执行的，处三年以下有期徒刑或者拘役；情节严重的，处三年以上七年以下有期徒刑。"

第四，邮政工作人员。指国家邮政部门的各级负责人、营业员、分拣员、投递员、接发员、押运员、接站员等。例如刑法第253条第1款规定:“邮政工作人员私自开拆或者隐匿、毁弃邮件、电报的,处二年以下有期徒刑或者拘役。”

第五,国有公司、企业负责人。指国有公司、企业的董事长、董事、经理、副经理等管理层的负责人员。例如刑法第167条规定:“国有公司、企业、事业单位直接负责的主管人员,在签订、履行合同过程中,因严重不负责任被诈骗,致使国家利益遭受重大损失的,处三年以下有期徒刑或者拘役;致使国家利益遭受特别重大损失的,处三年以上七年以下有期徒刑。”

第六,军人。指中国人民解放军现役军人、军内在编人员和预备役人员。例如刑法第420条规定:“军人违反职责,危害国家军事利益,依照法律应当受刑罚处罚的行为,是军人违反职责罪。”

(2)以特定职业为内容的特殊身份

第一,航空人员。例如刑法第131条规定:“航空人员违反规章制度,致使发生重大飞行事故,造成严重后果的,处三年以下有期徒刑或者拘役;造成飞机坠毁或者人员死亡的,处三年以上七年以下有期徒刑。”

第二,铁路职工。例如刑法第132条规定:“铁路职工违反规章制度,致使发生铁路运营安全事故,造成严重后果的,处三年以下有期徒刑或者拘役;造成特别严重后果的,处三年以上七年以下有期徒刑。”

第三,生产作业人员。例如刑法第135条规定:“安全生产设施或者安全生产条件不符合国家规定,因而发生重大伤亡事故或者造成其他严重后果的,对直接负责的主管人员和其他直接负责任人员,处三年以下有期徒刑或者拘役;情节特别恶劣的,处三年以上七年以下有期徒刑。”

第四,公司、企业的工作人员。例如刑法第163条第1款规定:“公司、企业或者其他单位的工作人员利用职务上的便利,索取他人财物或者非法收受他人财物,为他人谋取利益,数额较大的,处五年以下有期徒刑或者拘役;数额巨大的,处五年以上有期徒刑,可以并处没收财产。”

第五,金融机构工作人员。例如刑法第171条第2款规定:“银行或者其他金融机构的工作人员购买伪造的货币或者利用职务上的便利,以伪造的货币换取货币的,处三年以上十年以下有期徒刑,并处二万元以上二十万元以下罚金;数额巨大或者有其他严重情节的,处十年以上有期徒刑或者无期徒刑,并处二万元以上二十万元以下罚金或者没收财产;情节较轻的,处三年以下有期徒刑或者拘役,并处或者单处一万元以上十万元以下罚金。”

第六,证券期货从业人员。例如刑法第181条第2款规定:“证券交易所、期货交易所、证券公司、期货经纪公司的从业人员,证券业协会、期货业协会或者证券期货监督管理部门的工作人员,故意提供虚假信息或者伪造、变造、销毁交易记录,诱骗投资者买卖证券、期货合约,造成严重后果的,处五年以下有期徒刑或者拘役,并处或者单处一万元以上十万元以下罚金;情节特别恶劣的,处五年以上十年以下有期徒刑,并处二万元以上二十万元以下罚金。"

第七,广告从业人员。例如刑法第 222 条规定:"广告主、广告经营者、广告发布者违反国家规定,利用广告对商品或者服务作虚假宣传,情节严重的,处二年以下有期徒刑或者拘役,并处或者单处罚金。"

第八,医务人员。例如刑法第 335 条规定:"医务人员由于严重不负责任,造成就诊人死亡或者严重损害就诊人身体健康的,处三年以下有期徒刑或者拘役。"

(3)以特定法律义务为内容的特殊身份

第一,纳税人、扣缴义务人。例如刑法第 203 条规定:"纳税人欠缴应纳税款,采取转移或者隐匿财产的手段,致使税务机关无法追缴欠缴的税款,数额在一万元以上不满十万元的,处三年以下有期徒刑或者拘役,并处或者单处欠缴税款一倍以上五倍以下罚金;数额在十万元以上的,处三年以上七年以下有期徒刑,并处欠缴税款一倍以上五倍以下罚金。"

第二,抚养义务人。例如刑法第 261 条规定:"对于年老、年幼、患病或者其他没有独立生活能力的人,负有扶养义务而拒绝扶养,情节恶劣的,处五年以下有期徒刑、拘役或者管制。"

(4)以特定法律地位为内容的特殊身份

第一,证人、鉴定人等。例如刑法第 305 条规定:"在刑事诉讼中,证人、鉴定人、记录人、翻译人对与案件有重要关系的情节,故意作虚假证明、鉴定、记录、翻译,意图陷害他人或者隐匿罪证的,处三年以下有期徒刑或者拘役;情节严重的,处三年以上七年以下有期徒刑。"

第二,辩护人、诉讼代理人等。例如刑法第 306 条第 1 款规定:"在刑事诉讼中,辩护人、诉讼代理人毁灭、伪造证据,帮助当事人毁灭、伪造证据,威胁、引诱证人违背事实改变证言或者作伪证的,处三年以下有期徒刑或者拘役;情节严重的,处三年以上七年以下有期徒刑。"

第三,在押罪犯、犯罪嫌疑人、被告人等。例如刑法第 316 条第 1 款规定:"依法被关押的罪犯、被告人、犯罪嫌疑人脱逃的,处五年以下有期徒刑或者拘役。"

(5)以持有特定物品为内容的特殊身份

依法持有枪支的人员。例如刑法第 129 条规定:"依法配备公务用枪的人员,丢失枪支不及时报告,造成严重后果的,处三年以下有期徒刑或者拘役。"

(6)以参与某种活动为内容的特殊身份

第一,生产者、销售者。例如刑法第 148 条规定:"生产不符合卫生标准的化妆品,或者销售明知是不符合卫生标准的化妆品,造成严重后果的,处三年以下有期徒刑或者拘役,并处或者单处销售金额百分之五十以上二倍以下罚金。"

第二,公司发起人、股东。例如刑法第159条第1款规定:"公司发起人、股东违反公司法的规定未交付货币、实物或者未转移财产权,虚假出资,或者在公司成立后又抽逃其出资,数额巨大、后果严重或者有其他严重情节的,处五年以下有期徒刑或者拘役,并处或者单处虚假出资金额或者抽逃出资金额百分之二以上百分之十以下罚金。"

第三,投标人。例如刑法第223条第1款规定:"投标人相互串通投标报价,损害招标人或者其他投标人利益,情节严重的,处三年以下有期徒刑或者拘役,并处或者单处罚金。"

(7)以患有特定疾病为内容的特殊身份

严重性病患者。例如刑法第360条规定:"明知自己患有梅毒、淋病等严重性病卖淫、嫖娼的,处五年以下有期徒刑、拘役或者管制,并处罚金。"

(8)以不具有特定资格为内容的特殊身份

未取得医生执业资格的人员。例如刑法第336条第1款规定:"未取得医生执业资格的人非法行医,情节严重的,处三年以下有期徒刑、拘役或者管制,并处或者单处罚金;严重损害就诊人身体健康的,处三年以上十年以下有期徒刑,并处罚金;造成就诊人死亡的,处十年以上有期徒刑,并处罚金。"

三、单位行为主体

(一)单位犯罪概述

1. 单位犯罪的概念

刑法第30条规定:"公司、企业、事业单位、机关、团体实施的危害社会的行为,法律规定为单位犯罪的,应当负刑事责任。"根据这一规定,所谓单位犯罪,是指公司、企业、事业单位、机关、团体实施的依法应当承担刑事责任的危害社会的行为。

2. 单位犯罪的特征

(1)整体性。单位犯罪的主体是公司、企业、事业单位、机关、团体,而不是单位内部的各个成员。单位与其成员关系密切。单位依赖于其成员而存在,如果没有成员,单位就不可能存在;反之,单位的任何成员,如果脱离了单位,就不具有其在单位中的地位与性质,不能作为单位成员起作用,而只是孤立的个人。但是,单位犯罪并不是单位内部成员实施的共同犯罪,而是单位作为一个整体的犯罪。单位犯罪,是指单位本身犯罪,而不是指单位成员之间的共同犯罪。单位犯罪的整体性表现在,这种犯罪是单位集体研究决定或者由负责人决定,并由直接责任人员实施的,体现的是单位的整体犯罪意志。

(2)法定性。刑法分则中规定的犯罪并非都可以由单位构成,只有刑法明文规定单位可能成为行为主体的犯罪,才存在单位犯罪及其刑事责任承担的问题。规定单位犯罪的法律,必须是刑法分则性规范,主要是刑法分则,也包括单行刑法、附属刑法规范。从刑法分则的规定来看,单位犯罪广泛存在于危害公共安全罪、破坏社会主义市场经济秩序罪、妨害社会管理秩序罪、危害国防利益罪和贪污贿赂罪等章节中。

(3)谋利性。单位犯罪通常是为本单位谋取非法利益或者以单位名义为本单位全体成员谋取非法利益的犯罪。为单位谋取非法利益,是指为单位本身谋取非法利益,违法所得由单位所有的情形,但也不排除以各种理由将违法所得分配给单位全体成员所有的情形。

3. 单位犯罪的处罚

对单位犯罪的处罚,通常有三种立法例:(1)双罚制,即既处罚单位也处罚单位成员。(2)转嫁制,即仅处罚单位而不处罚单位成员。(3)代罚制,即仅处罚单位成员而不处罚单位。转嫁制和代罚制可统称为单罚制。

刑法第31条规定:“单位犯罪的,对单位判处罚金,并对其直接负责的主管人员和其他直接责任人员判处刑罚。本法分则和其他法律另有规定的,依照规定。”这是刑法对单位犯罪处罚原则的规定。根据这一规定,对单位犯罪,一般采取双罚制,但在法律另有特别规定的情况下,则采取单罚制。因此,对单位犯罪,双罚制是原则,单罚制是例外。在实行双罚制时,原则上除了追究单位本身的刑事责任外,还要追究单位直接负责的主管人员和其他直接责任人员的刑事责任。具体有两种情况:(1)对单位判处罚金,对直接负责的主管人员和其他直接责任人员,规定和自然人犯罪相同的法定刑。如刑法第150条关于生产、销售伪劣商品罪的规定。(2)对单位判处罚金,但对直接负责的主管人员和其他直接负责人员规定较自然人犯罪更轻的法定刑,如刑法第387条规定的单位受贿罪。在实行单罚制时,则只处理直接责任人员,而不处罚单位本身。从刑法的规定来看,具体又分三种情况:(1)对非为本单位谋取利益,而是以单位名义实施的私分国有资产、私分罚没财物等犯罪,不实行双罚制,只处罚直接负责的主管人员和其他直接责任人员。(2)对单位的过失犯罪,只处罚直接责任人员,而不实行双罚制,如刑法第137条规定的工程重大安全事故罪。(3)虽然是单位犯罪,但因处罚单位会损害无辜者的利益,因而不实行双罚制,仅处罚直接负责的主管人员和其他直接责任人员,如刑法第161条规定的违规披露、不披露重要信息罪。

示例5-3 匡达制药厂、王某甲偷税案

一审法院认为:被告单位匡达制药厂为偷逃税款,故意将生产的部分产品隐匿,销

售后收入不入账,偷逃增值税税款人民币655043.42元,占同期应纳税款额的52.97%,其行为已构成偷税罪,依法应予惩处。被告人王某甲虽为匡达制药厂的法定代表人,但经法庭质证确认的证据证明,匡达制药厂由总经理王某乙负责,将其中358313盒登记在药厂正式账上,其余208287盒采用不登记入库的方法,另做记录,可由药厂销售科人员以打白条形式领走,系王某乙授意为之,无证据证明王某甲具有决定、批准、授意、指挥企业人员不列或少列收入从而偷税的行为。故认定王某甲系匡达制药厂偷税犯罪直接负责的主管人员,应追究偷税罪的刑事责任证据不足。[3]

单位犯罪的刑事责任具有局限性。一方面,单位不可能成为一切犯罪的主体,因而不可能对一切犯罪承担刑事责任。从法律规定上看,只有当刑法明确规定单位可以成为某种犯罪的主体时,才能将单位认定为行为主体。对于刑法没有明确规定单位犯罪的,即使事实上是由单位集体实施的,也不能认定为单位犯罪,而只能认定为自然人(共同)犯罪。另一方面,对犯罪的单位本身,只能适用有限的刑事责任实现方式,即只能判处罚金,而不能判处其他刑罚。

(二)单位主体的一般要件

单位行为主体的一般要件,是指单位行为主体必须具有刑事责任能力。与自然人不同,单位是拟制的“人”,因而其刑事责任能力是由法律规定的。单位行为主体的刑事责任能力取决于以下三个方面:

1. 单位犯罪的主体,必须是公司、企业、事业单位、机关、团体。公司是指以营利为目的组织其生产和经营活动的经济组织,包括有限责任公司与股份有限公司。有限责任公司,是指全体股东以各自的出资额为限对公司债务承担清偿责任的公司;既包括一人有限责任公司,也包括两个以上股东组成的有限责任公司。

示例5-4 新客派信息技术有限公司、王某虚开增值税专用发票案

被告人王某注册成立以其一人为股东的新客派公司,并担任法定代表人。一审法院认为:被告单位新客派公司让他人为自己虚开增值税专用发票,致使国家税款被骗82000余元,被告人王某系直接负责的主管人员,其与单位均构成虚开增值税专用发票罪,应予处罚,公诉机关指控的罪名成立。鉴于新客派公司、王某自愿认罪,并已退回全部税款,可以酌情从轻处罚。[4]

股份有限公司,是指由一定人数的股东发起设立的、全部资本划分为股份,股东

---

[3] 《刑事审判参考》(总第33辑),法律出版社2003年版,第4页。
[4] 《刑事审判参考》(总第82集),法律出版社2012年版,第2页。

以其所认购的股份为限承担财产责任的公司。企业，是指以从事生产、流通、科技等活动为内容，以获取赢利和增加积累、创造社会财富为目的的一种营利性的社会经济组织。事业单位，是指依法成立的从事各种社会公益活动的组织，包括国家事业单位与集体事业单位。机关，是指履行国家的领导、管理职能和保卫国家安全职能的机构，包括立法机关、行政机关、司法机关、军事机关等。团体，是指各种群众性组织，如工会、共青团、妇联、学会、协会等。

示例 5-5　东风第九经济合作社等非法转让土地使用权案

一审法院认为：经查，关于单位犯罪主体的法律规定有刑法第 30 条——“公司、企业、事业单位、机关、团体实施的危害社会的行为，法律规定为单位犯罪的，应当负刑事责任。”最高人民法院、最高人民检察院《关于办理商业贿赂刑事案件适用法律若干问题的意见》第 2 条规定，“刑法第一百六十三条、第一百六十四条规定的其他单位，既包括事业单位、社会团体、村民委员会、居民委员会、村民小组等常设性的组织……”本案的九社为南洲街东风村下属单位，其在法律上的地位为村民小组，且其具有合法的证照，有自身的组织机构，有独立的财产，有独立承担行为责任的能力，因此九社属于刑法中的单位。〔5〕

关于私营企业能否成为单位犯罪的主体，理论上存在争议。肯定说认为，所有制形式不应成为单位行为主体的标准。不同所有制形式的企业具有平等主体的资格，不存在任何特权和歧视的做法，而随着私营企业的发展，其组织形式和规模与其他所有制形式的企业没有区别，其犯罪已大大超出自然人色彩，如硬要区分会给司法实践带来不必要的麻烦，同时也缺乏法律依据。否定说认为，在我国，个体企业、外商独资企业等各种形式的私营企业都是代表个人利益而不是由企业中所有成员组成的“单位”利益，一切活动都是个人行为而不是通过民主程序的企业行为，故私营企业的主体是自然人而非单位。从刑法的规定来看，对单位犯罪中的自然人处罚比对自然人犯罪的处罚要轻，如果将私营企业犯罪认定为单位犯罪，就会轻纵犯罪人。本书认为，肯定说的主张是成立的。在私营企业不断发展并作为社会主义市场经济平等主体的条件下，在公司合资或合作等复杂所有制形式的企业不断增多的情况下，以所有制形式界定单位行为主体，会给理论与实践带来许多难以解决的问题，因此，公司、企业等单位的所有制性质，不应影响对单位行为主体的认定。对此，1999 年 6 月 25 日最高人民法院公布的《关于审理单位犯罪案件具体应用法律有关问题的解释》第 1 条明确指出：“刑法第三十条规定的‘公司、企业、事业单位’，既包

〔5〕 广东省广州市海珠区人民法院(2009)海刑初字第 397 号判决书。

括国有、集体所有的公司、企业、事业单位,也包括依法设立的合资经营、合作经营企业和具有法人资格的独资、私营等公司、企业、事业单位。”

2. 单位行为主体必须是依法设立的组织。单位犯罪的主体必须是根据法定的条件和程序设立的社会组织。依法设立,意味着单位成立的目的和宗旨正当合法,而且履行了规定的登记、报批手续。非法建立的组织不能成为单位犯罪的主体,由其实施的犯罪,不构成单位犯罪。“依法设立”,应当从实质上理解,而不能仅仅从形式上理解。以实施违法犯罪活动为目的而“合法”设立的公司、企业、事业单位,实际上是利用这些单位设立的法定条件和程序,以合法的形式掩盖专事违法犯罪活动之实,因而应当否定其表面的合法性。对此,《关于审理单位犯罪案件具体应用法律有关问题的解释》第 2 条规定:“个人为进行违法犯罪活动而设立的公司、企业、事业单位实施犯罪的,或者公司、企业、事业单位设立后,以实施犯罪为主要活动的,不以单位犯罪论处。”

示例 5-6 张某虚开增值税专用发票案

二审法院认为:张某与他人密谋虚开增值税专用发票牟取不法利益后,即以停业的其任法定代表人的湛江市贸易开发公司名义向税务机关申请税务登记,领购增值税专用发票,专门从事为他人虚开增值税专用发票活动,根据最高人民法院《关于审理单位犯罪案件具体应用法律有关问题的解释》第 2 条的规定,对上诉人张某的行为应以个人犯罪论处,故张某提出该案属于单位犯罪的意见不能成立,不予采纳。[6]

另外,《关于审理单位犯罪案件具体应用法律有关问题的解释》第 3 条规定:“盗用单位名义实施犯罪,违法所得由实施犯罪的个人私分的,依照刑法有关自然人犯罪的规定定罪处罚。”根据这一决定,单位决策机构成员或者单位负责人出于自身利益而非单位利益,以单位名义实施犯罪,违法所得归于实施犯罪的个人的,也不应认定为单位犯罪。

3. 单位行为主体,必须是相对独立的公司、企业、事业单位、机关、团体。单位是否具有相对独立性,应从有无自己的名称、组织机构和场所,有无必要的财产和经费,能否独立承担民事责任等方面综合认定。单位行为主体主要是法人,也包括非法人组织。实践中某些银行的分行、支行,某些总公司下属的分公司,社会团体中的非法人团体等,虽然不具有法人资格,但在特定情形下也可以成为单位犯罪的主体。对此,《全国法院审理金融犯罪案件工作座谈会纪要》指出:“以单位的分支机构或者内设机构、部门的名义实施犯罪,违法所得亦归分支机构或者内设机构、部门所有

---

[6] 广东省高级人民法院(1999)粤高法刑经终字第 109 号刑事裁定书。

的,应认定为单位犯罪。不能因为单位的分支机构或者内设机构、部门没有可供执行罚金的财产,就不将其认定为单位犯罪,而按照个人犯罪处理。"

示例 5-7　陆港实业发展有限公司等走私案

一审法院认为:被告人张某系东星公司机电部的负责人,其擅自以东星公司的名义帮助他人走私,且约定的违法所得代理费归其单位所有,据此认定被告单位东星公司机电部走私罪名成立。[7]

(三)单位主体的特殊要件

单位不可能成为所有犯罪的主体,也不可能成为所有单位犯罪的主体。有些单位犯罪,除要求单位具备上述一般要件之外,还必须具备特殊要件,这就是单位行为主体的特殊要件。从刑法分则的具体规定来看,单位犯罪的特殊要件主要有以下几种情形:

1. 要求单位必须具有特定的所有制性质。例如刑法第 327 条规定:"违反文物保护法规,国有博物馆、图书馆等单位将国家保护的文物藏品出售或者私自送给非国有单位或者个人的,对单位判处罚金,并对其直接负责的主管人员和其他直接责任人员,处三年以下有期徒刑或者拘役。"根据这一规定,非法出售、私赠文物藏品罪的主体不仅只能是单位,而且只能是国有的博物馆、图书馆等单位。

2. 要求单位必须具有特定的职能性质。例如刑法第 137 条规定:"建设单位、设计单位、施工单位、工程监理单位违反国家规定,降低工程质量标准,造成重大安全事故的,对直接责任人员,处五年以下有期徒刑或者拘役,并处罚金;后果特别严重的,处五年以上十年以下有期徒刑,并处罚金。"根据这一规定,工程重大安全事故罪的主体只能是从事工程建设、工程设计、工程施工、工程监理等业务的单位。

3. 要求单位必须具有特定义务。例如刑法第 334 条第 2 款规定:"经国家主管部门批准采集、供应血液或者制作、供应血液制品的部门,不依照规定进行检测或者违背其他操作规定,造成危害他人身体健康后果的,对单位判处罚金,并对其直接负责的主管人员和其他直接责任人员,处五年以下有期徒刑或者拘役。"根据这一规定,采集、供应血液、制作、供应血液制品事故罪的主体必须是负有严格按照操作规程采集、供应、制作血液及其制品义务的部门。

---

[7] 江苏省南通市中级人民法院(2001)通中刑二初字第 16 号刑事判决书。

第三节 危害行为

一、行为的概念和特征

(一)行为概念的功能

犯罪首先是行为,无行为则无犯罪,这是刑法的一个基本原则,说明行为的观念处于犯罪概念的核心。马克思曾经指出:“我只是由于表现自己,只是由于踏入现实的领域,我才进入受立法者支配的范围。对于法律来说,除了我的行为,我是根本不存在的,我根本不是法律的对象。我的行为就是我同法律打交道的唯一领域,因为行为就是我为之要求生存权利,要求现实权利的唯一东西,而且因此我才受到现行法律的支配。”[8]犯罪论中所有的观点和理论都围绕着行为而展开,都是对行为的评价,以求在理论上更为准确、清晰地把握犯罪的特征,从而使刑法理论构成一个完整的体系。因此,行为概念是刑法中最基本、最重要的概念。

行为概念具有以下三种机能:(1)界限功能。任何举动,只要它不是行为,一开始便可以排除在刑法的考察范围之外,如梦游中的动作、反射性的举动、动物的侵袭等。(2)定义功能。行为概念具有许多实质性的内容,使犯罪的特征、成立条件等包含在其中,如“犯罪是具有严重社会危害性、刑事违法性和刑罚当罚性的行为”,“犯罪是符合犯罪构成的行为”等。(3)分类功能。一方面,刑法规定的具体犯罪类型,都是以行为为其构成要件,行为不同,构成要件亦不同,从而产生不同犯罪类型;另一方面,对犯罪的其他一些分类也离不开行为概念,如故意行为与过失行为,实行行为、教唆行为与帮助行为等。

(二)行为理论

19世纪以来,大陆法系国家的刑法学者一直重视行为理论的研究,先后提出了因果行为论、目的行为论、社会行为论、人格行为论等各种学说。

因果行为论认为,行为是由于意思所引起的外界的自然因果过程。它将有意性和有形性作为行为的标准。但是,由于它不能说明不作为犯,尤其是忘却犯(无认识过失的不作为犯)的行为性,因而受到批评。目的行为论认为,行为是行为人有意识地支配自然因果过程,为达到设定目标而进行的有目的的活动。因此,目的性是行为的本质,它支配、操纵人的行为,离开目的性即无行为。依照这一理论来解释故意犯罪,一般不存在问题。但是,将其用于解释过失犯罪,则又难以自圆其说。社会行

---

[8] 《马克思恩格斯全集》(第1卷),人民出版社1956年版,第16~17页。

为论认为,行为是行为人有意引起的具有社会意义的身体举动。它以“社会性”,即侵害社会法益,作为刑法中行为的立论依据,综合和修正了因果行为论和目的行为论的观点,在社会价值层面说明了不作为、过失行为的行为性。这一理论立意明确、全面,因而得到许多学者的赞同,其不足之处是未能区分行为的社会评价与法律评价等。人格行为论认为,行为是行为者人格的主体的现实化的身体举动。作为和不作为、故意行为和过失行为,由于均反映主体的人格态度,因而均可认定为行为。但是,单纯的反射动作、绝对强制的动作,以及幼儿的动作、精神病人的动作等,由于不能反映行为人的人格,因而均不是行为。人格行为论强调对行为者的人格考察,较好地概括了刑法中的各种行为形态,其不足之处在于将行为论与责任论混同。

总之,上述各种学说,从不同的角度论证了刑法中的行为,均有其可取之处。但是由于这些理论均把行为作为一种“中性”“无色”的事实判断,脱离刑法规范来研究行为,因而又均存在严重的缺陷。

二、危害行为的定义和特征

要弄清危害行为的概念,首先必须明确我国刑法中“行为”一词的含义。在我国刑法中,行为的含义是多种多样的,可以归纳为以下三个不同的层次:(1)最广义的行为,即泛指人的一切活动,无论是否为犯罪行为。例如,刑法第12条规定:“中华人民共和国成立以后本法施行以前的行为,如果当时的法律不认为是犯罪的,适用当时的法律……”(2)广义的行为,即犯罪行为。例如,刑法第13条关于犯罪定义的规定中使用“行为”一词,就是包含了客观要件和主观要件在内、有机统一而构成犯罪的行为。(3)狭义的行为,即特指犯罪客观方面要件的行为,即危害行为。例如,刑法第14条第1款规定:“明知自己的行为会发生危害社会的结果,而希望或者放任这种结果发生,因而构成犯罪的,是故意犯罪。”这里的“行为”就是指作为客观要件而不包括犯罪主观方面内容的危害行为。

何为危害行为?一般认为,刑法上的危害行为,是指在人的意志或者意识支配下实施的危害社会的身体动静。根据这一定义,危害行为具有以下三个特征:

1. 危害行为是人的身体动静。这是危害行为的外在特征,亦称有体性特征。任何危害行为,必然表现为一定的身体动静。因为危害行为的本质在于可以改变客观世界而危害社会,而人对客观世界的改变,只能由身体的动静来实现。这样,思想就被排除在危害行为之外,因为单有思想不可能改变客观世界。危害行为的身体动静,包括“动”和“静”两个方面:“动”是指身体的积极活动,如肢体活动、言语活动等;“静”是指身体的消极活动,如应当积极活动却没有行动等。

2. 危害行为在主观上是基于行为人的意志或者意识支配下的身体动静。支配身体动静的意志或意识活动,是危害行为的内在特征,也称为危害行为的有意性特征。人的意识、意志与人的身体动静之间存在因果关系,前者为原因,后者为结果。只有基于人的意志或者意识支配的身体动静,才是刑法上的危害行为。人的无意识的身体动静,即使造成客观损害,也不是刑法意义上的危害行为。这类无意志或者无意识的身体动静主要有:人在受到外界刺激下基于条件反射而作出的举动、在睡梦中或精神错乱状态下的举动、在身体受到暴力强制下的举动、在不可抗力作用下的举动等。

3. 危害行为在法律上是对社会有危害的身体动静。身体动静的社会危害性,是危害行为的价值评价特征,亦称为危害行为的社会性特征。某一行为在什么情况下可以视为刑法上的危害行为,这是立法者以自己的价值标准对人类的行为进行价值评判的结果。从性质上看,人类的行为可以分为有害于社会的行为和无害于社会的行为。只有有害于社会的行为,才能成为刑法规制的对象,才能成为犯罪构成客观方面的要素。无害于社会的行为,特别是其中有益于社会的行为,正是法律予以保护的行为,当然不能成为刑法惩治的对象,如正当防卫、紧急避险、职务行为、正当业务行为、执行命令的行为、被害人承诺的行为等。

三、行为类型

(一)实行行为与非实行行为

根据危害行为的性质不同,可以将其分为实行行为和非实行行为。

所谓实行行为,是指刑法分则条文具体罪刑规范所预设的具有法益侵害现实危险性的行为。从形式上看,符合各种构成要件的构成事实的具体行为,即为实行行为,如故意杀人案件中的“枪击行为”,盗窃案件中的“秘密窃取行为”等。一般来说,刑法分则规定的行为都是实行行为。所谓非实行行为,是指刑法分则条文具体罪刑规范没有规定,而是在总则性规范中概括性地加以规定的行为,如为了杀人而准备犯罪工具的预备行为、为了盗窃而唆使他人去实施的教唆行为等。

实行行为是刑法理论上最重要的概念之一,其重要性渗透到犯罪论领域的各个分支。实行行为概念在刑法中具有多种机能:(1)赋予某种构成要件以特色的构成要件要素(犯罪的类型化机能);(2)作为未遂的成立要件,实行的着手意味着实行行为的开始;(3)正犯是指“实施了实行行为的人”,从而与没有实施实行行为的共犯相区别。[9] 结合我国刑法规定,在犯罪停止形态范畴,实行行为是未遂犯、既遂犯成立的基本要素,实行行为的着手是未遂犯、既遂犯与预备犯相区别的标志。在共同犯罪范畴,实行行为是正犯成立的基本要素,是正犯与组织犯、教唆犯和帮助犯

---

[9] [日]前田雅英:《刑法总论讲义》,曾文科译,北京大学出版社2017年版,第67页。

相区别的标志。

理解实行行为,应当从形式和实质两个层面考察。

首先,在形式上,实行行为具有法定规范性。实行行为均是刑法分则条文具体罪刑规范所规定的,这就决定其不具有任意性,不属于单纯的学理解释的范畴,而取决于刑法规范所规定的具体犯罪的行为要件的内容,因而具有规范性的特点。实行行为的法定规范性是罪刑法定原则中的法定性内容的具体体现。刑法对实行行为的规定,通常是在刑法分则条文的具体罪刑规范中。例如,刑法第 234 条第 1 款规定:“故意伤害他人身体的,处三年以下有期徒刑、拘役或者管制。”此处的“故意伤害他人身体”,即是故意伤害罪的实行行为。实行行为的法定规范性并不意味着实行行为是僵化呆板、一成不变的。事实上,实行行为与非实行行为之间具有互易性。这种互易性取决于立法的规定,因而行为的实行行为性会因立法的改变而改变。通常,实行行为与非实行行为之间存在明确的区分,如预备行为、教唆行为、帮助行为等只能属于非实行行为。但在特定情况下,立法者为了对某些危害特别严重的行为提前惩治或者出于预防需要,会将一些非实行行为提升为实行行为。行为实行性的升格一般有以下两种情形:一是将通常属于预备行为的非实行行为提升为实行行为,如策划行为通常属于实行行为之前的预备行为,但是刑法第 104 条规定的策划武装叛乱、暴乱的行为属于武装叛乱、暴乱罪的实行行为。二是将通常属于共犯行为的帮助行为、教唆行为、组织行为等提升为实行行为,如刑法第 110 条规定的间谍罪“为敌人指示轰击目标”的行为,实质上是一种帮助行为;刑法第 120 条规定的组织、领导、参加恐怖组织罪中的“组织、领导”行为,实质上是一种组织行为;刑法第 295 条规定的传授犯罪方法罪中的“传授犯罪方法”行为,实质上是一种教唆行为;刑法第 358 条规定的协助组织卖淫罪中的“协助”行为,实质上一种帮助行为,但立法者均将其提升为实行行为。应当强调的是,某一非实行行为一旦在立法上提升为犯罪的实行行为,则在判断时首先应当肯定该行为具有实行行为性。

其次,从实质上看,实行行为具有现实危害性。所谓危险,是指危害行为对法益造成侵害的可能性。这种可能性虽然并不等同于对法益的已然侵害,但也不失为一种客观存在的状态。危险,不只是危险犯的实行行为所独有的特征,结果犯等犯罪形态的实行行为也具有这一特征。区别在于,危险犯的危险由其实行行为性质所决定,通常对法益的侵害仅仅表现为一种趋势、一种可能,而非一种现实的状态;结果犯的危险则既可能因实行行为未能终了而使法益的侵害表现为一种未然状态(未遂犯的危险),也可能因实行行为全部实施完毕而使法益的侵害表现为一种实然状态(既遂犯的危险)。因此,危险的实质应是对法益的侵害性,至于这种侵害性的具体表现,则可能因具体犯罪的实施程度的不同而表现出不同的状态。与法益侵害无关的状态不可能是刑法中的危险,对法益不具有侵害威胁的行为不可能成为刑法评价的对象。行为具有危险是对其予以非难并加以处罚的根据所在。除实行行为外,预备行为、组织行为、教唆行为、帮助行为等非实行行为也是刑法否定的对象。这表明,危险并非是实行行为独有的特征,预备行为、组织行为、教唆行为、帮助行为中亦具有危险的因素;否则,无理由对其处罚。因此,危险的有无并非实行行为与非实行行为的本质区别。实行行为与非实行行为的真正不同之处,在于危险程度的高低。预备行为、帮助行为等非实行行为的法益侵害是一种不具有现实性的可能性,是一种远距离的、抽象的可能性,因而其行为的危险程度较低,是一种高度抽象的危险。但实行行为,如果任其自然发展,则无须借助他行为即可以独立地造成法益侵害的结果,因而其法益侵害性是一种具有现实性的可能性,是一种近距离的、具体的可能性,因而其行为的危险程度较高,是一种具体的危险,可谓之"现实危险性"。即从行为对法益侵害的结果上看,是必然发生的;从时间上看,是紧迫的、即刻的。

(二)作为与不作为

根据危害行为违反的罪刑规范不同,可以将其划分为作为和不作为。这是对危害行为表现形式的基本划分。

1. 作为

作为,是指行为人以积极的身体活动实施违反刑法禁止性规范的危害行为,即"不当为而为"。从表现形式上看,作为是积极的身体活动;从违反法律规范的性质上看,作为直接违反了禁止性的罪刑规范。例如,刑讯逼供罪中的刑讯行为就是一种积极的身体活动,这种身体活动直接违反了"不得刑讯"的禁止性规范。刑法中规定的绝大多数犯罪,都可以由作为方式实施,而且有些犯罪,只能以作为方式实施,如抢劫罪、抢夺罪、脱逃罪等。作为既可以是单一的举动,也可以由一系列举动组成。如扒窃行为,包括靠近被害人、将手伸入被害人衣兜、窃取钱物等动作。行为人通过这一系列积极的身体动作,实现其犯罪意图,完成其犯罪行为。

作为的实施方式,主要有以下几种:

(1)利用自身身体实施。这是最常见的实施方式。身体活动既可以表现为四肢活动,也可以表现为五官活动。前者如拳打脚踢,后者如口出秽言侮辱。无论是身体哪个部位的动作,只要符合作为的特点,就可以认定为作为。

(2)利用物质性工具实施。这也是常见的实施方式。这种方式的特点是,人的身体活动和犯罪对象之间有了物质性工具这一介入因素,由工具的某种属性作用于犯罪对象并造成对象的某种改变以侵害或威胁犯罪客体。在这类作为中,人的身体活动的作用不在于直接改变犯罪对象,而在于操纵工具。工具的样态很多,如棍棒、绳索、汽车、电脑、药剂等。

示例 5-8 王某故意伤害案

最高人民法院复核认为：被告人王某向正在梯子上的被害人投掷土块或砖块，导致被害人从梯子上跌落、死亡的行为构成故意伤害罪。[10]

(3)利用自然力实施。自然力是指水、火、雷、电等自然现象。利用自然力进行犯罪的并不少见，如放火、决水等均属此类。利用自然力实施的作为与利用物质性工具实施的作为在性质上基本相同，所不同的仅仅在于，前者利用的是自然力量，后者利用的是人工制造的工具。

(4)利用动物实施。即以身体活动驱使动物，将动物作为犯罪工具，以达到行为人的犯罪目的，如利用毒蛇、恶犬咬人等。

示例 5-9 车某等聚众斗殴案

一审法院认为：对于被告人刘某的辩护人提出的被告人刘某实施的放狗行为，不应当认定为持械聚众斗殴的辩护意见，经查，刘某放狗咬人虽然没有致人轻伤，但狼狗扑倒了李某和郑某，并咬伤了李某，社会影响恶劣，社会危害性大，本案中狼狗作为作案工具所起的作用是很明显的，对辩护人的该辩护意见，本院不予采纳。[11]

(5)利用他人实施的作为。这是指行为人利用无责任能力的人(包括未成年人、精神病人和主观上无罪过的人)实施的行为，如教唆不满 14 周岁的人放火，医生指示不知情的护士为病人注射毒剂等。

示例 5-10 姚某运输毒品案

二审法院认为：上诉人姚某指使未成年人为其运输毒品，其行为亦构成运输毒品罪，应依法追究其刑事责任。其教唆不满 18 周岁的人犯罪，依法从重处罚。[12]

2. 不作为

不作为，是指行为人在能够履行自己应当履行的义务的情况下不履行该义务，即“应为而不为”。从表现形式上看，不作为是消极的身体动作；从违反法律规范的性质上看，不作为不仅违反了禁止性罪刑规范，而且直接违反了某种命令性规范。

---

〔10〕 最高人民法院(2005)刑复字第 239 号刑事裁定书。

〔11〕 江苏省南京市玄武区人民法院(2012)玄刑初字第 431 号刑事判决书。

〔12〕 湖北省宜昌市中级人民法院(2012)鄂宜昌中刑终字第 52 号刑事裁定书。

例如遗弃罪的危害行为,表现为对没有独立生活能力的人不予扶养的行为。这种行为不仅违反了刑法第261条这一禁止性规范,而且直接违反了《婚姻法》第20条、第21条等命令性规范。

不作为的成立必须具备以下三个条件:

(1)行为人负有实施特定积极行为的法律义务。实施特定积极行为,是指行为人依照特定法律,必须实施某种积极行为;或者说,特定法律义务的内容,是行为人必须履行某种积极行为。如纳税人、扣缴义务人应当缴纳税款,负有扶养义务的人对于年老、年幼、患病或者其他没有独立生活能力的人应当提供经济供给、给予生活料理等。法律义务,是指行为人必须实施的某种积极行为是强制性的。即这种义务必须是法律性质的义务,而不是道德性质的义务。例如普通公民看见歹徒行凶杀人却不予制止,不成立不作为,因为他只有道义上的制止义务而没有法律上的制止义务。反之,警察在执行巡逻任务时看见歹徒行凶杀人却不予制止的,成立不作为,因为其具有法律上的义务,且这种义务的内容是制止行凶的积极行为。

由于不作为以行为人负有实施特定积极行为的法律义务为前提,故需要说明作为义务的来源。一般来说,作为义务的来源主要有以下四个方面:

第一,法律明文规定的义务。这里的"法律"是广义的,包括狭义的法律以及法规、法令等。例如《婚姻法》第21条规定:"父母对子女有抚养教育的义务;子女对父母有赡养扶助的义务。"因此,拒绝履行抚养、赡养义务的,可能成立不作为犯罪。应当注意的是,违反非刑事法律明文规定的义务,并非都构成不作为的义务根据,只有其中经过刑法认可或要求的,才能视为作为义务的根据。换言之,在这种情况下,法律明文规定的义务,不但要求法律、法规有规定,而且要求刑法予以认可。如果只有其他法律法规的规定而无刑法的认可或要求,行为人即使不履行这种义务,也不成立犯罪。

示例5-11　乐某故意杀人案

一审法院认为:被告人乐某身为两被害人的生母,对被害人负有法定的抚养义务。乐某明知两年幼的被害人无人抚养照料,其不尽抚养义务必将会导致两被害人因缺少食物和饮水而死亡,但却仍然将两被害人置于封闭房间,仅留少量食物和饮水,离家长达一个多月,不回家抚养照料两被害人,在外沉溺于吸食毒品、打游戏机和上网,从而导致两被害人因无人照料饥渴而死。乐某主观上具有放任被害人死亡的间接故意,客观上造成两被害人死亡的结果,其行为构成故意杀人罪。[13]

---

〔13〕《最高人民法院公报》2015年第1期。

示例 5-12　李某故意杀人案

一审法院认为：机动车车辆驾驶人都应当遵守道路交通安全法律的相关规定，当车辆发生交通事故后即负有抢救受伤人员并迅速报告执勤交通警察或交通管理部门的法定义务。本案中，被告人李某先期的交通肇事行为是过失行为，但当其发现并已明知被害人在凌晨时分受伤摔倒在交通干线的机动车道上而无法动弹，存在被后续车辆碾压致死的高度危险时，其应当并能够履行救助、报警的法定义务而不履行，且未对被害人采取任何人身安全的保护性措施，不顾被害人安危，自行驾车逃逸，其主观上已非轻信被害人被后续车辆碾压致死的结果可以避免的过失犯罪心态，而是放任被害人死亡于不顾的间接故意犯罪心态；客观上正是其不作为致使被害人被后续车辆碾压致死，其不作为与被害人的死亡结果发生显然存在因果联系。〔14〕

第二，职务或业务要求的义务。例如，国家机关工作人员有履行相应职责的义务，值班医生有救死扶伤的义务，值勤消防人员有扑灭火灾的义务。严格地讲，职务或业务要求的义务，也属于法律明文规定的义务，因为这类义务一般都规定于各种法规、条例、规章甚至某些司法解释中，因而其效力的根据仍在于法律的规定。但是，职务或业务要求的义务，均以担任相应的职务或者从事相应的业务为前提，因而，与一般法律明文规定的义务相比，又有其自身的特点。在认定职务或者业务要求的义务时，要注意考察义务的时限和义务的对象。如果行为人并非在执行职务或者从事业务，而是在休息、下班之时，则不可能产生义务。这类义务的对象，也必须限于职务或业务范围之内的事项。

示例 5-13　王某等遗弃案

被告人多次指令职工将被收容的精神病人遗弃在沿途的火车站、汽车站甚至野外。对此，一审法院认为：被告人王某、刘某、田某、沙依丹·胡加基、于某身为福利院的工作人员，对依赖于福利院生存、救助的“无家可归、无依无靠、无生活来源”的公费病人，负有特定扶养义务，应当依据其各自的职责，积极履行监管、扶养义务，而不应将被扶养成的 28 名病人遗弃，拒绝监管和扶养。〔15〕

示例 5-14　周某等玩忽职守、故意伤害案

二审法院认为：上诉人周某、姜某、张某、王某身为国家机关工作人员严重不负责

〔14〕 上海市虹口区人民法院(2012)虹刑初字第 587 号刑事判决书。
〔15〕 新疆维吾尔自治区乌鲁木齐市新市区人民法院(2002)新刑初字第 120 号刑事判决书。

任,不正确履行自己的工作职责,造成恶劣社会影响,其行为均已构成玩忽职守罪;姜某、张某、王某明知被害人失去自我保护能力需要救助,身为人民警察有救助义务而不予实施,周某故意转移并遗弃被害人,致被害人冻至重伤并截肢、截指,四人的行为均又构成故意伤害罪。〔16〕

第三,法律行为引起的义务。法律行为,是指能够产生法律上一定权利和义务的行为。行为人实施某种法律行为,可能产生履行某种积极行为的特定义务。具体而言,法律行为引起的义务主要包括:合同行为引起的作为义务和无因管理引起的作为义务。合同行为,能够产生法律上的权利与义务。例如行为人受雇抚养他人的婴儿,就负有保护该婴儿生命、健康的义务。无因管理,虽无法律上的规定或者当事人之间的约定,但因是对他人事务的管理,故在法律上也能形成委托合同的效果。例如行为人将路边的弃婴抱回家中照料,就负有继续保护该婴儿安危的义务。

示例 5-15 赵某过失致人死亡案

一审法院认为:被告人赵某未尽到保姆义务,造成幼儿从高空坠落死亡,其行为已构成过失致人死亡罪,依法应予惩处。〔17〕

第四,先行行为引起的义务。先行行为引起的义务,是指由于行为人先前的某种行为致使刑法所保护的社会关系处于危险状态时,行为人负有采取某种积极行为以排除危险或者避免结果发生的特定义务。先行行为一般为合法行为,但也可能是违法行为。例如带儿童去深水区游泳,在儿童溺水危及生命时,却不予救助;又如违规使用气枪打麻雀,致使高压电线掉落却不处理,导致他人触电身亡。

示例 5-16 徐某故意杀人案

二审法院认为:……徐某作为驾驶人员,又是在不顾姜某的反对,强行搭载姜某回自己家,直接导致姜某跳车的情形下,徐某有义务对姜某进行基本的救助或者求助行为。然而,在本案中徐某根本没有实施救助或者求助的举动,而是驾车离开,违反其救助被害人的作为义务。徐某主观上对姜某的死亡持放任的故意,客观上没有履行因其先行行为而产生的救助义务,最终致姜某死亡,徐某构成不作为的故意杀人罪,原判对徐某行为的定性准确。〔18〕

---

〔16〕 安徽省亳州市中级人民法院(2014)亳刑终字第54号刑事裁定书。
〔17〕 北京市丰台区人民法院(2014)丰刑初字第2060号刑事判决书。
〔18〕 广东省高级人民法院(2014)粤高法刑一终字第104号刑事裁定书。

示例 5-17　倪某故意杀人案

一审法院认为：被告人倪某于事发时明知在大河旁与他人纠扭可能发生摔入河中致人死亡的危险，仍与受害人发生纠扭使双方一起摔入河中，在上岸后又不实施救助，放任受害人死亡结果的发生，其行为已触犯刑律，构成故意杀人罪。[19]

先行行为是否包括犯罪行为，是值得研究的问题。一种观点认为，先行行为不应包括犯罪行为。行为人实施犯罪行为后，有义务承担刑事责任，而没有义务防止危害结果发生。如果行为人自动防止危害结果发生，则是减免刑罚的理由；如果行为人没有防止结果发生，则负既遂罪的刑事责任；如果行为人没有防止更严重结果的发生，则负结果加重犯的刑事责任。如果认为先行行为包括犯罪行为，则会使绝大多数一罪变为数罪，这是不合适的。[20] 另一种观点认为，完全否定犯罪行为可以作为先行行为而引起作为的义务，是不恰当的。因为连违法行为都能引起作为义务，犯罪行为反而不能引起作为义务，与情理不合，也不利于司法实践。例如，行为人交通肇事将他人撞成重伤并致被害人有生命危险，行为人负有将被害人送往医院救治的作为义务是不容置疑的。[21] 本书赞同第二种观点。既然一般违法行为、过失犯罪都能成为作为义务的产生根据，则危害性程度更高的故意犯罪更能使行为人产生作为义务。

公共秩序社会公德要求的义务，特别是重大的道义义务，如紧急救助义务，能否成为不作为犯罪的义务来源，也是需要探讨的问题。所谓紧急救助义务，是指当他人的生命或者其他重大法益，非基于自己的行为而遭受重大危难时，如于自己并无任何危险而易予救助者，被认为有防止危害结果发生的义务。有学者认为，紧急救助义务虽属道义上的救助义务，但其不为救助之不作为，亦具有违法性，盖此种情形，正系符合于公序良俗之要求故也。所谓公序良俗的观念，认为应当发生一定的作为义务。这意味着，一般社会生活观念虽然期待行为人实行作为，然而其竟违反社会一般人的期待而不作为，由于其不作为系违反公共秩序及善良风俗，因而被视为违法。[22] 在立法上，肯定救急救助义务的也不乏其例，如《德国刑法典》第 323 条规定："在发生意外事故、公共危险或紧急危难时，根据当时的情况要求或者能够期待行为人救助，尤其对自己并无显著危险而且不违反其他重要义务，而不救助的，处一年以下自由刑或者罚金。"法国、意大利、奥地利等国刑法均有类似的规定。我国

〔19〕 江苏省启东市人民法院(2004)启刑初字第 133 号刑事判决书。
〔20〕 苏惠渔主编：《刑法学》，中国政法大学出版社 1997 年版，第 117 页。
〔21〕 高铭暄、马克昌主编：《刑法学》，北京大学出版社、高等教育出版社 2017 年版，第 70 页。
〔22〕 洪福增：《刑法理论之基础》，三民书局 1977 年版，第 167 页、第 171 页。

刑法没有类似规定,因而紧急救助义务不是不作为犯罪的义务来源。

示例 5-18 徐某、陈某强奸案

一审法院认为:被告人陈某留宿被告人徐某和被害人与其同房居住,两床间仅有布帘相隔,作为房间提供者,被告人陈某负有相应的安全保障义务;作为被告人徐某的长辈亲属,被告人陈某负有约束晚辈不当行为的责任。作为被害人当时唯一的求助对象,在其人身未受到暴力胁迫、实施救助不会损害自身权利,且有救助的能力时,被告人陈某并未积极履行上述义务与责任,致使被告人徐某的强奸行为得以实行完毕,该消极不作为行为与被害人的性自由权遭受侵害具有刑法上的因果关系。在主观方面,虽然被告人陈某与被告人徐某并未实施强奸的事前通谋,但在被害人明确向陈某求救以后,陈某仅以言辞稍微制止,其后便任由徐某肆意实施奸淫行为,对事态的发展持听之任之的放任态度,具有间接故意,构成共犯关系上的事中故意。因此,被告人陈某与被告人徐某构成强奸罪的共犯。〔23〕

(2)行为人能够履行特定的法律义务。法律规范与法律秩序只是要求能够履行义务的人履行义务,而不会强求不能履行义务的人履行义务。法律不应强求不能履行义务的人去履行义务,社会也不能期待行为人履行不可能履行的义务。“能够履行特定法律义务”,不仅意味着行为人具有实施防止结果发生的积极行为的可能性,而且意味着具有防止结果发生的可能性。行为人虽然具有实施某种积极行为的义务,但由于某种客观原因而根本不可能履行的,则不成立不作为。至于行为人能否履行义务,则应当根据行为人履行义务的客观能力和客观条件两个方面作出判断。当履行义务面临重大危险时,不能强求行为人冒着生命危险去履行义务。在实务中,法院判决时也会考虑到行为人履行义务的客观能力。

示例 5-19 金某甲拒不执行判决案

一审法院认为:(1998)永民初字第 978 号民事判决书生效后,义务人金某甲理应自觉履行判决书确定的义务,且金某甲在向交警队领取赔偿款项后,虽有部分支出,仍不至影响其执行能力,但金某甲却将其中 6 万余元交付其妻金某乙存入银行。虽经多次教育、采取强制措施,仍以对判决内容有抵触情绪、与郑某矛盾较深为由,将既得的赔偿款项隐匿。其对抗法院裁判文书、拒不执行的主观故意明显,客观上也导致(1998)永民初字第 978 号民事判决书无法执行,严重侵犯了人民法院的裁判权威,已构成拒不执行判决罪,公诉机关指控的罪名成立。〔24〕

---

〔23〕 上海市奉贤区人民法院(2011)奉刑初字第 879 号刑事判决书。
〔24〕 浙江省永康市人民法院(1999)永刑初字第 418 号刑事判决书。

(3)行为人不履行特定的法律义务,造成或者可能造成危害结果。不作为的核心是行为人没有履行义务。行为人在此期间实施的其他行为,不是不作为的内容,也不影响不作为的成立。只有在行为人没有履行特定义务造成或者可能造成危害结果的情况下,才有法律规制的必要。不作为之所以能与作为等价,就在于它造成或者可能造成危害结果。当刑法规定某种犯罪的成立要求发生危害结果时,只有造成了危害结果的不作为才能构成犯罪;当刑法规定某种犯罪的成立不要求发生危害结果时,虽未造成但具有造成危害结果的危险的不作为也可能成立犯罪。

不作为与不作为犯罪是两个不同的概念,前者是指危害行为的一种基本表现形式,后者是指由这种行为形式实施的犯罪。刑法理论通常将不作为犯罪分为两种类型:纯正不作为犯和不纯正不作为犯。纯正不作为犯,又称真正不作为犯,是指刑法明文规定只能由不作为构成的犯罪,如遗弃罪、拒不救援友邻部队罪、隐瞒境外存款罪等。在这种情况下,由于刑法明文规定了作为义务的主体和不作为的客观表现,故对这种不作为犯罪的认定不存在困难。例如刑法第 311 条规定:“明知他人有间谍犯罪或者恐怖主义、极端主义犯罪行为,在司法机关向其调查有关情况、收集有关证据时,拒绝提供,情节严重的,处三年以下有期徒刑、拘役或者管制。”本罪的主体是明知他人犯有间谍犯罪或者恐怖主义、极端主义犯罪行为并受司法机关调查的人,客观方面是不提供有关情况和证据。不纯正不作为犯,又称为不真正不作为犯,是指行为人以不作为的方式实施通常以作为方式实施的犯罪,如以不作为方式实施故意杀人的行为。由于不作为犯违反的是命令性规范,而作为犯违反的是禁止性规范,因此存在以下疑问:将处罚作为犯的规定适用于不作为犯,是否属于类推解释,有无违反罪刑法定原则?诚然,如果说刑法规定的“故意杀人”仅限于以作为方式的杀人,则将不作为认定为故意杀人罪,确实存在违反罪刑法定原则的疑问。但是,禁止性规范和命令性规范都是行为规范,而同时作为裁判规范的刑法条文,其最终的着眼点在于行为可能造成的危害结果。“不作为”虽然与“作为”构造不同,但也可能充足构成要件而具有与“作为”等价的效果,因而没有理由不处罚不作为犯。例如故意杀人罪,刑法所关注的是行为人不能不法地导致他人生命的非正常结束,因此,不得杀人既包括禁止以作为方式导致他人死亡的情形,也包括以不作为方式导致他人死亡的情形。当行为人以不作为方式实施了可能产生危害结果的行为时,它所对应的是刑法背后的命令性规范,因此,处罚不真正不作为犯,并不违反罪刑法定原则。

应当注意的是,某一犯罪是作为犯罪还是不作为犯罪,均是针对已然犯罪而言的。即行为人实际上以作为形式实施的犯罪,称为作为犯罪;行为人实际上以不作为形式实施的犯罪,称为不作为犯罪。对于法律规定的某种犯罪,在其未实际实施时,不应笼统地称其是作为犯罪或者不作为犯罪。如故意杀人罪,在没有实际实施犯罪的情况下,既不能说这种犯罪是作为犯罪,也不能说这种犯罪是不作为犯罪。只有当行为人实际实施了犯罪的情况下,才能根据其危害行为的形式来确定其为作为犯罪还是不作为犯罪。当然,对于某些只能由作为形式或者只能由不作为形式实施的犯罪,仅从法律的规定的角度直接称其为作为犯罪抑或不作为犯罪,是可以的。因为这类犯罪的法律规定与实际实施的形式完全一致,即其实施形式要么都是作为,要么都是不作为。

此外,我国刑法中还存在作为与不作为相结合而成立的犯罪,如抗税罪。根据刑法第 202 条的规定,抗税罪,是指"以暴力、威胁方法拒不缴纳税款的"行为。抗税是逃避纳税义务的行为,或者说是不履行纳税义务的行为,违反了命令性规范,因而属于不作为。同时,抗税又不是单纯地不履行纳税义务,还要求行为人实施了"抗"税的行为,即以暴力、威胁的方法拒不缴纳税款。而暴力、威胁的手段只能以作为方式实施,故抗税行为同时包括了作为与不作为。由于这种犯罪是作为与不作为相结合而成立的,因而就难以说其是作为犯,或者说是不作为犯。

(三)持有

持有,是指行为人对特定物品进行事实上和法律上的支配、控制的一种状态。它通常起始于作为,如取得、收受等,以不作为维护其存在状态,具有作为与不作为相交融性。英美法系国家刑法理论和立法特别重视持有问题,刑法教科书一般都有对持有行为可罚性的专门论述;立法上则规定有大量的持有型犯罪,如非法持有毒品、危险物品、易爆物品、假币等都是犯罪行为。大陆法系国家刑法理论一般不专门研究持有问题,但在立法上早就有处罚持有的规定。例如 1810 年《法国刑法典》第 278 条规定:"乞丐或者流氓所持有的一件或几件物品价值超过一百法郎而不能证明其来历者,依第二百七十六条的规定处刑。"现代各国刑法中的持有型犯罪更是不胜枚举。例如,《日本刑法典》第 140 条规定的持有鸦片或者吸食鸦片的器具,《韩国刑法典》第 121 条规定的战争或事变之际非法持有爆炸物,《意大利刑法典》第 699 条规定的在自己的住宅或者其附属地域以外持有武器。我国刑法也规定了一系列持有型犯罪,如刑法第 128 条第 1 款规定的非法持有、私藏枪支、弹药罪,第 130 条规定的非法携带枪支、弹药、管制刀具、危险物品危及公共安全罪,第 172 条规定的持有假币罪,第 282 条第 2 款规定的非法持有国家绝密、机密文件、资料、物品罪,第 297 条规定的非法携带武器、管制刀具、爆炸物参加集会、游行、示威罪,第 348 条规定的非法持有毒品罪,第 352 条规定的非法携带、持有毒品原植物种子、幼苗罪,第 395 条规定的巨额财产来源不明罪,等等。另外,有些个罪所列举的行为表现中也包含了持有,如妨害信用卡管理罪,该罪就包含了持有伪造的信用卡、持有伪造的空白信用卡等行为类型。

持有属于行为,这一点中外刑法理论已基本形成共识,但由于持有独特的存在论特征，关于持有属于何种形式的危害行为，则有很大的争论。概括起来，主要有以下三种观点：(1)作为说。该说认为法律规定持有型犯罪，旨在禁止行为人取得特定物品，故持有行为违反的是禁止性规范，属于作为。[25] (2)不作为说。该说认为法律规定持有型犯罪，旨在命令持有人将特定物品上缴给有权管理该物品的部门，以消灭这种持有状态；因此，在法律禁止持有某种物品的情况下，持有该物品的人就负有将该物品上缴给有权管理该物品的部门的义务，如果违反该义务不上缴该物品，就构成刑法禁止的不作为。[26] (3)独立行为说。认为持有既有不同于作为的特点，也有不同于不作为的特点；作为具有动的特征，不作为具有静的特征，持有则具有动静相结合的特征；作为与不作为并非 A 与非 A 的关系，将持有与作为、不作为相并列使之成为第三种行为形式并不违反逻辑规则。[27] 本书认为，立法规定持有型犯罪，旨在禁止行为人持有某种特定物，以预防其利用该特定物侵犯法益，而不是命令其上缴该特定物。换言之，行为人对某种特定物的支配和控制的事实状态本身，即构成了违法，而非因为行为人未履行上缴该特定物的义务才构成了违法，而这种事实状态的形成和持续则缘于积极的作为，如携带、窝藏等行为。因此，第一种观点更加妥当。

第四节　行为对象

一、行为对象的概念

行为对象，又称行为客体，是指实行行为所作用的客观存在的具体人或者具体物。行为对象具有以下基本特征：

1. 行为对象是具体的人和物。所谓人，是指具有生命形态的个体。所谓物，是指不以人的意志为转移的客观存在的物质。物的存在形式是时间和空间，物的外在表现是状态，包括有体物和无体物等。信息是否可以成为行为对象，刑法理论界存在激烈争议。本书认为，信息可以视为一种特殊的无体物。

2. 行为对象是实行行为所直接作用的人或物。作为行为对象的具体人或物，具有客观实在性，但在人或物未受实行行为侵害时，仅是可能的行为对象。只有实行行为直接作用于某人或某物时，具体的人或物才成为现实的行为对象。因此，行为对象只能是受行为直接作用的人或物，否则便不是行为对象。

---

〔25〕 熊选国：《刑法中行为论》，人民法院出版社 1992 年版，第 125 页。

〔26〕 张智辉：《刑事责任通论》，警官教育出版社 1995 年版，第 124 页。

〔27〕 储槐植：《三论第三犯罪行为形式“持有”》，载《中外法学》1994 年第 5 期。

3. 行为对象是刑法规定的构成要件要素。刑法分则条文大多数并不明确规定保护法益,而往往通过规定行为对象以直接或间接地体现刑法所保护的法益。例如,刑法第 232 条规定的故意杀人罪通过“人”这一行为对象来体现该条所保护的法益是他人的生命权益;又如,刑法第 264 条规定的盗窃罪通过“公私财物”这一行为对象来表明该条所保护的法益是公私财产的所有权益。也有一些刑法分则条文基于类型化的需要将行为对象规定为构成要件要素,尽管这些行为对象并非是法益的物质表现。例如,刑法分则第三章第三节根据伪劣产品的不同类型规定了不同的犯罪类型。行为人所销售的各种伪劣产品本身既不是法益的主体,也不是法益的物质表现,但却是行为对象。

行为对象与组成犯罪行为之物不同。例如,贿赂是组成受贿罪、行贿罪之物,通常不认为是行为对象;又如,赌资是组成赌博罪之物,一般也不认为是行为对象。行为对象与行为孳生之物也并不相同。行为孳生之物,是指犯罪行为所产生之物,例如,伪造的文书、信用卡、身份证等。在有的选择性罪名中,要注意区分所涉物是行为对象还是行为孳生之物。例如走私、贩卖、运输、制造毒品罪,相对于走私、贩卖、运输而言,毒品可谓行为对象;但相对于制造而言,毒品则是行为孳生之物。行为对象与犯罪报酬也不相同。犯罪报酬,是犯罪分子基于所实施的犯罪行为而获得的由他人支付的财物,如受雇杀人后从雇佣者处所领取的酬金。犯罪报酬是事后支付的财物,不具有行为对象的事中性,不是行为对象。行为对象与犯罪工具也不相同。犯罪工具,是行为人在犯罪活动中所使用的、便于犯罪实行和完成的物质性器具。犯罪工具的作用是促成犯罪实施和完成,行为对象则是指犯罪行为所指向、针对的人或物,二者明显不同。例如使用伪造的信用卡进行诈骗的,这里的“伪造的信用卡”就是一种犯罪工具,而行为对象则是他人的财物。

二、行为对象的意义

行为对象在定罪量刑方面都具有重要的意义:

1. 行为对象是区分罪与非罪的标准之一。对于绝大多数犯罪而言,行为对象是构成要件要素之一,行为只有作用于特定的行为对象,才能构成犯罪;否则,犯罪不能成立。例如,刑法第 260 条规定的虐待罪,其行为对象只能是家庭成员。刑法之所以规定某些行为作用于特定对象才构成犯罪,往往是因为只有作用于特定对象的行为才值得科处刑罚。

2. 行为对象是区分此罪与彼罪的标准之一。刑法分则基于法益的不同或者类型化的需要,针对不同的对象规定了不同的犯罪时,特定的行为对象则成为此罪与彼罪的区分标准。例如,同样是盗窃行为,如果盗窃的是一般公私财物,则构成盗窃罪;如果盗窃的是枪支、弹药,则构成盗窃枪支、弹药罪;如果盗窃的是国家机关公文,则构成了盗窃国家机关公文罪。三者的行为方式都是窃取,但因为窃取的对象不同,行为类型不同,因而罪名也不相同。

示例 5-20　韦某盗窃案

被告人韦某的辩护人认为,案发当日,涉案车辆停放在机动车道,车窗未关,钥匙未拔,车主已经失去了对车辆的控制,所以该车辆是遗忘物,不是盗窃犯罪的犯罪对象。对此,一审法院认为:要确定本案车辆是否是遗忘物,首先应从被害人的主观认识分析。根据本案的事实,被害人郑某酒后驾车回家,并将车停放在其住所附近的公路上,因其饮酒过量的特殊原因,未关车门和车窗,且将车钥匙遗留在车上,但其并未失去对车的控制。数小时后,郑某就发现车辆被盗,随即向公安机关报案。郑某从停车到发现车辆被盗后报案,时间很短,且其称车辆的被盗地点与被告人韦某供述的盗车地点相一致,这足以证明郑某主观上并没有将该车遗忘。〔28〕

3. 行为对象是量刑轻重的影响因素之一。许多犯罪虽不要求特定的对象,但行为人具体选择的对象不同或者对象的特点、数量不同,对说明犯罪的法益侵犯程度起一定作用,从而影响量刑。例如,同样是盗窃,盗窃病人、孤寡老人的财物和偷拿家庭成员或者近亲属的财物的社会危害程度就有所不同,量刑时则应有所区别。

三、行为对象和保护法益的关系

行为对象和保护法益是两个既有联系又有区别的概念。二者的联系在于:行为对象反映保护法益,保护法益制约行为对象。作为行为对象的具体物是保护法益的物质表现,作为行为对象的具体人是保护法益的主体。犯罪分子的行为作用于行为对象,就是通过行为对象来侵害一定的法益。

行为对象和保护法益也有明显的区别:(1)反映性质不同。保护法益决定犯罪的内在本质,行为对象呈现的是事物的外部特征。仅从行为对象分析某一案件,并不能辨明犯罪性质。只有通过保护法益,才能确定犯罪行为的性质。例如,同样是盗窃汽车零部件,则因所盗窃的零部件是属于正在维修的汽车还是正在使用的汽车而分别构成盗窃罪和破坏交通工具罪。二者的定性不同,根本在于保护法益的不同。(2)构成地位不同。特定的行为对象是许多犯罪的构成要件要素,而保护法益本身不是构成要件要素,而是反映犯罪本质的概念。(3)受侵害形态不同。任何犯罪都会使保护法益受到侵害,而行为对象则不一定受到侵害。例如,窃贼将他人的手提电脑盗走,侵犯了他人的财产权益,但作为行为对象的手提电脑本身则并未受

〔28〕《最高人民法院公报》2006 年第 4 期。

到侵害。(4)功能作用不同。保护法益是犯罪分类的基础,而行为对象则不是。保护法益是犯罪的必要构成要素,其性质和范围是确定的,因而可以成为犯罪分类的基础。刑法分则规定的十类犯罪,主要是以同类法益为标准划分的。如果按照行为对象为标准则无法作出分类。行为对象并非犯罪的必要构成要件,其在不同的犯罪中可以是相同的,在同一犯罪中也可以是不同的。

第五节 行为结果

一、行为结果的概念

行为结果,通常称为危害结果。关于其定义,刑法理论存在多种不同的表述。主要分歧点在于,行为结果是仅指危害行为对刑法所保护的法益造成的现实侵害事实,还是还包括危害行为对刑法所保护的法益造成的现实危险状态。本书认为,行为结果,是指危害行为给刑法所保护的法益造成的现实侵害事实和现实危险状态。根据这一定义,行为结果具有以下特征:

1. 现实性,即行为结果是危害行为已经实际造成的侵害事实。那种危害行为可能造成而还没有实际造成的所谓侵害"事实",不是行为结果,而只是人们根据因果法则与实践经验判断认为行为成功就会出现的"结果"。它不是客观存在的,而是人们推测可能会出现的。这种推测虽然有一定的根据,但毕竟不具有现实性、客观性。刑法上的行为结果是危害行为作用于社会关系所引起的变化,其一旦发生,就具有不以人的意志为转移的客观现实属性,其性质和程度并不因人们的看法不同而转移,人们只能去认识它而不能任意改变它。

2. 侵害性,即行为结果是能够表明刑法所保护的社会关系遭受侵害的事实。行为结果由危害行为引起,作为一种事实,它表明刑法所保护的社会关系即犯罪客体受到侵害。任何一种行为结果,都必然是危害行为对社会造成的一定的损害。但是,危害行为对社会造成的损害或事实,并不都具有侵害性。只有危害行为引起的对刑法所保护的社会关系具有侵害性的那些事实,才具有成为行为结果的资格。换言之,行为结果是危害行为引起的具有刑法意义的对社会的损害事实。当行为结果是犯罪构成要件之结果时,它对犯罪的社会危害性起决定性作用,是作为定罪依据或认定犯罪完成形态之依据;当行为结果不是犯罪构成要件之结果时,它对犯罪的社会危害性程度大小起影响作用,从而成为量刑的主要依据。

3. 因果性,即行为结果是危害行为造成的结果。行为结果的客观性,要求行为结果在内容上只能是一种现实的、客观存在的事实。但是,并非一切客观存在的事实都可以成为行为结果，而只有危害行为引起的事实，才可以成为行为结果。换言之，行为结果由危害行为造成，危害行为是原因，行为结果是原因引起的后果。没有危害行为，就谈不上行为结果；任何客观存在的事实，其成因只要不是危害行为，也就不可能是行为结果。

4. 多样性，即行为结果在样态上呈现出形形色色、多种多样的特点。行为结果作为危害行为对刑法所保护的社会关系的一种侵害事实，必然具有多样性。这是因为刑法所保护的社会关系、危害行为、行为对象、行为手段等，均具有多样性的特点。无论表现形式如何，只要已经出现的事实是由危害行为造成的，并且能够说明危害行为对刑法所保护的社会关系具有侵害性，该事实就是行为结果。

二、行为结果的种类

根据不同的标准，可以对行为结果作以下不同的分类。

（一）构成要件要素的行为结果与非构成要件要素的行为结果

以行为结果是否属于具体犯罪构成要件要素为标准，可以将其分为构成要件要素的行为结果与非构成要件要素的行为结果。所谓构成要件要素的行为结果，是指成立某一犯罪必须具备的行为结果，或者说是属于具体犯罪客观要件要素的行为结果。这种行为结果直接影响犯罪行为的成立，如果行为没有造成这一行为结果，则不构成犯罪，故又称为定罪结果。例如根据刑法第133条规定，违反交通运输管理法规的行为，只有发生重大事故，致人重伤、死亡或者使公私财产遭受重大损失的，才构成交通肇事罪。这里的“重大损失”就是构成要件要素的结果。根据刑法第15条以及刑法分则相关条文的规定，过失犯罪均以发生特定的行为结果为构成要件要素；根据间接故意的基本特征，间接故意犯罪的成立也要求发生特定的行为结果。就过失犯罪和间接故意犯罪而言，如果构成要件要素结果没有发生，该犯罪便不成立。与过失犯罪和间接故意犯罪不同的是，许多直接故意犯罪虽以某种特定的行为结果作为犯罪既遂的要素，但这种构成结果的有无，并不是区分犯罪是否成立的标准，而只是区分犯罪完成形态与未完成形态的标志。构成要件要素的行为结果，有其特定的内容，如过失致人重伤罪，其构成要件要素的行为结果只能是致人重伤。虽然致人轻伤或者致人死亡也是一种行为结果，但却不是过失致人重伤罪的构成要件要素的行为结果。反之，在过失致人死亡罪中，致人死亡是构成要件要素的行为结果，而致人轻伤或者致人重伤均不是过失致人死亡罪的构成要件要素的行为结果。

非构成要件要素的行为结果，是指不是成立某一犯罪必须具备的行为结果，而是构成要件要素之外的结果。这种行为结果是否发生及其轻重程度如何，不影响犯罪的成立，只是在行为构成犯罪的基础上，对反映罪行的轻重起到一定的作用，因而影响法定刑是否升格以及同一法定刑内的量刑轻重,故又称为量刑结果。例如抢劫罪成立并不要求必须发生致人重伤、死亡的行为结果,故重伤、死亡的结果不属于抢劫罪的构成要件要素的行为结果;即使抢劫行为已经造成他人重伤或者死亡,该结果也不是抢劫罪的构成要件要素的行为结果。但是,由于发生该结果的抢劫行为比未发生该结果的抢劫行为在社会危害性上更为严重,因而刑法对前者适用较重的法定刑。

非构成要件要素的行为结果主要表现为以下情形:(1)未遂犯或中止犯的中间结果。在某些直接故意犯罪中,行为人着手实行行为后,虽未产生构成要件要素的行为结果,但却产生了构成要件要素以外的行为结果。如故意杀人未遂,虽未致人死亡,却致被害人重伤,此重伤结果即为非构成要件要素结果。(2)超出基本构成的构成结果之外的加重结果。在某些结果加重犯中,出现的行为结果超出了基本犯构成的行为结果,亦为非构成要件要素的行为结果,如故意伤害致人死亡,因为故意伤害罪的基本犯的行为结果只要求轻伤,发生了致人死亡的行为结果则超出了基本犯的行为结果,故属于非构成要件要素的行为结果。(3)行为犯的行为结果。行为犯不以行为结果为构成要件,但并非不能发生一定的行为结果,如果引起某种行为结果,应视其实际损害程度,在量刑时酌情予以从重处罚。(4)间接行为结果。行为人在犯罪实行的过程中或者犯罪完成以后,又引起某种间接行为结果。这种行为结果也属于非构成要件要素的行为结果。如强行与被害人发生性关系后还多方散布谣言,引起被害人自杀死亡的,应当作为量刑的酌定情节从重处罚。这种分类有利于正确认识行为结果在不同犯罪构成中的地位和作用,从而正确地定罪量刑。

示例5-21　彭某非法行医案

一审法院认为:关于刘某的死亡是否由被告人彭某的非法行医行为造成,法院认为,非法行医罪中,造成就诊人死亡的属于该罪的加重结果,行为人的行为应符合结果加重犯的构成要件,加重结果与行为人的犯罪行为之间应当存在因果关系。本案中,司法鉴定结论已证实就诊人刘某的死亡系由间质性肺炎引发,与被告人彭某的治疗行为无因果关系,故本院认为指控被告人彭某非法行医造成就诊人死亡的依据不足。[29]

(二)物质性行为结果与非物质性行为结果

以行为结果的物质形态表现为标准,可以将其分为物质性行为结果与非物质性行为结果。

---

〔29〕 上海市浦东新区人民法院(2007)浦刑初字第698号刑事判决书。

所谓物质性行为结果,是指现象形态表现为物质性变化的行为结果。物质性行为结果一般来说是有形的、可测量的,因而在实践中比较容易认定。如致人死亡、致人重伤、烧毁财物等,都是物质性行为结果。非物质性行为结果,是指现象形态表现为非物质性变化的行为结果。这种行为结果往往是无形的,是不能或难以认定和测量的。对个人来说,主要是危害行为对个人的心理造成影响,留下痕迹,如对人格、名誉的损害;对于社会的组织来说,则是使其正常的状态、名誉、信用受到影响。应当注意的是,非物质性行为结果也必须是危害行为造成的具体侵害事实,因而不能把危害行为的属性视为非物质性行为结果。任何危害行为都会破坏社会心理的秩序体系和社会成员的心理平衡状态,这是危害行为的固有属性,不是非物质性行为结果。这种分类有利于全面认识行为结果,合理确定行为结果的范围,也有利于正确地评价犯罪行为的社会危害性。

(三)严重行为结果与非严重行为结果

以行为结果的严重程度为标准,可以将其分为严重行为结果与非严重行为结果。严重行为结果,通常是指致人重伤、死亡或者使公私财产遭受重大损失以及使重大的法律秩序遭受破坏。严重行为结果既可能表现为严重犯罪的基本行为结果(如故意杀人罪中的致人死亡),也可能表现为基本犯罪的加重结果(如抢劫罪中的致人死亡)。非严重行为结果,一般是指致人轻伤、使公私财产遭受较小损失以及使一般的法律秩序遭受破坏。这种划分对定罪量刑具有重要意义。一般来说,过失行为造成严重行为结果的,才构成犯罪;尚未造成严重行为结果的,则不成立犯罪。在故意犯罪中,行为结果是否严重,往往影响法定刑是否升格,影响在同一法定刑内的量刑。当然,危害是否严重,是相对而言的。同样的行为结果,对甲罪来说可能是严重行为结果,而对乙罪来说可能是非严重行为结果。

(四)直接行为结果与间接行为结果

以行为结果距离危害行为的远近或行为结果与危害行为的联系形式为标准,可以将行为结果分为直接行为结果与间接行为结果。所谓直接行为结果,是指由危害行为直接造成的侵害事实,其与危害行为之间不存在独立的另一现象作为中介,如甲开枪打死乙,乙之死亡就是甲枪击行为的行为结果。所谓间接行为结果,是指由危害行为间接造成的侵害事实,它与危害行为之间存在独立的另一现象作为中介。"独立的另一现象",既可能是第三者的行为,也可能是被害人的行为或其他现象。前者如甲抢夺乙的钱包后逃跑,乙在后猛追,不慎被丙开来的汽车撞死。乙之死亡即为甲之抢夺行为的间接结果。后者如丙强奸丁后,丁因羞愤而自杀身亡。丁之死亡即为丙行为的间接行为结果。这种划分的意义在于:直接结果既影响定罪,也影响量刑;间接结果则主要影响量刑。

(五)单一行为结果与复合行为结果

以危害行为侵犯的直接客体的性质为标准,可以将其划分为单一行为结果与复合行为结果。所谓单一行为结果,是指危害行为侵犯单一直接客体所造成的行为结果。例如盗窃罪、诈骗罪、抢夺罪等所需具备的非法占有数额较大的公私财物的结果,就是单一行为结果。刑法分则规定的犯罪,大多数仅要求单一行为结果。所谓复合行为结果,是指危害行为侵犯两种以上直接客体所造成的行为结果。如贪污罪,既侵犯了公职人员职务行为的廉洁性,破坏国家工作人员的声誉,又侵犯公共财产所有权;抢劫罪既侵犯他人的人身权利,也侵犯他人的财产所有权,因而都属于复合行为结果。复合行为结果以两种以上形式表现出来,或者表现为两种以上物质性结果形态,或者表现为物质性与非物质性相结合的结果。由于这些结果彼此紧密联系,因而刑法将其规定在一起。这种划分有利于全面认识犯罪行为的社会危害性,从而正确地定罪量刑。

三、行为结果的地位

关于行为结果在犯罪构成中的地位,涉及的问题主要是:行为结果在犯罪客观要件中是必备要素,还是选择要素?对此,存在以下两种不同观点:一种观点认为,行为结果是一切犯罪构成所必备的要素,这种观点实际上同时否定了行为结果有构成要件要素结果与非构成要件要素结果之分。另一种观点认为,并非所有的犯罪都以行为结果为必备要素,只有部分犯罪其构成需要以行为结果为必备要素。

这一问题争议的症结在于,从何种意义上去把握行为结果的含义。刑法意义上的结果行为,具有广义和狭义之分。从广义上来看,一切犯罪行为,无论是故意犯罪还是过失犯罪,行为犯还是结果犯,既遂犯还是预备犯、未遂犯、中止犯,都存在行为结果,因为任何犯罪都能够给社会带来一定的损害,只是损害的大小程度不同而已。而从狭义上来看,只有刑法规定的以某种特定的行为结果为构成要件要素的犯罪(结果犯),且只有这些犯罪的完成形态才存在行为结果,即构成要件结果。主张行为结果是一切犯罪客观要件要素的观点,显然是站在广义的行为结果的角度上得出的结论。其实,对于行为结果是否是一切犯罪的构成要件要素这一问题,应当立足于狭义的角度去理解。因为研究犯罪构成,言及行为结果是否为某一犯罪的构成要件要素,最终目的是满足司法实践中定罪的实际需要,即考察某一犯罪构成要件究竟应当具备哪些内容。有这些内容就可以成立犯罪或者成立犯罪的完成形态,无这些内容则不能成立犯罪或仅成立犯罪的未完成形态,而不在于注重危害行为造成了多大的社会损害,并将这些结果都纳入犯罪构成要件的内容。如果单纯从广义的角度去理解行为结果,认为行为结果是一切犯罪客观要件的必备要素,那么,行为结果作为犯罪客观要件要素在界定罪与非罪、认定犯罪完成形态与未完成形态时还有什么存在的必要呢？总之，行为结果并非一切犯罪构成客观要件的必备要素，而只是某些犯罪的犯罪构成客观要件的必备要素。

示例 5-22　李某等制造、贩卖毒品案

上诉人谭某上诉称，原判认定其贩卖毒品数量不准确。半成品海洛因属坯料，不能以海洛因计算。制造出的毒品和家中查获的固体废品不能吸食，不能交易，不能计入数量。对此，二审法院认为：经查，公安机关将在上诉人家中查获的毒品送检，均检出海洛因等国家管制的毒品成分。上诉人主观上有制造毒品进行贩卖的故意，客观上实施了制造毒品的行为，且制造过程已完成。制造出的毒品不能吸食只是行为结果，不是法律构成要件结果，原判认定上诉人构成制造毒品罪符合法律规定。毒品含量低的理由原判在量刑时已酌情考虑。上诉人的上诉理由不能成立。[30]

第六节　因果关系

一、因果关系的概念

原因与结果是哲学上的一对重要范畴。根据辩证唯物主义的观点，引起一定现象发生的现象是原因，被一定现象引起的现象是结果。这种现象与现象之间引起与被引起的关系，就是因果关系。因果关系本身不包括原因和结果，只包含二者之间的引起与被引起的关系。刑法上的因果关系，是指行为人实施的危害行为与危害结果之间的引起与被引起的关系。

哲学上的因果关系是对客观存在的因果联系的最高抽象和概括，而刑法上的因果关系作为危害行为与危害结果之间的关系，与哲学上的因果关系必然具有统一性。但是，刑法上的因果关系又有其特殊性，因而与哲学上的因果关系有所区别。哲学上的因果关系和刑法上的因果关系之间是一般与特殊、抽象与具体的关系。

（一）哲学上的因果关系的基本特征

1. 因果关系的客观性。因果关系是客观事物本身所具有的相互依存、制约的关系，表现为一种引起与被引起的关系。这种关系本身是客观的，不依人的主观意志为转移。对因果关系有无的判断，只能根据客观事物之间的客观联系来进行。

2. 因果关系的序列性。在因果关系中，原因和结果是对立统一的一对范畴。原

---

〔30〕　山西省高级人民法院（2015）朔中刑初字第 53 号刑事裁定书。

因是对结果有支配力的主动性的方面,具有始发性;而结果则是被引发出来的被动性的方面,具有后继性。因果关系就是这两个对立面的本质联系,这种联系表现在时间上就是因果的顺序性,即原因一定在结果之前,结果一定在原因之后,二者顺序不能颠倒。

3. 因果关系的规定性。原因中,具有导致结果的根据或条件。原因具有结果的未曾显露的实质,而结果正是这一实质的显露和展开。因此,原因中不存在的东西,在结果中同样没有,二者在内容上具有同一性、规定性。

4. 因果关系的相对性。在整个客观世界中,各种现象和事物普遍联系,相互制约,形成了无数的因果链条。任何一种现象都具有双重身份:相对于由它引起的现象而言,它是原因;相对于引起它的现象而言,它是结果。因此,原因和结果的区分是相对的。在认定因果关系时,一方面要善于从无数因果链条中抽出行为与结果这对现象,另一方面又要防止割断事物之间的联系。只有准确地框定客观世界无限因果链条中的一对现象,才能显现出原因和结果的性质。

5. 因果关系的复杂性。客观世界的每一个事物都是在普遍联系中存在的,因而其存在和发展,必然受到多种因素的影响和制约。在因果世界中,一因多果和一果多因都是常见的现象。在这种复杂的因果关系中,既要看到因果联系的复杂性,防止片面性的倾向;也要注意把握主要的、起决定作用的原因,避免表面性的倾向。

(二)刑法上的因果关系的特征

1. 范围的特定性。在研究对象方面,刑法因果关系只研究危害行为与危害结果之间的引起与被引起的关系,其他原因和结果均不在刑法因果关系研究之列。在哲学上,凡是引起结果发生的现象,都是原因。但在刑法上,从认定角度来看,只有引起危害结果发生的危害行为才是原因;从结果上看,只有引起犯罪结果发生的犯罪行为才是原因。人的行为之外的现象,从哲学上看也可能是引起危害结果的原因,但从刑法上看却不是引起危害结果的原因。在哲学上,凡是行为引起的现象,都是结果。但在刑法上,只有危害行为所引起的危害结果才是结果。在刑法上,除危害行为与危害结果这对范畴外,还存在其他方面的因果关系问题,如罪过是支配行为人实施行为的主观原因,犯罪的动机也是一种主观原因,教唆行为引起被教唆的人犯罪时,教唆行为也是被教唆人实施犯罪的原因。但是,这些因果关系都不属于刑法上的因果关系的研究范围。

2. 内容的法定性。刑法因果关系的内容是由刑法规定的,刑法在规定危害行为和危害结果的同时,也就规定了因果关系。如果不是刑法规定的危害行为和危害结果之间的关系,就不具有刑法因果关系的性质。刑法上的因果关系不是一种简单的引起与被引起的关系,而是法律规定的特定的发展过程。如敲诈勒索罪的因果关系发展过程,必须是由于行为人的恐吓行为,使被害人产生畏惧心理,从而作出有瑕疵的财产处分行为，向行为人交付财物。如果行为人虽然实施了恐吓行为，但被害人并未因此产生畏惧心理，只是基于怜悯同情而给予财物的，则恐吓行为与被害人交付财物的行为之间就不具有刑法上的因果关系。

二、因果关系的认定

（一）大陆法系国家刑法上的因果关系理论

1. 条件说

条件说认为，凡是产生犯罪结果的不可缺少的条件行为，都是引起犯罪结果的原因。也就是说，如果行为与结果之间存在“若无前者，则无后者”的条件关系，则前者就是后者的原因，二者之间就存在刑法上的因果关系。条件说认为，导致结果发生的所有条件都是原因，而且都具有同等价值，故也被称为等价说或同等说。例如甲重伤乙，乙住院后，因丙在医院放火，乙被烧死。根据条件说，若无甲重伤乙的行为，则乙死亡的结果不会发生，故二者之间存在刑法上的因果关系。条件说的缺陷在于，将所有的条件行为都视作刑法上的原因，都具有同等价值，因而容易扩大处罚范围。

2. 原因说

原因说认为，在引起结果发生的数个条件行为中，应当按照一定规则，区分原因条件与单纯条件，只有原因条件与结果之间才存在刑法上的因果关系。但是，应当按照何种规则来区分原因条件与单纯条件，则存在分歧。主要有以下主张：(1)最有力条件说，即认为对于引起结果发生最有力的条件才是原因。(2)优势条件说，即认为对于结果发生起决定作用的、靠近结果的条件才是原因。(3)最终条件说，即认为在时间上的最后条件才是原因。(4)异常行为原因说，即认为实施违反生活常规的行为才是原因。(5)动力条件说，即认为对结果的发生提供原动力的条件才是原因。原因说立足于将原因从诸多条件中区别开来，故又被称为个别化说。原因说的缺陷在于，要在诸多条件中挑出其中一个作为原因，这在实际操作中相当困难。

3. 相当因果关系说

相当因果关系说认为，凡是依据人们社会生活经验来判断，同结果发生具有相当关系的条件行为，即为结果发生的原因。该说以条件说为前提，以一般的、普遍的社会经验法则为标准，将刑法因果关系定型，即凡是对结果发生具有相当性的行为，就是刑法上的原因。关于相当性的判断，有以下三种不同的见解：(1)主观说，以行为人在行为时所认识和所能认识的事实作为判断的标准。(2)客观说，以社会一般人所认识或所能认识的事实作为判断的标准。(3)折中说，以社会一般人所认识或能认识的事实，以及行为人所认识或能认识的特别事实作为判断标准。相当因果关系说将行为人或一般人的认识作为判断基础，有违因果关系的客观属性，也使因果关系的判断标准变得不确定。

4. 客观归责理论

客观归责理论从相当因果关系说中演化而来,其理论基础来自对刑法规范的本质认识,即当行为造成一个法律规定所要加以防止的危险,而此危险足以发生构成要件结果的,则这一造成具体结果的行为,即为客观上可以归责的行为。因此,行为只要足以造成构成要件结果或有此危险,而在客观上足以认定此等危险可归责于该行为人,则该行为与结果之间就具有因果关系。客观归责理论以禁止的危险作为归责的基础,结合构成要件加以判断,从而使因果关系的判断在构成要件的层面得以实现。其缺陷在于,在实践中可操作性不强。

(二)英美法系国家刑法上的因果关系理论

关于刑法上的因果关系,英美法系国家通常采用双层次原因说。根据这一理论,原因分为两个层次:第一层次是事实原因(cause in fact),第二层次是法律原因(cause in law)。事实原因建立在直观的基础上,由"but—for"公式来表达,即如果没有A(B、C……),就没有Z,则A(B、C……)就是已发生的事实原因。这个公式不是刑法因果关系的定义,只是因果关系的一个基础层次。法律原因是为了弥补第一层次的缺陷,限定事实原因和范围,从事实原因中筛选出一部分(法律所关注的部分)作为刑事责任的客观基础。第一层次是第二层次的物质基础,第二层次不能超越第一层次,第二层次是刑法因果关系理论的核心要素。法律上的因果关系是在事实因果关系的基础上,确定刑法因果关系。在英美刑法理论中,某些被法律所关注的事实原因就是法定原因。在法定原因的判断标准问题上,又存在以下三种观点:(1)近因说。该说认为,近因就是没有被介入因素打破因果链的、当然地或者盖然地引起危害结果的事实原因,只有近因才是法定原因。(2)预见说。该说以行为人的主观认识为标准来筛选事实原因作为法定原因,即行为人对某一结果有预见的,就是法定原因;没有预见的,就不是法定原因。(3)刑罚功能说。该说认为,刑法因果关系理论的价值在于从诸多因果关系中确定何种因果关系同刑事责任有联系,所以考虑问题的出发点应当是体现刑罚目的的刑罚功能。近因说当然地或者盖然地将引起危害结果的事实原因当作法定原因,仍然属于事实层面的考察,实际上没有提出原因认定上的法律标准。只有预见说与刑罚功能说在事实原因中根据是否预见与是否能够实现刑罚功能作为确定法定原因的标准,因而属于法律上因果关系的范畴。

(三)我国刑法上的因果关系理论

1. 必然因果关系说

必然因果关系说认为,当危害行为中包含着危害结果产生的根据,并合乎规律地产生了危害结果时,危害行为与危害结果之间就是必然因果关系;只有这种必然因果关系,才是刑法上的因果关系。据此,因果关系具有以下特点:(1)作为某种原因的行为必须具有危害结果发生的实在可能性——客观根据，这是该行为与危害结果之间具有因果关系的必要前提。(2)具有上述实在可能性还不能说明具有因果关系，只有当具有结果发生的实在可能性的某一现象已经合乎规律地引起某一结果的发生时，才能确定该现象与该结果之间具有因果关系。如果某一现象虽然有发生结果的实在可能性，但在其发展过程中，偶然地与另一因果性的锁链联系在一起，以致由另一现象合乎规律地产生这一结果时，则前一种现象和所发生的结果之间就没有因果关系。(3)因果关系只能是在一定条件下的因果关系，因此，在确定某种行为与某种结果之间是否具有因果关系时，不能脱离该行为实施时的具体条件孤立地进行考察，而应联系当时的具体条件进行判断。必然因果关系说的缺陷主要在于，其认定标准不具有可操作性。毫无疑问，当危害行为与危害结果之间具有必然因果关系时，一定是刑法上的因果关系。但问题是，人们很难判断行为中是否包含着结果产生的根据，很难断定行为导致结果是否合乎规律，因为有许多规律可能还没有被人们所认识和掌握。在实务中，必然因果关系说得到了较为广泛的应用。

示例 5-23　容某、李某故意杀人案

二审法院认为：上诉人容某、李某作为司乘人员为图私利，无理阻止乘客陈某下车改乘其他车辆，致使陈某跳车死亡，陈某的跳车行为与上诉人的阻止行为有必然的因果关系。当两上诉人发现陈某跳车落地后，明知有伤亡结果的发生，不但没有停车抢救，反而驾车逃离现场，放任陈某死亡结果的发生，其行为已构成(间接)故意杀人罪。[31]

示例 5-24　杨某、杜某放火案

重审法院(一审)认为：被告人杨某为报复高某，与被告人杜某共同预谋，准备放火工具、助燃材料并踩点后，趁高某家人在屋内熟睡之际，向屋外门窗泼洒汽油并敲碎玻璃向屋内泼洒汽油的行为，必然引起屋内的人使用照明装置，进而引发火灾，且客观上已经由此引发了火灾，可以认定杨某、杜某的犯罪行为与高某家火灾的发生之间有必然的因果关系，即刑法上的因果关系，被告人杨某、杜某的行为构成放火罪(既遂)。[32]

2. 偶然因果关系说

偶然因果关系说认为，当危害行为本身并不包含产生危害结果的根据，但在其发展过程中，偶然介入其他因素，由介入因素合乎规律地引起危害结果时，危害行为

---

〔31〕 广东省湛江市中级人民法院(1997)湛中法刑终字第 67 号刑事判决书。

〔32〕 《刑事审判参考》(总第 105 集)，法律出版社 2016 年版，第 9 页。

与危害结果之间就是偶然因果关系,介入因素与危害结果之间是必然因果关系;必然因果关系与偶然因果关系都是刑法上的因果关系。该说还认为,不能将条件与原因绝对分开,条件是相对于根据而言的,条件和根据都是原因,只是处于不同的等级和层次而已。从重要性来说,与根据相比,条件是次要的、第二位的;但就必要性来说,条件与根据都是不可缺少的。根据和条件互相作用,才能产生结果。只有根据没有条件,结果就不会发生,也就谈不上原因。偶然因果关系说的缺陷在于,对条件和根据不加区分,均将其笼统地作为原因,扩大了因果关系的存在范围,从而有可能扩大处罚范围。偶然因果关系说在实务中也有一定的应用。

示例5-25 刘某故意伤害案

一审法院认为:刘某击打汝某左眼属重伤,诱发汝某心脏病突然发作死亡,其拳击的危害行为,导致被害人心脏病发作死亡,虽然被害人身患心脏病被告人事先并不知情,是一偶然因素,但被告人刘某主观上能够认识到其击打行为可能会伤害被害人的身体健康,客观上也实施了伤害行为,虽然死亡后果超出其本人主观意愿,但符合故意伤害致人死亡的构成要件。因此,被告人的行为与被害人死亡的结果具有刑法上的因果关系。[33]

3. 高概率因果关系说

高概率因果关系说认为,偶然性的实质是概率问题,概率有高有低,其达到100%时即为必然性。在偶然因果关系中,因与果的概率频度有两种:一是高概率因果关系,即此现象很可能引起彼现象;二是低概率因果关系,即此现象很难引起彼现象。在刑法中,除了必然因果关系外,还应包括高概率偶然因果关系,因为它们较易或可能被人们所预见和估计到。而低概率因果关系,一般很难被人们所预见和估计,因而不属于刑法上的因果关系。高概率因果关系说的缺陷在于,以人们主观认识作为判断因果关系有无的标准,有违因果关系客观性。

(四)本书的主张

刑法上的因果关系的认定问题是一个相当复杂的问题,迄今为止尚没有一个完美无瑕的解决方案。本书认为,条件说基本上是可取的。条件说的基本公式简明扼要,便于司法实践操作。而且,在许多情况下,条件就是原因。因果关系也不等同于刑事责任,具有因果关系,只是肯定了危害行为与危害结果之间的引起与被引起的关系,行为人是否承担刑事责任还需要考虑其他要素,如故意、过失等。

---

〔33〕 甘肃省天水市秦州区人民法院(2011)天秦刑初字第118号刑事判决书。

示例 5-26 林某故意杀人案

被告人林某及其辩护律师提出,黄某摄入的二甲基亚硝胺的含量难以达到致死量,且除二甲基亚硝胺的影响外,无法排除黄某可能死于药物过敏、药物性肝损伤和药物性肾损伤叠加因素的合理怀疑的辩解、辩护意见。对此,最高人民法院复核认为:在案证据足以证实,黄某在饮用被林某投入二甲基亚硝胺的水后死亡的因果关系明确。上海市司法鉴定中心在组织重新尸检、组织器官检验、组织病理学检查和全面查阅治疗记录的基础上,经充分论证,明确排除了医疗过程中存在不当用药等因素的可能。故对该项辩解、辩护意见不予采纳。[34]

但是,条件说需要作出修正。即当危害行为与危害结果之间存在条件关系时,原则上肯定二者之间具有因果关系;但是,在介入独立的行为或者事实导致结果发生时,则例外地否定前行为与结果之间的因果关系。通常在没有介入因素的情况下,危害行为与危害结果之间是否存在条件关系,一般不难判断。如甲向乙背部猛击一拳,乙挨打后情绪激动,诱发心脏病而死亡。根据条件说,如果没有甲的行为,则乙不会死亡,因而二者之间存在因果关系(乙的特殊体质只是甲的行为产生作用的客观前提而已)。但在因果关系的进程中,如果介入了第三者的行为、被害人的行为或者特殊的自然事实,则应通过考察行为人的行为导致结果发生的可能性大小、介入情况对结果发生的作用大小、介入情况的异常性大小等,判断前行为与结果之间是否存在因果关系。具体有以下情况:

1. 因果关系的中断。因果关系的中断,是指在因果关系的发展过程中,前行为对某一结果还没有起作用时,其他因素偶然地参与其间,并直接导致了该结果的发生。在这种情形下,前行为不是结果的原因。例如甲在乙的食物中投放了足以致死的毒药,但在该毒药还没有起作用时,丙开枪打死了乙。甲的行为与乙的死亡之间的因果关系因丙的行为介入而被完全切断,故二者之间不存在因果关系。又如,甲将乙打成重伤,乙被送往医院抢救,但事实上已无救治的可能。这时,突然发生地震,病房倒塌,乙被压死。乙的死亡是地震所致,甲的行为与乙的死亡之间的因果关系被地震这一介入因素所切断,故二者之间也不存在因果关系。介入因素必须具有独自地、合乎规律地导致结果发生的可能性,才可能切断先前条件与结果之间的因果关系;否则,先前的条件与结果之间的因果关系仍然继续存在。例如甲的行为造成乙濒临死亡的重伤,此时丙又对乙实施轻微的殴打,事后乙死亡。由于丙的行为对乙的死亡几乎没有原因力,因而不能切断甲的行为与乙的死亡之间的因果关系。在实务中,因果关系是否中断经常成为法院审查的对象。

---

〔34〕《刑事审判参考》(总第 103 集),法律出版社 2016 年版,第 277 页。

示例 5-27 周某等故意伤害、玩忽职守案

二审法院认为:行为人的行为与危害结果之间介入第三方因素并不必然导致因果关系的中断。因果关系是否中断,取决于该因素对结果发生作用的大小,是否依附于前一行为,是否具有独立性、偶然性等。根据本案审理查明事实,周某将被害人拉走遗弃的行为不是偶然发生或者独立事件,而是相反,该行为紧密地依附于民警的不作为,属于不作为行为的延伸。故周某的行为并未阻断民警的不作为与被害人伤害后果之间的因果关系。[35]

2. 因果关系的竞合。这又分为两种情况:一种情况是择一的竞合,即两个以上的行为分别都能导致结果的发生,但在没有意思联络的情况下,竞合在一起发生了结果的情形。例如甲乙在没有意思联络的情况下,分别在丙的杯子里投入致死量的毒药,并在同一时间产生作用致丙死亡。此时,如果没有甲的行为,丙仍然会被毒死;反之亦然。如果除去一个条件结果仍会发生,但是除去所有条件之后,结果将不会发生,因而所有行为同结果之间都具有因果关系。另一种情况是并合的竞合,即两个以上相互独立的行为,单独不能导致结果发生,但在没有意思联络的情况下,并合在一起导致了结果的发生。例如甲乙没有意思联络而分别向丙的杯子里各投放致死量50%的毒药,致丙死亡。在这种情况下,由于没有甲的行为,丙的死亡结果不会发生;同样,如果没有乙的行为,丙的死亡结果也不会发生,故甲乙的行为均是丙死亡的原因。

示例 5-28 莫某放火案

辩护人提出消防救援、物业管理与本案后果之间存在因果关系、本案存在多因一果情形、上诉人应当获得减轻刑责和处罚的量刑意见。对此,二审法院认为:一个危害社会的行为如果必然导致危害结果的产生,只有当外力的介入加重或者促进这种结果的产生,才能认为是刑法上的多因一果。在案证据表明,本案不存在这种情况,上诉人莫某的放火行为是导致本案后果发生的唯一原因。公安消防部门进行消防救援系阻断或者减少火灾损失的行为,是一项法定职责,如果不尽职尽责,应当承担责任,但从本案看,现有证据无法证实这一点。综观本案火灾的扑救过程,消防人员履行了法定职责,救援符合规程,不存在失职、失误、拖延的情况。火灾救援时间延长,是由于水压不足、水泵接合器阀门锈死等客观原因造成……本案水压不足等物业管理存在的问题与4名被害人死亡之间不存在实质上的关联。物业管理存在的问题导致水压不足,水枪不能有效出

---

[35] 安徽省亳州市中级人民法院(2014)亳刑终字第54号刑事裁定书。

水，客观上延长了灭火时间，与火灾所造成财产损失的扩大有一定的关联。但物业管理的不足，是莫某放火前已经存在的状态，而非莫某实施放火行为后的外力介入因素，与本案危害后果之间不存在刑法意义上的多因一果，不能成为减轻莫某放火罪责的法定理由。[36]

示例 5-29　邵某交通肇事案

某晚22时5分许，被告人邵某驾车行至某路段时，碰撞到行走的被害人徐某，致徐某身体局部受伤倒地。邵某当即驾车驶离现场。约两分钟后，张某驾车经过该路段时，碰撞倒地躺在快车道上的徐某，致其当场死亡。经交通警察大队事故责任认定，该事故第一次碰撞中，邵某负事故全部责任，徐某无责任；第二次碰撞中，邵某负事故同等责任，张某负事故同等责任，徐某无责任。对此，二审法院认为：上诉人邵某交通肇事逃逸致人死亡，其行为已构成交通肇事罪。邵某交通肇事后驾车逃离事故现场，致被害人因伤无法离开现场而被其他车辆再次碰撞，并最终死亡。邵某的行为与危害结果之间具有刑法意义上的因果关系，应认定为交通肇事逃逸致人死亡。[37]

三、因果关系的地位

刑法上因果关系的地位，是指它在构成要件中的地位和作用，即它是否是独立于行为与结果之外的构成要件要素。对此有三种不同的观点：肯定说认为，危害结果是一切犯罪的构成要件，因而刑法上因果关系也是一切犯罪的构成要件。否定说认为，危害结果在任何犯罪中都不是构成要件要素，因而刑法上因果关系都不是构成要件要素。选择说认为，危害结果是某些犯罪的构成要件要素，因而刑法上因果关系也是某些犯罪的构成要件要素。本书赞同否定说的主张。理由如下：

1. 行为与结果是一种事实特征，而因果关系是两者之间一种性质上的联系。过失行为造成危害结果，是因为该行为符合因果法则；故意犯罪的行为人则是有意识地利用了客观因果法则，这种因果法则又是行为人从以往或者他人的经验中得到体验的。这种客观的因果关系本身并不从任何角度反映行为的危害程度，故不具有犯罪构成要件要素的实质内容。

2. 确定行为人刑事责任的客观基础，是由因果关系联结起来的危害行为与危害结果，而不是因果关系本身。刑法上研究因果关系，主要是为了解决已经发生的危害结果是由谁的行为造成的这一问题，这种因果关系只是在行为与结果之间起一种桥梁作用。一旦认定了危害行为与危害结果，因果关系本身便不再起作用。当人们

---

〔36〕 浙江省高级人民法院(2018)浙刑终82号刑事裁定书。

〔37〕 《刑事审判参考》(总第105集)，法律出版社2016年版，第17页。

说不具备因果关系不负刑事责任时,实际上是指不具有危害行为或危害结果而不负刑事责任。既然刑法上因果关系本身不是追究刑事责任的客观基础,就不宜将其与行为、结果并列作为犯罪客观方面的构成要件要素。此外,解决了刑法上的因果关系,只是确立了行为人对特定危害结果负刑事责任的客观基础,但并不等于解决了其刑事责任。要使行为人对行为造成的危害结果负刑事责任,还必须具备主观上的故意或者过失。因果关系虽然存在,但如果行为人缺乏故意或者过失,则犯罪不成立,行为人不负刑事责任。

3. 将因果关系与危害行为和危害结果并列,没有必要。在一个具体的案件里,如果已经具有危害行为与危害结果,就表明此结果是由此行为造成的,二者之间理所当然具有因果关系。如果说不具有因果关系,就表明此行为与此结果分别属于两个不同的案件。不可能在一个案件里已经具有了危害行为与危害结果,危害行为与结果二者之间却不存在因果关系。

第七节　犯罪的其他客观要件要素

犯罪构成客观要件要素,除了行为主体、危害行为、行为对象、行为结果之外,还包括行为时间、行为地点与行为方法(手段)。任何犯罪都是在一定的时间、一定的地点并采取一定的方法实施的,在通常情况下,行为的时间、地点和方法对犯罪的构成并无影响。但是,在某些情况下,在特定的时间、特定的地点和采用特定的方法实施,行为才具有一定的社会危害性,因而这种行为的时间、地点和方法也就成了这些犯罪的客观要件要素。这种客观要件要素,又被称为客观附随情状。

一、作为客观要件要素的行为时间

作为客观要件要素的行为时间,是指依照刑法分则条文的规定,成立某些犯罪必须具备的行为实施的特定时间。犯罪行为在什么时间内实施,或犯罪结果在什么时间内发生,通常对定罪没有影响。但是,对于某些犯罪来说,时间问题具有区分罪与非罪的意义。作为构成要件要素的行为时间,既可以是成立犯罪必须具备的时刻,也可以是一段时间过程。根据刑法分则条文对罪状的叙述方式,可以分为两种情况:

(1)法条明示的行为时间。这种犯罪时间是刑法分则条文明确指明的,一般以"在……期""在……期间""在……时""在……中""在……过程中""在……前""在……后"等来表示。例如刑法第112条规定的资敌罪,以"战时"作为犯罪构成客观要件的时间要素;刑法第340条规定的非法捕捞水产品罪,以在"禁渔期"实施作为犯罪构成客观方面的时间要素;刑法第136条规定的危险物品肇事罪,要求只能发生在危险物品的"生产、储存、运输、使用中";等等。

(2)法条隐含的行为时间。这种犯罪时间刑法分则条文虽然未明确规定,但根据法律的意思,可以推导出来。如果行为不是在特定的时间内实施,就难以成立这种犯罪。例如抢劫罪虽未明文规定特定犯罪时间,但是,暴力、胁迫内容和夺取财物行为,只能在抢劫现场"立即"实施;又如破坏交通工具罪、破坏电力设备罪、破坏通讯设备罪、破坏易燃易爆设备罪的危害行为,必须发生在各自的犯罪对象"正在使用"的期间;再如妨害公务罪的危害行为,必须发生在国家机关工作人员"依法执行公务"期间;等等。

二、作为客观要件要素的行为地点

作为客观要件要素的行为地点,是指依照刑法分则条文的规定,成立某些犯罪必须具备的行为实施的特定地点。行为在什么地点实施,通常对认定犯罪没有影响;但是对于某些犯罪来说,行为的地点对犯罪认定具有决定性的意义。作为构成要件要素的行为地点,根据刑法的规定,主要包括以下几种:(1)海关口岸、边防海防线。例如走私罪、偷越国边境罪须在海关口岸和边防海防线进行。(2)内海、领海领域。例如根据刑法第155条第2项规定,"在内海、领海、界河、界湖运输、收购、贩卖国家禁止进出口物品的,或者运输、收购、贩卖国家限制进出口货物、物品,数额较大,没有合法证明的",以走私罪论处。(3)禁渔区、禁猎区。例如根据刑法第340条规定,"违反保护水产资源法规,在禁渔区、禁渔期或者使用禁用的工具、方法捕捞水产品,情节严重的",构成非法捕捞水产品罪。(4)羁押、监管罪犯、被告人或者犯罪嫌疑人的场所或者押解途中。如聚众持械劫狱罪、组织越狱罪、暴动越狱罪、脱逃罪等,都把这些场所作为犯罪构成要件的地点要素。(5)战场、军事行动区。如聚众冲击军事禁区罪、聚众扰乱军事管制区罪、战时临阵脱逃罪、投降罪等,必须以这些特定地区作为犯罪客观要件的地点要素。(6)其他特定的场所或者区域。如刑法第123条规定的暴力危及飞行安全罪,必须是在飞行中的航空器内实施;第154条规定的变相走私犯罪,必须"在境内"销售牟利。

三、作为客观要件要素的行为方法

作为客观要件要素的行为方法,是指依照刑法分则条文的规定,成立某些犯罪必须具备的行为实施的特定方法。用什么方法实施犯罪行为,通常不影响犯罪的成立。但对某些犯罪来说,使用特定的方法对于行为成立犯罪具有决定性意义。例如刑法第257条规定的暴力干涉婚姻自由罪,必须用"暴力"实施;刑法第277条规定的妨害公务罪,必须以"暴力、威胁方法"实施;刑法第 341 条第 2 款规定的非法狩猎罪,必须"使用禁用的工具、方法";刑法第 343 条第 2 款规定的破坏性采矿罪,必须"使用破坏性的开采方法"。

刑法中有些犯罪,虽然不将行为的时间、地点或方法作为客观要件要素加以规定,但却将行为的时间、地点或方法规定为适用从重处罚的条件。例如刑法第 432 条第 2 款规定,"战时犯前款罪"(指故意或过失泄露军事秘密)适用加重法定刑;刑法第 263 条规定"在公共交通工具上抢劫的"为适用加重法定刑的情形之一;刑法第 157 条规定"武装掩护走私的",依照刑法第 151 条第 1 款的规定从重处罚。即使刑法没有规定,根据具体情况,行为的时间、地点或方法也可能成为从轻或者从重处罚的酌定情节,因而在量刑时应予以考虑。

示例 5-30　肖某抢劫案

二审法院认为:被告人肖某以非法占有为目的,以暴力和暴力威胁方法劫取他人财物,其行为已构成抢劫罪。公诉机关指控的罪名成立。被告人肖某持凶器在公共场所当众抢劫,应酌情从重处罚。[38]

---

〔38〕 福建省尤溪县人民法院(2014)尤刑初字第 226 号刑事判决书。

第六章　主观构成要件

第一节　主观构成要件概述

一、主观构成要件的概念

主观构成要件,是指行为主体对自己实施的危害社会的行为及其结果所持的心理态度。它包括罪过(犯罪故意和犯罪过失)、犯罪目的、犯罪动机等要素。其中,犯罪故意、犯罪过失是一切犯罪构成都必须具备的主观构成要件要素,犯罪目的、犯罪动机只是某些犯罪构成所必须具备的主观构成要件要素。主观构成要件存在于行为人的内心,是构成犯罪的心理要素,它具有以下两个基本特征:

1. 主观构成要件的性质是一种心理态度。这是主观构成要件的表现形式,表明任何主观构成要件都表现为行为人的心理活动。当然,这种心理活动必须通过某种客观事实表征出来,并且与一定的危害行为相联系,否则不能成为主观构成要件的内容。例如,行为人在日记中流露出企图杀死被害人的强烈欲望,但尚未采取任何具体行动。此时尚不能说行为人具有杀人的犯罪故意,只有在行为人开始为杀害被害人而准备工具或者制造条件,或者直接实施剥夺被害人生命的行为时,才能认定其存在杀人故意。

2. 主观构成要件的核心是对危害结果的心理态度。这是主观构成要件的法律含义。首先,根据刑法第14条和第15条的规定,明知自己的行为会发生危害社会的结果,并且希望或者放任这种结果发生,因而构成犯罪的,是故意犯罪;应当预见自己的行为可能发生危害社会的结果,因为疏忽大意而没有预见,或者已经预见而轻信能够避免,以致发生这种结果的,是过失犯罪。这清楚地表明,犯罪故意和犯罪过失均集中表现为行为人对自己的行为可能发生的危害结果的心理态度。其次,之所以要设置主观构成要件,是因为其是对行为人归责的伦理根据。只有在行为人可能认识到自己的行为对社会有害或者为法律所禁止却仍然实施的情况下,才有理由对其行为给予刑罚处罚;而只有行为人能够认识到行为可能造成的危害结果,才谈得上行为人认识到行为有害于社会或者为法律所禁止。最后,对于罪过形式的认定,离不开行为人对危害结果的心理态度的考察。对于某种犯罪的罪过形式,行为人要么是故意,要么是过失,而不可能既是故意又是过失。因此,不能同时以行为人对自己的危害行为及其结果所持的心理态度作为判断罪过形式的标准。因为在许多场合,行为人对自己的危害行为和危害结果所持的心理态度并不一致,即行为人是明知故犯,但对行为所引起的危害结果却是过失心态。此时,如果同时以行为人对危害行为以及危害结果所持的心理态度作为判断罪过形式的标准,则无法认定罪过形式。另外,也不能以行为人对危害行为所持的心理态度作为判断罪过的标准。任何危害行为都会造成一定的危害结果(广义的危害结果),而只有以行为人对其危害结果所持的心理态度作为判断标准,才能准确认定其行为的性质。

二、主观构成要件的意义

1. 主观构成要件是区分罪与非罪的标准之一。犯罪主观构成要件是成立犯罪的必要要件。客观上实施了危害行为,同时主观上具备犯罪故意或者犯罪过失的,才可能成立犯罪;客观上实施了危害行为,但主观上并不具备主观构成要件的,则不可能成立犯罪。因此,主观构成要件的有无是区分行为罪与非罪的标准。

示例 6-1 宋某运输毒品案

原审上诉人宋某携带毒品海洛因,从瑞丽乘车途经畹瑞江桥时,被瑞丽市江桥警犬复训基地的干警抓获,当场从其携带的行李箱夹层内查获毒品海洛因净重 800 克。对此,再审法院认为:原审上诉人宋某归案后,一再辩解不明知其携带的行李箱中藏有毒品,该辩解亦得到另案被告人江某归案后供述的印证。综合本案的现有证据能够证实宋某系在受他人蒙骗、主观上不明知的情况下实施了运输毒品的行为,故原判认定原审上诉人宋某犯运输毒品罪的证据不足,指控的犯罪不能成立。〔1〕

2. 主观构成要件是区分此罪与彼罪的标准之一。任何犯罪的成立,都必须以行为人主观上存在罪过为条件。而任何犯罪的罪过形式和罪过内容都是特定的,有的犯罪要求行为人在主观上必须存在故意,有的犯罪则仅要求行为人在主观上存在过失,有的犯罪还要求行为人在主观上具有特定的目的或者动机。只有查明这些主观要件的具体内容,才能正确地区分此罪与彼罪。

示例 6-2 连某以危险方法危害公共安全案

一审法院认为:从本案事实及证据证明的情况看,连某在酒后撞人发生交通事故

〔1〕 云南省高级人民法院(2009)云高刑再终字第 7 号刑事判决书。

后，为逃避法律的制裁，在车辆前挡风玻璃受损，视线受到影响的情况下，继续驾车逃逸，其不计后果，放任严重后果的发生，又连续发生两次事故，造成轻伤3人、重伤1人、车损2辆的严重后果。事实表明，连某对其行为可能造成严重危害公共安全的后果完全能够预见，但其放任这种后果的发生，其间无任何避免的措施，应以以危险方法危害公共安全罪定罪。[2]

3. 主观构成要件制约犯罪行为的数量。刑法中的行为，是一个极难判断的概念。要确定行为的数量，除危害行为标准以外，以罪过作为判断标准，是一个比较可行的路径。具体而言，行为人在一个罪过支配下实施的一个或数个举动，就是一个犯罪行为；行为人在数个罪过支配下实施的数个举动，就是数个犯罪行为。因为刑法中的行为，不是一般生活意义上的动作、举动，而是在行为人特定的心理支配下实施的危害行为。一个罪过支配下实施的一个举动，自然构成一个犯罪行为。一个罪过支配下实施的一系列举动，属于同一性质的行为，因而也属于一个犯罪行为。数个举动，如果受到不同的罪过支配，则属于数个性质不同的行为，应当认定为数个犯罪行为。

4. 主观构成要件对量刑具有重要影响。罪过的形式不同，反映行为人的主观恶性不同，进而反映在罪过支配下行为的社会危害性程度不同。就主观恶性而言，故意明显大于过失，直接故意亦大于间接故意。

示例6-3　孙某以危险方法危害公共安全案

二审法院认为：孙某无证、醉酒、超限速驾驶机动车在道路上进行危险驾驶，致4人死亡、1人重伤，并造成直接经济损失5万余元，犯罪情节恶劣，后果严重，应依法严惩。但孙某系间接故意犯罪，不希望、也不积极追求危害后果的发生，与驾车撞击车辆、行人并造成重大伤亡后果的直接故意犯罪有所不同，主观恶性不是很深，人身危险性不是很大。[3]

对某些犯罪而言，特定的目的和动机，亦会影响行为人的主观恶性，进而影响行为社会危害性的大小。正因如此，刑法针对不同的主观构成要件配置轻重不同的法定刑。因此，在司法实践中，只有查明行为人的犯罪目的和动机、犯罪故意的表现形式、犯罪过失的严重程度等内容，才能准确量刑。

---

〔2〕 河南省安阳市北关区人民法院（2012）北刑初字第16号刑事判决书。

〔3〕 四川省高级人民法院（2009）川刑终字第690号刑事判决书。

示例 6-4 张某抢劫案

为了“坐牢”,某日晚,上诉人张某乘坐曹某的出租车,途中掏出随身携带的弹簧刀,逼迫曹某下车,自己将车开到路边停下。后见车被人开走后,还没有警察来抓自己,遂决定继续作案。在某学校门口,张某持弹簧刀逼迫祝某交出现金并与自己一起到派出报警。到派出所后,张某主动向值班民警称“我抢劫了,我是来自首的”。对此,二审法院认为:上诉人(原审被告人)张某以非法占有为目的,以暴力手段持刀威逼他人,劫取他人财物数额巨大,其行为既侵犯公民的财产权利,又侵犯公民的人身权利,已构成抢劫罪。上诉人张某在案发当晚深夜持刀威逼被害人祝某,并声称“抢劫”,迫使被害人将身上的现金1120元交给了上诉人。上诉人张某占有他人财产的主观故意明显,并已实际取得他人财产,该犯罪行为已构成抢劫既遂。原审判决以上诉人张某对被害人祝某实施抢劫,是出于上诉人“坐牢”、“逼”被害人祝某“报案”的主观动机,将上诉人张某抢劫被害人祝某的行为不以抢劫罪论处,该认定悖于法理……但原审判决在综合考虑上诉人有自首情节以及上诉人张某在抢劫的过程中主观恶性不是很大,且没有造成财产的损失等减轻、从轻处罚的量刑情节,对上诉人张某予以减轻处罚的量刑并无不当。〔4〕

三、主观构成要件内容的判断

司法工作人员在办案过程中,必须查明行为人的真实心理态度,正确判断主观构成要件的具体内容,从而正确地定罪量刑。具体应当做到以下三点:

首先,应当明确,主观构成要件的内容是可以查明的。主观构成要件相对于危害行为而言,属于行为人的主观心理范畴。但这是就犯罪行为正在动态发生、发展的过程而言的。犯罪行为一旦实施完毕,作为犯罪实践结构的主观心理态度就得以固定化、外向化,而不再仅仅停留在行为人的大脑之中。因此,司法工作人员完全可以根据案件事实,采取正确的方法,查明行为人的主观心理内容。

其次,应当强调,判断行为人的主观心理态度,只能通过外化的危害行为。主观支配客观,客观反映主观。行为人的行为活动受其主观心理支配,行为活动的性质由主观心理决定;行为人的行为活动是行为人的主观思想的客观化,反映行为人的主观思想。因此,在判断行为人的主观心理态度时,必须以其实施的危害行为为根据。要全面考察危害行为实施时的具体情况,并且联系危害行为实施前或者实施后的有关情况,如行为人与被害人的关系,行为人的一贯表现、事后的态度等,经过缜密思考分析,排除其他可能性,准确地判断行为人的主观心理态度。

---

〔4〕 湖北省随州市中级人民法院(2014)鄂随州中刑终字第40号刑事判决书。

示例 6-5　邓某非法持有毒品案

一审法院认为：在案证据包括多名证人证言、照片、毒品分析检验报告、尿液毒品检测报告、相关书证及被告人的供述和辩解，指控被告人邓某非法持有毒品的证据能够形成完整的证据锁链，被告人虽然辩解称其不知道所拿物品是毒品，且从未接触过毒品，但客观反映主观，被告人的行为在客观上已证实其主观上的明知，尿液毒品检测报告也证明被告人系吸食毒品之人，其对此所持的否定意见只能证实被告人隐匿罪行的意图。〔5〕

最后，应当注意，不能简单地用效果逆推动机，即不能根据危害结果反推行为人的主观心理态度。动机与效果的统一，并不是一个一成不变的规律，二者有时统一，有时并不统一。这是因为，动机并不等同于行为，行为也并不等同于效果。在一个动机支配下实施的行为，既可能造成此种效果，也可能造成彼种效果，因此，效果并不能决定行为的性质。例如，故意杀人的行为，有的造成死亡的结果，有的造成伤害结果，有的没有造成任何结果。如果根据危害结果逆推行为人的主观心理态度，则必然会得出错误的结论。当然，危害结果可以作为推测行为人的主观心理态度的一种可能的根据，但这仅仅是一种可能性，而且只是所予以考量的危害行为诸多事实中的一个因素而已。

示例 6-6　方某故意杀人案

被告人方某和张某系恋人关系。某日凌晨，方某与外出饮酒回来的张某在暂住房因琐事发生争吵。争吵后，张某负气冒雨爬上暂住房楼顶横梁上，方某见状尾随而出，二人又继续争吵。其间，被告人方某多次以“跳呀，你跳下去好了”的语言刺激张某，张某遂从楼顶横梁上跳下，致右肺及肝脏挫碎、出血性休克，经医院抢救无效死亡。案发后，方某打电话报警，并与民警一起将张某送至医院抢救，后被民警传唤归案。对此，一审法院认为：被告人方某明知被害人处于高度危险状态之中，仍言语刺激被害人，放任被害人跳楼身亡，其行为已构成故意杀人罪。〔6〕

二审法院认为：上诉人方某在与被害人争吵过程中，明知被害人处于高度危险状态之中，应当预见可能会发生危害结果而轻信可以避免，仍以言语刺激，导致被害人跳楼自杀身亡，其行为构成过失致人死亡罪。〔7〕

---

〔5〕　新疆维吾尔自治区乌鲁木齐市天山区人民法院（2012）天刑初字第445号刑事判决书。

〔6〕　浙江省宁波市鄞州区人民法院（2008）甬鄞刑初字第132号刑事判决书。

〔7〕　浙江省宁波市中级人民法院（2008）甬刑终字第109号刑事判决书。

第二节　犯罪故意

一、犯罪故意的概念

刑法第 14 条规定:“明知自己的行为会发生危害社会的结果,并且希望或者放任这种结果发生,因而构成犯罪的,是故意犯罪。”这是关于故意犯罪的定义。据此,犯罪故意,是指明知自己的行为会发生危害社会的结果,并且希望或者放任这种结果发生的一种心理态度。犯罪故意与故意犯罪联系密切,没有前者就不会有后者,但二者并非等同的概念。犯罪故意是一种罪过心理,而故意犯罪则是在这种罪过心理支配下实施的一种犯罪行为。

犯罪故意由两个因素构成:一是认识因素,即行为人明知自己的行为会发生危害社会的结果;二是意志因素,即行为人希望或者放任危害结果的发生。二者的有机统一,才能成立犯罪故意。这里的“有机统一”,包括以下两层意思:(1)犯罪故意是认识因素和意志因素的统一。任何犯罪故意都必须同时存在认识因素和意志因素,缺乏其中任何一个因素,都不可能存在犯罪故意。认识可能性,不等于认识现实性,在缺乏实际认识的情况下,无论具有怎样的认识可能性,都不能认为存在认识因素,自然也就不存在意志因素。另外,在具备认识因素的前提下,如果行为人不具有意志因素,则仍然不成立犯罪故意。(2)认识因素与意志因素之间具有内在联系。行为人所认识的危害结果与其所希望或者放任的危害结果具有法定的同一性,并且意志因素以认识因素为前提。认识内容不同,故意内容亦会不同。

二、关于故意本质的学说

关于故意的本质的学说,刑法理论界主要存在以下不同观点:(1)希望说。该说认为,只有当行为人意欲实现构成要件的内容时或者希望发生危害结果时,才成立故意。希望说强调故意的意志因素,但其将没有意欲的心理排除在外,因而缩小了故意的成立范围。(2)认识说。该说认为,只要行为人对构成要件事实有认识时,就成立故意。认识说强调故意的认识因素,但其将所有有认识的过失都归入故意的范畴,因而扩大了故意的成立范围。(3)容认说。该说以意志说为基础,认为行为人只有在具有实现构成要件的意思时,才成立故意。但这里的“意思”,并不以意欲、目的、希望等程度的侵害法益的积极态度为必要。只要行为人“容忍”“不介意”危害结果的发生,即成立故意。与希望说相比,该说较为适当地扩大了故意的成立范围。但是,如何判断行为人对危害结果的发生是容认还是不容认,这是一个难题。(4)盖然性说。该说以认识说为基础，认为行为人认识到危害结果发生的较大可能性时是故意，认识到危害结果发生的较小可能性时是过失。与认识说相比，该说较为适当地限缩了故意的成立范围。但是，盖然性与可能性只是认识确定程度的差异，这种量的差异不仅难以把握，而且以此为基准来区分故意和过失这两种不同本质的罪过形式在逻辑上也存在疑问。

我国刑法大体上采取容认说，即规定行为人明知自己的行为会发生危害社会的结果，并且希望或者放任这种结果发生的，就成立故意。这一做法是正确的。首先，在行为人认识到危害结果的发生时还放任其发生，就表明行为人不只是消极地不保护法益，而是积极地对法益持否定态度，与希望结果发生没有本质区别。其次，容认说将主观恶性明显小于间接故意的自信过失排除在故意之外，同时将间接故意归入故意之中，使故意的范围宽窄适度。最后，其他各说均存在较大缺陷。意志说和认识说完全从单项指标来区分故意和过失，因而不恰当地缩小或者扩大了故意的成立范围。而盖然性说也存在较大问题。虽然行为人认识因素的有无可以左右意志因素的有无，但认识因素的程度却不能决定意志因素的程度，如行为人认识到结果发生的盖然性，并不能直接表明其是希望或者放任结果发生，行为人也可能是希望结果不发生。而且，在许多场合也难以判断行为人所认识到的是结果发生的盖然性还是可能性。总之，现行刑法关于故意和过失这两种罪过形式的界限，实行的是双重判断标准：一是行为人对自己的行为造成危害结果有无认识及其程度如何；二是行为人对危害结果的态度如何。只有同时采纳这两个标准，才能说明不同罪过形式所反映的非难可能性的程度差异。

三、犯罪故意的类型

(一)犯罪故意的法定类型

根据行为人对危害结果所持的心理态度不同，我国刑法将犯罪故意划分为直接故意和间接故意两种类型。

1. 直接故意

所谓直接故意，是指明知自己的行为会发生危害社会的结果，并且希望这种结果发生的心理态度。直接故意是认识因素与意志因素的统一。

(1)认识因素。直接故意的认识因素是明知自己的行为会发生危害社会的结果。“明知自己的行为会发生危害社会的结果”，是指行为人认识到自己以何种行为对何种对象造成何种危害结果，即明知作为犯罪构成要件的客观事实。具体而言，明知的内容包括以下三个方面：第一，明知自己行为的性质。行为人不仅认识到行为的物理属性，而且认识到行为的社会属性。行为人只有认识到行为的内容及其社会意义，认识到行为的法益侵害性，才谈得上对刑法所欲禁止的行为的认识。第二，明知自己的行为会发生危害结果(包括侵害结果和危险结果)。对危害结果的认识不要求很具体,只要求认识到是某种性质的危害结果。例如,实施盗窃行为时,只要求认识到有人会丧失对财产的占有即可,不要求认识到具体是谁丧失了财产。对危害结果的明知,包括明知危害结果必然发生和可能发生两种情况。行为人明知的是哪一种情形,应当以其主观认识为准。第三,某些犯罪的故意还要求行为人认识到刑法规定的特定犯罪构成要件事实,如特定的主体身份、行为对象、行为附随情况等。例如,盗窃枪支罪,要求行为人明知自己盗窃的对象是枪支。又如,故意传播性病罪,要求行为人明知自己患有梅毒、淋病等性病。再如,非法捕捞水产品罪,要求行为人明知捕捞行为发生在禁渔区、禁渔期或者使用禁用的工具、方法。

犯罪故意的内容是否要求行为人认识到行为的违法性?对此,理论界见解不一。通说认为,按照法律规定,犯罪故意的认识因素表现为行为人"明知自己的行为会发生危害社会的结果",这显然只要求行为人明知其行为及行为结果的危害性,而没有再要求行为人明知行为及结果的刑事违法性。〔8〕在实务中,法院判决普遍采用这种观点。

示例 6-7　张某甲等生产、销售有毒、有害食品、生产、销售不符合安全标准的食品案

二审法院认为:张某甲、张某乙、朱某、牛某四人作为从事食品加工的从业者,应当明知国家禁止使用松香拔毛,在其明知用于脱毛的物质系松香时,仍然使用,其主观上已经具备了犯罪的故意,对于其违法性认识错误,并不影响定罪量刑。〔9〕

另有学者主张违法性认识必要说,主要理由为:认识到违法性,即可推定行为人认识到了严重的社会危害性,从而也就具有了对行为人的法律上的可责难性。只要求认识到违法性,则不论行为人是否认识到其行为具有社会危害性,都可以追究其刑事责任。〔10〕

通说的观点存在矛盾。一方面,认为如果将违法性认识作为犯罪故意的认识因素,将导致处罚空隙,使罪犯逃避罪责;另一方面,又认为虽然不要求行为人认识到行为的违法性,但要求行为人认识到行为的社会危害性。然而,社会危害性是较违法性更抽象、更具有价值评判性的概念,要求行为人认识到行为的社会危害性,更可能使其逃脱惩罚。本书赞同违法性认识必要说。具体而言,犯罪故意的认识因素的

〔8〕 高铭暄、马克昌主编:《刑法学》,北京大学出版社、高等教育出版社2017年版,第108页。
〔9〕 河南省郑州市中级人民法院(2014)郑刑二终字第233号刑事裁定书。
〔10〕 贾宇:《犯罪故意概念的评析与重构》,载《法学研究》1996年第4期。

核心内容是构成要件要素事实。构成要件要素分为记述的构成要件要素和规范的构成要件要素。对于符合记述的构成要件要素的事实而言，行为人在认识到自己的单纯事实的同时，就能认识行为的社会意义，进而认识到自己行为的违法性，从而具备归责的主观基础。对于符合规范的构成要件要素的事实而言，行为人在认识到单纯事实的同时，还认识到一般人（非行为人本人）的判断结论的，亦可认为行为人认识到其行为的社会意义，进而认识到自己行为的实质违法性乃至形式违法性。如果行为人没有认识到一般人对其行为的社会评价，则应是没有认识到行为的社会意义，自然也没有认识到行为的违法性。应当注意的是，在规范构成要件要素的场合，不要求行为人了解规范概念的法律定义，而只要求行为人认识到刑法规范的保护所涉及的事实关系即可。易言之，只要行为人认识到作为评价基础的构成事实，即可推定行为人认识到了规范的构成要件要素。行为人如果要推翻这一推定，则应当提出相应的辩护事由。

（2）意志因素。直接故意的意志因素是希望危害结果的发生。所谓“希望”，是指行为人积极追求危害结果的发生。换言之，发生危害结果是行为人实施危害行为直接追求的目的，行为人主观上没有介入其他独立的意图，不是为了实施其他意图而实施该危害行为。相反，行为人主观上只有一个意志——追求危害结果的发生。除此之外，行为人没有其他任何意图。另外，应当注意的是，虽然都是积极追求危害结果的发生，但是“希望”本身也有程度上的差异。强烈、迫切地希望与不很强烈、不很迫切地希望，都属于希望危害结果发生。

在实务中，法院认定行为人主观上是否具有直接故意也通常是从认识因素与意志因素这两个方面来判断。

示例 6-8　李某故意伤害案

一审法院认为：被告人李某在与被害人争执时，明知自己的行为会造成损害对方身体健康的结果，仍持刀捅伤数人，系希望危害结果发生，具有直接故意。〔11〕

2. 间接故意

间接故意，是指明知自己的行为可能发生危害社会的结果，并且放任这种结果发生的心理态度。间接故意也是认识因素和意志因素的统一。

（1）认识因素。间接故意的认识因素是明知自己的行为可能发生危害社会的结果。间接故意的认识内容与直接故意基本相同，即要求行为人认识到自己行为的性

〔11〕　江苏省常熟市人民法院（2014）熟刑初字第 202 号刑事判决书。

质、危害结果,认识到法律规定的特定事实。但是,间接故意的认识程度较直接故意要低一些,即行为人仅仅认识到自己的行为可能发生危害社会的结果,不包括认识到自己的行为必然会发生危害社会的结果。行为人自认为可能发生危害社会的结果并且放任这种结果发生,而客观上必然发生危害结果的,也仅成立间接故意。

示例 6-9 赵某妨害公务案

一审法院认为:关于被告人提出其当时非主动、故意、有预谋的驾驶摩托车冲撞民警,其不清楚是否构成犯罪的辩解意见,本院认为,被告人在侦查期间及庭审中均供述其明知驾车躲避民警盘查并加速行驶的行为可能造成其他民众及民警的伤害,因而可以确认被告人在实施上述行为时能够预见其行为的危险性,也明知其行为将增加伤及他人的风险。虽然被告人一再强调其尽量控制车辆行进路线、方向避免与他人发生碰撞,没有积极追求伤害他人,但从行为的过程及结果来看,被告人在遇见民警依法盘查时不能主动配合而驾车加速冲卡,完全没有顾及此行为的破坏力和危险性,也未采取必要措施降低危险发生的可能性或有效防止危害结果的发生,而是对伤害他人持有放任的心态,即明知行为可能发生危害后果而放任结果的发生,主观上是为间接故意。〔12〕

(2)意志因素。间接故意的意志因素是放任危害结果的发生。所谓"放任",是指对危害结果的发生持一种听之任之的态度。详言之,行为人在明知自己的行为可能发生特定危害结果的情况下,为了追求某种目的而仍然实施该行为,且不采取有效措施防止危害结果发生;行为人既不是希望危害结果发生,也不是希望危害结果不发生,而是听任危害结果发生;结果发生与否,都不违背行为人的主观意愿。简言之,只要行为人不是希望危害结果不发生,而是在心理上默许接受、容忍、认同危害结果的发生,即属于放任。

在司法实践中,犯罪的间接故意大致存在以下三种情况:第一,行为人为了实现某种犯罪目的而放任另一危害结果的发生。这里的"另一危害结果",既可能是针对同一对象,也可能是针对不同对象。前者如为了抢劫他人财物而使用暴力,对暴力致他人死亡持放任态度;后者如在妻子的食物中下毒,明知孩子可能分食毒药,但因杀妻心切而放任孩子死亡。第二,行为人为了实现某种非犯罪目的而放任危害结果的发生。例如,明知猎物旁边有小孩,根据自己的枪法和离猎物的距离判断,开枪不一定能打中猎物,而可能击中小孩。但因打猎心切,仍然决定开枪,对可能击中小孩持放任的态度。第三,行为人在瞬间的情绪冲动下,不计后果地实施危害行为,放任危害结果的发生。例如,临时起意,动辄行凶,不计后果,捅人一刀后即扬长而去,结

〔12〕 上海市闵行区人民法院(2014)闵刑初字第 1651 号刑事判决书。

果造成被害人死亡。总之,间接故意的行为人主观上并非直接追求危害结果的发生,而是直接追求其他合法或非法意图。在这两种意图中,危害结果发生的意图反而居于从属的、次要的地位,因而称其心理状态为间接故意。

示例 6-10　殷某故意杀人案

二审法院认为:上诉人殷某为报复他人,事前伪装并准备作案工具,持棍棒对潘某实施追打,当被害人跌倒在国道上仍不罢休,继续殴打,致使被害人潘某倒地不起被汽车碾压死亡。上诉人殷某不顾国道上车流量大,夜间光线暗,被害人潘某倒在国道的中间地带而独自逃离现场,其明知自己的行为可能发生导致他人死亡的危害结果而放任被害人潘某死亡结果的发生,一审认定其行为已构成故意杀人罪,定罪量刑并无不当。[13]

3. 直接故意和间接故意的区别

直接故意和间接故意都属于故意的范畴,二者具有不少共性。从认识因素上看,二者都认识到自己的行为会发生危害社会的结果;从意志因素上看,二者都不排斥、不反对危害结果的发生。但是,直接故意和间接故意又有以下重要的区别:

(1)从认识因素上看,二者对危害结果发生的认识程度有所不同。直接故意的行为人是明知自己的行为必然会或者可能会发生危害社会的结果,即认识到危害结果发生的必然性和可能性;而间接故意的行为人是明知自己的行为可能会发生危害社会的结果,即认识到危害结果发生的可能性。有观点认为,区分直接故意和间接故意只有一个标准,就是看对结果的发生是持希望态度还是放任态度;明知结果必然发生而持放任态度时,也应属于间接故意。[14] 本书不赞同这种观点。意志因素以认识因素为前提;反之,意志因素的内容又限制认识因素的内容。放任是听之任之、可以发生也可以不发生的无所谓的心理态度,因此前提必须是具有发生结果与不发生结果的两种可能性。如果行为人认识到危害结果必然发生,则不可能再放任危害结果的发生。因此,间接故意的认识程度只能是认识到危害结果发生的可能性,而不包括认识到危害结果发生的必然性。

(2)从意志因素上看,二者对危害结果发生的心理态度显然不同。直接故意是希望,表现为积极追求危害结果的发生。在这种心理支配下,行为人就会绞尽脑汁克服困难,创造条件,排除障碍,积极顽固地实现犯罪目的,从而造成危害结果的发生。间接故意是放任,表现为对危害结果的发生持听之任之的态度。在这种心理支配下,行为人不会努力创造条件,排除障碍,积极追求危害结果的发生,而是对危害

〔13〕 广东省高级人民法院(2014)粤高法刑四终字第 174 号刑事裁定书。

〔14〕 姜伟:《犯罪故意与犯罪过失》,群众出版社 1992 年版,第 163~170 页。

结果的发生与否采取漠不关心、无所谓的态度,结果发生后行为人并不懊悔,结果不发生也不违背其意愿。

(3)特定危害结果的发生与否,对这两种故意支配下的行为定罪的意义不同。对直接故意来说,其行为性质与结果性质是同一的,其结果也是特定的。根据主客观相统一的定罪原则,只要行为人主观上有犯罪的直接故意,客观上有相应的危害行为,即构成特定的故意犯罪。危害结果发生与否通常并不影响定罪,而只是区分犯罪既遂与未遂的标志。对间接故意而言,特定的危害结果既可能发生,也可能不发生,结果发生与否都不违背行为人意志。根据主客观相统一的定罪原则,仅有行为而无危害结果时,尚不能认定行为人构成犯罪。只有发生了特定的危害结果,才能认定构成犯罪。在这种情况下,特定的危害结果发生与否,决定了间接故意犯罪的成立与否。在实务中,法院需要对以上因素综合考虑,以判断行为人主观上究竟持直接故意还是间接故意。

示例 6-11 鲜某故意杀人案

一审法院认为:被告人鲜某与被害人发生争执后,一怒之下持钢管击打被害人头部数次致其倒地,在被害人倒地后又对其头部进行击打,后未采取任何救助措施而逃离现场。被告人鲜某作为成年人,应当知道自己的行为足以导致一个年近八旬的老人死亡,却仍然予以实施,实为刑法上的直接故意。[15]

(二)犯罪故意的学理分类

1. 确定故意和不确定故意

根据故意的认识内容的确定程度,可以将犯罪故意划分为确定故意和不确定故意。所谓确定故意,是指行为人认识到危害结果的发生是确定的,并且希望或者放任这种结果发生的心理态度。其特点主要表现在认识内容的确定性,即认识到自己的行为将会发生某种特定的危害结果。所谓不确定故意,是指行为人认识到自己的行为会发生危害结果,但发生何种具体结果并不明确,并且希望或者放任危害结果发生的心理态度。不确定故意又可以再分为未必故意、概括故意和择一故意。所谓未必故意,是指发生结果本身是不确定的,但行为人认识到危害结果可能会发生,并且认为发生结果也没有关系的心理态度。可见,未必故意相当于间接故意。所谓概括故意,是指行为人认识到结果发生是确定的,但不确定结果发生的行为对象,即不确定发生危害结果的行为对象的个数。所谓择一故意,是指行为人认识到数个行为

---

〔15〕 湖北省五峰土家族自治县人民法院(2014)鄂五峰刑初字第19号刑事判决书。

对象中必然有一个行为对象会发生危害结果,但不确定具体是哪个行为对象。与概括故意不同的是,择一故意的行为人认识到结果只发生于一个行为对象上,而概括故意的行为人不确定发生危害结果的行为对象的个数。

示例 6-12　贾某等故意伤害案

一审法院认为:经查,被告人贾某指使同案人杭某、徐某、尹某并要求教训被害人朱某,其在主观上属于不确定故意中的概括故意,被告人贾某在主观上应明确认识到自己行为所具有的危害结果,只是对同案人杭某、徐某、尹某所实施的故意伤害具体行为过程、伤害程度缺乏认识。但被告人贾某在主观上的不确定故意并不影响放任伤害结果发生的意思表示,也是被告人贾某对其行为应承担刑事责任的主观根据。〔16〕

2. 预谋故意和突发故意

根据故意形成的时间不同,可以将犯罪故意划分为预谋故意和突发故意。所谓预谋故意,是指行为人在实施犯罪行为之前的一段时间就已经形成犯罪决意的情形。其特点是预谋性,即行为人为了追求某种特定的犯罪结果,而进行一定程度的准备以实现犯罪意图。所谓突发故意,是指行为人产生犯罪故意后立即实施犯罪行为的情形。其特点是突然性,即行为人没有预谋,而是基于某种事由突然产生犯罪意图。在通常情况下,突发故意所反映的行为人的主观恶性要小于预谋故意。

示例 6-13　张某盗窃案

被告人张某来到被害人郑某家,见其正在床上睡觉、推而不醒,遂将其放在床头柜上充电的一部白色 iPhone 5S 手机盗走。对此,一审法院认为:被告人张某系初犯、偶犯,且与被害人郑某系朋友关系,盗窃系临时起意,主观恶性较小,可酌情予以从轻处罚。〔17〕

3. 无条件故意和附条件故意

根据故意是否依附于一定条件,可以将犯罪故意划分为无条件故意和附条件故意。所谓无条件故意,是指行为人决意无条件地实施直接引起危害结果的行为的心理态度。在这种情形下,故意内容的实现不依附于任何条件。所谓附条件故意,是指行为人决意在具备某种条件之后,便实施直接引起危害结果发生的行为的心理态

〔16〕 安徽省芜湖市鸠江区人民法院(2013)鸠刑一初字第 219 号刑事判决书。

〔17〕 福建省惠安县人民法院(2014)惠刑初字第 586 号刑事判决书。

度。由于“条件成熟就实施行为”的意思是确定的,故仍然成立故意。例如,行为人意欲强奸被害人,但又盘算,如果被害人不漂亮就放弃奸淫。结果在暴力袭击被害人后,发现其并不漂亮,因而放弃了奸淫行为。对此,应当认定为具有强奸的故意。

4. 侵害故意和危险故意

根据行为人所希望、放任的结果形态的不同,可以将犯罪故意划分为侵害故意和危险故意。所谓侵害故意,是指行为人认识到自己的行为会对一定法益造成侵害,并且希望或者放任侵害结果的发生。例如,故意杀人罪的故意,通常属于侵害故意。所谓危险故意,是指行为人认识到自己的行为会对一定法益造成侵害的危险状态,并且希望或者放任侵害的危险状态的发生。例如,危险驾驶罪的故意是希望或放任侵害公共交通安全的危险的发生(但不一定希望或者放任这一危险的现实化),因而属于危险故意。

第三节　犯罪过失

一、犯罪过失的概念

刑法第 15 条第 1 款规定:“应当预见自己的行为可能发生危害社会的结果,因为疏忽大意而没有预见,或者已经预见而轻信能够避免,以致发生这种结果的,是过失犯罪。”根据这一规定,犯罪过失,是指应当预见自己的行为会发生危害社会的结果,因为疏忽大意而没有预见,或者已经预见而轻信能够避免,以致发生这种结果的心理态度。犯罪过失和过失犯罪是既有联系又有区别的两个概念。犯罪过失是一种罪过形态,过失犯罪则是指在犯罪过失的心理支配下所实施的一种犯罪行为。

犯罪过失和犯罪故意都统一于罪过的概念之下,二者具有相同之处:故意和过失都是认识因素和意志因素的统一,都是行为人主观恶性的反映,都反映行为人对法益的保护所持的背反态度。不过,二者的认识因素和意志因素的具体内容不同,因而所反映的主观恶性程度不同。由于过失所反映的非难可能性明显小于故意,刑法对过失犯罪的规定不同于故意犯罪。首先,刑法以处罚故意犯罪为原则,以处罚过失犯罪为例外。刑法第 14 条第 2 款规定:“故意犯罪,应当负刑事责任。”刑法第 15 条第 2 款规定:“过失犯罪,法律有规定的才负刑事责任。”上述两款规定表明,刑法以处罚故意犯罪为原则,以处罚过失犯罪为例外。分则条文仅描述客观构成要件,没有规定主观罪过形式的犯罪,只能由故意构成;只有分则条文中有“过失”“严重不负责任”“发生……事故”“玩忽职守”等语词时,才能将该犯罪确定为过失犯罪。其次,过失犯罪不处罚预备、未遂和中止。最后,刑法对过失犯罪规定了较故意犯罪轻得多的法定刑。

犯罪过失和犯罪故意存在显著的区别。首先，从认识因素上看，犯罪故意表现为行为人明知行为必然或者可能会发生危害结果，而犯罪过失表现为行为人对危害结果的发生虽然可以预见但实际上并未预见到，或者只是预见到在其看来并非有现实的可能性。其次，从意志因素上看，犯罪故意的内容是希望或者放任危害结果发生的心理态度，而犯罪过失对危害结果的发生既不是希望也不是放任，而是排斥、反对的心理态度，只是在疏忽大意或者过于轻信的心理支配下才导致了危害结果的发生。因此，犯罪过失和犯罪故意是两个完全不同的概念，就同一事实而言，犯罪故意和犯罪过失是相互排斥的。

示例 6-14　韩某故意杀人、李某窝藏案

被告人的辩护人认为，本案是一起典型的因错误认识导致错误行为的案件，韩某误认为小推车中堆放的是物品，没有认识到小推车中有女婴，属于对象认识错误。对此，二审法院认为：对韩某及其辩护人所提韩某没有看到被害人，对侵犯对象发生错误认识，其行为构成过失致人死亡罪的上诉理由、辩护意见及检察机关关于本案系故意杀人犯罪的出庭意见，经查，证人及同案人证明韩某在作案前后具备辨认和控制能力；监控录像及目击证人证明现场灯光条件良好，韩某在作案过程中语言表达清晰、行为敏捷连贯，其对被害人坐在婴儿车内有明确的认知，不属于因疏忽大意没有预见或者已经预见而轻信能够避免的过失心态；韩某的行为符合法定的故意杀人罪构成要件，原判对其定性正确，故本院对上诉人及其辩护人所提韩某系过失致人死亡的上诉理由和辩护意见不予采纳，对检察机关的相关出庭意见予以采纳。[18]

强调犯罪过失和犯罪故意的对立关系，是就认定的最终结论而言的。如果着眼于司法认定的过程，则有必要采取犯罪故意和犯罪过失是位阶关系的观点。这种观点认为，故意和过失处于一种“等级关系”之中，因此在模糊的证据状况之下，根据“存疑有利被告”的原理，就能够由于过失而被判决。[19] 在司法认定过程中，证明行为人主观上出于故意要比证明其出于过失困难得多。在具有认识可能性的情形下，如果不能证明行为人已经预见到，则不能认定其为犯罪故意，但可以认定其具有犯罪过失；在行为人已经认识到危害结果发生的情形下，如果不能证明其希望或者放任危害结果的发生，则不能认定其为犯罪故意，但可以认定其具有犯罪过失。总之，当案件事实表明行为人至少有过失，但又不能证明行为人具有故意时，则应以过失

---

〔18〕 北京市高级人民法院(2013)高刑终字第 530 号刑事裁定书。

〔19〕 [德]克劳斯·罗克辛：《德国刑法学总论》(第 1 卷)，王世洲译，法律出版社 2005 年版，第 730 页。

犯罪论处。但如果能明确判断行为人主观上所具有的是故意或过失的心理态度时,则不能适用位阶关系理论。

示例6-15 孙某以危险方法危害公共安全案

一审法院认为:综观本案现有证据和被告人孙某的犯罪事实,被告人孙某在明知自己没有驾驶执照,没有相应的机动车驾驶能力的情况下,仍然长期驾驶机动车辆并多次违反交通法规,反映出其对交通安全法规以及他人生命、健康和财产安全的漠视。且被告人孙某应当知道在醉酒情况下,驾车超速行驶、跨过不能超越的道路双实线,会危害不特定他人的生命、健康或财产安全,但仍放任危害结果的发生,其主观心态已不属过失;依据审理查明的事实,本案被害人死伤和公私财产损失,并非系被告人孙某在“疏忽大意”或“轻信能够避免”的情况下造成,而是其故意所致。[20]

二、关于犯罪过失本质的学说

关于过失的本质,国外刑法学界主要有以下不同主张:(1)旧过失论,即认为过失的本质是行为人没有履行预见义务。行为人没有预见危害结果,且这种没有预见是因为主观上不注意所致。对过失进行责任非难的根据,正是行为人可能预见结果,却因没有集中意识而使结果发生。根据旧过失论,只要行为人对发生的结果具有预见可能性就成立过失,这可能导致将虽然预见到危害结果但客观上无法避免结果发生的情况也纳入处罚的范围,从而不当扩大过失犯的处罚范围。(2)新过失论,即认为过失的本质是行为人没有履行结果回避义务。结果回避义务是客观的注意义务,只要对结果具有预见可能性,即使履行了结果回避义务,也不成立过失犯。过失的核心在于不符合一定的行为基准,其背后是规范违反说与行为无价值论。新过失论使过失犯的违法性的重点从结果无价值转向行为无价值,但脱离结果的预见可能性的行为基准必定是不明确的,因而导致过失犯中的法益侵害的含义变得模糊不清。(3)超新过失论,即认为过失的本质是没有履行预见义务,预见义务以预见可能性为前提。但是,预见可能性并不需要具体的预见,而只要具有模糊的不安感、危惧感即已充足。超新过失论所主张的危惧感、不安感的概念极为含糊,究竟具有何种程度的危险意识才是具有危惧感,难以正确认定。因此,超新过失论容易过于扩大过失犯的处罚范围,违反责任主义。

我国刑法采取注意义务违反说,即修正的旧过失论。过失的实质是违反注意义务,这种注意义务包括结果预见义务和结果回避义务。一方面,对结果具有预见可能性,是疏忽过失和轻信过失的共同特征。疏忽过失的“疏忽”特征,决定了行为人

〔20〕 四川省成都市中级人民法院(2009)成刑初字第158号刑事判决书。

没有预见危害结果发生的可能性;在轻信过失的场合,行为人虽然预见危害结果的发生,但又因为“轻信”否认了危害结果的发生。因此,行为人最终仍然是没有预见危害结果发生的可能性,这正是对其归责的主观根据。另一方面,没有履行结果回避义务,是过失犯的客观构成要件。无论是疏忽过失还是轻信过失,没有回避危害结果的发生,是对行为人归责的客观根据。没有回避危害结果的发生,既可能是行为人实施了直接导致危害结果发生的行为所致,也可能是行为人没有履行防止危害结果发生的义务所致。

示例 6-16　刘某故意伤害案

刘某与被害人秦某因埋单发生争执,在相互推拉的过程中,刘某多次将秦某推倒在地,致其小肠系膜破裂。经法医鉴定,秦某的损伤程度属重伤。对此,二审法院认为:上诉人刘某与被害人系好友,为争抢买单而相互推拉致被害人倒地,主观上没有伤害的故意,属过失伤害他人身体,致人重伤,其行为已构成过失致人重伤罪。[21]

三、犯罪过失的类型

(一)犯罪过失的法定类型

根据行为人是否已经预见到危害结果,我国刑法将犯罪过失分为疏忽过失和轻信过失。

1. 疏忽过失

疏忽过失,是指应当预见自己的行为可能发生危害社会的结果,因为疏忽大意而没有预见,以致发生这种结果的心理态度。疏忽过失又被称为无认识的过失,具有以下两个方面的特征:

(1)认识因素。疏忽过失的认识因素,是应当预见自己的行为可能发生危害社会的结果,但因为疏忽大意而没有预见。疏忽过失是一种无认识的过失,即行为人没有预见到自己的行为可能发生危害社会的结果。既然行为人没有预见自己行为的危险性,按理不应当要求其承担相应的责任。但是,行为人之所以没有预见自己行为的结果,不是因为其客观上不能预见,而是在应当预见的前提下,由于行为人主观上的疏忽大意而没有预见。如果行为人小心谨慎、认真负责,就能够预见。这正是对行为人归责的真正原因。总之,应当预见是前提,没有预见是事实,疏忽大意是原因。应当预见,但由于疏忽大意而没有预见,这就是疏忽过失的认识因素。

应当预见意味着行为人有预见义务,这种义务不仅包括法律、法令、职业与业务

---

〔21〕 湖北省武汉市中级人民法院(2010)武刑终字第00012号刑事判决书。

方面的规章制度所确定的义务,而且包括日常生活准则提出的义务。义务规范为一般人所设,无须具体确定;而能否预见则因人而异,需要具体判断。认定疏忽过失,关键在于判断行为人是否具有结果的预见可能性。换言之,应当预见实际上是指能够预见。预见可能性的判断,包括对能够预见的对象以及能够预见结果的判断。应当预见的对象,是行为人对自己的行为可能发生危害结果的认识。由于过失犯罪的成立,要求发生构成要件的结果。因此,这里的"危害结果",不是抽象的危害结果,而是指刑法分则对过失犯罪所规定的作为构成要件要素的具体结果。例如,过失致人死亡时,行为人所预见到的是自己行为可能发生致人死亡的具体结果。

当然,具体结果又是相对的,并不要求预见到非常明确的、细微的结果。如在危害公共安全的过失犯罪中,行为人只要预见到会发生刑法分则所要求的结果即可,并不一定要预见到很具体的结果。又如,在交通肇事时,只要求行为人预见到自己的行为会发生致人重伤、死亡或者造成公私财产重大损失的结果,并不要求其预见到具体发生哪种结果。

关于结果预见可能性的判断标准,刑法理论上存在以下三种主张:第一,主观标准说。该说认为,是否具有结果预见能力,应以行为人本人的注意能力为标准。根据行为人本人的注意能力,应当能够认识到一定的构成事实的,即属于有结果预见可能性;否则,属于无预见可能性。因为对行为人进行非难,不应超过其注意能力的范围。第二,客观标准说。该说认为,是否具有结果预见能力,应以社会一般人或者平均人的注意能力为标准,确定具体的行为人的注意能力。对于一定的构成事实,一般人能够预见的,即认为行为人也能够预见;否则,行为人即属于无预见能力。第三,折中说。该说认为,是否具有结果预见能力,应当以主观标准说为根据,以客观标准说为参照。对于一定的构成事实,一般人能够预见的,如果行为人没有特殊的影响其预见的个体因素,则也应认定为有预见能力;反之,虽然一般人能够预见,但行为人具有特殊的影响其预见的不利因素,使其事实上未能预见,则应认定为没有预见能力。

本书认为,折中说是比较妥当的。首先,判断预见能力的决定性因素,只能是行为人的实际认识能力,而不是其他人的注意能力。这是责任主义的基本要求。其次,在判断行为人是否具有预见能力时,又不是漫无边际的,而应以一般人的注意能力作为判断的参数。详言之,在行为导致危害结果的情况下,应首先考察行为人所属的"同行""一般人"能否预见结果的发生。如果一般人能够预见,再考察行为人的知能水平是高于还是低于一般人。如果一般人能够预见,但行为人的知能水平低于一般人的,则应认定为行为人不能预见;反之,如果一般人能够预见,而行为人的知能水平等于甚至高于一般人的,则应认定为行为人能够预见。基于同样的理由,如果一般人不能预见,但行为人的知能水平明显高于一般人的,则应认定为行为人能够预见。在考察行为人的知能水平时,不仅要考察其行为人本身的年龄状况、智力发育、文化程度、业务技术、生活经验等个体因素,而且还要考察行为当时的客观环境和条件,从而对其预见能力作出客观准确的判断。

示例 6-17　刘某过失致人死亡案

一审法院认为:被告人刘某在明知自己没有取得挖掘机操作证的情况下,驾驶挖掘机作业时由于疏忽大意,未尽注意义务,过失致一人死亡,其行为已构成过失致人死亡罪。[22]

(2)意志因素。疏忽过失的意志因素是无意志,即反对、排斥危害结果的发生。从认识因素和意志因素的关系来看,既然是无认识,则必然是无意志。不过,这并不意味着疏忽过失的行为人对危害结果的发生是一种中立的态度。从实质上看,疏忽过失的行为人是希望危害结果不发生的,或者说是排斥、否定、拒绝、反对危害结果的发生的,至少可以说是既不希望也不放任危害结果的发生。这种意志因素,使其罪过性明显小于故意的罪过性。不过,疏忽过失的意志因素,是一种消极因素,即司法机关不需要证明这一点。只要证明了疏忽过失的认识因素,没有证据表明行为人是希望或者放任危害结果的发生,即可以确定为疏忽过失。

示例 6-18　张某过失致人死亡案

被告人张某骑电动自行车险些与骑自行车的被害人甘某相撞,两人为此发生口角。其间,甘某先动手击打张某,张某使用拳头还击,打到甘某面部致其倒地摔伤头部,两周后在医院不治而亡。对此,二审法院认为:被告人在因琐事与被害人发生争执中,使用拳头击打被害人面部时,应当预见其行为可能发生被害人伤亡的后果,由于疏忽大意未能预见,造成被害人倒地致颅脑损伤死亡,其行为符合过失致人死亡罪的构成要件,原判依法认定过失致人死亡罪并无不当。北京市检察院第二分院以及北京市检察院关于本案构成故意伤害罪的抗诉意见和支持抗诉、出庭意见,不予采纳。[23]

2. 轻信过失

轻信过失,是指已经预见自己的行为可能发生危害社会的结果,但轻信能够避免,以致发生这种结果的心理态度。轻信过失,又称为有认识的过失,具有以下两个

[22]　湖南省衡阳县人民法院(2014)蒸刑初字第 113 号刑事判决书。

[23]　《刑事审判参考》(总第 103 集),法律出版社 2016 年版,第 49~50 页。

方面的特征：

(1)认识因素。轻信过失的认识因素，是行为人已经预见自己的行为可能发生危害社会的结果，同时又轻信危害结果可以避免。已经预见是事实，轻信能够避免是行为人在已经预见的同时还实施该行为的主观原因。这里的“已经预见”，是针对行为人的心理过程而言的。从心理结局来看，行为人仍然是没有认识危害结果的发生。换言之，行为人虽然曾经预见到危害结果的发生，但是同时或者后来又否定了结果的发生，认为危害结果不会发生。因此，已经预见，并不是真正的有认识。不过，行为人对于危害结果的发生是有预见能力的。行为人之所以最终没有预见到危害结果发生，并作出危害结果不会发生的判断，是因为轻信能够避免。这是行为人在最终预见到危害结果可能会发生的情况下仍然实施危害行为的主观原因。换言之，行为人在预见到结果可能发生的同时，又凭借一定的主客观条件，否认危害结果的发生，但所凭借的主客观条件并非真实可靠。轻信能够避免主要表现为三种情况：一是过高估计自己的能力，认为自己可以防止危害结果的发生；二是不当地估计了现实存在的客观条件对避免危害结果发生的作用；三是误以为结果发生的可能性很小，因而可以避免危害结果的发生。

(2)意志因素。轻信过失的意志因素，也是无意志。轻信过失的行为人在已经预见危害结果可能发生的情况下，还实施该危害行为，是因为行为人轻信能够避免危害结果的发生。因此，其主观心理态度也表现为希望危害结果不发生，至少可以说是既不希望也不放任危害结果的发生，即反对、排斥、拒绝、否定危害结果的发生。这种意志因素使轻信过失的罪过性明显轻于故意的罪过性。这里的意志因素也是不需要司法机关积极地证明的因素，即证明了行为人已经预见自己行为的危害结果，证明行为人轻信能够避免，只要没有证据表明是希望或者放任危害结果发生的，即成立轻信过失。在实务中，法院通常也是从认识因素和意志因素两个方面考虑行为人是否存在轻信过失。

示例 6-19　李某过失致人死亡案

一审法院认为：被告人李某在操作吊车过程中，已经预见可能造成他人触电死亡的后果，而轻信能够避免，致一人死亡，其行为已构成过失致人死亡罪。[24]

3. 轻信过失和间接故意的区别

轻信过失和间接故意有相似之处，都认识到危害结果有不发生的可能性，都不希望危害结果的发生。但二者也存在明显的区别。从本质上说，间接故意所反映的

[24]　河北省遵化市人民法院(2014)遵刑初字第145号刑事判决书。

是对法益的积极蔑视态度,轻信过失所反映的是对法益的消极不保护的态度。这种本质上的差别,又是通过各自的认识因素和意志因素体现出来的。具体而言,主要存在以下两点区别:(1)对危害结果发生的认识程度不同。间接故意是明知危害结果发生的可能性;轻信过失是暂时预见危害结果发生的可能性,在行为时又否认了结果发生的可能性。明知不仅要比预见更具体、全面,而且更持久、明确。这说明,间接故意的行为人认识到危害结果发生的可能性较大。(2)对危害结果发生的意志态度不同。间接故意是放任危害结果的发生,结果的发生符合行为人的意志;轻信过失是反对危害结果的发生,危害结果的发生违背行为人的意志。在实务中,法院需要结合具体案情,甄别间接故意和轻信过失之间的差别。

示例 6-20　李某故意杀人案

一审法院认为:李某先前的交通肇事行为是过失行为,但当其发现并已明知被害人在凌晨时分受伤摔倒在交通干线的机动车道上而无法动弹,存在被后续车辆碾压致死的高度危险时,其应当并能够履行救助、报警的法定义务而不履行,且未对被害人采取任何人身安全的保护性措施,不顾被害人安危,置被害人死亡于不顾,驾车逃逸,其主观上对被害人可能被后续车辆碾压致死的结果已非轻信可以避免,而是持放任发生的间接故意。[25]

示例 6-21　张某甲故意杀人案

一审法院认为:被告人张某甲与被害人张某乙相约做“用绳子勒脖子产生快感”的游戏,张某甲用裙带勒张某乙颈部,且在张某乙呼救时依然勒颈,放任张某乙死亡结果的发生,其行为构成故意杀人罪。公诉机关指控的罪名成立。张某甲作为成年人,理应对勒颈可以致人死亡的常识有所认识,且当被害人被勒颈产生激烈反应,伴有脚踢床板,喊叫救命等行为时,张某甲更应明知其行为可能会产生致人死亡的结果,但仍放任被害人死亡结果的发生,其行为符合故意杀人罪的特征。[26]

(二)犯罪过失的学理类型

1. 普通过失和业务过失

根据行为人所违反的是否是业务上的注意义务,可以将过失分为普通过失和业务过失。所谓普通过失,是指行为人在日常生活或者一般社会交往中违反一般注意

〔25〕 上海市虹口区人民法院(2012)虹刑初字第587号刑事判决书。

〔26〕《刑事审判参考》(总第101集),法律出版社2015年版,第80~81页。

义务,造成危害结果的心理态度。普通过失的主体是一般主体,其违反的是一般社会生活准则,发生在日常生活或者一般社会交往中。所谓业务过失,是指行为人在业务活动中,违反业务上的注意义务造成危害结果的心理态度。业务过失的主体是从事业务的人员,违反的是业务上的特别注意义务,注意义务的具体内容由业务性质和范围决定;业务过失发生在业务活动中,这里的业务是指具有危险性的、在性质上反复实施的技术性或技能性活动。

由于业务过失犯罪的发案率高,危害性大,行为人违反义务程度重,因而在外国刑法中,业务过失犯罪的法定刑均重于普通过失犯罪。但我国刑法却相反,这在立法当时或许具有一定理由,但从现实发展来看,应当规定业务过失犯罪的法定刑重于普通过失犯罪的法定刑。在实务中,对业务过失犯罪的处理通常相对较轻。

示例 6-22 王某医疗事故案

一审法院认为:被告人王某身为国家医务人员(系执业助理医师和乡级卫生院负责人)却在诊治病人过程中,严重不负责任,造成就诊人死亡,其行为已构成医疗事故罪。被告人王某此次犯罪行为属于在履行职务中而产生的过失犯罪行为,且系偶犯、初犯;其在本案审理环节,坦诚悔罪,能积极履行应承担的赔偿义务,并足额赔付了被害人亲属的经济损失,得到了被害人亲属的谅解,故对被告人王某可以宣告缓刑。〔27〕

2. 重过失和轻过失

根据过失的程度,可以将过失分为重过失和轻过失。所谓重过失,是指违反注意义务的程度严重的过失,即只要行为人稍加注意就可以避免结果的发生,但行为人违反了这种最基本的注意义务。业务过失都属于重过失。所谓轻过失,是指违反注意义务的程度轻微的过失,即较难预见或避免的结果,行为人因为不注意而没有预见或者避免。轻过失反映的主观恶性明显轻于重过失,故其刑事责任相对也轻。

第四节 犯罪目的和犯罪动机

一、犯罪目的和犯罪动机的概念

犯罪目的,是指行为人希望通过实施危害行为实现某种危害结果的心理态度。简言之,犯罪目的是对危害结果的希望心理,因而犯罪目的的内容就是危害结果。

〔27〕 河南省息县人民法院(2009)息刑初字第124号刑事判决书。

犯罪目的实现有两种含义：一是在直接故意中，行为人对自己的行为直接发生危害结果的希望；二是指在故意犯罪中，行为人通过实现行为的直接危害结果后，对某种非法利益或结果的进一步追求心理。犯罪动机，是指刺激、促使行为人实施危害行为的内心起因或者思想活动。它回答犯罪人基于何种心理原因实施危害行为，因而犯罪动机的作用是发动危害行为，说明实施危害行为对行为人的心理愿望具有什么意义。产生犯罪的动机需要具备两个条件：一是行为人内在的需要和愿望；二是外界的诱因和刺激。

犯罪目的和犯罪动机的共性表现在：都是行为人的心理活动，都通过犯罪行为表现出来，都反映行为人的主观需要，有时二者甚至是一致的。二者的区别在于：动机产生在前，目的产生于后；动机回答行为人实施犯罪行为的心理原因何在，目的回答行为人实施犯罪行为所希望发生的结果是什么；动机不以危害结果为内容，目的必须以危害结果为内容；同一性质的犯罪，动机可以多种多样，但目的只能有一个；不同性质的犯罪，动机可以相同，但目的并不相同。

从上述定义可以看出，犯罪目的仅存在于直接故意之中，间接故意和犯罪过失不可能存在犯罪目的。

二、犯罪目的和动机的意义

犯罪目的和犯罪动机，对于直接故意犯罪的定罪量刑，具有重要的意义。

1. 犯罪目的突出影响直接故意犯罪的定罪问题。这主要表现为两种情形：

(1)对法律标明犯罪目的的直接故意犯罪，特定的犯罪目的是犯罪构成主观方面的必备要件，是区分罪与非罪、此罪与彼罪的标准。

示例 6-23 郑某非法拘禁案

一审法院认为：被告人郑某非法拘禁他人，非法剥夺他人人身自由，其行为构成非法拘禁罪。公诉机关指控郑某犯罪的事实清楚，证据确实、充分，法院予以支持。指控郑某构成绑架罪不当，法院予以纠正。郑某因吸毒患“精神活性物质(甲基苯丙胺)所致精神障碍”，作案时无辨认能力并产生幻觉，其持刀挟持李某的绑架犯罪目的不具有客观真实性，故郑某的行为不构成绑架罪，依法只构成非法拘禁罪。辩护人所提的郑某只构成非法拘禁罪的辩护意见成立，法院予以采纳。[28]

(2)对法律未标明犯罪目的的直接故意犯罪，则应当明确其犯罪目的的具体内容，从而确定行为是否构成犯罪、构成何罪。例如，故意毁坏财物罪是以毁损破坏公

---

〔28〕《刑事审判参考》(总第108集)，法律出版社2017年版，第55页。

私财物为目的的犯罪,行为人客观上虽然毁坏了他人的财物,但不能确切查明其主观上具有毁坏他人财物的目的的,则不构成故意毁坏财物罪。

示例 6-24 何某、汪某非法处置扣押的财产案

二审法院认为:关于抗诉机关提出被告人何某伙同汪某窃取本人被司法机关扣押的车辆的行为同时触犯两个罪名,即盗窃罪和非法处置扣押的财产罪,应按照想象竞合犯的原则从一重处理即定盗窃罪的意见,经查,该车辆是何某和翁某抵押贷款购买的,何某找汪某帮忙拿回车辆,目的是把车交给银行抵债。本案案发时间较短,行为人还没有向公安机关索赔的行为,也缺乏判断行为人是否具有非法占有目的的其他证据,且案发后何某依法领回了该车辆。因此,认定被告人具有非法占有目的的证据不足,两被告人的行为不构成盗窃罪,抗诉机关的意见不能成立。〔29〕

2. 犯罪动机对直接故意犯罪的定罪量刑也有一定的影响。也主要表现为两种情形:(1)犯罪动机对于量刑具有重要意义。在法律对犯罪的不同情节规定了不同刑罚的情况下,它作为犯罪的一个重要情节可能影响不同量刑幅度的选择;在直接故意犯罪的情况下,它作为犯罪的重要情节,可能影响同一刑幅度内刑罚轻重的选择。(2)犯罪动机对于某些直接故意犯罪的定罪具有一定的意义。对于一些将犯罪动机作为犯罪构成要件的动机犯或者情节犯而言,特定的犯罪动机是决定犯罪是否成立的一个重要因素。

第五节　认识错误

一、认识错误的概念

认识错误,是指行为人对自己的行为的法律性质、后果和有关的客观事实存在不正确的理解。任何罪过都是认识因素和意志因素的统一,认识因素不同,必然影响意志因素,因而影响罪过的内容。行为人的认识错误,既可能影响罪过的有无和罪过形式,也可能影响行为人所实施的行为成立既遂还是未遂,从而影响行为人的刑事责任。刑法上的认识错误可以分为两类:一是法律认识错误;二是事实认识错误。

〔29〕《刑事审判参考》(总第108集),法律出版社2017年版,第85页。

二、法律认识错误

法律认识错误,是指行为人对自己的行为的法律性质或者后果存在不正确的理解。具体包括以下三种情况。

(一)假想犯罪

假想犯罪,是指行为人误认为自己实施的行为是刑法规定的犯罪行为,但事实上该行为并非刑法规定的犯罪行为。例如,行为人误以为与他人通奸的行为、小偷小摸等一般违法或不道德行为构成了犯罪,或者误以为自己实施的正当防卫、紧急避险、意外事件构成了犯罪,而向司法机关"自首"。这种认识错误不影响对上述行为认定为无罪。因为判断和认定行为性质的依据是刑法规定的犯罪构成,而非行为人对法律的错误认识。行为人的错误认识,不能使行为的法律性质发生变化。因此,对这类行为仍应认定为无罪。

示例 6-25 杨某故意杀人案

被告人认为自己的行为构成犯罪,二审法院却认为:杨某在其人身遭受严重不法侵害的威胁时,所采取的防止不法侵害产生的行为,符合正当防卫的条件,其行为不构成犯罪,不应负刑事责任。[30]

(二)假想无罪

假想无罪,是指行为人误认为自己实施的行为不是刑法规定的犯罪行为,但事实上该行为是刑法规定的犯罪行为。例如,行为人误以为与不满 14 周岁的幼女发生性关系的,只要没有实施暴力、威胁等手段就不构成犯罪,殊不知刑法规定,明知是不满 14 周岁的幼女而与其发生性关系的,无论幼女是否自愿,无论是否使用暴力、威胁等手段,均构成犯罪。这种认识错误不影响对上述行为认定为犯罪。处理假想无罪的情况,原则上不能因为行为人对自己行为的法律性质的误解而不追究其应承担的刑事责任,以防止犯罪分子借口不知法律而逃避法律责任。换言之,在这种情况下,"不知法律无赦"应当作为处理此类案件的基本原则。

示例 6-26 代某买卖国家机关证件案

一审法院认为:被告人代某自认为不知道其行为构成犯罪且无犯罪故意,但其对购买出生医学证明用以落户的新生儿均系非婚生育的事实是明知的,其买卖的非法性明

〔30〕 四川省泸州市中级人民法院(2000)泸刑终字第 150 号刑事裁定书。

确,至于不知其行为构成犯罪属于法律认识错误,不影响其行为的定罪处罚。[31]

当然,在某些特殊情况下,如果行为人确实由于主客观的原因无法认识到行为的违法性,进而也无法认识到行为的社会危害性的,则不能让其承担故意犯罪的刑事责任。

(三)对罪名和刑罚轻重的误解

对罪名和刑罚轻重的误解,是指行为人认识到自己的行为已经构成了犯罪,但对其行为触犯了刑法规定的何种罪名,以及应当被处以何种刑罚及其刑度,存在不正确的理解。例如,行为人偷割正在使用中的电话线,依照法律构成破坏通信设备罪,而行为人误以为构成盗窃罪;行为人冒充军警人员抢劫,依照法律应当处以10年以上有期徒刑、无期徒刑或者死刑,而行为人误以为应在3年以上10年以下有期徒刑的幅度内处罚。这种认识错误既不影响定罪也不影响量刑,因为司法机关只能根据案件事实与刑法规定确定罪名和刑罚,行为人的错误认识并不影响其行为的性质和危害程度。

示例6-27 薛某等抢劫案

一审法院认为:被告人薛某提出其行为属于敲诈,不属于抢劫,属于对法律认识错误,不能成立,本院不予采纳。[32]

三、事实认识错误

事实认识错误,是指行为人对自己行为的客观事实情况存在不正确的理解。这种认识错误,包括具体的事实认识错误和抽象的事实认识错误两类。

(一)具体的事实认识错误

具体的事实认识错误,是指行为人认识的事实与实际发生的事实虽然不一致,但并没有超出同一犯罪构成的范围。这种认识错误,行为人只是在某个犯罪构成的范围内发生了对事实的错误认识,因而又被称为同一犯罪构成内的错误。具体的事实错误,主要包括对象错误、打击错误和因果关系的错误。对于具体的事实认识错误的处理,主要存在法定符合说和具体符合说两种观点。法定符合说认为,行为人所认识的犯罪事实与实际发生的犯罪事实,只要在犯罪构成的范围内抽象地相一致的,即成立故意的既遂犯。具体符合说认为,行为人所认识的犯罪事实与实际发生

[31] 山东省沂南县人民法院(2014)沂南刑初字第351号刑事判决书。
[32] 贵州省安顺市西秀区人民法院(2014)西刑初字第405号刑事判决书。

的犯罪事实,只有具体地相一致时,才成立故意的既遂犯。本书赞同法定符合说。以下具体分析之。

1. 对象错误

所谓对象错误,是指行为人误把甲对象当作乙对象加以侵害,而甲对象和乙对象处于同一犯罪构成的范围之内,行为人的认识内容和客观事实仍然属于同一犯罪构成的情形。例如,行为人本欲杀甲,但误将坐在甲办公室椅子上的乙当作甲杀害。根据法定符合说,刑法规定的故意杀人罪的法益是任何人的生命,而非特定的某个人的生命。因此,只要行为人主观上具有杀人的故意,客观上又剥夺了他人的生命,即符合故意杀人罪的犯罪构成,成立故意杀人罪既遂。根据具体符合说,行为人在实施杀人行为时,主观上想杀的是"某人",事实上也杀死了"某人",因而属于具体的符合,成立故意杀人罪既遂。可见,就这种对象认识错误而言,法定符合说和具体符合说的结论完全相同。

示例 6-28 王某故意杀人案

二审法院认为:辩护人提出王某不构成故意杀人罪的辩护意见,经查,被告人王某伙同李某等人持猎枪报复他人,主观上有故意杀人的概括故意,客观上有将他人枪击致死的后果,尽管报复对象不是谭某,但对象错误并不影响故意杀人犯罪的成立,因此,辩护人的该辩护意见本院不予采纳。[33]

在实务中,对象认识错误有时会影响量刑。

示例 6-29 王某等盗窃案

二审法院认为:在本案中,三被告人以价值数额特别巨大的瓷器作为盗窃对象,目标明确,主观恶性较大,但考虑到其对犯罪对象的认识错误,社会危害性较小,故可对其减轻处罚。[34]

2. 打击错误

所谓打击错误,又称为行为误差,是指由于行为本身的偏差,导致行为人所欲攻击的对象与实际受害的对象不一致,但这种不一致仍然没有超出同一犯罪构成的范围的情形。例如,甲乙二人在办公室内争吵。甲气极,顺手拿起桌上的茶杯向乙头

〔33〕 广西壮族自治区北海市中级人民法院(2011)北刑一终字第26号刑事裁定书。

〔34〕 浙江省绍兴市中级人民法院(2009)浙绍刑终字第150号刑事判决书。

部砸去,被乙躲开。茶杯飞出窗外从高空坠落砸在行人丙的头部,致其重伤。根据法定符合说,行为人客观上的伤害行为导致他人伤害结果,主观上也有伤害的故意,二者在故意伤害罪的犯罪构成范围内是完全一致的,因而成立故意伤害罪。根据具体符合说,甲主观上意图伤害乙,但客观上侵害的却是丙,因而行为人的主观认识与客观事实没有形成具体的符合,不能成立故意犯罪的既遂。具体而言,对于乙而言,甲虽然具有伤害的故意,客观上也实施了故意伤害的行为,但因没有发生伤害结果,故仅成立故意伤害罪未遂;对于丙而言,甲虽然造成其伤害的结果,但主观上却出自过失,故构成过失重伤罪。由于甲客观上只实施一个行为,故属于想象竞合犯,从一重罪论处。可见,对于打击错误,法定符合说重视法益的性质,但并不重视法益主体的区别,而具体符合说重视法益主体的区别,要求故意的认识内容包括对具体法益的主体的认识,因而得出的具体处理结论往往并不相同。在实务中,法院通常采用法定符合说。

示例 6-30 吕某故意伤害案

一审法院认为:被告人吕某主观上有持刀伤人的故意,客观上实施了持刀伤人的行为,其意欲持刀伤害王某,结果被方某挡住了导致方某受伤,并不超出被告人伤害他人的故意,其伤害方某的行为系目标打击错误,不影响其构成故意伤害罪。[35]

3. 因果关系的错误

所谓因果关系的错误,是指行为人对自己所实施的危害行为和危害结果之间的因果关系的实际状况存在错误认识,即行为人认识的因果关系与事实的因果关系存在不一致的情形。具体包括:因果关系发展过程的错误、事前故意、结果的提前实现。因果关系发展过程的错误,是指行为人所预想的因果关系的发展过程与造成侵害结果的因果关系的发展过程存在不一致的情形。例如,甲用匕首猛刺乙的心脏,乙为血友病患者,因失血过多而死亡。根据法定符合说,甲主观上有杀人的故意,客观上造成了他人死亡的结果,因而成立故意杀人罪既遂。根据具体符合说,甲主观上意图杀死乙,客观上实施了杀死乙的行为,且实际造成了乙的死亡结果,因而成立故意杀人罪既遂。可见,对于这种情形,法定符合说和具体符合说的处理结论完全相同。事前故意,是指行为人误认为先行为已经造成了危害结果,出于其他目的实施了后行为,实际上是后行为才导致危害结果的发生。例如,甲意图杀乙,将乙打昏后,以为乙已经死亡。为逃避罪责,甲将乙抛尸河中,乙因而溺死。根据法定符合

---

〔35〕 江西省鄱阳县人民法院(2014)鄱刑初字第47号刑事判决书。

说,甲主观上具有杀人的故意,客观上其实施的数个行为也造成了乙死亡的结果,因而成立故意杀人罪既遂。根据具体符合说,甲在殴打乙时,主观上虽然具有杀害乙的故意,但客观上并未造成乙的死亡结果,因而成立故意杀人罪未遂;甲将乙抛入河中时,客观上虽然造成了乙死亡的结果,但主观上仅具有过失,故构成过失致人死亡罪。所以,对甲应认定为故意杀人罪和过失致人死亡罪,实行数罪并罚。可见,对于这种情形,法定符合说和具体符合说的结论并不一致。结果的提前实现,是指行为人预想将数个行为全部实施完毕才能够发生危害结果,但实际上实施了部分行为即造成危害结果的情形。例如,甲将乙从桥上推入河中,意欲使其溺水而死,结果乙在坠落过程中头部撞击桥墩而死。根据法定符合说,甲主观上具有杀人的故意,客观上其行为也造成了他人死亡的结果,符合故意杀人罪的犯罪构成,成立故意杀人罪既遂。根据具体符合说,甲主观上具有杀死乙的故意,客观上实施了将乙推入桥下的杀人行为,且实际造成了乙的死亡结果,因而成立故意杀人罪既遂。可见,在这种情况下,法定符合说和具体符合说的结论也完全相同。总之,解决因果关系的认识错误问题,关键在于明确因果关系是否是故意的认识内容。刑法理论一般认为,因果关系是危害行为与危害结果之间引起与被引起的关系,是一种客观事实状态,因果关系的发展过程及其具体形态,均不是故意的认识内容。只要行为人认识到行为的内容和社会意义及其危害结果,即足以表明行为人对法益的保护所持的背反态度。因此,如果行为人具有实现同一危害结果的故意,现实所发生的危害结果与行为人所实施的危害行为之间也存在因果关系,则能肯定行为人对现实所发生的危害结果具有故意,因而成立故意犯罪既遂。

示例 6-31　陈某投放危险物质案

一审法院认为:对被告人及其辩护人关于被害人的死因并非被告人投放甲胺磷必然导致的辩解及辩护理由,经庭审查明,被害人系因有机磷中毒诱发糖尿病高渗性昏迷低钾血症,在两种因素共同作用下死亡,没有被告人的投毒行为在前,就不会有被害人死亡结果的发生,故对该辩解和辩护理由不予采纳。[36]

(二)抽象的事实认识错误

抽象的事实认识错误,又称为不同犯罪构成之间的错误,是指行为人所认识的事实与现实所发生的事实不一致,且属于不同构成要件的情形。抽象的认识错误只有对象错误和打击错误两种情形。对于抽象的事实认识错误,刑法理论界也存在法

---

〔36〕 江苏省南通市中级人民法院(2002)通刑一初字第 41 号刑事判决书。

定符合说和具体符合说之争。法定符合说认为,不同犯罪构成之间的错误,原则上阻却故意犯罪的成立或者仅成立故意犯罪未遂。具体符合说认为,在行为人所认识的构成要件事实与现实发生的构成要件事实相一致的限度内,成立故意犯罪的既遂。本书赞同法定符合说。

1. 对象错误

所谓对象错误,是指行为人误把甲对象当作乙对象加以侵害,而甲对象和乙对象分别属于不同的犯罪构成要件的情形。例如,甲趁乙不注意,将其公文包拎走。甲以为包内有现金,打开一看,却只有手枪一支,子弹五发。根据法定符合说,甲认识的事实属于盗窃财物,实际发生的事实属于盗窃枪支,二者分别属于不同的构成要件。由于甲主观上具有盗窃财物的故意,客观上也实施了盗窃财物(枪支可以评价为财物)的行为,因而对甲应当评价为盗窃罪既遂。根据具体符合说,甲意图盗窃的是现金,但实际盗窃的是枪支,二者明显不一致。就盗窃现金而言,甲成立盗窃罪未遂;就盗窃枪支而言,甲因主观上出于过失,不成立犯罪。因此,甲成立盗窃罪未遂。

2. 打击错误

所谓打击错误,是指由于行为本身的误差,行为人所意图攻击的对象与实际受害的对象不一致,而且这种不一致超出了同一犯罪构成要件的范围的情形。例如,甲本欲杀乙,结果因枪法不准,子弹打偏,将乙身边的价值连城的花瓶打碎。根据法定符合说,甲主观上具有杀人的故意,客观上实施了杀人的行为,但没有造成他人死亡的结果,因而成立故意杀人罪未遂。至于花瓶,由于甲主观上出于过失,而刑法没有规定处罚过失毁坏财产的行为,故不成立犯罪。根据具体符合说,甲主观上具有杀乙的故意,客观上实施了杀乙的行为,但没有造成乙死亡的结果,因而成立故意杀人罪未遂。对于花瓶,由于甲主观上出于过失,而过失毁坏财物不具有可罚性,故成立故意杀人罪未遂。

第七章　犯罪阻却事由

第一节　犯罪阻却事由概述

一、犯罪阻却事由的概念

构成要件是违法行为的类型，符合构成要件的行为即具有违法性，通常为刑法所禁止。但是，也可能存在这样一种情况，即行为虽然表面“符合”构成要件，但因为某种特殊事由的存在，排除行为的违法性，或者虽然不排除行为的违法性，但却排除行为人的责任，从而最终否定行为成立犯罪。这种否定犯罪成立的特殊事由，即为犯罪阻却事由。根据功能的不同，可以将犯罪阻却事由分为违法阻却事由和责任阻却事由。从犯罪成立的标准来看，犯罪阻却事由实际上属于消极的构成要件。其中，违法阻却事由相当于消极的客观构成要件，责任阻却事由相当于消极的主观构成要件。这与大陆法系刑法理论通说的“违法是客观的，责任是主观的”，具有相通之处。

二、犯罪阻却事由的价值

犯罪阻却事由，为犯罪成立的判定提供了一个逆向的视角。一般而言，在刑事司法过程中，判断主体对案件性质的判断并非一蹴而就的，而是要历经反复多次的思维过程。通常，判断主体首先对照待决案件事实与刑法分则规定的具体犯罪的积极构成要件是否相符合，一旦发现“符合”，即会得出行为事实成立犯罪的结论。然而，这种判断是一种正向的、初步的判断，是对案件事实部分裁剪的结果，因而是一种暂时、非终局性的判断。判断主体还应当从逆向的角度，考察消极的构成要件的事实是否存在，以及这些事实是否能够否定最初案件事实与犯罪构成要件“符合”的判断。如果经过多次验校之后，所得出的结论仍然是“符合”的判断，则应认定犯罪成立；反之，如果动摇、推翻先前的“符合”的判断，则应认定犯罪不成立。例如，在一起故意杀人案件中，如果存在杀人的事实和死亡结果，且行为人主观上又是故意，则可以初步得出行为人的行为成立故意杀人罪的结论。但是，这个判断只是一种暂时的判断,裁判者还应进一步考察有无其他事实的存在。假如行为人是执行法院的执行死刑命令,则该事实将否定本案存在故意杀人的客观要件的认定,因为故意杀人的客观要件,不仅是“剥夺他人生命的行为”,而且还应当是“不是执行法院判决的命令”。再假如行为人为精神病人,则该事实将否定本案存在故意杀人的主观要件的认定,因为故意杀人的主观要件,不仅是“剥夺他人生命的故意”,而且还应当是“不是精神病人的故意”。

第二节 违法阻却事由

一、违法阻却事由概述

违法阻却事由,是指否定行为违法性的事由,也称为正当化事由。由于这种事由的存在,使“符合”构成要件的行为,被判定为不具有违法性,从而最终被认定为不符合犯罪构成要件,不为刑法所禁止。

表面“符合”构成要件的行为为何能够阻却违法,这涉及违法性的本质问题。对此,理论界主要有目的说、社会相当性说和法益侵害说等主张。目的说认为,如果行为是为了实现国家承认的共同生活的正当目的而采取的适当手段,就是正当的;反之,则是违法的。社会相当性说认为,在历史地形成社会伦理秩序的范围内,被这种秩序所允许的行为,就是正当的;反之,超出社会伦理秩序的范围的,则是违法的。法益侵害说认为,如果不存在法益侵害,就是正当的;反之,则是违法的。法益侵害说又可以分为利益阙如原则和利益优越原则。前者是指不存在值得保护的法益的情形,如被害人承诺;后者是指在法益存在冲突的场合,为了保护相对优越的法益而损害其他法益的情形,如紧急避险。上述主张中,目的说之“正当目的”、社会相当性说之“社会相当性”均存在判断标准模糊的问题,而法益侵害说之“法益”相对明确,因而本书采用该说。

根据违法阻却事由是否具有法定性,可以将其分为法定的违法阻却事由和超法规的违法阻却事由。我国刑法仅明文规定了正当防卫和紧急避险两种违法阻却事由。除此之外,还存在法令行为、正当业务行为、被害人承诺、推定的承诺、自救行为、自损行为、义务冲突等超法规的违法阻却事由。

二、正当防卫

(一)正当防卫的概念

刑法第20条第1款规定:“为了使国家、公共利益、本人或者他人的人身、财产和其他权利免受正在进行的不法侵害，而采取的制止不法侵害的行为，对不法侵害人造成损害的，属于正当防卫，不负刑事责任。”据此，正当防卫，是指为了防卫国家、公共利益、本人或者他人的合法权利免受正在进行的不法侵害，采取对不法侵害人造成损害的方法，制止不法侵害的行为。

正当防卫的特点是“正对不正”，即通过损害不法侵害人的利益来保护其正在侵害的其他权利主体的法益。单纯从正当防卫行为损害了不法侵害人的利益这一点来看，正当防卫“符合”某种犯罪的构成要件；但是，从整体行为事实来看，这种损害却是基于保护正在遭受不法侵害的权利主体的法益的需要，具有伦理的正当性，因而正当防卫并不具有违法性。

（二）正当防卫的条件

正当防卫本质上是一种私刑权，是国家在特定情况下将刑罚权让渡给公民个人的结果。为防止滥用，立法严格规定了正当防卫的条件。

1. 防卫起因

正当防卫的起因条件，是指必须存在现实的不法侵害行为。所谓“不法侵害行为”，是指那些具有进攻性、破坏性、紧迫性的侵害法益的行为。从外延上看，不法侵害行为既包括某些犯罪行为，也包括某些违法行为，但又不是泛指任何犯罪行为或者任何违法行为。只有那些通过防卫的方式可以减轻或者避免法益侵害结果发生的不法侵害行为，才可以对其进行正当防卫。不法侵害，既可以是作为，也可以是不作为；既可以是故意行为，也可以是过失行为。未达到法定责任年龄的人实施的法益侵害行为，属于不法侵害，因而可以对其进行正当防卫。但是，基于全面保护法益的要求，对于这种侵害行为的防卫，应当予以必要的限制。即首先应当考虑采用躲避方法来避免损害，只有在无法采用躲避方法时，才可以进行正当防卫。此外，对于侵害欠缺具体被害人的纯粹的公法益的行为，任何人不得假借维护公共秩序的名义进行正当防卫，如强迫影院停止放映有碍风化的黄片、强迫街头小贩停止乱摆摊等。

不法侵害还必须是现实存在的，而不是臆想的或推测的。如果客观上并无不法侵害，但行为人误认为存在不法侵害，因而进行所谓防卫的，属于假想防卫。对于假想防卫，应当按照事实错误的处理原则来解决其刑事责任问题：如果行为人主观上有过失，则以过失犯罪论处；如果主观上没有过失，则按意外事件处理。至于故意反击合法行为的，则不是假想防卫，而是故意犯罪。

示例 7-1　王某过失致人死亡案

一审法院认为：被告人王某因夜晚发现他人欲非法侵入其住宅之事，即向村干部和当地公安派出所报警，在返回住宅时发现两个人影在其家窗户附近，错误地认为是侵害者,由于其主观想象,将齐某事实上并不存在的不法侵害,误认为是已经存在,进而实施了假想的防卫,并致齐某死亡,应依法承担过失犯罪的刑事责任。[1]

2. 防卫时间

正当防卫的时间条件,是指不法侵害必须正在进行。所谓"正在进行",是指不法侵害已经开始且尚未结束。不法侵害只有处于正在进行的状态,才能够使法益处于紧迫的危险之中,正当防卫才能成为保护法益的必要手段。如果不法侵害尚未开始,法益尚未受到侵害的危险,则没有必要进行正当防卫;如果不法侵害已经结束,法益侵害的结果已经发生,则实施正当防卫也已失去应有的意义。

关于不法侵害的开始时间,理论上有进入侵害现场说、着手说、直接面临说与综合说(一般以着手为标准判断,特殊情况以直接面临为标准判断)。[2] 本书赞同综合说。这是因为,一般而言,如果不法侵害人已经开始着手实施不法侵害,就已经使法益处于危险之中,因而应当认定为不法侵害正在进行。但是,在特殊情况下,也可能存在不法侵害人尚未着手但临近着手,就已经使法益处于侵害的紧迫危险之中,即着手与结果发生之间的时间间隔极其短暂,如果等到着手才允许进行正当防卫,则防卫人往往来不及反应,错失防卫的时机。在这种情形下,应当允许临近着手时即可进行正当防卫。

关于不法侵害的结束时间,理论上也有行为完毕说、离开现场说、结果发生说、危险排除说等多种主张。本书认为,危险排除说基本上是可取的。所谓不法侵害结束,是指不法侵害已经不可能继续侵害或者威胁法益。实践中,主要有以下几种情况:不法侵害人已经被制服;不法侵害人已经丧失了侵害能力;不法侵害人已经自动中止侵害行为;不法侵害人已经逃离了侵害现场;不法侵害已经造成了侵害结果;等等。应当注意的是,在不法侵害是财产性犯罪的场合,虽然犯罪行为已经既遂,但在当场使用强力仍能挽回损失的,应当认为不法侵害尚未结束,可以进行正当防卫。综上,关于不法侵害的开始时间和结束时间的判断,原则上可以参照着手和既遂的标准进行,但又不尽相同,而是分别存在防卫行为开始点前置和防卫行为结束点后移的情形。这是因为,着手和既遂的概念,重在解决侵害者的可罚性的行为阶段问题;而侵害行为是否正在进行,却是重在解决被害人的法益保护问题,以及避免将防卫行为过度前置或者过度后移,导致不当地损害侵害者的权益。

在不法侵害尚未开始或者已经结束时,采取所谓的防卫行为的,称为防卫不适时。防卫不适时有两种情形:一是事前防卫,即在不法侵害尚未开始而采取损害不

[1] 《刑事审判参考》(总第20辑),法律出版社2001年版,第10页。
[2] 赵秉志主编:《刑法争议问题研究》(上卷),河南人民出版社1996年版,第525页以下。

法侵害人权益的行为；二是事后防卫，即在不法侵害已经结束而采取损害不法侵害人权益的行为。无论是事前防卫还是事后防卫，均应当区分以下不同情况予以处理：如果明知不法侵害尚未开始或者已经结束，而故意对不法侵害人造成侵害的，按故意犯罪处理；如果应当预见不法侵害尚未开始或者已经结束，但因疏忽大意而没有预见，对不法侵害人造成侵害的，按过失犯罪处理；如果客观上不能预见不法侵害尚未开始或者已经结束，因而对不法侵害人造成损害的，按意外事件处理。

示例 7-2　田某甲故意伤害案

一审法院认为：正当防卫和防卫过当都要求不法侵害行为正在进行，且是为了制止不法侵害保护合法权益而进行的防卫行为，本案中被害人田某丙针对被告人的侵害行为已经结束，被告人是在被害人行为结束后又对其实施的伤害行为，属于防卫上的不适时即事后防卫，不构成正当防卫或防卫过当，故对被告人田某甲关于自己行为属于正当防卫、防卫过当的辩护意见不予采纳。[3]

示例 7-3　黄某故意伤害案

某日 22 时 40 分，被告人黄某在军凯宾馆附近接到两名要求到南湖市场的男性乘客，当车行至旺德府建材超市旁时，两人持刀逼住黄某从其身上抢走现金 200 余元和 TCL2188 银色外壳手机一部，并将车钥匙扯下丢出窗外，后下车逃跑，黄某从地上拾回钥匙发动汽车时，两男子已不知去向，黄某随即驾车寻找，在好百年家居建材区 D1-40 号门前的三角坪，发现两人正要坐一辆从事营运的摩托车逃走，黄某趁摩托车未启动，用车头撞在摩托车前轮上，两男子被逼跳下摩托车，往南湖布艺城方向逃跑，黄某又继续驾车追赶，将其中一人逼在一处栏杆内僵持了 10 秒钟左右，后这名男子又向布艺城的西头楼梯台阶上跑去，黄某驾车紧随其后将其撞倒在第三级台阶处，致其失血性休克死亡。对此，一审法院认为：被告人黄某为追回被抢财物，以驾车撞人的手段故意伤害他人身体，并致人死亡，其行为已构成故意伤害罪。公诉机关指控的罪名成立。针对辩护人提出的前述辩护意见，经审查认为，本案姜某与同伙实施抢劫后逃离现场，针对黄某的不法侵害行为已经结束。此后黄某驾车寻找并追赶姜某及同伙，姜某一边逃跑一边持水果刀对坐在车内的黄某挥动，其行为是为阻止黄某继续追赶，并未形成且不足以形成紧迫性的不法侵害，故黄某始终不具备正当防卫的时间条件，辩护人关于正当防卫的辩护意见本院不予采纳。[4]

---

〔3〕 山东省沂南县人民法院（2014）沂南刑初字第 67 号刑事判决书。

〔4〕 湖南省长沙市芙蓉区人民法院（2005）芙刑初字第 108 号刑事判决书。

值得注意的是,安装防卫装置不是事前防卫,而是一种预防性的防卫措施。对于安装防卫装置,应当根据其实效作出定性:如果安装防卫装置后,遇到了不法侵害,该装置针对不法侵害发生了作用,制止了不法侵害,则应当认定为正当防卫;如果没有遇到不法侵害,而是误伤了无辜的第三人,则可能构成故意犯罪或者过失犯罪,而不能成立正当防卫;如果既没有遇到不法侵害,也没有误伤他人,则不涉及正当防卫的判定问题。

3. 防卫意识

正当防卫的意识条件,是指防卫人在进行防卫时必须具有防卫意识,即认识到不法侵害正在进行,为了保护国家、公共利益、本人或者他人的人身、财产和其他权利,而决意制止正在进行的不法侵害的心理状态。防卫意识包括防卫认识和防卫意志两个方面。防卫认识,是指防卫人对正在进行的不法侵害的认识。防卫意志,是指防卫人制止不法侵害、保护合法权益的决意。

防卫意识是否为成立正当防卫的必要条件,理论上存在肯定说和否定说两种观点的对立。本书持肯定说。正当防卫行为之所以区别于犯罪行为,主要在于防卫人的主观方面不同于犯罪分子,即防卫人是在防卫意识支配下实施损害不法侵害人利益的行为的。如果抽走防卫意识这一主观要素,正当防卫在客观上则表现为一种对他人法益的侵害,这与犯罪行为的客观表现是相同的,因而无法阻却违法。正是因为防卫意识的存在,使防卫人的损害行为被评价为正当化行为。

与防卫意识相关的,是防卫挑拨、相互斗殴和偶然防卫问题。

(1)防卫挑拨,是指为了侵害对方,故意以言语、行动等刺激、引诱对方先实施不法侵害或攻击行为,然后借口正当防卫侵害对方的情形。防卫挑拨虽然具有正当防卫的客观形式,但实质上行为人并非基于防卫而是基于侵害的意思,因而本质上属于不法侵害,不能成立正当防卫。

(2)相互斗殴,是指双方各自出于不法侵害的故意而无条件地向对方实施了不法侵害的情形。在相互斗殴的场合,原则上不成立正当防卫。这是因为,双方均是基于不法侵害的意思,而非基于保护合法权益的意思,实施了不法侵害行为。换言之,双方均具有不法侵害对方的故意,且并不以对方的侵害存在为前提。即使对方并不对自己实施侵害行为,自己也会对对方实施侵害行为。在相互斗殴的场合,如果一方的侵害行为是以对方先实施侵害行为为前提的,即如果对方不实施侵害行为,自己亦不实施侵害行为;对方先实施了侵害行为,自己才对其实施反击行为,则应肯定后动手的一方有成立正当防卫的余地。需要指出的是,在相互斗殴的场合,如果一方已经停止斗殴,或者因明显处于劣势而求饶、逃跑,另一方却不依不饶、穷追不舍、继续进行侵害的,先行停止斗殴或者明显处于劣势的一方被迫进行反击的,则可以成立正当防卫。不过,此时,由于斗殴事实上已经结束,因而这种防卫并不属于斗殴过程中的防卫。

示例 7-4 张某故意伤害案

一审法院认为：徐某、张某两人因一句戏言发生争执，在被他人劝开后，徐某持碎酒瓶伤害被告人张某的行为属不法侵害。被告人张某在被徐某扎伤左颈、面部的情况下，为阻止徐某继续实施伤害行为，躲至徐某身后，抱住徐某的腰并将徐某摔倒在地，致使徐某被自持的碎酒瓶扎伤致死。被告人张某为使本人的人身免受正在进行的不法侵害而采取的制止不法侵害的行为，属正当防卫，对不法侵害人造成的损害，不负刑事责任，亦不承担民事赔偿责任。〔5〕

(3)偶然防卫，是指故意或者过失地实施侵害他人法益的行为，偶然地符合正当防卫的客观条件的情形。例如，甲正欲开枪杀乙，而丙对此完全不知情，却在杀人故意的支配下，开枪打死了甲，客观上制止了甲正在实施的杀乙的行为。在偶然防卫的情形下，虽然客观上存在现实的不法侵害，但行为人主观上并不知情，欠缺防卫意思，并不具有主观的合法化要素，因而不能成立正当防卫，而应以犯罪论处。

4. 防卫对象

正当防卫的对象条件，是指必须针对不法侵害者本人进行防卫。这是正当防卫的特点决定的。正当防卫是“以暴制暴”的行为，即通过暴力方式来制止不法侵害、保护合法权益。不法侵害的实施者是不法侵害人，因此，只有对不法侵害人本人实施反击行为，才能使其不再继续实施不法侵害行为，从而保护合法权益。如果针对不法侵害人本人以外的第三者进行防卫，则不可能制止不法侵害、保护合法权益。

对于防卫第三者，或者防卫行为造成第三者法益损害的，应当区别不同情况处理：如果行为人故意针对第三者进行所谓的防卫的，应当以故意犯罪论处；如果行为人误认为第三者是不法侵害人而进行所谓的防卫的，应当以假想防卫论处；如果行为人针对不法侵害者本人实施反击行为，但在反击过程中发生打击偏差，伤及无辜的第三者的，则应按意外事件或者过失犯罪处理；如果行为人利用第三者的财物反击不法侵害，造成该财物损毁的，则成立紧急避险。

5. 防卫限度

正当防卫的限度条件，是指防卫行为必须没有明显超过必要限度造成重大损害。行为人故意实施的损害他人法益的行为，如果具备上述正当防卫的起因条件、时间条件、主观条件、对象条件，则成立防卫行为。防卫行为，是正当防卫的上位概念，不能简单地混同于正当防卫。防卫行为要成立正当防卫，还必须具备限度条件；

---

〔5〕《刑事审判参考》(总第22辑)，法律出版社2001年版，第6页。

如果防卫行为缺乏限度条件,则应认定为防卫过当。

关于正当防卫的限度条件,理论界有必需说、基本相适应说和适当说等主张。必需说认为,应从防卫行为的实际需要出发,以有效制止不法侵害的客观实际需要作为防卫的必要限度。只要防卫在客观上有必要,防卫强度可以大于、也可以小于、还可以相当于侵害强度。基本相适应说认为,判断防卫行为是否超过必要限度,应当将防卫行为与不法侵害行为在方式、强度和后果等方面加以比较,分析判断彼此是否大体相当。如果大体相当,则没有超过必要限度;反之,则为超出必要限度。适当说认为,防卫行为的必要限度,应是指防卫人的行为正好足以制止侵害人的不法侵害行为,而没有对其造成不应有的危害。[6] 从防卫权的行使角度来看,基本相适应和适当说都失之过严,必需说则宽严标准相对适当,较为可取。实务中,长期以来,司法机关倾向于采取基本相适应说或适当说,对正当防卫的限度条件掌握过严,一定程度上挫伤了公民的防卫积极性。但近年来,有的司法机关开始采取必需说,依法准确认定正当防卫,不再唯结果论,有利于鼓励公民积极同违法犯罪行为作斗争。

示例 7-5　韩某故意伤害案

某日19时许,被害人王某见被告人韩某同丁某在网吧上网,王某认为丁某是自己的女友,即对韩某产生不满,纠集宋某、贾某等四人到网吧找韩某。王某先让其中二人进网吧叫韩某出来,因韩某不愿出来,王某又自己到网吧中拖扯韩某,二人发生争执,后被网吧老板拉开。王某等人到网吧外等候韩某,当韩某、丁某二人走出网吧时,王某即将韩某拖到一旁,并朝韩某踢了一脚。韩某挣脱后向南跑,王某在后追赶,宋某、贾某等人也随后追赶。韩某见王某追上,即持随身携带的匕首朝王某挥舞,其中一刀刺中王某左颈部,致王某左侧颈动脉、静脉断裂,急性大失血性休克死亡。对此,二审法院认为:韩某在王某一方人多势众、执意追打,且自己又摆脱不能的情况下,为使本人的人身权利免受正在进行的不法侵害,对不法侵害人实施防卫行为是适时的、必要的。但韩某采取持刀捅刺不法侵害人的防卫手段、强度及致不法侵害人死亡的严重后果,与不法侵害人赤手空拳殴打行为的手段、强度及通常可能造成的一般后果相比较,两者存在过于悬殊的差距,该防卫行为已明显超过了有效制止不法侵害行为的必要限度。应当认定韩某的行为系防卫过当,且构成故意伤害罪。[7]

示例 7-6　陈某故意伤害案

某日中午,甲、乙、丙等6人在陈某就读的某中学附近拦住陈某质问告发打架的

[6] 高铭暄、马克昌主编:《刑法学》,北京大学出版社、高等教育出版社 2017 年版,第 135 页。

[7] 《刑事审判参考》(总第 69 集),法律出版社 2009 年版,第 41~42 页。

事，陈某解释没有告状，甲等人不肯罢休，抓住并围殴陈某。乙的3位朋友正在附近，见状加入围殴陈某。其中，有人用膝盖顶击陈某的胸口、有人持石块击打陈某的手臂、有人持钢管击打陈某的背部，其他人对陈某或勒脖子或拳打脚踢。陈某掏出随身携带的折叠式水果刀（刀身长8.5厘米，不属于管制刀具），乱挥乱刺后逃脱。部分围殴人员继续追打并从后投掷石块，击中陈某的背部和腿部。陈某逃进学校，追打人员被学校保安拦住。陈某在反击过程中刺中甲、乙和丙，均构成重伤二级。陈某多处软组织损伤。对此，检察机关认为：第一，陈某面临正在进行的不法侵害，反击行为具有防卫性质。任何人面对正在进行的不法侵害，都有予以制止、依法实施防卫的权利。本案中，甲等人借故拦截陈某并实施围殴，属于正在进行的不法侵害，陈某的反击行为显然具有防卫性质。第二，陈某随身携带刀具，不影响正当防卫的认定。对认定正当防卫有影响的，并不是防卫人携带了可用于自卫的工具，而是防卫人是否有相互斗殴的故意。陈某在事前没有与对方约架斗殴的意图，被拦住后也是先解释退让，最后在遭到对方围打时才被迫还手，其随身携带水果刀，无论是日常携带还是事先有所防备，都不影响对正当防卫作出认定。第三，陈某的防卫措施没有明显超过必要限度，不属于防卫过当。陈某的防卫行为致实施不法侵害的3人重伤，客观上造成了重大损害，但防卫措施并没有明显超过必要限度。陈某被9人围住殴打，其中有人使用了钢管、石块等工具，双方实力相差悬殊，陈某借助水果刀增强防卫能力，在手段强度上合情合理。并且，对方在陈某逃脱时仍持续追打，共同侵害行为没有停止，所以就制止整体不法侵害的实际需要来看，陈某持刀挥刺也没有不相适应之处。综合来看，陈某的防卫行为虽有致多人重伤的客观后果，但防卫措施没有明显超过必要限度，依法不属于防卫过当。[8]

示例7-7 赵某过失致人重伤案

某日23时许，被害人李某与女青年邹某一起饮酒后，一同到达邹某的暂住处，二人在室内发生争吵，随后李某被邹某关在门外。李某强行踹门而入，谩骂殴打邹某，引来邻居围观。暂住在楼上的被不起诉人赵某闻声下楼查看，见李某把邹某摁在墙上并殴打其头部，即上前制止并从背后拉拽李某，致李某倒地。李某起身后欲殴打赵某，威胁要叫人"弄死你们"，赵某随即将李某推倒在地，朝李某腹部踩一脚，又拿起凳子欲砸李某，被邹某劝阻住，后赵某离开现场。经法医鉴定，李某腹部横结肠破裂，伤情属重伤二级；邹某面部挫伤，伤情属轻微伤。对此，检察机关认为：被不起诉人赵某为了制止李某正在对他人实施的不法侵害而采取的防卫行为，虽然造成李某重伤二级的后果，但综合分析全案事实证据，其行为并没有明显超过必要限度，属于正当防卫，根据刑法第20条第1款之规定，不负刑事责任。本院对赵某作出的晋检诉刑不诉

---

〔8〕 最高人民检察院指导性案例（检例第45号）。

〔2019〕8号不起诉决定适用法律错误,予以撤销,现依照《刑事诉讼法》第177条第1款之规定,决定对赵某不起诉。〔9〕

(三)防卫过当

刑法第20条第2款规定:“正当防卫明显超过必要限度造成重大损害的,应当负刑事责任,但是应当减轻或者免除处罚。”据此,防卫过当,是指防卫行为明显超过必要限度造成重大损害的情形。防卫过当有两个成立条件:(1)明显超过必要限度。这里的“必要限度”,应以制止不法侵害、保护合法权益的合理需要为标准,重点考察侵害的强度、侵害的缓急、侵害的权益等。一般而言,不法侵害越强烈,防卫的强度可以越大;不法侵害越急迫,防卫的限度可以越高;不法侵害的法益越重要,防卫造成的损害可以越大。当然,在具体判定时,应当根据不法侵害行为的危险程度、不法侵害人的主观意思,以及双方所使用的工具、手段、强度、力量对比、现场环境等因素综合分析认定。需要强调的是,正当防卫允许超过必要限度,只是不允许“明显”超过。所谓明显超过,是指根据所保护的法益性质、不法侵害的强度和紧迫程度等,能够比较容易地判断出防卫行为缺乏必要性、超过了必要限度。(2)造成重大损害。所谓造成重大损害,是指防卫行为所造成的损害与不法侵害行为可能造成的损害相比,过于悬殊、明显失衡。一般而言,防卫行为只有造成不法侵害人重伤或者死亡的,才是造成重大损害;造成不法侵害人轻伤或财产权益等损害的,不属于重大损害。以上两个条件必须同时具备,才可以认定为防卫过当。

关于防卫过当的罪过形式,刑法理论界主要有以下不同观点:(1)故意说,认为防卫过当的罪过形式只能是故意,而不可能是过失。(2)过失说,认为防卫过当的罪过形式只能是过失,而不可能是故意。(3)疏忽过失说,认为防卫过当的罪过形式只能是疏忽过失,而不可能是故意,也不可能是轻率过失。(4)排除直接故意说,认为防卫过当的罪过形式既可以是过失,也可以是间接故意,但不可能是直接故意。(5)故意过失并存说,认为防卫过当的罪过形式既可以是故意(包括直接故意和间接故意),也可以是过失(包括疏忽过失和轻率过失)。本书赞同排除直接故意说,认为在防卫过当的场合,行为人对于其过当行为及其结果,主观上不可能出于直接故意,因为直接故意犯罪均具有犯罪目的,而防卫目的和犯罪目的在本质上是相互冲突的,不可能同时存在于一个主观意识支配下的外在行为之中。相反,疏忽过失、轻率过失和间接故意,都是没有犯罪目的的罪过形式,与防卫过当需要具备的防卫目的并不矛盾,因而都可以成为防卫过当的罪过形式。

防卫过当不是独立罪名,不能笼统地将防卫过当行为确定为所谓的“防卫过当

〔9〕 福州市晋安区人民检察院晋检诉刑不诉(2019)9号不起诉决定书。

罪”“防卫过当致人重伤罪”“防卫过当致人死亡罪”等罪名,而应根据防卫人主观上的罪过形式和客观上造成的具体危害结果来确定罪名,如过失致人死亡罪、过失致人重伤罪、故意杀人罪、故意伤害罪等罪名。并且,基于罪名适用的统一性要求,也没有必要在罪名之前冠以防卫过当加以限制,如“防卫过当过失致人死亡罪”“防卫过当故意伤害罪”等。

示例 7-8 于某甲故意伤害案

二审法院认为:评判防卫是否过当,应当从不法侵害的性质、手段、紧迫程度和严重程度,防卫的条件、方式、强度和后果等情节综合判定。根据本案查明的事实及在案证据,杜某一方虽然人数较多,但其实施不法侵害的意图是给苏某夫妇施加压力以催讨债务,在催债过程中未携带、使用任何器械;在民警朱某等进入接待室前,杜某一方对于某甲母子实施的是非法拘禁、侮辱和对于某甲拍打面颊、揪抓头发等行为,其目的仍是逼迫苏某夫妇尽快还款;在民警进入接待室时,双方没有发生激烈对峙和肢体冲突,当民警警告不能打架后,杜某一方并无打架的言行;在民警走出接待室寻找报警人期间,于某甲和讨债人员均可通过接待室玻璃清晰看见停在院内的警车警灯闪烁,应当知道民警并未离开;在于某甲持刀警告不要逼过来时,杜某等人虽有出言挑衅并向于某甲围逼的行为,但并未实施强烈的攻击行为。即使四人被于某甲捅刺后,杜某一方也没有人对于某甲实施暴力还击行为。于某甲的姑母于某乙证明,在民警闻声返回接待室时,其跟着走到大厅前台阶处,见对方一人捂着肚子说“没事没事,来真的了”。因此,于某甲面临的不法侵害并不紧迫和严重,而其却持利刃连续捅刺四人,致一人死亡、二人重伤、一人轻伤,且其中一人即郭某系被背后捅伤,应当认定于某甲的防卫行为明显超过必要限度造成重大损害。〔10〕

不过,需要注意的是,根据刑法第 20 条第 2 款的规定,对于防卫过当情形下的犯罪,在量刑时应区别于不具有防卫过当的犯罪,即应当减轻或者免除处罚。换言之,防卫过当本身是一种法定从宽情节。因此在具体的司法操作过程中,裁判文书在根据刑法分则将这类案件判定为过失致人死亡罪、故意伤害罪等罪名时,应当同时引用刑法总则关于防卫过当的规定,以准确量刑。

(四)特殊防卫

刑法第 20 条第 3 款规定:“对正在进行行凶、杀人、抢劫、强奸、绑架以及其他严重危及人身安全的暴力犯罪,采取防卫行为,造成不法侵害人伤亡的,不属于防卫过当,不负刑事责任。”本条即是关于特殊防卫的规定。

〔10〕 山东省高级人民法院(2017)鲁刑终 151 号刑事附带民事判决书。

特殊防卫是正当防卫的一种类型,因而也应具备普通防卫的基本成立条件。换言之,刑法第20条第3款与同条第1款、第2款之间是特殊和一般的关系,第3款是对前两款规定的进一步阐释和说明。与普通防卫相比,特殊防卫在成立条件上有以下两个特殊之处:(1)不法侵害的特别严重性。特殊防卫针对的只能是正在进行的行凶、杀人、抢劫、强奸、绑架以及其他严重危及人身安全的暴力犯罪,而非侵犯其他法益或者虽然侵犯生命、健康、自由和性权利等法益但尚未达到严重侵犯的程度的其他犯罪和一般违法行为。(2)必要限度的最宽泛性。在特殊防卫的情形下,由于不法侵害的特别严重性,客观上要求防卫行为有相当的强度,才能制止不法侵害。所以,立法将特殊防卫的限度条件放到极限,因而司法者没有必要再具体判定防卫行为是否明显超过必要限度。换言之,在这种情况下,无论防卫行为造成不法侵害人何种形态的损害结果(重伤或者死亡),均在防卫行为的必要限度的范围之内。正是从这点上看,特殊防卫不存在超过必要限度的问题,因而又被称为无过当防卫。

由于特殊防卫不存在限度问题,如果滥用,极易侵害不法侵害人的合法利益,因而在适用时宜予以必要的限制。特别是,应当正确理解特殊防卫的对象,即“正在进行的行凶、杀人、抢劫、强奸、绑架以及其他严重危及人身安全的暴力犯罪”的范围。对此,应当明确以下几个方面:(1)只有对于严重危及人身安全(生命、健康、性权利)的暴力犯罪,才能够成立特殊防卫;对于非暴力犯罪、轻微暴力犯罪、一般暴力违法行为,虽然可以进行普通防卫,但仍存在防卫过当的问题。(2)条文中的杀人、抢劫、强奸、绑架主要是对暴力犯罪的列举,其中的“杀人”应当限于故意杀人,“行凶”应是指极有可能造成他人重伤或者死亡的暴力侵害行为。(3)杀人、抢劫、强奸、绑架等犯罪,只有以严重暴力方式实施,且严重危及人身安全时,才可以适用特殊防卫的规定;如果以暴力威胁、麻醉或者轻微暴力等方式实施,不具有严重危及人身安全的危险时,则不应实行特殊防卫。(4)其他严重危及人身安全的暴力犯罪,应当同杀人、抢劫、强奸、绑架罪一样,具有造成他人重伤、死亡的危险,如劫持航空器罪、爆炸罪等。(5)不法侵害人虽然实施的是严重危及人身安全的暴力犯罪,但在暴力犯罪已经结束的情况下,不得继续进行所谓的“防卫”。

示例7-9 于某故意伤害案

某日21时30分许,刘某驾驶宝马轿车在昆山市震川路西行至顺帆路路口,与同向骑自行车的于某发生争执。刘某从车中取出一把砍刀连续击打于某,后被于某反抢砍刀并捅刺、砍击数刀,刘某身受重伤,经抢救无效死亡。对此,公安机关认为:对行凶的认定,应当遵循刑法第20条第3款的规定,以“严重危及人身安全的暴力犯罪”作为把握的标准。刘某开始阶段的推搡、踢打行为不属于“行凶”,但从持砍刀击打后,行为性质已经升级为暴力犯罪。刘某攻击行为凶狠,所持凶器可轻易致人死伤,随着事态发展，接下来会造成什么样的损害后果难以预料，于某的人身安全处于现实的、急迫的和严重的危险之下。刘某具体抱持杀人的故意还是伤害的故意不确定，正是许多行凶行为的特征，而不是认定的障碍。因此，刘某的行为符合“行凶”的认定标准，应当认定为“行凶”。……判断侵害行为是否已经结束，应看侵害人是否已经实质性脱离现场以及是否还有继续攻击或再次发动攻击的可能。于某抢到砍刀后，刘某立刻上前争夺，侵害行为没有停止，刘某受伤后又立刻跑向之前藏匿砍刀的汽车，于某此时作不间断的追击也符合防卫的需要。于某追砍两刀均未砍中，刘某从汽车旁边跑开后，于某也未再追击。因此，在于某抢得砍刀顺势反击时，刘某既未放弃攻击行为也未实质性脱离现场，不能认为侵害行为已经停止。〔11〕

示例 7-10　侯某故意伤害案

某日22时40分许，沈某因怀疑葛某等人举报其足浴店内有人卖淫嫖娼，遂纠集本店员工雷某、柴某等4人持棒球棍、匕首赶至葛某的养生会所。沈某先行进入会所，无故推翻大堂盆栽挑衅，与葛某等人扭打。雷某、柴某等人随后持棒球棍、匕首冲入会所，殴打店内人员，其中雷某持匕首两次刺中侯某右大腿。其间，柴某所持棒球棍掉落，侯某捡起棒球棍挥打，击中雷某头部致其当场倒地。雷某经送医抢救无效死亡。侯某的损伤程度构成轻微伤，该会所另有二人被打致轻微伤。对此，检察机关认为：沈某、雷某等人的行为属于“其他严重危及人身安全的暴力犯罪”。判断不法侵害行为是否属于刑法第20条第3款规定的“其他”犯罪，应当以本款列举的杀人、抢劫、强奸、绑架为参照，通过比较暴力程度、危险程度和刑法给予惩罚的力度等综合作出判断。本案沈某、雷某等人的行为，属于单方持械聚众斗殴，构成犯罪的法定最低刑虽然不重，与一般伤害罪相同，但刑法第292条同时规定，聚众斗殴，致人重伤、死亡的，依照刑法关于故意伤害致人重伤、故意杀人的规定定罪处罚。刑法作此规定表明，聚众斗殴行为常可造成他人重伤或者死亡，结合案件具体情况，可以判定聚众斗殴与故意致人伤亡的犯罪在暴力程度和危险程度上是一致的。本案沈某、雷某等共5人聚众持棒球棍、匕首等杀伤力很大的工具进行斗殴，短时间内已经打伤3人，应当认定为“其他严重危及人身安全的暴力犯罪”。〔12〕

三、紧急避险

（一）紧急避险的概念

刑法第21条第1款规定：“为了使国家、公共利益、本人或者他人的人身、财产

〔11〕　最高人民检察院指导性案例(检例第47号)。

〔12〕　最高人民检察院指导性案例(检例第48号)。

和其他权利免受正在发生的危险,不得已采取的紧急避险行为,造成损害的,不负刑事责任。”据此,紧急避险,是指为了保护国家、公共利益、本人或者他人的法益免受正在发生的危险,不得已损害另一较小法益的行为。

紧急避险的特点是“正对正”,即在两个法益存在冲突、难以同时保全的情况下,通过牺牲一个法益来保护另一个法益。紧急避险阻却违法的根据在于法益衡量说,即认为在紧急情况下,为保护价值较高的法益而不得已牺牲价值较低的法益,是符合社会福利最大化原则的,因而可以阻却违法。

(二)紧急避险的成立条件

紧急避险是通过损害一个法益来保护另一个法益,因而立法规定了比正当防卫更为严格的成立条件。

1. 避险起因

紧急避险的起因条件,是指必须发生了现实危险。所谓危险,是指可能对法益造成危害的紧急事实状态。危险的来源主要有大自然的灾害、动物的侵袭、行为人的生理和病理因素、他人的侵害行为等。

危险必须是客观存在的,而不是假想、推测的。如果事实上并不存在危险,但行为人误认为存在危险,实施所谓的避险行为,则构成假想避险。对于假想避险,应当根据事实认识错误的原则予以处理。

2. 避险时间

紧急避险的时间条件,是指必须是正在发生的危险。所谓“正在发生”,是指危险已经出现并对法益形成现实的、紧迫的、直接的威胁。紧急避险只有在危险已经发生尚未结束之时,才有实施的必要性。如果危险尚未发生,还处于潜伏状态,其是否出现还存在或然性,此时可以采取其他防范措施避免危险造成的损害,因而不能进行紧急避险;如果危险已经结束或消除,损害已经造成,进行紧急避险已不能保全法益,因而也不能进行紧急避险。应当注意的是,关于紧急避险的开始时间,和正当防卫一样,存在避险行为的时间前置的情形,即在危险迫在眉睫、即将发生时,可以实施避险行为;但是,和正当防卫不同的是,紧急避险的结束时间通常不存在避险行为的时间后移的情形,即危险一旦结束或者消除,即不得再实施避险行为。

如果行为人在危险尚未开始或者已经结束的情形下实施所谓的避险行为的,属于避险不适时。避险不适时有事前避险和事后避险之分。对于避险不适时,可以参照防卫不适时的处理原则予以处理。

3. 避险意识

紧急避险的意识条件,是指行为人在实施避险行为时必须具有避险意识,即认识到危险正在发生,为了保护国家、公共利益、本人或者他人的人身、财产和其他权利,而决意通过损害另一法益来保护正在遭受危险的法益的心理状态。避险意识包括避险认识和避险意志两个方面。避险认识,是指避险人认识到危险正在发生,以及只有损害另一法益才能保护较大的法益。避险意志,是指避险人通过损害较小法益来保护更大法益的目的。

关于避险意识是否为紧急避险的必要条件,理论上有肯定和否定的观点。本书赞同肯定说,即认为如果避险人没有避险的意思而实施了所谓的避险行为,即使客观上保全了较大的法益,也不能成立紧急避险。基于此,偶然避险、自招危险情况下的避险,均非紧急避险,不能阻却违法。

4. 避险对象

紧急避险的对象条件,是指避险行为通常是针对第三者的法益。紧急避险的本质特征,是为了保全一个较大的法益,而将其面临的危险转嫁给一个较小的法益,即"大正对小正"。因此,避险行为指向的对象,一般不是危险源,而是与危险源无关的第三人的法益。如果行为人的行为是对危险源的直接对抗,如制止不法侵害人的不法侵害,则该行为就不是紧急避险,而可能是正当防卫。但是,不是直接对抗不法侵害人的人身,而是通过损害其他权益来防止侵害的,宜认定为紧急避险。例如,在遭遇歹徒追杀的情况下,不得已而破门闯入其住宅,不让歹徒进入的,宜认定为紧急避险(防御性紧急避险)。

5. 避险限度

紧急避险的限度条件,是指必须没有超过必要限度造成不应有的损害。紧急避险是通过损害一种法益来保护另一种法益,因而不允许造成无限度的损害,而应将损害控制在必要限度的范围内。何为紧急避险的必要限度?传统观点认为,紧急避险的必要限度,是指"紧急避险造成的损害必须小于所避免的损害"。〔13〕另有论者认为,紧急避险的必要限度,是指"在所造成的损害不超过所避免的损害的前提下,足以排除危险所必需的限度"。〔14〕两种观点的根本分歧在于,能否为了保全法益,不得已损害另一同等法益?本书赞同传统观点。根据社会福利最大化原则,紧急避险应当以不损减社会整体利益为必要条件。通过损害一个同等法益来保护另一个法益的行为,实际上也减损了社会整体利益(避险行为本身也是有成本的),因而即使站在功利主义的立场看,也是无价值的。

法益价值的衡量,是一个复杂的问题。一般而言,法益的位阶关系为:生命法益重于健康法益,健康法益重于自由法益,自由法益重于财产法益。同类法益中,财产法益通常以财产的价值大小作为判断标准。但是,生命法益具有最高价值,在任何情况下都不能以生命的数量或者质量作为法益衡量的标准,因而以牺牲某一个体的

---

〔13〕 高铭暄、马克昌主编:《刑法学》,北京大学出版社、高等教育出版社 2017 年版,第 140 页。

〔14〕 张明楷:《刑法学·上》,法律出版社 2016 年版,第 220 页。

生命来保全另一个体或者其他多数人的生命的行为,均为法秩序所不允许。总之,在进行法益衡量时,应当考察危险的来源、危险的紧迫程度、损害发生的可能性、当事人的忍受义务等,根据社会的一般通念进行客观的、合理的判断。

6. 避险限制

紧急避险的限制条件,是指必须在不得已的情况下实施。所谓“不得已”,是指舍此别无他法,即避险行为成为唯一的可以保全较大法益的方法,没有其他任何方法可以达到同样的效果。紧急避险行为,虽然从总体上看是有益于社会的行为,但毕竟还是损害了无辜的第三者的法益,是一种必要的“恶”,因此,立法对其作了严格的限制,即只有在没有其他任何方法可以排除危险的情形下,才允许选择损害第三者法益的方法来保护另一较大法益。如果当时尚有其他方法可以避险,如躲避逃跑、报警救援、寻求帮助、排除危险、正当防卫等,行为人却不采取,而给无辜的第三者造成损害的,就不是“迫不得已”,不能成立紧急避险。

示例 7-11 卜某交通肇事案

二审法院认为:上诉人卜某无证、超载行车,为避免与另一辆小汽车可能发生的碰撞,其驾驶的货车越过左侧,碰撞被害人麦某驾驶的摩托车,致麦某死亡。违反交通法规,损害他人人身权利,并不是上诉人卜某要避免自身可能遭受的人身财产损害,不得已必须采取的唯一方法;而且,卜某的人身权利与被害人麦某的人身权利是平等的,不存在孰大孰小的选择。上诉人卜某的行为并不符合紧急避险的构成要件。〔15〕

示例 7-12 徐某过失致人死亡案

二审法院认为:塌方事故发生后,虽然徐某用挖掘机挖泥土的行为是为了救人,但证人许某、谭某家距离事故现场仅几十米,许某称其发现徒手挖泥土救人太慢之后,即回家拿铲子救人,因此,从现场情况看,是可以找到其他与挖掘机相比伤害性较小的替代性工具实施救援的;且事故发生后即有人报警,公安等在接报后20分钟内即赶到现场救援,被害人当时亦尚能呼吸,并发出求助,徐某用挖掘机挖塌方泥土不属于“不得已采取”的行为,不符合紧急避险的构成要件。〔16〕

7. 避险主体

紧急避险的主体条件,是指对于职务上、业务上负有特定责任的人,不能为了避

〔15〕 广东省佛山市中级人民法院(2004)佛刑终字第145号刑事判决书。
〔16〕 广东省韶关市中级人民法院(2017)粤02刑终158号刑事裁定书。

免本人所面临的危险而实施避险行为,不履行排险职责或义务。刑法第21条第3款规定:"第一款中关于避免本人危险的规定,不适用于职务上、业务上负有特定责任的人。"这是立法对特定主体避险禁止的规定。之所以作出这一规定,是因为法律对负有特定责任的人有特别要求,国家对其有特别的期待,如果允许其在危险发生时先行避险,则国家的期待就会落空。这里的"职务上、业务上负有特定责任",是指依法担任的职务或者从事的业务本身,要求在特定的危险环境或状态下坚守职责、履行义务。例如,军人必须服从命令参加战斗,面对战死沙场的危险;消防队员必须奋勇扑火,面对烈火烧伤的危险;医生、护士必须救死扶伤,面对病菌感染的危险;等等。应当注意的是,法律只是禁止负有特定责任的主体为了保全本人的生命、身体权益而实施避险行为,而不禁止其为了保护公共利益或者他人的合法利益而实施避险行为;法律只是禁止负有特定责任的人放弃职责而实施保全本人利益的避险行为,而不禁止不违背职责履行、保全本人利益的避险行为。此外,在危险特别重大、强烈,行为人履行排险职责必然确定地会导致自身死亡、造成无谓牺牲的情况下,应仍有成立紧急避险的余地。

(三)避险过当

刑法第21条第2款规定:"紧急避险超过必要限度造成不应有的损害的,应当负刑事责任,但是应当减轻或者免除处罚。"据此,避险过当,是指避险行为超过必要限度造成不应有的损害的行为。避险过当的成立应当具备以下三个条件:(1)实施了避险行为,即行为人实施的损害第三者法益的行为具备紧急避险的起因条件、时间条件、对象条件、意识条件、限制条件和主体条件;(2)避险行为给第三者法益造成的损害超过了必要限度;(3)行为人主观上存在罪过,通常为疏忽过失,有时也可能是轻率过失或者间接故意。

避险过当不是独立的罪名,因而不能定"避险过当罪",也不能定"避险过当致人重伤罪""避险过当致人死亡罪""避险过当毁坏财物罪"等罪名,而应当根据避险行为所符合的犯罪构成,确定具体的罪名。对于避险过当,应当综合考虑避险目的、罪过形式、保全法益的性质、过当程度等诸多因素,减轻或者免除处罚。

示例7-13　程某故意毁坏财物案

一审法院认为:综观全案,被告人程某的行为符合避险过当的两方面的特征:一是主观上的罪过性,即避险人主观上存在避险的正当目的,但同时也负有避免避险行为超过必要限度造成重大损害的义务。行为人疏于履行该义务致使损害结果的发生,其对避险的结果持有放任或过失的心理态度。本案中,被告人程某驾驶铲车为躲避他人追撵的过程中,由于道路狭窄,对面有车辆会车,仍强行通过,其在主观上明知自己的行为会发生危害社会的结果,仍放任危害结果的发生,系间接故意。二是避险过当具有客观的、严重的社会危害性。本案中,被告人程某为了自己的人身和财产的安全,造成了他人价值5万余元财产的损失,已超过避险的必要限度,具有严重的社会危害性,属避险过当,结合被告人程某的自首、认罪态度及民事部分所做的全额赔偿情况,应当对被告人程某免除处罚。〔17〕

四、其他违法阻却事由

(一)法令行为

法令行为,是指基于法律、法令、法规的规定,作为行使权利或者承担义务所实施的行为。由于法令行为是法律本身所允许甚至鼓励的,是法秩序的一部分,当然是合法行为,而不是犯罪行为。但是,有的法令行为从形式上看,与某些犯罪的客观行为具有相似之处,因而将法令行为作为违法阻却事由。

法令行为主要有以下类型:(1)职务行为,即从事公务的人员按照法律的规定,在职务权限范围内所实施的行为。比如,警察逮捕犯罪嫌疑人的行为。(2)执行上级命令的行为,即下级公务人员执行上级公务人员的命令,而为一定的职务行为。下级公务人员只有不明知命令违法,才能阻却违法。下级公务人员对于上级命令原则上只有形式审查的义务。只要上级命令在程序上、形式上合法,下级公务人员就可以推定命令实质上合法。不过,如果明知上级命令在实质上存在明显的、重大的错误或缺陷却仍予以执行,则不仅不能阻却违法,反而可能与发布命令的上级公务人员形成共犯关系。《公务员法》第60条规定:"公务员执行公务时,认为上级的决定或者命令有错误的,可以向上级提出改正或者撤销该决定或者命令的意见;上级不改变该决定或者命令,或者要求立即执行的,公务员应当执行该决定或者命令,执行的后果由上级负责,公务员不承担责任;但是,公务员执行明显违法的决定或者命令的,应当依法承担相应的责任"。(3)权利(义务)行为,即在法律规定上作为公民的权利(义务)行为。比如,普通公民扭送现行犯的行为,父母对未成年子女的惩戒行为。(4)法律基于政策的理由排除违法性的行为,即对于本来侵害法益的行为,立法者基于特别的政策考虑,将其予以合法化。例如,发行彩票的行为。(5)法律有意明示合法性条件的行为,即某类行为本来具有违法性,但法律特别明示其合法性,同时对其方法、范围等予以限制,以期适当地执行。例如,符合一定条件的堕胎行为。

示例7-14 赵某、梁某滥用职权、渎职案

被告人赵某、梁某在担任沾化县服务业办公室主任、副主任期间,在滨州市服务

〔17〕 河南省新野县人民法院(2011)新刑初字第068号刑事判决书。

业发展局项目科科长刘某的主导、安排下，明知沾化海蓝高科创业园有限公司申报的高科技孵化器项目不符合申报条件，对公司报送的申报材料不按照申报要求进行审核，并以沾化县发展和改革局的名义出具请示文件予以上报，使该公司申报的项目通过审核，套取省级服务业发展引导资金，给国家造成经济损失340万元。对此，一审法院认为：被告人赵某、梁某身为国家机关工作人员，在为企业申报服务业发展引导资金过程中，滥用职权，致使国家利益遭受重大损失，情节特别严重，其行为均已构成滥用职权罪。……被告人赵某、梁某明知海蓝高科技企业孵化器项目不符合申报条件，仍然按照刘某等人的安排，上报该项目，属于执行明显违法的决定或者命令的，应承担相应的责任。[18]

（二）正当业务行为

正当业务行为，是指虽然没有法律、法令、法规的直接规定，但在社会生活上被认为是正当的业务上的行为。所谓业务，是指在社会生活中反复实施的行为。正当业务行为，不仅要求业务是正当的，同时要求行为本身也在业务的正当范围内。换言之，只有正当业务中的正当行为才是违法阻却事由，超出正当范围的行为仍然可能成立犯罪。例如，记者如实的采访报道活动属于正当业务，但捏造事实诽谤他人的，并不阻却违法；律师基于事实和法律为被告人辩护属于正当业务，但唆使他人作伪证以使被告人脱罪，则构成违法。正当业务没有固定的种类和标准，只要社会一般观念认为是正当的，就可以认定为是正当业务行为。例如，体育竞技中的相扑、拳击等行为。

（三）被害人承诺

被害人承诺，是指基于被害人的承诺而实施的损害其法益的行为。被害人请求或者允许行为人侵害其法益，就表明其放弃了该法益，因而法律通常就没有必要予以保护，损害被放弃法益的行为，应当认为没有侵害法益，因而没有违法性。

被害人承诺的行为要阻却违法性，应当具备以下条件：(1)法益必须具有可处分性。对于国家、公共利益或者他人的利益，不存在被害人承诺的问题；只有被害人本人的法益，才可以成为承诺的范围。但是，即使是承诺侵害自己的法益，也应有一定的限度。一般而言，生命法益和健康法益不属于可以承诺的范围，财产法益属于可以承诺的范围。(2)承诺者必须具有承诺能力。承诺者必须具有一定的辨认和控制能力，能够认识到所承诺事项的内容、范围、结果和意义。没有辨认和控制能力的精神病人，缺乏承诺能力；未成年人，一般只对与其认知水平相当的事项具有承诺能力。(3)承诺必须是承诺者的真实意思表示。戏言式的承诺、错误的承诺、强制的承

---

[18]　山东省滨州市沾化区人民法院(2011)鲁1603刑初120号刑事判决书。

诺,均属于无效的承诺,不阻却违法。(4)承诺必须能为行为人所了解。被害人的承诺必须以明示或暗示的方式表现于外部,且能为行为人所感知,才是有效的承诺;被害人内心的意思,或者虽然表现于外部但无法为他人所感知的意思表示,均非有效的承诺。(5)承诺必须在行为开始前或者行为时作出。事后的承诺不阻却行为的违法性;承诺可以撤回,被害人在侵害结果发生前变更承诺的,先前的承诺无效。(6)经承诺所实施的侵害行为不得超出承诺的范围。侵害行为只有在承诺的范围内实施,才是承诺者真实意志的体现;超出承诺范围的法益侵害,不得认为是有效的承诺。

示例 7-15 洪某故意杀人案

被告人洪某和被害人庄某系同居关系,二人因欠下巨额赌债无力偿还,萌生一起烧炭自杀的念头。某日 20 时许,二人在住处一起吃饭、喝酒,并服用洪某提供的用于催眠的药品三唑仑。次日凌晨,洪某将三只盛有燃着木炭的不锈钢盆放置于次卧内,待庄某进入该卧室后,用胶带将卧室的门缝封住,二人一起躺于床上。6 时许,洪某醒来,发现庄某已经死亡。对此,一审法院认为:洪某的行为具有刑事违法性,且不存在违法性阻却事由。我国宪法、法律明确尊重和保障人权,生命权作为公民个体至高无上的基本人权,任何个体不得自由处分与让渡。生命权并非被害人有处分权限的个人法益,被害人承诺不能成为故意杀人犯罪的违法性阻却事由。本案中,现有证据虽体现出被害人系在自愿情形下由洪某实施杀害行为,但洪某所侵害的生命权已经超出被害人承诺可处分的范围,不能以此排除其行为的刑事违法性,仍然具有社会危害性和可责难性,应当以犯罪论处。〔19〕

(四)推定的承诺

推定的承诺,是指事先没有得到被害人的现实承诺,但推定被害人如果知道事实真相后也会作出同意,基于这种推定而实施了某种保护被害人利益的行为。

基于推定的承诺的行为,要阻却违法性,必须具备以下条件:(1)待处理的事项必须具有急迫性。只有在相关事项非常急迫,来不及获取被害人的承诺,才可以实施相关行为;如果行为当时相关事项并没有明显的紧迫性,则应事先征求被害人的意见,而不能适用推定的承诺。(2)被害人没有现实的承诺。如果有现实的承诺,则属于被害人承诺,而非推定的承诺。(3)推定被害人知道事实真相后必然会承诺。这种推定以合理的一般人意志为标准,是规范的假定,而不是以被害人的实际意志为标准。(4)必须基于被害人的利益。行为人是为了最大可能减少被害人的利益损

〔19〕 福建省厦门市中级人民法院(2015)厦刑初字第 85 号刑事判决书。

失,而牺牲其某一利益以保全其另一利益,且所保全利益通常大于所损失利益。(5)所针对的法益必须是被害人处分权限内的法益,否则不得实施相关行为。

(五)自救行为

自救行为,是指法益受到侵害的人,在通过法律程序等待国家机关救济不可能或者明显难以恢复时,依靠自己的力量救济法益的行为。自救行为和正当防卫的共同之处在于,二者都是紧急行为,都处在“正对不正”的关系。区别在于,正当防卫针对的是对法益的现时侵害,而自救行为针对的是对法益过去侵害的残留状态。

在法治社会,针对法益的侵害,原则上只能通过国家机关的公力救济予以恢复;但国家机关不是万能的,在难以依靠国家机关的紧急事态中,应当承认被害人私力救济的合法性。然而,私力救济的范围又不应当随意扩大,否则会扰乱社会秩序,造成不当侵害。因此,只有具备以下条件时,才能成立自救行为:(1)法益必须已经受到了违法的侵害。法益侵害并非正在进行,而是已经结束(结束时间长短在所不问),但法益侵害的状态又仍然存在,这是实施自救行为的前提。(2)必须是公权力功能缺位。通过法律程序依靠国家机关公力救济,不可能或者难以恢复受侵害的法益。(3)恢复法益的手段必须具有相当性。救济行为的方法和程度具有补充性,所造成的侵害与救济的法益具有社会相当性。

示例 7-16　张某故意伤害案

一审法院认为:被告人张某将自诉人王某推倒、跌伤,造成轻伤、十级残疾的后果,是客观存在并经证据证实的事实。但事件的起因是由于自诉人擅自窃取被告人摩托车而引起,并且在被告人得悉后立即追赶自诉人的过程中发生的;当时自诉人虽然已将摩托车放弃,但未就此事做出说明并接受处理,在自诉人欲骑车离去时,被告人对其推搡是一种自力救济行为。故被告人不具有伤害自诉人的主观故意,且没有造成更为严重的重伤后果,因此自诉人王某指控被告人张某犯故意伤害罪,罪名不能成立,本院不予支持。但被告人张某所采取的自救行为方法,已造成不应有的损害后果,虽然不应当就致人轻伤负刑事责任,但要对造成的伤残后果承担相应的民事赔偿责任。[20]

示例 7-17　孙某交通肇事案

辩护人辩称:本次事故发生的原因是被告人所驾车辆被被害人所驾驶的三轮摩托车撞击,被害人逃跑。后被告人去追赶的行为是民事自救行为,没有任何过错。在三轮车侧翻事故发生时,被告人也没有明显过错,当时其超车既没有超越双黄线,

〔20〕　江苏省兴化市人民法院(2006)兴刑初字第434号刑事判决书。

也没有发生碰车事件。被告人怕自己惹事上身,让老乡报警,自己驶离现场的行为并不属于逃逸。被害人无证载客,而且在碰撞被告人的车辆后,还驾车逃逸,不顾乘客的安全,是不负责任的行为。一审法院认为:《道路交通安全法》第70条规定:"在道路上发生交通事故,车辆驾驶员应立即停车,保护现场。"被告人孙某驾驶的汽车与被害人徐某的三轮摩托车发生碰撞后,被害人徐某未停车,而被告人孙某在道路上掉头去追赶徐某,直接违反了上述规定。被告人孙某在快速追赶并超越被害人的三轮摩托车后,证人展某证言证实先是想逼停,后怕被撞又向前开了一段,超越被害人驾驶的车辆至前方,证人孙某证言证实了先是并排行驶20米左右,后又超车的,可见,被告人孙某的行为属于拦截行为,而被害人正是因为被告人孙某这一行为,恐慌而采取迅速向左打方向措施导致车辆侧翻,该事实亦得到了被害人徐某的陈述及被告人孙某供述的印证。……被告人孙某肇事后逃逸,按照《道路交通安全法实施条例》本应负事故之全部责任,鉴于被害人徐某的三轮摩托车系无牌证车辆,亦有过错行为,所以事故责任认定为其负事故的主要责任,并无不当。肇事后,被告人孙某未对被害人徐某、胡某作出赔偿,酌情应对其从重处罚。[21]

(六)自损行为

自损行为,是指行为人自己损害自己的法益的行为。例如,自杀、自伤、自毁财物等。法益主体自己损害自己的法益时,就不存在值得法秩序加以保护的利益,因而原则上自损行为不具有违法性。但是,如果行为同时侵害了其他法益,则并不阻却违法性。例如,军人战时自伤、放火烧毁自己的财物但危害公共安全等。

(七)义务冲突

义务冲突,是指存在两个以上互不相容的义务,为了履行其中的某项义务,而不得已不履行其他义务的情形。例如,医生为了急救重病患者而放弃了对轻病患者的治疗;律师为了维护被告人的利益而泄露了他人的隐私等。义务冲突和紧急避险具有相似性,都是紧急状态下的行为,都是"正对正"的关系,但二者的区别也是明显的:(1)行为表现不同。义务冲突是在法律上要求行为人履行全部义务,但因受到主客观条件的限制,行为人只能履行其中的某项义务,因而表现为不作为;紧急避险则是通过积极的方式损害某一法益以保全另一法益,因而表现为作为。(2)义务要求不同。就义务冲突而言,负有义务的行为人必须履行法律要求的多项义务中的某项义务,否则便是懈怠渎职;就紧急避险而言,如果是涉及本人法益的危险,则行为人既可以实施避险行为,也可以忍受危险,不实施避险行为。

义务冲突只有具备以下条件,才能阻却违法性:(1)义务的冲突性。存在两个以

[21] 江苏省苏州市虎丘区人民法院(2008)虎刑初字第0365号刑事判决书。

上互不相容的法律义务，行为人只能履行其中的某项义务。（2）选择的效益性。行为人履行了更为重要的义务，而放弃了较不重要的义务。义务的轻重，通常根据履行义务所保护的法益的重要性程度来判断。行为人能够履行法益价值较高的义务，但却不予履行，而履行了法益价值较低的义务，行为具有违法性；如果数项义务具有等价性，则无论履行哪项义务，都能阻却违法。

第三节 责任阻却事由

一、责任阻却事由概述

责任，也称有责性，是指主体因其实施了符合构成要件的违法行为所应受到的谴责和非难。它包括作为犯罪成立要素的个人主观心理状态及其相关要素。

责任的本质，涉及责任的基础、内容、根据等问题。关于责任的基础，主要有行为责任论、性格责任论和人格责任论等主张。行为责任论认为，应受惩罚的不是行为人而是行为，因此责任非难的对象是行为人的行为及其背后的意思。性格责任论认为，应受惩罚的不是行为而是行为人，因此责任非难的对象是行为人的危险性格。人格责任论认为，犯罪行为是行为人人格的主体的实现，人格一方面受环境和素质的制约，另一方面又是根据行为人主体地位形成的。因此，责任的基础有两次：第一次是犯罪行为，第二次是人格形成。关于责任的内容，主要有心理责任论和规范责任论。心理责任论认为，责任的内容是行为人的心理关系，包括故意和过失。行为人在具有责任能力之外，如果还具有故意或者过失，则可以追究其责任。规范责任论认为，责任的内容是非难可能性，行为人不仅应当具有故意或者过失的心理要素，而且还能够被期待在具体情况下实施其他适法行为、不应当实施违法行为，才可以给予非难。责任的根据，在于相对意志自由。人的意志受到环境、生理、素质等各种因素的制约和影响，不可能是完全自由的。然而，具有辨认和控制能力的人，具有接受法律规范的要求而实施合法行为的可能性，因而具有相对的意志自由。具有相对意志自由的人，在选择合法行为与违法行为的模棱两可情况下，如果选择不遵循法律规范的要求而实施违法行为，就具有了伦理上的非难基础。

“无责任则无刑罚”，责任是犯罪成立的必要要件。责任阻却事由，是指排除符合构成要件、违法的行为的责任的事由。在通常情况下，达到法定责任年龄的主体都具有责任能力、违法性认识的可能性以及期待可能性。因此，在讨论故意、过失以及目的、动机等犯罪主观要件时，都是以行为人具有责任能力、违法性认识的可能性和期待可能性为前提的。这也是刑法理论通常不将责任能力、违法性认识的可能性和期待可能性作为故意、过失的内容的原因。然而,一般案件处理时,认为行为人具有犯罪的故意或者过失,实际上隐含着一个前提,即不存在行为人缺乏责任能力、缺乏违法性认识以及缺乏期待可能性的情况。如果行为人虽然实施了表面符合构成要件的违法行为,但不可能辨认行为的内容、性质和后果,或者不能控制自己的行为;或者合理地认为是按照法律规范的要求实施,而且不可能认识到自己的行为违反刑法;或者行为人虽然预见到结果发生的可能性,但却不可能实施合法行为,则行为人的行为实际上并不真正符合犯罪构成要件,应当能够阻却犯罪的成立。所以,责任阻却事由主要是缺乏责任能力、缺乏违法性认识和缺乏期待可能性。

二、缺乏责任能力

(一)刑事责任能力

1. 刑事责任能力的概念

刑事责任能力,是指行为人认识自己行为的性质、意义、作用和后果,并能控制自己行为方向和对自己行为承担责任的能力。简言之,刑事责任能力,就是行为人辨认和控制自己行为的能力。刑法不是积极地规定刑事责任能力,即不是直接规定犯罪的成立要求行为人具有责任能力,而是消极地规定无责任能力和限定责任能力。

刑事责任能力的实质,是行为人在行为时所具备的相对的自由意志能力。刑事责任能力是行为人行为时犯罪能力和刑事责任承担能力的统一,是行为辨认能力和行为控制能力的统一。一般而言,自然人达到一定年龄,智力发育正常,就具备了这种能力。另外,这种能力还可能因年龄、精神状况、生理功能缺陷等原因而缺乏、丧失或者减弱。具备刑事责任能力者,可以成为犯罪主体并被追究刑事责任;不具备刑事责任能力者,即使实施了客观上危害社会的行为,也不能成为犯罪主体,不能被追究刑事责任;刑事责任能力减弱者,其刑事责任也相应地减轻。刑事责任能力作为犯罪主体的核心要素,对于犯罪主体的成立以及刑事责任大小的确定,具有根本性的意义。

2. 刑事责任能力的内容

刑事责任能力的内容,是指行为人对自己行为的法律意义的辨认和控制能力。辨认能力,是指行为人对自己行为在刑法上的性质、意义、作用和后果的认识能力,即行为人认识到自己行为是否为刑法所禁止、谴责、制裁的能力。控制能力,是指行为人决定自己行为的方向、方法、强度、时间、地点的能力,即行为人决定是否实施刑法所禁止的行为的能力。

辨认能力是一种认识能力,是控制能力存在的前提和基础;控制能力是一种意志能力,是辨认能力的系属和依归,二者之间存在有机的联系。一方面,辨认能力是刑事责任能力的基础。行为人只有正确认识到自己行为的法律性质，才能够凭借这种能力自觉有效地选择和决定是否实施刑法禁止的行为。如果行为人对自己所实施的行为在刑法上的意义缺乏识别、判断的能力，那么其控制能力也就无所依存。控制能力的具备是以辨认能力的存在为前提条件的，未达到刑事责任年龄的未成年人和精神病患者，由于不具备辨认能力，自然也不具备刑法意义上的控制能力。另一方面，控制能力是刑事责任能力的关键。这表现在：(1)在具有辨认能力的基础上，还需要有控制能力，才能具备刑事责任能力。具有辨认能力的行为人，必须具有相对意志自由，能够对自己行为进行控制，才能要求其对自己选择实施的严重危害社会的行为承担责任。(2)具备控制能力，一定就具备辨认能力。控制能力，是以辨认能力的存在为前提的。因此，行为人具有控制能力，就必然具有辨认能力。行为人具有控制能力而没有辨认能力的情形，是不可想象的。总之，辨认能力和控制能力是刑事责任能力不可分割的内容，是刑事责任能力存在的前提，缺一不可。如果行为人仅有辨认能力而没有控制能力，就没有选择和决定自己行为的能力，就不可能具有刑事责任能力；控制能力的存在，又必须以具备辨认能力为前提，因而不可能存在仅有控制能力而没有辨认能力的情形。

3. 刑事责任能力的程度

刑事责任能力程度，即辨认能力和控制能力的有无及其强弱，受多种因素的决定和影响。其中，最主要的有两个方面的因素：(1)心智的成熟程度。自然人的心智成熟与否，主要受年龄因素以及汲取知识、发展智力的某些重要器官生理功能的制约。(2)精神的健康状况。自然人的精神健康状况，即大脑功能正常与否，主要受有无精神疾病以及精神疾病的种类、程度和特点的影响。只有心智成熟且精神正常的自然人，才有能力辨认和控制自己的行为。社会生活中的自然人，达到一定年龄，重要器官和大脑发育正常，其知识和智力的发展就达到相当成熟程度，因而自然具有刑法所要求的辨认和控制自己行为的能力。但是，由于某些精神疾病、外力作用或重要器官生理功能丧失，将导致达到法定责任年龄的人不具备辨认能力或者控制能力，或者使这种能力减弱。

(二)刑事责任能力的影响因素

刑事责任能力的影响因素，指决定刑事责任能力有无及其强弱的各种因素，包括自然人的年龄、精神状况和生理功能状况等。

1. 刑事责任年龄

刑事责任年龄，是指刑法规定的、行为人对自己实施的严重危害社会的行为负刑事责任所必须达到的年龄。人的辨认能力和控制能力并不是与生俱来的，而是取决于其心智的发展程度，而心智的发展又必然受到年龄的制约。年幼无知的儿童，对自己行为的性质、意义、作用和后果缺乏正确的认识，难以作出合理的抉择，不具有刑罚承受能力。对这类人实施的严重危害社会的行为追究刑事责任,无法实现刑法的目的。一个人只有随着年龄的增长,知识不断增加和经历日益丰富,才能逐步具备相应的辨认和控制自己行为的能力。也只有这个时候,才能让行为人对自己所实施的严重危害社会的行为承担刑事责任,实现刑法的目的。

刑事责任年龄制度,是以年龄为标准划定一个承担刑事责任的范围,以解决不同年龄段的人刑事责任的有无及其程度的问题。刑法根据对未成年人犯罪以教育为主、惩罚为辅的政策,从我国政治、经济、文化教育状况、少年儿童的成长过程以及同犯罪作斗争的实践需要出发,借鉴他国的立法经验,考虑刑事立法的发展趋势,将刑事责任年龄划分为完全无刑事责任年龄、完全刑事责任年龄、相对刑事责任年龄和减轻刑事责任年龄四个阶段。

(1)完全无刑事责任年龄。这是依法完全不负刑事责任的年龄时期。根据刑法第 17 条规定的精神,不满 14 周岁,是完全不负刑事责任年龄的阶段。因为,处于这一年龄段的人尚处于幼年时期,身心尚未发育成熟,还不具备辨认和控制自己行为的能力,因而对其实施的严重危害社会的行为,一概不追究刑事责任。但应当注意,对未满 14 周岁犯有杀人、重伤、抢劫、放火、惯窃或者其他严重破坏社会秩序行为的,应当责令其家长或监护人加以管教;在必要的时候也可以由政府收容教养。

示例 7-18 某甲故意杀人案

某甲,男,出生于 1969 年 2 月 13 日,小学五年级学生。1983 年 2 月 11 日,正值学校放寒假,某甲来到自己读书的小学,见本校低年级学生某乙(女,10 岁)独自一人在校值班室内,遂起歹念,将某乙骗至防空洞内进行猥亵。某乙进行反抗,并说要将此事告诉老师。某甲用石头将某乙砸昏后,又用随身携带的小刀在某乙的喉部、胸部和腹部连刺 20 余刀,并割掉某乙的舌头,挖出某乙的双眼,致某乙当场死亡。破案后,某甲对公安人员声称:“我懂得法律,未满 14 岁的人不负法律责任。”对于该案的处理,司法机关有两种不同意见。一种意见认为,某甲未满 14 周岁,不应当负刑事责任,但应当予以收容教养,并由其法定监护人承担民事赔偿责任。另一种意见认为,某甲还差 3 天即满 14 周岁,与刚满 14 岁的人相比,其刑事责任能力已无本质的区别,而且某甲杀人的手段极为残酷,动机恶劣,不追究其刑事责任不足以平民愤。最后,某甲被劳教 3 年,没有承担刑事责任。[22]

(2)完全刑事责任年龄。这是依法完全负刑事责任的年龄时期。根据刑法第

[22] 陈兴良、曲新久:《案例刑法教程》(上),中国政法大学出版社 1994 年版,第 30 页。

17条第1款的规定,已满16周岁的人犯罪,应当负刑事责任。立法之所以如此规定,是因为已满16周岁的人在智力、知识、阅历等方面已有相当的发展,能够根据国家法律和社会道德规范的要求来约束、指引自己的行为,已经具备了辨认和控制自己行为的能力。因此,处于这个年龄段的人应当对自己实施的刑法所禁止的一切危害行为承担刑事责任。

(3)相对刑事责任年龄。这是对特定的严重犯罪负刑事责任的年龄时期。根据刑法第17条第2款的规定,已满14周岁不满16周岁,是相对负刑事责任年龄阶段。处于这个年龄阶段的人,虽然不具备完全的辨认和控制自己行为的能力,但已经具备了一定的辨别是非和控制自己重大行为的能力,即对某些严重危害社会的行为具备一定的辨认和控制能力。因此,应对自己实施的性质特别严重的犯罪行为承担刑事责任。刑法第17条第2款规定:"已满十四周岁不满十六周岁的人,犯故意杀人、故意伤害致人重伤或者死亡、强奸、抢劫、贩卖毒品、放火、爆炸、投毒罪的,应当负刑事责任。"2001年12月29日全国人大常委会通过的《刑法修正案(三)》将投毒罪改为投放危险物质罪;2002年3月26日最高人民法院、最高人民检察院公布的《关于执行〈中华人民共和国刑法〉确定罪名的补充规定》取消了奸淫幼女罪的罪名,将其纳入强奸罪中。上述规定实际上也涉及对刑法第17条第2款的规定的修正。据此,相对刑事责任年龄主体的刑事责任规定应为:"已满十四周岁不满十六周岁的人,犯故意杀人、故意伤害致人重伤或者死亡、强奸、抢劫、贩卖毒品、放火、爆炸、投放危险物质罪的,应当负刑事责任。"

如何理解这里的"故意杀人、故意伤害致人重伤或者死亡、强奸、抢劫、贩卖毒品、放火、爆炸、投放危险物质罪"呢?对此,刑法理论界曾有两种不同的意见。一种意见认为,这些犯罪指的是具体罪名,即仅限于这八种犯罪。另一种意见认为,这些犯罪指的是具体的犯罪行为,因而并不仅限于八种犯罪。对此,2002年8月23日全国人大常委会法制工作委员会公布的《对最高人民检察院关于已满十四周岁不满十六周岁的人承担刑事责任的范围问题的答复意见》指出:刑法第17条第2款规定的八种犯罪,是指具体犯罪行而不是具体罪名。"犯故意杀人、故意伤害致人重伤或者死亡",是指只要故意实施了杀人、伤害行为并且造成了致人重伤、死亡后果的,都应负刑事责任。而不是指只有犯故意杀人罪、故意伤害罪的,才负刑事责任,绑架撕票的,不负刑事责任。对司法实践中出现的已满14周岁不满16周岁的人绑架人质后杀害被绑架人,拐卖妇女、儿童而故意造成被拐卖妇女、儿童重伤或死亡的行为,依据刑法是应当追究其刑事责任的。另外,根据刑法第17条第4款的规定,对于不满16周岁不予刑事处罚的,应当责令其家长或者监护人加以管教;在必要的时候,也可以由政府收容教养。

示例 7-19　田某等绑架、抢劫、强奸、盗窃、抢夺、销售赃物、收购赃物案

一审法院认为:被告人马某在绑架被害人的过程中,对被害人搜身直接取得财物,实施了绑架和抢劫两个行为。根据刑法第 17 条第 2 款的规定,已满 14 周岁不满 16 周岁的人,对他实施的绑架行为不负刑事责任,但应对抢劫行为负刑事责任。故被告人马某伙同他人冒充警察对被害人实施抢劫,构成抢劫,并具有刑法第 263 条第 6 项规定的加重情节。应对抢劫行为负刑事责任。〔23〕

(4)限制刑事责任年龄。这是指行为人对自己实施的严重危害社会的行为应当承担刑事责任,但不承担完全或全部的刑事责任而有一定程度减轻的年龄时期。减轻责任的因素,既可能是年龄较轻,也可能是年龄较大。根据刑法第 17 条第 3 款的规定,已满 14 周岁不满 18 周岁的人犯罪的,应当从轻或者减轻处罚。根据刑法第 17 条之一的规定,已满 75 周岁的人故意犯罪的,可以从轻或者减轻处罚;过失犯罪的,应当从轻或者减轻处罚。

关于刑事责任年龄,应当注意以下三个方面的问题:

第一,刑事责任年龄的计算。刑事责任年龄应当是指实足年龄即周岁,而不是指虚岁。实足年龄以日计算,并且按公历的年、月、日计算。如已满 14 周岁,是指过了 14 周岁生日(当日 24 时止),从第二天起,才是已满 14 周岁。已满 16 周岁、已满 18 周岁年龄的计算,与此相同。例如,行为人 1988 年 5 月 6 日出生,至 2002 年 5 月 7 日已满 14 周岁,至 2004 年 5 月 7 日已满 16 周岁,至 2006 年 5 月 7 日已满 18 周岁。

示例 7-20　陈某抢劫案

被告人陈某多次伙同他人抢劫,但其辩解户籍证明中的出生日期 1990 年 10 月 13 日并不真实,实际出生日期应为 1993 年 11 月 8 日;同时提交户籍所在地邻居和接生人员、证人等出具的证明材料 5 份,均证明其出生日期为 1993 年 11 月 8 日,作案时未满 18 周岁。对此,一审法院认为:因根据本案现有证据,无法准确认定被告人年龄,为保护可能之未成年人利益,依据《刑事诉讼法》第 158 条之规定,合议庭法官前往被告人户籍所在地实施调查,依法调取了被告人户籍所在镇人口与计划生育办公室制作并保存的《颍上县已婚育龄妇女档案及登记表》一份,其上记载被告人陈某母亲于 1993 年 4 月 8 日生下男婴一名,取名为陈某。参考侦查机关 2010 年 8 月 26 日采样作出的骨龄推断意见

〔23〕 河北省辛集市人民法院(2003)辛刑初字第 1—110 号刑事判决书。

书，被告人陈某的骨龄为 17.5±0.5 周岁，与被告人陈某出生于 1993 年相符。[24]

第二，刑事责任年龄计算的基准。犯罪主体中的刑事责任年龄，是以行为实施时为基准还是以行为结果发生时为基准，这涉及刑事责任年龄计算的基准问题。在行为与结果同时发生的情况下，一般不发生年龄计算上的难题。但在行为与结果不同时发生的情况下，依哪一个时间为计算基准则直接影响犯罪的成立与否、刑事责任的有无及轻重。立法设立刑事责任年龄制度的目的在于解决行为人在行为当时是否具有或者是否完全具有辨别、控制能力。换言之，辨认、控制能力是指行为人在"行为实施之时"的辨认、控制能力，而不是在"结果发生之时"的辨认、控制能力。因此，以行为实施之时的实际年龄为基准来确定行为人是否达到刑事责任年龄应是合乎立法本意的。如果行为出现连续或者继续状态的，则应当以行为状态结束之时行为人的实际年龄来确定。

第三，跨刑事责任年龄犯罪的处理。对于跨年龄犯罪的认定，不能按照前后一并认定的方法进行处理，而应根据案件的具体情况，区分不同的年龄阶段，分别予以认定。具体地说，分为以下两种情况：其一，行为人在已满 16 周岁后实施某种犯罪，并在已满 14 周岁不满 16 周岁期间也实施了相同行为。对此，如何追究刑事责任，应当具体分析。如果在已满 14 周岁不满 16 周岁期间所实施的是刑法第 17 条第 2 款规定的特定严重犯罪，则应一并追究刑事责任；否则，就只能追究已满 16 周岁以后实施的犯罪的刑事责任。在这种情形下，如果已满 14 周岁不满 16 周岁期间所实施的行为，与已满 16 周岁后实施的犯罪行为具有密切联系，则说明行为人的人身危险性较大，可以作为量刑情节予以考虑。其二，行为人在已满 14 周岁不满 16 周岁期间，实施了刑法第 17 条第 2 款规定的特定严重犯罪，并在未满 14 周岁时也实施了相同行为，对此不能一并追究刑事责任，只能追究已满 14 周岁后实施的特定严重犯罪的刑事责任。同样，如果未满 14 周岁时实施的行为与已满 14 周岁后实施的犯罪行为具有密切联系，则说明行为人的人身危险性严重，在量刑时应予以考虑。

处理未成年人犯罪案件，还应当遵循以下两个原则：

第一，从宽处理原则。根据刑法第 17 条第 3 款的规定，已满 14 周岁不满 18 周岁的人犯罪，应当从轻或者减轻处罚。所谓"应当"，是指"必须""一律"，而不允许有例外，即凡是未成年人犯罪都必须予以从宽处罚，否则即是违法。从宽处罚是相对于成年人犯罪而言的，即在犯罪性质和其他犯罪情节相同或者基本相同的情况下，对未成年人犯罪要比照对成年人犯罪的处罚予以从轻或者减轻处罚。所谓"从轻处罚"，是指在法定刑幅度内比没有未成年人这个情节的成年人犯罪所应判处的

〔24〕 浙江省宁波市镇海区人民法院（2010）甬镇刑初字第 384 号刑事判决书。

刑罚适当轻一些。所谓"减轻处罚",是指低于相应法定刑的最低刑判处刑罚。减轻处罚,既可以是同一刑种内不同刑度的减轻,也可以是减为该法定刑内设有的另一种更轻的刑种。至于从宽的具体幅度,则应根据案件的具体情况决定。

示例 7-21 薛某等抢劫案

二审法院认为:原审法院在认定肖某、徐某等四被告人系未成年人,如实交代,坦白认罪,有悔罪表现的情况下,本着"教育为主、惩罚为辅"的原则,对肖某等四被告人适用缓刑对所居住的社区没有重大不良影响,不致再危害社会,对肖某等四被告人分别予以减轻处罚,适用缓刑,量刑适当,应予维持。[25]

第二,不适用死刑原则。根据刑法第 49 条的规定,犯罪的时候不满 18 周岁的人不适用死刑。所谓"不适用死刑",是指不允许判处死刑,包括判处死刑缓期二年执行;也不能先判处死刑但不执行,等到行为人年满 18 周岁后再执行死刑。

(5)老年人犯罪案件的处理。基于老年人身心功能逐渐衰弱,体能和精力显著减退,辨认能力、控制能力会有不同程度的减弱的身心发育特点,《刑法修正案(八)》从刑罚适用的根本目的和刑罚人道主义出发,对老年人犯罪的处理规定了以下三个原则:

第一,从宽处理原则。根据刑法第 17 条之一的规定,已满 75 周岁的人故意犯罪的,可以从轻或者减轻处罚;过失犯罪的,应当从轻或者减轻处罚。"可以从轻或者减轻处罚",是指要根据老年人犯罪的具体情况,决定是否从轻或者减轻处罚,而不是必须一律从轻或者减轻处罚。即一般情况下要从轻或者减轻处罚,但对具有特别恶劣、严重情节的也可以不从轻或者减轻处罚。"应当从轻或者减轻处罚"是指一律予以从轻或者减轻处罚,至于是从轻处罚还是减轻处罚,则需要结合案件的具体情况来决定。根据刑法第 17 条之一的规定,对老年人犯罪予以从宽处罚的条件是老年人犯罪时已满 75 周岁。如果犯罪时不满 75 周岁,即便审判时已满 75 周岁,也不能依照刑法第 17 条之一的规定对其从宽处罚。

示例 7-22 胡某故意杀人案

被告人胡某认为村干部黄某等三人分地时对其不公,一直怀恨在心,预谋将黄某杀害。某日晚,胡某趁黄某不备之机,用事先准备的尖刀朝其左侧后背猛刺一刀,致其失血性休克死亡。对此,一审法院认为:被告人胡某携尖刀故意杀人,并致被害人

---

〔25〕 湖南省永州市中级人民法院(2013)永中法刑二终字第 112 号刑事判决书。

死亡,其行为构成故意杀人罪。胡某犯罪时已满75周岁,且具有自首情节,依法本可以从轻处罚,但鉴于胡某主观上具有事先准备尖刀的故意,且预谋杀害三人,客观上又尾随、辱骂黄某并公然持刀猛刺黄某的背部,致黄某心、肺破裂后死亡,应当认定"以特别残忍手段致人死亡",依法应当严惩。〔26〕

二审法院认为:被告人胡某为泄私愤,预谋故意非法剥夺他人生命,其行为构成故意杀人罪。胡某实施犯罪时已年满75周岁,其作案手段不属于特别残忍,依法对其可不适用死刑。胡某犯罪时虽已年满75周岁并具有自首情节,但其所犯罪行极其严重,不足以对其从轻或者减轻处罚。〔27〕

第二,一般不适用死刑原则。根据刑法第49条第2款的规定,审判的时候已满75周岁的人,不适用死刑,但以特别残忍手段致人死亡的除外。这里的"审判的时候",是指在人民法院审理案件期间,即包括一审、二审以及死刑复核期间。"以特别残忍手段致人死亡",是指采用毁容、活埋、挖眼睛、割耳鼻、砍四肢、挑筋脉等给被害人肉体上带来极大痛苦、公众心理上难以接受的作案手段。立法增设本条规定,主要有两个方面的考虑:一是已满75周岁的人的生理能力、心理能力相对于一般成年人有很大的降低,人身危险性有所减弱,不需也不宜对其适用死刑;二是部分已满75周岁的人生理能力、心理能力良好,又以特别残忍手段致人死亡,如不对其适用死刑,难以化解社会矛盾。

示例7-23　尹某故意杀人案

被告人尹某因怀疑吴某拔掉自己所栽种的柳树棒而与其发生口角,继而厮打。厮打过程中,尹某持柳树棒击打吴某头部和面部数下,致其颅脑损伤当场死亡。吴某的妻子王某见状,与尹某发生厮打,尹某又持柳树棒击打王某头部和面部数下,致其颅脑损伤当场死亡。对此,最高人民法院复核认为:被告人尹某故意非法剥夺他人生命,其行为构成故意杀人罪。尹某仅因邻里纠纷,连续杀死二人,犯罪情节恶劣,后果和罪行极其严重,依法应当严惩。鉴于尹某作案后委托他人报案,并在家中等候公安人员抓捕,到案后如实供认犯罪事实,有自首情节,且在本院复核期间已年满75周岁,依法对其可不判处死刑立即执行。〔28〕

第三,从宽适用缓刑原则。根据刑法第72条的规定,对于被判处拘役、3年以下

〔26〕《刑事审判参考》(总第90集),法律出版社2013年版,第40~41页。
〔27〕《刑事审判参考》(总第90集),法律出版社2013年版,第41页。
〔28〕《刑事审判参考》(总第100集),法律出版社2015年版,第29页。

有期徒刑的犯罪分子,如果犯罪情节较轻、有悔罪表现、没有再犯罪的危险并且宣告缓刑对所居住社区没有重大不良影响的,可以宣告缓刑;对其中已满75周岁的人,应当宣告缓刑。根据该规定,对于已满75周岁的人,只要符合缓刑的条件,就应当对其宣告缓刑。

2. 精神障碍

行为人虽然达到法定刑事责任年龄,但如果精神方面存在障碍,也会影响其辨认和控制能力,从而使其刑事责任能力减弱甚至丧失。刑法第18条专门规定了精神病人的刑事责任问题,为司法实践解决精神病人和其他精神障碍人的刑事责任提供了基本依据。

(1)完全无刑事责任的精神病人。刑法第18条第1款规定:“精神病人在不能辨认或者不能控制自己行为的时候造成危害结果,经法定程序鉴定确认的,不负刑事责任,但是应当责令他的家属或者监护人严加看管和医疗;在必要的时候,由政府强制医疗。”根据这一规定,认定精神障碍者为完全无刑事责任能力人,应当同时具备以下两个标准:

第一,医学标准。又称生物学标准,即行为人在行为当时确实处于精神病状态,而不是处于精神病的间歇期或者缓解期等未发病状态。在理解医学标准时,应当把握以下几点:首先,行为人必须是精神病人。精神病在司法精神病学上有特定的范围,其与非精神病性精神障碍(诸如神经官能症、性变态、变态人格、急性生理性酒精中毒等)有本质的区别。精神病患者的精神功能障碍会导致其辨认或控制能力的丧失,而非精神病性障碍人一般都不会因精神障碍而丧失辨认或控制行为的能力。只有精神病人,才可能是无责任能力人;至于非精神病性障碍人,则既可能是限制责任能力人,也可能是完全责任能力人。其次,精神病人必须实施了特定的危害社会的行为,即实施了刑法所禁止的危害行为。如果这些危害行为是精神健全者实施的,则应承担完全的刑事责任。最后,精神病人实施刑法所禁止的危害行为必须是基于精神病理的作用,即行为人的精神病理与特定的危害行为的实施之间必须具有因果关系。行为人在实施危害行为时,正处于精神病发病期,而不是间歇期或缓解期。只有精神病人于行为时发病,才存在因精神病理的作用而导致危害行为的实施应当如何处理的问题。

第二,法学标准。又称心理学标准,即行为人因为精神病而在行为当时处于完全不能辨认或者控制自己行为的状态,而不是处于心神减弱的状态。行为人之所以实施刑法禁止的危害行为,不仅是因为精神病理机制的直接作用,而且还因为精神病理的作用而使行为人在行为当时丧失了辨认或者控制自己行为的能力。所谓“丧失辨认能力”,是指行为人由于精神病理的作用,在行为当时不能正确地理解自己行为危害社会的性质及其后果。如精神分裂症患者在实施杀人行为时,由于其精神病理的作用,不知道自己实施的是杀人行为以及该行为会造成他人死亡的后果,甚至坚信自己是在反击一个要杀害自己的凶手。所谓丧失控制能力,是指行为人由于精神病理的作用,不能根据自己的意志自由地选择实施或不实施危害行为,或者不能根据自己的意志自由地选择和控制危害行为实施的时间、地点、方式与程度。如果精神病人所实施的行为与其精神病没有直接联系,就不能认为他没有辨认与控制自己行为的能力而认定为无刑事责任能力人。辨认和控制能力有无的判断,是一种具体的判断,特别要注意对部分辨认和控制能力的判断。所谓部分辨认和控制能力,是指行为人由于精神障碍对某一类犯罪没有辨认和控制能力,但对其他犯罪具有辨认和控制能力的情形。例如,好诉妄想的偏执狂患者,可能对诬告陷害罪没有辨认和控制能力;但对与好诉妄想无关的其他犯罪,则具有辨认和控制能力。

示例 7-24　艾某故意杀人案

被申请人艾某因精神病发作,采取暴力手段致其 14 周岁的儿子李某机械性窒息死亡,又用菜刀割伤自己的左腕部,被及时救治。审理法院认为:艾某实施暴力,致被害人李某机械性窒息死亡,严重危害了公民人身安全,符合故意杀人罪的行为要件。但经法定程序鉴定,认定艾某心境障碍,有精神病性症状的抑郁症,作案时处于发病期,实质性辨认能力丧失,应评定为无刑事责任能力。故应认定艾某系依法不负刑事责任的精神病人。案发后对艾某曾进行保护性临床治疗,经鉴定目前仍处于发病期,有继续危害社会的可能,需要继续临床治疗。艾某的法定代理人表示,艾某的家庭生活困难,无力承担病人的看管和医疗费用,同意将艾某强制医疗;艾某的诉讼代理人亦建议对艾某进行强制医疗。[29]

(2)完全负刑事责任的精神障碍人。根据刑法有关规定和司法精神病鉴定实践,责任能力完备而应完全负刑事责任的精神障碍人,包括以下两类人员:

第一,精神正常时期的间歇性精神病人。刑法第 18 条第 2 款规定:"间歇性的精神病人在精神正常的时候犯罪,应当负刑事责任。"间歇性精神病,是指具有间歇发作特点的精神病,包括精神分裂症、躁狂症、抑郁症、癫痫性精神病、周期性精神病、分裂情感性精神病、癔症性精神病等。患有这些精神病的精神病人在精神正常的时候,即非发病期,实施刑法所禁止的危害行为的,其辨认和控制自己行为的能力完全具备,不符合无责任能力和限制责任能力所要求的法学标准,因而应当对其所实施的危害行为负完全的刑事责任。间歇性精神病人的行为是否成立犯罪,应以其实施行为时是否精神正常,是否具有辨认和控制自己行为的能力为标准,而不能以

〔29〕 辽宁省沈阳市大东区人民法院(2013)大东刑医决字第 1 号强制医疗决定书。

侦查、起诉或审判时是否精神正常为标准。如果间歇性精神病人在实施危害行为时精神不正常,则即使其实施行为后精神恢复正常的,也不能要求其承担刑事责任。

第二,大多数非精神病性精神障碍人。根据司法精神病学理论和实践,非精神病性精神障碍主要有以下种类:各种类型的神经官能症,包括癔症、神经衰弱、焦虑症、疑病症、强迫症、神经性抑郁、人体解体性神经症等,但癔症性精神错乱除外;各种人格障碍式变态人格(包括品质性人格障碍);性变态,包括露阴癖、恋物癖、恋童癖、性虐待癖等;情绪反应(未达到精神病程度的反应性精神障碍);未达到精神病程序的成瘾药物中毒与戒断反应;轻躁狂与轻性抑郁症;生理性醉酒与单纯慢性酒精中毒;脑震荡后遗症、癫痫性心境恶劣以及其他未达到精神病程度的精神疾患;轻微精神发育不全;等等。非精神病性精神障碍人,并不因精神障碍而使辨认或者控制自己行为的能力丧失或减弱,而是具有完全的责任能力,因而应对自己的行为负完全的刑事责任。

示例 7-25 朱某敲诈勒索案

二审法院认为:针对上诉人朱某及其辩护人所提朱某患有焦虑症,原判对朱某的量刑过重的上诉理由及辩护意见,经查,朱某患有焦虑症,并不影响对其刑事责任能力及受审能力的认定。[30]

(3)限制刑事责任的精神障碍人。这类主体,是指介于无刑事责任的精神病人与完全刑事责任的精神障碍人中间状态的精神障碍人。刑法第 18 条第 3 款规定:“尚未完全丧失辨认或者控制自己行为能力的精神病人犯罪的,应当负刑事责任,但是可以从轻或者减轻处罚。”限制刑事责任的精神障碍人,主要包括以下两类:一是处于早期(发作前趋期)或部分缓解期的精神病(如精神分裂症)患者,这类患者由于精神病理机制的作用使其辨认或控制行为的能力有所减弱;二是某些非精神病性精神障碍人,包括轻至中度的精神发育迟滞(不全)者,脑部器质性病变(如脑炎、脑外伤)或精神病(如精神分裂症、癫痫症)后遗症所引起的人格变态者,神经官能症中少数严重的强迫症和癔症患者等。限制刑事责任的精神障碍人,不同于部分刑事责任的精神障碍人。一方面,限制刑事责任的精神障碍人对所有犯罪均有辨认和控制能力,只是辨认和控制的程度不同于精神完全健全者,而是有所减弱;部分刑事责任的精神障碍人仅对部分犯罪具有辨认和控制能力,对其他犯罪则不具有辨认和控制能力;就其他犯罪而言,行为人不是辨认和控制能力有所减弱,而是根本没有辨认

〔30〕 上海市第一中级人民法院(2011)沪一中刑终字第 857 号刑事裁定书。

和控制能力。另一方面,对限制刑事责任能力的精神障碍人犯罪的,可以从轻或者减轻处罚;对部分刑事责任的精神障碍人犯罪的,如果所实施的犯罪与其精神障碍有因果关系的,则不应负刑事责任;反之,则应负完全的刑事责任。

示例 7-26　金某故意杀人案

二审法院认为:上诉人金某因生活琐事与家人产生报复动机,采用投毒于饭菜的方式意欲剥夺他人生命,情节较轻,其行为构成了故意杀人罪。金某经鉴定为精神发育迟滞(中度),在作案时辨认及控制自己行为的能力削弱,系限制刑事责任能力人,依法应当负刑事责任,但是可以从轻或减轻处罚。[31]

3. 生理功能缺陷

精神正常的人,随着年龄的增长,其知识和智力也相应增长。达到一定年龄之后,即具有一定的刑事责任能力;达到成年年龄之后,即具有完全的刑事责任能力。但是,如果自然人某些重要的生理功能(如听能、语能、视能等)缺失的话,则其接受教育能力会受到影响,进而影响智力的开发和对知识的学习,以及辨认和控制能力的大小,最终影响到刑事责任能力。刑法第 19 条规定:"又聋又哑的人或者盲人犯罪,可以从轻、减轻或者免除处罚。"此即刑法对生理功能缺陷者即聋哑人、盲人刑事责任的特殊规定。这一规定表明,聋哑人、盲人实施刑法禁止的危害行为,构成犯罪的,应当负刑事责任,但是可以从轻、减轻或者免除处罚。

具体适用这一规定时,还应注意以下几点:

(1)坚持适用对象的特定性。本条的适用对象有以下两类:一类是聋哑人,即既聋又哑的人。这类人员听能和语能同时丧失,因而属于生理功能丧失的残疾人的范畴。他们绝大多数是由于先天性原因或者后天幼年时某种原因引起耳聋而致哑的,也有少部分是在少年时期以后甚至成年以后,由于疾病、药物中毒或者外伤等原因致使听能、语能完全丧失。另一类是盲人,即双目失明者。其视能丧失的原因,既可能是先天性的,也可能是后天性的。对此,《人体损伤程度鉴定标准》《中国残疾人实用评定标准》有详细具体的规定,实践中可参照适用。

示例 7-27　苏某、王某敲诈勒索案

二审法院认为:上诉人苏某、王某通过互联网发送以爆炸相威胁的恐吓电子邮件,向他人勒索数额巨大的财物,其行为均已构成敲诈勒索罪,依法应予惩处。苏某所提其

---

〔31〕 安徽省安庆市中级人民法院(2018)皖 08 刑终 85 号刑事判决书。

为盲人,可从轻、减轻或者免除处罚的意见,经查,苏某所持的残疾人证书可证明其视力为二级低视力,但根据相关标准尚不能认定为盲人,不能适用刑法第19条的规定对其从轻、减轻或者免除处罚。[32]

(2)坚持应当负刑事责任的原则。聋哑人、盲人并不是完全无刑事责任能力人。事实上,他们在实施刑法所禁止的危害行为时,是具有一定的刑事责任能力的,因此,只要其行为符合犯罪构成的主客观要件,都应当依法追究其刑事责任。

(3)坚持从宽处罚的原则。聋哑人、盲人由于重要生理功能的丧失直接影响其学习、接受教育、社会实践及智力开发,从而导致其辨认和控制能力有所减弱,因此,对这类人员犯罪,原则上要予以从宽处罚。但是,对于极少数生理功能缺陷后天形成,且不影响其知识和智力发展的聋哑人、盲人,也可以考虑不从宽处罚。特别是,对于刑事责任能力完备、犯罪情节恶劣、犯罪后果严重的聋哑人、盲人,应坚决不予从宽处罚。对应予从宽处罚的聋哑人、盲人犯罪案件,应当根据行为人犯罪时责任能力的减弱程度,同时考察犯罪的性质和危害程度,具体决定是从轻处罚还是免除处罚,以及从轻、减轻处罚的幅度。

示例7-28 付某、杜某盗窃案

一审法院认为:原审判决已充分考虑到上诉人付某、原审被告人杜某系聋哑人及所盗窃的财物大部分被追回的具体情节,亦在处罚时对“二被告人系聋哑人,均依法从轻处罚”作出评价且给予从轻处罚。对原审被告人杜某认罪态度较好,亦给予酌情从轻处罚。故辩护人的辩护意见应予支持,但不宜再予从轻处罚。[33]

示例7-29 陈某故意杀人案

二审法院认为:被告人陈某因不满被害人对其体罚等行为,故意非法剥夺他人生命,持刀砍死6人,砍伤2人,其行为已构成故意杀人罪。陈某虽系聋哑人,案发前亦有被打骂等情形,但其持刀杀死6人,致伤2名聋哑人,犯罪手段极其残忍,情节特别恶劣,后果特别严重,社会危害极大,对其不予从轻处罚。[34]

4. 生理醉酒

醉酒,通常称为酒精中毒、乙醇中毒,是指由于饮酒所致的精神障碍。酒精是酒

---

〔32〕《刑事审判参考》(总第59集),法律出版社2007年版,第38~45页。

〔33〕山东省德州市中级人民法院(2018)鲁14刑终81号刑事裁定书。

〔34〕青海省高级人民法院(2010)青刑终字第47号刑事裁定书。

的主要成分,人的神经系统对酒精最为敏感。因此,酒作为一种杀神经物,一次性大量饮用可以导致急性神经系统紊乱症,甚至会出现神经系统的不可逆损害。精神病学根据酒精造成人的精神障碍程度的不同,把醉酒划分为急性酒中毒和慢性酒中毒两大类。急性酒中毒又有生理性醉酒和病理性醉酒之分。生理性醉酒,是一种非精神病性精神障碍,不属于完全不能辨认和控制自己行为的精神病人。在生理性醉酒状态下,人的生理、心理和精神变化大致可分为兴奋期、共济运动失调期和昏睡期三个时期。实践表明,在生理醉酒的上述三个时期,醉酒者仍然有能力实施危害行为,只不过在前两个时期行为人通常以作为方式实施,在第三个时期则通常以不作为方式实施。而病理性醉酒则不同,它是一种由于少量饮酒即可引起严重精神障碍,它发病突然,持续时间短暂,并常常以昏睡告终。处于这种状态的人,其感知功能先于运动功能受到酒精作用的影响,因此,虽然外观上无异样表现,但其意识已经发生重大障碍。由于这类醉酒状态下的人,其自我表现和环境意识均出现重大障碍,已经完全丧失了辨认和控制自己行为的能力,属于完全无刑事责任能力人。

刑法把生理性醉酒与病理性醉酒作了区分。刑法第18条第4款规定:"醉酒的人犯罪,应当负刑事责任。"这里的醉酒,仅仅指生理性醉酒。生理性醉酒人对其在醉酒状态下实施的危害行为,仍应负刑事责任,且是完全的刑事责任,不得减免。刑法的这一规定,对于预防和减少酒后犯罪,维护正常的社会秩序,具有十分重要的意义。生理性醉酒者对其实施危害行为应当负刑事责任的根据在于:(1)医学表明,生理性醉酒者的辨认的控制能力只是有所减弱,并未完全丧失,不属于无刑事责任能力人。(2)生理性醉酒人在醉酒前对自己醉酒后可能实施危害行为应当预见到,甚至已经有所预见,在醉酒状态下实施危害行为时具备故意或者过失的犯罪主观要件。(3)醉酒完全是人为的,是可以戒除的。(4)如果对醉酒者免除刑事责任或者减轻刑事责任,则可能导致醉酒恶习蔓延,不利于良好社会风尚的形成。

示例7-30　谈某、汤某寻衅滋事案

对于被告人谈某、汤某以自己醉酒而否认其行为构成犯罪的辩解,一审法院认为:刑法第18条第4款明确规定,醉酒的人犯罪,应当负刑事责任。因此,两名被告人即使因为生理醉酒而导致意识不清、行为控制能力减弱,在此情况下实施的犯罪行为,只要证据确凿、充分,被告人仍应负刑事责任。[35]

5. 原因自由行为

原因自由行为,是指行为人故意或者过失地使自己陷入丧失或者降低责任能力

---

[35] 上海市闸北区人民法院(2002)闸刑初字第172号刑事判决书。

的状态,并在该状态下实施了符合构成要件的违法行为的情形。使自己陷入丧失或者降低责任能力的状态,称为原因行为;在该状态下实施的客观构成要件的违法行为,称为结果行为。由于行为人可以自由地决定是否陷入丧失或者降低责任能力的状态,所以称为原因自由行为。例如,明知自己有病理性醉酒史,饮酒后会出现意识障碍、记忆丧失等精神病症状,并实施攻击性行为,却故意饮酒,随即实施暴力造成他人伤亡的,即属原因自由行为。

原因自由行为与责任能力密切相关。根据行为与责任同时存在原则,行为人只对在具有责任能力状态下所实施的行为及其结果承担责任,不能追究其在丧失责任能力状态下所实施的行为及其结果的责任。在原因自由的场合,既然行为人在实施符合客观构成要件的违法行为时没有责任能力,则是否还能够认定其行为构成犯罪,追究其相应的刑事责任?对此,理论界基本持肯定的态度。归纳起来,主要有以下几种观点:(1)构成要件说,即认为原因设定行为具有决定性意义,是构成要件所要求的实行行为。行为人在实施原因行为时具有辨认、控制能力和相对意志自由,就应当承担相应的责任。(2)间接正犯说,即认为原因自由的行为人是将自己的无责任能力状态作为工具予以利用,间接正犯是将他人作为工具予以利用,两者都是一种利用行为。如同间接正犯的利用行为被认为是实行行为一样,设定原因行为也应当被认为是实行行为。(3)支配可能性说,即认为原因自由行为时的实行行为是结果行为,但行为人在实施原因行为时,对结果具有支配可能性,因而应对结果行为承担责任。(4)意思决定说,即认为行为开始时的最终的意思决定,贯穿犯罪计划实施的整个过程,因而只要在最终的意思决定时具有责任能力,即使在实施实行行为时丧失责任能力,也应认为具有责任能力,从而追究相应的责任。(5)例外说,即认为行为与责任同时存在原则是追究刑事责任的一般原则,但这一原则应当有例外。原因自由行为则是这一规则的例外,即在这种情况下,即使行为人在实施实行行为时欠缺责任能力,也可以归责。

本书原则上赞同意思决定说。在原因自由的场合,行为人无责任能力或者限制责任能力的状态,是因行为人的故意或者过失行为所致,且其在原因阶段即预见到特定法益的侵害可能性。行为人由于可以归责于自己的过错,导致自己陷入精神障碍状态,并在这种状态中实现了不法构成要件。因此,行为人理应对自己的行为后果负责。并且,原因自由行为虽然可以分为原因行为和结果行为,但这两个行为实际上是前后相继、不可分割的,属于一个有机联系的整体。所以,刑法对于这种行为的评价,不能局限于结果发生的实行行为阶段,而应同时兼顾具有意思决定自由的原因行为阶段。换言之,刑法对于原因自由行为的评价,不能以行为人在实现不法构成要件的瞬间系在精神障碍状态下,而认定其无责任能力或者限制责任能力;相反,应当将行为人实施的行为过程作一整体评价,行为人预见到自己在精神障碍状态下可能无法控制自己的后续行为，而故意或者过失地使自己陷入责任欠缺的状态，并通过后续行为实现法益风险的，已经充足犯罪构成的客观要件和主观要件，应当归责。

示例 7-31　彭某故意杀人案

被告人彭某服食摇头丸后药性发作，持刀捅刺同室居住的被害人阮某的胸部，阮某经抢救无效死亡。对此，二审法院认为：上诉人彭某曾经多次服食摇头丸，并出现过服药后的幻想症状。对此彭某自己完全清楚。案发当晚，作为一个具有正常行为能力的人，在明知自己吸食毒品后会产生短暂神志异常的情况下，彭某仍然自愿服食摇头丸，最终导致神志异常而实施杀人行为。正是彭某的自愿吸毒行为，使其陷于神志异常状态，并在此状态下实施犯罪行为，造成严重的危害后果。故彭某应当对自己的行为承担刑事责任。[36]

三、缺乏违法性认识

违法性认识，是指行为人在实施符合客观构成要件的违法行为时，认识到自己的行为是违法的。这里的"违法"，一般是指形式违法，即行为被刑事法律规范所明确禁止，而非实质违法，即行为在实质上具有法益侵害性。

关于违法性认识是否是犯罪故意的认识内容，刑法理论界主要存在违法性认识不要说和违法性认识必要说的分歧。通说坚持违法性认识不要说，认为犯罪故意的认识要素要求行为人明知其行为及其结果的危害性即已足够，不必再要求行为人明知行为及其结果的刑事违法性。当然，如果行为人确实不知法律已经禁止而仍然实施某种一向不为刑法所禁止的行为，则不能说其故意违反刑法，同时也往往缺乏对行为及其结果的社会危害性的认识。[37] 一些学者坚持违法性认识必要说，具体又有以下两种观点：(1)严格违法性认识说，即认为犯罪故意中的认识只能是违法性认识，而不是社会危害性的认识。因为社会危害性是一个需要价值评判的概念，要求行为人认识不合适；认识社会危害性应以违法性作为客观参照标准；违法性的认识符合罪刑法定原则的基本精神。[38] (2)责任说，即认为故意犯罪的成立不要求行为人现实地认识到形式违法性认识；违法性认识的可能性，是故意与过失之外的独立的责任要素，而且是故意犯与过失犯都必须具备的责任要素。[39] 本书赞同严格违

---

[36] 《最高人民法院公报》2007 年第 7 期。

[37] 高铭暄、马克昌主编：《刑法学》，北京大学出版社、高等教育出版社 2017 年版，第 108~109 页。

[38] 黎宏：《刑法总论问题思考》，中国人民大学出版社 2007 年版，第 251 页。

[39] 张明楷：《刑法学》，法律出版社 2016 年版，第 321~322 页。

法性认识说,即认为行为人只有具备违法性认识或者违法性认识的可能性时,才能认定其具有犯罪故意或者犯罪过失,从而具有归责的基础。否则,应当认为行为缺乏犯罪故意或者过失,不具备犯罪构成的要件,难以成立犯罪。具体而言,如果行为人认识到行为的违法性却仍继续实施该行为的,成立故意犯罪;行为人实施行为时没有认识到行为的违法性,但存在认识的可能性时,成立过失犯罪;行为人既没有认识到也不可能认识到其行为的违法性时,则不成立犯罪。

缺乏违法性认识,是指行为人在实施符合犯罪客观构成要件的行为时,没有认识到行为的违法性,也不可能认识到行为的违法性的情形。由于缺乏违法性认识,行为人事实上并不具有犯罪故意或者犯罪过失,缺乏主观罪过,因而不成立犯罪。对于违法性认识可能性的判断,主要采取推定的方法。对于绝大多数犯罪而言,如果能够证明行为人对犯罪基本事实有明确的认识,则通常可以进一步推定其具有违法性认识。这种推定一般是合理的,只有在极其特殊情况下,才允许被推翻,从而认为行为人不具有违法性认识的可能性。这些特殊的情形主要有:(1)行为人居住生活的地区偏僻、资讯不发达,确实不知有关法律的存在的;(2)国家有关机关宣传不到位,行为人确实不知自己的行为违反特定领域的法律法规的;(3)行为人实施的行为并未被原来的法律所禁止,但行为时的法律禁止该行为,而行为人确实没有认识的可能性的;(4)外国人或者无国籍人所实施的行为并未被其居住国的法律禁止,而其又刚进入中国,完全不知我国相关的法律规范的;(5)根据从司法机关、行政主管机关等值得信赖的权威机构获得的信息,或者遵从司法机关的判例结论,对自己的行为性质产生错误认识的。

示例 7-32 张某盗伐林木案

张某等蚕农依当地政府规定与惯例,在报经当地农业部门下属蚕业管理站批准许可后,对其承包蚕场内养蚕专用树柞树进行轮伐剪枝、对附随柞树生长的杂树进行清理砍伐。对此,再审法院认为:原审被告人张某在未取得林业部门颁发采伐许可证的情况下,轮伐蚕场内树木 610 棵,其中中刈用于蚕业生产的柞树 470 棵、清理影响蚕业生产的白桦等杂树 140 棵,其行为违反了森林法的有关规定,客观上对林木资源造成了损害,但其在自己承包的蚕场内对养蚕专用树柞树经报批后轮伐剪枝、对柞树以外杂树予以清理的行为,符合当时有效的五大连池市政府相关文件规定及柞蚕生产技术规程要求,属于蚕场作业行为。张某砍伐蚕场内树木系为养蚕生产,主观上没有非法占有林木的犯罪故意。其行为不构成盗伐林木罪。[40]

---

〔40〕 黑龙江省高级人民法院(2012)黑刑再终字第 8 号刑事判决书。

四、缺乏期待可能性

期待可能性，是指根据行为时的具体情况，能够期待行为人不实施违法行为而实施其他适法行为的情形。反之，缺乏期待可能性，则是指不能期待行为人不实施违法行为而实施其他适法行为的情形。“法律不强人所难。”只有当行为人具有期待可能性时，才可以对行为人作出谴责可能性。因此，期待可能性是一种归责要素，缺乏期待可能性则是一种责任阻却事由。

期待可能性理论来自德国法院1897年对癖马案所作的判决。关于期待可能性在责任论中的地位，主要存在以下不同的观点：(1)构成要素说，即认为期待可能性是故意和过失的构成要素，如果缺乏期待可能性，则意味着行为人缺乏犯罪故意或者犯罪过失。(2)第三责任说，即认为期待可能性是与责任能力、故意和过失并列的第三责任要素。故意和过失是主观归责要素，期待可能性则是客观归责要素。期待可能性判断，必须考虑行为当时的实际情况、有无特殊事由存在等。(3)责任阻却说，即认为期待可能性既不是故意和过失的构成要素，也不是与责任能力、故意和过失并列的第三责任要素，而是一种责任阻却事由。本书赞同责任阻却说。一方面，期待可能性不是故意和过失的构成要素，故意和过失的成立不以期待可能性为前提。例如，因流落外地，为生活所迫而与他人形成事实婚姻的，虽然缺乏期待可能性，但不能否认具有重婚的故意。另一方面，期待可能性又是一种“消极”“次要”的责任要素。由于一般人在行为时都具有期待可能性，因此并非在每个案件中都需要证明。在绝大多数案件中，只要能够证明行为人故意或者过失的心理状态的存在，控方就完成了证明任务，就可以认定行为人有责任。如果行为人在承认故意、过失存在的前提下，还要主张无责任或者限制责任，则其要提出证据证明自己缺乏期待可能性。对于行为人缺乏期待可能性的主张，如果控方不同意，则应在反驳时提出相应的证据。因此，在刑事诉讼中，控方并不需要证明行为人有期待可能性；相反，辩方应当证明行为人无期待可能性，而且，辩方往往在极其特殊的案件中提出这种辩护事由，以排除犯罪的成立。例如，行为人原本无罪，在被司法机关错误关押后单纯脱逃的。就此而言，将缺乏期待可能性视为一种责任阻却事由更为妥当。

期待可能性的判断标准，是一个充满理论聚讼的问题。对此，主要存在以下学说：(1)行为人标准说，即主张以行为时行为人自身的能力为标准。如果在当时的具体状况下，行为人能够实施适法行为，就表明有期待可能性；反之，则无期待可能性。(2)平均人标准说，即主张以社会上一般人、平均人的能力为标准。如果一般人、平均人处于行为人的状态下，能够实施适法行为，则表明行为人有期待可能性；反之，则无期待可能性。(3)法规范标准说，即主张以国家的法秩序的具体要求为标准。如果从国家的法秩序立场出发，能够期待行为人作出适法行为，则表明其有期待可能性;反之,则无期待可能性。本书赞同行为人标准说。期待可能性既然是对符合构成要件的违法行为的实施者的人格非难,就应当站在行为人的立场,充分考虑其个人的意志选择可能性,从而使归责的基础更为厚实。当然,平均人标准说可以作为判断基准予以参考,法规范标准说则提示了期待立场。

示例 7-33　申某、白某交通肇事案

一审法院认为:期待可能性不是主观罪过心理以外的独立构成要件,也不是罪过形式本身的构成要素。期待可能性仅仅是意志自由程度的外在形式,是评价行为人认识能力和意志能力大小的根据,是罪过心理产生的前提。本案中被告人申某作为拥有驾驶资格的专业驾驶人员,在接受车主白某的雇佣后,明知超载车辆从事营运违反交通运输管理法规,仍然按照车主白某的指使驾驶超载车辆超速行驶,其主观上有可能亦有条件选择遵章驾驶的行为方式而其没有选择,具有期待可能性,具有主观过错,故对辩护人的该辩护意见,本院不予采信。〔41〕

〔41〕 河南省新密市人民法院(2013)新密刑初字第390号刑事判决书。

第八章　犯罪停止形态

第一节　犯罪停止形态概述

一、犯罪停止形态的概念

犯罪停止形态,又叫故意犯罪的停止形态,是指故意犯罪在其发展过程中,因各种主客观原因而停顿下来的各种状态。以犯罪是否完成为标准,可以将故意犯罪的停止形态划分为两种基本类型:一是犯罪的完成形态;二是犯罪的未完成形态。犯罪的完成形态,是指犯罪既遂形态,即已经着手实行犯罪并且充足犯罪构成的全部要素的情形。犯罪的未完成形态,是指故意犯罪在其发展过程中,因各种主客观原因而停顿下来、未能充足全部构成要素的情形,包括犯罪预备形态、犯罪未遂形态和犯罪中止形态。通常,理论上探讨具体犯罪的构成要素时,都是以单独犯的既遂形态为模型的;刑法分则关于各个具体犯罪构成要素及其法定刑的规定,也是以单独犯的既遂形态为模型的。因此,犯罪的既遂形态可以理解为是犯罪的普通形态,而犯罪未完成形态可以理解为是犯罪的特殊形态。犯罪的普通形态和特殊形态,都是故意犯罪的形态。

故意犯罪的预备形态、未遂形态、中止形态和既遂形态,有一个重要的共同特点,即都具有静止性,都是故意犯罪过程中不再向前发展而固定下来的相对静止的不同结局。实践中,故意犯罪行为都有一个渐进发展的过程,但并非任何犯罪都能最终完成,达至终点。如果在犯罪最终完成之后停止下来,将出现犯罪的既遂形态;如果在犯罪完成之前停顿下来,则将出现犯罪的未完成形态。犯罪形态只能出现在犯罪过程中,在犯罪过程之外出现的某种状态,不是犯罪形态。例如,仅有犯意表示,但尚未有任何犯罪行为的,不是犯罪预备形态。又如,收受贿赂物后又返还行贿人,以逃避法律追究的,是在犯罪结束后的行为表现,也不是犯罪中止形态。犯罪形态是一种终局形态,不具有并存性和回复性。例如,出现了犯罪预备形态之后,不可能再向前发展出现犯罪未遂形态、犯罪中止形态或犯罪既遂形态;出现犯罪既遂形态、犯罪未遂形态之后,也不可能倒溯回去,再成立犯罪中止形态、犯罪预备形态。

示例 8-1　任某甲等寻衅滋事案

一审法院认为：被告人任某甲、任某乙、高某、李某聚众随意殴打他人，致两人轻微伤，情节恶劣，其行为均已触犯刑律，构成寻衅滋事罪。经查，各被告人在对两被害人殴打致伤后被害人持摊位上的菜刀防卫抵抗时逃离现场，此时犯罪已经完成，是犯罪既遂，被告人高某提出的犯罪中止意见于法无据，本院不予采纳。[1]

二、犯罪形态和犯罪阶段的关系

故意犯罪既存在形态，也存在阶段。犯罪阶段，是指故意犯罪在准备、实施和完成过程中所要经过的段落，是故意犯罪发展的连续性在时间和空间上的表现。以着手与否为标准，可以将犯罪阶段分为预备阶段和实行阶段。预备阶段与实行阶段密切相连，前者是后者的准备阶段，后者是前者的发展阶段。处在预备阶段的行为是预备行为，处在实行阶段的行为是实行行为。

犯罪形态与犯罪阶段既有联系又有区别。二者的联系表现在：在预备阶段只能出现犯罪预备和犯罪中止两种形态，不可能出现犯罪未遂形态；在实行阶段只能出现犯罪未遂形态、犯罪中止形态和犯罪既遂形态，不可能现出犯罪预备形态。二者的区别主要有：犯罪形态是静止的行为状态，表现为犯罪过程的一个“点”，犯罪阶段是一个动态的发展过程，表现为犯罪过程的一根“线”；各个犯罪形态具有独立性，不存在先后连续性，而犯罪阶段具有连续性，彼此衔接；犯罪形态具有唯一性，一个故意犯罪行为只能出现一个犯罪形态，而犯罪阶段具有复数性，一个故意犯罪行为可能经过数个犯罪阶段。

三、犯罪形态的存在范围

犯罪形态，并非在任何形式的犯罪中都存在。一般来说，只有直接故意犯罪才存在未完成形态，间接故意犯罪和过失犯罪不存在未完成形态。或者说，由于间接故意犯罪和过失犯罪，都以实害结果的发生为犯罪成立条件，均表现为一种完成形态，而不存在未完成形态，因而理论上没有专门研究的必要。

直接故意犯罪是积极追求危害结果的发生，为了达到这一目的，行为人可能会实施犯罪的预备行为、实行行为等，因而存在犯罪预备、犯罪未遂、犯罪中止、犯罪既遂等形态。但是应当强调的是，并非所有的直接故意犯罪都存在未完成形态，存在未完成形态的主要是行为犯、结果犯。举动犯，由于一着手实行即告完成犯罪，因而通常不存在未完成形态，如煽动颠覆国家政权罪、煽动分裂国家罪等。情节犯，以特定情节出现与否作为犯罪成立的条件，也不存在未完成形态，如诽谤罪、侵犯通信自

---

〔1〕 上海市奉贤区人民法院(2018)沪0120刑初556号刑事判决书。

由罪等。

间接故意犯罪是否存在未完成形态，理论上存在争议。通说认为，间接故意是放任危害结果发生，所以不可能为犯罪准备工具、制造条件；在没有发生危害结果的情况下，不可能认定行为人有间接故意。所以，间接故意犯罪只有成立与否的问题，而不可能有未完成形态。个说认为，行为人实施危害行为放任的结果，是间接故意的犯罪目的，如果该目的未能实现，则能成立未完成形态；至于在间接故意犯罪未完成的情形下，由于没有发生危害结果，难以认定行为人是否放任危害结果的发生，则是证据认定问题，而不是否认其存在未完成形态的理由。本书认为，没有必要专门研究间接故意犯罪的未完成形态问题。从理论上来说，间接故意犯罪对危害结果的"放任"，并非模棱两可态度，而是倾向危害结果发生、对法益保护持漠不关心的态度。就此而言，也可以说间接故意犯罪也是有目的的，如果行为人的目的没有实现，则可以成立未完成形态。但从实践中看，研究间接故意犯罪的未完成形态又是没有实际价值的。因为在危害结果没有发生的场合，要证明行为人的犯罪心态是相当困难的，在这种情形下要认定行为构成犯罪，也是刑事司法无法完成的任务。

至于过失犯罪，则根本不存在未完成形态。从客观上看，过失犯罪都是结果犯。只有在危害结果发生时，才成立犯罪；如果危害结果没有发生，则不成立犯罪。从主观上看，过失犯罪都是非目的犯。过失犯罪的行为人缺乏犯罪意图，对危害结果的发生，均持反对、排斥的态度，所以，行为人不存在准备犯罪、追求犯罪结果发生等问题。

示例8-2　黎某以危险方法危害公共安全案

重审法院认为：黎某撞人后，置被撞人员于不顾，也不顾在车前对其进行劝阻和救助伤者的众多村民，仍继续驾车企图离开现场，撞向已倒地的李某和救助群众梁某，致二人死亡，说明其主观上对在场人员伤亡的危害结果持放任态度，具有危害公共安全的间接故意。因此，其行为已构成以危险方法危害公共安全罪。黎某犯罪的情节恶劣，后果严重。但鉴于黎某系间接故意犯罪，与蓄意危害公共安全的直接故意犯罪相比，主观恶性不是很深，人身危险性不是很大；犯罪时处于严重醉酒状态，辨认和控制能力有所减弱；归案后认罪、悔罪态度较好，积极赔偿了被害方的经济损失，依法可从轻处罚。〔2〕

〔2〕 广东省高级人民法院（2007）粤高法刑一终字第131-1号刑事判决书。

第二节　犯罪预备

一、犯罪预备的概念和特征

(一)犯罪预备的概念

刑法第22条第1款规定:“为了犯罪,准备工具、制造条件的,是犯罪预备。”据此,犯罪预备,是指为了实行犯罪,准备工具、制造条件,但因行为人意志以外的原因而未能着手实行的犯罪形态。

(二)犯罪预备的特征

根据犯罪预备的定义,其具有以下四个特征:

1. 主观条件,即行为人主观上是为了实行犯罪。行为人实施准备工具、制造条件的便利行为,其目的必须是实行犯罪,即实施犯罪的实行行为。一般而言,犯罪行为分为预备行为和实行行为,前者是为后者制造条件,后者是将前者推向更高发展。如果行为人是为实施犯罪的预备行为而准备,而不是为实施犯罪的实行行为而准备,即所谓的“预备的预备”,则不是犯罪的预备行为。例如,为杀人而买枪,是杀人的预备行为;为了筹集杀人的枪支而打工挣钱,则不是杀人的预备行为。为了实行犯罪,表明行为人具有确定的犯罪故意,即认识到自己实施的预备行为为实行行为创造了便利,对危害结果的发生具有积极的促进作用,且在该心理支配下实施了该行为。

示例8-3　马某强奸案

一审法院认为:辩护人认为被告人马某只有犯意,不构成犯罪预备的辩解理由,因被告人马某对被害人所采取的引诱对方发视频、敲诈勒索12000元、威胁发布视频、用下流语言挑逗、约其到外地见面等行为,均是其为实施强奸做准备,属于犯罪预备,该辩护意见本院不予采信。[3]

2. 客观条件,即行为人已经开始实施了犯罪的预备行为。预备行为是为实行行为创造便利条件的,这意味着:(1)预备行为是整个犯罪行为的一个组成部分,如果不是由于某种原因停顿下来,预备行为就会进一步发展为实行行为,从而造成危害

〔3〕　湖北省十堰市张湾区人民法院(2018)鄂0303刑初40号刑事判决书。

结果;(2)预备行为不同于实行行为,其本身不能直接造成实行行为所能造成的危害结果。

预备行为也不同于犯意表示。所谓犯意表示,是指行为人以言语、文字或者其他方式将其犯罪意思单纯地表露出来,但并未实施为犯罪的实行制造便利的情形。犯意表示仅仅是犯罪思想的流露,尚未开始实施任何危害社会的行为,因而属于思想的范畴。犯意表示和犯罪预备具有原则的区别:前者仅仅是犯罪意图的表露,缺乏任何客观方面的行为,不具有社会危害性,不属于犯罪行为;后者不仅具有犯罪目的,而且实施了促进危害结果发生的便利条件,具有社会危害性,属于犯罪行为。

示例 8-4　王某爆炸案

被告人王某在某大厦电梯内贴通告,并打电话通知住户李某、周某等人表示要炸掉大厦。随后在家中将事先购买的液化气放置在固体酒精的脸盆内,后被民警抓获。对此,一审法院认为:被告人王某不仅张贴告示通知他人撤离且通知他人报案,其在家中提前购买并储备液化气罐实罐共6瓶,且购买时要求充满气体,放置于盛放固体酒精的脸盆内,其行为并非仅仅传递犯意表示,可能引发的爆炸后果足以侵犯到不特定多数的生命、健康和重大公私财物的损毁,综合以上被告人的客观行为,均可指向其具有实施的主观故意,并不能以其"多年上访告状未果、主动报案并令人看见、仅系想引起重视"的辩解而消除对其主观犯罪故意的认定,故被告人辩护人的以上辩护意见与事实不符,本院不予采纳。〔4〕

3. 程度条件,即行为人未能着手实行犯罪。未能着手实行犯罪,是指行为人虽然已经实施了为实行犯罪准备工具、制造条件的行为,但未能进一步发展到实行阶段。未能着手实行犯罪主要包括两种情形:(1)预备行为没有实施终了,且因某种原因不可能继续实施的。例如,在安装枪支套件时即被查获。(2)预备行为已经实施终了,但因某种原因不可能着手实行的。例如,跟踪被害人始终没有机会下手的。

示例 8-5　王某放火案

二审法院认为:本案证据证明的王某驾驶车辆至现场,在车顶多次将汽油泼淋在自己身上及毛毯上,手持打火机准备点火,经消防人员采取应急措施继而被公安人员控制而未得逞的事实,说明王某已经着手实行犯罪,由于消防人员采取应急措施后其被控制而未得逞,其行为依法应认定为犯罪未遂,而非犯罪预备。原审判决认定王某是犯罪未

〔4〕　山西省临汾市尧都区人民法院(2016)晋1002刑初390号刑事判决书。

遂正确,故上诉人王某的上诉理由及其辩护人的辩护意见均不能成立。[5]

4. 原因条件,即行为人未能着手实行犯罪是由于意志以外的原因。所谓意志以外的原因,是指违背行为人本意的客观外在原因。犯罪预备终结于预备阶段,而未能着手实行犯罪,必须是由于行为人意志以外的原因。换言之,行为人本欲继续实施预备行为,进而着手实行犯罪,但由于出现违背其意志的情况,造成其客观上不可能继续实施预备行为,或者客观上不可能着手实行犯罪。这表明,行为人之所以未能完成犯罪,并非其主观不欲,而是因为客观不能。如果行为人系出于本人意志而停止犯罪的,则成立预备中止而非犯罪预备。

示例 8-6　黄某、舒某抢劫案

二审法院认为:被告人黄某、舒某以非法占有为目的,准备以暴力手段抢劫他人驾驶的出租车,已构成抢劫罪。两被告人在准备工具、制造条件后,在准备实施犯罪时由于意志以外的原因而未能得逞,已构成犯罪预备。黄某、舒某上诉称其行为是犯罪中止的理由与客观事实不符,不予采纳。[6]

二、犯罪预备的类型

(一)准备犯罪工具的行为

犯罪工具,是指供行为人实行犯罪而使用的各种物品。准备犯罪工具,是指行为人为实行犯罪而制造、购买、寻找、加工犯罪工具之类的行为。准备犯罪工具在本质上也是一种为实行犯罪制造条件的行为,但因其是犯罪预备行为中最常见的形式,因而刑法将其单独明列。

示例 8-7　白某、肖某绑架案

被告人白某、肖某意图绑架陈某勒索财物,购买了伪造的机动车牌号、警服、弹簧刀、仿真枪,伪造了两张假身份证,用捡来的身份证办理手机卡,强行租用他人的汽车,冒充公安局领导联系陈某,谎称其子涉嫌犯罪需要其配合调查等。对此,一审法院认为:鉴于被告人白某、肖某为实施绑架犯罪而准备犯罪工具,并设骗局意图接近被害人的犯罪行为,系犯罪预备;二被告人归案后均能如实供述犯罪事实,有认罪悔罪表

[5] 湖北省武汉市中级人民法院(2018)鄂01刑终433号刑事裁定书。
[6] 《刑事审判参考》(总第22辑),法律出版社2001年版,第11页。

现,故对二被告人依法减轻处罚。[7]

(二)制造犯罪条件的行为

犯罪条件,是指有助于实现犯罪的一切因素,包括有助于犯罪着手实行的条件、有助于犯罪完成的条件、有助于逃避法律制裁的条件等。具体表现形式主要有以下几种:(1)准备实施犯罪的手段,练习犯罪技术;(2)事先踩点,调查犯罪现场或者了解被害人行踪;(3)跟踪、守候被害人,接近犯罪对象和物品;(4)前往犯罪现场,诱骗被害人赶赴犯罪预定地点;(5)寻找、勾引、集结共犯,商讨犯罪计划;(6)拟订犯罪后逃避侦查追捕的计划。

应当注意的是,如果刑法分则将某种制造犯罪条件的行为提升为实行行为,如成立恐怖组织以准备实施破坏行为的,则应将其认定为组织、领导、参加恐怖组织罪的实行行为,而不能认定为犯罪预备行为。

示例8-8　胥某等容留他人吸毒案

一审法院认为:王某与胥某、周某共谋犯贩卖、运输毒品罪,虽然王某因意志以外的原因未实施具体犯罪实行行为,但王某介绍胥某与周某相识,又参与共谋,其行为与本案贩卖、运输毒品犯罪之间的因果关系未有效切断,王某与胥某系共犯。[8] 王某虽然仅参与共谋行为而未参与实行行为,但共谋并不仅是犯罪意思的流露,而是影响、加功于其他共犯的实行行为,与犯罪结果的产生存在因果关系,因而属于犯罪的预备行为。

三、犯罪预备的处罚

刑法第22条第2款规定:“对于预备犯,可以比照既遂犯从轻、减轻处罚或者免除处罚。”据此,刑法以处罚犯罪预备为原则,这明显不同于其他国家以处罚犯罪预备为例外的立法政策。不过,由于预备犯毕竟还没有着手实行犯罪,没有造成犯罪结果,对法益的侵犯小于既遂犯,所以,对于预备犯罪,可以减免责任。

在处罚预备犯时,应当注意以下几个问题:(1)对预备犯裁量刑罚时,“可以”比照既遂犯从轻、减轻或者免除处罚。这里的“可以”是有倾向性的,即一般情况下,要适用减免原则;但在特殊情况下,也可以不适用减免原则。(2)对预备犯裁量刑罚时,究竟是从轻处罚、减轻处罚还是免除处罚,应当根据整个案情综合判定。主要考虑的情况有:犯罪预备行为是否实施终了;犯罪预备行为可能起到的作用大小;犯罪

[7] 《刑事审判参考》(总第69集),法律出版社2009年版,第48~49页。

[8] 上海市第二中级人民法院(2010)沪二中刑初字第69号刑事判决书。

预备行为的进展程度(离实行行为的距离);准备实行的犯罪是否重大;行为人的人身危险性大小等。(3)在对预备犯裁量刑罚时,应同时引用刑法总则和刑法分则条文,并在相应罪名后加括号标明预备形态,如“抢劫罪(预备)”。

示例8-9 杨某盗窃案

被告人杨某为盗窃财物,骑电动车再次来到某家园工地上,杨某在寻找目标时被工地上看守材料人员谷某发现。谷某上前抓住杨某,并将其摁在地上进行殴打,后杨某从地上捡起一块砖头砸中谷某头部,致其头部受伤。对此,一审法院认为:被告人杨某第三次为实施盗窃进行观察、寻找目标的行为,系犯罪预备,可以比照既遂犯从轻、减轻处罚或者免除处罚。〔9〕

第三节 犯罪未遂

一、犯罪未遂的概念和特征

(一)犯罪未遂的概念

刑法第23条规定:“已经着手实行犯罪,由于犯罪分子意志以外的原因而未得逞的,是犯罪未遂。”据此,犯罪未遂,是指已经着手实行犯罪,但由于行为人意志以外的原因而未得逞的犯罪形态。

(二)犯罪未遂的特征

根据犯罪未遂的定义,其具有以下三个方面的特征:

1. 客观条件,即行为人已经着手实行犯罪。着手,是犯罪预备和犯罪未遂的分水岭。但是,着手并非是预备行为和实行行为之外的第三种行为,也不是预备行为的终点,而是实行行为的起点,它标志着犯罪行为开始由预备阶段进入到实行阶段。

关于着手的认定,理论上存在以下两种不同的学说:(1)主观说,即认为应当以行为人的内心意思作为犯罪着手的认定标准。因为犯罪是行为人意思的征表,当行为人的犯罪意思能够确定无疑时,就是着手。(2)客观说,即认为应当以客观的基础作为认定着手的标准。具体又有形式客观说和实质客观说的区分。形式客观说认为,开始实施符合刑法分则规定的某一客观构成要件的行为,就是着手。实质客观说认为,开始实施对刑法所保护的法益具有现实危险的行为时,才是着手。

---

〔9〕 湖南省衡阳市珠晖区人民法院(2018)湘0405刑初37号刑事判决书。

我国刑法理论的传统观点是形式客观说,本书赞同实质客观说。主观说由于以行为人的内心意思作为判断标准,存在标准模糊、随意的缺陷,故不可取。形式客观说虽然没有逻辑缺陷,但主要是不能提供相对明确的判断标准。实质客观说以行为对法益造成直接、现实、紧迫的危险作为判断标准,相对比较明确,较为可取。当然,如何判断行为是否具有法益侵害的现实危险性,则应当根据不同犯罪、不同案件的具体情况综合判断,如行为是否已经接触或接近犯罪对象,行为人是否已经开始使用犯罪工具,行为人是否已经利用所制造的犯罪条件,所实施的行为是否立即可以造成犯罪结果等。

就大多数犯罪行为而言,着手的判断一般困难不大,但就以下特殊情形而言,着手的判断需要特别考虑:(1)不作为犯的着手。不作为犯是应为而不为,实际上没有身体的动静,因而其着手的标准应不同于作为犯的着手。一般认为,不履行作为义务给法益造成了直接危险之时,就是不作为的着手。(2)间接正犯的着手。间接正犯是借力打力,实际上并未亲自实施犯罪行为,因而其着手的标准也与作为犯的着手表现不同。由于间接正犯是把被利用者的行为当成自己的行为加以支配,以被利用者作为媒介直接指向法益,因此,只有被利用者实施一定的行为,并且该行为造成了法益侵害的现实危险性之时,才是间接正犯的着手。(3)原因自由行为的着手。原因自由行为存在原因行为和结果行为两个行为,也不同于一般的犯罪行为。由于原因行为只是为后续的结果行为作准备的,并无侵害法益的现实可能性,结果行为才是根本上具有侵害法益的作用力的,因此,原因自由行为的着手不应采取原因设定标准说,而应采取结果标准说,即行为人实施结果行为,并且该行为产生了法益侵害的现实危险之时,才是原因自由行为的着手。

示例 8-10　姬某运输毒品案

被告人姬某在梁某处以 1.5 万元的价格购买 51.76 克毒品,后携带毒品从郑州火车站东进站口进站欲乘坐 K245 次列车回宝鸡,进行人身安全检查时被查获。对此,一审法院认为:被告人姬某在郑州购买毒品后,购买车票并准备乘坐公共交通工具运往宝鸡,其行为已构成运输毒品罪。公诉机关指控罪名成立。运输毒品犯罪的实行行为系被告人运输行为,在被告人实施运输毒品事实之前的行为,应认定为运输毒品制造条件,系犯罪预备。故公诉机关指控姬某属犯罪未遂不当,应予更正。[10]

2. 结果条件,即犯罪未得逞。这是犯罪未遂和犯罪既遂相区别的根本标志。何谓犯罪未得逞,理论界主要有以下三种观点:(1)目的未实现说,即以行为人预期的

〔10〕 郑州铁路运输法院(2013)郑铁刑初字第 25 号刑事判决书。

犯罪目的没有实现作为判定犯罪未得逞的标准。(2)要件未齐备说,即以某种犯罪构成要件没有全部具备作为判定犯罪未得逞的标准。(3)结果未发生说,即以法定的犯罪结果没有发生作为判定犯罪未得逞的标准。目的未实现说,完全以行为人主观上的预期目标作为犯罪未得逞的标准,缺乏客观确定性,而且也与立法规定不符。要件未齐备说容易造成犯罪未遂不完全具备犯罪构成要件的误解,如是,则犯罪未遂何以成立犯罪呢?事实上,犯罪未遂只是不具备犯罪完成形态的构成要件(基本的构成要件),但符合犯罪未完成形态的构成要件(修正的构成要件),所以,该说也不妥当。结果未发生说就结果犯而言,是完全正确的;但就危险犯而言,却存在不能适用的问题。本书认为,犯罪未得逞,是指没有发生刑法分则规定的某种犯罪的法定的危害结果或者危险状态。

示例 8-11　浦某盗窃案

一审法院认为:对于辩护人提出的被告人浦某用于购买巴士股份的 21840 元系既遂,其余款项系未遂的辩护意见,经查,被告人浦某利用计算机在证券交易部其资金账户 16355 元上增添资金 784999 元,在该行为完成后,其资金账户上增加的 784999 元已得到证券交易部计算机系统的确认。该笔资金自被划入浦某个人资金账户之时起,实际已不在证券交易部的控制之下,证券交易部失去了对该笔资金享有的所有权;而被告人浦某已经在事实上通过该资金账户取得了该笔资金的所有权,可以随时支取、使用其资金账户内的钱款,其盗窃犯罪的构成要件已经齐备,系既遂。至于浦某如何使用和处分其资金账户内的 784999 元,仅是其对非法占有的赃款的处理,不影响盗窃犯罪既遂的构成。[11]

3. 原因条件,即犯罪未得逞是因为行为人意志以外的原因。这是犯罪未遂和犯罪中止相区别的基本标志。所谓意志以外的原因,是指违背行为人主观意志,客观上使犯罪不可能既遂,或者使行为人认为不可能既遂从而被迫停止犯罪的原因。在犯罪未遂的情形下,行为人主观上仍然是希望或者放任危害结果发生的。之所以未发生法定的危害结果,是外在的客观原因变化,或者外在的客观原因迫使行为人重新作出选择、被迫停止犯罪所致。对于这种变化结果,行为人主观上是否定的、排斥的。

意志以外的原因,主要有以下三种类型:(1)外界的客观原因,如被害人的反抗、第三者的介入、自然力的影响、物质工具的障碍、作案环境的影响等;(2)行为人自身的客观原因,如能力、力量、身体状况、技巧、经验等缺乏或不佳等情况;(3)行为人的主观原因(主要是指认识错误),包括对犯罪工具、犯罪对象、犯罪环境、因果关系等

---

〔11〕《人民法院案例选》(2003 年第 1 辑),人民法院出版社 2003 年版,第 41~42 页。

认识错误。在具体的案件中,法定的危害结果未发生,既可能是纯粹的外界客观原因,或者完全是行为人自身的客观原因,或者是以上两种客观原因的综合。在这种情况下,毫无疑问应当认定为是意志以外的原因所致。同样,如果法定的危害结果未发生,完全是因为行为人主观上的认识错误所致,也应认定为是行为人意志以外的原因所致。但应注意的是,行为人存在认识错误,但这种错误仅对犯罪有轻微影响,不至于妨碍其完成犯罪的,则应认定为是意志以内的原因。复杂的是,在一个危害结果未发生的案件中,既有外界的客观原因,又有行为人的自身原因,还有行为人的认识错误,呈现出多种原因并存的情况。对此,如何判定危害结果未发生是否是意志以外的原因?对此,原则上,应当以起主要作用的原因作为认定根据。如果行为人放弃犯罪的完成,虽然也有客观不利的因素,但主要是行为人主观意志选择的结果,应认定为意志以内的原因;如果行为人放弃犯罪的完成,虽然也经过其主观选择,但主要是因为客观原因极其不利所致,则应认定为意志以外的原因。

示例 8-12　李某抢劫、故意杀人案

一审法院认为:李某在主观上并没有自动放弃杀人的故意,而是在客观上已是白天,路上行人多,潘某有反抗能力,李某担心路人已报警罪行败露的情况下,才被迫停止犯罪,属于犯罪未遂。〔12〕

二、犯罪未遂的类型

根据不同的标准,可以对犯罪未遂的类型进行不同的划分。

(一)实行终了的未遂和未实行终了的未遂

根据实行行为是否实行完毕,可以把犯罪未遂分为实行终了的未遂和未实行终了的未遂。所谓实行终了的未遂,是指行为人已经将其认为达到犯罪既遂所必需的全部行为实施完毕,但由于意志以外的原因未得逞的情形。如被害人食用行为人投放毒物的饭菜后,被及时送往医院抢救脱险。所谓未实行终了的未遂,是指由于意志以外的原因,行为人未能将其认为达到犯罪既遂所必需的全部行为实施完毕,因而未能得逞的情形。如行为人正在砍杀被害人时,被警察制服。

实行终了的未遂与未实行终了的未遂在犯罪未得逞这一点上是共同的,二者区别的关键,在于行为人的主观认识不同:前者行为人认为其要实施的犯罪行为已经全部实施完毕,后者行为人认为其要实施的犯罪行为尚未全部实施完毕。在行为人的主观认识与客观事实相一致的情况下,实行终了的未遂与未实行终了的未遂,通

---

〔12〕　福建省上杭县人民法院(2008)杭刑初字第238号刑事判决书。

常能够反映出行为对法益的侵害程度不同:前者距离侵害结果发生较近,后者距离侵害结果发生较远。但是,在行为人的主观认识与客观事实不相一致的情况下,实行终了的未遂与未实行终了的未遂则不能准确反映行为对法益的侵害程度。由于这两种未遂的划分,是以行为人的主观判断为标准作出的,所以,如果行为人的主观判断发生错误,如行为已经足以发生危害结果(客观上已经实施终了),但行为人误认为自己的行为未实行终了;或者相反,则不能认为实行终了的未遂对法益的侵害程度必然重于未实行终了的未遂。这种划分,对未遂行为的客观危害的判断具有参考价值。

示例8-13 郭某故意杀人案

一审法院认为:郭某持刀砍杀姚某的行为一气呵成,直至姚某倒在血泊中不再挣扎后扬长而去,郭某行凶后逃至其表妹张某住处时也称自己杀了姚某,可见,郭某故意杀人的犯罪行为已实施完毕,其误以为已杀害姚某,而逃离现场。由于他人报警,姚某及时被送往医院抢救,才未造成死亡结果的发生,并非郭某自动放弃犯罪,也非其自动有效地防止犯罪结果的发生。质言之,姚某未被杀死的结果系郭某意志以外的原因,即违背郭某砍死姚某本意的客观障碍因素造成,郭某的行为符合故意杀人犯罪实行终了的未遂的构成特征,应当以犯罪未遂论处。〔13〕

(二)造成侵害结果的未遂和未造成侵害结果的未遂

根据犯罪行为有无造成法定构成要件以外的侵害结果的不同,可以将犯罪未遂划分为造成侵害结果的未遂和未造成侵害结果的未遂。所谓造成侵害结果的未遂,是指行为虽然造成了一定的侵害结果,但是这一结果并非是法定构成要件所要求的危害结果。例如,行为人意图射杀他人,虽然子弹打中被害人,但并未将其打死,而仅造成重伤。所谓未造成侵害结果的未遂,是指行为没有造成任何侵害结果的情形。如行为人意图射杀他人,但子弹打偏,被害人毫发未损。这种划分的意义,在于正确认识不同的犯罪未遂对法益的侵犯程度。一般而言,造成侵害结果的未遂,其对法益的侵犯程度明显要重于未造成侵害结果的未遂。

示例8-14 张某生产假药案

二审法院认为:行为人购买假药盒、药板、说明书进行加工包装的行为,属于生产过程中的必要环节,应认定为生产假药罪的实行行为;行为人所生产的假药大部分尚未完

〔13〕《刑事审判参考》(总第97集),法律出版社2014年版,第48页。

成包装，未标价、未售出，应认定为犯罪未遂，其案值应当依据同类真药的价格进行认定。〔14〕

(三)能犯未遂和不能犯未遂

根据犯罪行为本身是否能够达到既遂状态的不同，可以将犯罪未遂划分为能犯未遂和不能犯未遂。所谓能犯未遂，是指行为人所实施的犯罪行为本身可以达到既遂状态，但由于其意志以外的原因而未得逞的情形。例如，行为人砍杀被害人，致其昏迷，但送医抢救及时，死亡结果最终未能发生。所谓不能犯未遂，是指行为人所实施的犯罪行为本身就不可能达到既遂状态因而未得逞的情形。不能犯未遂，又有对象不能犯和工具不能犯之分。所谓对象不能犯，是指由于行为人的认识错误，致使犯罪对象不在犯罪行为的有效作用范围之内，或者具有某种属性，从而使犯罪行为不可能达到既遂状态的情形。例如，误认尸体为活人而射杀，误认空包内有现金而扒窃，误认男子为女子而实施强奸，误认被害人在卧室而隔窗枪击。

示例 8-15 胡某故意杀人及张某甲、张某乙运输毒品案

被告人胡某将被害人韩某杀死并将尸体肢解，装于两只纸箱内，然后以是毒品和假币等为名，授意被告人张某甲、张某乙将上述物品从余姚乘出租车运至南京，寄存于南京火车站小件寄存处。对此，一审法院认为：被告人胡某为谋求私欲、贪图钱财而杀害被害人，并肢解尸体，已构成故意杀人罪，且手段残忍，情节严重，社会危害极大，应依法予以严惩。被告人张某甲、张某乙将尸块误认为毒品，并帮助运往异地，其主观上具有运输毒品的故意，客观上实施了运输的行为，均已构成运输毒品罪，但因其意志以外的原因而未得逞，系未遂，应依法从轻处罚。〔15〕

所谓工具不能犯，是指由于行为人的认识错误，使用了在性质上不能造成法定侵害结果的犯罪工具，从而使犯罪不能达到既遂状态的情形。例如，误认白糖为砒霜而投毒杀人，误认空枪有实弹而杀人，误认空柜有财物而撬锁。

示例 8-16 宋某盗窃案

被告人宋某携带工具，使用砸、撬等手段在自动取款机(ATM)上实施盗窃，因未能撬开 ATM 而未遂，造成 ATM 损坏。对此，一审法院认为：被盗两家银行及其工

〔14〕 天津市第一中级人民法院(2017)津 01 刑终 83 号刑事裁定书。

〔15〕 上海铁路运输中级法院(1998)沪铁中刑初字第 31 号刑事判决书。

作人员证言均证实 ATM 采用穿墙式安装方式,从外部使用简单工具或手工进行撬、掰等方式无法打开 ATM,采用其他暴力方式如炸药爆破等方式除外。宋某对所使用犯罪工具及犯罪对象 ATM 的性质存在错误认识,属工具不能犯未遂,仍构成盗窃罪,故对辩护人提出的不构成犯罪的辩护意见,本院不予支持。[16]

不能犯与迷信犯有本质的不同:前者存在事实认识错误,后者不存在事实认识错误;前者行为人所实施的行为与其所欲实施的行为完全不同,后者行为人所实施的行为与其所欲实施的行为完全相同;前者危害结果之所以未发生是因为行为人认识错误所致,后者危害结果未发生是因为行为人的手段客观上无效所致。因此,不能犯当罚,迷信犯不当罚。从主客观相统一原则来看,能犯未遂对法益的侵犯性要重于对不能犯未遂的法益侵犯性,因此,对能犯未遂的处罚原则上要重于对不能犯未遂的处罚。

三、犯罪未遂的处罚

关于未遂犯的处罚,从世界范围来看,主要有必减主义、不减主义(同等主义)和得减主义三种立法例。我国刑法第 23 条第 2 款规定:"对于未遂犯,可以比照既遂犯从轻或者减轻处罚。"由此可见,我国刑法是采纳得减主义。在适用这一规定时,应当把握以下几点:

1. 对未遂犯定罪量刑,应当同时引用刑法总则第 23 条和刑法分则具体犯罪条款,在罪名后加括号标明犯罪未遂形态,如"故意杀人罪(未遂)"。

2. 对未遂犯,通常要予以从宽处理。这是因为,与既遂犯相比,未遂犯毕竟没有完成犯罪,对法益的侵犯程度明显低于既遂犯。对未遂犯从宽处罚时,其参照标准是既遂犯的法定刑幅度。至于对未遂犯究竟是从轻处罚还是减轻处罚,则需要根据案件具体情况,综合分析确定。主要考虑以下因素:未遂形态距离犯罪既遂的远近程度;犯罪未遂所属的具体类型;未遂形态所反映的行为人的主观恶性;行为人的犯罪动机和意志等。

3. 在特殊情况下,对未遂犯也可以不从宽处理。对未遂犯,比照既遂犯从宽处理,这是立法的一种倾向性要求。但是,这一要求并非绝对。对于极少数案件,如果综合整个案情来看,犯罪未遂的社会危害程度与犯罪既遂基本相当,未遂情节在整个案件中无足轻重,对行为的社会危害性影响不大,且行为人的主观恶性特别深,则对其也可以不予从轻或者减轻处罚。

---

[16]　吉林省抚松县人民法院刑事判决书(2016)吉 0621 刑初 19 号刑事判决书。

示例 8-17　覃某强奸、故意杀人案

最高人民法院复核认为：覃某持刀捅刺被害人代某胸部后将代奸淫，为掩盖罪行而持刀捅刺代的腹部致代小肠外露并滚下山坡，在发现代未死后再次持刀捅刺并扯断代小肠，犯罪动机卑劣，手段特别残忍，情节特别恶劣，罪行极其严重，应依法严惩并数罪并罚。虽然覃某故意杀人系未遂，但根据本案的事实、性质、情节和对社会的危害程度，依法可不从轻处罚。[17]

第四节　犯 罪 中 止

一、犯罪中止的概念和特征

（一）犯罪中止的概念

刑法第 24 条第 1 款规定："在犯罪过程中，自动放弃犯罪或者自动有效地防止犯罪结果发生的，是犯罪中止。"据此，犯罪中止，是指在犯罪过程中，行为人自动放弃犯罪或者自动有效地防止犯罪结果发生的一种犯罪形态。

（二）犯罪中止的特征

根据犯罪中止的定义，其具有以下三个特征：

1. 时空条件，即中止行为必须发生在犯罪过程中。这是犯罪中止的时空性特征。所谓"在犯罪过程中"，是指自犯罪预备行为发生至犯罪既遂形态形成之前的任何过程。因此，犯罪中止既可以发生在犯罪预备阶段，也可以发生在犯罪实行阶段。这是犯罪中止与犯罪预备、犯罪未遂的重要区别。犯罪中止，必须是犯罪结局尚未形成，即法定的危害结果尚未出现。如果法定的危害结果已经出现，行为人自动恢复原状或者主动赔偿犯罪行为所造成的损失的，则由于犯罪行为已经完成，而非在犯罪过程中，因而不具备犯罪中止的时空条件，不属于犯罪中止，而属于犯罪既遂后的行为表现。例如，盗窃犯将所窃取的财物又送回原处的，受贿者将贿赂物又退还行贿人的。

示例 8-18　曾某等赌博案

一审法院认为：中止必须发生在犯罪过程中，该时间性，是由中止的有效性决定的，因此中止不能发生在既遂之后。本案中，被告人曾某等人自微信群建立之日起，在群中

---

〔17〕《刑事审判参考》（总第 77 集），法律出版社 2010 年版，第 37 页。

每一次抢红包的行为都是赌博行为,该行为连续十余天,犯罪金额已达到构罪标准,犯罪结果已经产生,被告人等的行为业已既遂。[18]

2. 主观条件,即必须基于行为人的本意中止犯罪。这是犯罪中止的自动性特征,是其与犯罪预备、犯罪未遂相区别的主观标志。犯罪中止的自动性,是指行为人客观上表现为自动停止犯罪或者自动有效地防止犯罪结果的发生。而这种客观表现的内在动因,则是基于行为人的本意。犯罪中止的自动性包括两个方面的意思:(1)行为人自认为在行为当时可以继续实施和完成犯罪。只要行为人自认为在行为当时能够将预定的犯罪行为实施完毕进而完成犯罪,即使客观上不可能继续进行和完成犯罪,也不影响中止行为的成立。(2)行为人出于本人的意志停止犯罪。行为人是在自认为可以继续实施和完成犯罪的前提下,基于本人的主观意志选择停止和放弃犯罪。如果停止继续实施犯罪行为与行为人的意志相违背,则不能成立犯罪中止。

示例 8-19 杨某伪造金融票证案

一审法院认为:被告人杨某为伪造信用卡,购买磁条卡读写器及空白磁条卡等犯罪工具,其行为已构成伪造金融票证罪。公诉机关指控被告人杨某的犯罪事实清楚,证据确实、充分,所指控罪名成立。被告人杨某为伪造信用卡准备了犯罪工具,但在尚未着手实施犯罪前自动放弃犯罪,系犯罪中止,且没有造成损害结果,应当免除处罚,公诉机关指控被告人杨某属于犯罪预备的意见不成立,本院不予采纳。[19]

示例 8-20 张某强奸案

一审法院认为:经查,被告人张某到案最初的两份笔录均未提及妻子短信对其犯罪行为的影响,之后的笔录体现为查看短信后删除,又继续实施强奸。可见,妻子短信只是被告人实施犯罪过程中一个随机事件,查看后随手删除,到案之初亦未提及此情节,足以说明该随机事件对被告人的犯罪行为未产生实质影响。……自动放弃犯罪的主观原因应是犯罪当时行为人的真实想法,而不是在犯罪行为事实上未能完成后寻找理由,因家庭责任感产生内疚而放弃犯罪明显不是案发时被告人张某真实的心理状态。本案被告人在实施强奸犯罪时遭到被害人的强烈反抗,且车辆停放于居民生活区的道路边,过往人群对实施强奸行为的被告人产生心理压力,加之车厢内空间狭小,不利罪行实施等客观原因使被告人无法完成犯罪行为,本案系犯罪未遂而非犯罪中止。[20]

---

〔18〕 浙江省温州市鹿城区人民法院(2016)浙0302刑初853号刑事判决书。
〔19〕 广东省珠海市金湾区人民法院(2017)粤0404刑初145号刑事判决书。
〔20〕 福建省厦门市海沧区人民法院(2013)海刑初字第343号刑事判决书。

自动性和行为人的本意是一体两面。具备自动性,也就意味着行为人是基于本意停止犯罪;行为人基于本意停止犯罪,在客观上则表现为自动性。相反,不具有自动性,则意味着停止犯罪是基于行为人意志以外的原因。对于自动性的判断,刑法理论通说坚持主观说,即行为人放弃犯罪的动机是基于对外部障碍的认识时,则是犯罪未遂,此外的场合则是犯罪中止。其判断规则是弗兰克(Frank)公式:能而不欲,为犯罪中止;欲而不能,为犯罪未遂。所以,在判断自动性方面,前文关于犯罪未遂的意志以外原因的判断标准同样能够适用。

示例 8-21 蔡某盗窃案

被告人蔡某在某小区,利用技术开锁工具将陈某家的房门打开准备实施盗窃,发现家中有人后逃跑。近一个月后,被告人蔡某再次窜至该小区,试图用同样的方式打开某住户的房门实施盗窃,后因长时间未能将门锁打开而放弃。蔡某准备逃离现场时,被陈某发现并抓获。对此,一审法院认为:被告人蔡某在第一次实施盗窃时因意志以外的原因未得逞,系犯罪未遂,其在第二次实施盗窃时,自动放弃犯罪,系犯罪中止,且自愿认罪,故依法对其从轻处罚。[21]

在判断具体的行为是否具有自动性时,要以犯罪中止的自动性这一本质特征作为指导。实践中,行为人停止犯罪的原因很多,有的是出于真诚悔悟,有的是基于对被害人的怜悯,有的是因为惧怕惩罚,有的是由于对方是熟人,有的是因为目的物障碍,有的是为了争取宽大处理,等等。在多种原因混杂的情形下,应当站在行为人的立场,以其当时的主观认识为基础来分析各种原因对其停止犯罪所起的作用大小,从而作出停止犯罪是否符合行为人本意的认定。例如,行为人因被害人正值月经期而放弃强奸的,虽然月经期对继续实施强奸有不利影响,但并不足以阻止其继续进行,因而应认定为具有自动性。又如,行为人远距离将枪对准被害人的头部,但听到警察在 50 米外喊"住手"而当即逃走的,警察的出现对行为人继续实施犯罪有极强的不利影响,足以制止其继续完成犯罪,因而应认定为违背其本意。

示例 8-22 徐某故意杀人案

二审法院认为:上诉人徐某是在被害人呼救及反抗,其自觉害怕及后悔后才停止继续刺戳被害人,属于意志以外的因素介入导致其停止犯罪,依法应认定系犯罪未遂。故上诉人徐某及其辩护人提出其是犯罪中止,原判认定犯罪未遂不当的诉辩意见不能成

---

〔21〕 甘肃省秦安县人民法院(2018)甘 0522 刑初 50 号刑事判决书。

立,本院不予采纳。[22]

3.效果条件,即必须没有发生法定的危害结果。这是犯罪中止的有效性特征,是犯罪中止与犯罪预备、犯罪未遂相区别的客观标志。所谓中止的有效性,是指行为人实施的犯罪行为没有发生法定的危害结果。不管哪种犯罪中止,都必须具有有效性特征。如果行为人已经实施了犯罪行为,且发生了法定的危害结果,则无论如何,都不可能成立犯罪中止。这是由犯罪形态的不可回复性所决定的。不过,在行为人尚未着手实行犯罪,或者尚未将犯罪行为实行终了的,行为人只要自动停止继续实施犯罪,一般即能防止危害结果的发生。但是,在行为人已经将犯罪行为实行终了、危害结果即将发生但尚未发生的场合,则要求行为人要采取积极有效的措施,才能防止危害结果的发生。

示例8-23　王某聚众斗殴案

一审法院认为:被告人王某在能够继续去海源酒店的情况下自行放弃与石某斗殴,且最终未实际发生殴斗行为,其行为属犯罪中止,依法应当减轻处罚。[23]

成立犯罪中止,不仅要求有中止行为、中止效果(法定的危害结果没有发生),而且还要求中止行为和中止效果之间具有因果关系。一般而言,以下两种情形应当成立犯罪中止:(1)行为人的中止行为单独地防止了法定的侵害结果的发生。例如甲在乙的饮料中投毒,但在乙喝之前,及时将饮料倒掉。(2)行为人的中止行为和其他人的协力行为,共同防止了法定的侵害结果的发生。例如甲在乙的饮料里投毒,乙喝下后疼痛难忍,甲又心生悔意,立即打急救电话,将被害人送往医院抢救。经医生及时抢救,乙终于脱险。但是,如果仅有中止行为,但无中止效果的,或者二者之间不存在因果关系的,则不得认定为犯罪中止。一般认为,以下两种情形不得成立犯罪中止:(1)行为人虽然实施了中止行为,但法定的侵害结果由于各种原因还是发生了。例如甲意图杀乙,将其砍成重伤后,又心生怜悯,立即送往医院抢救。但因医生丙的重大过失,造成乙抢救无效死亡。(2)行为人虽然具有中止行为,而且法定的危害结果也没有发生,但却是因为中止行为以外的原因所致。例如甲在乙的饮料里投毒,乙喝完后,甲又心生悔意,立即将乙送往医院抢救。但即使甲不送医院抢救,因甲所投毒物剂量有限,也不会导致乙死亡。在这两种情形下,行为人虽然不成立犯罪中止,但毕竟实施了中止行为,具有悔罪表现,应作为量刑的酌定情节予以考虑。

---

[22] 浙江省杭州市中级人民法院(2018)浙01刑终277号刑事裁定书。

[23] 山东省日照市岚山区人民法院(2018)鲁1103刑初79号刑事判决书。

示例 8-24 施某故意杀人案

被告人施某因长期遭丈夫张某打骂,心生怨恨,遂起杀害张某之念。施某趁张某熟睡,持家中一把铁榔头击打张某左侧头部、面部数下,见张某头部出血后,让居住于同幢楼的其子拨打"120"抢救。后施某随同亲友将张某送医院抢救无效死亡。对此,一审法院认为:被告人施某的杀人故意系因不堪忍受被害人张某的长期家庭暴力而产生,事发前被害人为家庭琐事又长时间殴打、辱骂被告人,并将家中物品砸毁,被害人张某对引发本案存在重大过错,被告人的杀人行为可认定为故意杀人罪中的情节较轻。案发后,被告人施某自动投案,如实供述自己的罪行,系自首,依法可从轻处罚。犯罪后被告人施某有抢救被害人的行为,其主观恶性、人身危险性以及再犯可能性均较小。辩护人关于被告人系初犯、偶犯,被告人因长期遭受家庭暴力而引发的杀人行为,受到民众高度同情,建议量刑时酌情从轻处罚等辩护意见,符合本案实际,本院予以采纳。[24]

二、犯罪中止的类型

根据不同的标准,可以对犯罪中止进行不同的划分。

(一)预备中止、实行未终了的中止和实行终了的中止

根据中止行为发生的阶段不同,可以将其划分为预备中止、实行未终了的中止和实行终了的中止。所谓预备中止,是指在犯罪的预备过程中,行为人认为可以继续实施犯罪,但基于本意,自动地停止继续实施犯罪,从而使犯罪在预备阶段即停顿下来的状态。这种犯罪中止只能发生在预备阶段,即始于犯罪预备活动的实施,止于犯罪实行行为的着手之前。所谓未实行终了的中止,是指行为人已经着手实行犯罪,且在自认为可以继续进行犯罪的过程中,自动放弃预定的犯罪行为,从而使法定的危害结果没有发生的犯罪形态。这种犯罪中止发生在实行阶段,即始于犯罪实行行为的着手,止于计划的实行行为全部实施完毕之前。实行终了的中止,是指已经着手实行犯罪,且行为人已经将其预定的全部实行行为实施完毕,但在法定的危害结果发生之前,行为人出于本意而以积极的行为阻止了危害结果发生的犯罪形态。这种犯罪中止发生在实行阶段,即始于犯罪实行行为的着手,止于法定的危害结果发生之前。

这种划分的意义,在于区分不同的犯罪中止对法益侵犯程度的不同。一般而言,预备中止对法益的侵犯最小,实行未终了的中止次之,实行终了的中止最大。

---

〔24〕 上海市崇明县人民法院(2014)崇刑初字第 374 号刑事判决书。

示例 8-25　范某等非法储存、运输爆炸物、爆炸案

一审法院认为:三被告人为诬告陷害他人而非法运输、储存爆炸物品,且情节严重,被告人范某、纪某甲的行为均已构成非法储存、运输爆炸物罪。被告人纪某乙的行为已经构成非法运输爆炸物罪。三被告人为打击报复他人预谋实施爆炸,其行为已构成爆炸罪(中止)。公诉机关指控被告人犯罪事实清楚,证据确实、充分,指控罪名成立。三被告人犯数罪,应当数罪并罚。被告人纪某甲自动放弃爆炸犯罪,并有效规劝被告人范某防止犯罪结果发生,属于犯罪预备中止,因为没有造成损害,对此罪应当对三被告人免除处罚。〔25〕

(二)消极中止和积极中止

根据中止行为的表现形式不同,可以将犯罪中止划分为消极中止和积极中止。所谓消极中止,是指行为人只需自动停止犯罪行为的继续实施,即能够成立犯罪中止的情形。这种犯罪中止通常表现为不作为形式。预备中止均属于消极中止,实行未终了的中止大多属于消极中止,实行终了的中止在极特殊情形下也属于消极中止。所谓积极中止,是指行为人不仅需要自动停止犯罪行为的继续实施,而且还需要积极采取有效措施去阻止法定的危害结果发生,才能成立犯罪中止的情形。这种犯罪中止通常表现为作为形式。实行终了的中止大多属于积极中止,实行未终了的中止在极特殊情形下也属于积极中止。

这种划分的意义,在于对行为人的要求不同。一般而言,消极中止距离危害结果发生较远,对行为人的防果措施要求较低;积极中止距离危害结果的发生较近,对行为人的防果措施要求较高。

示例 8-26　沈某故意杀人案

被告人沈某因琐事与施某发生争吵中,持锤子连续击打施某头部、面部,又持菜刀砍割施某颈部数刀。沈某行凶后拨打"120"救护电话,将施某送往医院抢救,并在明知医院报警的情况下等候民警到场处理。一审法院认为:被告人沈某在犯罪过程中能自动有效地防止犯罪结果的发生,系犯罪中止,依法应减轻处罚。被告人沈某有自首情节,依法可从轻处罚。〔26〕

(三)未造成侵害结果的中止与造成侵害结果的中止

根据中止行为有无造成危害结果的不同,可以将其划分为未造成侵害结果的中

〔25〕 河北省迁西县人民法院(2013)迁刑初字第156号刑事判决书。

〔26〕 上海市普陀区人民法院(2018)沪0107刑初292号刑事判决书。

止和造成侵害结果的中止。所谓未造成侵害结果的中止,是指在犯罪过程中,由于行为人采取了中止行为,因而没有发生任何形式的侵害结果的情形。例如甲砍杀乙,但乙躲避及时,未能砍中。甲突然良心发现,放弃继续砍杀,与乙握手言和。所谓造成侵害结果的中止,是指在犯罪过程中,行为人采取了中止行为,虽然没有发生法定的侵害结果,但却造成了其他侵害结果的情形。例如甲砍杀乙,虽然因其及时送往医院抢救未发生死亡的结果,但却造成乙终身残废。

这种划分的意义,在于正确认识不同犯罪中止对法益的侵犯程度。很明显,造成侵害结果的中止,其对法益的侵犯程度要重于未造成侵害结果的中止。

示例 8-27 陈某故意杀人案

一审法院认为:陈某因家庭纠纷杀害自己的未成年女儿,致其重伤,其行为已构成故意杀人罪。公诉机关指控的罪名成立。陈某在犯罪过程中,自动放弃犯罪并有效防止被害人死亡结果的发生,是犯罪中止;且其在犯罪后自动投案,并如实供述自己的罪行,是自首。[27]

三、犯罪中止的处罚

设立犯罪中止制度,是为了给走上犯罪道路的人架起一座“返回的金桥”。因此,对于犯罪中止,各国刑法均坚持从宽处罚原则,或者采取必减主义,或者采取得减主义。我国刑法第 24 条第 2 款规定:“对于中止犯,没有造成损害的,应当免除处罚;造成损害的,应当减轻处罚。”由此可见,我国对犯罪中止采取的是必减主义。在适用这一原则时,应当注意以下几点:

1. 对中止犯的处罚,应当同时引用刑法总则第 24 条和刑法分则有关具体犯罪条款的规定,在罪名后面应加括号标明犯罪中止形态。例如“故意杀人罪(中止)”。

2. 对中止犯的处罚,应当坚持绝对从宽原则。对中止犯,是“应当”减轻或者免除处罚,而不是“可以”减轻或者免除处罚;对中止犯,既不能与既遂犯同等处罚,也不能比照既遂犯从宽处罚,而应根据案件的具体情况,考察中止的主客观原因,予以从宽处理。

3. 对中止犯的处罚,应当根据有无侵害结果而作不同的处理。造成损害结果的,应当减轻处罚;没有造成损害结果的,应当免除处罚。这里的“损害结果”,是指造成了一定的侵害结果,但没有造成法定的犯罪既遂所要求的法定侵害结果。

---

〔27〕《最高人民法院公报》2015 年第 1 期。

示例8-28 张某强奸案

某日晚23时许,被告人张某酒后趁韩某丈夫、儿子不在家,爬窗进入韩某睡觉的房间,并脱光自己衣服,强行亲吻、抚摸韩某嘴部、乳房,欲强行与韩某发生性关系,遭到韩某呼喊、反抗,后逃离现场。对此,一审法院认为:被告人张某在侦查阶段及一审庭审中多次供述其因害怕被害人韩某打电话叫人,便放弃与被害人发生性关系,而被害人喊人及反抗不足以阻止其强奸行为完成,其行为属于自动放弃犯罪,系犯罪中止。被告人张某虽系犯罪中止,但其行为已给被害人造成损害,依法应减轻处罚。[28]

示例8-29 朱某强奸、故意杀人案

二审法院认为:朱某在着手实施故意杀人犯罪过程中,自动放弃犯罪构成犯罪中止,其故意杀人行为没有给被害人造成实际损害,故对其故意杀人犯罪应当免除处罚。[29]

第五节 犯罪既遂

一、犯罪既遂的概念和特征

(一)犯罪既遂的概念

关于犯罪既遂的概念,世界各国刑法一般均不直接规定,而是留给刑法理论界去解释。概括起来,主要有以下三种主张:一是结果说,即认为犯罪既遂是指行为人故意实施犯罪行为并且造成了危害结果的情形;二是目的说,即认为犯罪既遂是指行为人故意实施犯罪行为并且实现了犯罪目的的情形;三是构成要件说,即认为犯罪既遂是指行为人着手实行的犯罪行为具备了具体犯罪的全部构成要件要素的情形。

上述观点中,结果说和目的说均存在涵括范围不全的问题,因而不可取。例如,虽然很多犯罪可以以危害结果是否发生作为既遂与否的区分标准,但也有不少犯罪法律并未规定危害结果,如脱逃罪的既遂,并不要求必须发生危害结果,而只要依法被关押的罪犯、被告人、犯罪嫌疑人逃离羁押场所,即构成既遂。又如,虽然不少犯罪以犯罪目的是否实现作为既遂与否的区分标准,但也有许多犯罪,如诬告陷害罪

---

[28] 山东省滨州市滨城区人民法院(2017)鲁1602刑初470号刑事判决书。

[29] 《刑事审判参考》(总第72集),法律出版社2010年版,第33页。

的既遂,并不要求被诬陷者实际上被追究刑事责任作为必要前提,而是只要向司法机关实施了诬告行为即已满足。相比之下,构成要件说可以适用于各种犯罪既遂的判断,具有最广的涵括性,因而是可取的主张。因为无论是犯罪结果是否发生,犯罪行为是否实施到一定的程度,还是法定的危险状态是否出现,尽管具体表现各不相同,但都可以概括为具体犯罪的全部构成要件要素是否具备。这一标准明确统一,便于司法实践遵循贯彻。

(二)犯罪既遂的特征

根据构成要件说,犯罪既遂形态具有以下三个方面的特征:

1. 时间条件,即行为已经发展到着手实行阶段。这是犯罪既遂的时间特征。它表明,只有行为进行到着手实行行为阶段,才有可能成立犯罪既遂。如果行为尚未着手、还处于预备阶段,则根本不可能成立犯罪既遂。

2. 程度要件,即具体犯罪的构成要件要素全部满足。这是犯罪既遂的客观特征。它表明,犯罪既遂不仅要求行为人已经开始着手实施实行行为,而且这一实行行为本身还必须发展到一定的程度,如特定的危险状态、危害结果出现等。这是因为,实行行为只有发展到一定的程度,才可能对法益造成现实的侵害。而判断行为是否发展到一定的程度,则应以具体犯罪的客观构成要件要素是否已经全部具备。

3. 主观条件,行为人主观上必须出于直接故意。这是犯罪既遂的主观特征。它表明,只有直接故意犯罪,才存在犯罪既遂问题,间接故意犯罪和过失犯罪,均没有必要研究犯罪既遂问题。

二、犯罪既遂的类型

犯罪既遂是直接故意犯罪的完成形态。根据刑法分则对各种直接故意犯罪构成要件的不同规定,犯罪既遂主要有以下四种类型。

(一)结果犯

结果犯,是指以法定的危害结果的发生作为犯罪既遂认定标准的犯罪。具体而言,认定某一具体犯罪行为是否构成既遂,不仅要考察行为人是否已经着手实施具体犯罪的客观构成要件的实行行为,而且还要考察法定的危害结果是否已经出现。法定的危害结果出现的,构成犯罪既遂;法定的危险结果没有出现的,构成犯罪未遂或者犯罪中止。所谓法定的危害结果,是指危害行为通过对行为对象的作用而造成的物质性的、有形的、可以具体测量确定的损害结果,如故意杀人罪的死亡结果、故意伤害罪的伤害结果、盗窃罪的财物损失结果等。刑法中这类犯罪数量很多,且多为常见多发性犯罪。

示例 8-30　花某盗窃案

被告人花某翻窗进入陈某家中盗窃。邻居尹某碰巧看见,遂与郭某在门口守候。花某窃得现金 377 元和 3 包中华牌香烟出来时被抓获。花某的上衣口袋还藏有一把匕首。对此,一审法院认为:花某携带凶器入户盗窃他人财物,其行为构成盗窃罪。花某已经着手实施犯罪,由于意志以外的原因而未得逞,系犯罪未遂,可以比照既遂犯从轻处罚。〔30〕

二审法院认为:原审被告人花某以非法占有为目的,携带凶器入户秘密窃取他人财物,其行为构成盗窃罪。花某非法进入被害人家中窃得形状、体积较小的现金和香烟放于口袋内走出房门后已取得了对被窃财物的控制,而被害人则失去了对被窃财物的控制。花某不仅实施了入户盗窃行为,且已实际窃得财物并离开被害人住所,其行为系入户盗窃既遂。〔31〕

示例 8-31　习某抢劫案

二审法院认为:被告人习某等人以暴力、胁迫手段逼迫被害人彭某写下 75 万元收条的犯罪行为,当场完成了"归还"75 万元欠款的全部手续,使彭某难以向其追债,进而实现了消灭合法债务、非法占有彭某合法财产的犯罪目的,符合抢劫罪的构成要件,且应认定为犯罪既遂。检察机关关于习某等人构成抢劫既遂的抗诉意见成立,应予采纳。〔32〕

(二)危险犯

危险犯,是指以法定的危险状态的发生作为犯罪既遂认定标准的犯罪。具体而言,认定某一具体犯罪行为是否构成既遂,不仅要考察行为人是否已经着手实施具体犯罪的客观构成要件的实行行为,而且还要考察法定的危险状态是否已经出现。法定的危险状态出现的,构成犯罪既遂;法定的危险状态没有出现的,构成犯罪未遂或者犯罪中止。所谓法定的危险状态,是指行为人实施的危害行为造成法律规定的某种危害结果的危险状态,如放火罪造成不特定多数人伤亡、财产损毁的危险状态,破坏交通工具罪的造成车辆颠覆、人员伤亡的危险状态等。在理论上,危险犯有抽象危险犯和具体危险犯之分。前者,一般不需要具体判断危险状态是否存在,只有行为实施到一定程度,即推定危险已经存在;后者,通常需要具体判断危险状态是否存在,即司法者需要根据个案的具体情形,判断危险状态是否存在。

---

〔30〕 上海市闸北区人民法院(2014)闸刑初字第 215 号刑事判决书。

〔31〕 上海市第二中级人民法院(2014)沪二中刑终字第 285 号刑事判决书。

〔32〕 《刑事审判参考》(总第 102 集),法律出版社 2016 年版,第 56 页。

示例 8-32 张某以危险方法危害公共安全案

被告人张某因长期精神压抑,在某小区单元房内采用释放管道内天然气的方式自杀。后经检测,该单元房门外天然气浓度已超过爆炸极限,严重危及公共安全。对此,二审法院认为:犯罪中止只能发生在犯罪既遂之前的整个犯罪过程中,而张某释放天然气的浓度已超过爆炸极限,足以危害公共安全,张某的行为已构成以危险方法危害公共安全罪的犯罪既遂,张某后来关闭阀门及开窗的行为,只能作为量刑情节考虑,不属于犯罪中止。[33]

(三)行为犯

行为犯,是指以法定的实行行为的完成或发展到一定程度作为犯罪既遂认定标准的犯罪。具体而言,认定某一具体犯罪行为是否构成犯罪既遂,不仅要考察行为人是否已经着手实施具体犯罪的客观构成要件的实行行为,而且还要考察实行行为是否已经完成或者实施到法定的程度。实行行为达到法定要求的,构成犯罪既遂;实行行为未达到法定要求的,构成犯罪未遂或者犯罪中止。所谓法定要求的实行行为,是指行为人实施的实行行为持续一定时间,发展到一定程度,如脱逃罪的逃离监禁羁押的场所、偷越国(边)境罪的穿过国(边)境线等。

示例 8-33 史某、蔡某绑架案

二审法院认为:本案中,各上诉人经共同预谋和准备犯罪工具后采用暴力胁迫的手段实施了把持控制被害人的劫持行为和勒索钱财的行为,对绑架犯罪的客观要件已经实施完毕,系犯罪既遂。各上诉人在犯罪后将被害人释放这一情节一审在量刑时已予以考虑。上诉人史某、蔡某所提系犯罪中止的上诉理由不能成立,本院不予采纳。[34]

(四)举动犯

举动犯,是指以实行行为的着手实施作为犯罪既遂认定标准的犯罪。具体而言,认定某一具体犯罪行为是否构成犯罪既遂,只要考察行为是否已经着手实施具体犯罪的客观构成要件的实行行为,而不需要考察实行行为是否已经造成危害结果、危险状态或者发展到一定程度。已经着手实施实行行为的,构成犯罪既遂;尚未着手实施实行行为的,构成犯罪预备或者犯罪中止。从犯罪构成性质分析,举动犯主要有两种类型:(1)原本为预备性质的犯罪构成,刑法分则规定的参加恐怖活动组

---

〔33〕 北京市第一中级人民法院(2012)刑上字第 5333 号刑事裁定书。

〔34〕 四川省成都市中级人民法院(2018)川 01 刑终 468 号刑事裁定书。

织罪、参加黑社会性质组织罪等。这些犯罪的实行行为“参加”,原本是预备性质的行为,是为实施恐怖活动犯罪、黑社会性质组织活动犯罪创造便利条件的预备行为,但由于这些预备性质的行为所涉及的犯罪性质严重,一旦进一步着手实行危害就很大,因而立法将这些行为提升为实行行为,并创设了新的罪名。在这种情形下,这里的“参加”行为,就不再是原有犯罪的预备行为,而是新设犯罪的实行行为。并且,只要着手实施新设犯罪的实行行为,即构成犯罪既遂。(2)煽动教唆性质的犯罪构成,如煽动分裂国家罪、煽动民族仇恨、民族歧视罪等。这类犯罪的实行行为都是教唆性、煽动性的行为,行为对象是不特定多数人,行为目的旨在激起多数人产生和实行犯罪意图,因而行为的涉及面极广,影响度极深,危害性极大,需要提前预防,因而立法将这类行为增设新罪。同样,这里的“煽动”行为,不应再理解为原有罪名的共犯行为表现的教唆行为,而应理解为新罪的实行行为。只要行为人着手实行“煽动”,无论被煽动者是否接受教唆、是否进一步实施所教唆的犯罪行为,均构成犯罪既遂。简言之,由于举动犯以实行行为是否着手作为构成犯罪既遂的标准,因而无论哪种类型的举动犯,均只有犯罪既遂形态、犯罪预备形态和犯罪中止形态(预备中止),但无犯罪未遂形态。

示例 8-34　罗某非法经营案

二审法院认为:经查,非法经营行为无论实施购买、运输、销售中的任何一个环节的行为,即扰乱了正常的市场秩序,对该罪的犯罪客体造成了侵害。因此在刑法理论上,非法经营罪属于举动犯,一着手实行便成立犯罪既遂,即只要行为人实施了非法经营活动中的任何一个环节(收购、储存、运输、批发、销售等)的犯罪活动,就扰乱了市场秩序,构成犯罪既遂,并不以获取非法利益是否完成作为既遂标志。[35]

三、犯罪既遂的处罚

由于刑法分则是以单独犯的既遂形态为模型的,因而对于犯罪既遂的处罚,原则上在考虑刑法总则一般量刑原则的指导和约束的基础上,直接按照刑法分则具体犯罪条文规定的刑种和刑度来处罚即可。具体处罚时,应当注意以下几点:

1. 关于定罪和法条引用问题。根据立法原意和司法实践,对既遂犯,应当按照刑法分则具体条文的罪刑规格定罪量刑,在罪名上一般无须标明既遂状态,但在起诉书、判决书、裁定书等司法文书的事实认定部分,应当表明行为人已经完成犯罪的情况。

2. 应当注意区别对待危害不同的同种罪的既遂犯。例如,同是诈骗罪的既遂

〔35〕　湖南省怀化市中级人民法院(2016)湘12刑终242号刑事裁定书。

犯,有诈骗数额的不同,即使诈骗数额相同,也有诈骗对象重要程度的不同;同是故意杀人罪的既遂犯,有杀死一人与数人的区别,有普通杀人和以特别残忍手段杀人的区别。这些不同情形反映了不同的既遂犯的危害性和罪责程度的差异,为贯彻罪责刑相适应原则,在处罚时应当予以适当的区别对待。

3. 应当注意宽严相济刑事政策的适用。即使是既遂犯,也有各种从宽情节、从严情节等法定量刑情节和酌定量刑情节。对这些情节,在量刑时都应予以考虑,从而准确判定犯罪行为的社会危害性程度和犯罪行为人的人身危险性程度,从而正确衡定罪责,恰当适用刑罚。

示例 8-35 王某诈骗案

被告人王某与浦某将头痛粉装入数十支长短不一的塑料吸管内伪装成"毒品海洛因",并唆使罗某甲、罗某乙、左某分别送给毕某等买毒人员(实为公安人员)。对此,一审法院认为:被告人王某为获取举报线索奖励费,结伙采取设计陷阱、制造案件的方法,骗取公安机关举报线索奖励费人民币 3700 元,其行为已构成诈骗罪,且造成三人被刑拘、逮捕,手段恶劣,后果严重,应当认定其具有刑法规定的"其他严重情节"。被告人王某在前科刑罚有期徒刑执行完毕后五年内再犯应处有期徒刑之罪,系累犯,依法从重处罚。辩护人要求宣告被告人王某无罪的理由与事实及法律不符,不予采纳。但公诉机关以贩卖毒品罪(未遂)指控的罪名亦不能成立,应予纠正。遂依照刑法第 266 条、第 65 条第 1 款之规定,判决被告人王某犯诈骗罪,判处有期徒刑 6 年,并处罚金计人民币 4000 元。[36]

---

〔36〕 台州市路桥区人民法院(2009)台路刑初字第 477 号刑事判决书。

第九章　共同犯罪

第一节　共同犯罪概述

一、共同犯罪的概念

犯罪是一种复杂的社会现象，就实施主体的数量而言，既有单独一人实施的犯罪，也有二人以上共同实施的犯罪。前者称为单独犯罪，后者称为共同犯罪。由于刑法分则条文所规定的犯罪构成，是以单独的个人犯罪为标本的，因此，对于单独犯罪，可以根据刑法分则规定解决其刑事责任问题；而对于共同犯罪，则需要在刑法总则中专门规定以解决其刑事责任问题。

刑法第25条规定："共同犯罪是指二人以上共同故意犯罪。二人以上共同过失犯罪，不以共同犯罪论处；应当负刑事责任的，按照他们所犯的罪分别处罚。"根据这一规定，共同犯罪，是指二人以上共同故意实施的犯罪行为。二人以上共同过失实施的犯罪行为，不成立共同犯罪。可见，刑法是将共同犯罪严格限定在共同故意的范畴之内的。

示例9-1　徐某等危险物品肇事案

央视新台址因燃放烟火引发重大火灾，造成1名消防队员死亡、8人受伤，建筑物过火过烟面积21333平方米，直接经济损失达人民币1.6亿多元。一审法院认为：被告人徐某等21人目无国法，违反爆炸性物品管理规定，未经相关部门批准，擅自燃放烟花，致使发生重大事故，给人民群众的生命、身体健康和国家财产造成严重危害，后果特别严重。公诉机关指控的罪名成立，徐某等21名被告人的行为均已构成危险物品肇事罪，均应依法惩处。[1]

---

〔1〕 北京市第二中级人民法院(2010)二中刑初字第697号刑事判决书。

二、共同犯罪的成立要件

（一）适格的行为主体

所谓适格的行为主体，是指共同犯罪的主体，必须是二人以上，而且是都已达到刑事责任年龄、具有刑事责任能力的自然人或者单位。共同犯罪的主体必须是复数，单独一个人不可能成立共同犯罪。并且，作为共同犯罪的复数主体，还必须都已达到刑事责任年龄、具有刑事责任能力。一个达到刑事责任年龄的自然人和一个未达到刑事责任年龄的自然人，或者一个精神健全有刑事责任能力的自然人和一个精神障碍无刑事责任能力的自然人共同实施危害行为，不能成立共同犯罪。同样，一个具有刑事责任能力的单位和一个不具有刑事责任能力的单位，共同实施危害行为，也不能成立共同犯罪。

示例 9-2　国信公司等非法吸收公众存款案

一审法院认为：被告单位国投公司与大江国投公司、国信公司在不具备开展委托理财业务资质的情况下，采取承诺保底和固定收益的方式向社会不特定对象变相吸收公众存款16.03亿元，数额巨大，情节特别严重，其行为已构成非法吸收公众存款罪。被告人张某作为大江国投公司、被告单位国投公司总经理，被告人李某作为大江国投公司副总经理、国信公司董事长、总经理，被告人吕某作为国信公司副总经理后任总经理，均系所在单位实施非法吸收公众存款犯罪中的直接负责的主管人员；被告人刘某作为国信公司副总经理，在单位犯罪中实施犯罪并起较大作用，系其他直接责任人员，其行为均已构成非法吸收公众存款罪。〔2〕

（二）共同的犯罪行为

所谓共同的犯罪行为，是指各行为人的行为均指向同一犯罪目标，彼此联系、互相配合，形成一个有机协调的共犯结构和关系。首先，各行为人所实施的行为，必须是犯罪行为，否则不可能构成共同犯罪。其次，各行为人所实施的行为，既可以表现为作为，也可以表现为不作为。最后，共同实施的行为造成危害结果时，各行为人所实施的行为与危害结果之间均存在因果关系。共同犯罪的因果关系，与单独犯罪的因果关系相比，有其特殊性。具体表现在：共同犯罪行为是围绕一个犯罪目标，互相配合、互为条件的犯罪活动整体，正是这个行为的整体导致了危害结果的发生。换言之，共同犯罪的整体行为是危害结果发生的全部原因，而各行为人的单独行为均是危害结果发生的部分原因。当然，共同犯罪行为方式不同，共同犯罪行为与危害

---

〔2〕　江苏省南京市中级人民法院（2005）宁刑初字第86号刑事判决书。

结果之间的因果关系也有各自的特点。主要表现在:(1)在共同实行犯罪的场合,各行为人的行为共同指向同一犯罪事实,共同作用于同一犯罪对象,共同造成同一危害结果,因而各行为人汇合的整体行为是危害结果发生的直接原因,各行为人的单独行为是这一直接原因的组成部分,在原因力上表现为“因果关系的分担”。在这种场合,如果各行为人的实行行为共同引起危害结果发生(各实行行为事实上都有原因力的),则各行为人的单独行为与危害结果之间自然均存在因果关系;但在有的情形下,即使只有一人的实行行为引起危害结果的发生,其他人的实行行为与危害结果的发生并不具有事实上的因果关系,但因存在共犯关系,也应认为这些人的单独行为与危害结果之间存在因果关系。(2)在复杂的共同犯罪的场合,共同犯罪行为与危害结果之间的因果关系表现为:实行行为直接造成了危害结果的发生,但组织行为、教唆行为引起正犯的犯罪决意和实行行为,帮助行为加强正犯的犯罪决意和助力于正犯的实行行为,均通过正犯间接地造成了危害结果的发生,在原因力上表现为“因果关系的延长”。

示例9-3　唐某等非法拘禁案

二审法院认为:被告人黄某、唐某、蓝某、陈某为追讨债务,合伙以其他方法非法剥夺他人人身自由,其行为已构成非法拘禁罪。唐某、蓝某、陈某在看管被害人的过程中,当被害人借小便之机逃离被告人的看管时,三被告人在后面追赶,造成被害人逃入河中溺水死亡的严重后果,被害人的死亡结果与三被告人在非法拘禁过程中共同实施的追赶行为有直接的因果关系,应承担非法拘禁致人死亡的刑事责任。[3]

(三)共同的犯罪故意

所谓共同的犯罪故意,是指各行为人均认识到各自的危害行为和共同的危害行为会发生危害结果,并且希望或者放任这种结果发生的心理态度。首先,在认识因素方面,各行为人不仅认识到自己在实施犯罪,而且认识到自己是与他人互相配合共同实施犯罪;不仅认识到自己行为的性质,而且认识到共同行为的性质;不仅预见到自己的行为会引起危害结果的发生,而且认识到共同的行为会引起危害结果的发生。其次,在意志因素方面,各行为人不仅希望或者放任自己的行为引起危害结果的发生,而且希望或者放任共同行为引起危害结果的发生。最后,在意思联络方面,各行为人在犯罪意思方面互相沟通,形成互相配合共同实施犯罪的决意。犯意沟通,是共同犯罪与单独犯罪在主观意志方面的重大区别。

---

〔3〕 广西壮族自治区梧州市中级人民法院(2012)梧刑一终字第44号刑事裁定书。

示例 9-4 张某故意伤害案

一审法院认为：被告人张某在车被龚某非法扣押的情况下，与李某商量驾车逃走，在逃走过程中，被龚阻拦时，其用木棒将龚某打倒后，对李某喊“快跑”，而后跳上车。致龚某爬起拦车时，被李某开车撞伤。被告人张某与李某虽事前没商量伤人，但在犯罪过程中，二人的语言、行为已形成了犯意联系，且对被害人龚某被车撞伤的后果都可以预见，却均持放任态度，属共同犯罪。〔4〕

对于片面共犯，是否成立共同犯罪，理论上存在争议。所谓片面共犯，是指参与犯罪的行为人中，一方有与他人共同实施犯罪的意思并加功于他人的犯罪行为，但他人不知其给予加功的情形。片面共犯的最大特点在于，行为人之间的意思联络是单向、片面的，仅加功一方具有意思联络，被加功一方并不存在意思联络。关于片面共犯的处理，对于加功者，应当认定构成共同犯罪，适用刑法总则共同犯罪规定的条款论处；对于被加功者，应当认定为单独犯罪，适用刑法分则具体犯罪的条款论处。对于片面共犯的范围，通说仅承认片面帮助犯，不承认片面正犯、片面教唆犯。本书认为，之所以要承认片面共犯，要行为人对整体犯罪行为承担责任，是因为行为人的行为对整个犯罪行为及危害结果的发生具有因果力，且主观上对此具有过错。至于行为人在其中的行为分工，并非归责的关键。因此，如果承认片面帮助犯，则没有理由不承认片面正犯、片面教唆犯。

示例 9-5 林某甲、林某乙强奸案

被告人林某甲、林某乙等人在某 KTV 包厢内喝酒，被害人殷某和另一名陪酒女莫某陪酒。期间，被告人林某甲趁着酒意将殷某拉入卫生间内，并反锁了卫生间门，强行与殷某发生性关系，殷某反抗并呼救。被告人林某乙听到呼救，却守在卫生间门口，阻拦莫某解救。对此，二审法院认为：上诉人林某甲违背妇女意志，趁被害人殷某醉酒之际，强行与其发生性关系；上诉人林某乙明知林某甲实施强奸行为而阻止他人解救，为林某甲强奸提供帮助，其行为均已构成强奸罪。上诉人林某乙系强奸罪的片面帮助犯，是从犯，依法予以减轻处罚。〔5〕

三、共同犯罪的成立范围

（一）共同犯罪之“共同”

共同犯罪，是指二人以上共同故意犯罪。然而，对于二人以上的行为必须在哪

〔4〕 河南省罗山县人民法院(2000)罗刑初字第 113 号刑事判决书。

〔5〕 福建省莆田市中级人民法院(2017)闽 03 刑终 587 号刑事裁定书。

些方面共同才能成立共同犯罪,刑法理论界却存在行为共同说和犯罪共同说的对立。

行为共同说认为,共同犯罪是指数人共同实施了行为,而不是共同实施特定的犯罪。这一主张的核心观点是,成立共同犯罪,在“行为”方面,并不要求各行为人共同实施特定的犯罪,而只要求各自的行为在客观上具有共同性、配合性;在“意思联络”方面,不要求各行为人具有共同实施某种犯罪的意思联络,而只要求实施某种行为的意思联络。简言之,行为共同说主张,各行为人只要共同实施了行为事实,即成立共同犯罪,故又称为事实共同说。犯罪共同说认为,共同犯罪是指数人共同实施特定的犯罪,即二人以上共同实施符合具体犯罪构成要件的行为。各行为人实施的危害行为在构成要件上相同,则成立共同犯罪;反之,各行为人实施的危害行为在构成要件上不同,则不成立共同犯罪。正犯行为均是刑法分则规定的具体犯罪构成的实行行为,教唆行为、帮助行为虽然不是实行行为,但其从属于实行行为,故应按正犯所犯之罪确定共同犯罪的罪名。所以,共同犯罪之“共同”,是法律规定的构成要件之共同而非行为事实之共同。犯罪共同说又有完全犯罪共同说和部分犯罪共同说之分。完全犯罪共同说认为,各行为人实施的危害行为在具体犯罪构成要件上完全相同时,才成立共同犯罪。亦即各行为人实施的危害行为只有触犯的罪名相同时,才成立共同犯罪。例如,甲以杀人的故意,乙以伤害的故意,共同对丙实施暴力行为导致丙死亡。由于甲、乙触犯的罪名在构成要件上并不相同,故不成立共同犯罪。部分犯罪共同说认为,各行为人实施的危害行为在具体犯罪构成要件上虽然不完全相同,但具有重合的性质,则在重合的限度内成立共同犯罪。例如,甲以杀人的故意,乙以伤害的故意,共同对丙实施暴力行为导致丙死亡。虽然甲、乙所实施的行为在构成要件方面并不完全相同,但在故意伤害罪的范围内,二者是重合的,故在此范围内可以成立共同犯罪。

本书赞同部分犯罪共同说,主张共同犯罪之“共同”,并非指构成要件之完全共同,而是指构成要件之部分共同,数个行为的构成要件之间存在较大范围的重合关系的,则可以判定各自实施的危害行为具有共同性,可以成立共同犯罪。

示例9-6　刘某甲等绑架、故意杀人、非法拘禁案

一审法院认为:被告人刘某甲以勒索财物为目的绑架他人,且致被绑架人死亡,其行为已构成绑架罪;被告人龚某伙同刘某甲在挟持他人后,将被害人置于排水管道井内,其明知被挟持人手脚被捆绑,口眼被封,而弃之不顾,对被害人的死亡持放任态度,且造成被害人死亡的后果,其行为已构成故意杀人罪;被告人刘某乙帮助刘某甲等挟持被害人,且造成被害人死亡的后果,其行为已构成非法拘禁罪。被告人刘某甲为勒索财物绑架他人,且弃被害人于排水管道井内十余日而不顾,造成被害人死亡,罪行特别严重,应予严惩。被告人龚某纠集他人，共同劫持被害人，在整个案件中起主要作用，系主犯。被告人刘某乙为帮助他人索债而参与犯罪，在挟持、拘禁被害人的犯罪过程中起次要作用，系从犯。[6]

（二）共同犯罪的除外情形

1. 共同过失犯罪。所谓共同过失犯罪，是指二人以上基于过失共同实施危害行为，造成危害结果的情形。例如甲、乙二人在一起焊接时均未清理现场，焊接机溅出的火星引燃刨花，引起火灾。由于甲、乙二人主观上均为过失，并不存在意思联络，故不成立共同犯罪。如果需要追究刑事责任，则应当根据各自的过错程度以相应的过失犯罪论处。

2. 同时犯。所谓同时犯，是指二人以上同时在同一场所实施同一性质的故意犯罪，但主观上缺乏犯意联络的情形。同时犯的特点是各行为人主观上均有故意，但缺乏意思沟通和联络，所以不是共同犯罪，而是同时实行的单独犯罪，各人只对自己的行为承担刑事责任。例如甲、乙均有杀害丙的意图，二人不约而同地向丙射击，但甲没有射中，乙射中丙的头部致其死亡。甲承担故意杀人罪（未遂）的责任，乙承担故意杀人罪（既遂）的责任。

3. 不同罪过形式的犯罪。二人以上实施危害行为，罪过形式不同的，不构成共同犯罪。这主要有以下两种情形：一是过失地引起或者帮助他人实行故意犯罪；二是故意地教唆或者帮助他人实行过失犯罪。对此，应当根据各行为人的主观罪过形式和行为形态，分别认定为具体的犯罪，而不能以共同犯罪论处。

4. 实行过限行为。所谓实行过限，是指正犯在实施共同犯罪的过程中，故意或者过失地实施了超出共同犯意范围的犯罪的情形。在这种情形下，正犯实施的犯罪行为，通常有两个：共同犯罪行为和实行过限行为。对于共同犯罪行为，因其处在共同犯意的范围之内，各共同犯罪人均应承担刑事责任；对于实行过限行为，因其超出共同犯意的范围之外，故应由实际实行的正犯承担刑事责任，其他共同犯罪人不承担刑事责任。

示例9-7　陈某、余某故意杀人案

二审法院认为：上诉人陈某事先携带尖刀，在与被害人争吵中，连刺被害人三刀，其中左胸部、左大腿的两处创伤均为致命伤，足以证明陈某对被害人的死亡后果持放任心态，原审据此对陈某定故意杀人罪并无不当。上诉人余某、陈某均供述余某仅要求陈某前去“教训”被害人，没有要求陈某携带凶器；在现场斗殴时，余某没有与陈某作商谋，且

[6] 河南省安阳市中级人民法院（2008）安刑初字第38号刑事判决书。

没有证据证明其知道陈某带着凶器前往;余某也没有直接协助陈某殴打被害人。原判认定余某有杀人故意的依据不足,应对其以故意伤害罪判处。[7]

5. 连累犯。所谓连累犯,是指事前或事中没有与本犯通谋,但在本犯实施犯罪以后向其提供有关帮助的情形。窝藏、包庇罪、洗钱罪、隐瞒犯罪所得、犯罪所得收益罪是最常见的连累犯。连累犯的特点,在于帮助行为是事后实施的;如果是事前或事中通谋实施的,则应以共同犯罪论处。例如甲与乙事先约定,甲负责盗窃私家汽车,乙负责低价销售给修理店,二人最后平均分赃。对此,应认定乙与甲共同构成盗窃罪,而非盗窃罪的连累犯。

示例 9-8　周某甲等贪污和掩饰、隐瞒犯罪所得案

二审法院认为:原审被告人姜某、周某甲、杨某对所运输的给水管明知系南通市供水工程公司正在施工的合法财产,仍帮助原审被告人周某乙、张某完成贪污行为,故应认定原审被告人姜某、周某甲、杨某为贪污共犯。原审判决认定原审被告人姜某、周某甲,杨某犯掩饰、隐瞒犯罪所得罪定性不当,应予以纠正。[8]

6. 间接正犯。所谓间接正犯,是指将他人作为犯罪工具,以实现犯罪目的的行为人。无论是直接正犯(以自己的身体动作直接实施了具体犯罪构成要件行为的行为人)还是间接正犯,行为人均是对犯罪过程具有决定性影响的关键人物或核心角色,均具有犯罪事实支配性。可见,二者在本质上是相同的。但是,从事实支配的表现形式来看,却有不同:直接正犯是对自己行为的支配,而间接正犯是对他人行为的支配。对于间接正犯,应当按照刑法分则规定的具体犯罪的条款论处;至于被利用者,则应根据具体情形分别以犯罪或者无罪论处。间接正犯主要有以下行为类型:(1)利用无责任者的行为,如教唆不满16周岁的未成年人入户盗窃。(2)利用他人无意识的行为,如利用他人的反射举动。(3)利用他人受强制的行为,如用手枪顶着他人的脑袋逼迫其杀人。(4)利用缺乏故意的行为,如谎称枪里没有子弹,让他人向被害人开枪射击。(5)利用有故意但无目的或身份的行为,如基于牟利的目的骗取没有牟利目的的他人传播淫秽物品。(6)利用他人的过失行为,如医生有意指示粗心大意的护士给病人注射违规药液。(7)利用他人的合法行为,如故意挑拨弱小的甲去杀强壮的乙,结果乙因正当防卫杀死了甲,从而实现杀甲的目的。(8)利用被害人的行为,如利用、控制、操纵、逼迫被害人自杀、自伤或者自毁财物。

---

[7]《刑事审判参考》(总第52集),法律出版社2007年版,第2页。

[8] 江苏省南通市中级人民法院(2010)通中刑二终字第0019号刑事判决书。

示例 9-9　张某诈骗案

二审法院认为：上诉人张某向马某虚构转包富锦早市拆迁工程，并承诺一两个月内开工及支付开工前拆迁款利息，取得马某信任，后马某将此事告知被害人林某，林某遂按张某要求通过马某转付拆迁工程款的事实。本案中张某为达到非法占有他人财物目的，放任马某将其虚构的事实向他人进行扩散，最终骗得林某钱款，可以视为间接正犯。[9]

刑法分则规定的犯罪，绝大多数可以成立间接正犯，但是，对于有些犯罪，通说认为，不能成立间接正犯。主要有以下两种情形：(1)亲手犯。所谓亲手犯，是指具体犯罪的实行行为只能由正犯本人亲自直接实施，其他人不能替代实施的情形。例如，强奸罪、脱逃罪、伪证罪。(2)真正身份犯。所谓真正身份犯，是指具体犯罪的实行行为只能由具有特殊身份的人实施，不具有特殊身份的人不能替代实施的情形。例如，受贿罪的主体只能是国家工作人员，非国家工作人员只能成立受贿罪的共犯，而不可能成立间接正犯。

第二节　共同犯罪的形式

一、任意共犯和必要共犯

根据共同犯罪是否能够任意形成为标准，可以将其划分为任意共犯和必要共犯。任意共犯，是指单独一人可以实施的犯罪，由二人以上共同实施而形成的共同犯罪。这种犯罪，根据其行为特点，并不以多数人实行犯罪为必要，既可以由一个人实施，也可以由二人以上共同实施。例如，盗窃罪既可以由一人单独实施，也可以由多人共同实施。当这些犯罪由二人以上共同实施时，即成立任意共犯。对于任意共犯，应当根据刑法总则规定的共同犯罪的条款和刑法分则规定的具体犯罪的条款定罪量刑。

所谓必要共犯，是指刑法分则规定的必须由二人以上共同实行才能构成犯罪的情形。这种犯罪，只能由复数主体构成，单独一人不可能构成。对必要共犯，应当根据刑法分则有关条款处理，不必适用刑法总则规定的共同犯罪的条款。根据刑法规定，必要共犯主要有以下三种情形：

---

[9] 吉林省长春市中级人民法院(2018)吉01刑终105号刑事裁定书。

1. 对向犯。所谓对向犯,是指以二人以相互对向的行为为要件的犯罪。这种犯罪的特点在于,缺乏任何一个相对方的行为,犯罪都不成立。根据刑法规定,对向犯主要有以下三种情况:(1)对向双方均构成犯罪,且罪名和法定刑相同,如重婚罪、非法买卖枪支罪;(2)对向双方均构成犯罪,但罪名和法定刑各自不同,如受贿罪和行贿罪、拐卖妇女罪和收买被拐卖的妇女罪;(3)仅处罚一方的行为,不处罚另一方的行为(片面的对向犯),如贩卖淫秽物品牟利罪,非法出售、提供试题、答案罪。这种对向犯,是仅就行为的结构形式而言的。

2. 聚众犯罪。所谓聚众犯罪,是指由首要分子组织、策划、指挥多人实施的犯罪。这类犯罪的特点是:(1)参与人的多数性。这类犯罪的参与人,必须是多数人。其中有首要分子,有一般参加者。前者明确固定,后者则处于随时增加或者减少的状态。(2)行为的公然性。这类犯罪往往人多势众,公然实施,以造成一定的声势或压力。(3)行为的多样性。这类犯罪主体多样,参与程度和形态往往不同,有的参与组织、策划和指挥,有的只是参与具体危害行为的实行。根据刑法规定,聚众犯罪主要有以下三种情形:(1)既处罚首要分子,也处罚积极参加者、其他参加者,如暴动越狱罪、聚众持械劫狱罪;(2)既处罚首要分子,也处罚积极参加者,但不处罚其他参加者,如聚众扰乱社会秩序罪、聚众斗殴罪;(3)仅处罚首要分子,不处罚积极参加者、其他参加者,如聚众扰乱公共场所秩序、交通秩序罪,聚众阻碍解救被收买的妇女、儿童罪。前两种聚众犯罪属于共同犯罪,对此,理论界一般没有异议。但对于最后一种聚众犯罪是否属于共同犯罪,则有不同的认识。一种观点认为,聚众犯罪都是共同犯罪,在上述情况下也存在主犯、从犯与胁从犯的区别,其中的首要分子是主犯,其余的参加者是从犯或胁从犯,但立法者根据打击少数、争取教育改造多数的刑事政策,只规定处罚首要分子。〔10〕另一种观点认为,聚众犯罪不一定是共同犯罪,上述情形的聚众犯罪是否属于共同犯罪,要依案件的具体情况而定。当首要分子为二人以上,共同组织、策划、指挥聚众犯罪时,构成共同犯罪自不待言;但当首要分子只有一人时,就是一人以聚众方式犯罪,无共同犯罪可言。〔11〕本书认为,聚众犯罪都是共同犯罪。不过,这是就行为的结构形态而言的,而非针对行为的责任承担而言。正如对向犯的各行为人,未必都被处罚一样,聚众犯罪的各参与者也未必都被定罪处罚;而对向犯是公认的共同犯罪,没有例外,因而聚众犯罪也应认为是共同犯罪,没有例外。至于实际上具体的参与者是否被追责和处罚,并不影响行为的性质定性。

3. 集团性共同犯罪。所谓集团性共同犯罪,是指以组织、领导或参加某种犯罪

---

〔10〕何秉松:《刑法教科书》(上卷),中国法制出版社2000年版,第456页。

〔11〕张明楷:《刑法学》,法律出版社2016年版,第388页。

集团为构成要件的犯罪。例如组织、领导、参加恐怖活动组织罪，组织、领导、参加黑社会性质组织罪。这种犯罪的特点在于，犯罪的组织结构必须是一种犯罪集团，一般的共同犯罪结构不能构成。

示例 9-10　郭某等聚众斗殴案

二审法院认为：上诉人郭某、原审被告人车某持械积极参与聚众斗殴，其行为已构成聚众斗殴罪。关于上诉人郭某提出其没有持械参与斗殴的上诉理由，经查，虽无证据证实上诉人郭某勾结李某、车某等人时已经预谋持械，但卷中上诉人郭某、车某的供述以及同案犯证实斗殴前上诉人郭某对己方有人持械是明知的，而聚众斗殴罪系必要共犯，上诉人郭某应以持械聚众斗殴承担法律责任，故对上诉人郭某的上诉理由不支持。〔12〕

二、简单共犯和复杂共犯

以共同犯罪人之间有无分工为标准，可以将其划分为简单共犯和复杂共犯。所谓简单共犯，又叫共同正犯，是指二人以上共同故意实行某种具体犯罪客观要件的行为。成立共同正犯，应当具备以下条件：(1)客观上有共同实行的事实。所谓共同实行的事实，是指各行为人共同实行了某种犯罪构成的实行行为，这些行为整体来看或者单独来看，均具有实现犯罪的现实危险性。如果其中一个行为人实施的是实行行为以外的协力行为，单独不具有实现犯罪的现实危险性，则不成立共同正犯。(2)主观上具有共同实行的意思。所谓共同实行的意思，是指各行为人有共同实行构成要件的行为的意思。各行为人对所实施的具体犯罪具有共同的认识和意思联络，并且希望或者放任共同犯罪结果的发生。

提出共同正犯的概念，主要是贯彻部分实行全体责任原则。所谓部分实行全体责任原则，是指共同正犯虽然仅实施了具体犯罪的部分实行行为，但因处于整体共犯关系中，因而不仅要对本人所实施的实行行为负责，也要对其他正犯所实施的实行行为，即对整个犯罪的实行行为及其危害结果负责。在简单共犯的场合，如果分别考察，各行为人只实施了部分实行行为，因而只应承担部分责任；但如果全面考察，各行为人虽然只实施了部分实行行为，但这些行为互相配合，彼此加功，融为一体，形成合力，共同造成了危害结果的发生，因此，即使仅仅是分担了部分实行行为，也应对共同实行行为所造成的全部结果承担责任。例如，甲、乙基于共同故意杀丙，甲子弹打偏，乙射中丙，导致丙死亡。对此，不仅乙要承担故意杀人既遂的责任，甲也要承担故意杀人既遂的责任。

共同正犯主要有以下四种具体类型：(1)在单一行为的犯罪中，各行为人均实施

---

〔12〕　辽宁省葫芦岛市中级人民法院(2014)葫刑终字第00151号刑事裁定书。

了足以直接造成危害结果的实行行为,但仅一个行为人的行为直接造成了结果。例如甲、乙共同闯入丙的房间盗窃,甲窃取了手提电脑,乙空手而回。(2)在复合行为的犯罪中,各行为人参与分担了部分实行行为,共同造成了危害结果。例如甲、乙共同抢劫丙,甲对丙实施暴力殴打,乙强取丙的钱包。(3)在单一行为或复合行为的犯罪中,各行为人均实施了足以造成结果的行为,且各自的行为均是危害结果的原因。例如甲、乙共同向丙开枪,虽然没有击中要害部分,但因两个伤口同时流血,导致丙失血过多而死亡。又如,甲、乙共同对丙实施抢劫,甲殴打乙的头部,抢走其手机,乙殴打丙的胸部,抢劫其现金。(4)各行为人事先谋议共同实行犯罪,但实际上仅部分行为人实施了实行行为,其他行为人未参与实行的情形。对于具体实施实行行为的参与者,自然可以按照正犯处理;但是,对于仅参与共谋但事后着手参与未实行的行为人,能否认定为共犯?对此,理论上存在争议。通说认为,对于没有直接实行犯罪的参与者,应当认定为共谋共同正犯,承担相应的刑事责任。

复杂共犯,是指各共同犯罪人之间存在一定分工的共同犯罪。这种分工主要表现为:有的共同犯罪人实施的是教唆行为,有的共同犯罪人实施的是实行行为,有的共同犯罪人实施的是帮助行为。由于各个共同犯罪人的行为各不相同,因而叫复杂共犯。例如甲教唆乙入室盗窃,并教唆丙在乙盗窃时在现场望风。复杂共犯与简单共犯的区别在于:在简单共犯中,各行为人均参与实行犯罪构成客观要件的行为,都是正犯;而在复杂共犯中,仅部分行为人实施了实行行为,其他行为人实施的则是教唆行为或者帮助行为。

示例 9-11 陆某等诈骗案

二审法院认为:本案系复杂共同犯罪而非简单共同犯罪。上诉人陆某、潘某、项某、邱某、颜某、叶某、魏某、原审被告人朱某彼此之间两两或多人分别结伙,或交叉结伙,相互配合、分工合作,共同实施完成犯罪,各人均应依据法律规定对于各自参与的共同犯罪承担共同的刑事责任。[13]

三、一般共犯和特别共犯

根据各共同犯罪人之间结合的紧密程度,可以将共同犯罪分为一般共犯和特别共犯。所谓一般共犯,是指各共同犯罪人之间不存在组织形式的共同犯罪。这种共同犯罪的特点在于,各共同犯罪人之间没有组织,只是为了实施某种具体犯罪而临时结合在一起。该具体犯罪行为实施完毕,共同犯罪形式也就不复存在。一般共犯,可以是事前通谋的共同犯罪,也可以是事中通谋的共同犯罪;可以是简单共犯,

---

〔13〕 江苏省南通市中级人民法院(2017)苏06刑终140号刑事判决书。

也可以是复杂共犯。属于什么形式的共同犯罪,就按照该种形式的共同犯罪处理。

特别共犯,是指各共同犯罪人之间具有组织形式的共同犯罪,即犯罪集团。这种形式的共同犯罪,各共同犯罪人为了长期共同实施某种或某类犯罪而结合在一起,具有组织结构的聚众性、固定性、层次性和目的性等特征。根据组织严密程度的不同,犯罪集团又可以分为普通犯罪集团、黑社会性质组织、黑社会组织、恐怖活动组织等。当前我国社会中,组织最严密的犯罪集团当属黑社会性质组织和恐怖活动组织。犯罪集团是最危险的共同犯罪形式,历来是刑法打击的重点。对犯罪集团,刑法分则有规定的,即对于必要共犯中的集团性共同犯罪,应当依照刑法分则的有关规定处理;刑法分则没有规定的,应当依照刑法总则关于共同犯罪的规定,区别首要分子和首要分子以外的主犯、从犯、胁从犯,然后分别处以相应的刑罚。

示例 9-12　张某等抢劫、故意杀人犯罪集团案

一审法院认为:张某先后将被告人秦某、全某以及李某、陈某等人招至麾下,进行犯罪技能训练,先后在重庆、湖南、湖北等地,有组织、有计划地进行一系列抢劫、故意杀人犯罪活动,成员固定,组织严密,作案时间长、次数多,手段残忍,形成了抢劫、故意杀人犯罪集团。〔14〕

第三节　共同犯罪的处罚原则

一、共同犯罪人的分类标准

共同犯罪人的分类,是指根据一定标准将共同犯罪人划分为不同的类型。从世界立法例来看,共同犯罪人主要有以下两个分类:(1)分工分类法,即根据共同犯罪人在共同犯罪活动中的分工,将其分为正犯、教唆犯、帮助犯,有的还有组织犯;(2)作用分类法,即根据共同犯罪人在共同犯罪活动中所起的作用,将其划分为主犯、从犯,有的还有胁从犯。这两种分类法各有利弊。分工分类法,能够比较客观地反映各共同犯罪人的行为与刑法分则规定的具体犯罪构成要件行为的该当程度,从而便于对各共同犯罪人的行为定罪;但它不能揭示各共同犯罪人在共同犯罪活动中所起的作用,不利于准确确定各共同犯罪人的刑事责任。作用分类法,能够比较客观地反映各共同犯罪人在共同犯罪活动中所起的作用,便于对各共同犯罪人量刑,

---

〔14〕《刑事审判参考》(总第 18 辑),法律出版社 2001 年版,第 22 页。

但不能揭示各共同犯罪人的行为与刑法分则规定的具体犯罪构成要件行为的该当程度,不利于定罪。

我国刑法对共同犯罪人的分类,采用的是以作用分类法为主兼顾分工分类法。具体而言,首先,根据作用分类法,将共同犯罪人划分为主犯、从犯、胁从犯。其次,考虑到根据分工分类法划分出来的教唆犯在上述分类中没有反映,因而又在胁从犯之后另外规定了教唆犯,并明确其处罚原则。据此,我国刑法划分的共同犯罪人有四种,即主犯、从犯、胁从犯和教唆犯。教唆犯虽然不是与前三种并列的一种共同犯罪人,但仍是立法规定的一种独立的共同犯罪人。

示例 9-13 孙某等盗窃案

二审法院认为:上诉人孙某为非法牟利,事先与刘某、朱某通谋,事后负责收赃,系刘某、朱某盗窃犯罪的共犯,其行为亦已构成盗窃罪,系共同犯罪。其中上诉人孙某、原审被告人刘某盗窃数额巨大,原审被告人朱某盗窃数额较大。在共同犯罪中,原审被告人刘某、朱某为盗窃实行犯,起主要作用,系主犯;上诉人孙某在共同犯罪中起辅助作用,系从犯,依法应当从轻处罚。[15]

二、主犯

(一)主犯的概念

刑法第 26 条第 1 款规定:“组织、领导犯罪集团进行犯罪活动的或者在共同犯罪中起主要作用的,是主犯。”据此,主犯主要有以下两种类型:

1. 组织、领导犯罪集团进行犯罪活动的犯罪分子,即犯罪集团的首要分子。所谓组织,是指纠集、串联他人建立犯罪集团。所谓领导,是指为犯罪集团的犯罪活动出谋划策,主持制定犯罪计划,指使、安排犯罪集团成员的分工和活动等。这种类型的主犯都是组织犯,且只有在犯罪集团这种特殊的共同犯罪中才存在,没有犯罪集团,也就没有这种主犯。刑法第 26 条第 2 款规定:“三人以上为共同实施犯罪而组成的较为固定的犯罪组织,是犯罪集团。”根据这一规定,构成犯罪集团,应当具备以下条件:(1)人数较多。构成犯罪集团,参与者至少为三人,这是最低要求,现实生活中犯罪集团的参与人数远远不止三个人。如果只有二人共同进行犯罪活动,则属于一般共同犯罪,而不可能成立犯罪集团。(2)目的明确。犯罪集团的形成通常是为了反复多次实施特定的一种或数种犯罪行为,集团实施的犯罪活动通常是有预谋、有计划地实施的,而不是临时性地聚集在一起。(3)组织固定。犯罪集团内部通常

---

〔15〕《刑事审判参考》(总第 104 集),法律出版社 2016 年版,第 56~57 页。

有相对固定的科层结构，其中有明显的首要分子，骨干成员基本固定。集团成员以首要分子为核心结合得比较紧密，集团成员实施一次或数次犯罪以后，其组织形式一般继续存在。(4)危害严重。犯罪集团成员众多，形成一个集体的行动力量，因而较一般共同犯罪破坏性更大，历来是刑法打击的重点。犯罪集团中的首要分子既可能是一人，也可能是数人。

示例 9-14　朱某等组织、领导、参加黑社会性质组织案

一审法院认为：被告人朱某组织、领导黑社会性质组织，系组织者、领导者；直接参与并组织、指挥组织成员等人实施故意伤害起，致 1 人死亡、1 人轻伤，情节恶劣，后果严重；直接参与或指使组织成员任意损毁财物，持械随意殴打他人 3 起，致 2 人轻伤，6 人轻微伤，情节恶劣；直接参与并指使组织成员敲诈勒索他人财物 13 起，数额 260 余万元，犯罪数额特别巨大；指使组织成员以勒索财物为目的绑架他人 1 起，索取赎金 9000 元，情节较轻；违反枪支管理规定，非法持有枪支 3 支，情节严重。[16]

实践中，司法机关经常使用"犯罪团伙"这一概念。犯罪团伙不是严格的法律概念，只要三人以上结成一定组织或纠合比较松散的共同犯罪，都可能被称为犯罪团伙。对犯罪团伙案件的处理，应当具体情况具体分析：凡符合犯罪集团基本特征的，应当按犯罪集团处理；否则，应当按照一般共同犯罪处理。

2. 在共同犯罪中起主要作用的犯罪分子。这种类型的主犯主要有以下三种类型：(1)在犯罪集团中起主要作用的犯罪分子。这种主犯是在犯罪集团中除首要分子以外的其他起主要作用的犯罪分子，即主要的实行犯。主要表现为：积极参加犯罪集团；为实施集团犯罪出谋划策；实施集团犯罪时特别卖力；所实施的行为直接造成了危害结果；等等。(2)在一般共同犯罪中起主要作用的犯罪分子。这种主犯是一般共同犯罪中的主要实行犯，具体表现为：为共同犯罪实施献计献策；在共同犯罪中直接造成危害结果；在共同犯罪过程中情节特别严重；等等。(3)在聚众犯罪中起主要作用的犯罪分子。这种主犯包括聚众犯罪中的组织犯或者主要的实行犯。前者，是指在聚众犯罪中起组织、策划、指挥作用的犯罪分子；后者，是指在聚众犯罪中首要分子以外的其他积极参加者。应当注意的是，犯罪集团的首要分子均是主犯，但聚众犯罪中的首要分子并非均是主犯。如果刑法规定仅处罚首要分子，则首要分子仅是构成犯罪的身份要素，而非主犯。例如聚众扰乱公共场所秩序、交通秩序罪，其中的首要分子就是犯罪的构成要素，因此，如果在具体的案件中，首要分子仅为一人，则不可能存在主犯的问题。

---

[16] 《刑事审判参考》(总第 107 集)，法律出版社 2017 年版，第 16 页。

示例 9-15 应某、陆某走私废物、走私普通货物案

一审法院认为:二被告人虽非涉案固体废物的货主,但共同负责完成涉案固体废物的通关和运输事宜,在共同走私犯罪中起主要作用,依法不能认定为从犯。[17]

(二)主犯的处罚

1. 犯罪集团首要分子的处罚原则。刑法第 26 条第 3 款规定:"对组织、领导犯罪集团的首要分子,按照集团所犯的全部罪行处罚。"根据这一规定,犯罪集团的首要分子,不仅要对自己直接实施的具体犯罪行为及其结果承担责任,而且还要对集团所犯的全部罪行承担责任。因为其他成员按照犯罪集团计划所实施的犯罪,均是在其组织、领导下实施的,因而均可以要其承担责任。由此可见,犯罪集团首要分子承担的责任,是所有共同犯罪人当中最重的。当然,其他成员超出集团犯罪计划的、独自实施的行为,则不属于集团所犯罪行,不应要求首要分子承担责任。

2. 其他主犯的处罚原则。刑法第 26 条第 4 款规定:"对于第三款规定以外的主犯,应当按照其所参与的或者组织、指挥的全部犯罪处罚。"根据这一规定,对于犯罪集团首要分子以外的主犯,应当分为两种情形处理:(1)对于犯罪集团、一般共同犯罪、聚众犯罪的主要实行犯,应当按照其所直接参与的全部罪行处罚;(2)对于聚众犯罪中的首要分子,应当按照其所组织、指挥的全部罪行处罚。应当注意的是,对必要共犯中的首要分子和聚众犯罪中的首要分子,刑法分则均规定了相应的法定刑,因此,对于这些主犯的处罚,直接适用刑法分则的有关条款定罪量刑即可。

示例 9-16 练某甲等贩卖毒品案

一审法院认为:在犯罪集团中,被告人练某甲系起组织、指挥作用的首要分子,应对集团所犯的全部罪行承担刑事责任;被告人吴某、练某乙、刘某、苏某、鲜某、杨某均系积极实施的主犯,均应对各自实施的全部犯罪承担刑事责任。[18]

三、从犯

(一)从犯的概念

刑法第 27 条第 1 款规定:"在共同犯罪中起次要或者辅助作用的,是从犯。"根据这一规定,从犯也有两种类型。

---

[17] 《最高人民法院公报》2014 年第 5 期。

[18] 《刑事审判参考》(总第 52 集),法律出版社 2007 年版,第 33~34 页。

1. 在共同犯罪中起次要作用的犯罪分子。这种从犯虽然参与实施了具体犯罪的实行行为，但对共同犯罪的实施、完成和结果的发生所起的作用，较主要的实行犯要小，因而属于次要的实行犯。

示例9-17 王某等骗取贷款案

二审法院认为：被告人王某、孟某、张某甲、张某乙、杨某以欺骗手段取得银行贷款，案发后不能归还，给银行造成特别重大损失，其行为已构成骗取贷款罪。王某在共同犯罪中起主要作用，其不仅参与预谋，更兼积极实施犯罪，系主犯，依法应按其参与的全部犯罪处罚。被告人孟某、张某甲为王某骗取贷款准备虚假买卖合同，向金融机构递送虚假证明材料，在共同犯罪中起次要作用，系从犯。被告人张某乙作为王某雇员、被告人杨某作为王某配偶，在共同犯罪中起次要作用，二人亦属从犯。〔19〕

2. 在共同犯罪中起辅助作用的犯罪分子。这种从犯主要是并未直接实施具体犯罪的实行行为，但对共同犯罪的预备、实施和完成起到了帮助作用，因而属于帮助犯。所谓辅助作用，是指为共同犯罪人实行犯罪创造方便条件，帮助实行犯罪，而不直接参与实施具体犯罪的实行行为。辅助，既可能表现为有形的帮助，如窝藏赃物，也可能表现为无形的帮助，如指点犯罪对象；既可能表现为物质的帮助，如提供犯罪工具，也可能表现为精神的帮助，如在现场助阵；既可能表现为事前的帮助，如协助拟定犯罪计划，也可能表现为事中、事后的帮助，如事先约定事后窝藏罪犯。无论哪种形式的帮助，只要客观上对实行犯罪起到辅助作用，都可能构成从犯。

示例9-18 杨某甲销售假药案

二审法院认为：被告人杨某甲明知杨某乙在药品中非法添加西药成分仍负责联系制作销售宣传网站，帮助销售假药，其行为已构成销售假药罪。〔20〕

（二）从犯的处罚

刑法第27条第2款规定："对于从犯，应当从轻、减轻或者免除处罚。"相较于主犯，从犯在共同犯罪中所起的作用较小，因而应当采取必减原则，即在其所参与的全部罪行的法定刑幅度范围内予以从宽处罚。至于是从轻、减轻还是免除处罚，则应根据其所参加实施的犯罪性质、情节轻重、参与实施犯罪的程度等情况综合分析确定。

---

〔19〕 天津市高级人民法院（2016）津刑终59号刑事裁定书。

〔20〕《刑事审判参考》（总第103集），法律出版社2016年版，第14页。

示例 9-19 林某甲等诈骗案

被告人林某甲在他人伙同下,为诈骗犯罪提供作案所需的银行卡号,并与被告人林某乙、蓝某共同提取赃款。对此,一审法院认为:被告人林某甲、林某乙、蓝某为他人诈骗犯罪提供帮助,起次要或辅助作用,系从犯,依法应比照主犯从轻或者减轻处罚。〔21〕

四、胁从犯

(一)胁从犯的概念

根据刑法第 28 条的规定,所谓胁从犯,是指被胁迫参加犯罪的人。胁从犯之所以参加共同犯罪,是因为受他人暴力威胁或者精神胁迫所致,在意志方面是不完全自愿的。不过,这种意志不自由,并非是完全的不自由。换言之,胁从犯虽然参与犯罪不完全自愿,通常是为了避免遭受现实的危害或不利而不得不参加犯罪,但是,其仍然具有相对的意志自由,参加犯罪仍然是其主观意志选择的结果,因而应当对参加的犯罪行为承担责任。如果行为人身体完全受强制、彻底丧失意志自由或者符合紧急避险条件实施了某种危害行为的,则不构成胁从犯。例如,抢劫犯用枪顶着银行职员头部,令其打开保险箱。银行职员被迫打开保险箱,抢劫犯洗劫之后绝尘而去。由于银行职员完全丧失了意志自由,因而不构成抢劫罪的胁从犯。又如,歹徒劫持了民航客机,机长为避免机毁人亡,不得已变更航线,将飞机开往歹徒指定的地点。机长的行为构成紧急避险,也不构成劫持航空器罪的胁从犯。

胁从犯一般是次要的实行犯或者帮助犯,其行为分工与从犯是相同的。并且,与从犯相比,胁从犯不仅具有受胁迫这一从宽情节,而且在共同犯罪中所起的作用还要小。

示例 9-20 董某等故意杀人、抢劫案

一审法院认为:所谓胁从犯,是指行为人受到暴力威胁或精神强制而被迫参与犯罪的情形,行为人知道自己参加的是犯罪行为,虽然主观上不愿意参与犯罪,但为了避免遭受现实的危害或不利而不得不参加犯罪。然而本案第一起共同故意杀人犯罪中,被告人张某、梁某在犯罪预谋及实施阶段均是积极主动参与犯罪,除其辩解外,无任何证据证明其在受他人暴力威胁或精神强制,或为了避免遭受某种现实的危害或不利而不得已参加犯罪。故被告人张某、梁某的辩护人关于张、梁在第一起共同故意杀人犯罪中属于胁从犯的辩护理由不能成立,不予采纳。〔22〕

---

〔21〕 江苏省淮安市淮安区人民法院(2014)淮法刑初字第 338 号刑事判决书。

〔22〕 江苏省南通市中级人民法院(2002)通中刑二初字第 20 号刑事判决书。

(二)胁从犯的处罚

刑法第28条规定:“对于被胁迫参加犯罪的,应当按照他的犯罪情节减轻处罚或者免除处罚。”这里的犯罪情节,主要包括两个方面:一是被胁迫的程度;二是在共同犯罪中所起的作用。立法之所以规定对胁从犯应当采取必减主义,且从宽幅度大于从犯,主要是因为胁从犯主观上是不完全自愿参加犯罪的,客观上在共同犯罪中又起较小的作用。

示例9-21　雷某等非法拘禁案

一审法院认为:被告人龚某在传销组织成员的胁迫下,参与非法拘禁被害人王某乙,系胁从犯,依法应当按照其犯罪情节减轻处罚或者免除处罚。[23]

实践中,对于先是被迫参加共同犯罪,但在后续犯罪过程中,积极主动从事犯罪活动,甚至成为共同犯罪中的骨干分子,在共同犯罪中起主要或次要作用的,应分别以主犯或从犯论处。

五、教唆犯

(一)教唆犯的概念

根据刑法第29条的规定,教唆他人犯罪的,构成教唆犯。因此,所谓教唆犯,是指故意唆使他人实行犯罪的犯罪分子。

成立教唆犯,应当具备以下两个条件:(1)在客观上,必须具有教唆他人犯罪的行为。所谓教唆,是指唆使没有犯罪故意的他人产生犯罪故意。教唆的对象,必须是具有刑事责任能力的人。如果教唆未达到刑事责任年龄或者精神病人等无刑事责任能力人实施犯罪,则构成间接正犯,而非教唆犯。教唆的内容必须是犯罪行为,如果教唆他人实施违法行为,则不构成教唆犯。教唆的具体方式不受限制,口头、文字、动作等均可以。(2)在主观上,必须具有教唆他人犯罪的故意。行为人认识到被教唆者是具有刑事责任能力的人,认识到被教唆者尚没有犯罪的故意,预见到自己的教唆行为将引起被教唆者产生犯意并实施犯罪,并且希望或者放任这种结果的发生。

示例9-22　王某甲等滥伐林木案

一审法院认为:秦某在帮助修某等人办理采伐证未果,与王某甲商定冒用王某乙的采伐证,让修某等人实施砍伐行为,客观上引起滥伐林木的结果,但其主观上并没有教唆

〔23〕 广东省韶关市武江区人民法院(2014)韶武法刑初字第21号刑事判决书。

修某等人滥伐林木的直接故意,不符合教唆犯罪的主观构成要件。[24]

根据刑法第29条的规定,教唆犯存在以下两种类型:(1)既遂的教唆犯。根据该条第1款规定的"教唆他人犯罪的",不仅行为人必须实施了教唆行为,而且还必须被教唆者接受教唆、进而实施所教唆的犯罪,教唆犯才能成立。在这种情况下,教唆犯的教唆行为与被教唆者所实施的犯罪之间必须存在因果关系。这体现了教唆犯的从属性,其犯罪性质和形态的认定,均应以被教唆者所实施的犯罪行为为准。(2)未遂的教唆犯。根据该条第2款的规定,"……被教唆的人没有犯所教唆的罪",则只要行为人实施了教唆行为,即使所教唆之罪根本没有付诸实施,教唆犯仍然成立。这体现了教唆犯的独立性,其犯罪性质和形态,应当根据教唆行为本身来确定,而不以被教唆者的行为为转移。

示例9-23　张某甲以危险方法危害公共安全罪案

被告人购买了一瓶5公斤的液化石油气(俗称液化气),并准备了导气管、竹竿等,打算将液化气通过导气管释放到张某乙家卧室内。被告人不敢实施,1月23日晚,他找到与张某乙有矛盾的本村村民张某丙,唆使他实施,并许诺给他500元。被告人还教他先用竹竿顶着导气管的一端塞到张某乙家卧室的透气窗内,然后再打开液化气的阀门,并让他作案时去取其存于别处的作案工具。张某丙答应后因害怕也没有实施。一审法院认为:被告人张某甲为报复张某乙,唆使他人向被害人卧室内释放液化气,不仅会危害张某乙本人,同时也足以危害与张某乙同居一室的家人及其周边居住群众的生命、健康及财产安全,该行为足以危害公共安全,构成以危险方法危害公共安全罪。张某甲属犯罪未遂,可比照既遂犯从轻处罚。[25]

(二)教唆犯的处罚

刑法第29条第1款规定:"教唆他人犯罪的,应当按照他在共同犯罪中所起的作用处罚。教唆不满十八周岁的人犯罪的,应当从重处罚。"第2款规定:"如果被教唆的人没有犯被教唆的罪,对于教唆犯,可以从轻或者减轻处罚。"据此,对于教唆犯的处罚,应当掌握以下三个原则:

1.教唆他人犯罪的,应当按照其在共同犯罪中所起的作用处罚。这里主要是指被教唆者接受教唆并实施所教唆之罪、教唆行为已经完成、被教唆者接受教唆并实施所教唆之罪的情形。所谓"被教唆者实施所教唆之罪",是指被教唆者已经进行犯

---

[24] 安徽省金寨县人民法院(2014)金刑初字第137号刑事判决书。
[25] 河南省宜阳县人民法院(2012)宜刑初字第82号刑事判决书。

罪预备,或者已经着手实行犯罪而未遂,或者已经完成犯罪而既遂。

所谓"按照他在共同犯罪中所起的作用处罚",是指对教唆犯的定罪,虽然以被教唆者为转移,但对教唆犯的处罚,则不能以被教唆者为转移,而是依照教唆犯自身在共同犯罪中所起的作用的主次为转移。如果教唆犯在共同犯罪中起主要作用,则按照主犯处罚;如果在共同犯罪中起次要作用,则按从犯处罚。由于教唆犯是犯意的发起者,没有教唆犯的教唆,正犯就不会产生犯罪故意,也就不会有犯罪结果发生。因此,教唆犯在共同犯罪中通常起主要作用,一般应按主犯处罚。但是,在少数情况下,教唆犯在共同犯罪中也可能起次要作用,如教唆他人帮助别人犯罪,对此应按照从犯处罚。值得研究的是,即使作为主犯处罚,其责任是重于、等于还是轻于正犯呢?本书认为,教唆犯毕竟仅仅是犯意的制造者,而正犯才是危害结果的制造者,教唆犯的教唆行为,必须经过正犯的自由意志选择,内化为实行行为,才能导致危害结果,即其与危害结果之间仅有间接的因果关系,而正犯却有直接的因果关系,因而原则上教唆犯的责任应相对轻于正犯。

示例 9-24 廖某等抢劫案

二审法院认为:廖某、胡某之所以实施了之后的共同犯罪,并且实施了持枪抢劫的加重情节的犯罪,均主要是由雷某的教唆所导致,雷某的教唆行为是此次犯罪的最主要原因,故雷某的行为与犯罪的结果间已具有明显的因果关系,在本案中起到主导、支配的作用,而非次要、辅助的作用,宜认定其为主犯。[26]

2. 教唆不满 18 周岁的人犯罪的,应当从重处罚。未成年人身心不成熟,可塑性强,易受不良思想影响,甚至走上违法犯罪的歧途,为了保护未成年人的身心健康,刑法特别处罚教唆未成年人的教唆犯。这里的"不满 18 周岁的人犯罪",主要有以下三种情形:(1)教唆已满 16 周岁不满 18 周岁的人犯任何罪的,都应当按照教唆犯论处,且要从重处罚;(2)教唆已满 14 周岁不满 16 周岁的人犯故意杀人、故意伤害致人重伤或者死亡、强奸、抢劫、贩卖毒品、放火、爆炸、投放危险物质罪的,也应当按照教唆犯论处,且要从重处罚;(3)教唆已满 14 周岁不满 16 周岁的人犯故意杀人、故意伤害致人重伤或者死亡、强奸、抢劫、贩卖毒品、放火、爆炸、投放危险物质罪以外的其他任何罪,以及教唆不满 14 周岁的人犯任何罪的,应当按照间接正犯论处,且要从重处罚。

---

〔26〕 江苏省南京市中级人民法院(2015)宁刑终字第 34 号刑事裁定书。

示例 9-25 袁某等强迫卖淫、嫖宿幼女案

一审法院认为:袁某先后强迫10名中、小学女学生多次卖淫,其中3名为不满14周岁的幼女,并教唆不满18周岁的人犯罪,犯罪情节特别严重,社会危害性大,应依法从重处罚。〔27〕

3. 如果被教唆者没有犯被教唆的罪,对于教唆犯,可以从轻或者减轻处罚。所谓被教唆者没有犯被教唆的罪,主要是指以下四种情形:(1)被教唆者拒绝教唆,根本没有实施所教唆之罪;(2)被教唆者当时接受教唆,但事后又打消犯意,没有进行任何犯罪活动;(3)被教唆者当时接受教唆,但实际实施的并非教唆之罪而是其他与教唆行为无关的犯罪;(4)教唆者实施教唆时,被教唆者已经具有犯罪意图,即被教唆者实施犯罪并不是教唆行为所引起的。上述情形,有的根本没有引起教唆者的犯意,有的实际上没有造成危害结果,有的虽然造成了危害结果,但与教唆犯的教唆行为没有因果关系,理论上称为未遂的教唆。不管哪种情形,教唆行为事实上均没有造成危害结果,因而对教唆犯可以从轻或者减轻处罚。

示例 9-26 陈某故意伤害案

一审法院认为:被告人陈某教唆伤害他人,致1人死亡,其行为已构成故意伤害罪。……因被教唆的人犯故意杀人罪,没有犯被教唆的故意伤害罪,对于教唆犯被告人陈某,可以从轻或者减轻处罚。〔28〕

第四节 共同犯罪的其他问题

一、共犯与身份

身份,是指法律明文规定的对定罪量刑具有影响作用的主体资格、地位等状态。身份有构成身份和加减身份之分。构成身份既影响定罪也影响量刑,加减身份只影响量刑不影响定罪。具有构成身份的主体实施的身份犯罪,称为真正身份犯;具有加减身份的主体实施的身份犯罪,称为不真正身份犯。共犯与身份,主要涉及以下两个方面的问题。

---

〔27〕 贵州省遵义市中级人民法院(2009)遵市法刑一初字第42号刑事判决书。

〔28〕 福建省闽侯县人民法院(2017)闽0121刑初359号刑事判决书。

（一）无身份者与有身份者的共同犯罪

不具有构成身份的人与具有构成身份的人共同实施真正身份犯时，能否构成共同犯罪？对此，应当肯定无构成身份者能够成立构成身份者的教唆犯、帮助犯。例如，甲是国家工作人员，乙是其妻子，不具有国家工作人员的身份。乙教唆甲利用职务便利，索取他人财物，甲接受教唆，并索取他人财物的。甲、乙均构成受贿罪，其中甲是正犯，乙是教唆犯。存在疑问的是，无构成身份者能否成为真正身份犯的共同正犯？例如，甲是国家工作人员，乙是其情人，不具有国家工作人员的身份。甲、乙双方共同利用甲的职务便利，索取他人财物。为掩人耳目，甲提出索财要求，乙收受财物。甲构成受贿罪的正犯没有异议，问题是乙是否也构成受贿罪的正犯？对此，我国有关司法解释规定应按照主犯犯罪的基本特征来确定共同犯罪的性质。1985年7月8日最高人民法院、最高人民检察院《关于当前办理经济犯罪案件中具体应用法律若干问题的解答（试行）》指出："内外勾结进行贪污或者盗窃活动的共同犯罪……应按其共同犯罪的基本特征定罪。共同犯罪的基本特征一般是由主犯犯罪的基本特征决定的。"然而，主犯是在确定共同犯罪性质的前提下认定的，按主犯犯罪的基本特征来确定共同犯罪的性质，显然是在循环论证。本书认为，行为人在共同犯罪中所起的作用大小，是确定共同犯罪人种类的依据，而不是定罪的依据。对于无构成身份者和有构成身份者共同实施的犯罪行为的定性，由于身份对行为及结果起到了实质性的、关键的作用，因而均应按真正身份犯定性。至于无构成身份者能否成立真正身份犯的共同正犯，则应予以否定。因为真正身份犯，必须是具有特定身份的人才有资格和能力去实施，欠缺这种身份的人不可能实施刑法分则具体犯罪构成要件的实行行为，不能成为正犯，而只能成立教唆犯和帮助犯。

示例 9-27　罗某受贿案

二审法院认为：在案有关证人证言及相关书证证实，上诉人罗某在明知杨某系为感谢和讨好张某而给予其财物，明知张某利用职务便利为杨某谋取了利益的情况下，仍收受杨某给予的财物并于事先征得张某的同意或事后告知了张某，足以认定其具有与张某共同受贿的故意，并参与实施了共同受贿的行为，符合共同犯罪的构成要件，应当作为受贿罪的共犯论处。[29]

（二）不同身份者的共同犯罪

参与共同犯罪的各行为人都具有构成身份，但构成身份各不相同（存在所谓的

〔29〕《刑事审判参考》（总第106集），法律出版社2017年版，第49页。

“身份竞合”的情形),不同构成身份者各自利用了其构成身份,共同实施了真正身份犯的犯罪行为的,应当如何定性处罚?对此,理论上有正犯定罪说、核心行为定罪说、主犯定罪说等主张。正犯定罪说认为,数个具有不同构成身份者分别利用各自的身份,共同实施了犯罪行为时,应当按照实施刑法分则具体犯罪构成要件的正犯的基本犯罪性质来定性。核心行为定罪说认为,数个具有不同构成身份者分别利用各自的身份,共同实施了犯罪行为时,应当以核心行为为标准,确定谁是核心角色,从而确定共同犯罪的性质。主犯定罪说认为,数个具有不同构成身份者分别利用各自的身份,共同实施犯罪行为时,应当按照主犯犯罪的基本性质来定性。司法实践赞同的是主犯定罪说。2000 年 6 月 30 日最高人民法院《关于审理贪污、职务侵占案件如何认定共同犯罪几个问题的解释》指出:“公司、企业或者其他单位中,不具有国家工作人员身份的人与国家工作人员勾结,分别利用各自的职务便利,共同将本单位财物非法占为己有的,按照主犯的犯罪性质定罪。”

示例 9-28　付某等贪污、职务侵占案

一审法院认为:被告人刘某作为汕头分公司的业务员,利用其职务便利,采用虚增运费的方式套取公款并负责具体的操作,而林某作为公司的经理,并未采取有效措施予以阻止,对涉案航线运费偏高的有关审批单据仍予以核准,最终使被告人刘某达到套取公款的目的,并从中分得部分套取的公款。在此过程,被告人刘某的作用是主要的,而被告人林某的作用相对次要,两被告人共同犯罪的行为应按照主犯被告人刘某犯罪的性质定为职务侵占罪。[30]

本书认为,上述观点均值得商榷。对于数个具有不同构成身份者,分别利用各自的身份,共同实施犯罪行为的,应当按照重要身份者犯罪的基本特征定性。所谓“重要身份者”,是指数个具有不同构成身份者中,其构成身份在法律评价中更加重要,具有更高地位,刑法因此配置更重的法定刑的情形。重要身份者与次要身份者分别利用各自的构成身份共同实施犯罪行为时,表面上看,各行为人仅利用了自己的构成身份,而不涉及对方的构成身份,但从实质上看,因为双方处于共犯关系中,各行为人不仅利用了自己的构成身份,也同时利用了他人的构成身份,因而应当对利用自己的构成身份和利用对方的构成身份的后果负责。当不同的构成身份构成不同的真正身份犯时,则应当按照想象竞合原则,以性质更为严重的真正身份犯论处。例如,国家工作人员与不具有国家工作人员身份的公司、企业工作人员相比,前者的身份更特殊、更重要,因而属于重要身份者,二者相互勾结,分别利用各自的职

---

〔30〕 广东省汕头市龙湖区人民法院(2014)汕龙法刑初字第 240 号刑事判决书。

务便利,共同实施犯罪行为时,应当按照国家工作人员所触犯的真正身份犯定罪。

二、共犯与错误

共同犯罪的认识错误,原则上也按照单独犯的认识错误来处理。但因处在共犯关系中,因而共同犯罪的认识错误又有特殊之处。由于共犯原则上从属于正犯,因而共同犯罪的认识错误,主要是研究正犯的认识错误对共犯的定性的影响。

(一)共同正犯的认识错误

共同正犯的认识错误,包括同一构成要件内的认识错误和不同构成要件间的认识错误。前者如,甲、乙共同开枪杀害他人,均以为被其杀死的是丙,但实际上是丁。后者如,甲、乙共同开枪杀害他人,均以为被其杀死的是丙,但实际上是一只狗。根据通说,无论是同一构成要件内的认识错误,还是不同构成要件间的认识错误,均应采用法定符合说。因此,上述第一种情形,应认定为甲、乙均构成故意杀人罪(既遂);上述第二种情形,应认定为甲、乙均构成故意杀人罪(未遂)。

上述共同正犯的认识错误,是在各共同正犯的主观认识和意志完全相同的情形下而发生的。实践中更为复杂的是,共同正犯对其他共同正犯的行为的性质和意志发生错误的认识时,对案件的定性会有何影响。例如,甲、乙共同砍丙,甲认为乙和自己一样,是要伤害丙,但实际上乙却基于杀人的故意,将丙砍死。又如,甲、乙共同杀丙,双方均没有射中丙,但甲却射中了丁,且在射击时对丁的死亡持放任态度,但乙和自己一样,只有杀丙的故意。对此,应当根据共犯过剩原理来解决责任认定问题。即在上述第一个案例中,甲构成故意伤害罪,而乙构成故意杀人罪。在第二个案例中,甲构成故意杀人罪(既遂),乙构成故意杀人罪(未遂)。

示例 9-29　李某等故意杀人、故意伤害案

一审法院认为:被告人李某因感情纠纷,纠集被告人尚某共同故意伤害他人身体,其在伤害过程中起意杀人,持刀非法剥夺他人生命,致人死亡,另还致一人重伤,其行为已分别构成故意杀人罪和故意伤害罪,且犯罪后果严重,依法应予惩处,并应数罪并罚。被告人尚某伙同李某共同故意伤害他人身体,其虽在李某起意杀人后进行语言劝阻未成时离开现场,但仍应对故意伤害行为及其延续后果承担责任,其行为已构成故意伤害罪,依法应予惩处。[31]

(二)教唆犯的认识错误

教唆犯的认识错误,是指教唆犯所认识的事实与正犯所认识的事实及实现的结

---

〔31〕 北京市第二中级人民法院(2006)二中刑初字第937号刑事附带民事判决书。

果不一致的情形。具体也有同一构成要件内的错误和不同构成要件间的错误之分。前者如,甲教唆乙杀丙,乙在具体实施时却因误认杀死了丁。后者如,甲教唆乙“教训”“收拾”(意指伤害)丙,乙却误解为杀死丙,结果将丙杀死。对于教唆犯的错误,原则上应当根据共犯过剩原理处理。即对于尚未超出教唆犯和正犯共同犯意范围之内的,按照共同犯罪处理;对于超出教唆犯和正犯共同犯意范围之外的,按照实行过限处理。因此,对于上述第一个案例,应当认定甲、乙均构成故意杀人罪;对于上述第二个案例,应当认定甲构成故意伤害罪、乙构成故意杀人罪。

示例 9-30 赵某等故意伤害案

一审法院认为:被告人郭某为报复,指使被告人赵某伤害他人,且致人死亡,二被告人的行为均构成故意伤害罪,系共同犯罪,应依法予以处罚。郭某提出犯意,唆使赵某实施伤害行为,赵某实施了伤害的实行行为,二被告人应对被害人被伤害致死承担刑事责任,应根据其在共同犯罪中的地位和作用分别予以处罚。〔32〕

(三)帮助犯的认识错误

帮助犯的认识错误,是指帮助犯所认识的事实与正犯所认识的事实及实现的结果不一致的情形。具体也可以分为同一构成要件内的错误和不同构成要件间的错误。前者如,甲、乙共谋抢劫丙,甲提供匕首、头套等作案工具,乙利用这些工具抢劫了丁。后者如,甲、乙共谋盗窃,甲在门口望风,乙入户没有实施盗窃却实施了抢劫。对于帮助犯的认识错误,原则上也应当根据共犯过剩原理处理。即对于尚未超出帮助犯和正犯的犯意范围之内的,按照共同犯罪处理;对于超出帮助犯和正犯共同犯意范围之外的,按照实行过限处理。因此,对于上述第一个案例,应当认定甲、乙均构成抢劫罪;对于上述第二个案例,应当认定甲构成盗窃罪、乙构成抢劫罪。

示例 9-31 李某等聚众斗殴、故意毁坏财物案

一审法院认为:被告人于某将甩棍交给被告宁某,虽然告知被告人宁某打架时别吃亏,用于防身,但是对被告人宁某持甩棍殴打他人则存在放任态度,其主观方面属于间接故意。被告人于某为被告人宁某提供了作案工具,属于犯罪的预备行为。被告人于某、宁某在持械聚众斗殴的共同犯罪中,分别属于帮助犯、实行犯,二被告人应对持械聚众斗殴共同承担刑事责任……被告人于某与被告人宁某在持械斗殴方面,存在共同的犯罪故意,只是犯罪故意的形态不同,被告人于某表现为间接故意,被告人宁某表现为直接故

〔32〕 天津市第二中级人民法院(2014)二中刑初字第0133号刑事判决书。

意。被告人宁某持械殴打他人的犯罪行为,并未超出二被告人的共同犯罪故意范畴,故辩护人所提被告人宁某持械斗殴行为属于共同犯罪中实行行为过限的辩护意见,依法不能成立,不予采纳。[33]

三、共犯与犯罪形态

在单独犯罪中,行为人是否实施犯罪、实施到何种程度、是否停止犯罪,均取决于其个人意志。但在共同犯罪中,行为人的个人意思是否转化为现实行为及其状态,却往往取决于其他人的意思和行为,并不完全取决于其个人意思和行为。因此,在共同犯罪中,各共同犯罪人的形态具有特殊性。一般而言,在共同犯罪中,只要没有出现中止和脱离,则共犯的犯罪形态与正犯的犯罪形态,基本上是一致的。例如,如果正犯的犯罪形态是犯罪预备,则其他共犯的犯罪形态也是预备;如果正犯的犯罪形态是犯罪未遂,则其他正犯的犯罪形态也是犯罪未遂;如果正犯的犯罪形态是犯罪既遂,则其他正犯的犯罪形态也是犯罪既遂。比较特殊的是共犯中止和共犯脱离的情形,需要专门探讨。

(一)共犯中止

共犯的中止,主要研究在共同犯罪中,当某一共同犯罪人自动停止实施犯罪行为时,其他共犯是否成立犯罪中止的问题。在共同正犯中,如果各正犯均自动停止犯罪,且犯罪结果没有发生的,则均成立犯罪中止;如果部分正犯自动停止犯罪,并成功阻止其他正犯实行犯罪或者防止结果发生时,这部分正犯成立犯罪中止,其他没有中止行为和意思的正犯成立犯罪未遂;如果部分正犯仅是自动停止自己的犯罪行为,但没有消除自己的行为与结果之间的因果性,其他正犯的行为直接导致危害结果发生时,则应与其他正犯一样,成立犯罪既遂。例如,甲、乙、丙共谋对丁轮奸,在暴力制服丁后,甲、乙分别实施了奸淫行为,但丙自动地放弃奸淫行为。对此,不能仅仅因为丙放弃奸淫行为而认定其成立犯罪中止。这是因为,丙虽然放弃了自己的奸淫行为的实施,但并未阻止其他正犯的奸淫行为,根据部分实行全体责任原则,其仍应对其他正犯的行为负责。总之,在共犯中止的认定中,应当坚持以下标准:只有正犯破除了之前形成的共犯结构和共犯关系,自动消除了自己的行为与结果之间的因果性时,才能成立犯罪中止。换言之,在共同犯罪中,正犯简单地自动停止犯罪并不当然成立犯罪中止,还必须要消除之前的犯罪行为对危害结果的因果力。

示例 9-32　常某等故意伤害、聚众斗殴案

二审法院认为:在共同犯罪中,要成立犯罪中止,必须是全部实行犯中止犯罪行为

---

[33] 天津市南开区人民法院(2017)津 0104 刑初 416 号刑事判决书。

或者自动有效地防止了共同犯罪结果发生的,才可能成立犯罪中止。一般情况下,个别共犯中止自己的行为的,不成立共同犯罪中止。在本案中,显然既没有中止共同犯罪行为(斗殴)的实施,也没有有效防止共同犯罪结果的发生(已造成二人死亡多人受伤的结果),故上诉人李某和石某的个人行为不符合犯罪中止的规定,故其相关上诉、辩护意见不能成立。〔34〕

上述标准对于教唆犯和帮助犯同样适用。如果教唆犯、帮助犯自动停止教唆行为、帮助行为,并消除正犯的犯意,阻止其进一步实施实行行为及其结果发生时,成立教唆犯、帮助犯的中止犯;如果教唆犯、帮助犯虽然停止教唆行为、帮助行为,但并未消除教唆行为、帮助行为对正犯犯意的形成、实行行为的促成等作用的,则不能成立中止犯;如果教唆犯、帮助犯实施了教唆行为、帮助行为,但正犯在实行犯罪过程中自动停止犯罪的,则教唆犯、帮助犯成立犯罪未遂,正犯成立犯罪中止。

(二)共犯脱离

共犯脱离,是指在共同犯罪中,部分共同犯罪人从共犯关系中退出,并积极阻止他人继续实施犯罪,但犯罪结果还是发生的情形。由于犯罪结果已经发生,因而退出的共犯不可能成立犯罪中止。但是,如果对退出的共犯同正犯一样处理,也以犯罪既遂论处,则似乎没有考虑到其对阻止犯罪所做出的真挚努力,有实行连带责任之嫌。为此,理论上提出共犯脱离的概念,意图解决对部分行为人实施了脱离行为但是未能阻止既遂结果发生时的刑事责任问题,以弥补共犯中止制度的不足。

对于共犯脱离的处理,日本刑法理论界主要有以下四种观点:(1)意思联络欠缺说。即认为,共同加功的意思即意思联络具有将所有共犯人纳为共犯全体的意义,如果在共同犯罪实行过程中,欠缺意思联络即不再具有共同加功的意思,则不应再评价为全体行为。考虑到脱离者为阻止结果发生而做出的真诚努力,则应按照犯罪中止的规定予以处理。(2)共犯关系脱离说。即认为,在共犯关系的场合,部分共犯人向其他共犯人表明脱离的意思而其他共犯人表示认可,则其他共犯人继续完成犯罪,应视为其他共犯人在新的共同犯意的基础上实施,脱离者对原有的共犯关系的影响力业已消除。(3)准障碍未遂说。即认为,作为一个不能撼动的前提,在共同正犯既遂的场合没有单独或另外成立中止犯的余地。但是,如果脱离者为了脱离而做出了真诚的努力,即便防止结果发生的中止努力以失败而告终,那么在遮断了脱离前行为的影响力的时候或场合,考虑主动放弃共同实行行为的事实,则应当准障碍未遂处理。(4)因果关系遮断说。即认为,从作为共犯处罚根据的因果共犯论出发,共犯对与自己的行为欠缺因果关系的该当构成要件的事实不承担共犯责任。因此,

〔34〕 陕西省西安市中级人民法院(2013)西刑一终字第60号刑事判决书。

如果后来除去了促进效果，即除去了与随后的该当构成要件的事实之间的因果关系，脱离者即被认为从原有的共犯关系中脱离，从而不承担其他共犯人随后所引起的该当构成要件的事实的责任。本书认为，根据我国刑法规定，对于共犯脱离，原则上只能认定为犯罪既遂，但脱离的事实应当作为酌定情节在量刑时予以考虑。

示例 9-33　李某等故意杀人、故意伤害案

二审法院认为：上诉人（原审被告人）李某因感情纠纷，纠集上诉人（原审被告人）尚某共同故意伤害他人身体，李某在伤害过程中起意杀人，持刀故意非法剥夺他人生命，致一人死亡，致一人重伤，其行为已分别构成故意杀人罪和故意伤害罪，且犯罪后果严重，依法应予惩处，并应数罪并罚。上诉人（原审被告人）尚某伙同李某共同故意伤害他人身体，其虽在李某起意杀人后进行语言劝阻未成时离开现场，但仍应对故意伤害行为及其延续后果承担责任，其行为已构成故意伤害罪，依法应予惩处。〔35〕

〔35〕 北京市高级人民法院（2006）高刑终字第536号刑事附带民事裁定书。

第十章　罪数形态

第一节　罪数的区分

一、区分罪数的意义

罪数，是指犯罪的单复，即一人所犯之罪的数量。罪数形态，是指表现为一罪或数罪的各种类型化的犯罪形态。被告人的行为事实究竟是构成一罪还是数罪，是司法实践中的重要问题，也是刑法理论的基本问题。区分一罪与数罪，具有以下数个方面的意义：

1. 区分罪数，有利于准确定罪。准确定罪，不仅包括准确地认定行为是否构成犯罪、构成何种犯罪，还包括准确地认定行为构成的是一罪还是数罪。如果本来是一罪却认定为数罪，或者本来是数罪却认定为一罪，都会导致定罪错误。

2. 区分罪数，有利于合理量刑。根据罪刑均衡的基本原则，对一罪只能一罚，对数罪应当并罚。如果将一罪认定为数罪，予以并罚，则会不当加重行为的法律后果；如果将数罪认定为一罪，予以单罚，则会不当减轻行为的法律后果。因此，在司法实践中应当先确定一罪还是数罪，是并罚的数罪还是非并罚的数罪，然后根据不同罪数形态的刑罚适用原则，予以合理地量刑。

3. 区分罪数，有利于贯彻刑法中一些重要的制度。刑法中的一些制度，如空间效力、时间效力、追诉时效等制度，与连续犯、继续犯、牵连犯、集合犯等罪数形态也有密切的关系。如刑法第 89 条规定：“追诉期限从犯罪之日起算；犯罪行为有连续或者继续状态的，从犯罪行为终了之日起计算。”如果不能对连续犯或者继续犯等罪数形态作出正确的认定，则必然会影响诉讼时效制度的正确适用。

4. 区分罪数，有利于刑事诉讼活动的顺利进行。在审判实践中，存在大量的一人犯数罪的案件。对于这类案件的审理，案件管辖、公诉范围和审理程序等方面均有特殊的要求。例如，2012 年 12 月 20 日最高人民法院《关于适用〈中华人民共和国刑事诉讼法〉的解释》第 13 条规定：“一人犯数罪、共同犯罪和其他需要并案审理的案件，其中一人或者一罪属于上级人民法院管辖的，全案由上级人民法院管辖。”根据这一规定,一人犯一罪或数罪,对于案件的管辖法院也有影响。

二、区分罪数的标准

区分罪数的标准,是指判断行为事实是一罪还是数罪的根据。对此,刑法理论界主要有以下不同观点:

1. 行为标准说。该说主张,应以行为的数量为标准区分一罪与数罪,实施一个行为的是一罪,实施数个行为的是数罪。因为犯罪的本质是行为,符合犯罪成立要件的是行为,所以应当以行为的数量作为区分犯罪的数量。行为标准说又有自然行为说与法律行为说之分。前者认为,行为就是自然的行为,亦即人的一个举动或者动作就是一个行为。后者认为,犯罪行为与自然行为不是同一个概念,应当依照法律观念来认定。依照法律观念,数个举动可能只是法律上的一个行为。行为标准说不仅没有考虑结果、犯意对犯罪成立的意义,而且行为单复本身的判断就是一大难题,因而并不可取。

2. 法益标准说。该说主张,应以侵害法益的数量作为判断罪数的标准,行为侵犯一个法益的是一罪,行为侵犯数个法益的是数罪。因为犯罪的本质是侵犯法益,不侵犯法益的行为不可能构成犯罪,因而应当以法益的数量作为区分犯罪的数量的标准。至于法益数量的计算,则因法益种类不同而不同:国家法益和社会法益为公法益,属于概括的法益,为单数;个人法益为私法益,分为人身专属法益和非专属法益两类。人身专属法益是指生命、健康、人格等与拥有者不可分离的法益,其法益个数以法益拥有者为准计算;动产、不动产等财产法益,其法益个数以具有财产所有者的个数为标准计算。法益标准说具有实质的合理性,但在某些情形下法益个数在具体认定上存在疑难,因而这一标准有必要予以改进。

3. 犯意标准说。该说认为,应以行为人主观上的犯罪意思的个数作为判断罪数的标准,行为人基于一个犯意实施犯罪行为的,为一罪;行为人基于数个犯意实施犯罪行为的,为数罪。因为犯罪行为是行为人危险性格的征表,是行为人主观犯意的外化,因此应当以犯意作为罪数判断的标准。犯意标准说是刑法主观主义的观点,片面强调主观犯意在犯罪成立中的重要作用,而完全无视犯罪客观行为的作用和价值,因而并不可取。

4. 构成要件标准说。该说认为,应以构成要件符合性作为判断罪数的标准,行为一次符合构成要件的,为一罪;行为数次符合构成要件的,为数罪。因为构成要件符合性是三阶层犯罪论体系中的基础性、前提性的条件,行为不具备构成要件符合性的,就不可能成立犯罪。构成要件包括行为、结果、犯意等要素,因而较为客观、全面,但是构成要件符合性仅是犯罪成立的一个条件,行为符合构成要件的次数不等于犯罪的个数,因而以构成要件为标准也存在缺陷。

5. 个别化说。该说认为,应当根据罪数的不同种类采取不同的区分标准。行为标准说、法益标准说、犯意标准说和构成要件标准说都是基于一个标准区分罪数的。结论要么是一罪,要么是数罪,以一个标准进行区分是可行的。但是,罪数有不同的种类,如果以一个标准对所有种类的罪数进行区分,则相当困难。例如,构成要件标准说对于区分是否单纯一罪是可行的,但却难以用于区分是否是连续犯、包括的一罪等。个别化说强调具体问题具体分析,这是具有借鉴意义的,但是又过于强调个别性、差异性,从而使罪数判断的标准失去明确性。

6. 犯罪构成标准说。该说认为,应以犯罪构成作为区分一罪与数罪的标准,行为事实符合一个犯罪构成的,是一罪;行为事实符合数个犯罪构成的,成立数罪;行为事实数次符合同一犯罪构成的,也是数罪。因为犯罪构成是犯罪成立的标准,而犯罪成立问题是在一罪前提下展开讨论的,因此,犯罪构成实际上也是罪数判断的标准。犯罪构成标准说是我国刑法理论的通说,本书也基本赞同这一观点。

根据犯罪构成标准说,在判断具体行为事实的罪数时,可以遵循以下路径:(1)行为事实是否仅侵犯一个法益?如果得出肯定结论,则原则上应以一罪论处;如果得出否定结论,则可能成立数罪。(2)数次相同的犯罪行为事实能否进行一次评价?如果得出肯定结论,则原则上应以一罪论处;如果得出否定结论,则可能成立数罪。(3)根据刑法分则规定的某个具体犯罪构成要件对行为事实进行单独评价时,是否存在行为事实剩余的现象?如果得出肯定结论,则可能成立数罪;如果得出否定结论,则原则上应以一罪论处。

示例 10-1　王某受贿、巨额财产来源不明案

一审法院认为:被告人王某违反国家工作人员的职务廉洁性,利用其担任泸定县水利局、农机局、水务局局长的职务便利,非法收受他人现金共计人民币 29 万元,数额巨大,其行为已构成受贿罪。被告人王某身为国家工作人员,其家庭财产、支出明显超过合法收入,扣减查实受贿部分,仍有 97.720036 万元差额部分不能说明合法来源,数额巨大,应以非法所得论,被告人王某的行为构成巨额财产来源不明罪。公诉机关指控被告人王某犯受贿罪、巨额财产来源不明罪的事实清楚,证据确实、充分,指控罪名成立,应当以受贿罪、巨额财产来源不明罪数罪并罚。〔1〕

三、罪数的类型

罪数的类型,首先是一罪和数罪。一罪,指犯罪的个数系单数;数罪,指犯罪的个数系复数。罪数的类型相当复杂,具体罪数类型的归类也不尽相同,不过,在处罚

〔1〕 四川省泸定县人民法院(2017)川 3322 刑初 32 号刑事判决书。

原则上意见比较一致。

一罪有如下类型:(1)单纯的一罪。包括继续犯、法条竞合。(2)包括的一罪。包括连续犯、集合犯、吸收犯、狭义的包括一罪。(3)科刑的一罪。包括想象竞合犯、结合犯、牵连犯。

数罪有如下类型:(1)实质数罪与非实质数罪。(2)同种数罪与异种数罪。(3)并罚数罪与非并罚数罪。(4)判决宣告以前的数罪与刑罚执行期间的数罪。

第二节　一罪的类型

一、单纯的一罪

单纯的一罪,是指一个行为侵犯一个法益的情形。例如,甲向乙的背部连砍八刀,致其死亡,就是单纯的一罪。单纯的一罪,也称本来的一罪。这种犯罪只有一个行为,侵害一个法益,本来就是一个犯罪,不可能也不应当评价为数罪。但是,在有的情形下,即使一个行为侵害一个法益,也可能由于行为表现的复杂性或者法条规定的多样性,而影响对其罪数的认定。

(一)继续犯

1.继续犯的概念和特征

继续犯,又称持续犯,是指行为从着手实行到终止以前,一直处于持续状态的犯罪。非法拘禁罪、窝藏罪、重婚罪、非法持有毒品罪等都是典型的继续犯。继续犯具有以下构成特征:

(1)实行行为与不法状态同时持续。这是继续犯与状态犯的主要区别。所谓状态犯,是指实行行为所造成的法益侵害结果的状态虽然持续存在,但实行行为本身已经终了的情形。例如盗窃罪,行为人窃取他人财物后,行为人非法占有他人财物的状态仍然持续,但盗窃行为已经不再持续。继续犯则是实行行为的持续,而实行行为的持续又导致不法状态也在持续。换言之,继续犯和状态犯的区别在于:继续犯不仅是结果的持续,而且还是行为的持续;状态犯则仅仅是结果的持续,不存在行为的持续。

(2)实行行为侵犯同一对象。继续犯的实行行为必须是自始至终针对同一对象。如果是数行为侵犯同一对象,或者一行为侵犯数个对象,均不成立继续犯。

(3)实行行为持续一定的时间。继续犯的实行行为必须具有时间上的持续性,即在一定时间内持续存在,持续时间的长短不影响继续犯的成立,但时间过短不能成立继续犯。至于应当持续多长的时间,法律没有明确规定,实践中应当根据犯罪的性质和情节,具体地分析认定。另外,关于时间持续应当从何时开始,原则上应以着手作为计算时间长短的始点。在实行行为已经持续一定的时间、足以认定成立继续犯的前提下,关于实行行为的过程中是否有间断,则对于继续犯的认定没有影响,而只是是否另外构成连续犯或者同种数罪的问题。

示例10-2 赵某等非法拘禁案

二审法院认为:由于非法拘禁罪是继续犯,行为人以暴力、胁迫方法劫持或者拘禁被害人的行为是一个持续过程,从而使被害人处于持续性的精神和身体强制的状态中。[2]

2. 继续犯的处理

对于继续犯,无论其持续时间长短,均以一罪论处。当然,持续时间的长短,可作为酌定情节在量刑时予以考虑。继续犯之持续性的行为仅针对同一对象,立法规定继续犯的犯罪构成,也就预设了该类犯罪行为会持续一定时间。继续犯的既遂时间与实行终了时间并不一致,在继续犯的持续期间参与犯罪的,成立共同正犯或者帮助犯。在继续犯的持续时间跨越新旧不同法律时,应当适用新法以一罪论处。

示例10-3 左某等故意杀人、抢劫、敲诈勒索案

一审法院认为:本案被告人开始抢劫刘某610元后同时抢劫了银行卡,在山洞中逼问银行卡密码,是抢劫银行卡的继续,属于继续犯。被告人辩护人的主张依法予以支持,公诉机关主张系两起抢劫依法不予支持,应认定为一起抢劫。[3]

(二)法条竞合

1. 法条竞合的概念和特征

法条竞合,是指一个行为同时符合了数个法条规定的犯罪构成,但从数个法条之间的逻辑关系来看,只能适用其中一个法条,当然排除适用其他法条的情形。法条竞合是法条之间的竞合,而不是犯罪的竞合,因而法条竞合也属于单纯的一罪。

法条竞合产生的原因,在于错综复杂的法条规定,造成法条之间存在交叉、包容、重叠、偏一等关系。例如,军人故意泄露国家军事秘密的行为,既符合刑法第398条规定的故意泄露国家秘密罪的犯罪构成,又符合刑法第432条规定的故意泄露军事秘密罪的犯罪构成。在这种情形下,行为虽然符合两个法条规定的犯罪构成,但

---

〔2〕 甘肃省天水市中级人民法院(2018)甘05刑终75号刑事判决书。
〔3〕 河北省阳原县人民法院(2014)阳刑初字第1号刑事判决书。

这是因为刑法错综复杂的规定所致,而客观上并不存在两个违法事实,因此,不可能同时适用两个法条,而只能适用其中一个法条。

通说认为,法条竞合主要有以下三种类型:(1)特别关系,即指一个行为既符合普通法条规定的犯罪构成,又符合特别法条规定的犯罪构成。其适用的原则是特别法条优于普通法条。(2)补充关系,即指一个犯罪构成具有补充另一个犯罪构成的缺漏的作用时,一个行为同时符合这两个犯罪构成的情况。其适用原则是基本法优于补充法。(3)吸收关系,即指一个行为所符合的数个犯罪构成之间,其中的一个犯罪构成包含其他犯罪构成的内容,因而一个犯罪构成吸收其他犯罪构成的情况。其适用原则是完全法优于不完全法。本书认为,法条竞合的关系就是特别关系。法条竞合类型中的补充关系,实际上是特别关系的另一种表述;而吸收关系,要么属于吸收犯,要么没有存在的余地。在两个相互竞争的法条中,一个属于普通法条,另一个属于特别法条,从而形成不同法条之间的并存关系。个别情形下,与普通法条对应的特别法条可能不止一个,而是多个,则法条之间的竞合关系可能更加复杂。

示例 10-4　李某等合同诈骗案

被告人李某等与各地被害人进行洽谈,通过虚构其公司代运营的成功案例、隐瞒公司的实际履行能力和获利方式、承诺无法实现的服务内容等手段诱使被害人签订合同购买服务套餐。对此,二审法院认为:被告人李某等人以电商代运营的名义,在签订、履行合同过程中骗取对方当事人的财物,其行为不仅侵犯了被害人的财产权,同时也扰乱了电商代运营的市场秩序,其行为符合合同诈骗罪的构成要件。应以合同诈骗罪定罪处罚。[4]

2. 法条竞合的适用原则

关于法条竞合(主要指法条之间存在特别关系的情形)的适用原则,刑法理论界主要有以下两种观点:(1)特别法优于普通法说。该说认为,如果一个行为既符合普通法条规定的犯罪构成,也符合特别法条规定的犯罪构成,则应按照特别法条处理。这是因为,立法之所以在普通法条之外又增设特别法条,是为了对特定犯罪给予特定处罚,或者因为某种犯罪特别突出而予以特别规定。因此,行为符合特别法条规定的犯罪构成时,应依特别法条论处。如果在这种情况下,允许适用普通法条,则将使立法的目的落空。(2)双重原则说。该说认为,当一个行为触犯的两个法条之间具有特别法条与普通法条的特别关系时,具体适用原则有二:其一,一个行为同时符合相异法律之间的普通刑法与特别刑法规定的犯罪构成时,应严格依照特别法优于

〔4〕 浙江省丽水市中级人民法院(2017)浙11刑终20号刑事判决书。

普通法的原则论处;其二,一个行为同时符合同一法律的普通条款与特别条款规定的犯罪构成时,应依具体情况与法律规定,分别适用特别法条优于普通法条、重法条优于轻法条的原则。具体而言,当一个行为同时触犯同一法律的普通法条与特别法条时,在通常情况下,应依照特别法条优于普通法条的原则论处;当一个行为同时触犯同一法律的普通法条与特别法条时,在特殊情况下,应适用重法条优于轻法条的原则,即按照行为所触犯的法条中法定刑最重的法条定罪量刑。这里的"特殊情况"包括两种情况:一是法律明文规定按重罪定罪量刑;二是法律虽然没有明文规定按普通法条定罪量刑,但对此也没有禁止性规定,而且按特别法条定罪明显不能做到罪刑相适用时,按照重法条优于轻法条的原则定罪量刑。[5]

上述第一种观点是中外刑法理论界的通说,也为本书所赞同。上述第二种观点表面上看是双重原则、具体问题具体分析,但其实际上只有一个标准,即"重法优于轻法"。因为根据其主张,只有在特别法条的法律后果重于普通法条时,才可以适用之;反之,如果适用特别法条轻于普通法条,则应一律适用普通法条。虽然该说也主张,在不同法律之间应严格贯彻特别法条优于普通法条原则,然而在我国现行立法模式下,所有的罪刑规范均以修正案的形式规定于刑法典这一单一的法律形式之中,已经没有"相异刑事法律"之可能,因而其所主张的特别法条优于普通法条的适用原则已经失去适用的空间。

示例 10-5 顾某等销售侵权复制品案

一审法院认为:四名被告人的行为均已触犯刑法第 218 条,构成销售侵权复制品罪。四名被告人的行为同时还触犯刑法第 225 条,构成非法经营罪。鉴于非法经营罪与销售侵权复制品罪是普通法与特别法的关系,根据特别法优于普通法的适用原则,对四名被告人应以销售侵权复制品罪定罪处罚。[6]

二、包括的一罪

包括的一罪,是指存在数个法益侵害事实,但通过适用一个法条即可对数个事实进行包括的评价的情形。所谓数个法益侵害事实,既可能是一个行为侵害了数个法益,也可能是多个行为多次侵害同一法益。

(一)连续犯

1. 连续犯的概念和特征

连续犯,是指基于同一的或者概括的犯罪故意,连续实施性质相同的独立成罪

[5] 张明楷:《刑法学》,法律出版社 2016 年版,第 489~490 页。
[6] 上海市第二中级人民法院(2005)沪二中刑初字第 1 号刑事判决书。

的数个行为,触犯同一罪名的犯罪。连续犯的构成特征是:

(1)基于同一的或者概括的犯罪故意。所谓同一的犯罪故意,是指行为人具有数次实施同一犯罪的故意,每次实施的具体犯罪都明确地包含在行为人的故意内容之中;所谓概括的犯罪故意,是指行为人主观上具备只要有条件就实施特定犯罪的故意,每次实施的具体犯罪并非都是明确地包含在行为人的故意内容之中。前者如,甲计划在某晚潜入五家商店行窃;后者如,甲意图通过在乙的饭菜中投毒以杀死乙,但对投毒可能造成乙家其他人的死亡并不清楚。

(2)实施了性质相同的独立成罪的数个行为。成立连续犯,行为人必须实施数个性质相同的行为,且每次行为均能独立成罪。只实施一次行为的,不可能成立连续犯;数次行为性质不同的,也不可能成立连续犯;数次行为不能独立成罪的,也不可能成立连续犯。例如,甲为泄私愤,闯入乙家,杀死乙、乙妻、乙子三人。甲的每个杀人行为均能独立成罪,故成立连续犯。又如,甲意图采取投毒的方式杀乙,但每次投放的剂量有限,不能达到致乙死亡的效果。但因乙长期服毒,最终死亡。甲的每次投毒行为不能独立成罪,故不成立连续犯,而成立徐行犯。

(3)数次行为之间具有连续性。如果数个行为之间不具有连续性,则只能构成独立成罪的数罪,而不成立连续犯。对于连续性的认定,刑法理论上主要有三种观点:一是主观说,即认为只要行为人主观方面具有连续犯罪的决意或者同一的犯罪决意,即可以认定具有连续性;二是客观说,即认为只要行为客观上具有外部的类似关系和时间上的联络,即可以认定具有连续性;三是折中说,即认为连续关系的认定,不仅要考察行为人主观上有无连续犯罪的决意或者同一的犯罪决意,而且还要考察客观上行为是否具有外部的类似关系和时间上的联络。本书认为,折中说是正确的。即数个行为之间的连续性,应以行为人主客观条件的统一为标准。行为人虽然有同一的或者概括的犯罪决意,但客观上实施的数个犯罪行为之间并不具有连续性,自然不成立连续犯;同理,行为人虽然在时间间隔较近的情况下实施了性质相同的数个犯罪行为,但主观上缺乏实施数罪的同一的或者概括的犯罪故意,也不能成立连续犯。

(4)数个行为触犯同一罪名。所谓同一罪名,是指具体犯罪基本犯罪构成相同的罪名。具体而言,具备以下情形的,均可以认定为触犯同一罪名:一是独立成罪的数个行为均与具体犯罪的基本构成相符合的;二是数个行为中有的与具体犯罪的基本构成相符合,有的与该基本构成派生的构成即加重或减轻构成相符合;三是数个行为中有的与具体犯罪的基本构成相符合,有的与该基本构成的修正构成即共犯形态或未完成形态相符合。

示例 10-6 吴某等侵犯公民个人信息案

一审法院认为:本案各被告人获取的信息无论是否合法收集,其未经被收集者同意将获取的公民个人信息进行交换、出售,依照《侵犯公民个人信息解释》第 3 条第 2 款的规定,都属于侵犯公民个人信息的情形。……本案七被告人基于同一犯罪故意在 2015 年 5 月至 2016 年 6 月连续实施了购买、收受、交换等方式获取或出售、提供公民个人信息的行为,系连续犯,依照相关规定应当对其适用修订后的《刑法修正案(九)》一并追诉。〔7〕

2. 连续犯的处理

对于连续犯,应当以一罪处断,不实行数罪并罚。对连续犯的处理,应当按照不同情况,依据刑法的有关规定分别从重或者加重处罚。具体处理如下:(1)刑法规定只有一个量刑档次,或者虽有两个量刑档次但无加重构成的量刑档次的,按照一个罪名从重处罚。如刑法第 262 条规定的拐骗儿童罪只有一个量刑档次,拐骗儿童罪的连续犯只能在这个量刑档次内从重处罚。(2)刑法对于多次实施某种犯罪明文规定重于基本构成的量刑档次的,符合这种情况的连续犯,依照该加重构成的量刑档次处理。如刑法第 263 条规定的"多次抢劫"的法定刑明确高于抢劫罪的基本犯的法定刑,连续三次以上抢劫的,即应依照加重抢劫构成的量刑档次处罚。(3)刑法对于多次实施某种犯罪虽然没有明文规定,但对"情节严重"或"情节特别严重"分别规定了不同的加重刑罚的量刑档次,符合某种情况的连续犯,应依照有关的量刑档次处罚。刑法第 267 条对抢夺罪按基本情节、情节严重和情节特别严重分为三个量刑档次加以规定,抢夺罪的连续犯,应根据连续实施抢夺次数的多少,依照刑法的规定,按照相应的量刑档次处罚。应当注意的是,刑法分则条文规定的"多次"既包括连续犯,也包括同种数罪。但无论是连续犯还是同种数罪,均是作为一罪从重论处,即原则上对同种数罪也不并罚。

示例 10-7 余某等假冒注册商标、销售假冒注册商标的商品案

一审法院认为:李某于 2016 年 2 月以前销售假冒注册商标的商品,应以销售假冒注册商标的商品罪定罪处罚。其于 2016 年 2 月以后生产并销售假冒注册商标的商品,属于既生产又销售的行为,符合假冒注册商标罪的构成要件,应以假冒注册商标罪定罪处罚。对于辩护人提出"上述两行为类同,且符合连续犯的特征,应按一罪处罚"的意见,经查,上述两行为均存在销售的行为,但在是否具有生产行为上存在差异,并非属于同类行为,亦当然不能认定是连续犯。对被告人李某应以销售假冒注册商标的商品罪和假冒注册

〔7〕 安徽省六安市中级人民法院(2017)皖 1523 刑初 53 号刑事判决书。

商标罪定罪处罚。[8]

（二）集合犯

1. 集合犯的概念和特征

集合犯，是指犯罪构成预设了数个同种类的行为的犯罪。在集合犯的场合，行为人虽然实施了数个同种犯罪行为，但刑法还是将其作为一罪论处。非法行医罪是典型的集合犯。集合犯的构成特征为：

（1）以实施不特定次数的同种犯罪行为为目的。集合犯的行为人在实施犯罪之前即预计实施不特定次数的同种犯罪行为，如果行为人意图实施一次犯罪即告结束，则不能成立集合犯。行为人只要主观上意图反复多次实施同种犯罪行为即可，至于实际是否实施多次，并不影响集合犯的成立。例如，行为人虽然非法行医一次，但造成就诊人身体健康受到严重损害的，仍然成立非法行医罪。

（2）实施数个同种的犯罪行为。集合犯的行为人反复多次实施的必须是同种犯罪行为，即数个犯罪行为在具体犯罪构成上是相同的，至于是否属于相同的犯罪形态，则在所不问。但是，如果实施的数个犯罪行为，在犯罪构成上属于不同种类，则可能属于异种数罪，而不可能成立集合犯。

（3）刑法明文规定将可能反复多次实施的同种行为以一罪论处。在集合犯的场合，具体犯罪的构成要件本身预设了同种行为的反复，因此，反复多次实施的同种行为无例外地被包括，作为一罪评价。正因为刑法将可能反复多次实施的同种行为规定为一罪，所以行为人实施数个同种行为，仍然只能构成一罪。

集合犯大体上分为三类：常习犯、职业犯和营业犯。所谓常习犯，是指犯罪构成预设具有常习性的行为人反复多次实施行为的情形；所谓职业犯，是指犯罪构成预设将一定的犯罪作为职业或业务反复实施的情形；所谓营业犯，是指犯罪构成预设以营利为目的反复实施一定犯罪的情形。常习犯的本质，在于行为人对特定的犯罪已成习性；职业犯的本质，在于行为人将某种犯罪活动当成一种主业、副业或者兼业；营业犯的本质，在于行为人主观上具有营利的目的。1979 年刑法第 152 条规定的“惯窃”“惯骗”属于常习犯，但现行刑法未再规定常习犯；现行刑法第 336 条规定的非法行医罪，属于职业犯；第 303 条规定的“以赌博为业的”，属于营业犯，但“聚众赌博”属于行为犯。在实务中，法院需要结合具体某件事实对职业犯进行认定。

---

[8] 江苏省徐州市中级人民法院（2017）苏 03 刑初 91 号刑事判决书。

示例10-8 张某非法行医案

辩护人认为,非法行医是职业犯,而被告人张某不是以医生为职业,只是为亲朋好友出点偏方。对此,一审法院认为:被告人张某的亲属、朋友及其他证人均证实张某长期为人看病的事实,已形成了一种职业行为。[9]

2. 集合犯的处理

集合犯是法定的一罪,刑法分则条文设有明文规定。对于集合犯,无论行为人实施多少次同种行为,都只能以一罪论处,不实行数罪并罚。

示例10-9 米某非法吸收公众存款案

一审法院认为:非法吸收公众存款犯罪属于经营性质的集合犯,其面向多人、持续地、反复地实施,因此应当将行为人有关这方面的所作所为作为一个整体进行评价和把握,不能单单地看待行为人与某一人的关系、甚至某一次交易,否则单从某一交易而言,将仅仅表现为一个民间借贷关系,这显然是不正确的。在被告人实施开放性的、面向社会的吸收资金活动的情况下,其行为本身亦是不限定特定对象的,因此即使是其亲友,亦是社会的组成部分,对于这些人员,当被告人在吸收资金过程中采取承诺退本付息或者实际给予回报好处的情况下,不管其中部分集资参与人与被告人是否确实系亲友关系,这亦是被告人非法吸收公众存款活动的组成部分,均宜认定为被告人非法吸收公众存款的范畴。[10]

(三)吸收犯

1. 吸收犯的概念和特征

吸收犯,是指行为人实施了数个不同的行为,其中一个行为吸收其他行为,因而仅成立吸收行为一个罪名的犯罪形态。吸收犯的构成特征主要有以下几个方面:

(1)实施了数个不同的行为。这是吸收犯成立的前提。吸收犯的特点是一个行为吸收其他行为,如果没有数个行为,就谈不上吸收现象,也就无所谓吸收犯。这里的"数个不同的行为",还必须是犯罪行为,即每个行为都符合刑法分则规定的具体犯罪构成的行为。这里的"不同",既可能是具体犯罪基本构成要件的不同,也可能是具体犯罪的基本构成相同、但修正或者派生的犯罪构成不同。

(2)数个行为之间存在吸收关系。这是吸收犯成立的关键。如果数个行为之间

[9] 吉林省永吉县人民法院(2005)永刑初字第33号刑事判决书。

[10] 贵州省黔东南苗族侗族自治州中级人民法院(2014)黔东刑初字第21号刑事判决书。

不存在一个行为吸收其他行为的关系，也就不可能成立吸收犯。所谓吸收，是指一个行为包容其他行为，只成立一个行为构成的犯罪，其他行为构成的犯罪失去独立意义，不再单独定罪。一个犯罪行为之所以能够吸收其他犯罪行为，是因为这些犯罪行为通常属于实施某种犯罪的同一过程，彼此之间存在密切的联系。具体有以下三个方面：其一，重行为吸收轻行为。重行为在性质上较轻行为严重，数个行为之间有轻有重时，轻行为被重行为所吸收。如非法制造枪支、弹药后又私藏枪支、弹药的，制造行为重于私藏行为，故应以非法制造枪支、弹药罪一罪论处，私藏枪支、弹药的行为被吸收，不再单独评价。其二，实行行为吸收预备行为。在一个犯罪活动中，如果既有预备行为，又有实行行为，则预备行为被实行行为吸收。例如伪造信用卡后使用所伪造的信用卡诈骗大量财物，伪造信用卡是信用卡诈骗罪的预备行为，触犯了伪造金融票证罪；其后使用伪造的信用卡诈骗财物是实行行为，触犯了信用卡诈骗罪，实行行为吸收预备行为，仅以信用卡诈骗罪一罪论处。其三，主行为吸收从行为。在共同犯罪中，正犯的行为是主行为，教唆犯、帮助犯的行为是从行为。先教唆他人犯罪，后又亲自参加实行犯罪的，教唆行为被实行行为吸收，应以正犯论处，并按照主犯量刑。

示例 10-10　何某诈骗案

一审法院认为：被告人何某明知是被盗车辆而予以窝藏，转移，进行掩饰隐瞒。在此过程中，又以非法占有为目的，虚构事实，隐瞒真相，导致被害人上当受骗以后，以放弃财物的方式处分自己的财产，从而骗取他人财物，数额巨大，应当以诈骗罪追究其刑事责任。公诉机关指控的犯罪事实清楚，证据确实充分。被告人何某实施的掩饰隐瞒犯罪所得行为与后面的诈骗行为具有前后发展关系，且两种行为之间存在紧密联系。掩饰隐瞒的犯罪行为是后面实施诈骗行为的前提，二者之间存在紧密的关联性，侵害的对象始终指向同一个财产即被盗车辆。因此应当被后面更重的诈骗行为所吸收，掩饰隐瞒犯罪所得罪从而失去独立存在的意义，应当依照重罪吸收轻罪的原则，以诈骗罪追究其刑事责任。〔11〕

2. 吸收犯的类型

吸收犯主要存在以下类型：（1）附随犯。所谓附随犯，是指一个行为引起了数个法益侵害，但附随对主法益的侵害而引起的对次法益的侵害部分，不作为处罚对象，仅在侵害主法益的犯罪的法定刑内一并考虑的情形。例如用刀将被害人砍成重伤，同时又导致其价值近万元的西服毁损。由于毁坏西服是伴随伤害他人产生的结果，因而被吸收而不再单独评价，仅评价为故意伤害罪。（2）发展犯。所谓发展犯，是指

〔11〕　四川省德阳市旌阳区人民法院（2014）旌刑初字第 167 号刑事判决书。

针对同一法益的犯罪,根据其阶段性的发展形态,被设计为复数的犯罪类型的情形。例如甲预谋杀乙,但数次跟踪均未得手。后来,甲趁乙单独在家午休熟睡之机,将其杀害。甲最初的行为,属于故意杀人罪(预备),后来发展为故意杀人罪(既遂)。相对于故意杀人既遂而言,先前的故意杀人预备属于不可罚的事前行为,不需要单独评价。(3)不可罚的事后行为。所谓不可罚的事后行为,也称共罚的事后行为,是指在状态犯的场合,利用该犯罪行为的结果的行为。如果孤立地看,符合其他犯罪的犯罪构成,具有可罚性,但由于可以被该状态犯整体评价,因而没有必要认定为其他犯罪。不可罚的事后行为,之所以不另成立其他犯罪来单独评价,主要是因为这类行为没有侵犯新的法益或者缺乏期待可能性。例如,甲盗窃乙的财物后,又故意将其毁损的行为,由于没有侵犯新的法益,故不成立故意毁坏财物罪。但如果侵犯了新的法益,且又缺乏期待可能性的,则应予以单独评价。又如,甲盗窃数额较大的仿真品并冒充真品出卖给他人,骗取财物的,应认定为盗窃罪和诈骗罪,实行数罪并罚。(4)共犯的竞合。所谓共犯的竞合,是指在共同犯罪的场合,行为人实施了两种以上不同的共犯行为,属于包括的一罪,仅以一罪论处的情形。例如,行为人既实施了教唆行为,又与被教唆者共同实施正犯行为的,应以正犯论处;既实施了帮助行为,又与被帮助者共同实施正犯行为的,应以正犯论处;既实施教唆行为,又实施帮助行为的,应以教唆犯论处。应当注意的是,这是从罪数角度得出的结论。根据现行刑法规定,共犯人是主犯、从犯还是胁从犯,需要综合考察其所实施的全部行为事实,进而判断其在共同犯罪中所起的作用认定,不存在一部分行为吸收另一部分行为的问题,因而不存在吸收犯。

示例 10-11　李某等开设赌场、赌博案

辩护人提出:“开设赌场罪与赌博罪是吸收关系,上诉人黄某不构成赌博罪,仅构成开设赌场罪。”对此,二审法院认为:上诉人李某作为赌博网站代理,接受他人投注,另又亲自参与赌博,上诉人黄某协助上诉人李某从事上述犯罪活动。上述行为虽然均以牟利为目的,但二者之间并非包容关系,亦非主从关系,也不是同一行为前后相继的不同自然发展阶段,而是两个独立的犯罪行为,不是吸收犯,应分别定罪处罚。〔12〕

示例 10-12　顾某非法获取计算机信息系统数据、提供侵入计算机信息系统的程序案

一审法院认为:被告人顾某违反国家规定,采用技术手段获取计算机信息系统中储

〔12〕 广东省广州市中级人民法院(2014)穗中法刑一终字第583号刑事裁定书。

存的数据，情节特别严重，其行为已构成非法获取计算机信息系统数据罪，应予惩处；被告人顾某提供专门用于侵入计算机信息系统的程序，情节特别严重，其行为亦构成提供侵入计算机信息系统的程序罪，应与其所犯非法获取计算机信息系统数据罪并罚。……关于辩护人发表的吸收犯的辩护意见，法庭认为，吸收犯的数个犯罪行为之间应具有紧密的联系，而本案中被告人顾某通过“撞库”软件撞库非法获取百度公司大量用户身份认证信息的行为与出售“撞库”软件之间的行为并不存在这种紧密联系的关系，故上述行为均应单独评价、数罪并罚。〔13〕

（四）狭义的包括一罪

狭义的包括一罪，主要有以下情形：(1)一个行为对同一被害人造成数个法益侵害结果。例如以伤害的故意向他人发射散弹，导致他人身体一处重伤、一处轻伤。对此不实行数罪并罚，仅以一个故意伤害罪(重伤)论处。(2)数个行为造成一个法益侵害结果。例如以伤害的故意，在不同时间、场所数次对同一人实施暴力，最终造成被害人重伤。对此，仅认定一个故意伤害罪。(3)数个行为具有前后发展关系，侵害相同法益的，从一重罪论处。例如将伪造的货币出售给知情的第三者的，仅认定为伪造货币罪，不另认定为出售假币罪。(4)数个行为触犯不同的罪名，但数个行为之间具有紧密的关联性，最终仅侵害一个法益的，从一重罪论处。例如先以借为名骗取他人财物，在被害人要求返还财物时，又使用暴力手段迫使其免除债务的，仅认定为抢劫罪，不另认定为诈骗罪。

示例 10-13　游某强奸案

二审法院认为：被害人在醉酒后，行为能力在短时期内均已明显低于常人，防范意识与反抗能力均较弱。上诉人游某的轻微暴力行为就足以压制被害人的反抗。本案中，上诉人游某就是趁被害人刘某处于醉酒之机而先对其实施强制猥亵行为后意图继续强行与被害人刘某发生性关系，后因自身生理原因未能得逞，应作为包括的一罪以强奸罪未遂论处。〔14〕

三、科刑的一罪

科刑的一罪，是指行为人实施了数个犯罪行为，原本应当评价为数罪，但仅按其中最重刑处断的情形。在应当评价为数罪的前提下，之所以仅以其中一个重罪处断，是因为数个犯罪行为之间存在某种特殊的关系，以最重刑论处足以充分评价。

---

〔13〕 北京市海淀区人民法院(2017)京 0108 刑初 238 号刑事判决书。

〔14〕 广东省广州市中级人民法院(2018)粤 01 刑终 117 号刑事裁定书。

(一)想象竞合犯

1. 想象竞合犯的概念和特征

想象竞合犯,又称想象的数罪、观念的竞合,是指一个行为触犯数个罪名的犯罪形态。例如开一枪而致一人死亡、一人重伤,一个开枪行为同时触犯故意杀人罪和故意伤害罪两个罪名。虽然我国刑法没有规定想象竞合犯,但这一概念在刑法理论上一直是被承认的,并为司法实践所接受。想象竞合犯具有以下两个基本特征:

(1)行为人只实施了一个行为。这是构成想象竞合犯的前提条件。如果行为人实施了数个行为,则不可能构成想象竞合犯。所谓一个行为,是指基于自然的观察,在社会的一般观念上被认为是一个行为,而不是从犯罪构成的评价上看是一个行为。一个行为,既是狭义的行为,也是指包括结果在内的广义的行为;既可以是作为,也可以是不作为;既可以是出自故意,也可以是出自过失。

(2)一个行为触犯了数个罪名。这是构成想象竞合犯的关键条件。如果是数个行为触犯了数个罪名,则是实际的数罪,不可能成立想象竞合犯。所谓一个行为触犯数个罪名,是指一个行为在犯罪构成的评价上,符合数个犯罪构成。一个行为之所以能够触犯数个罪名,根本在于该行为造成了数个法益侵害结果。至于数个罪名是否包括同种罪名,理论上存在肯定说和否定说两种观点。肯定说认为,想象竞合犯,既包括异种类的想象竞合犯,也包括同种类的想象竞合犯。例如开一枪,伤一人、死一人的,是想象竞合犯;开一枪,同时打死二人的,也是想象竞合犯。否定说认为,想象竞合犯,仅指异种类的想象竞合犯,不包括同种类的想象竞合犯。例如开一枪,同时打死二人的,是同种数罪,实践中均以一罪从重处罚,在定罪量刑上没有困难,因而没有必要承认其是想象竞合犯。本书认为,承认同种类的想象竞合犯,对于认定自首、解决认识错误等问题具有一定的意义,因而赞同肯定说。

示例 10-14 李某以危险方法危害公共安全案

二审法院认为:原审被告人李某主观上虽是为了躲避、抗拒公安机关执法,是妨害公务的故意,但其客观上却撞伤了执勤交警和加速行驶汽车穿过不特定且人数众多的站前广场,损坏了在广场上摆摊的摊铺,其对广场不特定的人员生命、健康或者公私财产的安全处于一种放任的态度,属于间接故意犯罪。综上李某的行为同时构成妨害公务罪和以危险方法危害公共安全罪,按照想象竞合犯择一重罪处罚的法律原理,李某的行为构成以危险方法危害公共安全罪。[15]

---

〔15〕 湖北省黄冈市中级人民法院(2018)鄂 11 刑终 34 号刑事判决书。

2. 想象竞合犯的处理

对于想象竞合犯,应按行为所触犯的罪名中最重的一个罪名论处,不实行数罪并罚。如果行为所触犯的数个罪名的法定刑相同,则应按照事实和情节较重的犯罪论处,而不是按照目的行为定罪量刑。

示例 10-15　刘某等绑架、故意杀人、非法拘禁案

二审法院认为:龚某以帮助他人索取债务为目的非法挟持、拘禁他人,在明知被害人手脚被铁链捆绑、口眼被胶带缠封的情况下,仍将被害人弃之不顾,主观上对被害人的死亡持放任态度,客观上造成了被害人死亡结果的发生,其行为同时触犯了非法拘禁罪和故意杀人罪两个罪名,属于想象竞合犯,应择一重罪处罚,故龚某的行为构成故意杀人罪(系间接故意)。[16]

3. 想象竞合和法条竞合的区别

想象竞合和法条竞合的区分标准,在刑法理论上分歧较大,一直未能达成共识。二者的共同点在于,行为人实施的都是一个犯罪行为,都是触犯了数个罪名。二者的区别,主要有以下几个方面:(1)法益侵害个数不同。想象竞合造成了数个不同法益的侵害结果,法条竞合仅是造成一个法益的侵害结果。(2)竞合原因不同。想象竞合是由于犯罪的事实特征,即出于数个罪过,产生数个结果,造成一个行为触犯数个罪名;法条竞合是由于法条错综复杂的规定,即不同条文之间存在包容、交叉等关系,造成一个行为触犯数个法条。(3)法条关系不同。想象竞合的场合,一个行为触犯规定的数个罪名的法条在犯罪构成上可能是完全重合、部分重合或者完全相异的;法条竞合的场合,一个行为触犯的数个法条在犯罪构成上则是典型的部分重合的关系。(4)适用规则不同。想象竞合的场合,法条适用的原则是从一重处罚,竞合的数个法条均有适用的机会;法条竞合的场合,法条适用的原则是特别法条优于普通法条,原则上只有特别法条才能得以适用。

示例 10-16　刘某诈骗案

一审法院认为:被告人刘某以非法占有为目的,用假冒军人身份的方式多次骗取他人财物共计 248558 元,其行为既侵犯了刑法第 372 条保护的军队威信及其正常活动的法益,又侵犯了刑法第 266 条保护的公私财产所有权的法益,即同时触犯了冒充军人招摇撞骗罪和诈骗罪,符合想象竞合的成立条件,属于想象竞合犯。处理想象竞合犯应当按照

---

〔16〕 河南省高级人民法院(2009)豫法刑三终字第 207 号刑事判决书。

从一重罪处断的原则,因被告人刘某诈骗数额巨大,其犯罪行为已不再能为冒充军人招摇撞骗罪所包括,应以较重的诈骗罪定罪量刑。〔17〕

(二)结合犯

1.结合犯的概念和特征

结合犯,是指数个原本独立的犯罪行为,根据刑法的明文规定,结合成为一个罪名的犯罪形态。结合犯具有以下特征:

(1)所结合的数罪,原本为刑法上数个独立的犯罪。所谓独立的犯罪,是指具有独立的犯罪构成的犯罪。如果不具有独立的犯罪构成,而是依附于其他犯罪,则不能认为是独立的犯罪。数个独立的犯罪,还必须是数个不同的犯罪。如果是数个相同的犯罪,也不能成立结合犯。

(2)将数个原本独立的犯罪,结合成为一个新罪。典型的结合犯的表现形式有以下两种:一是甲罪+乙罪=甲乙罪。例如《日本刑法》第241条规定的强盗强奸罪。二是甲罪+乙罪=丙罪。例如《日本刑法》第222条规定的胁迫罪和第223条规定的强要罪结合在一起,构成刑法第236条规定的强盗罪。我国刑法均没有上述类型的结合犯。但是,如果对结合犯的表现形式不作上述严格限定,而作适当的扩大理解,如将甲罪+乙罪=甲罪也理解为结合犯,则我国刑法第239条规定的“致使被绑架人死亡或者杀害被绑架人的”,刑法第240条规定的“奸淫被拐卖妇女的”,刑法第358条规定的“强奸后迫使卖淫的”,都可以认为是结合犯。也有学者将这些情形认定为包容犯。

(3)数个原本独立的犯罪被结合为一个犯罪后,失去了原有的独立犯罪的意义,成为结合犯的一部分。

(4)数个原本独立的犯罪结合为一个犯罪,是基于刑法的明文规定。如果刑法没有明文规定,则不能成立结合犯。刑法之所以将原本独立的犯罪规定为另一独立的犯罪,主要是因为原本独立的数罪之间存在密切联系,容易同时发生。

示例10-17　高某绑架案

最高人民法院复核认为:被告人高某以勒索财物为目的,绑架并杀害被绑架人,其行为已构成绑架罪。高某蓄谋绑架,对被绑架人实施杀害并抛入大海,犯罪性质恶劣,手段残忍,情节、后果特别严重,社会危害极大,应依法惩处。〔18〕

---

〔17〕　福建省莆田市秀屿区人民法院(2017)闽0305刑初229号刑事判决书。

〔18〕　最高人民法院(2014)刑一复62844203号刑事裁定书。

2. 结合犯的处罚原则

对于结合犯,应当按照所结合的犯罪定罪量刑,即以一罪论处,不实行数罪并罚。

(三)牵连犯

1. 牵连犯的概念和特征

牵连犯,是指以实施某一犯罪为目的,其方法行为或结果行为又触犯其他罪名的犯罪形态。牵连犯的构成特征主要有:

(1)必须是以实施一个犯罪为目的。牵连犯,是在实施一个犯罪为目的的意思支配下,又实施了方法行为或者结果行为,触犯另一个独立罪名的情形。因此,在牵连犯的场合,存在一个本罪和一个他罪。本罪是整个犯罪活动的核心,他罪围绕着本罪而实施,服务、依附于本罪。如果行为人出于实施数个犯罪的目的,并在不同的犯罪目的支配下实施数个犯罪行为,则属于典型的数罪,不成立牵连犯。

(2)必须具有两个以上的犯罪行为。这是牵连犯和想象竞合犯的重要区别,即牵连犯是数个行为,想象竞合犯是一个行为。牵连犯的数个行为表现为以下两种情形:一是目的行为与方法行为;二是原因行为与结果行为。目的行为和原因行为是针对本罪而言的,当与方法行为相对应时,称为目的行为;当与结果行为相对应时,称为原因行为。目的行为和原因行为都是指实施本罪的行为,方法行为、结果行为是指为了便于本罪的实行而实施的他罪行为。例如,伪造国家公文骗取财物的,伪造公文是方法行为,骗取财物是目的行为;又如,盗窃手提包后发现里面是枪支而予以藏匿的,盗窃手提包是原因行为,藏匿枪支是结果行为。

(3)牵连犯的数个行为之间必须具有牵连关系。关于牵连关系,刑法理论有客观说、主观说、折中说和类型说等不同主张。客观说认为,只要客观上两种行为之间具有手段行为与目的行为、原因行为与结果行为之间的关系,就具有牵连关系。主观说认为,只要行为人主观上将某种行为作为目的行为的手段行为或者作为原因行为的结果行为,就存在牵连关系。折中说认为,只有在行为人主观上与行为在客观上都具有牵连关系时,才具有牵连关系。类型说认为,根据刑法规定与司法实践,将牵连犯的手段与目的、原因与结果的关系类型化;只有具有类型化的手段与目的、原因与结果的关系时,才存在牵连关系。例如非法侵入住宅杀人的,宜认定为牵连犯;非法盗窃枪支后杀人的,不宜认定为牵连犯,而应实行并罚。这是因为,前者具有类型化的特点,而后者并不具有这种特点,即盗窃枪支并不是杀人的通常手段。本书认为,客观说和主观说均失之片面;类型说虽有新意,但类型的认定易落入主观,故也不可取。相比之下,折中说坚持主客观相统一原则,是正确的主张。

(4)牵连犯的数个行为必须触犯不同的罪名。具体又有两种情形:一是行为人实施一种犯罪,而其犯罪所采用的方法行为又触犯了其他罪名。例如伪造信用卡后将其用于骗取他人财物的,目的行为是信用卡诈骗罪,手段行为是伪造金融票证罪。二是行为人实施一种犯罪,而其犯罪所采用的结果行为又触犯其他罪名。例如盗窃手提包后发现里面是枪支而予以藏匿的,原因行为是盗窃罪,其结果行为则触犯了私藏枪支罪。如果实施一种犯罪,其犯罪的方法行为或结果行为不是触犯其他罪名,而是触犯相同的罪名,则不构成牵连犯。例如入户抢劫的,抢劫是目的行为,入户是方法行为,但刑法将入户抢劫规定为加重抢劫罪的情形之一,因而只能以抢劫罪论处,不成立牵连犯。又如入户盗窃的,盗窃是目的行为,入户是方法行为,但刑法将入户盗窃规定为非数额型盗窃之一种,因而只能以盗窃罪论处,不成立牵连犯。

示例 10-18　刘某伪造、变造国家机关证件、伪造企业印章案

一审法院认为:被告人刘某根据招标文件的要求,为取得竞标资格,雇他人伪造《企业法人营业执照》及变造《税务登记证》复印件,在签订合同后,为取得材料预付款,随即又雇人伪造了中国银行股份有限公司泉州丰某支行的印章。从主观上,被告人实施的两个犯罪行为的意图,并非在一个最终犯罪目的的支配下而实施的;客观上,被告人实施的两个犯罪行为不存在方法与目的或者是目的与结果的牵连关系,被告人刘某伪造、变造国家机关证件和伪造企业印章,已分别构成伪造、变造国家机关证件罪、伪造企业印章罪,应实行数罪并罚。[19]

2. 牵连犯的处罚原则

现行刑法总则对牵连犯没有规定,自然也没有规定对其如何处理。刑法理论通说认为,对牵连犯应从一重处断,或者从一重从重处断。本书认为,这一原则基本是正确的,应予坚持。但是,刑法分则对具体犯罪的牵连犯作了不同的规定:有的规定从一重处罚;有的规定从一重从重处罚;有的规定独立的法定刑;有的规定实行数罪并罚。例如,刑法第 198 条规定,投保人、被保险人故意造成财产损失的保险事故,骗取保险金,投保人、受益人故意造成被保险人死亡、伤残或者疾病,骗取保险金,同时构成其他犯罪的,依照数罪并罚的规定处罚。针对现行立法规定处罚原则不统一的现状,本书对牵连犯的处罚提出以下原则:如果刑法分则对牵连犯的处罚有明确规定,则按照规定处理;如果没有明确规定,则应从一重从重处断。

示例 10-19　方某等非法经营案

一审法院认为:被告人方某、倪某、张某未经国家有关主管部门批准,非法经营证券

〔19〕 福建省泉州市鲤城区人民法院(2007)鲤刑初字第 360 号刑事判决书。

业务，情节特别严重，其行为均已构成非法经营罪。公诉机关指控的该罪名成立，应予支持。但公诉机关指控被告人方某、倪某、张某犯虚假出资罪，鉴于3名被告人的目的是为了成立公司后进行非法股权买卖，本案可视作为虚假出资是犯罪的手段，按牵连犯的原则，择一重罪处罚，即只定非法经营罪，而不再定虚假出资罪，故公诉机关所指控的这一罪名不能成立，应不予支持。[20]

第三节　数罪的类型

一、实质数罪与想象数罪

以行为符合犯罪构成的个数为标准，可以将数罪划分为实质数罪和想象数罪。所谓实质数罪，是指行为人实施数个行为，符合数个犯罪构成，构成数个独立的犯罪的情形。例如甲某日实施了盗窃行为，过了数日又实施了妨害公务行为，分别构成了盗窃罪和妨害公务罪，这是实质数罪，是典型的数罪。所谓想象数罪，是指行为人实施了一个行为，符合数个犯罪构成，触犯数个罪名的情形。想象竞合犯，通常被认为是想象数罪的典型。这种划分的意义，在于更加深入地认识数罪的行为结构。

示例10-20　张某等诈骗案

一审法院认为：张某的行为同时触犯招摇撞骗罪和诈骗罪，按照想象数罪从一重罪处断原则，对其应以诈骗罪定罪量刑。[21]

二、同种数罪与异种数罪

以行为符合基本犯罪构成的性质是否相同为标准，可以将数罪划分为同种数罪和异种数罪。所谓同种数罪，是指行为人基于数个相同的犯意，实施数个行为，符合数个性质相同的基本犯罪构成，触犯数个相同罪名的情形。例如甲因泄愤报复杀死乙，在逃跑的过程中，因担心丙举报又杀死了丙。甲基于两个杀人故意，实施了两个杀人行为，触犯了两个故意杀人罪，构成同种数罪。所谓异种数罪，是指行为人基于数个不同的犯意，实施数个行为，符合数个性质不同的基本犯罪构成，触犯数个不同罪名的情形。例如甲抢劫了乙的项链，在逃跑的过程中，又抢夺了丙的汽车。甲基于不同的犯意，分别实施了抢劫行为和抢夺行为，触犯了抢劫罪和抢夺罪的基本犯

〔20〕上海市浦东新区人民法院（2006）浦刑初字第252号刑事判决书。

〔21〕湖南省常德市人民法院（2015）常刑二初字第3号刑事判决书。

罪构成,构成异种数罪。这种划分的意义在于,有利于精确量刑。我国刑法理论通说认为,异种数罪应当数罪并罚,同种数罪原则上不需要实行并罚。

示例 10-21 杨某销售假冒注册商标的商品案

二审法院认为:上诉人杨某明知是假冒注册商标的商品予以销售,销售金额为人民币 164286 元,数额较大,其行为已构成销售假冒注册商标的商品罪。原判认定事实清楚,证据确实、充分,定罪准确,审判程序合法。鉴于杨某在前罪侦查期间,已如实供述本起犯罪事实,因侦查取证原因而分别起诉判决,属同种数罪。〔22〕

三、并罚数罪与非并罚数罪

以量刑时是否需要并罚为标准,可以将数罪划分为并罚数罪和非并罚数罪。所谓并罚数罪,是指行为人基于数个罪过,实施数个行为,构成数个独立的犯罪,依照法律应当实行并罚的情形。异种数罪在一般情况下,都是并罚数罪。同种数罪,在法律有特别规定的情况下,也可能成为并罚数罪。所谓非并罚数罪,是指行为人虽然实施了数个行为,符合数个犯罪构成,触犯数个罪名,但由于特定事由或者法律规定不实行并罚,只按一罪处罚的情形。同种数罪、处断的一罪,原则上都是非并罚数罪。这种划分的意义在于,直接为数罪并罚提供罪数方面的根据。

示例 10-22 陈某强奸、强制猥亵妇女案

被告人陈某见被害人王某因醉酒独自一人在呕吐,遂上前搭讪,后以护送其回包间为由将王某带到一无人包间内,采取威胁暴力方法欲强行与王某发生性关系,因醉酒及王某反抗而未得逞,后强迫王某为其口交。对此,一审法院认为:被告人陈某违背妇女意志,采用暴力威胁手段,强行与其发生性行为,强制猥亵妇女,其行为分别构成强奸罪和强制猥亵妇女罪。公诉机关指控的罪名及事实成立。被告人陈某一人犯二罪,依法予以数罪并罚。〔23〕

四、判决宣告以前的数罪与刑罚执行期间的数罪

根据数罪发生的时间不同,可以将其划分为判决宣告以前的数罪和刑罚执行期间的数罪。所谓判决宣告以前的数罪,是指行为人在判决宣告以前实施并被发现的数罪。所谓刑罚执行期间的数罪,是指在刑罚执行期间发现漏罪或再犯新罪构成的

---

〔22〕 福建省南平市中级人民法院(2015)南刑终字第 222 号刑事判决书。
〔23〕 辽宁省大连市甘井子区人民法院(2015)甘刑初字第 577 号刑事判决书。

数罪。这种划分的意义在于,不同时间段发生的数罪,反映行为人主观恶性和改造难度的不同,因而需要适用不同的并罚规则。

示例 10-23　戴某贩卖毒品、非法持有毒品、开设赌场、故意伤害案

二审法院认为:上诉人戴某系贩毒人员,其从上线购买甲基苯丙胺 1002.0287 克,含咖啡因成分的毒品 977.4739 克用于贩卖,又伙同他人贩卖海洛因 0.9372 克,甲基苯丙胺 21.8090 克,其行为已构成贩卖毒品罪,且在共同犯罪中系主犯;戴某非法持有甲基苯丙胺及甲基苯丙胺片剂 14.9186 克,其行为已构成非法持有毒品罪;戴某以非法营利为目的,伙同他人设置赌博机组织赌博活动,违法所得累计 20 余万元,情节严重,其行为已构成开设赌场罪,且在共同犯罪中系主犯;戴某故意伤害他人身体,致他人轻伤乙级,其行为已构成故意伤害罪。戴某犯有数罪,应与其所犯前罪未执行余刑一并数罪并罚。[24]

---

〔24〕 江西省高级人民法院(2015)赣刑三终字第 121 号刑事判决书。

第十一章　刑 事 责 任

第一节　刑事责任概述

一、刑事责任的概念

刑事责任，是指刑事法律规定的，因实施犯罪行为而产生的，由代表国家的司法机关依法确认，并强制犯罪分子承担的以刑罚处罚、非刑罚处理或者单纯否定性评价为内容的法律责任。根据这一定义，刑事责任具有以下基本特征：

1. 内容的特定性。刑事责任是以刑法规定的刑罚处罚、非刑罚处理或者单纯否定性评价为内容的责任。这是刑事责任的本质特征。刑罚处罚不仅可以剥夺犯罪分子财产、政治权利和人身自由，甚至可以剥夺犯罪分子的生命。非刑罚处理方法包括训诫、责令具结悔过、赔礼道歉、赔偿损失等。单纯否定性评价，是指免予刑事处罚，即仅仅依法宣告被告人有罪，但既不给予刑罚处罚，也不给予非刑罚处理。在这种场合下，有罪宣告本身即表明对犯罪行为的否定评价和对犯罪分子的谴责。因此，犯罪分子仍然承担了刑事责任，只是在承担刑事责任的程度上与刑罚处罚、非刑罚处理有所不同而已。

2. 责任的严厉性。刑事责任是一种最为严厉的法律责任。作为刑事责任前提的犯罪行为，是所有违法行为中危害最严重的，因此，立法者根据法律责任和违法行为的危害程度相适应的原则，将刑事责任确定为最严厉的法律责任。刑事责任作为最严厉的法律责任，主要体现在它的实现方式上。作为刑事责任最主要实现方式的刑罚不仅可以剥夺犯罪分子的政治权利、财产，而且还可以剥夺犯罪分子的自由乃至生命。而其他法律责任没有如此严厉的法律后果，其承担方式较刑事责任的承担方式相对而言轻缓得多。

3. 产生的必然性。承担刑事责任的基础是行为人实施的犯罪行为，有犯罪行为就必然有刑事责任，不存在行为已经构成犯罪却不应当追究刑事责任的现象；无犯罪行为则无刑事责任，不存在不构成犯罪却应当追究刑事责任的现象。因此，刑事责任与犯罪的关系，不是一种或然的关系，而是一种必然的关系。当然，必然存在刑事责任,并不等于实际承担刑事责任。刑事责任可能基于法定原因而消灭,也可能因犯罪行为没有发现而无法追究。

4. 实现的强制性。刑事责任是犯罪分子因其实现的犯罪行为而向国家所负的责任。它体现了犯罪分子与国家之间的关系,而国家则由司法机关代表它强制犯罪分子承担刑事责任。刑事责任直接以国家强制力为实现的动力,其强制程度之高远非民事责任、行政责任可以比拟。

5. 承担的专属性。刑事责任是一种严格的个人责任,具有专属性。刑事责任只能由违反刑事法律义务的人即犯罪者本人承担,不得转嫁给他人承担,也不得由他人代为承担。犯罪是刑事责任存在的前提,没有犯罪的人不具备承担刑事责任的前提,因而不能要其承担刑事责任。即使犯罪者本人无法承担刑事责任,司法机关也不得要求他人承担刑事责任,他人也不能主动替代犯罪者承担刑事责任。刑事责任的特点是个人责任,坚持罪责自负、反对株连,每个人只需对自己的行为负责。没有实施犯罪,即使与犯罪分子有亲属或者血缘关系,也不存在刑事责任的承担问题。

二、刑事责任的地位和功能

(一)刑事责任的地位

刑事责任是联结犯罪和刑罚的纽带和桥梁,这可以从刑事责任与犯罪、刑罚的关系上得以说明。

1. 刑事责任和犯罪的关系。犯罪是刑事责任产生的法律事实根据,没有犯罪就不可能有刑事责任;刑事责任是犯罪的必然法律后果,只要实施了犯罪,就不可能不产生刑事责任。这体现了犯罪和刑事责任的质的一致性。同时,由于各种犯罪的社会危害程度不同,犯罪分子承担的刑事责任程度也不相同。一般来说,行为人所犯的罪重,刑事责任就重;行为人所犯的罪轻,刑事责任就轻。这体现了犯罪和刑事责任的量的一致性。

2. 刑事责任和刑罚的关系。刑事责任和刑罚既有联系,又有区别。二者的联系表现在:(1)刑事责任的存在是适用刑罚的前提。没有刑事责任,绝不可能适用刑罚;只有存在刑事责任,才能适用刑罚。(2)刑事责任的大小决定刑罚的轻重。刑事责任大,刑罚就重;刑事责任小,刑罚则轻,刑罚的轻重根据刑事责任的大小来确定。(3)刑事责任主要通过刑罚来实现。非刑罚处理方法等虽然也是刑事责任的实现方式,但却是次要的方式,实践中适用较少;而刑罚则是实现刑事责任的主要形式,实践中大量适用。二者的区别主要有:(1)刑事责任是一种法律责任,而刑罚则是一种强制方法。(2)刑事责任是以犯罪分子承受刑法规定的惩罚或者单纯否定性法律评价为内容,而刑罚则是以剥夺犯罪分子的利益为内容。(3)刑事责任伴随犯罪分子实施犯罪行为而产生,而刑罚则伴随法院有罪判决的生效而出现。

(二)刑事责任的功能

刑事责任的功能可以从刑事立法和刑事司法两个方面加以考察:

1. 刑事责任在确定犯罪和刑罚上起着指导作用。犯罪是危害社会的行为,但不是任何危害社会的行为都被规定为犯罪;而只有那些严重危害社会、需要追究刑事责任的行为,才有必要在刑事立法上规定为犯罪。如果行为不是严重危害社会、不需要追究刑事责任,也就不会规定为犯罪。同时,对犯罪行为规定何种刑罚,也应当以刑事责任为指导。犯罪行为的社会危害较重,其刑事责任相应也重,因而配置的刑罚相应也重;犯罪行为的社会危害较轻,其刑事责任相应也轻,因而配置的刑罚相应也轻。

2. 刑事责任决定是否适用刑罚及其轻重。一方面,刑事责任是决定适用刑罚的前提。没有刑事责任,就不可能适用刑罚。是否适用刑罚,关键看有无刑事责任的存在。一个人犯了罪,首先要判定其有无刑事责任。在确定其应负的刑事责任后,再给予其相应的刑罚处罚。另一方面,刑事责任的大小是判处刑罚轻重的标准。刑事责任大的,判处的刑罚就重;刑事责任小的,判处的刑罚就轻。在对犯罪分子判处刑罚时,除了考虑犯罪行为的社会危害性是否严重外,还应当考虑影响刑事责任轻重的情节。

第二节　刑事责任的根据

一、刑事责任根据的概念

刑事责任的根据,是指国家基于何种前提、基础或因素追究犯罪分子的刑事责任,以及犯罪分子基于何种前提、基础或者决定因素承担刑事责任。国家是刑事责任的追究者,犯罪分子是刑事责任的承担者,二者从不同的侧面反映刑事责任的根据。

关于刑事责任的根据,刑法理论界主要存在以下观点:(1)犯罪构成唯一根据说,即认为行为符合犯罪构成是适用刑罚的根据,并且是刑事责任的唯一根据。(2)罪过说,即认为罪过是行为人在实施危害行为过程中存在的一种心理态度,如果把在刑法中具有违法性的危害行为视为刑事责任的基础,那么将刑事责任的根据说成是罪过,就有充分的理由。(3)犯罪行为说,即认为刑事责任的根据不是犯罪,而是犯罪行为本身。(4)社会危害说,即认为社会危害性是犯罪的本质属性,决定刑事责任的产生,因而也是刑事责任的事实根据。(5)哲学和法学根据说,即认为刑事责任的根据是多层次的,可以从哲学和法学这两种不同的学科来探讨。刑事责任的哲学根据,是犯罪分子基于自己的主观能动性实施了犯罪行为。刑事责任的法学根据是多方面的:实质根据是犯罪的社会危害性,法律根据是刑法规定的犯罪构成,事实根据是符合犯罪构成的行为。[1] 本书基本赞同哲学和法学根据说。

二、刑事责任的哲学根据

从哲学上考察刑事责任的根据,不能不涉及人的意志自由的问题。正如恩格斯所指出:“如果不谈谈所谓自由意志、人的责任、必然和自由的关系等问题,就不能很好地讨论道德和法的问题。”[2] 辩证唯物主义认为,物质决定意识,也决定人的行为,包括犯罪行为。物质条件制约着人的行为,但人在选择实施何种行为时,却具有相对的意志自由。这种相对的意志自由,使国家能够要求人们按照一定的社会标准选择、决定自己的行为,并且依据人们所选择、决定的行为是否符合社会标准而给予肯定或者否定的评价。国家立法机关将应当追究刑事责任的危害社会的行为规定为犯罪,就意味着社会成员不得选择实施这样的行为。行为人本应选择有利于国家、社会和人民利益的行为,却选择了危害国家、社会和人民利益的犯罪行为,或者本来能够避免给国家和人民带来严重损害却没有避免,从而导致自己被国家认定为犯罪分子而受到否定的评价和谴责。相反,如果行为人是在无法选择的情况下实施了刑法所禁止的行为,以致对国家和人民利益造成危害的,则不能追究其刑事责任。因此,追究犯罪人刑事责任的哲学根据,就在于犯罪分子实施犯罪行为时所具有的相对的意志自由。

三、刑事责任的法学根据

从刑法学的角度来看,刑事责任不仅是有无问题,而且还有大小问题。刑法规定的犯罪构成是决定刑事责任存在与否的唯一法律根据,也是决定刑事责任程度的主要法律根据。

刑事责任是质与量的统一。确定刑事责任程度,首先要解决其质的问题,即刑事责任是否存在;其次要解决其量的问题,即刑事责任程度的大小。犯罪构成是犯罪概念的具体化,是犯罪基本属性的法律表现。立法者通过设置一个个具体的犯罪构成,使具有严重社会危害性的犯罪行为具体化、特定化,犯罪概念的三个基本属性由此在犯罪构成中获得充分体现。但刑法规定的犯罪构成只是解决了刑事责任存在与否的问题,并不能全盘解决刑事责任的程度问题。这是因为,决定刑事责任程度的法律根据除了犯罪构成,还包括犯罪构成以外的反映犯罪行为社会危害性程度

---

[1] 高铭暄、马克昌主编:《刑法学》,北京大学出版社、高等教育出版社 2017 年版,第 207~208 页。

[2] 《马克思恩格斯选集》(第 3 卷),人民出版社 1995 年版,第 454 页。

和人身危险性程度的法律规定。当然,决定刑事责任程度的主要法律根据是刑法规定的犯罪构成。从司法认定的角度来看,符合犯罪构成的事实是决定被告人是否承担刑事责任的唯一事实根据,同时又是决定其刑事责任大小的主要事实根据。

示例 11-1　苏某故意伤害案

一审法院认为:被告人苏某持栗柴棒故意伤害他人身体并致人死亡,其行为构成故意伤害罪。苏某犯罪后果严重,依法应对其从重惩处,但考虑本案系因相邻纠纷引发、苏某归案后能如实供述犯罪事实、其亲属积极向被害人亲属进行赔偿以及被害人亲属对苏某的行为给予谅解以及苏某无犯罪前科等量刑情节,可对苏某从轻或减轻处罚。[3]

第三节　刑事责任的发展阶段和解决方式

一、刑事责任的发展阶段

刑事责任从应然状态发展到实然状态,并非一蹴而就的,而要经历一个从产生、确认到实现的过程。相应地,这一过程包括三个阶段,即产生阶段、确认阶段和实现阶段。

1. 刑事责任的产生阶段。刑事责任的产生阶段始于行为成立犯罪时起,终于司法机关立案之时。如果在法定的追诉期限内没有追诉,刑事责任就可能消灭,从而也就不存在刑事责任的下一阶段。在司法机关立案之前,行为人可能出现自首或立功等情况,会影响刑事责任的程度,但这仍然属于刑事责任的产生阶段。

2. 刑事责任的确认阶段。刑事责任的确认阶段从司法机关立案时起到人民法院有罪判决生效时止。这一阶段的任务是,确认行为人是否实施了犯罪行为,应否承担刑事责任,承担何种刑事责任以及如何实现刑事责任。在这一阶段,涉及刑事诉讼强制措施的适用问题。强制措施是为了保障刑事诉讼活动的正常进行而在确定行为人应负刑事责任前采取的措施。因此,适用强制措施并不能等同于被追究刑事责任。

3. 刑事责任的实现阶段。刑事责任的实现阶段从法院作出有罪判决生效时起,到判决所确定的刑事处罚措施执行完毕或者赦免时止。刑事责任的实现阶段是刑事责任的最后阶段,也是刑事责任的核心。刑事责任的产生和确认都是为了使刑事

---

[3]　云南省楚雄彝族自治州中级人民法院(2018)云 23 刑初 10 号刑事判决书。

责任最终得以实现,所以这一阶段具有特别重要的意义。在这一阶段,可能再现刑事责任变更的情况。所谓刑事责任的变更,是指在刑事责任的实现过程中,因出现法定事由,使原已确定的刑事责任在不改变性质的前提下发生变化。刑事责任的变更实质上是刑事责任程度的变更。具体表现为:死缓期满的减刑;管制、拘役、有期徒刑、无期徒刑的减刑;特赦;由于遭遇不能抗拒的灾祸缴纳确实有困难时罚金的减免。

二、刑事责任的解决方式

刑事责任的解决,根据不同的情况可以采取不同的方式。刑事责任的解决方式,受制于刑事法律的明文规定,司法机关在追究犯罪分子的刑事责任时,应当根据法律的规定确定解决方式,而不得随意创设。

1. 定罪判刑方式,即对犯罪分子在作出定罪判决的同时宣告适用相应的刑罚。定罪,是指认定被告人的行为是否构成犯罪以及构成何种犯罪的活动。认定构成何种性质的犯罪,必须以犯罪事实为根据,以刑事法律为准绳。适用刑罚,必须贯彻罪刑相适应原则。在决定刑罚时,应当根据犯罪的事实、犯罪的性质、情节和对社会的危害程度,依照刑法的规定判处,做到宽严无误、不枉不纵,使犯罪分子承担相应的刑事责任。定罪判刑方式是解决刑事责任最常见、最基本的一种方式。

示例 11-2 朱某故意伤害案

二审法院认为:朱某持刀刺入被害人齐某胸部致被害人死亡,其行为已构成故意伤害罪,应依法惩处。朱某有自首情节。本案系因婚姻家庭矛盾激化引发,朱某持刀致死被害人,属防卫过当,应依法减轻处罚。[4]

根据《刑法修正案(九)》第1条的规定,定罪判刑还有一种特殊的方式,即定罪判刑的同时,禁止从事相关职业。根据刑法第37条之一的规定,因利用职业便利实施犯罪,或者实施违背职业要求的特定义务的犯罪被判处刑罚的,人民法院可以根据犯罪情况和预防再犯罪的需要,禁止其自刑罚执行完毕之日或者假释之日起从事相关职业,期限为3~5年。被禁止从事相关职业的人违反人民法院依照前款规定作出的决定的,由公安机关依法给予处罚;情节严重的,依照本法第313条拒不执行判决、裁定罪定罪处罚。但是,其他法律、行政法规对犯罪分子从事相关职业另有禁止或者限制性规定的,从其规定。

---

[4] 河南省高级人民法院(2017)冀刑终135号刑事判决书。

2. 定罪免刑方式,即对犯罪分子作出定罪判决的同时宣告免除刑罚的适用。根据刑法规定,这种方式包括两种情况:(1)作出定罪判决、免除刑罚处罚,但给予非刑罚处理。如刑法第37条规定:“对于犯罪情节轻微不需要判处刑罚的,可以免予刑事处罚,但是可以根据案件的不同情况,予以训诫或者责令具结悔过、赔礼道歉、赔偿损失,或者由主管部门予以行政处罚或者行政处分。”(2)作出定罪判决、免除刑罚处罚,且不给予任何处分。如刑法第67条规定:“……对于自首的犯罪分子,可以从轻或者减轻处罚。其中,犯罪较轻的,可以免除处罚。”

示例11-3 王某挪用公款案

二审法院认为:王某作为国家工作人员,利用职务便利,挪用公款归个人使用,进行营利活动,数额较大,其行为已构成挪用公款罪。王某自愿认罪,涉案赃款已全部退还,依法可酌情从轻处罚。王某因其他问题接受调查时,主动供述其挪用公款的犯罪事实,系自首;其挪用公款犯罪是将保存的单位资金短时间放入余额宝中,及时赎回,未影响资金的正常使用,犯罪较轻,再考虑上诉人身体状况,依法可对其免除处罚。〔5〕

这些规定都是通过定罪免刑方式解决刑事责任的法律根据。无论是给予非刑罚处理还是免除刑罚,都没有否定行为人的刑事责任的存在。它们都是以有罪宣告为前提。而宣告有罪,就意味着存在刑事责任;宣告有罪的判决,是对犯罪行为的否定和对犯罪分子的谴责,从而定罪免刑也就成为解决刑事责任的一种方式。定罪免刑方式是解决刑事责任的次要方式。

3. 消灭处理方式,即行为人的行为已经构成犯罪,应当负刑事责任,但由于法律规定的阻却责任事由的存在,使刑事责任归于消灭。这时,国家不再追究行为人的刑事责任,行为人也不再负刑事责任。例如,犯罪已过追诉时效期限,犯罪分子已经死亡或者经特赦予以释放,基于上述事实,行为人的刑事责任均归于消灭。这就使客观上存在的刑事责任得以终结。消灭处理方式是解决刑事责任的一种补充方式。

示例11-4 苏某等滥用职权案

二审法院认为:苏某、杨某滥用职权情节特别严重,法定最高刑为7年以下有期徒刑,依据刑法第87条第2项规定,追诉期限是10年,其二人滥用职权最后的行为发生于2002年6月,侦查机关的立案时间为2015年5月6日,应依据最高人民法院《关于适用

〔5〕 山东省济宁市中级人民法院(2017)鲁08刑终229号刑事判决书。

〈中华人民共和国刑事诉讼法〉的解释》第241条第1款第8项规定裁定终止审理。〔6〕

4.转移处理方式,即行为人的刑事责任不是由我国司法机关解决,而是通过外交途径解决。刑法第11条规定:"享有外交特权和豁免权的外国人的刑事责任,通过外交途径解决。"这是以转移处理的方式解决刑事责任的法律依据,其法源是国际惯例和国家之间的平等原则。转移处理方式是解决刑事责任的一种特殊方式。

〔6〕 甘肃省平凉市中级人民法院(2017)甘08刑终81号刑事判决书。

第十二章 刑罚概说

第一节 刑罚的概念

一、刑罚的概念和特征

刑罚，是指国家立法机关在法律中规定的，审判机关依法适用并由执行机关执行的，限制或者剥夺犯罪分子某种合法权益的最严厉的强制措施。根据这一定义，刑罚具有以下方面的特征：

1. 内容的痛苦性，即刑罚的内容为对犯罪分子某种合法权益的限制或者剥夺，以使其承受一定的痛苦。刑罚作为国家对犯罪行为的否定评价和对犯罪分子谴责的一种最严厉的形式，必然会给犯罪分子带来生理和精神方面的痛苦。相对于其他法律制裁措施而言，这种痛苦无疑是最强烈的。它不仅可以剥夺犯罪分子的政治权利、财产权利，而且可以剥夺犯罪分子的人身自由，乃至生命。这是刑罚的惩罚性质，是刑罚的本质属性，也是刑罚区别于其他强制措施的重要之处。应当注意的是，刑罚的轻缓化是一个发展趋势。将刑罚当作折磨人、摧残人的报复手段固然是错误的，但是超越社会、政治、经济的发展手段和社会的一般价值观念，将刑罚视为仁慈的东西，似乎不应有任何剥夺性的痛苦，甚至将服刑人员的生活待遇提高到超过公民的一般生活水平乃至令人向往的程度，也是背离刑罚的本质属性的。

2. 对象的特定性，即刑罚的对象只能是犯罪分子。刑罚是对犯罪分子的犯罪行为所作的否定评价，是对犯罪分子的道义谴责。与之相适应，刑罚处罚的对象只能是实施了犯罪行为的犯罪分子，包括自然人和单位。因此，犯罪分子既是犯罪行为的实施者，也是犯罪行为当然后果的承担者。刑罚既不能适用于动物和植物，也不能适用于与犯罪行为无关的无辜者。

3. 种类的法定性，即刑罚的种类及其标准必须由立法机关予以明确规定。刑罚是保护国家利益、社会利益和个人利益的重要手段，是最强有力的制裁方法。鉴于其手段的重要性和法律后果的严重性，刑罚的种类必须严格限定，刑罚的适用标准也应当事先昭示于众。因此，刑罚必须由立法机关以刑事法律的形式作出明文规定，刑事法律没有明文规定的制裁方法，无论是否谓之刑罚，均不能适用于犯罪分子。

4. 主体的专门性，即刑罚的制定主体、适用主体和执行主体只能是专门的国家机关。一般而言，刑罚的制定权由最高权力机关行使，刑罚的适用权由审判机关行使，刑罚的执行权由监狱、审判机关等行使，其他任何机关和公民个人均不得行使刑罚权。

综上所述，刑罚在严厉程度、适用对象、适用根据和适用主体等方面，与其他法律制裁方式存在根本区别。

二、刑罚和刑罚权的关系

刑罚权，是基于犯罪行为对犯罪分子实行惩罚的国家权能，是国家主权的组成部分，其内容为国家对犯罪分子实行制裁。刑罚权分为一般刑罚权与个别刑罚权。前者是指国家对任何犯罪分子所具有的一般的、抽象意义上的刑罚权，后者是指国家对特定的犯罪分子所具有的个别的、具体意义上的刑罚权。与刑罚权相对应的是犯罪分子承受刑罚的义务，国家刑罚权与犯罪分子的刑罚承受义务之间的关系，就是刑事法律关系。

刑罚权的内容包括制刑权、求刑权、量刑权和行刑权。制刑权，是指国家立法机关在刑事立法活动中创设刑罚的权力，具体包括确定刑种、建立刑罚体系、规定刑罚裁量的原则、刑罚执行的方法和制度，以及具体犯罪的法定刑等。求刑权，是指对犯罪行为提起刑事诉讼的权力。这种权力原则上由检察机关行使，但在特殊情况下，国家也将部分轻微犯罪的求刑权赋予被害人，允许其提起自诉。量刑权，是审判机关对犯罪分子决定科处刑罚的权力。这种权力只能由法院在认定被告人构成犯罪的基础上行使，具体包括决定是否判处刑罚、判处何种刑罚，以及是否适用缓刑等。行刑权，是特定机关将法院对犯罪分子所判处的刑罚付诸现实执行的权力，具体包括监狱、公安机关、人民法院等有关机关执行相应刑罚的情形。

三、刑罚的正当化根据

国家有何权利对公民适用刑罚，其正当化的根据何在？对此，刑法理论上存在绝对主义、相对主义和并合主义之争。

绝对主义，又称报应刑论，主张将刑罚理解为对犯罪的报应，即刑罚是针对恶行的恶报，恶报的内容必须是恶害，恶报必须与恶行相均衡。恶有恶报、善有善报是古老的正义观念，基于报应的原理对恶害的犯罪以痛苦的刑罚进行报应，就体现了正义，此即刑罚的正当化根据。“因为有犯罪而科处刑罚”，是绝对主义刑罚理念的经典表述。

相对主义,又称目的刑论,认为刑罚本身并没有什么意义,只有在为了实现一定目的即预防犯罪的意义上才具有价值。因此,在预防犯罪所必要而且有效的限度内,刑罚才是正当的。刑罚目的在于,通过惩罚、威慑犯罪分子,或者通过教育、改善犯罪分子,使其改恶从善,不再犯罪,回归社会。根据目的刑论的观点,刑罚的正当化根据在于刑罚目的的正当性和有效性。“为了没有犯罪而科处刑罚”,是相对主义刑罚理念的经典表述。

并合主义,又称相对报应刑论,认为刑罚的正当化根据一方面是为了满足恶有恶报、善有善报的正义要求,另一方面也是为了预防犯罪的需要,故应当在报应刑的范围内实现一般预防和特殊预防的目的。“因为有犯罪并为了没有犯罪而科处刑罚”,是并合主义刑罚理念的经典表述。

我国刑法采取了并合主义的立场,原则上是合理的。绝对主义和相对主义各有利弊,并合主义则可以实现二者的优势互补、弊害互克。一方面,绝对主义为刑罚设定了上限,可以防止刑罚超出报应的范围,造成刑罚过重;另一方面,相对主义为免除刑罚找到了根据,可以避免为惩罚而惩罚的现象出现,造成刑罚无效益。同时,从刑罚制度来看,缓刑、减刑、假释制度都是相对主义的产物,而对这些制度适用条件的限定,在很大程度上又取决于绝对主义的观念。由此可见,绝对主义的缺陷正好需要相对主义的优点来克服,相对主义的缺陷恰好需要绝对主义的优点来弥补。

第二节 刑罚的目的

一、刑罚目的的概念

刑罚目的,是指国家制定、适用和执行刑罚的目的,即国家将刑罚作为一种应对犯罪现象的强制措施及其具体适用和执行所预期实现的效果。这种效果有赖于国家的立法、审判和执行三个环节的协同一致,才能充分实现。

二、刑罚目的的确定

关于刑罚的目的,理论界意见不一,归纳起来主要有以下7种观点:(1)惩罚说,即认为刑罚目的在于限制和剥夺犯罪分子的自由和权利,使他们感受到压力和痛苦,以制止犯罪发生。(2)改造说,即认为刑罚目的是通过惩罚手段,达到改造罪犯,使其重新做人的目的。(3)预防说,即认为刑罚目的是预防犯罪,包括特殊预防和一般预防。(4)双重目的说,即认为刑罚目的是惩罚犯罪分子和教育改造犯罪分子。(5)三目的说,即认为刑罚目的是惩罚和改造犯罪分子,预防他们重新犯罪,教育和警戒社会上的不稳定分子。(6)预防和消灭犯罪说,即认为刑罚目的是预防犯罪以致最终消灭犯罪。(7)根本目的和直接目的说,即认为刑罚的根本目的是预防犯罪、保卫社会,直接目的是惩罚犯罪以伸张正义,威慑犯罪分子和社会上不稳定分子,改造犯罪分子。[1]

本书认为,预防说是正确的。首先,惩罚是刑罚的固有属性,而不应作为刑罚目的;教育改造犯罪分子、威慑犯罪分子或社会上的不稳定分子,是刑罚的功能,而不是刑罚的目的。不能将惩罚、教育改造、威慑等刑罚的属性、功能作为刑罚的目的。惩罚说、改造说、双重目的说和三目的说均混淆了刑罚目的、刑罚属性和刑罚功能的关系。其次,不应将刑法目的和刑罚目的混为一谈。根本目的和直接目的说将刑罚的目的分为根本目的和直接目的,并认为刑罚的根本目的是保护各种法益,但实际上这一目的是整个刑法的目的,刑法所规定的任何制度和措施都是为了实现这一目的,因而没有必要再在刑罚目的的范畴内讨论。

示例 12-1　罗某走私、贩卖、运输、制造毒品案

二审法院认为:审判实践中对有前科劣迹人员酌情从重处罚,是由于这类人员的犯罪主观恶性深,比较难以改造,只有对其科以较重的刑罚才有利于特殊预防刑罚目的的实现,虽然刑法总则没有明确规定对有前科劣迹的人从重处罚,但刑法规定的特殊累犯和毒品再犯已经体现了对有犯罪前科的人应当从重处罚的精神。最高人民法院《关于贯彻宽严相济刑事政策的若干意见》更是明确规定:因故意犯罪受过刑事处罚,在缓刑、假释考验期限内又犯罪的被告人,要依法严惩,以实现刑罚特殊预防的功能。《量刑指导意见》同样有对有前科劣迹的被告人要综合考虑性质、时间间隔长短、次数、处罚轻重等情况,可以增加基准刑10%以下等具体规定。综合上述,原判对罗某的劣迹前科酌情从重处罚,不但符合法律精神,且有最高审判机关的相关解释和规定为依据。[2]

三、刑罚目的的内容

刑罚的目的是预防犯罪,包括特殊预防和一般预防。

(一)特殊预防

特殊预防,是指通过对犯罪分子适用刑罚,惩罚、改造犯罪分子,预防其重新犯罪。对犯罪分子适用刑罚,除对极少数罪行极其严重的犯罪分子适用死刑外,主要是通过剥夺、惩罚和教育、改造的方法,限制或者剥夺犯罪分子的再犯罪能力,使其认罪伏法,悔过自新,回归社会。

---

〔1〕 高铭暄主编:《新中国刑法学研究综述》,河南人民出版社1986年版,第408~410页。

〔2〕 广西壮族自治区玉林市中级人民法院(2018)桂09刑终256号刑事裁定书。

特殊预防主要具有以下两个方面的作用:(1)剥夺和惩罚是预防犯罪分子再次犯罪的前提。行为人实施犯罪是为了追求某种非法利益或者满足某种非法需要,而特殊预防则意味着犯罪分子在法律面前必将付出代价,使本来享有的权益受到一定的限制或者剥夺。一般而言,犯罪代价越小,获利越多,犯罪欲望就越强;犯罪代价越大,获利越少,犯罪欲望就越弱。而当犯罪的代价大于获利时,犯罪欲望就可能被抑制。因此,为了遏制犯罪,刑法对犯罪行为的否定评价、道义谴责、社会非难和权益剥夺程度,就应当相当于或者稍大于犯罪之所得,使惩罚成为真正的犯罪后果,让犯罪分子在生理和精神方面产生强烈的痛苦体验和畏惧心理,充分认识到犯罪不仅得不到任何好处,反而会招致剥夺和惩罚,带来痛苦和耻辱,从而抑制或消除再次犯罪的欲望,使其痛改前非。(2)教育和改造是预防犯罪分子重新犯罪的根本措施。对犯罪分子适用刑罚时,如果只有惩罚威慑而没有教育改造,则只能使犯罪分子在权衡利害关系之后,消极、被动、暂时地抑制或者放弃犯罪欲望,而不能彻底消除其犯罪心理,甚至可能使罪犯产生消极抵触情绪和对抗行为。因此,应当在惩罚、威慑犯罪分子,造成其痛苦体验和畏惧心理的同时,采取必要的矫正措施对其进行耐心的思想教育,使其从被迫改造转向自觉改造。

特殊预防主要通过以下四个途径实现:(1)对罪行极其严重的犯罪分子适用死刑,永远剥夺其重新犯罪的能力。这是一种最简单、最有效的特殊预防方式。但是,在用这种方式实现特殊预防目的的同时也存在较大的负面效应,应当尽量限制使用。(2)对绝大多数犯罪分子适用不同期限的自由刑,使其在一定时期内与社会隔离,接受教育改造,重新做人,不致再危害社会。这是特殊预防的最主要的方式。(3)对经济犯罪、财产犯罪和其他贪利犯罪的犯罪分子适用财产刑,剥夺其重新犯罪的资本和物质条件,使其得不偿失,从而不能、不敢、不愿再次犯罪。对于罪行较轻、主观恶性较小、人身危险性较小的犯罪分子,这种方式可以避免短期自由刑的弊端,更有利于实现特殊预防。(4)对于某些犯罪分子适用资格刑,剥夺其一定的权利或者资格,从而防止其利用这些权利和资格再次犯罪。这也是特殊预防的一种重要方式。

(二)一般预防

一般预防,是指通过对犯罪分子适用刑罚,威慑、警戒潜在的犯罪分子,防止其走上犯罪道路。

一般预防的对象不是犯罪分子,而是犯罪分子以外的其他社会成员。具体包括以下四类人员:(1)危险分子,即具有犯罪危险的人。主要包括尚未得到有效改造的刑满释放人员、多次实施违法行为的人、多次受到行政处罚的人。这些人无疑是一般预防的重点。(2)不稳定分子,即容易犯罪的人。主要包括法制观念淡薄、自制能力不强、没有固定职业、容易受到犯罪诱惑或者容易被犯罪分子教唆、拉拢的人。不稳定分子也是一般预防的重点。(3)犯罪被害人,即直接或者间接受到犯罪行为侵害的人。这些人虽然是犯罪的受害者,但往往因为具有报复性倾向,也容易通过犯罪手段达到报复目的。而通过对犯罪分子适用刑罚,有利于消除被害人的报复心理,增强他们的规范意识。(4)其他社会成员,即社会上的广大公民。刑罚对这些人的一般预防主要不是威慑预防,而是规范预防,即通过依法对犯罪分子适用刑罚,证明刑法规范的实在性,增强国民的规范意识,从而预防犯罪。

一般预防主要通过以下两个途径实现:(1)通过对犯罪分子适用刑罚,向社会成员宣告:任何人犯罪都将受到刑罚处罚,都将受到剥夺性痛苦。从而对社会成员起到警戒和抑制作用,使社会成员增强规范意识,不敢、不愿实施犯罪。(2)通过对犯罪分子适用刑罚,向社会成员宣告:任何犯罪都是刑法禁止的侵犯法益的行为。为了保护法益,就必须同犯罪作斗争,从而号召社会成员抵制和防止犯罪的发生。因此,一般预防的实现,有赖于刑罚的公正性、公开性和及时性。

(三)特殊预防和一般预防的关系

特殊预防和一般预防联系密切,不可分割。任何犯罪行为都侵犯了法益,都预示着犯罪分子有再次犯罪的现实可能性,同时还表明我国存在各种诱发犯罪的原因以及可能实施犯罪行为的人。制定、适用和执行刑罚,防止犯罪分子再次犯罪,是保护法益最现实、最紧迫的任务;通过制定、适用和执行刑罚,警告、教育社会上其他人不犯罪和抵制他人犯罪,则是防患于未然,保证社会长治久安的根本要求。因此,特殊预防和一般预防并重的必要性是不言而喻的。从事实上看,制定、适用和执行刑罚,都具有对犯罪分子的特殊预防和对社会上其他人的一般预防两个方面的作用。特殊预防的实现,有利于一般预防的实现;同样,一般预防的实现,也有利于特殊预防的实现。

当然,特殊预防和一般预防的统一,也不排除在某些情形下对某一方面有所侧重。一般而言,在刑事立法阶段,应当侧重于一般预防;在刑罚裁量阶段,应当坚持一般预防和特殊预防并重;在刑罚执行阶段,应当侧重于特殊预防。当然,以上只是一个基本的原则要求,在实际立法和司法实践中,如何平衡、把握好一般预防和特殊预防的关系,是一个需要进一步研究的问题。例如,就刑罚裁量而言,法院在对犯罪分子适用刑罚时,虽然应当坚持一般预防和特殊预防并重,但并不意味着要求对刑罚的特殊预防和一般预防两个方面不分主次、等量齐观。一般而言,法院对犯罪分子适用刑罚,应当在罪责刑相适应原则的制约下,首先主要考虑特殊预防的需要,然后再考虑一般预防的需要。绝不能为了一时的威慑效果而任意判处重刑,甚至背离罪责刑相适应原则而实行严刑峻罚。

示例 12-2 王某寻衅滋事案

二审法院认为：在量刑时还要考虑，本案是由民间纠纷引起的轻罪案件，社会危害性较小，在王某认罪悔罪，积极赔偿被害人损失，取得被害人谅解，三被害人均请求法院对王某减轻处罚或免予刑事处罚的情况下，根据罪责刑相适应原则和宽严相济的刑事政策，在法定刑幅度内从轻处罚，不仅有利于更好的实现刑罚目的，预防犯罪，而且对于修复本案犯罪人和被害人之间的关系，实现社会的和谐稳定将会起到很好的促进作用，从而达到法律效果和社会效果的统一。〔3〕

第三节 刑罚的功能

一、刑罚功能的概念

刑罚功能，是指国家制定、适用和执行刑罚所直接产生的社会效应。刑罚的目的是预防犯罪，但是并非刑罚一经制定、适用或者执行，就自然而然地实现预防犯罪的目的。刑罚从制定、适用、执行到实现预防犯罪的目的，中间还必须借助刑罚功能的发挥这一重要环节。因此，刑罚的功能是实现刑罚目的的中介因素。

刑罚功能作为一种客观的社会效应，具有两面性，既可能有利于刑罚目的的实现，也可能不利于刑罚目的的实现。也就是说，相对于刑罚目的而言，刑罚功能既有积极的成分，也有消极的成分。因此，国家的立法机关和司法机关，应当按照既定的刑罚目的的需要，有选择地充分发挥有利于实现刑罚目的的积极功能，尽力抑制、防止不利于刑罚目的的消极功能。例如，报复是刑罚所固有的一种功能，基于历史上"以眼还眼、以牙还牙"的残余思想的影响，这种功能曾得到公认而广为发挥。但是，随着预防犯罪的刑罚目的论的发展，相对于这种刑罚目的而言，报复已是一种消极的功能，应当受到一定的抑制，而不能听任其自由泛滥。因此，既不能忽视刑罚功能的重要性，认为其完全受制于刑罚目的，也不能过于夸大刑罚功能的作用，甚至认为刑罚目的只能消极地顺应刑罚功能，而应充分发挥刑罚功能的积极因素，抑制其消极因素，为刑罚的制定、适用、执行和实现其预期的结果之间铺设桥梁，进而实现刑罚预防犯罪的目的。

二、刑罚功能的内容

刑罚的目的是预防犯罪。因预防对象的犯罪事实和法律地位不同，国家期望刑

---

〔3〕 河南省驻马店市中级人民法院(2018)豫 17 刑终 401 号刑事判决书。

罚对预防犯罪所发生的影响也相应不同。对于特殊预防而言,刑罚对犯罪分子的影响是人身强制和心理强制并重;对于一般预防而言,刑罚对社会公民的影响仅限于心理效应。基于此,赖以实现特殊预防和一般预防的刑罚功能,也应当有所区别。

(一)赖以实现特殊预防的刑罚功能

1. 剥夺再犯功能,即通过对犯罪分子适用刑罚,从外部来限制、消除其再次犯罪的条件,使其永远不能再犯或者在一定时期内不能再犯。剥夺功能是刑罚最基本、最重要的功能。具体表现在立法和司法方面,是针对各种犯罪的罪行轻重和犯罪分子的再犯罪可能性大小,分别适用最有效的刑罚。剥夺功能一般表现为对犯罪分子可能再犯罪的条件予以限制,如对人身自由的限制、对物质条件的限制以及对政治权利的限制等;对个别罪行特别严重、再犯可能性极大的犯罪分子,还可能永远、彻底地消除其再犯罪的条件,即依法适用死刑,剥夺生命。

示例 12-3 王某贩卖毒品案

一审法院认为:公安机关查获王某占有的大额财产,不排除系其为毒品交易准备的毒资或通过贩卖毒品等非法手段所获利益,依法应在并处财产刑后予以没收,以剥夺其重新犯罪的能力和条件,彰显刑罚功能。[4]

2. 个别威慑功能,即通过对犯罪分子适用刑罚,威吓、遏制犯罪分子再犯罪。具体包括两种,即行刑前的威慑功能和行刑后的威慑功能。前者是指犯罪分子在受到惩罚之前,基于对刑罚的畏惧而放弃犯罪或者争取宽大处理;后者是指犯罪分子在受到惩罚之后,通过亲身体验受刑的痛苦,感受到犯罪的代价,从而畏罪悔罪,不再以身试法。个别威慑功能,是以罪责刑相适应原则为指导的。因此,超越个别威慑需要的酷刑和重刑,是不应追求的;反之,无原则的轻刑和缓刑,也将妨碍个别威慑功能的发挥,不利于特殊预防的实现,也是不可取的。

示例 12-4 张某买卖身份证件案

一审法院认为:对于再犯,刑法提倡适用刑罚的威慑功能,使犯罪人承受一定的痛苦,使其认识到犯罪后刑事责任的不可避免性和罪有应得,从而不敢屡次犯罪,重受痛苦处遇。结合本案,被告人张某于 2009 年 7 月 29 日被辽宁省沈阳经济技术开发区人民法院以盗窃罪判处刑罚后 2017 年 4 月又实施买卖身份证件犯罪行为,被告人张某被判处刑罚后经过七年多的时间未形成规范意识,反而又犯罪。这表明对被告人张某实施较长的

[4] 湖北省汉江市中级人民法院(2014)鄂汉江中刑初字第 6 号刑事判决书。

规范意识的训练不足以实现刑罚特殊预防目的,故对被告人张某不宜适用管制刑。[5]

3. 教育改造功能,即通过对犯罪分子适用刑罚,使其从中受到教育,消除犯罪的思想根源,重塑良好的规范意识,将其改造成遵纪守法、自食其力的公民。教育改造功能是近代刑法思想的产物,源于西方刑法和监狱法中的矫正理论。这一思想的实质是强调刑罚的改造功能,将适用和执行刑罚的过程视作重塑新人、使犯罪分子健康地复归社会的过程。我国在刑罚的具体适用过程中都贯穿着教育改造的内容,在惩罚的前提下进行生产劳动、政治思想和文化技术的学习,并且通过一系列的政策、制度感化犯罪分子,矫正其犯罪心理和反社会人格,使其成为适应社会发展的合格公民。

示例 12-5　施某危险驾驶案

二审法院认为:刑罚功能不仅具有威慑功能,还具有安抚补偿和教育感化等功能。就本案而言,施某在犯罪后,如实供述自己的罪行,并积极赔偿车主、乘客、驾驶员经济损失十余万元,属悔罪表现好,经枣阳市司法局调查评估,施某于本案前未发现有其他违法犯罪记录,当地村委会同意对其监管,施某的妻子保证配合司法行政机关对其进行监管教育,建议对施某适用社区矫正刑罚。因施某对他人受损的权益已及时给予安抚和补偿,不仅化解了社会矛盾,而且该赔偿数额对施某而言亦属较重的经济惩治,在此情形下,一审法院给施某以悔过自新的机会,对其适用缓刑,正是宽严相济刑事政策在刑罚运用中的体现。[6]

(二)赖以实现一般预防的刑罚功能

1. 一般威慑功能,即通过制定、适用和执行刑罚,对社会上潜在的犯罪分子所具有的震慑效应。具体可以分为立法威慑功能和司法威慑功能。所谓立法威慑功能,是指国家立法机关通过制定和颁布刑事法律,声明罪刑关系的实在性,为社会开出罪刑"价目表",使潜在的犯罪分子望而却步,不敢犯罪。所谓司法威慑功能,是指国家司法机关通过适用和执行刑罚,使意图实施犯罪的人从目击他人的受刑之苦而得到警戒和感悟,从而自觉地放弃犯罪意念,避免走上犯罪道路。

2. 安抚补偿功能,即慰藉、弥补被害人及其亲属因犯罪侵害而受到的物质损失和精神创伤,平息其愤恨情绪,修复被犯罪行为所破坏的社会关系。正常发挥这一功能,可以防止被害人及其亲属对犯罪分子进行私力报复,以致矛盾激化,酿成新的

[5] 内蒙古自治区科尔沁左翼后旗人民法院(2018)内0522刑初45号刑事判决书。
[6] 湖北省襄阳市中级人民法院(2017)鄂06刑终191号刑事判决书。

犯罪。因此,安抚补偿功能,对于伸张社会正义、培养公民的法律信念和法律情感具有重要的意义。应当注意的是,安抚补偿功能的发挥,是以坚持罪责刑相适应原则为前提的。实践中要注意,在具体适用刑罚时,不能片面追求案结事了、一味地满足被害人及其家属的不合理要求而置罪责刑相适应原则于不顾。

3. 法制教育功能,即通过刑罚的制定、适用和执行,向社会宣传法制教育,增强公民的规范意识,从而自觉地抑制犯罪行为。一方面,国家的立法机关和司法机关制定、适用和执行刑罚的过程,本身就具有法律解释的意义,是法律教育功能的一种体现。另一方面,通过刑罚的制定、适用和执行,可以使公民亲身目睹法的实效性,唤醒和强化对法秩序的信赖,增加公民的规范意识,鼓励和支持广大守法公民弘扬正气,自觉维护法律秩序。

第十三章　刑罚体系

第一节　刑罚体系概述

一、刑罚体系的概念

刑罚体系，是指立法机关根据刑罚的功能和目的，确定一定的惩罚方式作为规制犯罪的刑罚，并按照一定的标准对各种刑罚进行排列而形成的刑罚序列。刑罚体系具有以下特征：

1. 刑罚体系以刑事立法选择的刑罚种类为内容。根据刑法的规定，刑罚分为主刑和附加刑。主刑包括管制、拘役、有期徒刑、无期徒刑和死刑，附加刑包括罚金、剥夺政治权利、没收财产和驱逐出境。

2. 组成刑罚体系的各个刑种是按照一定的次序排列的。刑罚体系不是主刑和附加刑的简单拼凑，而是按照一定的标准进行排列的。根据严厉程度不同，我国刑法将主刑和附加刑分别按照从轻到重的逻辑顺序进行排列。

3. 刑罚体系是由刑法明文规定的。组成刑罚体系的刑种，是刑法明文规定的；主刑和附加刑的分类，也是刑法明文规定的；各个刑种的排列，也是刑法明文规定的。

4. 刑罚体系确立的根据是刑罚目的和功能。在我国刑罚体系中，无论是刑种的选择还是刑种的分类，抑或是刑种的排列，都是立法者从有利于刑罚功能的发挥和刑罚目的的实现来确定的。因此，有利于发挥刑罚的积极功能、实现预防犯罪的目的，是建立刑罚体系时必须遵循的指导原则。

二、刑罚体系的功能

一般认为，刑罚体系具有以下功能：

1. 教育功能。排列有序的刑罚体系客观上向公民宣示，惩治犯罪的刑罚方法有哪些种类，何种刑罚方法较轻，何种刑罚方法较重，何种刑罚方法最重，从而教育公民不要实施犯罪，并鼓励公民积极同犯罪作斗争。

2. 威慑功能。刑罚体系体现了刑罚种类齐全,有轻有重,任何人犯罪都要受到刑罚惩罚;轻罪轻罚,重罪重罚,极其严重的犯罪还可能受到死刑的惩罚。这就使社会上的不稳定分子在犯罪前三思而行,从而有所收敛、有所畏惧,不敢轻易实施犯罪,从而减少犯罪行为的发生。

3. 科学化功能。刑罚是刑法的组成部分,要建立科学的刑法体系,就不能没有科学的刑罚体系。刑罚体系的科学性对于刑法体系的科学化具有重要作用。因此,在刑种的选择、刑种的分类、刑度的设置、适用的标准等方面,立法者必须进行科学的设计和论证,以充分保证刑罚体系的科学性。

4. 实现刑罚目的的功能。刑罚体系是静态的,但静态的刑罚体系有着动态的作用。一个科学的刑罚体系有利于预防犯罪,进而有利于刑罚目的的实现;反之,一个不科学的刑罚体系不利于预防犯罪,进而有碍于刑罚目的的实现。在刑事审判活动中,刑罚体系通常既是审判活动得以进行的依据,也是审判活动服务于预防犯罪目的的必要手段。科学的刑罚体系,能够保证审判机关按照不同案件和不同罪犯的具体情况合理适用,从而有效地实现刑罚目的。

三、刑罚体系的特点

我国的刑罚体系具有以下特点:

1. 体系完整、结构合理。刑罚体系由主刑和附加刑构成,二者相互补充,相得益彰,避免了单一刑种的局限性。主刑和附加刑结构合理,主刑在先,附加刑在后,主次关系分明,体现了主刑是主要适用的刑罚方法,附加刑是对主刑补充适用的刑罚方法的特点。各个刑种的结构合理,既有开放刑,又有监禁刑;既有自由刑,又有生命刑、财产刑、资格刑等。

2. 宽严相济、衔接紧凑。刑罚体系由轻重不同的刑种组成,使刑罚体系有宽有严、宽严相济,有利于贯彻惩治与教育相结合的方针,实现特殊预防和一般预防的双重功效。各个刑种,无论是主刑还是附加刑,都有轻有重,如主刑既有管制和拘役这样的轻刑,也有有期徒刑这样较重的刑种,还有无期徒刑、死刑这样的重刑。附加刑的各个刑种也是内容有分,轻重有别。这些均体现了刑罚体系宽严相济的特点。此外,作为刑罚体系元素的各个刑种也是轻重衔接、互相补充。例如,拘役的最长期限是6个月,与有期徒刑的最短期限6个月相互衔接;有期徒刑的最长期限是25年,与无期徒刑也基本相衔接。

3. 内容合理、方法人道。刑罚体系以自由刑为中心,同时保留我国独有的开放刑,增设资格刑、财产刑进行补充,限制生命刑的适用范围,充分顺应刑罚体系的发展趋势。这是刑罚体系内容合理的体现。另外,各个刑种,既具有造成罪犯一定痛苦的属性,又不以造成剧烈痛苦为目的。各个刑种,均以惩罚和教育改造为依归,因而都不得包含侮辱人格、损害尊严、摧残肉体、折磨精神、牵连亲属等内容。这些均体现了刑罚体系的人道性。

第二节　主　　刑

主刑,是指对犯罪适用的主要刑罚方法。主刑的特点是,只能独立适用,不能附加适用。对一个犯罪只能适用一种主刑,不能适用两种以上的主刑。因此,主刑的适用缺乏灵活性,且彼此存在互斥性。主刑是一类刑罚方法,根据现行刑法规定,主刑包括管制、拘役、有期徒刑、无期徒刑和死刑五种。

一、管制

(一)管制的概念

管制,是指对罪犯不予关押,但限制其一定自由,并依法实行社区矫正的一种刑罚方法。管制是五种主刑中唯一具有开放性、非监禁性特点的刑种,也是具有中国特色的一种刑罚制度。管制产生于民主革命时期,新中国成立初期得以继续适用。长期的司法实践表明,作为一种限制自由的刑罚方法,管制起到了连接自由刑和非自由刑的纽带作用,避免了自由刑“交叉感染”的副作用,充分发挥了专门机关和社会力量的合力作用,有利于罪犯回归社会。但是,随着社会的发展,特别是人口流动发生了重大变化,管制的执行往往流于形式,导致司法机关很少适用。鉴于此,《刑法修正案(八)》将管制的执行方式进行了一定的改革,从而使这一刑罚制度得以继续保持生机和活力。

(二)管制的特点

1. 人身的非监禁性。管制不是将罪犯羁押在特定的场所或者设施内,从而剥夺其人身自由;相反,管制对罪犯不予关押,而是实行社区矫正。罪犯仍然可以在社会上活动,并不中断原来的社会生活和社会关系,只是其自由受到一定的限制而已。这是管制与拘役、有期徒刑、无期徒刑等监禁刑的重要区别。

2. 权利的受限性。管制虽然不剥夺罪犯的人身自由,但作为一种刑罚,其必然具有惩罚的属性。管制的惩罚性,主要体现在对罪犯权利行使的限制。根据刑法第39条的规定,被判处管制的犯罪分子,在执行期间,应当遵守下列规定:(1)遵守法律、行政法规,服从监督;(2)未经执行机关批准,不得行使言论、出版、集会、结社、游行、示威自由的权利;(3)按照执行机关规定报告自己的活动情况;(4)遵守执行机关关于会客的规定;(5)离开所居住的市、县或者迁居,应当报经执行机关批准。但是,对于被判处管制的犯罪分子,在劳动中应当同工同酬。

3. 执行期限的短期性。根据刑法第 38 条第 1 款、第 69 条、第 40 条、第 41 条的规定,管制的期限,为 3 个月以上 2 年以下。数罪并罚时,不得超过 3 年。被判处管制的犯罪分子,执行期满,执行机关应即向本人和其所在单位或者居住地的群众宣布解除管制。管制的刑期,从判决执行之日起计算;判决执行以前先行羁押的,羁押 1 日折抵刑期 2 日。这里的"先行羁押",既包括因同一犯罪行为被刑事拘留、逮捕而羁押的情形,也包括因同一行为被行政拘留、扣留等剥夺人身自由的措施。例如,如果被告人因为走私而被法院定罪判刑后,其之前在海关被扣留的时间,可以折抵刑期。如果被判处管制,扣留 1 日折抵刑期 2 日;如果被判处拘役、有期徒刑,扣留 1 日折抵刑期 1 日。但是,如果是被监视居住、取保候审的,因为没有被剥夺人身自由,且这些强制措施与管制的内容并不相同,不得折抵自由刑的刑期。从这些规定不难看出,管制基本上是一种短期刑。

4. 执行方式的特殊性。对判处管制的罪犯,应当实行社区矫正,并可以根据犯罪情况,同时适用禁止令。刑法第 38 条第 2 款规定:"判处管制,可以根据犯罪情况,同时禁止犯罪分子在执行期间从事特定活动,进入特定区域、场所,接触特定的人。"同条第 3 款规定:"对判处管制的犯罪分子,依法实行社区矫正。"被适用禁止令的管制犯,如果违反禁止令的,由公安机关依照《治安管理处罚法》的规定处罚。社区矫正是一项重要的综合执法工作,需要各有关部门协调配合,并充分动员社会基层组织力量。目前,社区矫正由社区矫正机构负责执行。

示例 13-1　刘某非法种植毒品原植物案

一审法院认为:刘某非法种植罂粟毒品原植物,数量较大,已构成非法种植毒品原植物罪。刘某犯罪时已满 75 周岁,有坦白情节,可对其从轻处罚……判处刘某管制 4 个月,并处罚金人民币 1000 元(已缴纳)。[1]

二审法院认为:人民法院对判处管制的犯罪分子,是否适用禁止令,需考虑与犯罪分子所犯罪行的关联程度,对确有必要适用禁止令的,才予以宣告。刘某年事已高,再犯可能性较小,且所种植的罂粟在被查获后已被铲除,没有造成其他危害后果,对刘某达不到必须宣告禁止令的程度,也无具体的禁止事项,应适用刑法第 38 条第 3 款之规定,对刘某依法实行社区矫正。[2]

---

〔1〕 河南省商丘市宁陵县人民法院(2017)豫 1423 刑初 262 号刑事判决书。

〔2〕 河南省商丘市中级人民法院(2017)豫 14 刑终 316 号刑事判决书。

(三)禁止令的适用

所谓禁止令,是指人民法院对于判处管制、拘役的犯罪分子,根据犯罪情况,同时禁止其在执行期间从事特定活动,进入特定区域、场所,接触特定的人的一种刑事决定。禁止令是新增的管制的内容之一,对其适用具有一定的难度。为此,2011 年 4 月 28 日最高人民法院、最高人民检察院、公安部、司法部《关于对判处管制、宣告缓刑的犯罪分子适用禁止令有关问题的规定(试行)》(以下简称《禁止令规定》)作出了较为全面和具体的规定。简述如下:

1. 禁止令的适用目的。适用禁止令的目的是预防再犯,促进罪犯矫正回归。根据《禁止令规定》第 1 条的规定,对判处管制、宣告缓刑的犯罪分子,人民法院根据犯罪情况,认为从促进犯罪分子教育矫正、有效维护社会秩序的需要出发,确有必要禁止其在管制执行期间、缓刑考验期限内从事特定活动,进入特定区域、场所,接触特定人的,可以根据刑法第 38 条第 2 款、第 72 条第 2 款的规定,同时宣告禁止令。

2. 禁止令的适用根据。适用禁止令的根据是案件的具体情况,包括犯罪情况和犯罪人的情况。根据《禁止令规定》第 2 条的规定,人民法院宣告禁止令,应当根据犯罪分子的犯罪原因、犯罪性质、犯罪手段、犯罪后的悔罪表现、个人一贯表现等情况,充分考虑与犯罪分子所犯罪行的关联程度,有针对性地决定禁止其在管制执行期间、缓刑考验期限内"从事特定活动,进入特定区域、场所,接触特定的人"的一项或者几项内容。

3. 禁止令的具体内容。禁止令的具体内容包括三个方面:

(1)行为禁止。根据《禁止令规定》第 3 条的规定,人民法院可以根据犯罪情况,禁止判处管制、宣告缓刑的犯罪分子在管制执行期间、缓刑考验期限内从事以下一项或者几项活动:一是个人为进行违法犯罪活动而设立公司、企业、事业单位或者在设立公司、企业、事业单位后以实施犯罪为主要活动的,禁止设立公司、企业、事业单位;二是实施证券犯罪、贷款犯罪、票据犯罪、信用卡犯罪等金融犯罪的,禁止从事证券交易、申领贷款、使用票据或者申领、使用信用卡等金融活动;三是利用从事特定生产经营活动实施犯罪的,禁止从事相关生产经营活动;四是附带民事赔偿义务未履行完毕,违法所得未追缴、退赔到位,或者罚金尚未足额缴纳的,禁止从事高消费活动;五是其他确有必要禁止从事的活动。

示例 13-2 龚某、朱某销售假药案

二审法院认为:龚某、朱某结伙非法销售假药,有其他严重情节,其行为均已构成销售假药罪,应依法惩处,对被告人龚某判处有期徒刑 3 年,并处罚金人民币 30 万元;对被告人朱某判处有期徒刑 2 年,缓刑 2 年,并处罚金人民币 6 万元,并禁止被告人朱某在缓

刑考验期内从事药品生产、销售及相关活动;在案假药予以没收。[3]

(2)场所禁止。根据《禁止令规定》第4条的规定,人民法院可以根据犯罪情况,禁止判处管制、宣告缓刑的犯罪分子在管制执行期间、缓刑考验期限内进入以下一类或者几类区域、场所:一是禁止进入夜总会、酒吧、迪厅、网吧等娱乐场所;二是未经执行机关批准,禁止进入举办大型群众性活动的场所;三是禁止进入中小学校区、幼儿园园区及周边地区,确因本人就学、居住等原因,经执行机关批准的除外;四是其他确有必要禁止进入的区域、场所。

示例13-3　董某、宋某抢劫案

一审法院认为:考虑到被告人主要是因上网吧需要网费而诱发了抢劫犯罪;二被告人长期迷恋网络游戏,网吧等场所与其犯罪有密切联系;如果将被告人与引发其犯罪的场所相隔离,有利于家长和社区在缓刑期间对其进行有效管教,预防再次犯罪;被告人犯罪时不满18周岁,平时自我控制能力较差,对其适用禁止令的期限确定为与缓刑考验期相同的3年,有利于其改过自新。因此,依法判决禁止二被告人在缓刑考验期内进入网吧等特定场所。[4]

(3)对象禁止。根据《禁止令规定》第5条的规定,人民法院可以根据犯罪情况,禁止判处管制、宣告缓刑的犯罪分子在管制执行期间、缓刑考验期限内接触以下一类或者几类人员:一是未经对方同意,禁止接触被害人及其法定代理人、近亲属;二是未经对方同意,禁止接触证人及其法定代理人、近亲属;三是未经对方同意,禁止接触控告人、批评人、举报人及其法定代理人、近亲属;四是禁止接触同案犯;五是禁止接触其他可能遭受其侵害、滋扰的人或者可能诱发其再次危害社会的人。

示例13-4　张某寻衅滋事案

一审法院认为:被告人张某恐吓他人,严重影响他人工作生活,破坏社会秩序,情节恶劣,其行为已构成寻衅滋事罪。公诉机关指控的罪名成立。被告人张某系初犯,自愿认罪,且取得被害人谅解,有悔罪表现,根据本案的具体情节……判决如下:(1)被告人张某犯寻衅滋事罪,判处有期徒刑2年,缓刑3年。(缓刑考验期限,从判决确定之日起计算)(2)被告人张某未经对方同意,禁止接触被害人及其近亲属。(禁止令的期限为3年,从

[3] 上海市第三中级人民法院(2017)沪03刑终33号刑事判决书。

[4] 河南省平顶山市新华区人民法院(2011)新刑未初字第29号刑事判决书。

缓刑执行之日起计算）[5]

4. 禁止令的适用期限。根据《禁止令规定》第6条的规定，禁止令的期限，既可以与管制执行、缓刑考验的期限相同，也可以短于管制执行、缓刑考验的期限，但判处管制的，禁止令的期限不得少于3个月，宣告缓刑的，禁止令的期限不得少于2个月。判处管制的犯罪分子在判决执行以前先行羁押以致管制执行的期限少于3个月的，禁止令的期限不受前款规定的最短期限的限制。禁止令的执行期限，从管制、缓刑执行之日起计算。

5. 禁止令的适用建议。禁止令可以由人民检察院和公安机关提出适用建议，辩护方也可以提出应否适用的意见。根据《禁止令规定》第7条的规定，人民检察院在提起公诉时，对可能判处管制、宣告缓刑的被告人可以提出宣告禁止令的建议。当事人、辩护人、诉讼代理人可以就应否对被告人宣告禁止令提出意见，并说明理由。公安机关在移送审查起诉时，可以根据犯罪嫌疑人涉嫌犯罪的情况，就应否宣告禁止令及宣告何种禁止令，向人民检察院提出意见。

6. 禁止令的适用机关。禁止令的宣判机关是人民法院，执行机关是社区矫正机构，监督机关是人民检察院。根据《禁止令规定》第8条、第9条和第10条的规定，人民法院对判处管制、宣告缓刑的被告人宣告禁止令的，应当在裁判文书主文部分单独作为一项予以宣告。禁止令由司法行政机关指导管理的社区矫正机构负责执行。人民检察院对社区矫正机构执行禁止令的活动实行监督，发现有违反法律规定的情况，应当通知社区矫正机构纠正。

二、拘役

（一）拘役的概念

拘役，是指短期剥夺罪犯的人身自由，并就近实行劳动改造的刑罚方法。拘役是一种短期自由刑，是介于管制和有期徒刑之间的一种轻刑。

（二）拘役的特征

1. 人身自由的剥夺。拘役是将罪犯关押于特定的场所进行改造，罪犯的人身自由完全丧失，因而属于监禁刑。这一点，使其明显不同于管制。同时，由于拘役是刑罚的一种，因而其与刑事拘留、行政拘留、司法拘留在法律属性、适用对象、适用依据、适用机关、适用期限、适用程序等方面都有根本不同。

2. 人身自由剥夺的短期性。拘役是短期剥夺罪犯的人身自由，而非长期剥夺罪犯的人身自由。这一点，使其与有期徒刑、无期徒刑区别开来。根据刑法第42条、

[5] 河南省洛阳市涧西区人民法院（2014）涧刑公初字第375号刑事判决书。

第69条和第44条的规定,拘役的期限为1个月以上6个月以下。数罪并罚时,不得超过1年。拘役的刑期,从判决确定之日起计算,判决前先前羁押的,羁押1日折抵刑期1日。

3. 执行场所的就近性。根据刑法第43条第1款的规定,被判处拘役的罪犯,由公安机关就近执行。拘役的法定执行机关是公安机关,其他机关都无权执行。公安机关应当将罪犯放在所在地的县、市或市辖区的公安机关设置的拘役所执行;没有建立拘役所的,可以放在离罪犯较近的监狱执行;如果所在地附近没有监狱,可以放在看守所执行。

4. 执行强度的适中性。对放在监狱或者看守所执行的拘役犯,应当实行分管分押,以避免"交叉感染";对放在监狱执行的,要组织其劳动;对放在看守所执行的,应当积极创造条件,使其能够在看守所内参加一些工业、副业等生产劳动。根据刑法第43条的规定,在执行期间,被判处拘役的犯罪分子每月可以回家1~2日;参加劳动的,可以酌量发给报酬。

示例13-5　王某拒不支付劳动报酬案

一审法院认为:鉴于被告人王某到案后如实供述了自己的罪行,依法可以从轻处罚。被告人王某在提起公诉前已支付所欠劳动者劳动报酬,依法可以从轻处罚。被告人王某在审理期间积极退还非法收取劳动者的押金,可酌情对被告人从轻处罚。本院经委托阿拉善右旗司法局对被告人王某进行全面的社会调查评估,认为被告人王某在犯罪前社会表现一般,无违法犯罪记录,符合社区矫正条件……判决如下:被告人王某犯拒不支付劳动报酬罪,判处拘役3个月,缓刑6个月,并处罚金4000元。〔6〕

三、有期徒刑

(一)有期徒刑的概念

有期徒刑,是指剥夺罪犯一定期限的人身自由,实行强制劳动改造的刑罚方法。有期徒刑是自由刑的代表,几乎适用于所有的犯罪(刑法分则第133条之一危险驾驶罪和第284条之一第4款代替考试罪除外),是名副其实的主刑。

有期徒刑和拘役均为有期限地剥夺罪犯的人身自由,但二者存在明显的区别,具体表现在以下几个方面:(1)执行场所不同。拘役是在罪犯所在地就近的场所执行,一般是在拘役所、看守所执行,而有期徒刑主要在监狱中执行。(2)执行机关不同。拘役的执行机关是公安机关,而有期徒刑的执行机关是监狱。(3)执行期限不同。拘役的期限短、起点低、幅度小;而有期徒刑的期限长、起点高、幅度大。(4)执

〔6〕 内蒙古自治区阿拉善右旗人民法院(2014)阿右刑初字第24号刑事判决书。

行期间的待遇不同。拘役犯每月可以回家1~2日,参加劳动的,可以酌量发给报酬;而有期徒刑犯,凡有劳动能力的一律实行无偿的强制劳动,也没有每月回家1~2日的待遇。(5)法律后果不同。拘役犯在刑罚执行完毕或者赦免以后5年之内再犯罪的,不构成累犯;而有期徒刑犯在刑罚执行完毕或者赦免以后5年之内再犯应当被判处有期徒刑以上刑罚之罪的,则构成累犯。但是,这些区别并非是实质性的,从二者的内容来看,二者均是对犯罪分子人身自由的完全剥夺,因而均属于剥夺自由刑。

(二)有期徒刑的特征

1. 人身自由的剥夺。有期徒刑是将罪犯关押在一定的场所,并剥夺其人身自由,因而也属于自由刑。这一点同拘役、无期徒刑是相同的。

2. 人身自由剥夺的期限性。根据刑法第45条、第47条和第69条的规定,有期徒刑的期限为6个月以上15年以下。数罪并罚时,有期徒刑总和刑期不满35年的,最高不能超过20年;总和刑期在35年以上的,最高不能超过25年。有期徒刑的刑期从判决执行之日起开始计算,判决执行以前先行羁押的,羁押1日折抵刑期1日。死缓减为有期徒刑时,有期徒刑的期限为25年。有期徒刑的下限与拘役的上限相衔接,二者的区别主要体现在剥夺人身自由的刑期长短方面。

3. 执行场所的特定性。有期徒刑是一种较重的刑罚,因而不能像拘役一样在拘役所、看守所执行,而应放在监狱或者其他专门执行场所执行。根据《监狱法》第2条的规定,监狱是执行被判处死刑缓期2年执行、无期徒刑和其他有期徒刑的场所。所以,监狱是执行有期徒刑的主要场所。除监狱外,少年犯管教所是以少年犯为对象的执行机关,关押14周岁以上不满18周岁的犯罪分子。另外,根据现行《刑事诉讼法》第264条第2款的规定,对被判处有期徒刑的罪犯,在被交付执行刑罚前,剩余刑期在3个月以下的,由看守所代为执行。

4. 执行内容的强制性。有期徒刑的基本内容是对罪犯实行劳动改造。根据刑法第46条的规定,被判处有期徒刑的犯罪分子,凡有劳动能力的,都应当参加劳动,接受教育和改造。这表明,劳动改造具有强制性,是实现特殊预防目的的重要手段。劳动改造的强制性,主要体现在以下三个方面:(1)凡有劳动能力的罪犯,都必须参加劳动,不以个人的主观意愿为转移;(2)除法律规定的特殊情况外,罪犯对劳动的场所、种类、形式和时间,必须无条件地服从执行机关的安排,不得自由选择;(3)罪犯的劳动是在严格监督下进行的,且其表现作为罪犯认罪悔罪与否的指标,是法定的奖惩考核的内容。

示例13-6 陈某滥用职权、受贿案

一审法院认为:对陈某所犯滥用职权罪、受贿罪,应依法数罪并罚……判决如下:

(1)被告人陈某犯滥用职权罪，判处有期徒刑8年；犯受贿罪，判处有期徒刑12年，并处没收个人财产人民币30万元。决定执行有期徒刑17年，并处没收个人财产人民币30万元。(2)扣押、冻结在案的受贿赃款共计人民币283.6598万元，依法没收，上缴国库。[7]

四、无期徒刑

(一)无期徒刑的概念

无期徒刑，是指剥夺罪犯的终身自由，实行强制劳动改造的刑罚方法。无期徒刑是自由刑中最严厉的一种刑罚方法，也是所有刑罚中仅次于生命刑的一种刑罚方法。由于无期徒刑的严厉性，它的适用对象都是罪行严重，不必判处死刑而又需要与社会永久隔离的罪犯。

无期徒刑和有期徒刑都是属于剥夺自由的刑罚方法，但二者也存在明显的区别：(1)期限不同。无期徒刑是剥夺罪犯的终身自由，而有期徒刑则是剥夺罪犯一定期限的自由。(2)对象不同。无期徒刑的刑期具有不可分性，因而仅适用于罪行严重的罪犯；而有期徒刑的刑期具有可分性，因而既可适用于罪行严重的罪犯，也可适用于罪行较轻的罪犯。(3)适用附加刑不同。被判处无期徒刑的罪犯，必须附加剥夺政治权利终身；而对于被判处有期徒刑的罪犯，则非但不能附加剥夺政治权利终身，甚至也不一定附加剥夺一定期限的政治权利。

(二)无期徒刑的特点

1. 人身自由的剥夺性。无期徒刑是将罪犯关押在特定场所，使其完全丧失人身自由，因而也属于自由刑。这一点，与拘役、有期徒刑是相同的。

2. 人身自由剥夺的无期限性。无期徒刑是剥夺罪犯的终身自由，因而是无期限的。正因为无期徒刑的严厉性，因而刑法只对非常严重的犯罪配置了无期徒刑。具体有以下两种情况：(1)对于规定死刑的犯罪，一般同时规定将无期徒刑作为选择刑；(2)将无期徒刑规定为法定刑中的最高刑，同时规定较长刑期的有期徒刑作为选择刑。应当注意的是，从实际执行情况来看，被判处无期徒刑的罪犯，通过减刑、假释、赦免等制度，绝大多数都没有终身服刑、关押到死，而是改过自新、回归社会。因此，就此而言，我国刑法规定的无期徒刑并非真正的"遥遥无期"。此外，由于无期徒刑是剥夺终身自由，因而判决确定前的羁押时间也不能折抵刑期；由于判决确定以前先行羁押并不是实际执行，因而羁押时间也不能计算在作为减刑、假释前提条件的实际执行刑期之内。

3. 执行内容的强制性。无期徒刑的基本内容也是对罪犯强制进行劳动改造，这一点同有期徒刑是相同的。根据刑法第46条的规定，被判处无期徒刑的犯罪分子，

---

〔7〕《最高人民检察院公报》2016年第1期。

在监狱或者其他执行场所执行;凡具有劳动能力的,应当参加劳动,接受教育和改造。刑法规定对无期徒刑犯可以适用减刑、假释,也在于促使罪犯积极改造。因此,无期徒刑不同于有的国家刑法中的不得假释的终身监禁。但是,应当注意,《刑法修正案(九)》第44条规定了一种终身监禁的无期徒刑,即对于犯贪污罪、受贿罪的犯罪分子,如果犯罪数额特别巨大,并使国家和人民利益遭受特别重大损失,被判处死刑缓期执行的,人民法院根据犯罪情节等情况可以同时决定在其死刑缓期执行2年期满依法减为无期徒刑后,终身监禁,不得减刑、假释。当然,这种终身监禁的无期徒刑,有一个适用前提,即死缓执行期满以后减为无期徒刑,而不是原判为无期徒刑。

4. 附加刑的并处性。无期徒刑不能孤立使用,必须与附加刑并处。根据刑法第57条的规定,被判处无期徒刑的犯罪分子,应当附加剥夺政治权利终身。而对于管制、拘役、有期徒刑的罪犯,则不是必须附加剥夺政治权利。

示例13-7　毕某等贩卖、运输毒品案

一审法院认为:被告人毕某违反国家毒品管理法规,贩卖、运输甲基苯丙胺共计1699.37克,被告人王某违反国家毒品管理法规,贩卖、运输甲基苯丙胺共计1698.77克,二被告人的行为均已构成贩卖、运输毒品罪;被告人黄某违反国家毒品管理法规,运输甲基苯丙胺1198.77克,其行为已构成运输毒品罪,且与王某在运输1198.77克甲基苯丙胺的事实范围内构成共同犯罪。……判决如下:(1)被告人毕某犯贩卖、运输毒品罪,判处无期徒刑,剥夺政治权利终身,并处没收个人财产人民币8万元;(2)被告人王某犯贩卖、运输毒品罪,判处有期徒刑15年,并处没收个人财产人民币6万元;(3)被告人黄某犯运输毒品罪,判处有期徒刑12年,并处罚金人民币2万元;(4)对各被告人的违法所得予以追缴,上缴国库。〔8〕

五、死刑

(一)死刑的概念

死刑,是指剥夺罪犯生命的刑罚方法,包括死刑立即执行和死刑缓期2年执行两种情况。由于死刑的内容是剥夺罪犯的生命,因而又被称为生命刑;同时,由于人的生命具有最高的价值,因而死刑是刑罚体系中最严厉的刑种,故又被称为极刑。

死刑是一种古老的刑罚方法,在奴隶社会和封建社会,死刑的种类繁多,并被大量适用。但自启蒙运动以来,死刑的正当性受到质疑,死刑的存废之争持续了二百多年,迄今尚无定论。死刑废除论和死刑保留论围绕人的生命价值、死刑是否具有

〔8〕 安徽省安庆市中级人民法院(2018)皖08刑初9号刑事判决书。

威慑力、死刑是否违宪、死刑是否人道、死刑是否符合罪责刑均衡原则、死刑是否助长人的残忍心理、死刑是否容易错判、死刑是否符合历史发展趋势等方面展开激烈的争论,并得出不同的结论。

如果认为刑罚轻缓化是一个既定的历史趋势,那么,死刑的废除则是历史的必然。从这一点来看,死刑废除论和死刑保留论之争,实际上是废除死刑的时间进程之争,即是现在立即废除死刑还是将来废除死刑。经济基础决定上层基础,社会的发展状况决定刑罚的轻重,因此,死刑存废的决定因素是一个国家的社会发展状况。既不能以发达国家死刑废除的事实来论证发展中国家也应当立即废除死刑,也不能以发展中国家死刑保留的事实来指责发达国家废除死刑。就我国当前社会发展状况而言,保留死刑仍然具有相对合理性。一方面,在现阶段,一些情节特别恶劣、手段特别残忍、后果特别严重的犯罪还大量存在,一些犯罪分子穷凶极恶、气焰嚣张、良知泯灭,只有保留死刑,才能惩治这些极其严重的犯罪,才能保卫国家安全,维护社会治安,保护公民权益。另一方面,在现阶段,民众"杀人偿命"等朴素的报应观念还相当强烈,保留死刑能够满足民众的心理需求,符合社会的一般价值观念。

虽然现行刑法保留死刑,但并不意味着可以多杀、错杀。相反,我国的死刑基本政策一直是保留死刑、坚持少杀慎杀。之所以要坚持这一政策,是因为:(1)死刑的威慑力来自死刑适用的慎重性和必要性。只有在必要的时候谨慎地适用死刑,才能保持死刑的威慑力,滥施死刑必然增加民众对死刑的心理耐受力,导致其威慑力削减。(2)生命的丧失具有不可恢复性,若死刑存在误判,包括故意误判的情形,则将造成不可挽回的损失,进而对国家的司法公信力造成严重影响。(3)死刑往往存在过度威慑的问题,对于绝大多数罪犯,包括信念犯,适用无期徒刑即足以预防其重新犯罪,没有必要适用死刑。(4)刑罚的发展趋势是轻刑化,坚持少杀慎杀政策顺应了这一趋势。

(二)死刑的限制适用

基于少杀慎杀的政策,我国刑事立法对死刑的适用进行了严格的限制。具体体现在以下五个方面。

1. 严格限制死刑的适用条件

刑法第48条第1款前半段规定:"死刑只适用于罪行极其严重的犯罪分子。"根据这一规定,适用死刑的罪质条件是罪行极其严重。所谓罪行极其严重,是指犯罪的性质极其严重、犯罪的情节极其严重、犯罪分子的人身危险性极其严重的有机统一。只有符合这三位一体的情形,才可能适用死刑。

示例13-8 郭某、李某抢劫案

一审法院认为:二被告人的犯罪情节特别恶劣,后果特别严重,社会危害极大,且均系累犯,人身危险性极大,均应从重处罚。据此,依法以抢劫罪,分别判处被告人郭某、李某死刑,剥夺政治权利终身,并处没收个人全部财产。

二审法院认为:为杀人灭口,郭、李二人不顾被害人哀求,用绳索将被害人活活勒死,并用湿衣服捂其口鼻,以防其未死亡,后将被害人抛尸野外,犯罪情节特别恶劣,罪行极其严重。郭某、李某曾因犯罪被判处刑罚,在刑罚执行完毕后5年内又实施犯罪,均系累犯,人身危险性极大,依法应从重处罚。二审开庭时,郭某拒不认罪,李某态度恶劣,均无悔罪表现……裁定驳回上诉,维持原判。

最高人民法院复核认为:第一审判决、第二审裁定认定的事实清楚,证据确实、充分,定罪准确。审判程序合法。对郭某量刑适当。鉴于被告人李某在共同犯罪中的地位、作用略低于被告人郭某,对其判处死刑,可不立即执行……判决如下:(1)核准湖北省高级人民法院维持第一审以抢劫罪判处被告人郭某死刑,剥夺政治权利终身,并处没收个人全部财产的刑事裁定。(2)撤销湖北省高级人民法院刑事裁定和宜昌市中级人民法院刑事判决中以抢劫罪判处被告人李某死刑,剥夺政治权利终身,并处没收个人全部财产的部分。(3)被告人李某犯抢劫罪,判处死刑,缓期二年执行,剥夺政治权利终身,并处没收个人全部财产。(4)对被告人李某限制减刑。〔9〕

2. 严格限制死刑的适用对象

刑法第49条第1款规定:"犯罪的时候不满十八周岁的人和审判的时候怀孕的妇女,不适用死刑。"这一规定既体现了对未成年犯重在教育、感化和挽救的政策和社会主义的人道主义精神,也符合世界各国刑事立法的通例。这里的"不适用死刑",是指既不适用死刑立即执行,也不适用死刑缓期二年执行。"犯罪的时候",是指实施犯罪行为之时。实施犯罪行为之时不满18周岁,但在案件破获、起诉审判之时已满18周岁的,仍然不能适用死刑。需要强调的是,根据有关司法解释,这里的"审判的时候怀孕",既包括人民法院审理案件的时候被告人正在怀孕,也包括案件起诉到人民法院之前被告人怀孕但已人工流产的情形。对案件起诉到法院以前,被告人在羁押期间做人工流产的,应当视为是审判时候怀孕的妇女,不适用死刑;怀孕妇女因涉嫌犯罪在羁押期间自然流产后,又因同一事实被起诉、交付审判的,应当视为是审判时候怀孕的妇女,不适用死刑;在羁押期间已经怀孕的被告人,无论其怀孕是否违反国家计划生育政策,也无论其是否自然流产或者经人工流产以及流产后移送起诉或审判期间的长短,都不应适用死刑;更不能为了判处死刑而强制怀孕的被告人做人工流产。

---

〔9〕《刑事审判参考》(总第112集),法律出版社2018年版,第31~32页。

示例 13-9 曹某走私、贩卖、运输、制造毒品案

二审法院认为：上诉人曹某伙同他人贩卖毒品甲基苯丙胺1800余克，其行为已构成贩卖毒品罪，依法应予惩处。曹某在取保候审期间数次脱逃，论罪应予严惩，鉴于其系审判时怀孕的妇女，依法不得适用死刑。[10]

刑法第49条第2款规定："审判的时候已满七十五周岁的人，不适用死刑，但以特别残忍手段致人死亡的除外。"根据这一规定，对于老年人犯罪，原则上不适用死刑，但以特别残忍手段致人死亡的除外。这里的"特别残忍手段"，是指焚烧、冷冻、锅烹、兽咬、肢解、剥皮等狠毒方法，或者犯罪行为持续时间长、次数频繁、故意折磨被害人等。应当注意的是，虽然手段特别残忍，但未造成他人死亡结果的，仍然不得适用死刑。

示例 13-10 荣某故意杀人案

一审法院认为：被告人荣某故意非法剥夺他人生命，致人死亡，其行为已构成故意杀人罪。被告人荣某犯罪时年满75周岁，不属于以特别残忍手段致人死亡，依法不适用死刑。本案系亲属间因琐事引发，荣某庭审中表示认罪，其犯罪时已满75周岁，依法对其从轻处罚。[11]

3. 严格限制死刑的适用罪名

我国立法机关一向注重严格控制配置死刑的罪名的范围，但现行刑法颁布之时，仍然有68个死刑罪名，分别是：(1)危害国家安全罪(7个)：背叛国家罪，分裂国家罪，武装叛乱、暴乱罪，投敌叛变罪，间谍罪，为境外窃取、刺探、收买、非法提供国家秘密、情报罪，资敌罪；(2)危害公共安全罪(14个)：放火罪，决水罪，爆炸罪，投放危险物质罪，以危险方法危害公共安全罪，破坏交通工具罪，破坏交通设施罪，破坏电力设备罪，破坏易燃易爆设备罪，劫持航空器罪，非法制造、买卖、运输、邮寄、储存枪支、弹药、爆炸物罪，非法制造、买卖、运输、储存危险物质罪，盗窃、抢夺枪支、弹药、爆炸物、危险物质罪，抢劫枪支、弹药、爆炸物、危险物质罪；(3)破坏社会主义市场经济秩序罪(16个)：生产、销售假药罪，生产、销售有毒、有害食品罪，走私武器、弹药罪，走私核材料罪，走私假币罪，走私文物罪，走私贵重金属罪，走私珍贵动物、珍贵动物制品罪，走私普通货物、物品罪，伪造货币罪，集资诈骗罪，票据诈骗罪，金

[10] 上海市高级人民法院(2015)沪高刑终字第109号刑事裁定书。

[11] 吉林省长春市中级人民法院(2018)吉01刑初28号刑事判决书。

融凭证诈骗罪,信用证诈骗罪,虚开增值税专用发票、用于骗取出口退税、抵扣税款发票罪,伪造、出售伪造的增值税专用发票罪;(4)侵犯公民人身权利、民主权利罪(5个):故意杀人罪,故意伤害罪,强奸罪,绑架罪,拐卖妇女、儿童罪;(5)侵犯财产罪(2个):抢劫罪,盗窃罪;(6)妨害社会管理秩序罪(8个):传授犯罪方法罪,暴动越狱罪,聚众持械劫狱罪,盗掘古文化遗址、古墓葬罪,盗掘古人类化石、古脊椎动物化石罪,走私、贩卖、运输、制造毒品罪,组织卖淫罪,强迫卖淫罪;(7)危害国防利益罪(2个):破坏武器装备、军事设施、军事通信罪,提供不合格的武器装备、军事设施罪;(8)贪污贿赂罪(2个):贪污罪,受贿罪;(9)军人违反职责罪(12个):战时违抗命令罪,隐瞒、谎报军情罪,拒传、假传军令罪,投降罪,战时临阵脱逃罪,阻碍执行军事职务罪,军人叛逃罪,为境外窃取、刺探、收买、非法提供军事秘密罪,战时造谣惑众罪,盗窃、抢夺武器装备、军用物资罪,非法出卖、转让武器装备罪,战时残害居民、掠夺居民财物罪。

《刑法修正案(八)》取消了走私文物罪,走私贵重金属罪,走私珍贵动物、珍贵动物制品罪,走私普通货物、物品罪,票据诈骗罪,金融凭证诈骗罪,信用证诈骗罪,虚开增值税专用发票、用于骗取出口退税、抵扣税款发票罪,伪造、出售伪造的增值税专用发票罪,盗窃罪,传授犯罪方法罪,盗掘古文化遗址、古墓葬罪,盗掘古人类化石、古脊椎动物化石罪 13 个罪名的死刑,使死刑罪名减至 55 个。《刑法修正案(九)》继续逐步减少死刑罪名,取消了走私武器、弹药罪、走私核材料罪、走私假币罪、伪造货币罪、集资诈骗罪、组织卖淫罪、强迫卖淫罪、阻碍执行军事职务罪、战时造谣惑众罪 9 个罪名的死刑,使死刑罪名减至 46 个。

4. 严格限制死刑的适用程序

立法机关对死刑的适用程序进行了严格的限定,主要体现在以下方面:(1)严格限制死刑案件的管辖法院。根据现行《刑事诉讼法》第 20 条、第 21 条的规定,可能判处死刑、无期徒刑的案件,应当由中级人民法院作为第一审法院,基层人民法院无权管辖。(2)严格限制死刑案件的核准程序。1979 年刑法第 43 条第 2 款规定:“死刑除依法由最高人民法院判决的以外,都应当报请最高人民法院核准。死刑缓期执行的,可以由高级人民法院判决或者核准。”但在实践中,为了适应同严重刑事犯罪作斗争的需要,全国人大常委会曾将部分死刑核准权下放到高级人民法院,即《关于死刑案件核准问题的决定》规定,因杀人、抢劫、强奸、爆炸、放火等罪行被判处死刑的案件,可由省、自治区、直辖市高级人民法院核准,不必报请最高人民法院核准。1983 年 9 月 2 日修订的《人民法院组织法》第 13 条前半段规定:“杀人、强奸、抢劫、爆炸以及其他严重危害公共安全和社会治安判处死刑的案件的核准权,最高人民法院在必要的时候,得授权省、自治区、直辖市的高级人民法院行使。”根据上述规定,1983 年 9 月 7 日最高人民法院发布了《关于授权高级人民法院核准部分死刑案件的通知》,将杀人、强奸、抢劫、爆炸以及其他严重危害公共安全和社会治安判处死刑的案件的核准权,依法授予各省、自治区、直辖市高级人民法院和解放军军事法院行使。1993年8月18日、1996年3月19日和1997年6月23日,最高人民法院分别发出通知,决定除最高人民法院判决的和涉外、涉港澳台地区的毒品犯罪的死刑案件外,依法授权云南省、广东省、广西壮族自治区、四川省、贵州省的高级人民法院行使毒品案件死刑核准权。现行刑法颁布后,实践中仍然维持上述关于将部分死刑案件的核准权下放到各高级人民法院行使的做法。为了统一死刑的适用标准,严格控制死刑的适用,确保死刑的公正适用,全国人大常委会于2006年10月31日通过了《关于修改〈中华人民共和国人民法院组织法的决定〉》,将《人民法院组织法》第13条修改为"死刑除依法由最高人民法院判决的以外,应当报请最高人民法院核准"。该决定自2007年1月1日起施行。自此之后,死刑的核准权全部重新回归至最高人民法院,各高级人民法院和解放军军事法院不得再行使死刑案件的核准权。

此外,《刑事诉讼法》对死刑案件的适用程序进行了具体规定。根据现行《刑事诉讼法》第246条、第247条和第248条的规定,死刑由最高人民法院核准。中级人民法院判处死刑的第一审案件,被告人不上诉的,应当由高级人民法院复核后,报请最高人民法院核准。高级人民法院不同意判处死刑的,可以提审或者发回重新审判。高级人民法院判处死刑的第一审案件被告人不上诉的,和判处死刑的第二审案件,都应当报请最高人民法院核准。中级人民法院判处死刑缓期二年执行的案件,由高级人民法院核准。这些规定,在审理、复核、核准程序等方面作了严格的限制,有利于最大限度地保证死刑的正确适用。

5. 严格限制死刑的执行程序

(1)死缓的概念

刑法第48条第1款的后半段规定:"对于应当判处死刑的犯罪分子,如果不是必须立即执行的,可以判处死刑同时宣告缓期二年执行。"这就是死刑缓期执行制度,简称为死缓。死缓并不是独立的刑种,而是死刑的一种执行方式。死缓制度是我国刑事立法的独创,它对于贯彻少杀慎杀政策,减少死刑立即执行的适用范围,促使罪犯改过自新等均具有重要的意义。

(2)死缓的适用条件

根据上述规定,死缓的适用需要具备以下条件:一是应当判处死刑。这是适用死缓的前提条件。所谓应当判处死刑,是指根据罪犯所犯罪行的严重程度和刑法的规定,对其应当判处死刑。换言之,罪犯所犯罪行,达到了罪行极其严重的程度,因而应当判处死刑。就此而言,适用死缓和适用死刑立即执行的标准是相同的。二是不是必须立即执行。这是适用死缓的实质条件。所谓不是必须立即执行,是指根据案件的具体情况,可以不立即执行死刑。刑法对于应当判处死刑的情形有明文规定,但对于哪些属于“不是必须立即执行的”情形没有明文规定,从而带来适用上的困难。根据刑事审判经验,应当判处死刑,但具有下列情形之一的,可以认定为“不是必须立即执行的”:犯罪后自首、立功、坦白或者有其他法定从轻情节的;在共同犯罪中罪行不是最严重的,或者其他在同一或同类案件中罪行不是最严重的;被害人的过错导致被告人激愤犯罪的;因婚姻家庭等民间邻里纠纷激化引发的犯罪,被害人及其家属对被告人表示谅解的;对被害人进行积极赔偿,并认罪、悔罪的;具有应当留有余地的情形的。

示例 13-11 郭某敲诈勒索、故意杀人案

二审法院认为:被告人郭某故意非法剥夺他人生命,致一人死亡,其行为已构成故意杀人罪。犯罪后果严重,应予严惩。鉴于被害人高某在本案引发上存在过错,被告人郭某有自首情节以及其家属对被害人家属做出一定的赔偿等情况,对其从轻处罚……以故意杀人罪判处被告人郭某死刑,缓期两年执行,剥夺政治权利终身。[12]

(3)死缓的处理结局

由于死缓不是独立的刑种,而是暂缓执行死刑的一种制度,因此,被适用死刑的罪犯在缓期两年执行期间会出现不同的结局。根据刑法第 50 条第 1 款的规定,对于被判处死缓的犯罪分子,有以下四种不同的处理结局:一是在死刑缓期执行期间,如果没有故意犯罪,2 年期满以后,减为无期徒刑;二是在死刑缓期执行期间,如果确有重大立功表现(应当根据刑法第 78 条的规定予以确定),2 年期满以后,减为 25 年有期徒刑;三是在死刑缓期执行期间,如果故意犯罪,情节恶劣的,报请最高人民法院核准后执行死刑;四是在死刑缓期执行期间,如果故意犯罪,情节一般、未执行死刑的,死刑缓期执行的期间重新计算,并报最高人民法院备案。

示例 13-12 黄某故意杀人、放火案

审理法院认为:黄某在死刑缓期二年执行期间,能认罪悔罪;认真遵守法律法规及监规,接受教育改造;积极参加思想、文化、职业技术教育;积极参加劳动,完成生产任务;没有故意犯罪,依法应当减刑。……裁定如下:将黄某的刑罚减为无期徒刑,剥夺政治权利终身。[13]

---

〔12〕 浙江省高级人民法院(2017)浙刑终 379 号刑事裁定书。

〔13〕 湖北省高级人民法院(2016)鄂刑更 1379 号刑事裁定书。

(4)死缓减刑限制

刑法第50条第2款规定："对被判处死刑缓期执行的累犯以及因故意杀人、强奸、抢劫、绑架、放火、爆炸、投放危险物质或者有组织的暴力性犯罪被判处死刑缓期执行的犯罪分子,人民法院根据犯罪情节等情况可以同时决定对其限制减刑。"这就是死缓限制减刑制度。根据这一规定,限制减刑的对象有特别的限制,即只能是死缓犯,且是累犯以及实施故意杀人、强奸、抢劫、绑架、放火、爆炸、投放危险物质或者有组织的暴力性犯罪的犯罪分子。人民法院在对特定的死缓犯定罪量刑的时候,根据其犯罪性质、犯罪情节、再犯可能性等,认为有必要强制服满最低刑期的,则可以作出限制减刑的决定。由此可见,限制减刑是一种量刑制度,而非刑罚执行制度,其只能在法院定罪量刑时作出,而不能在宣告死缓判决后再补充决定。

示例13-13　李某故意杀人案

重审法院认为:被告人李某的行为已构成故意杀人罪,罪行极其严重,论罪应当判处死刑。本案系因民间矛盾引发的犯罪;案发后李某的母亲梁某在得知李某杀人后的行踪时,主动、及时到公安机关反映情况,并积极配合公安机关将李某抓获归案……李某虽系累犯,但此前所犯盗窃罪的情节较轻。综合考虑上述情节,可以对李某酌情从宽处罚,对其可不判处死刑立即执行。同时,鉴于其故意杀人手段残忍,又系累犯,且被害人亲属不予谅解,故依法判处被告人李某死刑,缓期二年执行,同时决定对其限制减刑。[14]

根据刑法第78条第2款的规定,被限制减刑的死缓犯,缓期执行期满后依法减为无期徒刑的,实际服刑不能少于25年;缓期执行期满后依法减为25年有期徒刑的,实际服刑不能少于20年。

(5)死缓终身监禁

刑法第383条第4款规定:"犯第一款罪,有第三项规定情形被判处死刑缓期执行的,人民法院根据犯罪情节等情况可以同时决定在其死刑缓期执行二年期满依法减为无期徒刑后,终身监禁,不得减刑、假释。"这就是死缓终身监禁制度,即对犯贪污罪、受贿罪的犯罪分子,如果犯罪数额特别巨大,并使国家和人民利益遭受特别重大损失的,被判处死刑缓期2年执行,并处没收财产的,人民法院根据犯罪情节等情况可以同时决定在其死刑缓期执行2年期满依法减为无期徒刑后,终身监禁,不得减刑、假释。根据这一规定,死缓终身监禁的适用对象是贪污罪犯和受贿罪犯;适用前提是犯罪数额特别巨大,并使国家和人民利益遭受特别重大的损失,从而被判处死刑缓期两年执行;适用条件是犯罪情况;适用后果是死刑缓期2年期满后终身监

〔14〕黑龙江省高级人民法院(2011)黑刑三终字第63号刑事判决书。

禁,不得减刑、假释。应当注意的是,终身监禁是一种量刑制度,而非刑罚执行制度,法院只能在定罪量刑的同时作出,而不能在宣告死缓判决后又再补充决定。另外,终身监禁的决定原则上不得变更,但如果在死刑缓期2年执行期间,被适用终身监禁的罪犯有重大立功表现或者故意犯罪、情节恶劣的,则根据刑法第50条第1款的规定,应当分别减为25年有期徒刑或者报请最高人民法院执行死刑。在这两种情形下,由于死缓没有变更为无期徒刑,不能适用终身监禁。

示例13-14 白某受贿、巨额财产来源不明罪

一审法院认为:被告人白某的行为分别构成受贿罪和巨额财产来源不明罪,应当数罪并罚。其中,白某受贿数额特别巨大,犯罪情节特别严重,社会影响特别恶劣,给国家和人民利益造成特别重大损失,论罪应当判处死刑。鉴于其到案后,如实供述自己罪行,主动交代办案机关尚未掌握的大部分受贿犯罪事实,认罪悔罪,且赃款赃物已全部追缴,具有法定、酌定从轻处罚情节,对其判处死刑,可不立即执行……白某犯受贿罪,判处死刑,缓期二年执行,剥夺政治权利终身,并处没收个人全部财产。同时,根据白某的犯罪事实和情节,依据刑法的有关规定,决定在其死刑缓期执行2年期满依法减为无期徒刑后,终身监禁,不得减刑、假释;犯巨额财产来源不明罪,判处有期徒刑10年。〔15〕

(6)死缓的期间计算

刑法第51条规定:"死刑缓期执行的期间,从判决确定之日起计算。死刑缓期执行减为有期徒刑的刑期,从死刑缓期执行期满之日起计算。"根据2002年11月5日最高人民法院《关于死刑缓期执行的期间如何确定问题的批复》的规定,死刑缓期执行的期间,从判决确定或者裁定核准死刑缓期2年执行的法律文书宣告或者送达之日起计算。死缓判决确定之前的羁押时间,不计算在缓期2年的期限之内。死缓减为有期徒刑的,不管何时裁定,有期徒刑的期限应当从死刑缓期执行期满之日起计算,而不是从裁定之日起计算。

第三节 附加刑

附加刑,又称从刑,是补充主刑适用的刑罚方法。附加刑的特点是,既可以附加适用,也可以独立适用。附加适用时,可以同时适用两个或者两个以上的附加刑。

〔15〕"白某受贿、巨额财产来源不明案",载《人民法院报》2016年10月10日。

与主刑相比,附加刑的适用更加灵活,其与主刑、其他附加刑原则上均不存在互斥性。

一、罚金

(一)罚金的概念

罚金,是指人民法院判处罪犯向国家缴纳一定数额金钱的刑罚方法。罚金属于财产刑,是刑罚的一种,不同于行政罚款。罚金和行政罚款在处罚性质、适用对象、适用主体、适用依据等方面均存在严格的区别。

罚金既有优点,也有缺陷。罚金的优点是不剥夺罪犯的人身自由,罪犯不被关押,从而避免了狱中的“交叉感染”,有利于罪犯回归社会;其缺点是刑罚效果因贫富之差而完全不同,有违刑罚的公平性,且具有可替代支付性,有违刑罚的一身专属性。对于罚金优点和缺点并存的特点,在具体适用时应当予以注意。

(二)罚金的适用

1. 罚金的立法规定

刑法关于罚金数额的规定,主要有以下五种方式:(1)比例罚金制,即不规定具体的罚金数额,而是根据犯罪数额的一定比例确定罚金的数额。例如,刑法第160条规定,犯欺诈发行股票、债券罪的,处5年以下有期徒刑或者拘役,并处或者单处非法募集资金金额1%以上5%以下罚金。(2)倍数罚金制,即不规定具体的罚金数额,而是根据犯罪数额的一定倍数确定罚金的数额。例如,刑法第180条规定,犯内幕交易、泄露内幕信息罪,情节特别严重的,处5年以上10年以下有期徒刑,并处违法所得1倍以上5倍以下的罚金。(3)混合罚金制,即不规定具体的罚金数额,而是根据犯罪数额的一定比例或者一定倍数来确定罚金的数额。例如,刑法第148条规定,犯生产、销售不符合卫生标准的化妆品罪,处3年以下有期徒刑或者拘役,并处或者单处销售金额50%以上2倍以下罚金。(4)特定罚金制,即明确规定罚金的具体数额或者幅度。例如,刑法第176条规定,犯非法吸收公众存款罪,数额巨大或者有其他严重情节的,处3年以上10年以下有期徒刑,并处5万元以上50万元以下罚金。(5)抽象罚金制,即笼统地规定判处罚金,但不规定具体的数额,也不规定罚金数额的计算方法。例如,刑法第141条规定,犯生产、销售假药罪,对人体健康造成严重危害或者有其他严重情节的,处3年以上10年以下有期徒刑,并处罚金。

2. 罚金的适用方式

根据刑法分则的规定,罚金主要有以下几种适用方式:(1)选处罚金,即罚金作为一种与主刑并列的刑种,由人民法院根据犯罪的具体情况选择适用。一旦决定适用罚金,则不得适用其他主刑。例如,刑法第275条规定,故意毁坏财物,数额较大或者有其他严重情节的,处3年以下有期徒刑、拘役或者罚金。(2)单处罚金,即对罪犯只能判处罚金,不能判处其他刑罚。根据刑法分则的规定,对犯罪的单位只能单处罚金,不能判处其他刑罚。(3)并处罚金,即在对罪犯判处主刑的同时附加适用罚金,并且必须附加适用。例如,刑法第186条规定,违法发放贷款,数额特别巨大或者造成特别重大损失的,处5年以上有期徒刑,并处2万元以上20万元以下罚金。(4)并处或者单处罚金,即罚金既可以附加主刑适用,也可以作为一种与主刑并列的刑种供选择适用。例如,刑法第216条规定,假冒他人专利,情节严重的,处3年以下有期徒刑或者拘役,并处或者单处罚金。根据2000年11月15日最高人民法院《关于适用财产刑若干问题的规定》(以下简称《财产刑规定》)第4条规定,犯罪情节较轻,适用单处罚金不致再危害社会并具有下列情形之一的,可以依法单处罚金:(1)偶犯或者初犯;(2)自首或者有立功表现的;(3)犯罪时不满18周岁的;(4)犯罪预备、中止或者未遂的;(5)被胁迫参加犯罪的;(6)全部退赃并有悔罪表现的;(7)其他可以依法单处罚金的情形。

3. 罚金数额的司法确定

刑法第52条规定:"判处罚金,应当根据犯罪情节决定罚金数额。"这里的犯罪情节,是指表明犯罪行为的法益侵害和行为人的人身危险性的各种事实,包括犯罪手段、犯罪对象、犯罪后果、犯罪时间、犯罪地点等各方面的情况。根据《财产刑规定》第2条规定,人民法院应当根据犯罪情节,如违法所得数额、造成损失的大小等,并综合考虑犯罪分子缴纳罚金的能力,依法判处罚金。刑法没有明确规定罚金数额标准的,罚金的最低数额不能少于1000元。对未成年人犯罪应当从轻或者减轻判处罚金,但罚金的最低数额不能少于500元。

示例13-15 王某非法经营案

二审法院认为:考虑到王某涉案经营数额、个人实际所得、犯罪持续时间及缴纳罚金能力,原审法院为保证罚金刑发挥应有的刑罚作用,适用从犯情节,对王某判处的主刑予以从轻处罚的同时,对其判处的罚金刑予以减轻处罚并无不当。[16]

4. 罚金的缴纳

刑法第53条规定:"罚金在判决指定的期限内一次或者分期缴纳。期满不缴纳的,强制缴纳。对于不能全部缴纳罚金的,人民法院在任何时候发现被执行人有可以执行的财产,应当随时追缴。由于遭遇不能抗拒的灾祸等原因缴纳确实有困难的,经人民法院裁定,可以延期缴纳、酌情减少或者免除。"根据这一规定,罚金有六

〔16〕《刑事审判参考》(总第90集),法律出版社2013年版,第36~37页。

种缴纳方式,即一次缴纳、分期缴纳、强制缴纳、随时缴纳、延期缴纳和减免缴纳。参照《财产刑规定》第5条、第6条和第7条的规定,"判决指定的期限"应当在判决书中予以确定;"判决指定的期限"应为从判决发生法律效力第2日起最长不超过3个月。"由于遭遇不能抗拒的灾祸缴纳确实有困难的",主要是指因遭受火灾、水灾、地震等灾祸而丧失财产;罪犯因重病、伤残等而丧失劳动能力,或者需要罪犯抚养的近亲属患有重病,需支付巨额医药费等,确实没有财产可供执行的情形。具有"可以酌情减少或者免除"事由的,由罪犯本人、亲属或者犯罪单位向负责执行的人民法院提出书面申请,并提供相应的证明材料。人民法院审查以后,根据实际情况,裁定减少或者免除应当缴纳的罚金数额。

二、剥夺政治权利

(一)剥夺政治权利的概念和内容

剥夺政治权利,是指剥夺犯罪分子参加管理国家和政治活动的权利的刑罚方法。根据刑法第54条的规定,剥夺政治权利是指剥夺下列权利:(1)选举权和被选举权;(2)言论、出版、集会、结社、游行、示威自由的权利;(3)担任国家机关职务的权利;(4)担任国有公司、企业、事业单位和人民团体领导职务的权利。剥夺政治权利,是同时剥夺上述四种权利,而不是只剥夺上述权利的一种或数种。

(二)剥夺政治权利的适用对象

剥夺政治权利的适用对象比较广泛,既可以适用于严重犯罪,也可以适用于轻微犯罪;既可以适用于危害国家安全的犯罪,也可以适用于普通刑事犯罪。在实践中,剥夺政治权利是一种适用较多的附加刑。

(三)剥夺政治权利的适用方式

剥夺政治权利的适用方式主要有附加适用和独立适用两种方式,其中,附加适用又有应当附加适用和可以附加适用两种。

1. 附加适用

根据刑法总则规定,对于严重犯罪,应当或者可以附加剥夺政治权利。具体分为以下两种情形:

(1)应当附加适用,即人民法院没有选择的余地,在适用主刑的同时必须依法附加剥夺政治权利。根据刑法第56条、第57条的规定,应当附加剥夺政治权利的情况有以下两种:第一,对危害国家安全的犯罪分子应当附加剥夺政治权利。此种情况下,附加剥夺政治权利的根据是犯罪的性质,即犯罪分子实施了危害国家安全的犯罪,而不管对其适用的是何种主刑。这是因为,危害国家安全的犯罪分子往往利用了其享有的政治权利,对其附加剥夺政治权利,既是对其滥用政治权利的惩罚,也是预防其再次利用政治权利实施犯罪。应当注意的是,刑法分则对危害国家安全罪中一些情节较轻的犯罪,规定了可以单处剥夺政治权利,如果法院独立适用了剥夺政治权利,则不应再附加适用剥夺政治权利。第二,对于被判处死刑、无期徒刑的犯罪分子,应当附加剥夺政治权利终身。此种情形下,附加剥夺政治权利的根据是犯罪分子适用的主刑的种类,至于其所实施的犯罪的性质,则在所不问。刑法之所以规定对死刑犯、无期徒刑犯应当附加剥夺政治权利终身,主要有以下几点考虑:对其予以政治上的否定评价;防止其被赦免或者假释后再次利用政治权利实施犯罪;便于处理与罪犯有关的民事法律关系,如出版权的行使问题等。

(2)可以附加适用,即人民法院可以根据案件的具体情况决定是否适用附加剥夺政治权利。根据刑法第 56 条规定,对于故意杀人、强奸、放火、爆炸、投毒、抢劫等严重破坏社会秩序的犯罪分子,可以附加剥夺政治权利。另外,根据 1998 年 1 月 13 日最高人民法院《关于对故意伤害、盗窃等严重破坏社会秩序的犯罪分子能否适用附加剥夺政治权利问题的批复》,对故意伤害、盗窃等严重破坏社会秩序的犯罪,犯罪分子主观恶性较深、犯罪情节恶劣、罪行严重的,也可以附加剥夺政治权利。

示例 13-16 韩某等诈骗案

一审法院认为:被告人韩某、宋某、吴某、郭某、崔某、李某共同以非法占有为目的,采用虚构事实、隐瞒真相的方法骗取他人人民币……上述各被告人诈骗数额均属特别巨大,其行为均已构成诈骗罪,且系共同犯罪……判决如下:(1)被告人韩某犯诈骗罪,判处有期徒刑 10 年 3 个月,剥夺政治权利 2 年,并处罚金人民币 3 万元。(2)被告人宋某犯诈骗罪,判处有期徒刑 10 年 6 个月,剥夺政治权利 2 年,并处罚金人民币 3 万元。[17]

2. 独立适用

根据刑法分则规定,对于罪质较轻的犯罪或者罪质严重但情节较轻的犯罪,可以独立适用附加剥夺政治权利。在这种情况下,剥夺政治权利是作为与主刑并列的一种刑罚方法供选择适用的,一旦选择适用剥夺政治权利,则不得适用其他主刑。应当强调的是,如果刑法分则没有规定独立适用附加剥夺政治权利,则不得予以适用。刑法分则主要对危害国家安全犯罪,侵犯公民人身权利、民主权利罪,妨害社会管理秩序罪以及危害国防利益罪等章节的犯罪,规定了可以选择适用剥夺政治权利。例如刑法第 105 条第 1 款规定,对武装叛乱或者武装暴乱的一般参加者,处 3 年以下有期徒刑、拘役、管制或者剥夺政治权利。

〔17〕 江苏省昆山市人民法院(2015)昆刑二初字第 00568 号刑事判决书。

示例 13-17 杨某诽谤案

一审法院认为:被告人杨某在未核实自己听闻的“事实”的情况下,故意捏造自诉人“吃空饷”“冒充公职人员”并在互联网上散布部分虚构的事实,贬损他人名誉,在互联网上被不明真相的网民点击、浏览至少 5000 次以上,情节严重,其行为已构成诽谤罪……判决如下:被告人杨某犯诽谤罪,剥夺政治权利 1 年。[18]

(四)剥夺政治权利的期限

剥夺政治权利的期限分为以下四种情况:(1)被判处死刑、无期徒刑的犯罪分子,应当剥夺政治权利终身。(2)在死刑缓期执行减为有期徒刑或者无期徒刑减为有期徒刑的时候,应当将附加剥夺政治权利的期限改为 3 年以上 10 年以下。(3)独立适用或者判处有期徒刑、拘役附加剥夺政治权利的期限,为 1 年以上 5 年以下。(4)判处管制附加剥夺政治权利的期限与管制的期限相同。

(五)剥夺政治权利期限的计算与执行

根据刑法第 55 条和第 58 条的规定与判决执行的一般规则,剥夺政治权利期限的起算与执行,有以下四种情况:(1)判处管制附加剥夺政治权利的,剥夺政治权利的期限与管制的期限同时起算,同时执行。(2)判处有期徒刑、拘役附加剥夺政治权利的,剥夺政治权利的期限,从主刑执行完毕之日或者假释之日起计算。剥夺政治权利的效力当然及于主刑执行期间。即对于这类罪犯,在有期徒刑、拘役执行期间,当然剥夺政治权利;而对于被判处有期徒刑、拘役、管制而没有附加剥夺政治权利的罪犯,在执行期间仍然享有政治权利。这是两类罪犯的不同之处,应予注意。(3)死刑缓期执行减为有期徒刑或者无期徒刑减为有期徒刑,附加剥夺政治权利的期限改为 3 年以上 10 年以下,其刑期应当从减刑后的有期徒刑执行完毕或者假释之日起计算。罪犯在执行有期徒刑期间,当然也不享有政治权利。(4)独立适用剥夺政治权利的期限的起算,应从判决执行之日起计算。

剥夺政治权利由公安机关执行。根据刑法第 58 条第 2 款的规定,被剥夺政治权利的犯罪分子,在执行期间,应当遵守法律、行政法规和国务院公安部门有关监管管理的规定,服从监督;不得行使刑法第 54 条规定的各项权利。剥夺政治权利期满,应当由执行机关通知本人,并向有关群众公开宣布恢复政治权利。罪犯在恢复政治权利后,便享有法律赋予的政治权利。但是,有的政治权利因为法律的特别规定却不可能再享有。如根据《法官法》《检察官法》的有关规定,曾因犯罪受过刑事处罚的,不得担任法官、检察官。

---

[18] 湖南省吉首市人民法院(2017)湘 3101 刑初 368 号刑事判决书。

三、没收财产

(一)没收财产的概念

没收财产,是指将罪犯个人所有财产的一部或者全部,强制无偿地收归国有的刑罚方法。

没收财产与罚金虽然同属于财产刑,但二者存在以下区别:(1)适用对象不同。没收财产主要适用于危害国家安全罪和破坏社会主义市场经济秩序罪、侵犯财产罪、妨害社会管理秩序罪、贪污贿赂罪中情节较重的犯罪,而罚金主要适用于情节较轻的贪利性犯罪。(2)内容不同。没收财产是剥夺罪犯个人现实所有财产的一部或者全部,既可以是金钱,也可以是其他财物;而罚金则是剥夺罪犯一定数额的金钱,且不一定是现实所有的。(3)执行方式不同。没收财产只能是一次性没收,不存在分期执行或者减免的问题;而罚金可以一次缴纳,也可以分期缴纳,如果缴纳确有困难,还可以减免。

没收财产与没收犯罪物品存在本质的区别。刑法第 64 条规定:“犯罪分子违法所得的一切财物,应当予以追缴或者责令退赔;对被害人的合法财产,应当及时返还;违禁品和供犯罪所用的本人财物,应当予以没收。没收的财物和罚金,一律上缴国库,不得挪用和自行处理。”罪犯所得财物,本来属于国家或者他人所有,理应予以追缴或者责令退赔;犯罪所涉及的违禁品,是国家法律禁止个人非法所有的物品,当然应予没收;供犯罪所用的财物,具有诉讼证据的作用,没收这些财物是刑事诉讼的需要。可见,没收财产事实上是没收罪犯合法所有并且没有用于犯罪的财产,不得以追缴犯罪所得、没收违禁品与供犯罪所用的本人财物来代替或折抵没收财产。

(二)没收财产的适用方式

从理论上来说,没收财产刑属于附加刑,因而既可以附加适用,也可以独立适用。但从刑法分则的规定来看,只规定了没收财产附加适用,而未规定独立适用。具体有以下三种适用方式:(1)应当并处。即在对罪犯适用主刑的同时,必须附加适用没收财产。例如,刑法第 239 条第 2 款规定,以勒索财物为目的绑架他人或者绑架他人作为人质,杀害被绑架人的,或者故意伤害被绑架人,致人重伤、死亡的,处无期徒刑或者死刑,并处没收财产。(2)可以并处。即在对罪犯适用主刑的同时,可以附加适用没收财产,也可以不附加适用没收财产,是否附加适用,由审判人员酌情决定。例如,刑法第 163 条第 1 款后半段规定,公司、企业或者其他单位的工作人员利用职务上的便利,索取他人财物或者非法收受他人财物,为他人谋取利益,数额巨大的,处 5 年以上有期徒刑,可以并处没收财产。(3)选择并处。即在对罪犯适用主刑的同时,将没收财产和罚金作为两种选择性的附加刑供审判人员选择适用,审判人员既可以选择没收财产附加于主刑适用,也可以选择罚金附加于主刑适用,但两者必居其一。例如,刑法第 234 条之一第 1 款后半段规定,组织他人出卖人体器官,情节严重的,处 5 年以上有期徒刑,并处罚金或者没收财产。

(三)没收财产的范围

刑法第 59 条规定:“没收财产是没收犯罪分子个人所有财产的一部或者全部。没收全部财产的,应当对犯罪分子个人及其扶养的家属保留必需的生活费用。在判处没收财产的时候,不得没收属于犯罪分子家属所有或者应有的财产。”根据这一规定,判处没收财产时,既可以判处没收罪犯个人所有财产的一部,也可以判处没收罪犯个人所有财产的全部。究竟是没收全部财产还是没收部分财产,要根据罪行轻重以及罪犯的人身危险性大小确定。根据刑法规定,行为人犯数罪依法同时并处罚金和没收财产的,应当分别执行;判处两个没收财产的,也应分别执行。但是,对一个犯罪判处没收全部财产,对另一个犯罪判处没收部分财产的,只需要执行没收全部财产。当决定没收罪犯全部财产时,应当为罪犯个人及其扶养的家属保留必需的生活费用,这是人道主义的要求,也是维护社会稳定的需要。

示例 13-18 杨某贪污、受贿案

一审法院判决:被告人杨某犯贪污罪,判处有期徒刑 15 年,并处没收财产 20 万元,犯受贿罪,判处有期徒刑 11 年,并处没收财产 10 万元,决定执行有期徒刑 18 年,并处没收财产 30 万元。[19]

示例 13-19 潘某等抢劫案

二审法院认为:潘某等五人实施的抢劫行为给被害单位中财公司和新浙公司均造成极其严重的经济损失,抢劫数额巨大,应予严惩……被告人潘某犯抢劫罪,判处无期徒刑,剥夺政治权利终身,并处没收个人全部财产。[20]

(四)以没收财产偿还正当债务的问题

刑法第 60 条规定:“没收财产以前犯罪分子所负的正当债务,需要以没收的财产偿还的,经债权人请求,应当偿还。”根据这一规定,以没收财产偿还债务,应当具

---

〔19〕 浙江省高级人民法院(2009)浙刑二终字第 34 号刑事判决书。
〔20〕 江苏省高级人民法院(2014)苏刑一终字第 00162 号刑事判决书。

有以下条件:(1)必须是罪犯在财产被没收之前所负的债务,在财产被没收之后所形成的债务不得用没收财产来偿还。(2)必须是正当的债务,不正当的债务、非法的债务,不得以没收财产偿还。(3)必须是所负的债务需要以没收财产来偿还。如果罪犯还有其他财产可以偿还债务,则不得以没收的财产来偿还。(4)必须是经债权人提出请求。

(五)没收财产的执行

没收财产由人民法院执行,在必要的时候可以会同公安机关执行。在执行没收财产时,如果发现有被罪犯非法占有的公民个人的财产,经原所有人请求返还,查证属实后,应当返还原所有人。

四、驱逐出境

(一)驱逐出境的概念

驱逐出境,是指强迫犯罪的外国人离开中国国(边)境的刑罚方法。

我国刑法中的驱逐出境是一种附加刑,与《外国人入境出境管理法》规定的由公安机关决定、适用于违反出入境管理法的外国人、作为行政处罚的驱逐出境具有本质区别。主要区别有以下方面:(1)处罚的性质不同。前者是一种刑罚方法,后者是一种行政处罚。(2)适用的对象不同。前者是在我国境内犯罪的外国人,后者是违反行政法规定且情节严重的在我国境内的外国人。(3)适用的机关不同。前者由人民法院决定适用,后者由地方公安机关报告公安部,由公安部作出决定。(4)适用的依据不同。前者是刑法,后者是《外国人入境出境管理法》。(5)执行的时间不同。前者独立适用时,从判决发生法律效力之日起执行;附加适用时,从主刑执行完毕之日起执行。后者在公安部作出决定后立即执行。

(二)驱逐出境的适用

刑法第35条规定:"对于犯罪的外国人,可以独立适用或者附加适用驱逐出境。"由于驱逐出境既可以独立适用也可以附加适用,具有附加刑的基本特征,因而属于附加刑的一种。但由于驱逐出境仅适用于犯罪的外国人,不具有普遍适用的性质,因而属于一种特殊的附加刑。

我国是一个独立主权的国家,在我国境内的一切外国人都必须遵守我国的法律、法规。外国人在我国境内犯罪,除享有外交特权和豁免权的通过外交途径解决以外,一律适用我国刑法。如果犯罪的外国人继续居住在我国境内有害于我国国家和人民的利益,有在我国境内再犯罪的可能性,就可以对其单处或者并处驱逐出境。但是,适用驱逐出境时,应当慎重,要考察犯罪的性质、情节与罪犯的具体情况以及其所属国与我国的关系和相关的国际形势。因此,对犯罪的外国人,立法规定是"可以"驱逐出境,而不是"应当"驱逐出境。

示例 13-20　吴某开设赌场、赌博案

二审法院认为:根据吴某的家人均系中国籍且生活、工作在中华人民共和国国内,综合考虑吴某的犯罪情节、性质、后果、本人的情况等因素,不适用驱逐出境有利于其尽赡养、抚养责任,故对吴某不宜驱逐出境,原判对其适用驱逐出境不当,应予纠正。[21]

---

〔21〕 浙江省温州市中级人民法院(2014)浙温刑终字第 353 号刑事判决书。

第十四章　刑罚裁量

第一节　刑罚裁量概述

一、量刑的概念

（一）量刑的定义

刑罚裁量，简称量刑，是指人民法院在定罪的基础上，依法对罪犯裁量刑罚的审判活动。具体地说，是指审判机关在查明犯罪事实、认定犯罪性质的基础上，依法确定对罪犯是否判处刑罚、判处何种刑罚以及判处多重的刑罚，并决定所判刑罚是否立即执行的审判活动。量刑与定罪相对应，是整个刑事审判工作的两个环节之一。

（二）量刑的特征

量刑具有以下基本特征：

1. 量刑的主体是审判机关。量刑权是国家刑罚权的重要内容之一，属于刑事审判权的组成部分。根据宪法和法律的规定，刑事审判权专属于人民法院，因而量刑的主体只能是人民法院，其他任何机关、团体或者个人都没有量刑权。另外，基层人民法院的量刑权有一定的限制。根据刑事诉讼法的有关规定，基层人民法院不能裁量无期徒刑和死刑。

2. 量刑的基础是定罪。量刑并不是刑事审判活动的第一个环节，而是第二个环节。刑事审判活动的第一个环节是定罪，只有在查明犯罪事实、认定犯罪性质，确定应当适用的刑法条文以后，才能量刑。也就是说，刑事审判活动必须遵循先定罪后量刑的司法规律，绝不能先量刑后定罪。但是，定罪本身不是量刑的内容。

3. 量刑的内容是裁量刑罚。这里的“裁量刑罚”，是就广义而言的，包括决定判处刑罚和决定不判处刑罚两种结局。具体而言，量刑的内容有：首先决定是否对罪犯判处刑罚。然后在决定判处刑罚的前提下，进一步决定判处何种刑罚（选择刑种）、判处多重的刑罚（确定刑度）和是否立即执行（是否缓期执行）；在一人犯数罪的情况下，量刑还包括如何并罚的内容。

4. 量刑的性质是刑事审判活动。量刑的法律依据是刑法和刑事诉讼法，量刑的基础是犯罪事实和犯罪性质,量刑的对象是罪犯,因而量刑是人民法院的一种刑事审判活动。应当注意的是,人民法院在量刑的时候,可能同时确定罪犯对被害人赔偿经济损失,但这并不意味着量刑性质的改变,因为赔偿经济损失是附属于对罪犯的定罪量刑的。

二、量刑的原则

(一)量刑原则的概念

量刑原则,是指人民法院在对罪犯进行量刑时必须遵循的基本准则。在理解量刑原则这一概念时,应当注意以下两点:(1)量刑原则应限于对人民法院的量刑活动具有指导和制约作用的准则。罪责刑相适应原则,作为刑法的基本原则,无疑对人民法院的量刑也具有指导和制约作用,但因其贯穿于刑事立法和刑事司法活动的始终,不仅对刑事司法活动(包括量刑)具有指导和制约意义,而且对刑事立法活动也有指导和制约意义,因而是刑法的基本原则,而非量刑原则。(2)量刑原则是人民法院在量刑时必须遵循的基本准则,具有全局性。如果某一原则仅对量刑的某个方面具有指导和制约作用,如未成年犯从宽处罚原则,则不是量刑原则。

(二)量刑原则的内容

刑法第61条规定:"对于犯罪分子决定刑罚的时候,应当根据犯罪的事实、犯罪的性质、情节和对于社会的危害程度,依照本法的有关规定判处。"根据这一规定,量刑原则的内容是以犯罪事实为根据,以刑事法律为准绳。

1. 以犯罪事实为根据

以犯罪事实为根据,是指以犯罪的事实、犯罪的性质、情节和对于社会的危害程度为根据。要全面贯彻这一原则,必须做到以下几点:

(1)认真查清犯罪事实。这里的"犯罪事实",是指狭义的犯罪事实,即符合刑法规定的犯罪构成要件的事实。因此,查清犯罪事实,就是要查明行为主体实施了什么客观行为、造成了什么危害结果、侵犯了什么法益、行为主体的主观心态如何等。认真查清犯罪事实,是量刑的首要环节。

(2)准确认定犯罪性质。这里的"犯罪性质",是犯罪构成体现的犯罪性质(质的规定性)。不同的罪质,标志着不同犯罪所侵犯、威胁的法益的不同。这种不同,表明各种犯罪具有不同的罪行程度,从而决定其刑罚的不同。因此,确定了犯罪性质,也就确定了行为人的行为构成什么犯罪,以及确定了与该种犯罪相适应的法定刑,从而为适当量刑提供了必要条件。如果不能正确认定犯罪性质,法定刑的选择也就会相应地错位,最终的量刑也必然会失当。

(3)全面掌握犯罪情节。这里的"犯罪情节",是指犯罪构成事实之外的其他能够影响犯罪社会危害程度以及罪犯人身危险性大小的各种具体事实情况。正确认定犯罪性质,只是解决了应当适用的刑法条文,并没有完全圈定法定刑。只有在正确认定犯罪性质的基础上,全面掌握犯罪情节,才能为适当量刑确定更为具体的对应法定刑。由此可见,犯罪情节对正确量刑具有重要意义。具体而言,如果某一具体犯罪只有一个量刑幅度,犯罪情节决定着选择这一幅度内的何种刑种和何种刑度;如果某一具体犯罪有数个量刑幅度,犯罪情节首先决定选择哪一个量刑幅度,然后决定在选定的量刑幅度内选择何种刑种和何种刑度。

(4)综合评价犯罪的社会危害程度。在量刑时,应当通过分析、考察犯罪事实、性质和情节,综合评价罪行的程度。作为犯罪的本质特征,犯罪的社会危害程度,决定着犯罪的有无,也决定着犯罪的轻重。因此,在对罪犯量刑时,它是最主要的根据。

2. 以刑事法律为准绳

以犯罪事实为根据,并不意味着量刑必定适当。要做到量刑适当,还必须以刑事法律为准绳。量刑以刑事法律为准绳,既是罪刑法定原则的具体体现,也是社会主义法治的必然要求。量刑以刑事法律为准绳,主要包括以下内容:

(1)必须依照刑法总则的规定适用刑种和刑期。刑法总则规定了管制、拘役、有期徒刑、无期徒刑、死刑五种主刑和罚金、剥夺政治权利、没收财产、驱逐出境四种附加刑,同时规定了这些刑种的内容。在裁量刑罚时,只能适用刑法总则规定的刑种,而不能判处刑法总则没有规定的所谓“刑罚”。同时,也要遵守刑法总则规定关于有关刑种的期限规定,既不能超越法定刑期的下限,也不能突破法定刑期的上限。

(2)必须依照刑法总则规定的权限和条件适用刑罚。例如,死刑只适用于罪行极其严重的犯罪分子;对于危害国家安全的犯罪分子,应当附加剥夺政治权利终身;对于一个犯罪分子,不能同时判处两个主刑;没收财产是没收犯罪分子个人所有的财产的一部分或者全部,不得没收属于犯罪分子的家属所有或者应有的财产等。

(3)必须依照刑法总则规定的量刑制度量刑。例如,刑法总则规定了自首、立功、坦白、累犯、缓刑、数罪并罚等制度。在量刑时,不得违反这些制度。

(4)必须依照刑法分则规定的具体犯罪的法定刑量刑。刑法分则对每一种具体犯罪都确定了法定刑,除极少数犯罪只有一个法定刑幅度外,绝大多数犯罪都有两个或者两个以上的法定刑幅度。在对实施了不同具体犯罪的罪犯量刑时,必须按照分则所确定的具体犯罪的法定刑进行。在一罪有数个法定刑幅度的情况下,应当根据罪行本身的程度合理选择相对应的法定刑幅度进行量刑。

(5)必须依照刑法总则和分则关于各种量刑情节的规定量刑。刑法规定了各种从重、从轻、减轻和免除处罚的情节,其中有的是应当从轻、减轻或者免除处罚,有的是可以从轻、减轻或者免除处罚;从重、从轻、减轻或者免除处罚都有其特定含义。人民法院在量刑时,应当遵守刑法关于各种量刑情节的规定。

示例 14-1 白某故意杀人案

一审法院认为:经查,本案确系因债务纠纷引发,二被害人在激化矛盾上也确有一定责任,但被告人白某随身携带尖刀去被害人家要账,可见其有一定的预谋,并非激情犯罪;被告人仅因 400 元钱的欠款就残忍地将二被害人当场杀害(陈某腹部被捅刺 5 刀,均进入腹腔;头颈部被砍 7 刀其中 2 处创口进入颅内,致颅骨骨折。捅刺王某两刀致其倒地后,用砖击打其头面部数次,致其右侧额面部广泛挫伤塌陷、局部可见硬脑膜破裂、脑组织外露,右侧顶骨、额骨、颞骨、颧骨粉碎性骨折),其剥夺他人生命的主观故意明确,杀人犯罪的手段极其残忍……综合本案被告人犯罪的事实、犯罪的性质、情节和对社会的危害程度……判决被告人白某犯故意杀人罪,判处死刑,剥夺政治权利终身。[1]

三、量刑的基准

(一)量刑基准的概念

量刑基准,是指按刑法分则规定,对已确定适用一定幅度法定刑的个罪,在排除各种轻重情节的情况下,依其一般既遂状态的基本事实而应判定的刑罚。

确定量刑基准,是量刑规范化建设的关键。刑法分则规定的绝大多数犯罪的法定刑幅度,均存在过宽的问题,实践中对罪犯量刑轻重都很难把握,需要确定一定的基准,以便统一标准,达到最佳的量刑效果。量刑基准,就是在法定刑幅度内进一步限缩幅度范围,在法定刑和宣告刑之间架构一座过渡的桥梁。因此,量刑基准对于量刑精细化、防止量刑畸轻畸重是有积极意义的。

(二)量刑基准的确定

在量刑基准确定上,理论界主要有六种不同的观点:(1)中间线论,即主张将基准点固定在法定刑幅度的 1/2 处,从重在中间线之上,从轻则在中间线之下。(2)分格论,即主张在法定刑幅度内分出若干格,增加数个基准点,以适应从重、从轻等不同量刑情节的需要。(3)形势论,即根据治安形势的严峻与否确定基准点,该基准点随治安形势浮动,形势稳定时可适当降低量刑基准点至法定最低刑,或者以中间线为量刑基准点;形势动荡时量刑基准点须相应地水涨船高,可以和法定刑上限重合或者靠近上限某一个点。(4)主要因素论,即主张量刑基准点的确定应以对社会危害性大小起主要作用的因素为依据,并以调查统计的实例来论证。(5)重心论,即认为量刑基准点是表征行为的社会危害性大小的一个主要因素,这个因素就是抽象个罪的重心。(6)危害行为论,即认为在实践中存在大致的、可推演的将危害行为换算成为一定刑罚的方式,所以对抽象的个罪中的危害行为在不考虑任何情节时的危害

---

[1] 内蒙古自治区呼伦贝尔市中级人民法院(2017)内 07 刑初 72 号刑事判决书。

性的考察就成为量刑活动开展的第一道工序。[2]

本书基本赞同危害行为论。不过,量刑基准虽然是对法定刑幅度抽象“瘦身”的结果,但却依赖于司法经验的长期积累和总结,这并非一日之功。为此,本书提出一个初步的量刑基准方案:非数额型犯罪,以法定刑中段略下为量刑基准。法定刑幅度为单一有期徒刑的,以该幅度的2/5为量刑基准;法定刑仅为两个刑种的,以两个刑种的结合点为量刑基准;法定刑为多个刑种的,以中间刑种或中间刑种的结合点为量刑基准,但法定最高刑为有期徒刑3年的,量刑基准为有期徒刑1年;法定最高刑为有期徒刑5年的,量刑基准为2年;法定刑为10年以上有期徒刑的,基准刑为有期徒刑11年。数额型犯罪,以犯罪数额比对相应的法定刑幅度确定量刑基准。绝对确定法定刑,以绝对确定的法定刑为量刑基准。

示例14-2 王某诈骗案

二审法院认为:诈骗公私财物的犯罪数额达到数额巨大起点5万元的,在3年至4年有期徒刑幅度内确定量刑起点,在量刑起点的基础上,根据诈骗数额等其他影响犯罪构成的犯罪事实增加刑罚量,确定基准刑,犯罪数额每增加6000元,增加1个月刑期……可确定量刑起点为4年,根据诈骗数额增加刑罚量4年4个月,对上诉人王某的量刑基准刑应为8年4个月。[3]

四、量刑方法

量刑方法,是指审判人员在量刑时所适用的手段、方法、程序和步骤。要保证量刑适当,除了要遵循量刑原则外,还要求有正确的量刑方法。

传统的量刑方法是经验量刑法,又称为估堆法,即审判人员在量刑时,首先根据查明的案情和确定的案件性质,在法定刑的范围内,参照司法实践经验,大致估量出对罪犯应处的刑罚;其次考虑各种法定刑的从重、从轻、减轻和免除处罚的情节,并考虑其他影响刑罚轻重的酌定情节;最后综合地估量出对罪犯判处的刑罚。经验量刑法简便易行,具有一定的可行性。只要审判人员对案情的掌握全面,所参照的经验适当,量刑时的心态、情绪与情感正常,通常不会出现偏差。但这种方法缺乏科学标准作保障,难免会出现量刑不当的情况。为此,不少学者提出新的量刑方法,如层次分析法、数学模型法、电脑量刑法、定量分析法等。

对量刑偏差进行矫正是必要的,但是也应注意,量刑毕竟是具有高度个别化的工作,绝对的量刑均衡是不可能实现的,而且也可能违背个案正义。这是在当前量

---

[2] 周光权:《刑法总论》,中国人民大学出版社2011年版,第302~303页。

[3] 湖南省岳阳市中级人民法院(2017)湘06刑终226号刑事判决书。

刑规范化改革中应当注意的。另外,在量刑规范化建构中,应当注意责任刑情节与预防刑情节的关系,将预防刑限定在责任刑之内,注重责任主义对量刑的制约。在以责任主义限定量刑的前提下,可以采取如下量刑步骤:(1)确定罪名后根据案件的违法与责任事实确定法定刑;(2)暂时不考虑各种法定量刑情节和酌定量刑情节,确定一个基准刑;(3)根据影响责任刑的情节,确定责任刑;(4)根据预防必要性的大小,确定宣告刑。

第二节 量刑情节

一、量刑情节的概念

(一)量刑情节的定义

量刑情节,是指在犯罪构成事实之外的、对犯罪的法益侵害程度和罪犯的人身危险性大小具有影响作用的,法院在对罪犯量刑时需要考虑的各种事实情况。

(二)量刑情节的特征

1. 非构成事实性。量刑情节是犯罪构成之外的事实情况,不能用来说明犯罪的基本性质。如果某种事实情况是犯罪构成必不可少的内容,则属于构成事实,是区分罪与非罪、此罪与彼罪的事实要素,而非量刑情节。例如,刑法第 307 条第 1 款规定:"以暴力、威胁、贿买等方法阻止证人作证或者指使他人作伪证的,处三年以下有期徒刑或者拘役;情节严重的,处三年以上七年以下有期徒刑。"这里的"情节严重"是法定刑升格的条件,因而属于量刑情节。同条第 2 款规定:"帮助当事人毁灭、伪造证据,情节严重的,处三年以下有期徒刑或者拘役。"这里的"情节严重",是构成要件要素,因而不是量刑情节。有些事实情况兼具构成事实与量刑情节两种功能,究竟属于哪一种类,则应根据刑法的具体规定加以区分。例如死亡结果,相对于交通肇事罪是构成事实;相对于暴力干涉婚姻自由罪,则是量刑情节。

2. 双重反映性。量刑情节既反映犯罪行为对法益侵害的轻重,又反映罪犯的人身危险性大小,体现了行为刑法和行为人刑法的统一。正因为量刑情节具有综合反映性,因而能够成为影响刑罚轻重的各种情况。反之,如果某种事实情况,既不能反映犯罪行为对法益侵害的轻重,又不能反映罪犯的人身危险性大小,则当然不属于量刑情节。

3. 功能多重性。量刑情节是选择法定刑和决定宣告刑的依据,因而至少有两个功能:(1)影响法定刑的选择。当一个犯罪具有数个不同层次的法定刑时,法官应当根据刑法规定的情节选择法定刑。例如,刑法第 239 条第 1 款规定:"以勒索财物为目的绑架他人的,或者绑架他人作为人质的,处十年以上有期徒刑或者无期徒刑,并处罚金或者没收财产;情节较轻的,处五年以上十年以下有期徒刑,并处罚金。”绑架他人,是否“情节较轻”便成为选择法定刑的标准。既然该情节影响法定刑的选择,当然就影响量刑,因而也是一种量刑情节。(2)影响宣告刑的确定。宣告刑以法定刑为基础,法院以法定刑为基础选择具体的刑种与刑度或者免除处罚时,必须以一定的事实为依据。这些影响宣告刑确定的事实,同样属于量刑情节。如刑法第258条规定:“有配偶而重婚的,或者明知他人有配偶而与之结婚的,处二年以下有期徒刑或者拘役。”假设行为人有配偶而与他人重婚,但是系因流离失所、生活困难所致,应酌情从轻处罚,即在“二年以下有期徒刑或者拘役”这一法定刑范围内选择较轻的刑种或者刑度。

二、量刑情节的分类

(一)量刑情节分类概述

根据不同的标准,可以对量刑情节作不同的分类。对量刑情节进行分类,可以揭示不同情节的法律意义及作用,从而适当量刑。

1. 法定情节和酌定情节。根据刑法有无明文规定,可以将量刑情节分为法定情节和酌定情节。所谓法定情节,是指刑法明文规定的、在量刑时应当予以考虑的各种事实情况。所谓酌定情节,是指刑法未作明文规定、根据刑法精神和有关刑事政策,在量刑时需要酌情考虑的各种事实情况。

2. 应当型情节和可以型情节。根据情节的适用是否具有强行性要求,可以将量刑情节分为应当型情节和可以型情节。所谓应当型情节,是指法院在量刑时必须予以适用、不得拒绝适用的影响量刑轻重的各种事实情况。应当型情节均属于法定情节。所谓可以型情节,是指法院在量刑时可以选择是否适用的、具有一定裁量权的、影响量刑轻重的种种事实情况。酌定情节均属于可以型情节,部分法定情节也属于可以型情节。

3. 从宽情节和从严情节。根据情节对量刑产生的功能不同,可以将量刑情节分为从宽情节和从严情节。所谓从宽情节,是指对罪犯的量刑具有有利结果的情节。从宽情节类型较多,包括从轻处罚情节、减轻处罚情节和免除处罚情节。所谓从严情节,是指对罪犯的量刑具有不利结果的情节。从严情节只有从重情节一种,没有加重情节。

4. 责任刑情节和预防刑情节。根据情节和报应、预防的关系不同,可以将量刑情节分为责任刑情节和预防刑情节。所谓责任刑情节,是指决定行为的法益侵害程度、进而影响法定刑层次的量刑情节。例如犯罪的结果,通常是责任刑情节。所谓预防刑情节,是指决定行为人的人身危险性程度、进而影响宣告刑确定的量刑情节。

例如行为人的平时表现,就属于预防刑情节。

5. 案中情节和案外情节。根据情节与犯罪行为在时间上的关系不同,可以将量刑情节分为案中情节和案外情节。所谓案中情节,是指犯罪过程中出现的、影响量刑的各种事实情况,如犯罪手段、犯罪动机等。所谓案外情节,是指在犯罪行为之前或者之后出现的、影响量刑的各种事实情况,如犯罪人的一贯表现、是否具有前科等。一般而言,案中情节基本属于责任刑情节,案外情节基本属于预防刑情节。

6. 单功能情节和多功能情节。根据同一情节对量刑影响的功能多少的不同,可以将量刑情节分为单功能情节和多功能情节。所谓单功能情节,是指对量刑轻重的作用影响只有单一的、确定的事实情况。如累犯、教唆不满 18 周岁的人犯罪的,均属于单功能情节。一般而言,从重情节均属于单功能情节。所谓多功能情节,是指对量刑轻重的作用影响不是单一的,而是存在两种以上可供选择的事实情况。例如防卫过当情节可以产生减轻处罚和免除处罚两种效果,从犯情节可以产生从轻、减轻和免除处罚三种效果。

(二)法定量刑情节

刑法总则和分则规定的法定量刑情节共有 66 个,主要有以下类型:

1. 应当免除处罚的情节:没有造成损害的中止犯(第 24 条第 2 款前段)。

2. 可以免除处罚的情节:(1)犯罪较轻且自首的(第 67 条第 1 款后段);(2)非法种植罂粟或者其他毒品原植物在收获前自动铲除的(第 351 条第 3 款)。

3. 应当减轻或者免除处罚的情节:(1)防卫过当(第 20 条第 2 款);(2)避险过当(第 21 条第 2 款);(3)胁从犯(第 28 条)。

4. 应当减轻处罚的情节:造成损害的中止犯(第 24 条第 2 款后段)。

5. 可以免除或者减轻处罚的情节:在国外犯罪,已在外国受过刑罚处罚的(第 10 条)。

6. 可以减轻或者免除处罚的情节:(1)有重大立功表现的(第 68 条第 1 款后段);(2)在被追诉前主动交代向非国家工作人员等行贿行为的(第 164 条第 3 款);(3)拒不支付劳动报酬,尚未造成严重后果,在提起公诉前支付劳动者的劳动报酬,并依法承担相应赔偿责任的(第 276 条之一第 3 款);(4)行贿人在被追诉前主动交代行贿行为,且犯罪较轻的,对侦破重大案件起关键作用的,或者有重大立功表现的(刑法第 390 条第 2 款后段);(5)介绍贿赂人在被追诉前主动交代介绍贿赂行为的(第 392 条第 2 款)。

7. 应当从轻、减轻或者免除处罚的情节:从犯(第 27 条第 2 款)。

8. 可以从轻、减轻或者免除处罚的情节:(1)又聋又哑的人或者盲人犯罪(第 19 条);(2)预备犯(第 22 条第 2 款);(3)贪污数额较大或者有其他较重情节,在提起公诉前如实供述自己罪行,真诚悔罪、积极退赃,避免、减少损害结果的发生的(第

383 条第 3 款前段)。

9. 应当从轻或者减轻处罚的情节:(1)已满 75 周岁的人过失犯罪的(第 17 条之一);(2)已满 14 周岁不满 18 周岁的人犯罪(第 17 条第 3 款)。

10. 可以减轻处罚的情节:犯罪后如实供述自己罪行,避免特别严重后果发生的(第 67 条第 3 款)。

11. 可以从轻或者减轻处罚的情节:(1)已满 75 周岁的人故意犯罪的(第 17 条之一);(2)尚未完全丧失辨认或者控制自己行为能力的精神病人犯罪的(第 18 条第 3 款);(3)未遂犯(第 23 条第 2 款);(4)被教唆的人没有犯被教唆的罪时的教唆犯(第 29 条第 2 款);(5)自首的(第 67 条第 1 款中段);(6)有立功表现的(第 68 条第 1 款前段);(7)行贿人在被追诉前主动交代行贿行为的(第 390 条第 2 款前段)。

12. 可以从轻处罚的情节:(1)犯罪后如实供述自己罪行的(第 67 条第 3 款);(2)贪污数额巨大或者有其他严重情节,数额特别巨大或者有其他特别严重情节,在提起公诉前如实供述自己罪行,真诚悔罪、积极退赃,避免、减少损害结果的发生的(第 383 条第 3 款后段)。

13. 应当从重处罚的情节:(1)教唆不满 18 周岁的人犯罪的(第 29 条第 1 款);(2)累犯(第 65 条第 1 款);(3)策动、胁迫、勾引、收买国家机关工作人员、武装部队人员、人民警察、民兵进行武装叛乱或者武装暴乱的(第 104 条第 2 款);(4)与境外机构、组织、个人相勾结犯刑法第 103 条、第 104 条、第 105 条规定之罪的(第 106 条);(5)掌握国家秘密的国家工作人员犯叛逃罪的(第 109 条第 2 款);(6)武装掩护走私的(第 157 条第 1 款);(7)国有公司、企业、事业单位的工作人员,徇私舞弊犯刑法第 168 条第 1 款与第 2 款之罪的(第 168 条第 3 款);(8)伪造货币并出售或者运输伪造的货币的(第 171 条第 3 款);(9)银行或者其他金融机构的工作人员利用职务上的便利,窃取、收买或者非法提供他人信用卡信息资料的(第 177 条之一第 3 款);(10)银行或者其他金融机构的工作人员违反国家规定,向关系人发放贷款的(刑法第 186 条第 2 款);(11)奸淫幼女的(第 236 条第 2 款);(12)猥亵儿童的(第 237 条第 3 款);(13)非法拘禁具有殴打、侮辱情节的(第 238 条第 1 款);(14)国家机关工作人员利用职权犯刑法第 238 条前 3 款规定之罪的(第 238 条第 4 款);(15)国家机关工作人员犯诬告陷害罪的(第 243 条第 2 款);(16)司法工作人员滥用职权犯非法搜查罪或非法侵入住宅罪的(第 245 条第 2 款);(17)刑讯逼供或暴力取证致人伤残、死亡的(第 247 条);(18)虐待被监管人致人伤残、死亡的(第 248 条第 1 款);(19)邮政工作人员私拆、隐匿、毁弃邮件、电报而窃取财物的(第 253 条第 2 款);(20)冒充人民警察招摇撞骗的(第 279 条第 2 款);(21)引诱未成年人参加聚众淫乱活动的(第 301 条第 2 款);(22)司法工作人员阻止证人作证、指使他人作伪证或者帮助毁灭、伪造证据的(第 307 条第 3 款);(23)盗伐、滥伐国家级自然保护区内的森林或者其他林木的(第345条第4款);(24)利用、教唆未成年人走私、贩卖、运输、制造毒品或者向未成年人出售毒品的(第347条第6款);(25)缉毒人员或者其他国家机关工作人员掩护、包庇走私、贩卖、运输、制造毒品的犯罪分子的(第349条第2款);(26)引诱、教唆、欺骗或者强迫未成年人吸食、注射毒品的(第353条第3款);(27)因走私、贩卖、运输、制造、非法持有毒品罪被判过刑,又实施毒品犯罪的(第356条);(28)旅馆业、饮食服务业、文化娱乐业、出租汽车业等单位的人员利用本单位的条件,组织、强迫、引诱、容留、介绍他人卖淫的(第361条第2款);(29)制作、复制淫秽的电影、录像等音像制品组织播放的(第364条第3款);(30)向不满18周岁的未成年人传播淫秽物品的(第364条第4款);(31)战时破坏武器装备、军事设施、军事通信的(第369条第3款);(32)挪用用于救灾、抢险、防汛、优抚、扶贫、移民、救济款物归个人使用的(第384条第2款);(33)索取贿赂的(第386条);(34)徇私舞弊犯食品监管渎职罪的(第408条之一第2款);(35)阻碍执行军事职务的(第426条);(36)伪造、变造海关签发的报关单等凭证和单据,并用于骗购外汇的(《关于惩治骗购外汇、逃汇和非法买卖外汇犯罪的决定》第1条第2款);(37)海关、外汇管理部门以及金融机构、从事对外贸易经营活动的公司、企业或者其他单位的工作人员与骗购外汇或者逃汇的行为人通谋,为其提供购买外汇的有关凭证或者其他便利条件的,或者明知是伪造、变造的凭证和单据而售汇、付汇的(《关于惩治骗购外汇、逃汇和非法买卖外汇犯罪的决定》第5条)。

(三)酌定量刑情节

酌定量刑情节既可能影响责任刑,也可能影响预防刑。根据司法实践,常见的酌定量刑情节主要有以下几种:

1. 犯罪的手段。犯罪的手段作为构成要件要素时,不是量刑情节;犯罪的手段不是犯罪构成要件要素,则可能体现罪行的轻重,因而属于责任刑情节。例如同是故意杀人,使用凌迟的手段就比使用毒杀的手段具有更为严重的侵害,因而在量刑时应当有所区别。

2. 犯罪的时空和环境。犯罪的时间、地点和环境不同,在一定程度上也能说明罪行的轻重程度不同,因而也是影响责任刑的因素。例如在地震时对灾民实施盗窃、抢劫等犯罪,就比在其他时间对其他公民实施相同的犯罪行为的社会危害更为严重,因而在量刑时应当考虑。

3. 犯罪的对象。在刑法没有将特定的犯罪对象作为构成要素的情况下,行为对象的不同,也可能反映罪行的轻重不同,因而也是影响责任刑的因素。例如强奸对性根本没有辨识能力的幼女和强奸妇女,在罪行轻重上存在差别,因而在量刑时应当考虑。

4. 犯罪的后果。作为非构成要件的结果,虽然对定罪不起作用,但直接表明行为对法益的侵害程度,因而是量刑的重要情节。例如诈骗他人用于治病的现金,导致无法看病而死亡的,其危害程度就比没有这种后果的盗窃要严重得多,因而在量刑时应当考虑。

5. 犯罪的目的和动机。在刑法没有将特定的犯罪目的和动机作为构成要素的情况下,犯罪目的和动机不同,可能反映行为人的主观恶性或人身危险性不同,因而是影响预防刑的要素。例如同样是挪用公款犯罪,有的是出于贪图享乐,有的是出于家庭正常开支急需,前者的主观恶性显然大于后者,在量刑时应当有所区别。

6. 犯罪后的态度。其反映行为人的人身危险性的大小和程度,因而是影响预防刑的情节。例如有的犯罪后真诚悔罪、积极退赃、主动赔偿,有的犯罪后负隅顽抗、隐匿赃物、威胁被害人,这反映出行为人的再犯可能性的大小不同,在量刑时应当有所区别。

示例 14-3　王某等生产、销售有毒食品、生产、销售伪劣产品案

一审法院认为:王某主观上系间接故意,归案后能如实供述犯罪事实,并积极赔偿被害方经济损失,可作为酌定量刑情节予以考虑。〔4〕

7. 犯罪人的一贯表现。其不是定罪的根据,但能反映行为人的再犯可能性,因而属于预防刑情节。例如两个盗窃相同数额的罪犯,一个一贯遵纪守法,表现良好;另一个经常小偷小摸,多次被行政处罚。显然,对于后者的量刑,应当重于前者。

8. 前科。指依法受过刑事处罚的事实。当有前科者又犯罪但不构成累犯或者特定再犯的情况下,前科是影响预防刑的因素。当然,如果构成累犯或者构成特定的再犯,如毒品再犯,则属于法定量刑情节,而非酌定量刑情节。

示例 14-4　杨某贩卖毒品案

一审法院认为:被告人杨某向他人贩卖毒品,其行为构成贩卖毒品罪。被告人杨某具有前科劣迹,计入其量刑情节。鉴于被告人杨某到案后能如实供述犯罪事实,依法可从轻处罚。〔5〕

三、量刑情节的适用

(一)不同功能的量刑情节的含义

根据功能的不同,量刑情节有从重处罚、从轻处罚、减轻处罚和免除处罚四个基

〔4〕《最高人民法院公报》2013 年第 10 期。

〔5〕吉林省长春经济技术开发区人民法院(2019)吉 0191 刑初 4 号刑事判决书。

本类型。

所谓从重处罚,是指在法定刑之内选择较重的刑种或者较长的刑期。如果某罪的法定刑只有一个量刑幅度,从重处罚就是在该量刑幅度内选择较重的刑种和较长的刑期;如果某罪的法定刑有数个量刑幅度,从重处罚则是在与具体犯罪事实相对应的量刑幅度内,选择较重的刑种和较长的刑期。

所谓从轻处罚,是指在法定刑以内判处较轻的刑种或者较短的刑期。如果某罪的法定刑只有一个量刑幅度,从轻处罚就是在该量刑幅度内选择较轻的刑种和较短的刑期;如果某罪的法定刑有数个量刑幅度,从轻处罚则是在与具体犯罪事实相对应的量刑幅度内,选择较轻的刑种和较短的刑期。

所谓减轻处罚,是指在法定刑以下判处刑罚,即判处低于所犯之罪的法定最低刑的刑罚。如果某罪的法定刑只有一个量刑幅度,减轻处罚就是判处低于该量刑幅度最低刑的刑罚;如果某罪的法定刑有数个量刑幅度,减轻处罚则是指应当在法定刑量刑幅度的下一个量刑幅度内判处刑罚。减轻处罚的适用有两种情形:(1)直接适用。在罪犯具有刑法明文规定的减轻处罚情节的情况下,审判人员可以直接裁量适用。(2)报批适用。刑法第 63 条第 2 款规定:“犯罪分子虽然不具有本法规定的减轻处罚情节,但是根据案件的特殊情况,经最高人民法院核准,也可以在法定刑以下判处刑罚。”这在理论上称为特别减轻制度。根据这一规定,在罪犯不具有刑法明文规定的减轻情节,但具有特殊情况需要适用时,审判人员不能直接裁量适用,而应当逐级上报最高人民法院批准。

示例 14-5　王某非法经营案

最高人民法院复核认为:被告人王某违反烟草专卖法律规定,为牟取非法利益,非法经营假冒注册商标的伪劣卷烟,情节特别严重,其行为已经构成非法经营罪,依法应判处五年有期徒刑以上刑罚。鉴于王某非法经营的卷烟尚未售出,认罪悔罪,系女儿骨髓移植手术的优选供髓者,没有再犯罪的危险,所居住社区具备矫正管理条件,对其可在法定刑以下判处刑罚并宣告缓刑。[6]

所谓免除处罚,是指对犯罪分子作有罪宣告,但不予以刑罚处罚。免除处罚的前提,是行为人的行为已经构成犯罪,只是因为犯罪情节轻微不需要判处刑罚,或者有法定的免除处罚情节,才不予以刑罚处罚。对于免除处罚的罪犯,可以根据案件的不同情况,分别予以训诫、责令具结悔过、赔礼道歉、赔偿损失或者由主管部门予以行政处罚或者行政处分。

---

〔6〕《刑事审判参考》(总第 113 集),法律出版社 2019 年版,第 11 页。

(二)正确处理不同情节之间的关系

首先,要正确处理法定应当型情节、法定可以型情节和酌定情节之间的关系。法定应当型情节,是一种硬性规定,审判人员只能适用,没有任意选择、自由斟酌的权利。法定可以型情节,是一种授权性规定,审判人员有权根据案件的具体情况予以选择适用。当然,法定可以型情节本身即表明了一种倾向性的意见,即在通常情况下,审判人员应当予以适用,以实现刑法规定的内容。酌定情节,是法无明文规定的量刑情节,审判人员在裁量适用方面具有自由决定权,也属于法定可以型情节。并且,与法定可以型情节相比,审判人员的自由度相对更大。因此,这三种量刑情节在地位和作用上呈现一种递减关系,审判人员应当根据刑法的规定区别对待。原则上,法定应当型情节优于法定可以型情节,法定可以型情节优于酌定情节。

其次,要正确处理责任刑情节和预防刑情节之间的关系。责任刑情节和预防刑情节功能不同,应当予以区分。责任刑情节是确定责任刑的根据,在确定责任刑时,原则上不得考虑预防刑的大小。在确定责任刑之后,再在其幅度和范围内,根据预防刑情节,调整刑罚的分量和轻重,最后确定宣告刑。

最后,要正确对待数个量刑情节。在罪犯具有数个量刑情节的情况下,应注意不能任意改变情节所具有的功能。一方面,在数个情节具有同向功能时,不能改变情节的功能。例如,行为人具有数个从轻处罚情节,只能予以较大程度的从轻处罚,而不能予以减轻处罚;行为人具有数个减轻处罚情节时,只能予以较大幅度的减轻处罚,而不能免除处罚;行为人具有数个从重处罚情节时,只能予以较大幅度的从重处罚,而不能加重处罚。另一方面,在数个情节具有逆向功能时,不能简单地折抵情节的功能,而应考虑不同情节的地位和作用,分别适用各种量刑情节。例如,行为人具有一个从重情节和一个从轻情节时,不能简单地认为行为人不具有任何量刑情节,而按照基准刑量刑。如果从重情节和从宽情节分别属于责任刑情节和预防刑情节,则更是绝对不可以相互抵消,而应分别予以考虑适用。

示例 14-6　金某以危险方法危害公共安全、故意杀人案

一审法院认为:被告人金某驾驶汽车在城市繁华地段高速行驶过程中故意撞击行人,致 3 人死亡,2 人重伤,6 人轻伤,其行为已构成以危险方法危害公共安全罪;被告人金某因对与其产生民事纠纷的北京市朝阳区三里屯社区经济管理中心不满,即驾车故意撞击该中心员工康某,其行为又已构成故意杀人罪(未遂),应与其所犯以危险方法危害公共安全罪并罚。……被告人金某到案后虽能够如实供述自己的犯罪事实,且在被羁押期间有立功表现,但因其所犯以危险方法危害公共安全罪性质极为恶劣,情节、后果特别严重,不足以对其从轻处罚。鉴于被告人金某所犯故意杀人罪系未遂;其因涉嫌犯以危险方法危害公共安全罪被羁押后,如实供述司法机关尚不掌握的故意杀人的犯罪事实，系自首；且在被羁押期间有立功表现，故依法对被告人金某所犯故意杀人罪减轻处罚。……据此，判决如下：被告人金某犯以危险方法危害公共安全罪，判处死刑，剥夺政治权利终身；犯故意杀人罪，判处有期徒刑六年；决定执行死刑，剥夺政治权利终身。[7]

（三）正确适用多功能情节

刑法规定的从宽情节，绝大多数属于多功能情节，即一种量刑情节具有两种或者两种以上的功能。审判人员在量刑时，究竟选择哪种功能量刑呢？对此，应当掌握以下原则：(1)根据不同功能的排位来进行选择。例如刑法第23条第2款规定："对于未遂犯，可以比照既遂犯从轻或者减轻处罚。"由于刑法将从轻处罚放在首要位置，因此，在对未遂犯处罚时，首先要考虑从轻处罚，然后才考虑免除处罚。(2)根据案件的具体情况来选择。例如，同是预备犯，对于犯罪较轻、犯罪动机并不恶劣的，可以选择免除处罚；对于犯罪较重、犯罪动机较为卑劣的，可以选择从轻处罚；对于犯罪极其严重，犯罪动机极其卑劣的，则可以不予任何从宽处理。

（四）禁止重复评价量刑情节

量刑时，对各种情节不能进行重复评价。刑法中的情节具有三种类型：一是作为符合犯罪构成事实的情节；二是作为选择法定刑依据的情节；三是在既定法定刑之下影响具体量刑的情节。在一个具体案件中，如果某一事实作为定罪情节或者法定刑选择情节发挥了作用时，则不得再作为在法定刑幅度内确定具体的刑种或刑度的量刑情节予以考虑。但是，如果某一事实属于定罪情节之一或者法定刑选择情节之一，但在定罪或者确定法定刑层次时没有实际发挥作用，则可以在既定法定刑之下作为调整量刑轻重的情节予以考虑。

示例14-7　毛某交通肇事案

一审法院认为：被告人毛某肇事后逃离事故现场，该行为因在事故责任认定中已进行评价，并因具有此行为而被认定负事故的全部责任，根据"对同一犯罪构成事实不得进行两次或两次以上的法律评价"的禁止重复评价原则，被告人的该行为不应在量刑时作为逃逸这一加重情节予以再次评价，对被告人毛某不应再以具有逃逸情节定罪量刑。[8]

---

[7] 北京市第三中级人民法院(2015)三中刑初字第00531号刑事附带民事判决书。
[8] 广东省佛山市顺德区人民法院(2014)佛顺法刑初字第1175号刑事判决书。

第三节 累 犯

一、累犯的概念

累犯,是指因犯罪而受过一定的刑罚处罚,在刑罚执行完毕或者赦免以后,在法定期限内又犯一定之罪的犯罪分子。

对累犯从重处罚,是当今世界各国的立法通例。这是因为,较之于初犯和其他犯罪分子,累犯具有更深的主观恶性和更大的人身危险性,根据罪责刑相适应原则和刑罚个别化原则,应当将累犯作为法定的从重处罚情节。可见,对累犯从重处罚,是基于特殊预防的需要。

累犯与再犯不同。所谓再犯,是指再次犯罪的人,也即两次或者两次以上实施犯罪的人。累犯与再犯既有联系,也有区别。二者的联系表现在,都实施了两次或者两次以上的犯罪行为。二者的区别表现在:(1)罪质限制不同。累犯前罪与后罪都必须是故意犯罪,而再犯前罪与后罪没有此种限制。(2)受刑要求不同。累犯必须以前罪受过一定的刑罚和后罪应当判处一定的刑罚处罚为成立条件,而再犯并不要求行为人受过一定的刑罚处罚。(3)时间间隔不同。累犯的后罪必须发生在前罪刑罚执行完毕或者赦免以后的法定期间内,而再犯的后罪在实施时间上并无限制,既可以在刑罚执行期间实施,也可能在刑满释放之后实施。由此可见,再犯是累犯的上位概念,累犯可谓是一种特殊的再犯。

二、累犯的种类和成立条件

根据刑法第 65 条和第 66 条的规定,累犯分为一般累犯和特殊累犯两种,虽然法律后果没有区别,但二者的成立条件并不相同。

(一)一般累犯

刑法第 65 条第 1 款规定:“被判处有期徒刑以上刑罚的犯罪分子,刑罚执行完毕或者赦免以后,在五年以内再犯应当判处有期徒刑以上刑罚之罪的,是累犯,应当从重处罚,但是过失犯罪和不满十八周岁的人犯罪的除外。”根据这一规定,一般累犯,是指因犯罪受过一定的刑罚处罚,在刑罚执行完毕或者赦免以后,在法定期限内又犯一定之罪的成年犯罪分子。要成立一般累犯,应当具备以下条件:

1. 罪质条件。前罪和后罪都必须是故意犯罪,如果前后两罪或者其中一罪是过失犯罪,则不成立累犯。这是因为,过失犯罪的有责性,轻于故意犯罪的有责性;过失犯的再犯可能性,也小于故意犯的再犯可能性,而累犯制度的设立以遏制犯罪分子再次犯罪为目的，因而没有必要对过失犯罪设立累犯制度。

示例 14-8　谢某妨害公务、故意毁坏财物案

一审法院认为：被告人谢某曾因犯盗窃罪被判处有期徒刑刑罚，刑罚执行完毕以后，在5年以内又故意犯应当判处有期徒刑刑罚之罪，是累犯，应当从重处罚。〔9〕

2. 主体条件。行为人实施前后两罪时，都必须已满18周岁，即已经成年。如果犯后罪时不满18周岁的，不得认定为累犯；如果犯后罪时已经18周岁，但犯前罪时不满18周岁的，也不构成累犯。之所以要将累犯的主体限定为成年人，将未成年人排除在外是基于以下两点考虑：一是未成年人可塑性强，易接受教育改造，不以累犯从重处罚，也能够实现特殊预防的目的；二是对未成年犯不以累犯论处，符合我国对未成年犯保护教育的刑事政策。另外，基于同样的政策理由，因不满18周岁而不成立累犯的，也不得认定为成立毒品犯罪的再犯。

示例 14-9　王某盗窃案

一审法院认为：……被告人王某曾跨越18周岁实施数起盗窃行为，18周岁前后的盗窃行为能够相互区分，且独立构成犯罪，故属于犯罪时已满18周岁。被告人王某在前罪刑罚执行完毕后，5年内再犯应当判处有期徒刑以上刑罚之罪，系累犯，应当予以从重处罚。〔10〕

3. 刑度条件。前罪必须已经被判处有期徒刑以上刑罚，后罪必须是应当判处有期徒刑以上刑罚。所谓前罪被判处有期徒刑以上刑罚，是指法院最后确定的宣告刑为有期徒刑以上刑罚。所谓后罪应当判处有期徒刑以上刑罚，是指根据后罪的事实以及刑法规定，应当判处有期徒刑以上刑罚。应当注意的是，考虑后罪应否判处有期徒刑时，不能将前罪与执行前罪刑罚的事实作为量刑情节，而应根据后罪本身的罪行来判定。如果前罪所判处的刑罚和后罪应当判处的刑罚，均低于有期徒刑，或者其中之一低于有期徒刑，则均不构成累犯。这一条件表明，只有当前罪和后罪均属于比较严重的犯罪时，才能成立累犯。

〔9〕　天津市滨海新区人民法院（2018）津0116刑初80031号刑事判决书。
〔10〕　江苏省昆山市人民法院（2012）昆刑二初字第0830号刑事判决书。

示例 14-10 李某等非法猎捕、收购、运输、出售珍贵、濒危野生动物案

一审法院认为:被告人李某曾因故意犯罪被判处有期徒刑以上刑罚,刑罚执行完毕后五年内再犯应当判处有期徒刑以上刑罚之罪,且系同种犯罪,构成累犯,依法对其从重处罚。[11]

4. 时间条件。后罪发生的时间,必须在前罪刑罚执行完毕或者赦免以后的 5 年之内。犯罪分子在刑罚执行完毕或者赦免 5 年以后再次犯罪的,不构成累犯;在刑罚执行期间再次犯罪的,也不构成累犯。所谓刑罚执行完毕,是指主刑执行完毕,不包括附加刑在内。主刑执行完毕 5 年内又犯罪,即使附加刑未执行完毕,仍然构成累犯。所谓赦免,是指受到特赦减免。5 年的期限,应当从刑罚执行完毕之日或者赦免之日起计算;对于被假释的罪犯,应当从假释期满之日起计算。由于刑法规定累犯的成立以前罪"刑罚执行完毕或者赦免以后"5 年内犯罪为条件,因此被假释的犯罪分子在假释考验期内再犯新罪的,被判处缓刑的犯罪分子在缓刑考验期内再犯新罪的,以及被判处缓刑的犯罪分子在缓刑考验期满后再犯新罪的,都不构成累犯。

示例 14-11 杨某贩卖、运输毒品案

最高人民法院复核认为:杨某在刑罚执行完毕后五年内重新犯罪,系累犯,依法应从重处罚。[12]

(二)特别累犯

刑法第 66 条规定:"危害国家安全犯罪、恐怖活动犯罪、黑社会性质的组织犯罪的犯罪分子,在刑罚执行完毕或者赦免以后,在任何时候再犯上述任一类罪的,都以累犯论处。"根据这一规定,特别累犯,是指曾犯危害国家安全犯罪、恐怖活动犯罪、黑社会性质的组织犯罪,在刑罚执行完毕或者赦免以后,又犯上述任何一类犯罪的犯罪分子。要成立特别累犯,应当具备以下条件:

1. 罪质条件。前罪和后罪不仅必须是故意犯罪,而且必须是危害国家安全犯罪、恐怖活动犯罪、黑社会性质的组织犯罪。只要前罪和后罪属于这三类犯罪之一,如前罪是危害国家安全犯罪,后罪是恐怖活动犯罪,或者前罪是恐怖活动犯罪,后罪是黑社会性质的组织犯罪的,均成立特别累犯。如果前后两罪或者其中一罪不属于这三类犯罪,则不成立特别累犯。但是,如果符合一般累犯成立条件的,则可以成立

---

〔11〕《最高人民法院公报》2018 年第 2 期。

〔12〕最高人民法院(2001)刑复字第 99 号刑事判决书。

一般累犯。

示例 14-12　马某帮助恐怖活动案

一审法院认为：被告人马某无视国家法律，明知是实施恐怖活动的人员而为其提供经费，其行为已触犯刑律，构成帮助恐怖活动罪。公诉机关起诉指控的罪名成立，应予支持。被告人马某曾因犯运送他人偷越国境罪被判处有期徒刑，在刑罚执行完毕五年内再犯本罪，属累犯，应当从重处罚。[13]

2. 受罚条件。前罪必须是已经被判处刑罚，后罪必须是应当被判处刑罚。至于前罪被判处的刑罚和后罪应当判处的刑罚的种类及其轻重，则不受限制。即使前后两罪或者其中之一被判处或者应当判处管制、拘役或者单处某种附加刑的，也不影响其成立。但是，如果前后两罪或者其中之一被免予刑罚处罚或者应当免予刑罚处罚的，则不构成特别累犯。

示例 14-13　陈某煽动颠覆国家政权案

二审法院认为：被告人陈某以非法组织“中国民主党”成员的身份和“中国民主党浙江委员会”名义，组织、策划、实施颠覆我国国家政权、推翻我国社会主义制度的一系列行为，依法已构成颠覆国家政权罪，且系首要分子，依法应予惩处。陈某曾因犯危害国家安全罪被判刑，刑罚执行完毕后再犯危害国家安全犯罪，系累犯，依法应从重处罚。[14]

3. 时间条件。后罪必须发生在前罪的刑罚执行完毕或者赦免以后，至于前后两罪的时间间隔，则不受任何限制。但是，如果后罪发生在前罪的刑罚执行期间，则不能构成特别累犯。

示例 14-14　王某煽动颠覆国家政权案

二审法院认为：上诉人王某明知违禁出版物及复制材料中载有煽动颠覆国家政权、推翻社会主义制度的内容，而予以宣传、印制、传播，危害国家安全，其行为已构成煽动颠覆国家政权罪。王某曾因危害国家安全犯罪被判刑，在刑罚执行完毕后，再犯同类罪，依法以累犯论处，应从重处罚。[15]

---

〔13〕 云南省大理白族自治州中级人民法院(2017)云29刑初58号刑事判决书。

〔14〕 浙江省高级人民法院(2016)浙刑终310号刑事裁定书。

〔15〕 湖北省高级人民法院(2013)鄂刑一终字第00091号刑事裁定书。

三、累犯的法律后果

根据刑法的有关规定,一旦构成累犯,则具有以下不利的法律后果:(1)应当从重处罚。无论是成立一般累犯还是特别累犯,都必须对其在法定刑限度以内,判处相对较重的刑罚,即适用较重的刑种或者较长的刑期。(2)同时判处死缓的,法院根据犯罪情节等情况可以同时决定对其限制减刑。(3)不得适用缓刑。(4)不得适用假释。

示例 14-15 李某故意杀人案

重审(二审)法院认为:鉴于李某故意杀人手段残忍,又系累犯,且被害人亲属不予谅解,故依法判处被告人李某死刑,缓期2年执行,同时决定对其限制减刑。[16]

第四节 自首、坦白和立功

一、自首

(一)自首的概念

根据刑法第67条的规定,自首,是指犯罪以后自动投案,如实供述自己的罪行的行为。被采取强制措施的犯罪嫌疑人、被告人和正在服刑的罪犯,如实供述司法机关还未掌握的本人其他罪行的,以自首论。

刑法规定的自首制度,是惩办与宽大相结合的刑事政策的具体化和法律化。自首制度适用于一切犯罪,旨在通过鼓励罪犯自动投案,既促使其悔过自新,不再犯罪,争取宽大处理,又使案件及时侦破,瓦解犯罪分子,节约司法资源。这是刑法设立自首制度的目的,也是设立自首制度的根据。自首从宽,根本原因在于行为人内心的真诚悔罪。一般而言,行为人自动投案,且如实供述罪行,即足以表明其真诚悔罪,可以认定为自首。但是,在极个别的情况下,行为人虽然自动投案,也能如实供述罪行,但根本没有悔罪表现的,对此,由于其完全符合法律规定的自首条件,因而也应认定为自首。但是,对于这种自首,审判人员可以根据具体情况,不予以从宽处理。

(二)自首的种类和成立条件

根据刑法第67条的规定,自首分为一般自首和特别自首。所谓一般自首,是指犯罪分子自动投案,如实供述自己的罪行的行为。所谓特别自首,又称余罪自首、准

---

〔16〕 黑龙江省高级人民法院(2011)黑刑三终字第63号刑事判决书。

自首,是指被采取强制措施的犯罪嫌疑人、被告人和正在服刑的罪犯,如实供述司法机关还未掌握的本人其他罪行的行为。

1. 一般自首的成立条件

(1)自动投案。这是一般自首的前提条件。所谓自动投案,是指犯罪事实或者犯罪嫌疑人未被司法机关发觉,或者虽被发觉,但犯罪嫌疑人尚未受到讯问、未被采取强制措施时,主动、直接将自己置于办案机关的合法控制之下,接受审查和裁判的行为。

根据1998年4月6日最高人民法院《关于处理自首和立功具体应用法律若干问题的解释》(以下简称《自首立功解释》)第1条第1项的规定,犯罪嫌疑人向其所在单位、城乡基层组织或者其他有关负责人员投案的;犯罪嫌疑人因病、伤或者为了减轻犯罪后果,委托他人先代为投案,或者先以信电投案的;罪行未被司法机关发觉,仅因形迹可疑被有关组织或者司法机关盘问、教育后,主动交代自己的罪行的;犯罪后逃跑,在被通缉、追捕过程中,主动投案的;经查实确已准备去投案,或者正在投案途中,被公安机关捕获的,应当视为自动投案。并非出于犯罪嫌疑人主动,而是经亲友规劝、陪同投案的;公安机关通知犯罪嫌疑人的亲友,或者亲友主动报案后,将犯罪嫌疑人送去投案的,也应当视为自动投案。

示例14-16 张某故意杀人案

一审法院认为:张某作案后其亲属一边及时报案,另一边看守着睡熟的张防其外逃;当公安人员赶到后,其亲属又带公安人员到张睡觉处将其抓获,张某归案后亦如实地供述了犯罪事实。故依法可视为自首。[17]

根据2010年12月22日最高人民法院《关于处理自首和立功若干具体问题的意见》(以下简称《自首立功意见》)第1条规定,犯罪嫌疑人具有以下情形之一的,也应当视为自动投案:犯罪后主动报案,虽未表明自己是作案人,但没有逃离现场,在司法机关询问时交代自己罪行的;明知他人报案而在现场等待,抓捕时无拒捕行为,供认犯罪事实的;在司法机关未确定犯罪嫌疑人,尚在一般性排查询问时主动交代自己罪行的;因特定违法行为被采取劳动教养(现已废除)、行政拘留、司法拘留、强制隔离戒毒等行政、司法强制措施期间,主动向执行机关交代尚未被掌握的犯罪行为的;其他符合立法本意,应当视为自动投案的情形。罪行未被有关部门、司法机关发觉,仅因形迹可疑被盘问、教育后,主动交代了犯罪事实的,应当视为自动投案,

---

〔17〕《刑事审判参考》(总第32辑),法律出版社2003年版,第20页。

但有关部门、司法机关在其身上、随身携带的物品、驾乘的交通工具等处发现与犯罪有关的物品的,不能认定为自动投案。实践中,如果犯罪嫌疑人在环保、食药、质监等行政部门的执法检查过程中,因犯罪事实已经被发现而被动接受执法调查,再到公安等司法机关投案的,不能视为自动投案。

示例14-17 杨某非法持有毒品案

红旗分局侦查大队在某路段设卡盘查,在对杨某驾驶的车辆进行检查时,发现其随身携带的挎包内藏有4包可疑白色晶体,遂将其带至红旗分局接受调查。杨某随即交代了其携带的可疑物品系冰毒,是从网上购买供自己吸食用的。对此,一审法院认为:杨某在公安机关已发现其随身携带的挎包内藏有可疑物品后,才交代非法持有毒品的事实,不能认定为自首。杨某认罪态度好,到案后能如实供述自己的犯罪事实,系坦白,依法可以从轻处罚。[18]

示例14-18 吴某强奸、故意伤害案

被告人吴某因涉嫌强奸罪被取保候审,后趁机逃跑,公安机关对其依法通缉。期间,吴某因琐事与被害人范某发生纠纷,持木棍殴打范某,致其轻伤。之后,吴某主动向公安机关投案,到案后如实供述了其实施强奸、故意伤害的犯罪事实。对此,一审法院认为:吴某犯强奸罪、故意伤害罪后逃跑,在被通缉过程中主动投案,应视为自动投案,其到案后如实供述自己的犯罪事实,系自首,依法可以从轻或者减轻处罚。[19]

一审宣判后,检察机关以吴某在取保候审期间逃脱后再自动投案的行为不构成自首为由提起抗诉。对此,二审法院认为:原审被告人吴某因涉嫌强奸犯罪被公安机关抓获归案,后被取保候审,属已被采取强制措施,其在取保候审期间逃跑,后再投案的行为不符合自首构成要件。抗诉机关对该部分抗诉意见成立,予以支持。吴某因涉嫌故意伤害犯罪被公安机关网上追逃,其在未受到讯问、未被采取强制措施的情况下主动投案,并如实供述自己的犯罪事实,符合自首的成立要件。原审判决认定吴某故意伤害罪属自首并无不当。[20]

交通肇事后保护现场、抢救伤者,并向公安机关报告的,应认定为自动投案,构成自首的,因上述行为同时系犯罪嫌疑人的法定义务,对其是否从宽以及从宽处罚的幅度均应从严掌握。交通肇事逃逸后自动投案,如实供述自己罪行的,应认定为

[18] 《刑事审判参考》(总第100集),法律出版社2015年版,第111~112页。

[19] 《刑事审判参考》(总第103集),法律出版社2016年版,第55页。

[20] 《刑事审判参考》(总第103集),法律出版社2016年版,第55页。

自首,但依法应以较重法定刑为基准,视情形决定对其是否从宽处罚以及从宽处罚的幅度。

示例 14-19 谭某交通肇事案

一审法院认为:谭某在发生交通事故后,立即拨打了“120”急救电话及“122”交通事故报警电话,留在现场等候处理,后随交警到公安机关如实交代了犯罪事实,系自首,依法可予从轻处罚。[21]

犯罪嫌疑人自动投案后又逃跑的,或者不署名或者化名将非法所得寄给司法机关的,或者委托他人代为报案的,或者以电报、信函报案而本人拒不归案的,或者被群众扭送归案的,或者被司法机关传讯、抓捕归案的,或者在追捕过程中走投无路当场被迫归案的,均不能认定为自动投案。

示例 14-20 李某故意杀人案

二审法院认为:虽然李某在用水果刀刺伤龙某后能主动拨打“110”电话报警,并在随后接到公安人员的电话时能将自己的具体位置告知公安人员,使公安人员得以及时赶到现场将李某抓获。但李某在报警后没有停止其犯罪行为,而是继续实施更为严重的犯罪行为并导致主要犯罪结果的发生,不符合自动投案要求在犯罪之后自动投案的时间限制,故李某的归案不能认定为自首。[22]

(2)如实供述自己的罪行。这是成立一般自首的本质条件。所谓如实供述自己的罪行,是指犯罪嫌疑人自动投案后,如实交代自己的主要犯罪事实,既不扩大也不缩小。至于所交代的罪行是否已经被司法机关掌握,原则上不影响自首的成立。

根据《自首立功解释》第 1 条第 2 项的规定,犯有数罪的犯罪嫌疑人仅如实供述所犯数罪中部分犯罪的,只对如实供述部分犯罪的行为认定为自首。共同犯罪案件中的犯罪嫌疑人,除如实供述自己的罪行,还应当供述所知的同案犯,主犯则应当供述所知其他同案犯的共同犯罪事实,才能认定为自首。另外,犯罪嫌疑人自动投案并如实供述自己的罪行后又翻供的,不能认定为自首,但在一审判决前又能如实供述的,应当认定为自首。但是,被告人对行为性质的辩解,提出上诉,或者更正、补充某些事实的,应当允许,不能视为没有如实供述自己的罪行。

---

〔21〕《刑事审判参考》(总第 80 集),法律出版社 2011 年版,第 9 页。
〔22〕湖南省高级人民法院(2005)湘高法刑一终字第 21 号刑事判决书。

示例 14-21 姜某非法持有枪支、故意伤害案

二审法院认为:上诉人姜某在委托其姐就 2001 年 7 月 15 日的故意伤害事实代为向公安机关投案后,如实供述自己的两次故意伤害犯罪,在一审庭审时,虽对 2001 年 7 月 15 日故意伤害他人的原因有不同供述,但其对实施伤害的时间、地点、手段、后果等犯罪构成要件的事实仍予供认,可认定其系自首。[23]

根据《自首立功意见》第 2 条的规定,如实供述自己的罪行,除供述自己的主要犯罪事实外,还应包括姓名、年龄、职业、住址、前科等情况。犯罪嫌疑人供述的身份等情况与真实情况虽有差别,但不影响定罪量刑的,应认定为如实供述自己的罪行。犯罪嫌疑人自动投案后隐瞒自己的真实身份等情况,影响对其定罪量刑的,不能认定为如实供述自己的罪行。犯罪嫌疑人多次实施同种罪行的,应当综合考虑已交代的犯罪事实与未交代的犯罪事实的危害程度,决定是否认定为如实供述主要犯罪事实。虽然投案后没有交代全部犯罪事实,但如实交代的犯罪情节重于未交代的犯罪情节,或者如实交代的犯罪数额多于未交代的犯罪数额,一般应认定为如实供述自己的主要犯罪事实。无法区分已交代的与未交代的犯罪情节的严重程度,或者已交代的犯罪数额与未交代的犯罪数额相当,一般不认定为如实供述自己的主要犯罪事实。犯罪嫌疑人自动投案时虽然没有交代自己的主要犯罪事实,但在司法机关掌握其主要犯罪事实之前主动交代的,应认定为如实供述自己的罪行。

示例 14-22 苏某诈骗案

二审法院认为:案发后,被告人苏某自动投案时虽没有交代自己的主要犯罪事实,但在司法机关掌握其主要犯罪事实之前主动交代其罪行,系自首,可依法从轻或者减轻处罚。[24]

2. 特别自首的成立条件

(1)主体条件,即必须是被采取强制措施的犯罪嫌疑人、被告人和正在服刑的罪犯。所谓被采取强制措施,是指根据刑事诉讼法的规定,被采取拘传、拘留、取保候审、监视居住和逮捕。所谓正在服刑,是指已经人民法院生效判决确定、正在被执行刑罚。根据《自首立功意见》第 1 条规定,因特定违法行为被采取劳动教养(现已废除)、行政拘留、司法拘留、强制隔离戒毒等行政、司法强制措施期间,主动向执行机

[23] 《刑事审判参考》(总第 30 辑),法律出版社 2003 年版,第 13 页。
[24] 宁夏回族自治区中卫市中级人民法院(2018)宁 05 刑终 37 号刑事裁定书。

关交代尚未被掌握的犯罪行为的，应当视为自动投案。

示例 14-23　林某非法持有枪支案

一审法院认为：鉴于被告人林某在古田县看守所服刑期间能主动向执行机关交代其尚未被掌握的犯罪行为的，应当视为自动投案，并如实供述犯罪事实，系自首，依法可从轻处罚。[25]

（2）罪质条件，即必须如实供述司法机关还未掌握的本人其他罪行。行为人必须如实供述本人罪行，且所供述的罪行必须尚未被司法机关掌握。根据《自首立功意见》第 3 条第 1 款规定，犯罪嫌疑人、被告人在被采取强制措施期间，向司法机关主动如实供述本人的其他罪行，该罪行能否认定为司法机关已掌握，应根据不同情形区别对待。如果该罪行已被通缉，一般应以该司法机关是否在通缉令发布范围内作出判断，不在通缉令发布范围内的，应认定为还未掌握，在通缉令发布范围内的，应视为已掌握；如果该罪行已录入全国公安信息网络在逃人员信息数据库，应视为已掌握。如果该罪行未被通缉、也未录入全国公安信息网络在逃人员信息数据库，应以该司法机关是否已实际掌握该罪行为标准。

应当注意的是，这里的“本人其他罪行”，限于本人其他异种罪行，而不包括本人其他同种罪行。根据《自首立功解释》第 2 条的规定，被采取强制措施的犯罪嫌疑人、被告人和已宣判的罪犯，如实供述司法机关尚未掌握的罪行，与司法机关已掌握的或者判决确定的罪行属不同种罪行的，以自首论。根据《自首立功意见》第 3 条第 2 款的规定，犯罪嫌疑人、被告人在被采取强制措施期间如实供述本人其他罪行，该罪行与司法机关已掌握的罪行属同种罪行还是不同种罪行，一般应以罪名区分。虽然如实供述的其他罪行的罪名与司法机关已掌握犯罪的罪名不同，但如实供述的其他犯罪与司法机关已掌握的犯罪属选择性罪名或者在法律、事实上密切关联，如因受贿被采取强制措施后，又交代因受贿为他人谋取利益行为，构成滥用职权罪的，应认定为同种罪行。

示例 14-24　赛某非法持有毒品案

二审法院认为：虽然赛某在到案后的第二天主动供述非法持有美沙酮的行为，公安机关也是在其供述之后扣押了美沙酮，其如实供述的罪行的罪名与公安机关已掌握的贩卖毒品的罪名不同，但两者在法律、事实上密切关联，赛某所持有的美沙酮是其向王某贩

---

[25] 福建省古田县人民法院(2018)闽 0922 刑初 103 号刑事判决书。

卖甲基苯丙胺的对价的一部分,应认定为同种罪行,故赛某不构成自首。[26]

(三)单位犯罪的自首

刑法没有将自首制度限定于自然人犯罪,因此,对于单位犯罪也可以适用自首制度。在单位犯罪案件中,单位集体决定或者单位负责人决定而自动投案,如实交代单位犯罪事实的,或者单位直接负责的主管人员自动投案,如实交代单位犯罪事实的,应当认定为单位自首。单位自首的,直接负责的主管人员和其他直接责任人员未自动投案,但如实交代自己知道的犯罪事实的,可以视为自首;拒不交代自己知道的犯罪事实或者逃避法律追究的,不应当认定为自首。单位没有自首,直接责任人员自动投案并如实交代自己知道的犯罪事实的,对该直接责任人员应当认定为自首。

示例 14-25　迟某等单位行贿、受贿案

二审法院认为:根据相关法律规定,单位犯罪案件中,单位集体决定或者单位负责人决定而自动投案,如实交代单位犯罪事实的,或者单位直接负责的主管人员自动投案,如实交代单位犯罪事实的,应当认定为单位自首。本案中,惠某系自首,故认定东威海运有限公司是否构成单位自首的关键即惠某是否系单位负责人或单位直接负责的主管人员。东威海运有限公司相关注册资料,北京市工商行政管理局提供的香港东威海运公司北京代表处相关书证,任命书,迟某、惠某的供述等证据证明,迟某系公司全资股东、法定代表人,惠某系公司北京代表处首席代表。原审判决认定惠某系东威海运有限公司的直接责任人员并无不当。故东威海运有限公司不应认定为自首。[27]

(四)职务犯罪的自首

根据2009年3月12日最高人民法院、最高人民检察院《关于办理职务犯罪案件认定自首、立功等量刑情节若干问题的意见》(以下简称《职务犯罪自首立功意见》)第1条的规定,犯罪事实或者犯罪分子未被办案机关掌握,或者虽被掌握,但犯罪分子尚未受到调查谈话、讯问,或者未被宣布采取调查措施或者强制措施时,向办案机关投案的,是自动投案。在此期间如实交代自己的主要犯罪事实的,应当认定为自首。犯罪分子向所在单位等办案机关以外的单位、组织或者有关负责人员投案的,应当视为自动投案。没有自动投案,在办案机关调查谈话、讯问、采取调查措施或者强制措施期间,犯罪分子如实交代办案机关掌握的线索所针对的事实的,不能

[26]　上海市第二中级人民法院(2018)沪02刑终346号刑事裁定书。

[27]　天津市第一中级人民法院(2018)津01刑终225号刑事裁定书。

认定为自首。

没有自动投案,但具有以下情形之一的,以自首论:(1)犯罪分子如实交代办案机关未掌握的罪行,与办案机关已掌握的罪行属不同种罪行的;(2)办案机关所掌握线索针对的犯罪事实不成立,在此范围外犯罪分子交代同种罪行的。

示例 14-26　陈某受贿案

二审法院认为:被告人陈某受贿的犯罪事实虽然已被办案机关掌握,但其在尚未受到调查谈话、讯问,未被宣布采取调查措施或者强制措施时,经办案机关电话通知后主动向办案机关投案,并如实交代了自己的主要犯罪事实,认定为自首,予以从轻处罚。[28]

(五)自首的法律后果

刑法第 67 条第 1 款后段规定:“对于自首的犯罪分子,可以从轻或者减轻处罚;其中,犯罪较轻的,可以免除处罚。”据此,对具有自首情节的犯罪分子,一般应依法从轻、减轻处罚;犯罪情节较轻的,可以免除处罚。具体是否从宽处罚、从宽处罚的幅度,应当考虑其犯罪事实、犯罪性质、犯罪情节、危害后果、社会影响、被告人的主观恶性和人身危险性,以及行为人投案的主动性、供述的及时性和稳定性等因素综合判定。虽然具有自首情节,但犯罪情节特别恶劣、犯罪后果特别严重、被告人主观恶性深、人身危险性大,或者在犯罪前即为规避法律、逃避处罚而准备自首的,也可以不从宽处罚。

示例 14-27　王某等非法猎捕、收购、运输、出售珍贵、濒危野生动物案

一审法院认为:被告人王某主动到公安机关投案,且如实供述全部犯罪事实,系自首,依法对其从轻处罚。[29]

二、坦白

(一)坦白的概念

坦白,是指犯罪分子被动归案,如实供述自己罪行的行为。如犯罪时被司法人员当场抓获,或者被群众扭送至司法机关等不具有自动投案的情节,但归案后如实供述自己的罪行的情形。刑法之所以将坦白这一司法惯例规定为法定从宽处罚情节,主要是为了贯彻坦白从宽的刑事政策,便于侦查机关开展讯问工作,杜绝刑讯逼

---

〔28〕 四川省成都市中级人民法院(2018)川 01 刑终 275 号刑事判决书。

〔29〕 《最高人民法院公报》2018 年第 2 期。

供现象的发生。

(二)坦白的成立条件

根据刑法第67条第3款的规定,坦白的成立条件只有一个,即如实供述自己的罪行。对于如实供述自己罪行的认定,与自首是相同的。

示例14-28 李某盗窃案

一审法院认为:李某到案后能如实供述自己的罪行,系坦白,可以从轻处罚。〔30〕

(三)坦白与自首的区别

自首与坦白存在相同之处,二者都是以行为人实施了犯罪行为为前提;在归案后都能如实供述自己的罪行;都是法定从宽处罚的情节。但是,自首与坦白也存在区别。具体而言,一般自首与坦白的区别在于是否自动投案:一般自首是犯罪分子自动投案后,如实供述自己的罪行;坦白是犯罪分子被动归案后如实供述自己的罪行。特别自首与坦白的区别,在于所供述的罪行是否尚未被司法机关掌握:特别自首是如实供述尚未被司法机关掌握的其他罪行,坦白是如实供述已经被司法机关掌握的本人罪行。鉴于这些区别,自首和坦白所反映出的犯罪分子人身危险性程度不同,自首犯的人身危险性相对较小,而坦白者的人身危险性相对较大。

示例14-29 王某行贿案

一审法院认为:本案是在办案机关查办他人经济犯罪案件过程中,掌握被告人王某具有行贿行为从而对其采取强制措施后,被告人才如实坦白其犯罪事实的,该行为不符合刑法中的立功规定,也不符合"在被追诉前主动交代行贿行为"的法律规定,对其辩护人提出的该点辩护理由不予采纳。但对其坦白行为可以酌定从轻处罚。〔31〕

(四)坦白的处罚

根据刑法第67条第3款的规定,犯罪嫌疑人有坦白情节的,可以从轻处罚;因坦白避免特别严重后果发生的,可以减轻处罚。例如,犯罪分子归案后如实交代盗窃他人财物的犯罪事实的,可以考虑从轻处罚;犯罪分子在归案后如实供述所绑架的人质的所在地点,从而使人质及时获救的,可以考虑减轻处罚。

---

〔30〕《最高人民法院公报》2016年第8期。

〔31〕山东省利津县人民法院(2010)利刑初字第82号刑事判决书。

示例 14-30 王某贪污、受贿案

二审法院认为：被告人王某利用国家工作人员职务上的便利，索取或非法收受他人财物，为他人谋取利益，其行为构成受贿罪，综合考虑其坦白、受贿犯罪所得均已追缴等情节，依法对其受贿罪可从轻处罚。[32]

三、立功

（一）立功的概念

立功，是指犯罪分子犯罪以后揭发他人犯罪行为，查证属实，或者提供重要线索，从而得以侦破其他案件等情形。

刑法之所以设置立功制度，一方面是分化瓦解犯罪势力，促使犯罪分子悔过自新，减少因犯罪行为而造成的社会不安定因素，以更好地发挥刑罚的惩罚犯罪和教育改造罪犯的功能；另一方面是有利于司法机关发现、破获和查处其他犯罪案件，节约司法资源，提高司法效率。

（二）立功的种类和认定

根据刑法第 68 条的规定，立功可以分为一般立功和重大立功两类。一般立功和重大立功的区别，主要是依法受到从宽处罚的程度不同。

一般立功的主要表现形式为：(1)犯罪分子到案后有检举、揭发他人犯罪行为，包括共同犯罪案件中的犯罪分子揭发同案犯共同犯罪以外的其他犯罪，经查证属实；(2)提供侦破其他案件的重要线索，经查证属实；(3)阻止他人犯罪活动；(4)协助司法机关抓捕其他犯罪嫌疑人（包括同案犯）；(5)具有其他有利于国家和社会的突出表现的。

示例 14-31 刘某等诈骗案

二审法院认为：原判根据刘某的犯罪情节和悔罪表现，对其所处刑罚适当，但鉴于二审查明刘某有积极救助他人行为，属有利于国家和社会的突出表现，应认定为立功，可在原判基础上对其再予从轻处罚。[33]

重大立功的主要表现形式为：(1)犯罪分子有检举、揭发他人重大犯罪行为，包括共同犯罪案件中的犯罪分子揭发同案犯共同犯罪以外的其他重大犯罪，经查证属实；(2)提供侦破其他重大案件的重要线索，经查证属实；(3)阻止他人重大犯罪活

---

[32] 山东省高级人民法院(2015)鲁刑二复字第 2 号刑事裁定书。

[33] 浙江省衢州市中级人民法院(2013)浙衢刑终字第 18 号刑事判决书。

动;(4)协助司法机关抓捕其他重大犯罪嫌疑人(包括同案犯);(5)具有其他有利于国家和社会的重大贡献的。可见,立功是否重大与检举、揭发他人的罪行、提供的线索以及协助侦破的案件等是否重大、重要具有直接的关系。根据《自首立功解释》第7条的规定,所谓"重大犯罪""重大案件""重大犯罪嫌疑人"的标准,一般是指犯罪嫌疑人、被告人可能被判处无期徒刑以上刑罚或者案件在本省、自治区、直辖市或者全国范围内有较大影响等情形。

示例 14-32 朱某等贩卖毒品案

二审法院认为:张某犯罪后向公安机关检举他人贩卖毒品犯罪行为,公安机关据其检举抓获多名犯罪嫌疑人,缴获毒品数量大,有重大立功表现,综合其在共同犯罪中的地位、作用及其所具有的全部量刑情节,可对其减轻处罚。[34]

根据《自首立功意见》第5条的规定,犯罪分子具有下列行为之一,使司法机关抓获其他犯罪嫌疑人的,属于"协助司法机关抓捕其他犯罪嫌疑人":(1)按照司法机关的安排,以打电话、发信息等方式将其他犯罪嫌疑人(包括同案犯)约至指定地点的;(2)按照司法机关的安排,当场指认、辨认其他犯罪嫌疑人(包括同案犯)的;(3)带领侦查人员抓获其他犯罪嫌疑人(包括同案犯)的;(4)提供司法机关尚未掌握的其他案件犯罪嫌疑人的联络方式、藏匿地址的;等等。但是,犯罪分子提供同案犯姓名、住址、体貌特征等基本情况,或者提供犯罪前、犯罪中掌握、使用的同案犯联络方式、藏匿地址,司法机关据此抓捕同案犯的,不能认定为协助司法机关抓捕同案犯。另外,立功的主体,只能是"到案后的犯罪分子",即其人身自由已经置于有关机关控制之下的犯罪分子。尚未归案的犯罪分子、犯罪分子的亲友等,均不能成为立功的主体。

示例 14-33 李某等故意伤害案

二审法院认为:关于李某所提构成立功的上诉理由,经查,李某在接受公安机关询问时故意隐瞒其指使他人殴打被害人的事实,公安机关亦未掌握其犯罪事实,故李某协助司法机关指认同案犯的行为系作为证人身份所为,彼时其尚未归案,因而不构成立功。[35]

---

〔34〕 广东省高级人民法院(2016)粤刑终624号刑事判决书。
〔35〕《刑事审判参考》(总第105集),法律出版社2016年版,第64页。

示例 14-34　曹某甲等故意伤害案

二审法院认为：曹某甲归案后确有委托其兄曹某乙动员上诉人杨某、张某投案自首的行为，对张、杨二人先后到公安机关自首起了一定的作用。该行为表明曹某甲有悔罪表现，但曹某甲并不知道杨某、张某的藏匿地点等具体信息，而是其兄曹某乙及杨某、张某的亲属代为找到此二上诉人并动员他们投案的，故不属刑法上的立功行为。[36]

根据《自首立功意见》第6条的规定，被告人在一审、二审审理期间检举揭发他人犯罪行为或者提供侦破其他案件的重要线索，人民法院经审查认为该线索内容具体、指向明确的，应及时移交有关人民检察院或者公安机关依法处理。侦查机关出具材料，表明在3个月内还不能查证并抓获被检举揭发的人，或者不能查实的，人民法院审理案件可不再等待查证结果。被告人检举揭发他人犯罪行为或者提供侦破其他案件的重要线索经查证不属实，又重复提供同一线索，且没有提出新的证据材料的，可以不再查证。根据被告人检举揭发破获的他人犯罪案件，如果已有审判结果，应当依据判决确认的事实认定是否查证属实；如果被检举揭发的他人犯罪案件尚未进入审判程序，可以依据侦查机关提供的书面查证情况认定是否查证属实。检举揭发的线索经查确有犯罪发生，或者确定了犯罪嫌疑人，可能构成重大立功，只是未能将犯罪嫌疑人抓获归案的，对可能判处死刑的被告人一般要留有余地，对其他被告人原则上应酌情从轻处罚。被告人检举揭发或者协助抓获的人的行为构成犯罪，但因法定事由不追究刑事责任、不起诉、终止审理的，不影响对被告人立功表现的认定；被告人检举揭发或者协助抓获的人的行为应判处无期徒刑以上刑罚，但因具有法定、酌定从宽情节，宣告刑为有期徒刑或者更轻刑罚的，不影响对被告人重大立功表现的认定。

示例 14-35　朱某贩卖毒品案

被告人朱某在某酒店附近贩卖毒品时被公安人员当场抓获，并从其身上查获张某帮其购买的甲基苯丙胺3克。归案后，朱某主动供述了司法机关尚未掌握的其曾向邱某、陈某贩卖毒品的事实，并协助公安机关抓获了张某、邱某、陈某。但事后，公安机关未对张某作犯罪处理。对此，一审法院认为：朱某归案后协助公安机关抓捕其他犯罪嫌疑人员，犯罪嫌疑虽未查证属实，但有立功意愿，酌情从轻处罚。[37]

二审法院认为：朱某归案后协助公安机关抓获涉案人员张某，该行为依法构成立

〔36〕《刑事审判参考》（总第108集），法律出版社2017年版，第42页。
〔37〕无锡市北塘区人民法院（2013）北刑初字第0136号刑事判决书。

功,且有主动供述公安机关尚未掌握的同种罪行以及如实供述全部罪行的情节。[38]

示例 14-36　张某等故意杀人案

一审法院认为:虽然曲某在公安人员抓获张某和王某时有指认行为,但综合分析当时被害人尸体在王某驾驶的轿车内,现场除张某、王某、曲某及其亲友外并无他人等情况,曲某的指认行为对抓获张某、王某不具有实际作用,不能认定为立功。曲某归案后给高某打电话,得知高某在单位,即带领公安人员到高某单位将其抓获,该行为属于立功。[39]

(三)职务犯罪的立功

根据《职务犯罪自首立功意见》第 2 条的规定,职务犯罪的立功必须是犯罪分子本人实施的行为。为使犯罪分子得到从轻处理,犯罪分子的亲友直接向有关机关揭发他人犯罪行为,提供侦破其他案件的重要线索,或者协助司法机关抓捕其他犯罪嫌疑人的,不应当认定为犯罪分子的立功表现。

据以立功的他人罪行材料应当指明具体犯罪事实,据以立功的线索或者协助行为对于侦破案件或者抓捕犯罪嫌疑人要有实际作用。犯罪分子揭发他人犯罪行为时没有指明具体犯罪事实的,揭发的犯罪事实与查实的犯罪事实不具有关联性的,提供的线索或者协助行为对于其他案件的侦破或者其他犯罪嫌疑人的抓捕不具有实际作用的,不能认定为立功表现。

犯罪分子揭发他人犯罪行为,提供侦破其他案件重要线索的,必须经查证属实,才能认定为立功。审查是否构成立功,不仅要审查办案机关的说明材料,还要审查有关事实和证据以及与案件定性处罚相关的法律文书,如立案决定书、逮捕决定书、侦查终结报告、起诉意见书、起诉书或者判决书等。

据以立功的线索、材料来源有下列情形之一的,不能认定为立功:(1)本人通过非法手段或者非法途径获取的;(2)本人因原担任的查禁犯罪等职务获取的;(3)他人违反监管规定向犯罪分子提供的;(4)负有查禁犯罪活动职责的国家机关工作人员或者其他国家工作人员利用职务便利提供的。

示例 14-37　段某受贿、滥用职权案

二审法院认为:段某在接受纪委纪检部门"双规"调查期间,检举他人涉嫌违法犯罪

[38]　《刑事审判参考》(总第 100 集),法律出版社 2015 年版,第 103 页。
[39]　吉林省长春市中级人民法院(2014)长刑一初字第 8 号刑事判决书。

的案件线索，并经查证属实，属一般立功。[40]

(四) 自首、坦白和立功的竞合

如果犯罪分子如实供述的内容超出了自首或者坦白的要求，另外构成立功，则应同时认定为自首、坦白和立功。例如，甲自动投案后如实供述自己持有数量较大的毒品，并同时向司法机关说明自己所持有的毒品系向乙购买所得，则甲就非法持有毒品罪成立自首，同时因揭发乙贩卖毒品的犯罪事实而成立立功。

如果犯罪分子如实供述的内容，既是自首或者坦白的表现，也是立功的表现，则应当根据有利于被告人的原则，选择一种量刑情节予以认定。例如，甲向国家工作人员乙行贿后，主动投案，向司法机关如实交代了自己向乙行贿的事实和乙收受贿赂的事实。对此，甲的行为既符合自首的条件，也符合立功的条件，但因行为只有一个，故只能认定其中一个最有利于行为人的情节。如果认定为自首对行为人最有利，就认定为自首；如果认定为立功对行为人最有利，就认定为立功。

示例 14-38　裴某行贿、对有影响力的人行贿案

辩护人认为，被告人裴某揭发检举聂某的犯罪事实，是自首和立功的竞合。对此，一审法院认为：裴某因司法机关已掌握其向韦某行贿的事实被查获后，虽能如实供述向聂某行贿及对有影响力的人行贿的主要事实，该事实与向韦某行贿在法律、事实上有密切关联，属其应当如实供述的内容，不符合自首和立功的认定条件。[41]

(五) 立功的法律后果

根据刑法第 68 条的规定，犯罪分子有立功表现的，可以从轻或者减轻处罚；有重大立功表现的，可以减轻或者免除处罚。据此，具有立功情节的，一般应依法从轻、减轻处罚；犯罪情节较轻的，可以免除处罚。至于是否从宽处罚及从宽幅度大小，应当考虑犯罪事实、犯罪性质、犯罪情节、危害后果、社会影响、被告人的主观恶性和人身危险性，以及检举揭发罪行的轻重、被检举揭发的人可能或者已经被判处的刑罚、提供的线索对侦破案件或者协助抓捕其他犯罪嫌疑人所起作用的大小等。虽然具有立功情节，但犯罪情节特别恶劣、犯罪后果特别严重、被告人主观恶性深、人身危险性大，或者在实施犯罪前即为规避法律、逃避处罚而“准备”立功的，也可以不从宽处罚。

---

〔40〕 湖北省十堰市中级人民法院(2016)鄂 03 刑终 264 号刑事判决书。

〔41〕 北京市第二中级人民法院(2018)京 02 刑终 5 号刑事裁定书。

示例 14-39 刘某等贩卖、运输毒品案

一审法院认为:被告人刘某明知是毒品而贩卖、运输,其行为已构成贩卖、运输毒品罪。刘某贩卖、运输毒品次数多、数量大,社会危害大。刘某在共同犯罪中起主要作用,系主犯,且具有组织艾滋病人运输毒品,利用未成年人贩卖毒品等情节,罪行极其严重,应依法从重处罚。刘某到案后揭发他人重大犯罪行为,经查证属实,具有重大立功表现,但刘某所犯罪行极其严重,功不足以抵罪,依法不予从轻处罚。[42]

第五节 数罪并罚

一、数罪并罚的概念

(一)数罪并罚的定义

数罪并罚,是指对一人所犯数罪合并处罚的制度。具体而言,是指法院对一人所犯的数罪分别定罪量刑,并根据法定原则和方法,决定应当执行的刑罚的制度。

刑法设立数罪并罚制度,有利于审判人员合理地决定对犯罪分子适用刑罚,有利于保障被告人的合法权益,有利于行刑机关对犯罪分子进行教育改造。

(二)数罪并罚的特点

1. 前提条件,即必须犯有数罪。行为人实施了两个或者两个以上的犯罪,这是实行数罪并罚的前提。如果数人共犯一罪,则属于共犯,没有必要实行数罪并罚;如果一人犯一罪,则也不存在数罪并罚问题。但是,如果数人犯有数罪,则需要对数人数罪分别定罪量刑,因而存在数罪并罚问题。

2. 时间条件,即数罪必须发生在法定期间以内。只有在刑罚执行完毕以前发现犯罪分子犯有数罪的,才可以适用数罪并罚。具体包括以下四种情况:(1)判决宣告以前一人犯数罪;(2)判决宣告后,刑罚执行完毕以前,发现被判处的犯罪分子在判决宣告以前还有漏罪;(3)判决宣告后,刑罚执行完毕以前,被判刑的犯罪分子又犯新罪;(4)被宣告缓刑或者假释的犯罪分子在缓刑或者假释考验期内又犯新罪或者发现漏罪。在刑罚执行完毕以后,发现判决宣告以前还有漏罪的,应当依法另行定罪量刑,不构成累犯,也不存在数罪并罚问题。在刑罚执行完毕以后,犯罪分子又犯新罪的,应当依法对新罪定罪量刑;如果同时构成累犯的,则应当从重处罚,但是也不涉及数罪并罚问题。

---

〔42〕《最高人民法院公报》2013 年第 8 期。

3. 方法条件,即必须在对数罪分别定罪量刑的基础上,依照法定的并罚原则和方法,决定并罚后应当执行的刑罚。实行数罪并罚的结果,是对数罪产生一个判决结果,而不是相互独立的数个判决结果。对数罪产生一个判决结果,不是采取估堆方法将数罪作为一个整体进行综合判断,而是先分别定罪量刑,然后根据一定原则和方法决定合并执行的刑罚。

二、数罪并罚的原则

(一)数罪并罚原则概述

数罪并罚原则,是指对一人犯数罪合并处罚所依据的原则。各国刑法所采取的数罪并罚原则,主要有并科原则、吸收原则、限制加重原则和混合原则。

1. 并科原则,又称相加原则,是指将一人所犯数罪分别宣告的刑罚绝对相加,合并执行的处罚原则。该原则强调刑罚的威慑功能,注重一罪一刑,在某种程度上是报应主义的产物。该原则最能体现罪责刑相适应原则,但在某些情况下会导致刑罚过苛或者难以合并执行。例如,数个有期徒刑相加,可能导致最终的刑期超过人的生命极限,与无期徒刑无异,从而丧失有期徒刑的本义。又如,数刑中既有死刑又有无期徒刑时,则根本无法采用绝对相加的并科原则执行。

2. 吸收原则,是指对一人所犯数罪采用重罪之刑吸收轻罪之刑的合并处罚原则。根据这一原则,在一人犯有数罪时,法院得以最重宣告刑吸收其他较轻的宣告刑,仅按最重宣告刑执行刑罚,其余较轻的刑罚因被吸收而不再执行。吸收原则对于死刑、无期徒刑等刑种在合并适用上较为适宜,但在适用有期徒刑、财产刑时,则有重罪轻罚之嫌,亦有贬损刑罚威慑功能之虞。

3. 限制加重原则,又称限制并科原则,是指以一人所犯数罪中法定应当判处或者已经判处的最重刑罚为基础,在一定限度之内对其予以加重执行刑罚的合并处罚原则。具体又有两种类型:(1)以数罪中最重犯罪的法定刑为基础,加重一定比例的刑罚,并以加重后的刑罚作为执行的刑罚,同时规定应当执行的刑罚不能超过的最高限度;(2)在对数罪分别定罪量刑的基础上,以数罪中被宣告的数刑中最高刑期以上、总和刑期以下加重处罚,同时规定应当执行的刑罚不能超过的最高限度。这一原则既避免了并科原则失之过严不便具体适用的缺陷,又克服了吸收原则失之宽纵而难以威慑的弊端,较好地贯彻了罪责刑相适应原则和有罪必罚原则。但是,对于死刑和无期徒刑而言,这一原则却难以适用。

4. 混合原则,又称折中原则,是指根据不同情况以某一并罚原则为主,兼采其他原则。通常是根据法定的刑罚的性质和特点,兼采并科原则、吸收原则或者限制加重原则,将其分别适用于不同刑种和刑罚结构之中。这一原则能够避免采用单一的并科原则、吸收原则和限制加重原则的缺陷,使之能够相互补充,适用于不同的情况,使数罪并罚制度更具合理性。目前,绝大多数国家采用混合原则。

(二)我国的数罪并罚原则

刑法第69条规定:“判决宣告以前一人犯数罪的,除判处死刑和无期徒刑的以外,应当在总和刑期以下、数刑中最高刑期以上,酌情决定执行的刑期,但是管制最高不能超过三年,拘役最高不能超过一年,有期徒刑总和刑期不满三十五年的,最高不能超过二十年,总和刑期在三十五年以上的,最高不能超过二十五年。数罪中有判处有期徒刑和拘役的,执行有期徒刑。数罪中有判处有期徒刑和管制,或者拘役和管制的,有期徒刑、拘役执行完毕后,管制仍须执行。数罪中有判处附加刑的,附加刑仍须执行,其中附加刑种类相同的,合并执行,种类不同的,分别执行。”据此,我国数罪并罚采取混合原则。确切地说,是以限制加重原则为主、兼采并科原则和吸收原则。具体如下:

1. 对判处死刑和无期徒刑的,采取吸收原则。如果数罪中判处数个死刑或者最重刑为死刑时,只执行一个死刑,不执行其他主刑;如果数罪中判处数个无期徒刑或者最重刑为无期徒刑时,只执行一个无期徒刑,不执行其他主刑。

2. 对于判处有期徒刑、拘役和管制的,采取限制加重原则。根据刑法第69条第1款的规定,具体的限制加重规则为:(1)判决宣告的数个主刑均为有期徒刑的,应当在总和刑期以下,数刑中最高刑期以上,酌情决定执行的刑期;但决定执行的刑期,在总和刑期不满35年的,最高不能超过20年;总和刑期在35年以上的,最高不能超过25年。(2)判决宣告的数个主刑均为拘役的,应当在总和刑期以下,数刑中最高刑期以上,酌情决定执行的刑期;但是决定执行的刑期最高不能超过1年。(3)判决宣告的数个主刑均为管制的,应当在总和刑期以下,数刑中最高刑期以上,酌情决定执行的刑期;但是决定执行的刑期最高不能超过3年。但是,不得将各种有期徒刑合并升格为另一种或更重的有期徒刑或者无期徒刑,即不得将数个管制合并升格为拘役,也不得将数个拘役合并升格为有期徒刑,更不得将数个有期徒刑合并升格为无期徒刑。

3. 对于数罪中有判处有期徒刑和拘役的,或者有期徒刑和管制、拘役和管制的,分别采取吸收原则和并科原则。根据刑法第69条第2款的规定,数罪中有判处有期徒刑和拘役的,执行有期徒刑。数罪中有判处有期徒刑和管制,或者拘役和管制的,先执行有期徒刑、拘役,再执行管制。

4. 对于附加刑,应当采取不同的并罚原则。根据刑法第69条第3款的规定,数罪中有判处附加刑的,附加刑仍须执行。其中,附加刑种类相同的,合并执行;种类不同的,分别执行。据此,对于附加刑和主刑,应当采取分别执行原则;对于数个附加刑,则应当采取并科原则或者分别执行原则。例如,甲罪被判处罚金10万元,乙罪被判处罚金15万元,应当合并执行25万元。又如,甲罪被判处罚金,乙罪被判处剥夺政治权利，则应当分别执行。

三、适用数罪并罚的不同情形

根据刑法第69条、第70条和第71条的规定，适用数罪并罚有三种情形。

（一）判决宣告以前一人犯数罪的并罚

对于判决宣告以前一人犯数罪，并且数罪均已被发现时，根据刑法第69条规定的混合原则予以并罚。至于具体的数罪并罚适用方法，详见上述。

示例14-40　张某等非法猎捕、收购、运输、出售珍贵、濒危野生动物案

一审法院认为：被告人高某分别实施非法猎捕、收购国家二级重点保护野生动物猎隼各一只，实施了两个不同的犯罪行为，同时触犯了两个罪名，应以非法猎捕珍贵、濒危野生动物罪和非法收购珍贵、濒危野生动物罪数罪并罚。[43]

对于判决宣告前一人犯有异种数罪应实行并罚，没有任何异议。但对于判决宣告前一人犯有同种数罪应否实行数罪并罚，却存在较大的争议。归纳起来，主要有以下三种观点：(1)一罚说。主张对同种数罪无须并罚，只需按照一罪酌情从重处罚，即只需将同种数罪作为一罪的从重情节或者加重构成情节处罚。(2)并罚说。主张对于同种数罪应当毫无例外地实行并罚，因为刑法关于数罪并罚的规定并未限定只适用于异种数罪，既然同种数罪也是数罪的表现形式，自然不应将其排斥在并罚之外。(3)折中说。认为对于同种数罪是否应当实行并罚不能一概而论，而应当以能否达到罪责刑相适应为标准，决定对具体的同种数罪是否实行并罚，即当能够达到罪刑相适应时，对于同种数罪无须并罚；相反，则应实行并罚。我国司法实践从便于操作出发，坚持的是一罚说。本书基本赞同并罚说的观点。罪刑相适应原则，要求坚持“一罪一刑”，同种数罪和异种数罪仅仅是在行为人所实施的行为触犯的罪名上有所不同，对行为的社会危害性和行为人的人身危险性方面并无实质的影响，因而如果对于判决宣告以前异种数罪应当并罚，则没有理由不对同种数罪也予以并罚。当然，如果刑法分则已将多次实施同种数罪规定为加重犯或多次犯，并配置加重法定刑或者特别法定刑，则自然应遵循刑法规定，以一罪论处，无须并罚。

（二）刑罚执行完毕之前发现漏罪的并罚

刑法第70条规定：“判决宣告以后，刑罚执行完毕以前，发现被判刑的犯罪分子在判决宣告以前还有其他罪没有判决的，应当对新发现的罪作出判决，把前后两个

〔43〕《最高人民法院公报》2018年第2期。

判决所判处的刑罚,依照本法第六十九条的规定,决定执行的刑罚。已经执行的刑期,应当计算在新判决决定的刑期以内。”所谓“新发现的罪”,是指在原判决宣告并生效之前实施的未经判决、应当依法追诉并与原判决之罪进行并罚的犯罪,理论上一般称为“漏罪”。这种数罪并罚的方法,具有以下特点:

1. 漏罪发生时间,即漏罪必须与其他犯罪一样发生在原判决宣告以前。如果漏罪发生在原判决宣告以后,刑罚执行期间或刑罚执行完毕之后则不得根据本条规定予以并罚。

2. 发现漏罪时间,即漏罪必须在判决宣告以后,刑罚执行完毕以前被发现。所谓判决宣告以后,是指判决已经宣告并发生法律效力之后。如果发现漏罪的时间不是在判决宣告以后,刑罚未执行完毕以前的期限内,而是在刑罚执行完毕之后,则不得适用该条的规定合并处罚。但是,如果发现漏罪是在原判刑罚执行期间,但在对漏罪侦查、起诉和审判时,因诉讼时效经过而导致原判刑罚“执行完毕”,则也应将漏罪所判处的刑罚和前罪所判处的刑罚,予以数罪并罚。换言之,在这种情形下,应当认为,发现漏罪时,原判刑罚实际上并未执行完毕。

3. 数罪并罚方法,即应当先对发现的漏罪单独进行定罪量刑,然后将漏罪所判处的刑罚与前罪所判处的刑罚,按照刑法第 69 条规定的数罪并罚原则,决定执行的刑罚。

4. 新判刑期确定,即原判决已经执行的刑期,应当计算在新判决决定的刑期以内。换言之,在计算尚需执行的刑期时,除决定执行的是死刑、无期徒刑以外,应当在两个判决合并决定执行的刑期中,减去已经执行的刑期。这种计算刑期的方法,可概括为“先并后减”。“先并”是指犯罪分子应当执行的刑期,“后减”是指犯罪分子已经服刑的刑期,“先并后减”的结果就是罪犯还需要服刑的刑期。

示例 14-41 陈某抢劫案

二审法院认为:上诉人陈某伙同他人以暴力方法持械抢劫他人财物,其行为已构成抢劫罪。……陈某在前罪的判决宣告以后,刑罚执行完毕以前,因发现在判决宣告以前还有其他罪没有判决的,应当对新发现的罪作出判决,把前后两个判决所判处的刑罚按照“先并后减”的方式进行并罚。[44]

(三)刑罚执行完毕以前又犯新罪的并罚

刑法第 71 条规定:“判决宣告以后,刑罚执行完毕以前,被判刑的犯罪分子又犯

〔44〕 安徽省淮北市中级人民法院(2018)皖 06 刑终 61 号刑事裁定书。

罪的，应当对新犯的罪作出判决，把前罪没有执行的刑罚和后罪所判处的刑罚，依照本法第六十九条的规定，决定执行的刑罚。”所谓“新犯的罪”，是指犯罪分子在原判决宣告以后，刑罚执行完毕以前这段期间所实施的犯罪，理论上称为“新罪”。这种数罪并罚的方法具有以下特点：

1. 新罪发生时间，即新罪必须发生在前罪判决宣告以后，刑罚执行完毕以前这段期间内。如果新罪发生在刑罚执行完毕以后，则不得根据本条规定予以合并处罚。

2. 新罪发现时间，即新罪必须在前罪判决宣告以后，刑罚执行完毕以前这段期间内被发现。如果发现新罪的时间，不是在前罪的刑罚执行期间，而是在前罪的刑罚执行完毕之后，则只要按照对新罪单独定罪量刑即可，无须合并处罚。

3. 数罪并罚方法，即应当先计算前罪未执行的刑期（前罪生效判决宣告的刑期减去已经执行的刑期），然后对发现的新罪单独定罪量刑，最后将前罪剩余的刑罚和新罪判处的刑罚，按照刑法第 69 条规定的数罪并罚原则进行并罚。

4. 新判刑期确定，即新判决所宣告的刑期，就是犯罪分子还需要执行的刑期，前罪的生效判决决定执行的刑期，不能计算在内。这种并罚方法，可概括为“先减后并”。“先减”是指前罪生效宣告的刑期减去已经执行的刑期之后的余刑，“后并”是指将前罪的剩余刑期和新罪的新判刑期合并处罚，“先减后并”的结果就是罪犯还需要服刑的刑期。

示例 14-42 李某抢劫、盗窃案

再审（二审）法院认为：原审被告人李某在判决宣告以后，刑罚执行完毕以前又犯罪，应依据数罪并罚的原则，采取“先减后并”的方法，将前罪未执行完毕的刑罚和后罪数罪并罚后，决定最后的执行刑期。原审被告人李某因本案已服三年刑期，应在判决最后决定的执行刑期中予以扣减。[45]

四、数罪并罚的疑难问题

以上三种情形是适用数罪并罚的基本形式，实践中，具体的案件可能会出现更加复杂的情况，应当区别不同情况来处理。

1. 原判为数罪与漏罪的并罚问题。在原判决认定犯罪分子犯有数罪且予以并罚的情形下，在刑罚执行期间，又发现犯罪分子在判决宣告以前犯有漏罪的，应当如何并罚？对此，有两种不同的处理意见：（1）执行刑说，即认为应当将对漏罪所判处的刑罚与原判决决定执行的刑罚，依照相应的数罪并罚原则决定执行的刑罚。

---

〔45〕 四川省成都市中级人民法院（2017）川 01 刑再 4 号刑事裁定书。

(2)宣告刑说,即认为应当将对漏罪所判处的刑罚与原判决所认定的数罪的刑罚即数个宣告刑,依照相应的数罪并罚原则决定执行的刑罚。本书认为,执行刑说是正确的。如果原判决的宣告刑也是数罪并罚的结果,则必须是与生效的、最终宣告的刑罚实行并罚,而不是与原判决中各罪的数个宣告刑实行并罚。如果与原判决中各罪的数个宣告刑实行并罚,则意味着推翻和否定已经生效的原判决的法律效力,会影响刑事判决的既判力。

2. 新罪为数罪与前罪的并罚问题。判决宣告以后刑罚执行完毕或者赦免以前,发现犯罪分子又犯有数个新罪,应当如何并罚?对此,理论界存在两种不同观点:(1)一次并罚说,主张应当首先对数个新罪分别定罪量刑,然后将判决所宣告的数个刑罚即数个宣告刑与前罪未执行的刑罚并罚。(2)二次并罚说,即主张应当首先对数个新罪分别定罪量刑并实行并罚,其次将决定执行的刑罚与前罪未执行的刑罚再进行并罚。本书认为,一次并罚说是正确的。将新犯数罪的各个宣告刑与前罪未执行的刑罚进行并罚的方法,不仅可以使总和刑期居于相对较高的水平,而且一般也不会使数刑中最高刑期因此而降至低于残余刑期的程度,能够更好地体现对再犯新罪从严惩处的精神。

3. 新罪和漏罪同时并存的并罚问题。判决宣告以后,刑罚执行完毕或者赦免以前,发现犯罪分子又犯新罪,同时又有漏罪,如何并罚?对此,主要有以下两种不同的意见:第一种意见认为,应当首先对漏判之罪和新犯之罪分别定罪量刑,然后将其与前一判决或前罪未执行的刑罚,根据刑法第 71 条规定的先减后并的方法进行并罚。第二种意见认为,应当采取分别判决、顺序并罚的方法,即应当对漏判之罪和新犯之罪分别定罪量刑,然后按照刑法第 70 条规定的先并后减的方法,将对漏罪所判处的刑罚与原判决判处的刑罚进行并罚,确定执行的刑罚。最后,根据刑法第 71 条规定的先减后并的方法,将对新犯之罪所判处的刑罚,与原判之罪和漏罪合并后决定执行的刑罚进行并罚,决定最终应当执行的刑罚。本书认为,第二种意见更加符合刑法的规定,是正确的。

4. 原判未交付执行、再审,或刑满释放又犯新罪和漏罪并存的并罚问题。判决宣告以后,尚未交付执行时,发现犯罪分子还有漏罪没有处理的,应当按照刑法第 70 条规定的先并后减的方法进行并罚。如果判决已经生效,但发现确有错误,并且根据审判监督程序提起再审时,发现犯罪分子还有漏罪没有处理的,应当按照刑法第 69 条的规定,将再审的犯罪与漏罪进行并罚,原判决已经执行的刑期应当计算在新判决宣告的刑期之内。如果犯罪分子刑满释放之后又犯新罪,且又发现他在前罪判决宣告以前,或者在前罪判处的刑罚执行期间,还犯有其他罪行未经处理,且未超过追诉时效的,如果漏罪与新罪属于不同种数罪,应当按照刑法第 69 条的规定,实行数罪并罚。

第六节 缓 刑

一、缓刑的概念

刑法第 72 条第 1 款规定:“对于被判处拘役、三年以下有期徒刑的犯罪分子,同时符合下列条件的,可以宣告缓刑,对其中不满十八周岁的人、怀孕的妇女和已满七十五周岁的人,应当宣告缓刑:(一)犯罪情节较轻;(二)有悔罪表现;(三)没有再犯罪的危险;(四)宣告缓刑对所居住社区没有重大不良影响。”根据这一规定,缓刑是指审判机关对于被判处拘役、3 年以下有期徒刑的犯罪分子,在符合法律规定的前提下,暂缓其刑罚的执行,并规定一定的考验期,在考验期内实行社区矫正;如果在考验期内没有发生法律规定应当撤销缓刑的事由,原判刑罚就不再执行的制度。简言之,缓刑就是对原判刑罚附条件地不予执行的制度。其特点是,既判处一定刑罚,又暂不执行,但在一定期间内保留执行的可能性。缓刑不是独立的刑种,而是介于刑罚裁量和刑罚执行之间的一种特殊的刑罚制度。

缓刑制度具有重要的意义。缓刑制度可以避免短期自由刑的弊端,避免罪犯狱中“交叉感染”,较好地实现特殊预防,符合刑罚经济的思想;缓刑制度有利于促进犯罪分子认罪伏法,悔过自新,较好地体现了惩罚与宽大相结合的刑事政策;缓刑制度体现了专门机关与人民群众相结合的司法路线,有利于实现刑罚的惩罚、威慑、教育和改造的功能。

缓刑不同于死缓。二者虽然都是有条件地不执行原判刑罚,都不是独立的刑种,但二者存在本质的区别:(1)适用对象不同。缓刑适用于被判处拘役、3 年以下有期徒刑的犯罪分子;死缓适用于被判处死刑的犯罪分子。(2)执行方法不同。对于缓刑犯,不予关押,实行社区矫正;对于死缓犯,必须予以关押,并实行劳动改造。(3)考验期限不同。缓刑的考验期,取决于所判的刑种和刑期;死缓的考验期,一律为 2 年。(4)法律后果不同。缓刑的法律后果,根据犯罪分子在考验期内是否发生法定情形而有所区别,或者是原判刑罚不再执行,或者是撤销原判,实行数罪并罚;死缓的法律后果,考验期满后根据犯罪分子的表现分别予以减刑或者执行死刑。

缓刑也不同于战时缓刑。刑法第 449 条规定:“在战时,对被判处三年以下有期徒刑没有现实危险宣告缓刑的犯罪军人,允许其戴罪立功,确有立功表现时,可以撤销原判刑罚,不以犯罪论处。”此即战时缓刑的规定。缓刑和战时缓刑的区别主要有以下几个方面:(1)适用对象不同。前者适用于被判处拘役、3 年以下有期徒刑的犯罪分子;后者仅适用于被判处 3 年以下有期徒刑的犯罪军人。(2)适用时间不同。

前者在适用时间上没有限制,战时和平时均可以适用;后者仅限于战时,在平时不得适用。(3)适用根据不同。前者的适用根据是没有再犯罪的危险以及对所居住社区没有重大不良影响;后者的适用根据是没有现实危险。(4)监督考察不同。前者必须在宣告缓刑的同时依法确定缓刑考验期,监督考察内容是受缓刑宣告者在缓刑考验期内是否遵守相应的规定;后者没有缓刑考验期,考验内容是犯罪军人是否具有立功表现。(5)法律后果不同。前者的法律后果是,无论缓刑是否撤销,所宣告的罪和刑仍然成立;而后者在犯罪军人确有立功表现的条件下,原判刑罚可予撤销,不以犯罪论处,即罪与刑同时消灭。

二、缓刑的适用条件

根据刑法第72条和第74条的规定,适用缓刑应当具备以下条件:

1. 刑罚条件,即适用缓刑的犯罪分子必须是被判处拘役、3年以下有期徒刑的刑罚。缓刑是对犯罪分子不予关押,附条件地不予执行原判刑罚,这就决定了缓刑的适用对象只能是罪行较轻的犯罪分子,而罪行的轻重与犯罪分子被判处的刑罚轻重和再犯可能性的大小是相适应的。缓刑的适用对象必须是被判处拘役、3年以下有期徒刑的犯罪分子等轻刑犯。如果是被判处3年以上有期徒刑的犯罪分子,则因其罪行较重,不宜适用缓刑。至于被判处管制的犯罪分子,因管制属于开放刑,对犯罪分子不予关押,仅限制其人身自由,因而适用缓刑没有实际意义。另外,这里的“被判处拘役、三年以下有期徒刑”,应是指生效判决确定的刑罚。如果一审法院判决对被告人适用缓刑,但检察机关提起抗诉或者被告人提起上诉,在抗诉、上诉期间发现被告人有漏罪或者又犯新罪的,则二审应撤销缓刑,将原罪判处的刑罚与漏罪或新罪判处的刑罚予以数罪并罚。

示例14-43 李某盗窃案

一审法院认为:结合社会调查情况中有关其个人成长经历、社会调查意见和羁押期间表现情况等,可在对全案综合考虑基础之上判处其拘役并宣告缓刑,同时判处禁止令执行事项。〔46〕

2. 实质条件,即适用缓刑确实不致再危害社会。具体而言,只有同时具备以下四个条件者,才可以适用缓刑:(1)犯罪情节较轻;(2)有悔罪表现;(3)没有再犯罪的危险;(4)宣告缓刑对所居住社区没有重大不良影响。所谓“犯罪情节较轻”,是

〔46〕《最高人民法院公报》2016年第8期。

指在符合犯罪构成要件事实中不具有较重情节，以及其犯罪前后的表现中，不具有应给予较重否定评价的事实。所谓"有悔罪表现"，是指犯罪分子犯罪以后能够认识到自己行为的错误，悔恨自己的行为，并具有相应的行为表现，如积极退赃、真诚向被害人道歉、赔偿被害人损失等。所谓"没有再犯罪的危险"，是指综合犯罪情节和悔罪表现，表明犯罪分子人身危险性很小，即使将其放置在社会上，再次犯罪的可能性也很小。所谓"宣告缓刑对所居住社区没有重大不良影响"，是指对犯罪分子适用缓刑不会对其所居住的社区的安全、秩序和稳定带来重大不良影响，如造成所在社区群众心理上的不安全感以及使生活、治安环境条件恶化等。上述四个条件中，第三个条件是核心，第一个条件和第二个条件是判断没有再犯罪的危险的资料，第四个条件是政策考量的需要。

示例 14-44 宋某诈骗案

再审法院认为：宋某在案发后还款给被害人的钱基本上都来自亲友借款支持，说明亲友还对其存有信任，因此，宋某及丈夫还需加倍努力工作偿还次生借款，以免产生新的社会矛盾。鉴于宋某案发后积极退赃，具有认罪悔罪表现，且得到被害人谅解，为教育本人和挽救其家庭，从宽严相济的刑事政策出发，对宋某可以适用缓刑。[47]

3. 除外条件，即犯罪分子必须不是累犯和犯罪集团的首要分子。累犯和犯罪集团的首要分子具有较大的主观恶性和人身危险性，有再犯之虞，适用缓刑难以防止其再犯新罪。因此，即使累犯和犯罪集团的首要分子被判处拘役、3 年以下有期徒刑的，也不能适用缓刑。

示例 14-45 袁某、李某职务侵占、故意伤害案

二审法院认为：被告人袁某曾因犯故意伤害罪于 2003 年 10 月 16 日被判处有期徒刑 2 年，于 2005 年 3 月 27 日刑满释放，在刑罚执行完毕后 5 年内再犯应当判处有期徒刑以上刑罚之罪，是累犯……对于累犯和犯罪集团的首要分子不能适用缓刑，由于被告人袁某系累犯，故对其不能适用缓刑。[48]

犯罪分子具备上述条件的，法院可以决定对其适用缓刑。如果犯罪分子是未满 18 周岁的人、怀孕的妇女和已满 75 周岁的人，且又符合上述三个条件的，则应当

---

〔47〕 湖北省高级人民法院(2013)鄂刑监一抗字第 00002 号刑事裁定书。

〔48〕 广东省茂名市中级人民法院(2013)茂中法刑二终字第 111 号刑事裁定书。

宣告缓刑。

示例 14-46 郝某非法占用农用地案

一审法院认为:被告人郝某违反土地管理法规,在未经林业主管部门及法律规定的其他主管部门批准的情况下,非法占用林地,改变被占用林地用途,造成林地大量毁坏,数量较大,其行为已构成非法占用农用地罪……被告人郝某系怀孕妇女,且犯罪情节较轻,有悔罪表现,没有再犯罪的危险,宣告缓刑对所居住社区没有重大不良影响,应依法宣告缓刑。[49]

三、缓刑的考验期

缓刑的考验期,是指对被宣告缓刑的犯罪分子进行考察的一定期间。缓刑是对所判处的刑罚附条件地不予执行,为了考验犯罪分子是否遵守这些条件,在决定缓刑的同时,必须确定对其进行考验的一定期间,以使缓刑制度发挥积极的作用。

刑法第 73 条第 1 款和第 2 款规定:“拘役的缓刑考验期限为原判刑期以上一年以下,但是不能少于二个月。有期徒刑的缓刑考验期限为原判刑期以上五年以下,但是不能少于一年。”根据这一规定,在确定缓刑考验期时,考验期限应当长短适中,即以原判刑罚刑期的长短为前提,可以等于或者适当长于原判刑期,但不能短于原判刑期,一般以不超过原判刑期 1 倍为宜。确定具体的缓刑考验期时,应当根据犯罪情节和犯罪分子个人的具体情况,在法律规定的范围内决定适当的考验期。

根据刑法第 73 条第 3 款规定:“缓刑考验期限,从判决确定之日起计算。”所谓“判决确定之日”,是指判决发生法律效力之日。一审判决宣告后,被告人不上诉,检察院机关也不抗诉的,从判决之日起经过 10 日生效。判决以前先行羁押的时间,不能折抵缓刑考验期限。因为缓刑考验期限不是刑罚执行期限,不应折抵;规定考验期限是为了考察犯罪分子在法定期限内是否遵守条件,如果将羁押日期折抵考验期限,将导致考验期限过短,丧失规定考验期限的意义。但是,被宣告缓刑的犯罪分子,在缓刑考验期限内,确有突出表现或者立功表现的,可以对原判刑罚予以减刑,同时缩短其缓刑考验期限。

示例 14-47 万某故意伤害案

一审法院认为:被告人万某故意伤害他人身体,致一人重伤二处、轻伤二处,其行为已构成故意伤害罪,依法应予惩处……被告人万某具有自首情节,并赔偿被害人经济损

〔49〕 内蒙古鄂托克旗人民法院(2018)内 0624 刑初 86 号刑事判决书。

失取得谅解,依法可以从轻处罚……判决被告人万某犯故意伤害罪,判处有期徒刑3年,缓刑3年。[50]

四、缓刑的考察

缓刑的考察,是指对被宣告缓刑的犯罪分子进行督促、教育,帮助其改过自新。

(一)缓刑考察的主体

刑法第76条规定:“对宣告缓刑的犯罪分子,在缓刑考验期限内,依法实行社区矫正,如果没有本法第七十七条规定的情形,缓刑考验期满,原判的刑罚就不再执行,并公开予以宣告。”据此,缓刑考察的主体是被宣告缓刑者居住生活社区的矫正机构和组织。根据2003年7月10日最高人民法院、最高人民检察院、公安部、司法部《关于开展社区矫正试点工作的通知》的规定,社区矫正由司法行政机关牵头组织有关单位和社区基层组织开展,并会同公安机关对社区服刑人员进行监督考察,组织协调对社区服刑人员的教育改造和帮助工作。社区矫正的日常管理工作由街道、乡镇司法所具体承担。

(二)缓刑考察的内容

根据刑法第75条的规定,被宣告缓刑的犯罪分子,应当遵守下列规定:(1)遵守法律、行政法规,服从监督;(2)按照考察机关的规定报告自己的活动情况;(3)遵守考察机关关于会客的规定;(4)离开所居住的市、县或者迁居,应当报经考察机关批准。

根据刑法第72条第2款的规定,宣告缓刑可以根据犯罪情况,同时禁止犯罪分子在缓刑考验期限内从事特定活动,进入特定区域、场所,接触特定的人。在这种情形下,犯罪分子既要遵守刑法第75条的规定,又要遵守禁止令的规定。法院在适用禁止令时,应当根据犯罪分子的犯罪原因、犯罪性质、犯罪手段、犯罪后的悔罪表现、个人的一贯表现等情况,充分考虑与犯罪分子所犯罪行的关联程度,有针对性地决定禁止其在缓刑考验期限内“从事特定活动,进入特定区域、场所,接触特定的人”中的一项或者数项内容。禁止令的期限,既可以与缓刑的考验期限相同,也可以短于缓刑考验的期限。但是宣告缓刑的,禁止令的期限不得少于2个月。禁止令的执行期限,从缓刑执行之日起计算。

示例14-48　董某、宋某抢劫案

一审法院认为:被告人董某、宋某以非法占有为目的,持械劫取他人财物,其行为均

[50] 上海市宝山区人民法院(2019)沪0113刑初55号刑事判决书。

已构成抢劫罪……经审理发现在本次犯罪中二被告人将所抢财物卖掉,得来的钱用于网吧消费,为促使二被告人在缓刑期间遵纪守法,减少重新犯罪的机会,应禁止二被告人在缓刑考验期内进入网吧、游戏机房等娱乐场所……判决如下……禁止被告人董某、宋某在36个月内进入网吧、游戏机房等娱乐场所。如违反上述“禁止令”,情节严重的,将对其撤销缓刑,执行原判刑罚。〔51〕

五、缓刑的法律后果

根据刑法第76条和第77条的规定,缓刑的法律后果有以下两种。

(一)缓刑考验期满

根据刑法第76条的规定,对宣告缓刑的犯罪分子,在缓刑考验期限内,依法实行社区矫正,如果没有刑法第77条规定的情形,缓刑考验期满,原判的刑罚就不再执行,并公开予以宣告。所谓“缓刑考验期满”,是指犯罪分子在缓刑考验期内,没有再犯新罪,没有发现判定宣告以前还有其他罪没有判决,没有严重违反有关缓刑的监督管理规定,没有严重违反禁止令,并且经过了考验期限。所谓“原判刑罚不再执行”,是指原判决的有罪宣告仍然有效,原判的刑罚也没有错误,但由于犯罪分子在考验期内符合法定条件,原判决所宣告的刑罚不再执行,即原判的刑罚没有执行的必要,而不是指原判的刑罚已经执行完毕。因此,对于被宣告原判刑罚不再执行的缓刑犯,即使在缓刑考验期满之日起5年内再犯应当判处有期徒刑以上刑罚之罪,但因其事实上未被执行过刑罚,因而不能构成累犯。

示例14-49 王某行贿案

二审法院认为:上诉人王某在缓刑考验期内其行贿数额为11万元,没有达到单位行贿罪的立案标准,依法不构成犯罪,不属于缓刑考验内再犯新罪应当撤销缓刑的情形。现上诉人缓刑考验期满,其原判刑罚不再执行,不应适用撤销缓刑数罪并罚的规定。〔52〕

示例14-50 乔某诈骗案

二审法院认为:乔某诈骗他人财物数额特别巨大,且其曾因犯罪被判处缓刑,缓刑考验期满又犯罪,主观恶性深,社会危害性大,应依法惩处。〔53〕本案中,被告人乔某虽然又犯罪,但因是在缓刑考验期满以后所犯,因而仅对后罪定罪处罚,而原判刑罚因

〔51〕 河南省平顶山市新华区人民法院(2011)新刑未初字第29号刑事判决书。
〔52〕 安徽省安庆市中级人民法院(2018)皖08刑终109号刑事判决书。
〔53〕 天津市高级人民法院(2015)津高刑二终字第6号刑事裁定书。

缓刑考验期间未有撤销缓刑的情形而“不再执行”。但是,被告人曾因犯罪被判处缓刑的事实,可以作为酌定情节在后罪量刑时予以考虑。

(二)撤销缓刑

撤销缓刑,是指在缓刑考验期内,发现犯罪分子在判决宣告以前还有其他罪没有判决的,或者又犯罪的,或者严重违反法定监管规定的,而将原判决宣告的缓刑予以撤销,执行原判刑罚或者实行数罪并罚的制度。撤销缓刑具体有以下四种情形:

1. 发现漏罪,撤销缓刑。被宣告缓刑的犯罪分子,在缓刑考验期限内发现判决宣告以前还有其他罪没有判决的,应当撤销缓刑,对新发现的罪作出判决,把前罪和后罪所判处的刑罚,依照刑法第 69 条的规定,决定执行的刑罚。如果原判决宣告以前先行羁押的,羁押的日期应当折抵刑期。

示例 14-51　王某走私普通货物案

一审法院认为:被告人王某作为安源盛达公司负直接责任的主管人员,违反海关法规,逃避海关监管,通过低报价格的方式将货物走私入境,偷逃应缴税额,数额巨大,构成走私普通货物罪。……王某在缓刑考验期间内向侦查机关交代未被处理的走私普通货物犯罪,并有证据证实,属缓刑考验期内发现漏罪,依法应当撤销缓刑,数罪并罚。……原犯走私普通货物罪被判处有期徒刑 6 个月,缓刑 1 年,现撤销缓刑,数罪并罚,决定执行有期徒刑 2 年 9 个月,缓刑 4 年。[54]

2. 又犯新罪,撤销缓刑。被宣告缓刑的犯罪分子,在缓刑考验期限内又犯新罪的,应当撤销缓刑,对新犯的罪作出判决,把前罪和后罪所判处的刑罚,依照刑法第 69 条的规定,决定执行的刑罚。如果原判决宣告以前先行羁押的,羁押日期应当折抵刑期。根据刑法第 77 条的规定,无论新罪是缓刑考验期内被发现或者考验期满以后被发现,都应当撤销缓刑,将新罪与前罪实行并罚。

示例 14-52　尹某、李某非国家工作人员受贿案

二审法院认为:尹某在缓刑考验期内与李某共谋,由李某向程某索要工程好处费,且双方就贿赂金额和给付时间达成合意,该索要的行为属于已经着手实施的犯罪行为,并非犯意流露,该犯罪行为从李某索要贿赂款起,到其收受贿赂款止,已经构成一个完整的、不可分割的犯罪整体,尹某在缓刑考验期内犯新罪,应当撤销缓刑,对新犯的罪作出

〔54〕　广东省广州市中级人民法院(2017)粤 01 刑初 303 号刑事判决书。

判决,把前罪和后罪所判处的刑罚,实行数罪并罚。[55]

3. 违反监督,撤销缓刑。被宣告缓刑的犯罪分子,在缓刑考验期限内,违反法律、行政法规或者国务院有关部门关于缓刑的监督管理规定,情节严重的,应当撤销缓刑,执行原判刑罚。在这种情况下撤销缓刑,不存在数罪并罚的问题。原判决宣告以前先行羁押的,羁押的日期应当折抵刑期。应当强调的是,违反监管管理规定,还必须严重,才可以撤销缓刑。根据2009年6月25日中央社会治安综合治理委员会办公室、最高人民法院、最高人民检察院、公安部、司法部《关于加强和规范监外执行工作的意见》第15条的规定,被宣告缓刑、假释的罪犯在缓刑、假释考验期间有下列情形之一的,由与原裁判人民法院同级的执行地公安机关提出撤销缓刑、假释的建议:(1)人民法院、监狱、看守所已书面告知罪犯应当按时到执行地公安机关报到,罪犯未在规定的时间内报到,脱离监管3个月以上的;(2)未经执行地公安机关批准擅自离开所居住的市、县或者迁居,脱离监管3个月以上的;(3)未按照执行地公安机关的规定报告自己的活动情况或者不遵守执行机关关于会客等规定,经过3次教育仍然拒不改正的;(4)有其他违反法律、行政法规或者国务院公安部门有关缓刑、假释的监督管理规定行为,情节严重的。

示例14-53　马某非法经营罪刑罚与执行变更案

审理法院认为:本院认为,罪犯马某在接受社区矫正期间违反规定,未经请假擅自外出,脱离监管超过一个月,经监管机关二次书面警告仍不改正,应对其撤销缓刑。[56]

4. 违反禁止令,撤销缓刑。被宣告缓刑的犯罪分子,在缓刑考验期限内,违反人民法院判决中的禁止令,情节严重的,应当撤销缓刑,执行原判刑罚。原作出缓刑裁判的人民法院应当自收到当地社区矫正机构提出的撤销缓刑建议书之日起1个月内依法作出裁定。人民法院撤销缓刑的裁定一经作出,立即生效。原判决宣告以前先行羁押的,羁押的日期应当折抵刑期。根据《禁止令规定》第12条第2款的规定,违反禁止令,具有下列情形之一的,应当认定为"情节严重":(1)3次以上违反禁止令的;(2)因违反禁止令被治安管理处罚后,再次违反禁止令的;(3)违反禁止令,发生较为严重危害后果的;(4)其他情节严重的情形。

---

〔55〕 重庆市第一中级人民法院(2015)渝一中法刑终字第00365号刑事判决书。
〔56〕 湖南省湘阴县人民法院(2017)湘0624刑更1号刑事裁定书。

示例 14-54　罗某假冒注册商标罪刑罚与执行变更案

审理法院认为：罪犯罗某在缓刑考验期限内，违反禁止令规定，从事钢材销售业务达三次以上，情节严重，依法应当撤销缓刑，执行原判决。[57]

漏罪、新罪、违反监督管理规定以及违反禁止令的行为的发现时间，是否必须限于在缓刑考验期限内，理论上有肯定说和否定说两种不同的观点，实务中出现了根据肯定说来处理的案例。

示例 14-55　李某甲、赵某等聚众斗殴、寻衅滋事案

一审法院认为：被告人赵某的辩护人提出“被告人赵某不适用数罪并罚”的辩护意见，经查，2012 年 11 月 16 日，被告人赵某因犯寻衅滋事罪被本院判处有期徒刑 6 个月，宣告缓刑 1 年，此次聚众斗殴犯罪属缓刑考验期满后发现的漏罪，撤销缓刑无法律依据，对辩护人此辩护意见，本院予以采纳。[58]

这一判决意见值得商榷，本书认为，无论漏罪、新罪、违反监督管理规定或者违反禁止令的行为是在缓刑考验期限内还是考验期满后发现的，均应当撤销缓刑，实行数罪并罚，或者执行原判刑罚。

此外，根据刑法第 72 条第 3 款的规定，被宣告缓刑的犯罪分子，如果被判处附加刑，附加刑仍须执行。这表明，缓刑的效力不及于附加刑。

---

〔57〕 四川省射洪县人民法院(2017)川 0922 刑更 2 号刑事裁定书。

〔58〕 山东省枣庄市薛城区人民法院(2014)薛刑初字第 268 号刑事判决书。

第十五章　刑 罚 执 行

第一节　刑罚执行概述

一、刑罚执行的概念

（一）刑罚执行的定义

刑罚执行，是指刑罚执行机关依法将已经发生法律效力的刑事裁判所确定的刑罚内容付诸实施的刑事司法活动。

（二）刑罚执行的特征

1. 执行主体的专门性。刑罚执行的主体必须是法律规定的专门司法机关，包括法院、公安机关、监狱等。根据刑法和刑事诉讼法的有关规定，死刑立即执行、没收财产、罚金由人民法院执行；拘役、剥夺政治权利由公安机关执行；死刑缓期2年执行、无期徒刑、有期徒刑由监狱执行。检察机关是刑罚执行的监督机关，但并不是刑罚执行机关，没有刑罚执行权。

2. 执行对象的特殊性。刑罚执行的对象必须是受刑人，即因实施犯罪行为而受到刑罚处罚的犯罪分子。受刑人与犯罪人具有同一性，不可能对没有犯罪的人执行刑罚。

3. 执行依据的权威性。刑罚执行的依据是已经发生法律效力的刑事裁判，没有发生法律效力的刑事裁判以及其他任何裁判，均不得成为刑罚执行的依据。根据刑事诉讼法的相关规定，下列均为发生法律效力的判决和裁定：已过法定期限没有上诉、抗诉的判决和裁定；终审的判决和裁定；最高人民法院核准的死刑判决和高级人民法院核准的死刑缓期2年执行的判决。

4. 执行内容的特定性。刑事审判是针对具体的犯罪分子而启动的，通过一系列的程序和环节，认定其行为是否构成犯罪及应当判处何种刑罚。但这一刑事审判结果是宣告意义上的，要将这一结果的法律效力付诸实施、实现，还有赖于刑罚执行活动。刑罚执行的主要内容，是将法院刑事裁判所确定的刑罚付诸实施。

5. 执行效果的终局性。刑罚的执行是刑罚的制定、裁量等活动的自然延伸，是一种具有终局性的刑事司法活动。同时,刑罚执行对刑罚的制定、裁量也具有能动、制约作用。立法机关制定刑法、设定刑种和法院裁量刑罚、作出裁判都必须考虑创制或裁量的刑罚能否得到实际执行的问题,甚至还应考虑执行刑罚所产生的社会效果。刑罚的执行,对刑罚预防犯罪目的的实现也具有重要的作用。只有通过刑罚的执行,才能使已经生效的刑事裁判所确定的刑罚付诸实现,使犯罪分子本人和社会公众真切地感受到刑罚的确证。

二、刑罚执行的原则

刑罚执行的原则,是刑罚执行机关在刑罚执行过程中应当遵循的基本准则。根据刑法和监狱法的有关规定,刑罚执行主要有以下原则:

1. 合法性原则,即刑罚执行机关的执行活动必须合法。执行机关必须是合法的刑罚执行机关;刑罚执行的依据必须是法院具有法律效力的刑事判决和裁定;刑罚执行的内容和方法必须严格根据刑法的规定;刑罚执行的程序必须符合刑事诉讼法的相关规定。

2. 惩罚和改造相结合原则,即刑罚执行活动应当惩前毖后、治病救人。刑罚执行既要坚持惩罚和劳动,又要坚持改造和教育。惩罚是改造的前提,改造是惩罚的目的;劳动是教育的手段,教育是劳动的目的。因此,应当将惩罚和改造相结合、教育和劳动相结合。根据《监狱法》的有关规定,监狱应当根据犯罪分子的需要,组织犯罪分子从事生产劳动,对犯罪分子进行思想教育、文化教育和技术教育;犯罪分子必须严格遵守法律、法规和监狱纪律,服从管理,接受教育,参加劳动。

3. 人道主义原则,即刑罚执行应当讲文明和人道。在刑罚执行过程中,必须尊重犯罪分子的人格,关心犯罪分子的实际困难,实行文明监管,禁止使用残酷、不人道的刑罚执行手段。根据《监狱法》的有关规定,犯罪分子的人格不受侮辱,其人身安全、合法财产和辩护、申诉、控告、检举以及其他未被依法剥夺或者限制的权利不受侵犯。

4. 个别化原则,即根据犯罪分子本人的具体情况,给予不同的处遇,采取不同的教育改造方法。所谓本人的具体情况,是指年龄、性别、性格特征、生理状况、犯罪性质及情节、再犯可能性大小、受刑种类和刑期长短等。根据《监狱法》的相关规定,对未成年犯和女犯的改造,应当照顾其生理心理特点;监狱应当根据犯罪分子的犯罪类型、刑罚种类、刑期、改造表现等情况,对犯罪分子实行分管分押,以实现最大的改造效果。

刑罚执行,主要是指实现宣告刑的内容。但在具体执行过程中,由于犯罪分子人身危险性减小等原因,在量刑阶段确定的刑罚可能会发生变更,如缩减刑期、变更刑种或者改变执行方式、场所等。关于具体刑罚的执行,在相关章节中已有阐述,以下着重论述减刑、假释两种执行变更。

第二节 减 刑

一、减刑的概念

减刑,是指在刑罚执行过程中,根据犯罪分子的表现情况,对其原判刑罚予以适当减轻的一种刑罚执行制度。我国刑法中的减刑,是指对被判处管制、拘役、有期徒刑或者无期徒刑的犯罪分子,因其在刑罚执行期间认真遵守监规,接受教育改造,确有悔改表现或者立功表现,而适当减轻其原判刑罚的制度。减刑对于鼓励犯罪分子积极改造,弃恶从善,贯彻罪责刑相适应原则,实现刑罚目的具有重要的意义。

根据不同的标准,可以对减刑进行不同的划分。以减刑是否必须适用为标准,可以将减刑分为可以减刑和应当减刑。所谓可以减刑,是指具备一定条件时,法院可以裁定减刑。所谓应当减刑,是指具有重大立功表现时,法院应当减刑。以减刑的效果不同为标准,可以将减刑分为变更刑种的减刑和变更刑度的减刑。所谓变更刑种的减刑,是指将无期徒刑减刑为有期徒刑。所谓变更刑度的减刑,是指将管制、拘役、有期徒刑的期限减少。

减刑不同于改判。改判,是指原判决在认定事实或者适用法律上确有错误,依照二审程序或者审判监督程序,撤销原判决,作出新判决。改判不仅可以减轻原判决确定的刑罚,也可以加重原判决确定的刑罚,还可以改变原判决对案件事实和性质的认定。减刑则是在肯定原判决的基础上,根据犯罪分子在刑罚执行期间的表现,按照法定条件和程序,将原判决确定的刑罚予以适当减刑。

减刑不同于减轻处罚。减轻处罚,是法院根据犯罪分子所具有的法定或者酌定减轻处罚情节予以减轻,依法在法定刑以下判处刑罚。它属于量刑问题,其适用对象为判决确定前的未决犯。减刑则是在判决确定以后的刑罚执行期间,对正在服刑的犯罪分子,依法对原判刑罚予以适当减轻。它属于刑罚执行问题,其适用对象为判决确定后的已决犯。

减刑不同于死缓减刑。死缓减刑,是指被判处死刑缓期 2 年执行的犯罪分子,在死刑缓期执行期间,如果没有故意犯罪、情节恶劣的,根据其具体表现予以不同程度减刑的制度。死缓减刑的适用对象是被判处死刑缓期 2 年执行的犯罪分子,适用时间是 2 年期满以后,实质条件是没有故意犯罪、情节恶劣,幅度是减为无期徒刑或者 25 年有期徒刑。减刑在适用对象、适用时间、适用条件、减刑幅度等方面与死缓减刑均有较大的区别。可以说,死缓减刑是一种特殊的减刑。实务中,死缓犯的减刑，一般适用与减刑相同的程序。

示例 15-1　薄某减刑案

审理法院认为：罪犯薄某在死刑缓期二年执行期间，没有故意犯罪，符合法定减刑条件，应予减刑。依照《刑事诉讼法》第 250 条第 2 款及刑法第 50 条第 1 款、第 57 条第 1 款的规定，裁定如下：将罪犯薄某死刑缓期二年执行的刑罚减为无期徒刑，原判附加刑剥夺政治权利终身不变。〔1〕

二、减刑的条件

根据刑法第 78 条的规定，减刑必须具备以下三个基本条件。

(一)对象条件

减刑的对象只能是被判处管制、拘役、有期徒刑、无期徒刑的犯罪分子。这一条件是可以减刑和应当减刑的共同条件。这里只有刑种的限制，而没有刑期和罪质的限制。这是因为剥夺或者限制人身自由对犯罪分子来说无疑是一种痛苦，而带有奖励性质的减刑制度对于犯罪分子无疑会有一定的激励作用，促使其积极改造，消除主观恶性和人身危险性，因而在适用减刑时没有必要在刑期和罪质方面进行限制。因此，减刑的对象范围仅受刑种的限制，而不受刑期长短和犯罪性质的限制。只要是被判处上述四种刑罚之一的犯罪分子，无论其犯罪是故意犯罪还是过失犯罪，是重罪还是轻罪，是国事犯罪还是普通犯罪，只要具备了法定的减刑条件，都可以减刑。死刑犯减为无期徒刑以后，也可以根据刑法第 78 条的规定减刑。判处管制、拘役的罪犯，以及判决生效后剩余刑期不满 1 年有期徒刑的罪犯，符合减刑条件的，可以酌情减刑。有期徒刑罪犯减刑时，对附加剥夺政治权利的期限可以酌减。酌减后剥夺政治权利的期限，不能少于 1 年。判处拘役或者 3 年以下有期徒刑并宣告缓刑的罪犯，一般不适用减刑；但如果罪犯在缓刑考验期限内有重大立功表现的，也可以对原判刑罚予以减轻，同时相应地缩短其缓刑考验期。对于正在暂予监外执行的罪犯，也可以适用减刑。但是，除有特殊情形外，假释犯一般不得减刑，其假释考验期也不能缩短。

示例 15-2　姜某减刑案

审理法院认为：罪犯姜某在保外就医期间向公安机关提供了一起杀人案的重要线

〔1〕 北京市高级人民法院(2015)高刑执字第 601 号刑事裁定书。

索,确有立功表现,符合减刑的法定条件,对罪犯姜某准予减去有期徒刑1年。[2]

(二)实质条件

减刑的实质条件因减刑的种类不同而有所区别。

1. 可以减刑的实质条件是,犯罪分子在刑罚执行期间,认真遵守监规,接受教育改造,确有悔改表现,或者确有立功表现。具体地说,在下列两种情形下,可以减刑:

(1)犯罪分子在执行期间,认真遵守监管法规,接受教育改造,确有悔改表现。根据2016年9月19日最高人民法院《关于办理减刑、假释案件具体应用法律的规定》(以下简称《减刑假释规定》)第3条规定,"确有悔改表现"是指同时具备以下四个方面情形:认罪悔罪;遵守法律法规及监规,接受教育改造;积极参加思想、文化、职业技术教育;积极参加劳动,努力完成劳动任务。对职务犯罪、破坏金融管理秩序和金融诈骗犯罪、组织(领导、参加、包庇、纵容)黑社会性质组织犯罪等罪犯,不积极退赃、协助追缴赃款赃物、赔偿损失,或者服刑期间利用个人影响力和社会关系等不正当手段意图获得减刑、假释的,不认定其"确有悔改表现"。罪犯在刑罚执行期间的申诉权利应当依法保护,对其正当申诉不能不加分析地认为是不认罪悔罪。根据第19条的规定,对在报请减刑前的服刑期间不满18周岁,且所犯罪行不属于刑法第81条第2款规定情形的罪犯,认罪悔罪,遵守法律法规及监规,积极参加学习、劳动,应当视为确有悔改表现。对上述罪犯减刑时,减刑幅度可以适当放宽,或者减刑起始时间、间隔时间可以适当缩短,但放宽的幅度和缩短的时间不得超过本规定中相应幅度、时间的1/3。根据第20条的规定,老年罪犯、患严重疾病罪犯或者身体残疾罪犯减刑时,应当主要考察其认罪悔罪的实际表现。对基本丧失劳动能力,生活难以自理的上述罪犯减刑时,减刑幅度可以适当放宽,或者减刑起始时间、间隔时间可以适当缩短,但放宽的幅度和缩短的时间不得超过本规定中相应幅度、时间的1/3。

示例15-3 赵某减刑案

审理法院认为:经审理查明,赵某认罪伏法,接受改造,遵守监规,重视"三课"学习,完成生产任务,奖励积极七个。该犯在服刑改造期间,确有悔改表现,符合减刑条件。依照刑法第78条、第79条及《刑事诉讼法》第273条第2款、最高人民法院《关于减刑、假释案件审理程序的规定》第16条第1款第1项的规定对罪犯赵某减去有期徒刑2个月(刑期执行至2018年12月4日止)。[3]

---

[2] 云南省昆明市中级人民法院(2002)昆刑执字第313号刑事裁定书。

[3] 陕西省铜川市中级人民法院(2018)陕02刑更845号刑事裁定书。

(2)具有立功表现的。根据《减刑假释规定》第4条规定,具有下列情形之一的,可以认定为有“立功表现”:其一,阻止他人实施犯罪活动的;其二,检举、揭发监狱内外犯罪活动,或者提供重要的破案线索,经查证属实的;其三,协助司法机关抓捕其他犯罪嫌疑人的;其四,在生产、科研中进行技术革新,成绩突出的;其五,在抗御自然灾害或者排除重大事故中,表现积极的;其六,对国家和社会有其他较大贡献的。第4项、第6项中的技术革新或者其他较大贡献应当由罪犯在刑罚执行期间独立或者为主完成,并经省级主管部门确认。

示例15-4 姜某减刑案

审理法院认为:经审理查明,罪犯姜某自服刑以来,认真遵守监规,积极追求改造,2011年9月至2013年8月共获评改造积极分子两次;因在劳动改造中发明四主轴群镗床并获国家知识产权局颁发的《实用新型专利证书》,属技术革新,成绩突出,2013年2月获遵义监狱立功奖励一次。执行机关报送该犯的改造表现,有日考核记录、月汇总记分表、月表扬通知、评审鉴定表、奖励审批表、实用新型专利证书等证据相互印证,形成锁链,本院予以确认。[4]

2. 应当减刑的实质条件是,犯罪分子在刑罚执行期间有重大立功表现。根据刑法第78条第1款的规定,有下列重大立功表现之一,应当减刑:(1)阻止他人重大犯罪活动的;(2)检举监狱内外重大犯罪活动,经查证属实的;(3)有发明创造或者重大技术革新的;(4)在日常生产、生活中舍己救人的;(5)在抗御自然灾害或者排除重大事故中,有突出表现的;(6)对国家和社会有其他重大贡献的。《减刑假释规定》第5条在重复刑法第78条第1款规定的六种重大立功的基础上,增加了一种类型,即“协助司法机关抓捕其他重大犯罪嫌疑人的”。

示例15-5 韩某减刑案

审理法院认为:罪犯韩某在服刑期间举报狱外人员犯罪线索,公安机关根据其举报破获重大犯罪案件,经法院一审判决被举报案犯死刑,汾阳监狱由此给予其重大立功奖励一次成立。依法应当给予减刑。[5]

对于未成年犯的减刑,在掌握标准上可以比照成年犯罪分子依法适当放宽。

---

〔4〕 遵义市中级人民法院(2014)遵刑执字第840号刑事裁定书。

〔5〕 吕梁市中级人民法院(2018)晋11刑更3号刑事裁定书。

(三)限度条件

减刑是在原来判处刑罚的基础上,根据犯罪分子的悔改表现或者立功表现,将其原判刑罚予以适当减轻。但是,无论是刑种的减轻还是刑期的减轻,都必须有一定的限度。如果减得过多,则不利于特殊预防,也有损法院判决的公信力;如果减得过少,则对犯罪分子的改造难以起到鼓励和鞭策的作用,也丧失了减刑的意义。

根据刑法第 78 条第 2 款的规定,减刑以后实际执行的刑期不能少于下列期限:(1)判处管制、拘役、有期徒刑的,不能少于原判刑期的 1/2;(2)判处无期徒刑的,不能少于 13 年;(3)人民法院依照刑法第 50 条第 2 款规定限制减刑的死刑缓期执行的犯罪分子,缓期执行期满后依法减为无期徒刑的,不能少于 25 年,缓期执行期满后依法减为 25 年有期徒刑的,不能少于 20 年。根据这一规定,如果管制、拘役、有期徒刑减刑后的剩余刑期只有原判刑期的 1/2,无期徒刑减刑后的剩余刑期只有 13 年,死缓被限制减刑后的剩余刑期分别只有 25 年和 20 年有期徒刑的,则不得再减刑。

关于"实际执行的刑期"的含义,理论界存在两种不同的观点。一种观点认为,实际服刑的刑期,应是指原判决发生法律效力,将判决交付执行后,犯罪分子实际服刑改造的时间。另一种观点认为,实际服刑的刑期,不仅包括生效判决宣告之后将犯罪分子交付监狱等场所服刑的时间,而且还包括生效判决宣告之前犯罪分子被羁押的时间。本书认为,一方面,判决前的羁押时间和判决后的服刑时间,虽然在措施、场所方面有所不同,但实质上都是对犯罪分子人身自由的剥夺,因而羁押在相当程度上具有自由刑的性质。另一方面,刑法在规定对管制、拘役和有期徒刑的刑期时也明确规定,应将判决前先行羁押的时间折抵刑期,因此,就管制、拘役和有期徒刑的执行而言,实际执行的刑期包括判决前先行羁押的时间。但是,减刑只是对原判决刑罚的局部调整,而不是对原判决的改判,故法院在作出将无期徒刑减为有期徒刑的裁决时不能再考虑先前羁押的时间的折抵问题,因此无期徒刑的实际执行的刑期不包括判决前先行羁押的时间。另外,根据《减刑假释规定》第 12 条规定,被判处死刑缓期执行的罪犯经过一次或者几次减刑后,其实际执行的刑期不得少于 15 年,死刑缓期执行期间不包括在内;死刑缓期执行罪犯在缓期执行期间不服从监管、抗拒改造,尚未构成犯罪的,在减为无期徒刑后再减刑时应当适当从严。

三、减刑的幅度

减刑不仅要有限度控制,而且还要有一定的幅度控制,包括减刑起始时间、间隔时间、比重长短等。总的原则是,减刑的幅度控制应当既有利于鼓励犯罪分子积极改造,又要维护法院裁判的既判力和公信力。在决定减刑的幅度时,应当考虑原判决的刑种和刑度,犯罪分子的悔改、立功表现,犯罪分子本身的具体情况等。

《减刑假释规定》对减刑的幅度作了如下规定：

1. 有期徒刑犯罪分子在刑罚执行期间，符合减刑条件的，减刑幅度为：确有悔改表现或者有立功表现的，一次减刑不超过9个月有期徒刑；确有悔改表现并有立功表现的，一次减刑不超过1年有期徒刑；有重大立功表现的，一次减刑不超过1年6个月有期徒刑；确有悔改表现并有重大立功表现的，一次减刑不超过2年有期徒刑。

2. 有期徒刑罪犯的减刑起始时间和间隔时间为：不满5年有期徒刑的，应当执行1年以上方可减刑；5年以上不满10年有期徒刑的，应当执行1年6个月以上方可减刑；10年以上有期徒刑的，应当执行2年以上方可减刑。有期徒刑减刑的起始时间自判决执行之日起计算。被判处不满10年有期徒刑的罪犯，两次减刑间隔时间不得少于1年；被判处10年以上有期徒刑的罪犯，两次减刑间隔时间不得少于1年6个月。减刑间隔时间不得低于上次减刑减去的刑期。罪犯有重大立功表现的，可以不受上述减刑起始时间和间隔时间的限制。

3. 无期徒刑罪犯在刑罚执行期间，符合减刑条件的，执行2年以上，可以减刑。减刑幅度为：确有悔改表现或者有立功表现的，可以减为22年有期徒刑；确有悔改表现并有立功表现的，可以减为21年以上22年以下有期徒刑；有重大立功表现的，可以减为20年以上21年以下有期徒刑；确有悔改表现并有重大立功表现的，可以减为19年以上20年以下有期徒刑。无期徒刑罪犯减为有期徒刑后再减刑时，减刑幅度依照《减刑假释规定》第6条的规定执行。两次减刑间隔时间不得少于2年。罪犯有重大立功表现的，可以不受上述减刑起始时间和间隔时间的限制。

4. 死刑缓期执行罪犯减为无期徒刑后，符合减刑条件的，执行3年以上方可减刑。减刑幅度为：确有悔改表现或者有立功表现的，可以减为25年有期徒刑；确有悔改表现并有立功表现的，可以减为24年以上25年以下有期徒刑；有重大立功表现的，可以减为23年以上24年以下有期徒刑；确有悔改表现并有重大立功表现的，可以减为22年以上23年以下有期徒刑。

5. 被限制减刑的死刑缓期执行罪犯，减为无期徒刑后，符合减刑条件的，执行5年以上方可减刑。减刑间隔时间和减刑幅度依照《减刑假释规定》第9条的规定执行。被限制减刑的死刑缓期执行罪犯，减为有期徒刑后再减刑时，一次减刑不超过6个月有期徒刑，两次减刑间隔时间不得少于2年。有重大立功表现的，间隔时间可以适当缩短，但一次减刑不超过1年有期徒刑。

6. 对被判处终身监禁的罪犯，在死刑缓期执行期满依法减为无期徒刑的裁定中，应当明确终身监禁，不得再减刑或者假释。

7. 判处管制、拘役的罪犯，以及判决生效后剩余刑期不满2年有期徒刑的罪犯，符合减刑条件的，可以酌情减刑，减刑起始时间可以适当缩短，但实际执行的刑期不得少于原判刑期的1/2。

8. 有期徒刑罪犯减刑时,对附加剥夺政治权利的期限可以酌减。酌减后剥夺政治权利的期限,不能少于1年。被判处死刑缓期执行、无期徒刑的罪犯减为有期徒刑时,应当将附加剥夺政治权利的期限减为7年以上10年以下,经过一次或者几次减刑后,最终剥夺政治权利的期限不得少于3年。

9. 判处拘役或者3年以下有期徒刑并宣告缓刑的罪犯,一般不适用减刑。如果在缓刑考验期限内有重大立功表现的,可以参照刑法第78条的规定,予以减刑,同时应依法缩减其缓刑考验期限。拘役的缓刑考验期限不能少于2个月,有期徒刑的缓刑考验期限不能少于1年。

10. 被判处有期徒刑、无期徒刑的罪犯在刑罚执行期间又故意犯罪,新罪被判处有期徒刑的,自新罪判决确定之日起3年内不予减刑;新罪被判处无期徒刑的,自新罪判决确定之日起4年内不予减刑。罪犯在死刑缓期执行期间又故意犯罪,未被执行死刑的,死刑缓期执行的期间重新计算,减为无期徒刑后,5年内不予减刑。被判处死刑缓期执行罪犯减刑后,在刑罚执行期间又故意犯罪的,依照第1款规定处理。

示例15-6 巫某减刑案

审理法院认为:罪犯巫某在服刑考核期间,能认罪悔罪;认真遵守法律法规及监规纪律,接受教育改造;积极参加思想、文化和职业技术教育;积极参加生产劳动,努力完成生产任务,获得表扬5次,另考核分117分。以上事实有罪犯服刑期间改造考核档案等在卷材料予以证实。罪犯巫某确有悔改表现的事实清楚,证据充分……裁定如下:对罪犯巫某予以减去有期徒刑9个月(刑期执行至2018年3月18日止)。[6]

四、减刑的刑期计算

减刑后刑期的计算方法,因原判刑罚的种类不同而有所区别:对于原判管制、拘役、有期徒刑的,减刑后的刑期自原判决执行之日起算;原判刑期已经执行的部分,应当计入减刑以后的刑期之内。对于原判无期徒刑减为有期徒刑的,减刑后的刑期自裁定减刑之日起算;已经执行的刑期,不计入减为有期徒刑以后的刑期之内。对于无期徒刑减为有期徒刑之后,再次减刑的,其刑期的计算,则应按照有期徒刑罪犯减刑的方法计算,即应当从前次裁定减为有期徒刑之日起算。

五、减刑的程序

根据刑法第79条的规定,对于犯罪分子的减刑,由执行机关向中级以上人民法院提出减刑建议书。人民法院应当组成合议庭进行审理,对确有悔改或者立功事实

〔6〕 广东省惠州市中级人民法院(2018)粤13刑更22号刑事裁定书。

的,裁定予以减刑。非经法定程序不得减刑。

2014年6月1日起施行的最高人民法院《关于减刑、假释案件审理程序的规定》对减刑程序作了进一步规定,主要有以下内容:

1. 材料审查。人民法院受理减刑、假释案件,应当审查执行机关是否移送下列材料:(1)减刑或者假释建议书;(2)终审法院的裁判文书、执行通知书、历次减刑裁定书的复制件;(3)罪犯确有悔改或者立功、重大立功表现的具体事实的书面证明材料;(4)罪犯评审鉴定表、奖惩审批表等;(5)其他根据案件的审理需要应予移送的材料。报请假释的,应当附有社区矫正机构或者基层组织关于罪犯假释后对所居住社区影响的调查评估报告。人民检察院对报请减刑、假释案件提出的检察意见,应当一并移送受理减刑、假释案件的人民法院。经审查,材料齐备的,应当立案;材料不齐备的,应当通知提请减刑、假释的执行机关在3日内补送,逾期未补送的,不予立案。

2. 公示内容。人民法院审理减刑、假释案件,应当在立案后5日内将执行机关报请减刑、假释的建议书等材料依法向社会公示。公示内容应当包括罪犯的个人情况、原判认定的罪名和刑期、罪犯历次减刑情况、执行机关的建议及依据。公示应当写明公示期限和提出意见的方式。公示期限为5日。

3. 审理方式。人民法院审理减刑、假释案件,可以采取开庭审理或者书面审理的方式。但下列减刑、假释案件,应当开庭审理:(1)因罪犯有重大立功表现报请减刑的;(2)报请减刑的起始时间、间隔时间或者减刑幅度不符合司法解释一般规定的;(3)公示期间收到不同意见的;(4)人民检察院有异议的;(5)被报请减刑、假释罪犯系职务犯罪罪犯,组织(领导、参加、包庇、纵容)黑社会性质组织犯罪罪犯,破坏金融管理秩序和金融诈骗犯罪罪犯及其他在社会上有重大影响或社会关注度高的;(6)其他人民法院认为应当开庭审理的。

4. 庭审准备。人民法院开庭审理减刑、假释案件,应当通知人民检察院、执行机关及被报请减刑、假释罪犯参加庭审。人民法院根据需要,可以通知证明罪犯确有悔改表现或者立功、重大立功表现的证人,公示期间提出不同意见的人,以及鉴定人、翻译人员等其他人员参加庭审。开庭审理应当在罪犯刑罚执行场所或者人民法院确定的场所进行。有条件的人民法院可以采取视频开庭的方式进行。在社区执行刑罚的罪犯因重大立功被报请减刑的,可以在罪犯服刑地或者居住地开庭审理。人民法院对于决定开庭审理的减刑、假释案件,应当在开庭3日前将开庭的时间、地点通知人民检察院、执行机关、被报请减刑和假释罪犯及有必要参加庭审的其他人员,并于开庭3日前进行公告。

5. 庭审程序。减刑、假释案件的开庭审理由审判长主持,应当按照以下程序进行:(1)审判长宣布开庭,核实被报请减刑、假释罪犯的基本情况;(2)审判长宣布合议庭组成人员、检察人员、执行机关代表及其他庭审参加人;(3)执行机关代表宣读减刑、假释建议书,并说明主要理由;(4)检察人员发表检察意见;(5)法庭对被报请减刑、假释罪犯确有悔改表现或立功表现、重大立功表现的事实以及其他影响减刑、假释的情况进行调查核实;(6)被报请减刑、假释罪犯作最后陈述;(7)审判长对庭审情况进行总结并宣布休庭评议。

6. 庭审调查。庭审过程中,合议庭人员对报请理由有疑问的,可以向被报请减刑、假释罪犯、证人、执行机关代表、检察人员提问。庭审过程中,检察人员对报请理由有疑问的,在经审判长许可后,可以出示证据,申请证人到庭,向被报请减刑、假释罪犯及证人提问并发表意见。被报请减刑、假释罪犯对报请理由有疑问的,在经审判长许可后,可以出示证据,申请证人到庭,向证人提问并发表意见。庭审过程中,合议庭对证据有疑问需要进行调查核实,或者检察人员、执行机关代表提出申请的,可以宣布休庭。

7. 书面调查。人民法院书面审理减刑、假释案件,可以就被报请减刑、假释罪犯是否符合减刑、假释条件进行调查核实或听取有关方面意见。人民法院书面审理减刑案件,可以提讯被报请减刑罪犯;书面审理假释案件,应当提讯被报请假释罪犯。

8. 审理期限。对减刑、假释案件,应当按照下列情形分别处理:(1)对被判处死刑缓期执行的罪犯的减刑,由罪犯服刑地的高级人民法院在收到同级监狱管理机关审核同意的减刑建议书后1个月内作出裁定;(2)对被判处无期徒刑的罪犯的减刑、假释,由罪犯服刑地的高级人民法院在收到同级监狱管理机关审核同意的减刑、假释建议书后1个月内作出裁定,案情复杂或者情况特殊的,可以延长1个月;(3)对被判处有期徒刑和被减为有期徒刑的罪犯的减刑、假释,由罪犯服刑地的中级人民法院在收到执行机关提出的减刑、假释建议书后1个月内作出裁定,案情复杂或者情况特殊的,可以延长1个月;(4)对被判处拘役、管制的罪犯的减刑,由罪犯服刑地中级人民法院在收到同级执行机关审核同意的减刑、假释建议书后1个月内作出裁定。对暂予监外执行罪犯的减刑,应当根据情况,分别适用前款的有关规定。

9. 作出裁定。人民法院审理减刑、假释案件,应当按照下列情形分别处理:(1)被报请减刑、假释罪犯符合法律规定的减刑、假释条件的,作出予以减刑、假释的裁定;(2)被报请减刑的罪犯符合法律规定的减刑条件,但执行机关报请的减刑幅度不适当的,对减刑幅度作出相应调整后作出予以减刑的裁定;(3)被报请减刑、假释罪犯不符合法律规定的减刑、假释条件的,作出不予减刑、假释的裁定。在人民法院作出减刑、假释裁定前,执行机关书面申请撤回减刑、假释建议的,是否准许,由人民法院决定。

10. 裁定书格式。减刑、假释裁定书应当写明罪犯原判和历次减刑情况,确有悔改表现或者立功、重大立功表现的事实和理由,以及减刑、假释的法律依据。裁定减刑的，应当注明刑期的起止时间；裁定假释的，应当注明假释考验期的起止时间。裁定调整减刑幅度或者不予减刑、假释的，应当在裁定书中说明理由。

11. 裁定送达。人民法院作出减刑、假释裁定后，应当在7日内送达报请减刑、假释的执行机关、同级人民检察院以及罪犯本人。作出假释裁定的，还应当送达社区矫正机构或者基层组织。减刑、假释裁定书应当通过互联网依法向社会公布。

12. 裁定纠错。人民检察院认为人民法院减刑、假释裁定不当，在法定期限内提出书面纠正意见的，人民法院应当在收到纠正意见后另行组成合议庭审理，并在1个月内作出裁定。人民法院发现本院已经生效的减刑、假释裁定确有错误的，应当依法重新组成合议庭进行审理并作出裁定。上级人民法院发现下级人民法院已经生效的减刑、假释裁定确有错误的，应当指令下级人民法院另行组成合议庭审理，也可以自行依法组成合议庭进行审理并作出裁定。

示例 15-7 赵某减刑案

执行机关认为，赵某服刑期间积极主动检举吴某、苏某等制造、贩卖毒品的违法犯罪线索，经办案单位查证属实，认为确有重大立功表现。为此，报请减刑。中级人民法院认为：赵某检举他人重大犯罪活动经查证属实，确有重大立功表现，对赵某减去有期徒刑1年零11个月，刑期至2016年1月25日止。[7]

在备案审查中，高级人民法院认为：罪犯赵某举报他人的行为认定为重大立功，并对其减去有期徒刑1年零11个月确有错误。经查，赵某举报吴某、苏某等人制毒贩毒之前，公安机关已经将吴某逮捕，故不能认定赵某有重大立功表现。撤销重庆三中院(2012)渝三中法刑执字第2725号刑事裁定。罪犯赵某刑期起止时间为：自2009年8月26日起至2016年12月25日止。[8]

第三节 假　　释

一、假释的概念

假释，是指对正在服刑的罪犯附条件地提前释放的制度。我国刑法中的假释，是指对被判处有期徒刑、无期徒刑的犯罪分子，在执行一定刑期以后，如果认真遵守监规，接受教育改造，确有悔改表现，没有再犯罪危险的，可以附条件地予以提前释

〔7〕 重庆市第三中级人民法院(2012)渝三中法刑执字第2725号刑事裁定书。

〔8〕 重庆市高级人民法院(2015)渝高法刑执字第73号刑事裁定书。

放的一种刑罚执行制度。

假释制度是目的刑的产物,它有利于促进犯罪分子悔过自新,积极向善,避免不必要的刑罚执行,为受刑人重返社会搭起一座桥梁。从发生史来看,假释制度曾一度具有恩典的性质,仅限于对在刑罚执行期间具有良好表现的受刑人给予恩惠,但现今假释的适用具有普遍性,已经成为受刑人的一项基本权利。

1. 假释不同于释放。假释是"假的释放",附条件地提前释放,还存在收监执行余刑的可能;而释放,无论是宣告无罪释放、刑罚执行完毕释放,还是赦免释放,都是无条件地释放,不存在再执行刑罚的问题。

2. 假释不同于暂予监外执行。暂予监外执行,是指被判处有期徒刑和拘役的罪犯,由于其具有不宜收监执行的特殊原因,按照法律规定,将其交付一定机关,在监外执行刑罚的一种执行办法。二者主要有以下区别:(1)适用对象不同。假释适用于被判处有期徒刑、无期徒刑的犯罪分子;暂予监外执行适用于被判处拘役、有期徒刑的犯罪分子。(2)适用条件不同。假释适用于执行了一定刑期,认真遵守监规,接受教育改造,确有悔改表现,没有再犯罪危害的犯罪分子;暂予监外执行适用于因患有严重疾病需要保外就医,以及怀孕或者正在哺乳自己的婴儿等法定特殊情况不宜在监狱内执行的犯罪分子。(3)法律后果不同。假释必须确定考验期,且考验期相对固定,假释犯如果在考验期内没有遵守法定条件,余刑仍需执行,所经过的考验期不能计入原判刑期内;暂予监外执行没有固定的期限,法定的特殊情况消失但刑期未满的情况下仍需收监执行,且监外执行的期间,均计入原判执行的刑期内。实务中,对于暂予监外执行的决定,一般在判决生效后交付执行前或者在刑罚执行过程中另行审理作出。

示例 15-8 郭某暂予监外执行案

审理法院认为:罪犯郭某患有慢性肾衰竭尿毒症晚期,不宜收监执行。依照《刑事诉讼法》第 254 条第 1 款的规定,决定罪犯郭某暂予监外执行。〔9〕

3. 假释不同于减刑。二者的区别主要有:(1)适用对象不同。假释适用于被判处有期徒刑、无期徒刑的犯罪分子;减刑适用于被判处管制、拘役、有期徒刑、无期徒刑的犯罪分子。(2)适用条件不同。假释适用的实质条件是犯罪分子认真遵守监规,接受教育改造,确有悔改表现,没有再犯罪的危险;减刑适用的实质条件是犯罪分子认真遵守监规,接受教育改造,确有悔改表现,或者有立功表现。(3)适用次数

〔9〕 山西省左云县人民法院(2015)左刑初字第 23 号之一暂予监外执行决定书。

不同。假释只能适用一次;而减刑不受次数的限制,既可以减刑一次,也可以减刑数次。(4)有无考验期不同。假释附有考验期,如果出现法定情形,则撤销假释,收监执行;减刑没有考验期,即使犯罪分子再犯新罪,已经减去的刑期也不能恢复。(5)法律后果不同。假释的直接法律后果是解除监禁,附条件释放犯罪分子;减刑的直接法律后果是减轻原判刑罚,如果减刑后仍有余刑的,则仍需执行。

4. 假释不同于缓刑。二者的区别主要有:(1)适用的对象不同。假释只能适用于被判处有期徒刑、无期徒刑的犯罪分子;缓刑适用于被判处拘役、3 年以下有期徒刑的犯罪分子。(2)适用条件不同。假释的适用根据是犯罪分子在刑罚执行过程中的悔改表现,缓刑的适用根据是犯罪情节和犯罪分子在判决宣告之前的悔罪表现。(3)适用时间不同。假释属于刑罚执行制度,只能在原判刑罚的执行过程中予以适用;缓刑属于刑罚裁量制度,在判决一定刑罚时同时宣告。(4)考验期限的确定标准不同。假释的考验期限原则上为未执行的剩余刑期,缓刑的考验期限原则上为宣告刑的 2 倍左右。(5)法律后果不同。假释是附条件地不执行剩余刑罚,在假释考验期内遵守法定条件的,则认为原判刑罚已经执行完毕;缓刑是附条件地不执行原判全部刑罚,在缓刑考验期内遵守法定条件的,原判刑罚则不再执行。

二、假释的适用条件

根据刑法第 81 条的规定,对于犯罪分子适用假释,必须同时具备以下条件。

(一)对象条件

对象条件,是指假释只能适用于被判处有期徒刑、无期徒刑的犯罪分子。对于被判处其他刑罚的犯罪分子,不得假释。这是因为,判处管制的,没有剥夺犯罪分子的人身自由,因而不存在假释问题;判处拘役的,由于刑期太短,没有必要适用假释;被判处死刑立即执行的,不可能被假释。

实践中需要明确的一个问题是,对于被判处死缓的犯罪分子,在 2 年期满减为无期徒刑、有期徒刑的,能否适用假释?对此,理论界存在不同的观点。一种观点认为,既然刑法没有规定死缓犯减刑后可以适用假释,这说明立法时就没有考虑对这类犯罪分子减刑后可以假释,而且这类犯罪论罪该杀,因有悔改表现,死缓 2 年考验期满予以减刑,已经体现了惩办与宽大相结合的政策,因此,死缓减刑后不能假释。另一种观点认为,虽刑法没有规定死缓减刑后可以假释,但死缓 2 年期满后减为无期徒刑或者有期徒刑,实际上已经改变了原来的刑种,只要符合假释条件的,可以假释。有关司法解释采取的是第二种观点。根据《减刑假释规定》第 23 条第 3 款的规定,被判处死刑缓期执行的罪犯减为无期徒刑或者有期徒刑后,实际执行 15 年以上,方可假释,该实际执行时间应当从死刑缓期执行期满之日起计算。死刑缓期执行期间不包括在内,判决确定以前先行羁押的时间不予折抵。

示例15-9 赵某假释案

赵某因犯故意杀人罪被判死刑,缓期二年执行,剥夺政治权利终身,后经过多次减刑,减为有期徒刑13年9个月,剥夺政治权利9年。执行机关提出对罪犯赵某的假释建议,审理法院认为:罪犯赵某在服刑改造期间,确有悔改表现,符合假释法定条件,可以假释。……裁定如下:对罪犯赵某予以假释,剥夺政治权利九年不变(假释考验期限,从假释之日起计算,即自2014年3月20日起至2017年6月3日止)。[10]

(二)刑期条件

刑期条件,是指犯罪分子只有被执行一定刑期的刑罚之后,才可以适用假释。之所以作如此规定,一方面是因为只有经过一定的服刑期,才能判断罪犯是否具有悔罪表现;另一方面也有利于防止滥用假释,避免刑罚执行的混乱,影响法院判决的严肃性。根据刑法第81条的规定,被判处有期徒刑的犯罪分子,执行原判刑期1/2以上;被判处无期徒刑的犯罪分子,实际执行13年以上,才可以假释。其中,对于判处有期徒刑罪犯的假释,执行原判刑期1/2以上的起始时间,应当从判决执行之日起计算,判决执行以前先行羁押的,羁押1日折抵刑期1日。如果是无期徒刑,实际执行13年的起始时间,从判决执行之日起计算,判决前先行羁押的日期,不能折抵为实际执行的刑期。但是,对于超期羁押的刑期,应当计算在实际执行的刑期之内。

示例15-10 丁某假释案

丁某因犯拐卖妇女罪被判处有期徒刑5年,并处罚金5000元;刑期自2014年5月22日起至2019年5月21日止。另查明,该犯在服刑改造期间于2017年4月至2017年6月获表扬一个,2017年7月至2017年11月获表扬一个,罚金人民币5000元已缴纳。审理法院认为:罪犯丁某在服刑改造期间,认罪悔罪,遵守法律法规及监规,接受教育改造,积极参加思想、文化、职业技术教育,积极参加劳动,努力完成劳动任务,确有悔改表现。该犯现已实际服刑4年零4个月余,已执行原判刑期1/2以上,对其假释后没有再犯罪的危险,所居社区愿接纳其为矫正对象。该犯符合法律规定的假释条件。[11]

犯罪分子被减刑后,符合条件的仍然可以假释;但执行刑期的条件,应当以原判决的有期徒刑的刑期或者无期徒刑为基准进行计算,而不是以减刑后的刑期为基准计算。根据《减刑假释规定》第28条的规定,罪犯减刑后又假释的,间隔时间不得少

---

〔10〕 北京市第一中级人民法院(2014)一中清刑假字第984号刑事裁定书。
〔11〕 贵州省贵阳市中级人民法院(2018)黔01刑更3619号刑事裁定书。

于1年;对一次减去1年以上有期徒刑后,决定假释的,间隔时间不得少于1年6个月。罪犯减刑后余刑不足2年,决定假释的,可以适当缩短间隔时间。

根据刑法第81条的规定,如果有特殊情况,经最高人民法院核准,可以不受上述执行刑期的限制。这里的"特殊情况",是指与国家、社会利益有重要关系的情况。

示例15-11 张某假释案

审理法院认为:最高人民法院《关于办理减刑、假释案件具体应用法律的规定》第28条第1款规定,罪犯减刑后又假释的,间隔时间不得少于1年;对一次减去1年以上有期徒刑后,决定假释的,间隔时间不得少于1年6个月。该规定第40条第2款还对"减刑间隔时间"作了解释,即是指前一次减刑裁定送达之日起至本次减刑报请之日止的期间。罪犯张某于2015年12月31日经本院刑事裁定减刑1年,并于当日送达,自上次减刑裁定送达之日至本次刑罚执行机关对其提请假释建议报送本院审理之日2017年2月27日不足1年6个月。因此,罪犯张某虽在服刑期间确有悔改表现,但不符合最高人民法院规定的罪犯减刑后又假释的相关条件,不予假释。〔12〕

未成年罪犯的假释,可以比照成年罪犯依法适当从宽。

(三)实质条件

实质条件,是指假释只适用于在刑罚执行期间,认真遵守监规,接受教育改造,确有悔改表现,没有再犯罪的危险的犯罪分子。认真遵守监规和接受教育改造是判断确有悔改表现的事实根据。如果认定确有悔改表现,则需要进一步判断提前释放后犯罪分子是否有再犯罪的危险。如果认为没有再犯罪的危险,则可以予以假释。根据刑法第81条第3款的规定,对犯罪分子决定假释时,应当考虑其假释后对所居住社区的影响。这是基于政策考虑而作的规定,具体应联系假释后是否具有再犯罪的危险予以综合判断。因此,在假释实质条件的诸要素中,最核心的是没有再犯罪的危险。根据《减刑假释规定》第22条的规定,办理假释案件,认定"没有再犯罪的危险",除符合刑法第81条规定的情形外,还应根据犯罪的具体情节、原判刑罚情况,在刑罚执行中的一贯表现,罪犯的年龄、身体状况、性格特征,假释后生活来源以及监管条件等因素综合考虑。根据《减刑假释规定》第26条的规定对下列罪犯适用假释时可以依法从宽掌握:过失犯罪的罪犯、中止犯罪的罪犯、被胁迫参加犯罪的罪犯;因防卫过当或者紧急避险过当而被判处有期徒刑以上刑罚的罪犯;犯罪时未满18周岁的罪犯;基本丧失劳动能力、生活难以自理,假释后生活确有着落的老年罪犯、患严重疾病罪犯或者身体残疾罪犯;服刑期间改造表现特别突出的罪犯;具有其

〔12〕 徐州市中级人民法院(2017)苏03刑更115号刑事裁定书。

他可以从宽假释情形的罪犯。

示例 15-12 魏某假释案

魏某因犯招摇撞骗罪被判处有期徒刑3年6个月,服刑1年9个月后,法院审理查明,其在服刑期间认罪悔罪、积极改造,获得表扬1次,记功1次。另查明:(1)林州市司法局出具的《社会调查评估报告》证实,魏某家在农村,父母常年身体不好,家庭经济条件困难,其本人及家人平常无不良嗜好,与邻居关系相处和睦。其居住地村委会、邻居及其家属均表示愿意协助对其进行监管教育。(2)刑事判决书及谅解书证实,魏某虽在犯罪中骗取他人一定数量的钱款,但案发后与被害人达成和解协议,全部退还所骗款项,取得了被害人谅解,社会影响不大。(3)魏某具有较高文化程度,假释后有能力凭借自身的劳动获取生活来源。对此,审理法院认为:魏某确有悔改表现,不致再危害社会,符合假释条件,可予假释。〔13〕

此外,司法机关对犯罪情节恶劣,有执行能力而不执行财产刑的罪犯也可能认定为不符合假释的实质条件。

示例 15-13 管某假释案

罪犯管某在考核期间共被评为改造积极分子2次,但原判并处罚金人民币10000元未履行。2013年1月1日~2014年12月31日,管某两年内共计消费31590元,月消费超过1300元,明显高于一般狱内消费水平,应认定为有履行财产刑能力。对此,审理法院认为:罪犯管某虽在服刑期间改造表现较好,但其所犯罪行严重扰乱当地社会秩序,影响十分恶劣,且其确有财产刑履行能力而不履行。综合考量管某的犯罪情节、性质和财产刑履行情况,其尚不符合假释条件,遂裁定对管某不予假释。〔14〕

对虽有一定悔改表现,但犯罪性质恶劣,社会危害性较大的罪犯,依法从严控制假释。

示例 15-14 王某假释案

审理法院认为:罪犯王某在服刑期间虽有悔改表现,但其所犯罪行性质恶劣,其犯

〔13〕 河南省安阳市中级人民法院(2014)安中刑执字第611号刑事裁定书。
〔14〕 陕西省铜川市中级人民法院(2015)铜中刑执假字第12号刑事裁定书。

罪活动严重影响到社会正常务工秩序,社会危害性较大,故在假释时应从严掌握。遂依法作出对王某不予假释的裁定。[15]

（四）除外条件

除外条件,又称消极条件,是指对具有特殊情形的犯罪分子,不得适用假释。根据刑法第81条第2款的规定,对累犯以及因故意杀人、强奸、抢劫、绑架、放火、爆炸、投放危险物质或者有组织的暴力性犯罪被判处10年以上有期徒刑、无期徒刑的犯罪分子,不得假释。这是因为,累犯具有较大的人身危险性,如果对其适用假释提前释放到社会上,则仍有侵犯社会的危险,因而对于累犯,不管其判处何种刑罚和刑期,一律不得假释。对于因故意杀人、强奸、抢劫、绑架、放火、爆炸、投放危险物质或者有组织的暴力性犯罪被判处10年以上有期徒刑、无期徒刑的犯罪分子,不仅所实施的犯罪性质极其严重,而且所使用的犯罪手段具有极强的攻击性,表明其具有较深的主观恶性和较大的人身危险性,适用假释难以实现特殊预防,而有收监关押、教育改造之必要。对于这类犯罪分子,即使减刑后刑期低于10年有期徒刑的,也不得假释。另外,对于累犯以及因故意杀人、强奸、抢劫、绑架、放火、爆炸、投放危险物质或者有组织的暴力性犯罪被判处死缓的罪犯,也不得假释。对此,《减刑假释规定》第25条明确规定:"对累犯以及因故意杀人、强奸、抢劫、绑架、放火、爆炸、投放危险物质或者有组织的暴力性犯罪被判处十年以上有期徒刑、无期徒刑的罪犯,不得假释。因前款情形和犯罪被判处死刑缓期执行的罪犯,被减为无期徒刑、有期徒刑后,也不得假释。"

示例15-15 陈某假释案

审理法院认为:罪犯陈某在服刑期间能认罪伏法,积极改造,但该犯多次秘密窃取他人财物,数额较大;其在实施盗窃过程中,为抗拒抓捕而当场使用暴力,社会危害性较大。检察机关亦建议对罪犯陈某不予假释。故结合该犯犯罪的事实、情节、对社会的危害程度,本院决定对其不予假释。[16]

三、假释的考验期限和考察

假释是附条件地提前释放,所附条件是犯罪分子在一定期限内应当遵守有关的监管管理规定,因而需要设定一定的期限来考察犯罪分子的行为表现。根据刑法第83条的规定,有期徒刑的假释考验期限,为没有执行完毕的刑期;无期徒刑的假释考

---

〔15〕 山东省济南市中级人民法院(2015)济刑执字第1824号刑事裁定书。

〔16〕 佛山市中级人民法院(2016)粤06刑更5343号刑事裁定书。

验期限为10年。假释考验期限,从假释之日起计算。被假释的罪犯,除有特殊情形,一般不得减刑,其假释考验期限也不能缩短。

对假释的犯罪分子,依法实行社区矫正。根据刑法第84条的规定,被宣告假释的犯罪分子,应当遵守下列规定:(1)遵守法律、行政法规,服从监督;(2)按照监督机关的规定报告自己的活动情况;(3)遵守监督机关关于会客的规定;(4)离开所居住的市、县或者迁居,应当报经监督机关批准。

四、假释的法律后果

根据刑法第85条、第86条的规定,假释有以下两种法律后果。

(一)假释考验期满

根据刑法第85条的规定,对假释的犯罪分子,在假释考验期限内,依法实行社区矫正。如果没有刑法第86条规定的情形,假释考验期满,就认为原判刑罚已经执行完毕,并公开予以宣告。所谓"假释考验期满",是指犯罪分子在假释考验期内,没有再犯新罪,没有发现判决宣告以前还有其他罪没有判决,没有严重违反有关假释的监督管理规定,并且经过了考验期限。所谓"原判刑罚已经执行完毕",是指原判决的有罪宣告仍然有效,原判的刑罚也没有错误,但由于犯罪分子在考验期内符合法定条件,原判决所宣告的刑罚在法律上就视为已经执行完毕。

示例15-16　王某盗窃案

一审法院认为:被告人王某以非法占有为目的,多次秘密窃取他人财物,数额较大,其行为构成盗窃罪,应予惩处。公诉机关指控的罪名成立,本院予以确认。被告人王某在假释考验期满后5年内又犯新罪,系累犯,依法对其从重处罚,被告人王某认罪态度较好,对其从轻处罚。被告人王某虽在假释考验期内有违反法律、行政法规的行为,但有关机关对其行政处罚后未依照法定程序对其撤销假释,而其本次所犯盗窃罪系在假释考验期满后犯罪,故不宜对其撤销假释数罪并罚。〔17〕

(二)撤销假释

撤销假释,是指在假释考验期内,发现犯罪分子在判决宣告以前还有其他罪没有判决的,或者又犯罪的,或者严重违反法定监管规定的,而将原判决宣告的缓刑予以撤销,执行原判刑罚或者实行数罪并罚的制度。撤销具体有以下三种情形:

1. 发现漏罪,先并后减。在假释考验期限内,发现被假释的犯罪分子在判决宣

〔17〕 临沂市河东区人民法院(2016)皖1802刑初172号刑事判决书。

告以前还有其他罪没有判决的，应当撤销假释，依照刑法第 70 条的规定实行数罪并罚。

示例 15-17 侯某盗窃案

被告人侯某因犯盗窃罪被判处有期徒刑 3 年 6 个月，并处罚金 2000 元。服刑期间，被依法裁定假释。在假释考验期限内，又涉嫌犯盗窃罪。对此，一审法院认为：侯某在假释考验期限内发现漏罪，应当撤销假释，实行数罪并罚……判决如下：(1) 撤销浙江省杭州市中级人民法院 (2014) 浙杭刑执字第 7287 号刑事裁定书中关于对被告人侯某假释的执行部分；(2) 被告人侯某犯盗窃罪，判处有期徒刑 1 年，并处罚金人民币 10000 元；连同原判刑期 3 年 6 个月，并处罚金 2000 元，决定执行有期徒刑 4 年 3 个月。〔18〕

2. 又犯新罪，先减后并。被假释的犯罪分子，在假释考验期限内犯新罪，应当撤销假释，依照刑法第 71 条的规定实行数罪并罚。

示例 15-18 楼某危险驾驶案

被告人楼某因犯贪污罪、挪用公款罪被判处有期徒刑 10 年，并处没收财产 5000 元。服刑期间，被依法裁定减刑、假释。在假释考验期限内，又涉嫌犯危险驾驶罪。对此，一审法院认为：被告人楼某在假释考验期限内犯新罪，依法应当撤销假释，将前罪尚未执行有期徒刑 4 年 5 个月 20 日和新罪所判处的刑罚，按照数罪并罚的原则，决定执行的刑罚。被告人楼某归案后能如实供述自己的罪行，依法可以从轻处罚；其在庭审中自愿认罪，可酌情从轻处罚……判决如下：撤销浙江省衢州市中级人民法院 (2014) 浙衢刑执字第 1274 号对被告人楼某予以假释的刑事裁定，前罪尚未执行的刑罚有期徒刑 4 年 5 个月 20 日；被告人楼某犯危险驾驶罪，判处拘役 1 个月，并处罚金人民币 2000 元，决定执行有期徒刑 4 年 5 个月 20 日，并处罚金人民币 2000 元。〔19〕

3. 违规撤销，执行余刑。被假释的犯罪分子，在假释考验期限内，有违反法律、行政法规或者国务院有关部门关于假释的监督管理规定的行为，尚未构成新的犯罪的，应当依照法定程序撤销假释，收监执行未执行完毕的刑罚。

---

〔18〕 浙江省龙游县人民法院 (2014) 衢龙刑初字第 382 号刑事判决书。

〔19〕 浙江省东阳市人民法院 (2016) 浙 0783 刑初 762 号刑事判决书。

示例 15-19 杨某假释案

被告人杨某因犯合同诈骗罪被判处有期徒刑 12 年,并处罚金 50000 元。服刑期间,被依法裁定假释。在假释考验期限内,违反了有关监管规定。对此,审理法院认为:杨某在假释考验期内,违反有关法律及相关社区矫正监督管理规定,且未按规定时间到社区矫正机关报到,脱离监管已超过 1 个月,应当依照法定程序撤销假释,收监执行未执行完毕的刑罚。[20]

漏罪、新罪以及违反监督管理规定行为的发现时间,是否必须限于假释考验期限内,理论上有肯定说和否定说两种不同观点,但实务中出现了根据否定说来处理的案例。

示例 15-20 章某贪污案

被告人章某因犯受贿罪被判处有期徒刑 2 年 6 个月。在服刑期间,被依法裁定假释。在假释考验期满后,发现其在受贿罪判决前还涉嫌犯贪污罪。对此,一审法院认为:被告人章某提出其假释期已满,不应数罪并罚的辩解,与法不符,本院不予采纳,应当撤销假释,数罪并罚……判决如下:(1)撤销浙江省金华市中级人民法院(2011)浙金刑执字第 596 号刑事裁定书对罪犯章某的假释;(2)被告人章某犯贪污罪,判处有期徒刑 6 年 6 个月,与原犯受贿罪所判处的有期徒刑 2 年 6 个月并罚。决定执行有期徒刑 7 年 6 个月;(3)赃款人民币 14 万元,退还受损单位诸暨市广播电视台。[21]

本书对该判决持赞同意见,即认为无论漏罪、新罪或者违反监督管理规定的行为是在假释考验期限内还是考验期满后被发现的,均应当撤销假释,数罪并罚,或者执行原罪尚未执行的刑罚。

五、假释的适用程序

假释的适用程序与减刑的适用程序基本相同,在此不再赘述。

---

[20] 浙江省衢州市中级人民法院(2015)浙衢刑执字第 1866 号刑事裁定书。

[21] 浙江省诸暨市人民法院(2013)绍诸刑初字第 833 号刑事判决书。

第十六章　刑罚消灭

第一节　刑罚消灭概述

一、刑罚消灭的概念

刑罚消灭,是指由于法定的或事实的原因,代表国家的司法机关丧失对犯罪分子行使刑罚权的情形。刑罚消灭,是对国家刑罚权的一种限制,它表明国家刑罚权不是无限的,而是有限的。刑罚消灭,具有以下三个方面的特征:

1. 前提条件,即刑罚消灭以行为人的行为构成犯罪为前提。只有在行为构成犯罪的前提下,对行为人应当适用刑罚、应当执行刑罚或者正在适用刑罚时,才存在刑罚消灭的问题。如果行为人的行为根本不涉及犯罪,自然就谈不上刑罚消灭的问题。

2. 内容条件,即刑罚消灭以刑罚适用权的消灭为内容。国家的刑罚权包括制刑权、求刑权、量刑权和行刑权。刑罚消灭,是指求刑权、量刑权和行刑权的消灭,而不是指国家制刑权的消灭。具体而言,在对犯罪分子应当适用刑罚但已经超过追诉时效等情况下,刑罚消灭意味着求刑权的消灭;在司法机关已经行使了求刑权而被告人死亡等情况下,刑罚消灭意味着量刑权的消灭;在已经适用刑罚但国家宣告特赦等情况下,刑罚消灭意味着行刑权的消灭。

3. 原因条件,即刑罚消灭以一定事由的出现为根据。刑罚消灭是刑罚权归于消灭的一种结果,这种结果是由一定的事由造成的。刑罚消灭的事由可以分为两类:(1)法定原因,即法律所规定的引起刑罚权消灭的原因,例如超过追诉时效;(2)事实原因,即某种特定事实的出现自然而然地导致刑罚权的消灭,例如正在执行刑罚的犯罪分子死亡。

二、刑罚消灭的事由

刑罚消灭的事由,主要有以下几种:(1)超过追诉时效;(2)经特赦令免除刑罚;(3)告诉才处理的犯罪,没有告诉或者撤回告诉;(4)犯罪嫌疑人、被告人死亡;

(5)其他法定事由,如被判处罚金的犯罪分子由于遭遇不能抗拒的灾祸等原因缴纳确有困难的,可以酌情减少或者免除。

示例16-1　樊某诈骗案

二审法院认为:根据最高人民法院《关于适用〈中华人民共和国刑事诉讼法〉的解释》第1条、第259条的规定,人民法院直接受理的自诉案件包括人民检察院没有提起公诉,被害人有证据证明的案件。从张某诉称的情况看,张某于2013年12月16日向徐州市公安局泉山分局提出控告,该局经审查认为,该案已超出追诉时效,不应追究刑事责任,并作出不予立案通知书。张某不服,向徐州市泉山区人民检察院申请立案监督,泉山区人民检察院审查后认为,徐州市公安局泉山分局作出不予立案的决定符合法律规定。在此情况下,张某向泉山区人民法院提出控告。……综上,张某控告被告人樊某犯诈骗罪不符合人民法院受理自诉案件的条件,原审人民法院裁定不予受理其起诉并无不当。[1]

第二节　时　　效

一、时效概述

时效分为追诉时效和行刑时效。

1. 追诉时效,是刑法规定的对犯罪分子追究刑事责任的有效期限。在追诉时效内,司法机关有权追究犯罪分子的刑事责任;超过追诉时效,司法机关就不能再行追诉。这表明,追诉时效与求刑权、量刑权有直接关系。在追诉时效内,司法机关具有求刑权和量刑权;一旦超出追诉时效,司法机关的求刑权、量刑权随之消灭。因此,追诉时效直接影响司法机关求刑权和量刑权的行使,而与行刑权没有直接的联系。

2. 行刑时效,是指刑法规定的,对被判处刑罚的犯罪分子执行刑罚的有效期限。在行刑时效内,刑罚执行机关有权执行法院判处的刑罚;超过行刑时效,刑罚执行机关就不能执行法院判处的刑罚。因此,超过行刑时效,刑罚执行机关的行刑权即告消灭,即使作出了罪刑宣告也不能行使行刑权。

我国刑法只规定了追诉时效,而没有规定行刑时效。规定诉讼时效制度显然不是故意放纵犯罪,而是更好地实现刑罚的效益。规定追诉时效体现了刑罚的目的要求,体现了宽严相济的刑事政策,体现了历史从宽、现行从严的政策,有利于节约司法资源,有利于司法机关集中精力追诉现行犯罪,有利于社会关系的稳定。

---

[1] 江苏省徐州市中级人民法院(2017)苏03刑终30号刑事裁定书。

二、追诉时效的期限

根据刑法第87条的规定,犯罪经过下列期限不再追诉:(1)法定最高刑为不满5年有期徒刑的,经过5年;(2)法定最高刑为5年以上不满10年有期徒刑的,经过10年;(3)法定最高刑为10年以上有期徒刑的,经过15年;(4)法定最高刑为无期徒刑、死刑的,经过20年。如果20年以后认为必须追诉的,须报请最高人民检察院核准。

刑法规定追诉时效的期限具有两个方面的特点:(1)追诉时效的期限长短与罪行的轻重相适应。即罪行轻、法定刑轻的,追诉时效期限就短;反之,罪行重、法定刑重的,追诉时效期限就长。这一特点体现了罪责刑相适应原则。(2)追诉时效的期限长短与罪行查处的难易程度相关联。立法者充分考虑到犯罪分子犯罪以后隐匿、逃避的时间,从而设计相应的追诉时效期限,从而使犯罪分子利用时效逃避法律制裁的空间极小。

追诉时效以法定最高刑为准,而不是以实际应当判处的刑罚为标准。所谓以法定最高刑为准,是指根据行为人所犯罪行的轻重,判定应当适用的刑法条款或相应的量刑幅度,按其法定最高刑来计算最高追诉时效。如果条文只规定了单一的量刑幅度,犯罪的法定最高刑就是指该条的最高刑;如果犯罪分子所犯罪行的同条或者同款中有几个量刑幅度,犯罪的法定最高刑是指按其罪行应当适用的量刑幅度的最高刑;如果犯罪分子所犯罪行,分别由几条或几款规定,犯罪的法定最高刑应是指按其罪行应当适用的条或款的最高刑。在共同犯罪的情况下,如果一部分共同犯罪人超过了追诉时效,另一部分共同犯罪人没有超过追诉时效,就只能追究未超过追诉时效的那部分共同犯罪人的责任。对于结合犯,应当按照刑法对结合犯所规定的法定刑确定追诉时效的期限。对于想象竞合犯和牵连犯,应当按所触犯的各罪的法定刑分别计算追诉时效的期限;如果其中的重罪在追诉时效内,而轻罪超过了追诉时效,就按单一的重罪追诉,不再按想象竞合犯、牵连犯处理。

示例16-2 刘某等绑架、抢夺案

一审法院认为:对于辩护人提出的第2起绑架犯罪已过追诉时效的辩护意见,经查,绑架罪的法定最高刑为死刑,根据我国刑法的相关规定,法定最高刑为无期徒刑、死刑的,追诉时效为20年,公诉机关指控的第2起绑架犯罪于2006年6月发生,于2016年6月1日立案侦查,并没有超过法定的追诉时效,辩护人的上述辩护意见于法不合,本院不予采纳。〔2〕

〔2〕 湖南省永兴县人民法院(2016)湘1023刑初220号刑事判决书。

示例 16-3 张某等盗窃林木案

检察机关抗诉提出:本案是共同犯罪,对其中的被告人单独计算诉讼时效违背法律规定,原审裁定对王某、李某终止审理属于适用法律不当。二审法院认为:(1)被告人王某、李某于1997年12月25日被取保候审,1998年12月24日因取保候审期限届满被解除取保候审,之后长达近八年的时间,公安机关没有对王、李二人采取任何措施,直至2006年1月26日张某被抓获归案。其间,王某、李某二人仍在当地工作生活,而且原公诉机关亦向法庭提供证据证明王某、李某有逃避侦查的情况;相反,公安机关2006年2月28日对王某的讯问笔录、3月1日对李某的讯问笔录中明确记载,王某、李某系得知同案犯张某被抓获后主动到公安机关接受处理。(2)我国刑法中没有关于共同犯罪中一犯罪人发生追诉时效中断、延长情况,其效力及于其他共同犯罪人的规定,按照罪刑法定原则,不能认定张某逃避侦查导致其追诉时效延长的效力及于其他共同犯罪人——王某、李某。(3)被告人王某、李某在被公安机关解除取保候审后长达八年时间仍在原居住地工作生活,没有发生任何违法犯罪行为,没有再进行追诉的必要。[3]

刑法规定的追诉时效制度,体现了原则性与灵活性的结合。原则性主要体现在,对于法定最高刑为15年以下有期徒刑的犯罪,应当严格按照刑法的规定执行,只要超过了追诉时效期限,则一律不得追诉。即使认为犯罪性质严重、情节恶劣,确有追诉必要的,也不得追诉。灵活性主要体现在,对于法定最高刑为无期徒刑、死刑的犯罪,虽然超过了追诉时效,但如果认为有追诉必要的,仍可以追诉。当然在程序上,应当报请最高人民检察院核准。这里的"认为必须追诉的"犯罪,应当限于那些罪行特别严重,行为人的再犯可能性特别大,所造成的社会影响极其恶劣,经过20年以后仍没有被社会遗忘的一些重大犯罪。

示例 16-4 袁某、王某故意杀人案

一审法院认为:被告人袁某被采取强制措施后没有逃避侦查、审判,其犯罪行为已过20年的追诉期限,如果公诉机关认为必须追诉,须报请最高人民检察院核准,而本案公诉机关并未履行此程序。据此,依照刑法第12条、第87条及《刑事诉讼法》第15条第1款第2项之规定,裁定对被告人袁某终止审理。被告人王某持刀杀死被害人罗某的行为构成故意杀人罪,王某在案发被批捕后逃避侦查和审判,其犯罪行为未过追诉期限,依照刑法第12条及1979年刑法第132条、第22条、第24条、第63条之规定,以故意杀人罪判

[3] 吉林省白山市中级人民法院分院(2006)白山分刑终字第7号刑事裁定书。

处被告人王某有期徒刑10年。〔4〕

为了促进祖国和平统一大业，最高人民法院、最高人民检察院先后于1988年3月14日和1989年9月7日就去台人员（包括犯罪后去台湾地区或者其他地区和国家的人员）去台前的犯罪追诉问题宣布了两个公告，这两个公告的精神仍然适用于新刑法施行后。主要内容有：(1)去台人员在中华人民共和国成立前在大陆犯有罪行的，根据刑法关于追诉时效的规定精神，对其当时所犯罪行，不再追诉。(2)对去台人员在中华人民共和国成立后、犯罪地地方人民政权建立前所犯罪行，不再追诉。(3)对去台人员在中华人民共和国成立后、犯罪地地方人民政权建立前犯有罪行，并连续或者继续到当地人民政权建立后的，追诉期限从犯罪行为终了之日起计算。凡超过刑法规定的追诉时效期限的，不再追诉。

三、追诉期限的计算

根据刑法第88条、第89条的规定，追诉期限的计算有四种情况。

（一）一般犯罪追诉期限的计算

这里的一般犯罪，是指没有连续或者继续状态的犯罪。刑法第89条第1款前半段规定："追诉期限从犯罪之日起计算。"据此，这类犯罪的追诉期限从犯罪之日起计算。关于犯罪之日的含义，理论上有不同的观点：有的认为是指犯罪成立之日，有的认为是犯罪行为实施之日，有的认为是犯罪行为发生之日，有的认为是犯罪行为完成之日，有的认为是犯罪行为停止之日。本书认为，犯罪之日就是指犯罪成立之日，即行为符合犯罪构成要件之日。由于刑法对各种犯罪规定的构成要件不同，因而认定犯罪成立的标准也就不同。对不以危害结果为要件的犯罪，实施行为之日就是犯罪之日；对以危害结果为要件的犯罪，危害结果发生之日才是犯罪成立之日。

示例16-5　刘某玩忽职守案

二审法院认为：被告人刘某于2007年10月29日违法审批逃犯张某的变更户籍信息后，致张某原来网上追逃的身份证号码在全国人口信息系统中查无资料，使其抢劫的犯罪事实得不到及时的追究，且致张某于2007年12月1日应征入伍服兵役，至此，犯罪结果发生，被告人刘某的行为符合玩忽职守罪的构成要件，应认定为刑法第89条第1款规定的"犯罪之日"，并由此时起算追诉时效，至2012年11月30日追诉期限届满。2013年1月5日检察机关对被告人刘某立案侦查时，已超过追诉时效。〔5〕

---

〔4〕《刑事审判参考》（总第110集），法律出版社2018年版，第46页。

〔5〕广东省潮州市中级人民法院（2014）潮中法刑二终字第33号刑事裁定书。

以上是关于追诉期限的起始时间的计算。那么如何确定追诉时效期限的终止时间呢?这涉及对“不再追诉”的理解问题。对此,刑法理论界主要有以下两种观点:一种观点认为,追诉应是指追查、提起诉讼,只要行为人所犯之罪经过的时间到案件开始进入刑事诉讼程序时尚未超过追诉期限,对其就可以追诉。[6] 另一种观点认为,追诉不只是起诉的含义,而是包括了侦查、起诉、审判的全过程。因此,追诉期限应从犯罪之日计算到审判之日为止。换言之,只有审判之日还没有超过诉讼期限的,才能追诉。[7] 本书赞同第一种观点。从刑法设立追诉时效制度来看,其主要是督促司法机关及时发现犯罪,行使刑罚权,而不是鼓励犯罪分子逃避惩罚。将计算追诉期限的终点时间确定在审判之日,有放纵犯罪之嫌。

(二)连续犯或继续犯追诉期限的计算

刑法第 89 条第 1 款后半段规定:“犯罪行为有连续或者继续状态的,从犯罪行为终了之日起计算。”犯罪行为有连续状态的,属于连续犯;犯罪行为有继续状态的,属于继续犯。犯罪行为终了之日,就连续犯而言,是指最后的一个独立的犯罪行为完成之日;就继续犯而言,是指处于持续状态的一个犯罪行为的结束之日。

示例 16-6 刘某非法占用农用地案

二审法院认为:本案中,2010 年年初刘某将鱼池及芦苇地从他人处承租经营,并改造成 5 个鱼池经营养殖,此系对土地的破坏行为。2014 年 2 月、3 月的时候,刘某未经相关部门审批,私自租用铲车、挖掘机,对该片鱼池进行了第二次改造,将涉案地块改造成了九个鱼池。刘某犯罪行为追诉时效应当从 2014 年第二次改造鱼池的时候开始计算。至侦查机关立案侦查本案时,追诉时效并未超过 5 年。[8]

示例 16-7 蒋某等国有公司人员滥用职权案

二审法院认为:经查,蒋某、李某、石某等人于 2004 年 10 月 12 日以签订《股权转让协议》的形式,将上述化工公司在欣化公司的股权按比例违法转让到蒋某等人的名下,及 2007 年 8 月 29 日,通过防城港市中级人民法院作出民事调解书确认蒋某等人获得了化工公司对仓储公司 5701600 元的债权。上述持有股份和持有债权的行为,均损害了国有化工公司的利益,对于国有公司的利益而言,该危害行为及结果仍在持续状态。因此,本案的犯罪后果并没有结束,根据刑法第 89 条的规定,“犯罪行为有连续或者持续状态的,

---

〔6〕 高铭暄、马克昌主编:《刑法学》,北京大学出版社、高等教育出版社 2017 年版,第 307 页。

〔7〕 张明楷:《刑法学》,法律出版社 2016 年版,第 651 页。

〔8〕 天津市第一中级人民法院(2018)津 01 刑终 88 号刑事判决书。

从犯罪行为终了之日计算”,公安机关于2013年4月对上述行为进行立案侦查,没有经过法定追诉时效。[9]

示例16-8　张某伪造、变造、买卖国家机关公文、证件、印章案

2012年3月,张某伪造了某建材厂符合环保要求的文件。同年5月,工商局颁发了工商营业执照,次年该执照通过审验。一审法院认为:由于张某法定刑最高为3年有期徒刑,其追诉期按照刑法规定为5年。起算的日期公诉机关主张按工商执照进行审验的2013年,辩方主张按伪造日期2012年3月。本院认为,对犯罪的追诉一般从“犯罪之日”起算,犯罪行为有连续或持续状态的,从犯罪行为终了之日起算。本案当中的伪造行为系犯罪行为,向工商行政管理机关进行登记是犯罪的延续,2013年的年检也是犯罪的延续,故本院支持公诉机关的主张。[10]

(三)追诉时效的中断

追诉时效的中断,也称为追诉时效的更新,是指在追诉时效进行期间,因为发生法律规定的事由,而使以前所经过的时效期限归于无效,法律规定的事由终了之时,时效重新开始计算。

刑法第89条第2款规定:“在追诉期限以内又犯罪的,前罪追诉的期限从犯后罪之日起计算。”这表明,在追诉期限内又犯罪的,前罪的追诉期限便中断,其追诉期限从后罪成立之日起重新计算。例如,甲于1986年6月6日犯故意伤害罪,致人重伤,根据刑法第234条的规定,其法定最高刑为10年有期徒刑,追诉时效期限为15年,其追诉期限至2001年6月7日结束。但甲在2000年7月10日又犯盗窃罪。在这种情况下,甲所犯故意伤害罪的追诉期限因又实施盗窃罪而中断,其追诉期限从2000年7月10日起重新计算,即甲所犯故意伤害罪的追诉至2015年7月11日才结束。

示例16-9　刘某等滥用职权、受贿、渎职案

二审法院认为:刘某、肖某犯滥用职权罪的追诉时效期间从2002年12月31日起为5年,其二人在此期间内又犯受贿罪,造成了追诉时效的中断,滥用职权罪追诉的期限应当从犯受贿罪之日起计算。……本案二上诉人受贿犯罪的行为是连续的状态,其追诉期限应当从犯罪行为终了之日起计算,因此本案滥用职权罪的追诉时效应当从2011年7月即最后一笔受贿的时间起重新计算。综上,本案滥用职权罪没有超过诉讼时效。[11]

---

〔9〕广西壮族自治区南宁市中级人民法院(2014)南市刑二终字第162号刑事裁定书。

〔10〕河南省修武县人民法院(2018)豫0821刑初103号刑事判决书。

〔11〕湖北省荆门市中级人民法院(2014)鄂荆门刑终字第00022号刑事裁定书。

示例 16-10 徐某掩饰、隐瞒犯罪所得案

二审法院认为:被告人徐某1994年、1995年的犯罪追诉时效都应从1998年犯罪开始计算,但其1998年的协助窝藏赃物的行为一直持续至2017年3月31日,所以被告人徐某所犯的掩饰、隐瞒犯罪所得罪的追诉时效应从2017年3月31日起计算。[12]

刑法之所以规定追诉时效中断,是因为犯罪分子在前罪的追诉时效期间内又犯新罪,表明其主观上没有悔改之意,前罪所体现出的人身危险性并没有消除,从刑罚特殊预防的目的出发,进而对前罪的追诉期限从犯后罪之日起计算。

在前罪的追诉期限从犯后罪之日起计算,如果后罪的法定最高刑轻于前罪,后罪的追诉期限届满,而前罪的追诉期限未满,则只能追诉前罪,而不能追诉后罪;如果后罪的法定最高刑高于前罪,前后两罪的追诉期限都没有届满时,则既要追诉前罪,也要追诉后罪。

(四)追诉时效的延长

追诉时效的延长,是指在追诉时效进行期间内,因发生法律规定的事由,而使追诉时效暂时停止执行。追诉时效的延长具体有以下两种情形:

1. 因司法行为而延长。刑法第88条第1款规定:"在人民检察院、公安机关、国家安全机关立案侦查或者在人民法院受理案件以后,逃避侦查或者审判的,不受追诉期限的限制。"据此,这一种类的追诉时效延长必须具备以下两个条件:(1)人民检察院、公安机关、国家安全机关已经立案侦查或者人民法院已经受理案件。所谓立案侦查,是指立案,而不是指立案并侦查,也不是指立案或侦查。所谓受理案件,是指人民法院已经接受自诉人的自诉案件或者人民检察院提起的公诉案件。(2)行为人实施了逃避侦查或者审判的行为。所谓逃避侦查或者审判,应作限制解释,是指逃跑或者藏匿,使侦查或者审判无法进行的行为。对于行为人在立案侦查或者案件受理后,仅仅实施了串供、毁灭罪证的行为,但没有逃跑或者藏匿的,不宜认定为"逃避侦查或者审判"。在共同犯罪案件中,逃避侦查或者审判的共犯人,不受追诉期限的限制,但没有逃避侦查或者审判的共犯人,仍然受追诉期限的限制。

示例 16-11 孙某甲、孙某乙故意伤害案

一审法院认为:本案已经超过追诉期限,应当终止审理。主要理由是,被告人孙某甲、孙某乙所犯故意伤害罪的法定最高刑为有期徒刑3年,追诉时效为5年,本案发生于

[12] 浙江省绍兴市中级人民法院(2018)浙06刑终206号刑事裁定书。

1998年11月15日,至法院受理时已经超过5年。而且,被告人孙某甲、孙某乙在公安机关立案后对其多次传唤和讯问时,没有任何规避的行为,法院受理以后的所有诉讼活动也能准时参加,不存在刑法第88条规定"逃避侦查或者审判"的情形。〔13〕

示例16-12 黄某甲、黄某乙滥伐林木案

一审法院认为:依据本院审理查明的事实,被告人黄某甲、黄某乙滥伐林木37.5124立方米,数量较大,法定最高刑为3年以下有期徒刑,追诉时效为5年。本案发生于2007年4月至7月,其追诉实效从犯罪行为终了之日起计算,本案的追诉期限应从2007年7月起计算,而依照刑法第88条关于追诉期限的延长之规定,在公安机关立案侦查以后逃避侦查的,不受追诉时效的限制。本案于2007年5月立案,公安机关立案材料已显示就涉案山场被盗伐立案侦查,在毛某等人被侦查期间,本案二被告人均对其主持召开村民代表大会发包涉案山场的事实予以否认,并对侦查机关作出虚假陈述,具有妨碍侦查的性质。故本院认为,被告人黄某甲、黄某乙存在逃避侦查的行为,不受追诉时效的限制。〔14〕

2.因控告行为而延长。刑法第88条第2款规定:"被害人在追诉期限内提出控告,人民法院、人民检察院、公安机关应当立案而不予立案的,不受追诉期限的限制。"据此,这一种类的诉讼时效延长应当具备以下条件:(1)被害人在追诉期限内向人民法院、人民检察院、公安机关提出了控告。所谓提出控告,是指向人民法院、人民检察院或者公安机关任何一家提出举报、报案、检举、揭发等,至于所接受的单位是否具有案件管辖权,则并不影响追诉时效延长的成立。(2)人民法院、人民检察院、公安机关应当立案而不立案。所谓应当立案,是指根据刑法的规定,被告人的行为已经构成犯罪,应当对其进行立案侦查或者审理案件。至于不立案的原因,是业务水平低还是徇私枉法、工作不负责等,则在所不问。总之,只要被害人在追诉期限内提出控告,符合立案条件而应当立案的,不管司法机关出于何种原因没有立案,无论行为人是否逃避侦查或者审判,无论经过多长时间,任何时候都可以追诉。即使被害人在追诉期限内不符合管辖规定,也不妨碍追诉时效的延长。

示例16-13 郭某等故意伤害案

再审法院认为:在公安机关立案侦查,人民法院受理案件后,本案各原审被告人未

〔13〕 江苏省无锡市北塘区人民法院(2005)北刑初字第220号刑事裁定书。
〔14〕 广东省从化市人民法院(2014)穗从法刑初字第499号刑事判决书。

逃避侦查或者审判、未再次犯罪,在追诉期限内被害人未提出控告。本院认为,公安机关对原审各被告人于2001年立案侦查至2015年上网追逃期间,未出现刑法第88条有关“不受追诉期限限制”,以及第89条有关“追诉期限以内又犯罪”的情形,应当依照刑法第87条的规定计算追诉期限。追诉期限从犯罪之日起计算,本案的追诉期限自2001年10月16日起至2006年10月15日止。公安机关于2015年3月11日对本案各原审被告人上网追逃,已过追诉时效期限,应当依法终止审理。〔15〕

第三节 赦免

一、赦免

赦免,是指国家宣告对犯罪分子免除其罪、免除其刑的法律制度。赦免包括大赦和特赦两种。

大赦,是指国家对某一时期内犯有一定罪行的犯罪分子免予追诉和免除刑罚执行的制度。大赦的对象,既可能是国家某一时期的各类犯罪分子,也可能是国家某一时期犯有特定罪行的犯罪分子;既可能是某一地区的全体犯罪人,也可能是某一类或者某一事件的犯罪分子。大赦的法律效果是,既赦其罪,又赦其刑。被赦免的犯罪分子既不受刑事追究和处罚,也不存在犯罪记录,即罪和刑同时免除。

特赦,是指国家对特定的犯罪分子免除执行全部或者部分刑罚的制度。特赦的对象是特定的犯罪分子。特赦的法律效果是,只免其刑,不赦其罪。被赦免的犯罪分子只是免除刑罚执行,但不消灭犯罪记录,即免刑不免罪。

大赦和特赦均属于赦免的范畴,二者的区别在于:(1)对象范围不同。在大赦的情况下,涉及的犯罪分子的人数一般要比特赦所涉及的犯罪分子的人数多。(2)效果不同。大赦既赦犯罪分子之罪,又免犯罪分子之刑;特赦只免犯罪分子之刑,不赦犯罪分子之罪。

我国1954年《宪法》对大赦和特赦均作了规定,并将大赦决定权赋予全国人大,将特赦决定权赋予全国人大常委会,大赦令和特赦令均由国家主席发布。但后来的宪法包括现行宪法都只规定了特赦,而没有规定大赦。由于宪法取消了大赦制度,相应的刑法第65条、第66条中所说的“赦免”,均是指特赦。根据现行《宪法》第67条和第80条的规定,特赦由全国人民代表大会常务委员会决定,由国家主席发布特赦令。

---

〔15〕 山西省太原市中级人民法院(2017)晋01刑再5号刑事裁定书。

二、我国特赦制度的特点

自1959年以来，我国先后共实行了九次特赦：第一次是1959年9月17日，在新中国成立10周年之际，对确实改恶从善的蒋介石集团和伪满洲国的战争罪犯、反革命罪犯和普通刑事罪犯实行特赦。第二次、第三次特赦分别是1960年1月19日和1961年12月16日，对确实改恶从善的蒋介石集团和伪满洲国的战争罪犯实行特赦。第四次、第五次、第六次分别是1963年3月30日、1964年12月12日、1966年3月29日，对象是确实改恶从善的蒋介石集团、伪满洲国和伪蒙疆自治政府的战争罪犯。第七次特赦是1975年3月17日对经过较长时间关押和改造的全部战争罪犯实行特赦。第八次特赦是2015年8月29日，在中国人民抗日战争暨世界反法西斯战争胜利70周年之际，对依据2015年1月1日前人民法院作出的生效判决正在服刑，释放后不具有现实社会危险性的四类罪犯实行特赦：(1)参加过中国人民抗日战争、中国人民解放战争的；(2)中华人民共和国成立以后，参加过保卫国家主权、安全和领土完整对外作战的，但犯贪污受贿犯罪，故意杀人、强奸、抢劫、绑架、放火、爆炸、投放危险物质或者有组织的暴力性犯罪，黑社会性质的组织犯罪，危害国家安全犯罪，恐怖活动犯罪的，有组织犯罪的主犯以及累犯除外；(3)年满75周岁、身体严重残疾且生活不能自理的；(4)犯罪的时候不满18周岁，被判处3年以下有期徒刑或者剩余刑期在1年以下的，但犯故意杀人、强奸等严重暴力性犯罪，恐怖活动犯罪，贩卖毒品犯罪的除外。第九次特赦是2019年6月29日，在新中国成立70周年之际，对依据2019年1月1日前人民法院作出的生效判决正在服刑的下列罪犯实行特赦：(1)参加过中国人民抗日战争、中国人民解放战争的；(2)中华人民共和国成立以后，参加过保卫国家主权、安全和领土完整对外作战的；(3)中华人民共和国成立以后，为国家重大工程建设做过较大贡献并获得省部级以上“劳动模范”“先进工作者”“五一劳动奖章”等荣誉称号的；(4)曾系现役军人并获得个人一等功以上奖励的；(5)因防卫过当或者避险过当，被判处3年以下有期徒刑或者剩余刑期在1年以下的；(6)年满75周岁、身体严重残疾且生活不能自理的；(7)犯罪的时候不满18周岁，被判处3年以下有期徒刑或者剩余刑期在1年以下的；(8)丧偶且有未成年子女或者有身体严重残疾、生活不能自理的子女，确需本人抚养的女性，被判处3年以下有期徒刑或者剩余刑期在1年以下的；(9)被裁定假释已执行1/5以上假释考验期的，或者被判处管制的。上述九类对象中，具有以下情形之一的，不得特赦：(1)第二、三、四、七、八、九类对象中系贪污受贿犯罪，军人违反职责犯罪，故意杀人、强奸、抢劫、绑架、放火、爆炸、投放危险物质或者有组织的暴力性犯罪，黑社会性质的组织犯罪，贩卖毒品犯罪，危害国家安全犯罪，恐怖活动犯罪的罪犯，其他有组织犯罪的主犯，累犯的；(2)第二、三、四、九类对象中剩余刑期在10年以上的和仍处于无期徒刑、死刑缓期执行期间的;(3)曾经被特赦又因犯罪被判处刑罚的;(4)不认罪悔改的;(5)经评估具有现实社会危险性的。

综观这九次特赦,不难发现其具有以下特点:

1. 特赦的范围是成批的犯罪分子,而不是个别犯罪分子。例如,第一次特赦的内容包括:(1)释放关押已满10年,确有改恶从善表现的蒋介石集团和伪满洲国的战争罪犯;(2)释放判处有期徒刑5年以下(包括判处有期徒刑5年)、服刑时间已经过1/2以上、确有改恶从善表现,或者判处有期徒刑5年以上、服刑时间超过2/3以上、确有改恶从善表现的反革命罪犯;(3)释放判处有期徒刑5年以下(包括判处有期徒刑5年),服刑时间经过1/3以上、确有改恶从善表现,或者判处有期徒刑5年以上、服刑时间经过1/2以上、确有改恶从善表现的普通刑事罪犯;(4)判处死刑缓期两年执行的罪犯,缓刑时间已满1年,确有改恶从善表现的,可以减为无期徒刑或者15年以上有期徒刑;(5)判处无期徒刑的罪犯,服刑已经7年、确有改恶从善表现的,可以减为10年以上有期徒刑。其他几次特赦也都是针对战争罪犯中的几类犯罪分子的,而没有针对特定个别犯罪分子。

2. 特赦的条件是犯罪分子在服刑过程中确实有改恶从善的表现。这表明,一方面,对尚未宣告刑罚或者没有开始执行刑罚的,不实行特赦;另一方面,也并非对执行过一定刑期的战争罪犯均予以特赦,只是对其中确有改恶从善表现的犯罪分子,才予以特赦。

3. 对符合特赦条件的犯罪分子,也不是一律释放,而是根据其罪行轻重和悔改表现实行区别对待:罪行轻因而所判刑罚轻的,予以释放;罪行重因而所判刑罚重的,只是予以减轻处罚。

4. 特赦的效力只及于刑而不及于罪。即特赦的效力只是免除执行剩余的刑罚或者减轻原判刑罚,而不是宣布其罪归于消灭。

5. 特赦具有严格的程序。每次特赦均是全国人大常委会根据中共中央或者国务院的建议做出决定,并由最高人民法院和高级人民法院负责执行;在设有国家主席期间,均由国家主席颁布特赦令。

后　　记

在数字经济时代,"效率就是生命"这句格言似乎拥有了更多的拥趸者。然而,在学习领域,人类汲取知识的方法却没有伴随科技的日新月异而发生根本性的变化。换言之,阅读仍然是人类获取新知的最主要的方法。阅读的对象是书籍,对莘莘学子来说,一本准确、简明、实用的教科书是真正的燃眉之需!但令人遗憾的是,当前竞相推陈出新的刑法教材,品种数量之多,内容篇幅之广,令人目不暇接。这些鸿篇巨制的共同特征是:体系越来越复杂,概念越来越标新,叙述越来越繁冗,字数越来越多,外形越来越厚重,最需要精读的东西竟沦为快速泛读的内容。此情此景之下,本书却仍要忝列其中,并非有意添堵,而是尝试回归教材的本义:教材是最精华知识的汇集,准确、简明和实用是其应有的本色。

本书的准确性,主要体现在对法条规范的阐释方面。这里的"准确",仅仅是指阐释结论在现实生活中的实效性。从类型上看,最高司法机关颁布的司法解释,可以划分为释法性解释和造法性解释。但无论是哪种司法解释,在现行法律语境下,均相当于"准法律"的地位,从而具有强行法的效力。为此,本书对法条规范的阐释,始终坚持以现行有效的司法解释为依据,以保证阐释结论的现实合理性。当然,对于司法解释的许多结论,本书也会持有不同的意见,这在论述时均予以特别标示,以提醒读者注意甄别。对于司法解释尚未涉及的法条规范的理解,则介绍刑法理论界的主要观点,并予以简要地评析。

本书的简明性,主要体现在对内容的表述方面。本书阐述的内容,均是刑法学基础理论的核心版块,可谓是货真价实的干货,是学习刑法必备的入门知识。对这些知识的传授,简洁明晰的表达相当重要。为此,一方面,本书刻意选用平实的语词、简短的句式来阐述深奥的法理,尽量避免冗长烦琐、晦涩难懂的叙述风格;另一方面,本书以一条逻辑主线贯穿全书,即按照"犯罪论—刑事责任论—刑罚论"的脉络来安排整个体系,在每个部分又以一条逻辑支线来展开论述,竭力防止杂乱无章、叠床架屋的结构设计。

本书的实用性,主要体现在对法条的适用方面。适用法条的关键,在于说理。本书在这一方面,强调理案结合,即通过真实的、原汁原味的案例展现法条的具体适用,从而使读者在一个"模拟"的情境中感悟法条的真谛,并能在现实生活中对照适用,触类旁通。在案例的选用上,本书坚持“新”“范”“合”的标准,即尽量选择最新裁决的、有示范性的、与知识点相契合的案例,以保证案例的典型性。由于受篇幅所限,对于绝大多数案例的判决意见,本书基本不予相应的评释,偶尔有评释的,也不是对案件定性处理的定论,而仅是提供分析问题的一个不同角度和思路,以开阔读者的视野和思维。申言之,在案例分析时,“唯一正解”无疑是应当追求的目标,但鉴于案件事实丰富的具象性以及法条规范高度的抽象性,因而对于其他定性处理的观点也应保持一定的容忍度。

编写教科书,最易犯的通病是人云亦云、拾人牙慧;当然,最大的困难是理论创新,特别是在犯罪论体系方面的创新。对此,笔者也做了一点尝试和努力。众所周知,关于犯罪论体系,目前国内刑法学界主要存在四要件论和三阶层论之争。对于这两种犯罪论体系,笔者均没有采纳,而是借鉴英美法系的双阶层犯罪论体系,并予以相应的改造,倡导一种“两要件论”。这并不是说四要件论和三阶层论的体系不够成熟,不能提供认定犯罪成立的正确标准,而是因为在笔者看来,在司法实践的层面,立场远比方法更为重要。虽然在理论上,对犯罪论体系的重要性,再怎么强调都不为过;然而方法毕竟只是方法,再好的方法,如果弃置不用,对问题的解决也是没有任何助益。三阶层犯罪论体系在精致性方面堪称翘楚,但“二战”期间的德国和日本却是践踏刑事法治的最粗暴者;双阶层犯罪论体系虽然在精致性方面略逊一筹,但恐怕谁也无法否认英美法系刑事司法制度之无可匹敌的人权保障功能。近年来,我国司法实践中曝光的诸多重大冤假错案,其原因并不在于司法者在案件处理时采用了四要件论或者三阶层论,而是根本就没有采用任何犯罪论体系,没有遵循最基本的司法认知规律。

在科学研究中,方法是器,说理是事,方法固然重要,但如果将方法的选择推至极致,则难免会犯工具至上主义的错误。牛顿发现万有引力,不是因为掌握了什么先进的研究方法;爱因斯坦发现了相对论,也不是因为使用了什么独门秘籍。自然科学如此,社会科学更是如此。在刑事司法活动中,行为是否成立犯罪的判定,既有“求真”的内容(行为事实是否存在),也有“求对”的内容(行为事实是否符合犯罪构成要件);前者相当于自然科学研究中的事实判断,后者则是社会科学研究中的价值判断。在这一活动中,作为认识工具的犯罪论体系固然重要,但作为价值目标的犯罪构成的遵循以及具体构成要素的厘定和诠释则更为根本。作为人为设计的判定犯罪成立的工具,犯罪论体系必然是多元的,而非单一的。并且,哪种犯罪论体系是最优的,也不存在一个“放之四海而皆准”的判断标准,而只能采取一种相对主义的态度。这犹如骑自行车,无论是采用前跨式、后跨式还是骑背式,只要能顺利上车,轻松骑行,安全快捷地到达目的地,均未尝不可。又譬如电脑打字,无论是采用五笔输入法、拼音输入法还是语音输入法,只要能打得快、打得好,少重码、误码,则均可以根据个体偏好自由选择。鉴于双阶层犯罪论体系判断标准的简明性、认知程式的合规律性以及适用效果的显著性,笔者斗胆予以借鉴移植,并结合我国的司法实践予以本土化的改造。这或许算是本书的一个理论贡献吧,当然这样处理是否合适,尚祈方家和读者批评指正。

叶良芳

2019 年 3 月 31 日于之江

图书在版编目(CIP)数据

刑法总论 / 叶良芳著. -- 2 版. -- 北京 : 法律出版社, 2019

ISBN 978-7-5197-3595-1

Ⅰ. ①刑… Ⅱ. ①叶… Ⅲ. ①刑法－法学－中国 Ⅳ. ①D924.01

中国版本图书馆 CIP 数据核字(2019)第 122238 号

刑法总论(第二版)
XINGFA ZONGLUN(DI-ER BAN)

叶良芳 著

责任编辑 吴 昉
装帧设计 凌点工作室

出版 法律出版社
总发行 中国法律图书有限公司
经销 新华书店
印刷 三河市龙大印装有限公司
责任校对 杨锦华
责任印制 胡晓雅

编辑统筹 教育出版分社
开本 710 毫米×1000 毫米 1/16
印张 25.75
字数 484 千
版本 2019 年 8 月第 2 版
印次 2019 年 8 月第 1 次印刷

法律出版社 / 北京市丰台区莲花池西里 7 号(100073)
网址 / www.lawpress.com.cn
投稿邮箱 / info@lawpress.com.cn
举报维权邮箱 / jbwq@lawpress.com.cn
销售热线 / 400-660-8393
咨询电话 / 010-63939796

中国法律图书有限公司 / 北京市丰台区莲花池西里 7 号(100073)
全国各地中法图分、子公司销售电话:
统一销售客服 / 400-660-8393/6393
第一法律书店 / 010-83938432/8433　西安分公司 / 029-85330678　重庆分公司 / 023-67453036
上海分公司 / 021-62071639/1636　深圳分公司 / 0755-83072995

书号:ISBN 978-7-5197-3595-1　**定价:**52.00 元
(如有缺页或倒装,中国法律图书有限公司负责退换)